ଆମେରିକା ଚିଠି

ଆମେରିକା ଚିଠି

ଜ୍ଞାନରଞ୍ଜନ ଦାଶ

BLACK EAGLE BOOKS
2020

BLACK EAGLE BOOKS

USA address:
7464 Wisdom Lane
Dublin, OH 43016

India address:
E/312, Trident Galaxy, Kalinga Nagar,
Bhubaneswar-751003, Odisha, India

E-mail: info@blackeaglebooks.org
Website: www.blackeaglebooks.org

First International Edition Published by
BLACK EAGLE BOOKS, 2020

AMERICA CHITHI
(Letters from America)
by **Jnana Ranjan Dash**

Copyright © **Jnana Ranjan Dash**

All rights reserved. No part of this publication may be reproduced, stored in a retrieval system, or transmitted, in any form or by any means, electronic, mechanical, photocopying, recording or otherwise without the prior permission of the publisher.

Cover & Interior Design: Ezy's Publication

ISBN- 978-1-64560-100-5 (Paperback)

Printed in United States of America

ଉତ୍ସର୍ଗ

ତ୍ୟାଗର ଓଢ଼ଣା ତଳେ ନିଜର ଦୁଃଖ କଷ୍ଟକୁ
ଘୋଡ଼ାଇ ରଖି ଅନାବିଳ ସ୍ନେହରାଶି ବୁଣି
ଦେଇଥିବା ମୋର ପରମପୂଜ୍ୟା ବୋଉ ଶ୍ରୀମତୀ
ପ୍ରିୟବତୀ ଦାଶଙ୍କ ହାତରେ...

ମୁଖବନ୍ଧ

'ଆମେରିକା ଚିଠି' ପୁସ୍ତକ ଆକାରରେ ପ୍ରଥମେ ପ୍ରକାଶ ପାଇଥିଲା ୧୯୯୭ ମସିହା ଅଗଷ୍ଟ ମାସରେ । ଭୁବନେଶ୍ୱରରେ ଏହି ବହିର ଉନ୍ମୋଚନ କରିଥିଲେ ତତ୍କାଳୀନ ଓଡ଼ିଶାର ମୁଖ୍ୟମନ୍ତ୍ରୀ ଶ୍ରୀ ଜାନକୀ ବଲ୍ଲଭ ପଟ୍ଟନାୟକ । ଦୀର୍ଘ ୨୩ ବର୍ଷର ବ୍ୟବଧାନ ପରେ ଏହା ପୁନଃ ପ୍ରକାଶ ଲାଭ କରୁଛି । ୧୯୯୭ ପରର ଅନେକ ପ୍ରକାଶିତ ଚିଠି ଏଥିରେ ଅନ୍ତର୍ଭୁକ୍ତ କରାଯାଇଛି ।

'ଆମେରିକା ଚିଠି' ପ୍ରାୟ ୨୦ ବର୍ଷ ଧରି (୧୯୮୫-୨୦୦୫) ଦୈନିକ ସମ୍ବାଦପତ୍ର 'ସମାଜ'ରେ ପ୍ରକାଶ ପାଉଥିଲା । ସେତେବେଳେ ମୋବାଇଲ୍ ଫୋନ୍ କିମ୍ବା ଇଣ୍ଟରନେଟ୍ ଆରମ୍ଭ ହୋଇ ନ ଥିଲା । ଆଜିର ସୋସିଆଲ୍ ମିଡିଆ, ଗୁଗୁଲ୍ କିମ୍ବା ହ୍ୱାଟ୍ସଆପ୍ ମଧ୍ୟ ନ ଥିଲା । ସୁତରାଂ ସମ୍ବାଦପତ୍ର (Print Media) ମାଧ୍ୟମରେ ଏହି ଚିଠି ସବୁ ଓଡ଼ିଶାବାସୀଙ୍କ ପାଖରେ ପହଞ୍ଚୁଥିଲା । ଏହି ନୂତନ ସଂସ୍କରଣ ପାଇଁ 'ବ୍ଲାକ୍ ଇଗଲ୍ ବୁକ୍ସ'ର ଶ୍ରୀ ସତ୍ୟ ପଟ୍ଟନାୟକଙ୍କୁ ଧନ୍ୟବାଦ । ଆଶାକରୁ ପାଠକମାନେ ସେଇ ପୁରୁଣା ଦିନର ଅଭିଜ୍ଞତା ଏବଂ ଘଟଣାବଳୀକୁ ପଢ଼ି ଅତୀତକୁ ମନେ ପକାଇବେ ।

ପୂର୍ବାଭାସ

ଆମେରିକା ଚିଠି ଆରମ୍ଭ ହେଲା ୧୯୮୫ ମସିହାରେ। ଦୀର୍ଘ ୧୨ବର୍ଷ ହେବ ଅନିୟମିତ ଭାବେ 'ସମାଜ'ର ରବିବାର ସଂଖ୍ୟାରେ ଏହା ପ୍ରକାଶିତ ହୋଇଆସୁଅଛି। ବର୍ଷ ଭିତରେ ଏହା ୮/୧୦ ଥର ପ୍ରକାଶ ପାଏ। ବେଳେ ବେଳେ ପ୍ରକାଶ ପାଇବାରେ ବ୍ୟବଧାନ ଏକାଧିକ ମାସ ହୋଇଯାଏ। ଓଡ଼ିଶା ଗଲେ ଅନେକ ବନ୍ଧୁ ଏବଂ ହିତୈଷୀ ପ୍ରଶ୍ନ କରିଥାନ୍ତି, "ଆଉ କ'ଣ ଆମେରିକା ଚିଠି ଲେଖା ହେଉନି କି ?" ଗତ କିଛିବର୍ଷ ଧରି ଏହାକୁ ବହି ଆକାରରେ ପ୍ରକାଶ କରିବାର ଅନୁରୋଧ ଅନେକଙ୍କଠାରୁ ଶୁଣିଛି। ମୋ ନନା ଶ୍ରୀଯୁକ୍ତ ହରେକୃଷ୍ଣ ଦାଶଙ୍କର ବିଶେଷ ଆଗ୍ରହକୁ ରୂପ ଦେବାକୁ ଯାଇ 'ଆମେରିକା ଚିଠି'ର ପ୍ରଥମ ସଂସ୍କରଣ ସଂକଳନର ପ୍ରୟାସ କରୁଛି।

ଆମେରିକା ଏବଂ କାନାଡ଼ାରେ ରହିବା ଆଜକୁ ୨୬ବର୍ଷ ହେଲାଣି। ଥରେ 'ସମାଜ'ର ବରେଣ୍ୟ ସଂପାଦକ ତଥା ଓଡ଼ିଶାର ବରପୁତ୍ର ଶ୍ରୀଯୁକ୍ତ ରାଧାନାଥ ରଥ କହିଥିଲେ ଯେ, ବାହାରେ ଯେଉଁମାନେ ରହୁଛ ନିୟମିତ ଭାବେ କିଛି ଗୋଟାଏ ଲେଖ, ଯେପରି କି ଓଡ଼ିଶାର ଲୋକେ ତାକୁ ପଢ଼ିଲେ ବିଦେଶରେ ଜୀବନଯାପନର ପ୍ରକୃତ ରୂପରେଖ ପାଇବେ। ଏତଦ୍ଦ୍ୱାରା ସେମାନଙ୍କ ମନରେ ପୂର୍ବକଳ୍ପିତ ଭୁଲ୍ ଧାରଣା ସବୁ ଦୂର ହୋଇପାରିବ।

ଏହିକଥା 'ଆମେରିକା ଚିଠି' ଲେଖିବାର ପ୍ରେରଣା ଯୋଗାଇଥିଲା। ତା' ଛଡ଼ା ଆଉ ଗୋଟିଏ ସ୍ୱାର୍ଥପର କାରଣ ମଧ୍ୟ ଥିଲା, ଏଭଳି ଲେଖା ମାଧ୍ୟମରେ ନିଜର ଓଡ଼ିଆ ଭାଷାରେ ଲେଖିବାର କିଛିଟା ଅଭ୍ୟାସ ବଜାୟ ରହିବ। ବିଦେଶରେ ରହି ଇଂଜିନିୟରିଂ ପାଠ ପରେ କମ୍ପ୍ୟୁଟର ସଫ୍ଟୱେର ଭଳି କାର୍ଯ୍ୟରେ ଜୀବିକା ନିର୍ବାହ କରିବା ଭିତରେ ଓଡ଼ିଆ ଲେଖା ତ ଦୂରେ ଥାଉ, ଭାଷା କହିବା ଏବଂ ଶୁଣିବାର ଅବକାଶ ନ ଥାଏ। ତେଣୁ ଲେଖା ପାଇଁ ସ୍ପୃହା କମିଯିବା ସ୍ୱାଭାବିକ। ପ୍ରଥମେ ଲେଖିବା ବେଳେ ପ୍ରକୃତ ଶବ୍ଦ ସଂଯୋଜନା କଷ୍ଟକର ହେଲା, ମାତ୍ର ବାରମ୍ବାର ଲେଖାର ଅଭ୍ୟାସ ଯୋଗୁଁ ଲେଖିବା ସହଜ ବୋଧ ହେଲା।

'ଆମେରିକା ଚିଠି'ର ନିର୍ଦ୍ଦିଷ୍ଟ ଦିଗ କିଛି ନାହିଁ। ଯାହା ଲୋକମାନଙ୍କୁ ଜଣାଇବା ଉଚିତ ମନେ ହେଲା, ତାହା ହିଁ ଲେଖାରେ ରୂପନେଲା। ଅନେକ ସମୟରେ ଉଡ଼ାଜାହାଜରେ ପୃଥିବୀର ବିଭିନ୍ନ ପ୍ରାନ୍ତକୁ ଯିବାଆସିବା ବେଳେ, ଓଡ଼ିଶା ଏବଂ ଗାଁ ମାଟି ମନେପଡ଼େ। ଲେଖିବାକୁ ମନ ହୁଏ। ଲେଖିଲେ ଲାଗେ ସତେ ଯେମିତି ଓଡ଼ିଶାରେ ଏସବୁ କଥା ପାଟିରେ କାହାକୁ ବର୍ଣ୍ଣନା କରୁଛି। ଅନେକ ସମୟରେ ନିଜ ଘରଲୋକେ ସମାଜରୁ ପଢ଼ି କହିଥାନ୍ତି

ଯେ ମୋର ବିଭିନ୍ନ ଗସ୍ତ ଉପରେ ସେମାନେ ସମ୍ପୂର୍ଣ୍ଣ ଅବଗତ । ଆମେ ସାଧାରଣ ଗାଁ ଗଣ୍ଡା ଏବଂ ସହରର ଓଡ଼ିଆମାନେ ଖୁବ୍ କମ୍ ଜାଣୁ ଅନ୍ୟାନ୍ୟ ଦେଶରେ କ'ଣ ହେଉଛି । ପିଲାଦିନେ ଭୂଗୋଳ ପଢ଼ିଲା ବେଳେ ଏସବୁ କଥା ଅଦ୍ଭୁତ ଲାଗେ ଏବଂ ପରୀକ୍ଷାରେ ନମ୍ବର ରହିବା ପ୍ରଥମ କାରଣ ହୋଇଥିବାରୁ ତାକୁ ବୁଝି ହୃଦୟଙ୍ଗମ କରିବା ପରିବର୍ତ୍ତେ ଖାଲି ଘୋଷିବା ସାର ହୁଏ । ଦେଶ ବିଦେଶ ଭ୍ରମଣ ଛଡ଼ା ଆମେରିକାରେ ଓଡ଼ିଆ ତଥା ଓଡ଼ିଶା ସମ୍ପର୍କିତ କାର୍ଯ୍ୟକଳାପ ତଥା ସମ୍ବାଦ କଥା ମଧ୍ୟ ଲେଖାହୁଏ ।

ମଝିରେ ମଝିରେ ଲେଖା ମାଡ଼ିଚାଲେ ଜୀବନ ଦର୍ଶନ ଏବଂ ବେଦାନ୍ତ ଆଡ଼କୁ । ଆମ ଦେଶର ନୈତିକ ତଥା ଚାରିତ୍ରିକ ସ୍ଖଳନ ଦେଖିଲାବେଳେ ମନରେ ସ୍ୱତଃ ପ୍ରଶ୍ନ ଆସେ କିପରି ହଜାର ହଜାର ବର୍ଷ ତଳେ ଏଇଦେଶର ବିଚକ୍ଷଣ ପଣ୍ଡିତଗଣ ସାରା ପୃଥିବୀକୁ ଦିଗ୍‌ଦର୍ଶନ ଦେଇପାରୁଥିଲେ । ଜ୍ଞାନ-ବିଜ୍ଞାନ ଉପରେ ମଧ୍ୟ କେତେଥର ଲେଖାଯାଇଛି, ମାତ୍ର ଓଡ଼ିଆ ଭାଷାରେ ବିଜ୍ଞାନ-ଶବ୍ଦ ସହ ସମ୍ବନ୍ଧ ନ ଥିବାରୁ ଏଭଳି ଲେଖା କଷ୍ଟସାଧ୍ୟ ବୋଧହୁଏ ।

ଓଡ଼ିଆ ଜାତି ନିଜର ଭାଷାକୁ ପ୍ରକୃତ ସମ୍ମାନ ଦେଇନାହିଁ ଯେଭଳି ଭାରତର ଅନ୍ୟାନ୍ୟ ପ୍ରାଦେଶିକ ଭାଷା ପାଇଛନ୍ତି । ଏହା ପଛରେ ଭାଷାପ୍ରତି ଆମ ସ୍ୱାଭିମାନର ଘୋର ଅଭାବ । ଓଡ଼ିଶା ବାହାରେ ଭାରତରେ ଯେଉଁମାନେ ଅଛନ୍ତି, ସେମାନେ ଅନ୍ୟାନ୍ୟ ଭାଷାରେ ନିଜର ପାରଙ୍ଗମତା ଦେଖାଇବାକୁ ଆଗଭର ହୋଇଥାନ୍ତି । 'ଆମେ ଓଡ଼ିଆ ଭୁଲିଗଲୁଣି' ବୋଲି କହି ଗର୍ବ କରିବାର ଦୃଷ୍ଟାନ୍ତ ଅନେକ ।

ବିଦେଶରେ ଯେଉଁ ଓଡ଼ିଆମାନେ ଅଛନ୍ତି, ସେମାନେ ଦୂରତ୍ୱ ଯୋଗୁଁ କ୍ରମଶଃ ଓଡ଼ିଶା ପ୍ରତି ବେଶି ଆକୃଷ୍ଟ ହୋଇଥାନ୍ତି । କିନ୍ତୁ ଭାଷା ଉପରେ ଗୁରୁତ୍ୱ କମ୍ ଦିଆଯାଇଥାଏ । ଆମର ୨୬ବର୍ଷ ଭିତରେ ଆମେ ଖୁବ୍ କମ୍ ବନ୍ଧୁଙ୍କୁ ଭେଟିଛୁ, ଯିଏ ଓଡ଼ିଆ ଭାଷାରେ ପ୍ରକାଶିତ ବହି ତଥା ପତ୍ରିକା ପଢ଼ିବାର ଅଭ୍ୟାସ ରଖିଛନ୍ତି ।

ଏହି ପରୀପ୍ରେକ୍ଷୀରେ କହିବା ଉଚିତ ଯେ ଓଡ଼ିଆ ସୋସାଇଟିର ବାର୍ଷିକ ଅଧିବେଶନରେ ପ୍ରକାଶିତ ସୋଭେନିର୍ ପୃଷ୍ଠାରେ ଅନେକ ଓଡ଼ିଆରେ ଗଳ୍ପ ତଥା କବିତା ଲେଖି ଆସୁଛନ୍ତି ।

ବିଗତ ୧୨ବର୍ଷ ଭିତରେ 'ଆମେରିକା ଚିଠି' ଶୀର୍ଷକରେ ବାହାରିଥିବା ଅନେକ ଲେଖାକୁ ବିଭିନ୍ନ ୭ଟି ପର୍ଯ୍ୟାୟରେ ସଂକଳନ କରି ଦେଶ ତଥା ବିଦେଶର ଓଡ଼ିଆମାନଙ୍କୁ ଅର୍ପଣ କଲୁ, ଆଶା, ଏହା ପାଠକ ମହଲରେ ଗ୍ରହଣୀୟ ହେବ ।

ଶ୍ରୀଗୁଣ୍ଡିଚା
୬ ଜୁଲାଇ, ୧୯୯୭

ଜ୍ଞାନରଞ୍ଜନ ଦାଶ
"ଶାନ୍ତିପୁରୀ"
ଆଠଗଡ଼, କଟକ

ସୂଚୀପତ୍ର

॥ ଏକ ॥ ଆମେରିକାର ଓଡ଼ିଆମାନେ

ଆମେରିକାର ଓଡ଼ିଆମାନେ	୧୭
ଇନ୍ଦିରା ଗାନ୍ଧୀଙ୍କ ମୃତ୍ୟୁ ଖବର	୨୦
ଓଡ଼ିଶା ଭ୍ରମଣ-୧୯୮୫ ଡିସେମ୍ବର	୨୨
ଓଡ଼ିଶା ସୋସାଇଟିର ବାର୍ଷିକ ଅଧିବେଶନ-୧୯୮୬	୨୫
ବିଦେଶରେ ଓଡ଼ିଆ କଳାକାର	୨୭
ଓଡ଼ିଶା ଏବଂ ଓଡ଼ିଆ ସ୍ୱାଭିମାନ	୨୯
ଗଣତନ୍ତ୍ରରେ ସମ୍ବାଦପତ୍ର- ଶ୍ରୀ ରାଧାନାଥ ରଥ	୩୧
ଶ୍ରୀ ପଦାରବିନ୍ଦ ମହାପାତ୍ର	୩୪
ଶ୍ରୀ ଗୋପୀନାଥ ମହାନ୍ତି	୩୭
ବିଦେଶରୁ ବନ୍ଧୁ ବିଚ୍ଛେଦ	୪୨
ଆମେରିକାରେ ନନା, ବୋଉ	୪୪
ଓଡ଼ିଶାରେ କମ୍ପ୍ୟୁଟର ସଂସ୍ଥା-୧୯୯୨	୪୭
ଘଟଣାବହୁଳ ଆମେରିକା-୧୯୯୩	୪୯
କାଲିଫର୍ଣ୍ଣିଆର ଓଡ଼ିଆ	୫୦
ଶ୍ରୀମତୀ ସୁନନ୍ଦା ପଟ୍ଟନାୟକ	୫୧
ରାଉରକେଲାରେ ରଜତ ଜୟନ୍ତୀ	୫୪
ଓଡ଼ିଶା ସୋସାଇଟିର ବାର୍ଷିକ ଅଧିବେଶନ	୫୬
ଓଡ଼ିଶା ସୋସାଇଟିର ବାର୍ଷିକ ଅଧିବେଶନ-୧୯୯୬	୫୮
କାଲିଫର୍ଣ୍ଣିଆରେ ରଥଯାତ୍ରା-୧୯୯୬	୬୦
ଓଡ଼ିଆ ସୋସାଇଟି ଅଫ୍ ଆମେରିକାଜ୍‌ର ରଜତ ଜୟନ୍ତୀ	୬୨

॥ ଦୁଇ ॥ ଜ୍ଞାନ-ବିଜ୍ଞାନ

କମ୍ପ୍ୟୁଟରର ପ୍ରସାର	୬୭
ସିଲିକନ୍-ଭ୍ୟାଲି	୭୧
ସୁପର୍ କଣ୍ଡକ୍‌ଟିଭିଟି	୭୪
ଷ୍ଟିଫେନ୍ ହକିଙ୍ଗ୍	୭୭
ଆମ ପୃଥିବୀ	୭୯
ଟାଇଟାନିକ୍‌ର ସନ୍ଧାନ	୮୧

ମହାକାଶରେ ମରାମତି କାର୍ଯ୍ୟ	୮୩
ଇନଫର୍ମେସନ୍ ଯୁଗ	୮୫
ସୁବ୍ରମଣ୍ୟମ୍ ଚନ୍ଦ୍ରଶେଖର	୮୭
ପଲ୍ ଏର୍ଦୋସ-ଗଣିତଜ୍ଞ	୯୦
ଓଡ଼ିଶାରେ ଆଇଟି ଦିବସ	୯୨
ଓଡ଼ିଶାରେ ଆଇଟିର ଅଗ୍ରଗତି	୯୪

॥ ତିନି ॥ ସ୍ୱଦେଶ ଚିନ୍ତା

ଭାରତୀୟ ଗଣତନ୍ତ୍ର	୯୯
ଆମେରିକାରେ ଭାରତ ଉତ୍ସବ	୧୦୨
ନୂଆବର୍ଷରେ ଭାରତ ଚିନ୍ତା-୧୯୮୫	୧୦୪
ଆମେରିକାରେ ଭାରତ ଓ ଭାରତୀୟ	୧୦୭
ରାଜୀବ ଗାନ୍ଧୀଙ୍କ ଆମେରିକା ଗସ୍ତ-୧୯୮୫	୧୦୯
ଏୟାର ଇଣ୍ଡିଆ ଦୁର୍ଘଟଣା-୧୯୮୫	୧୧୨
ଓଡ଼ିଶା ସୋସାଇଟିର ବାର୍ଷିକ ଅଧିବେଶନ	୧୧୪
ଭାରତରେ କମ୍ପ୍ୟୁଟର ପ୍ରସାର	୧୧୬
ନାନୀ ପାଲକୀବାଲାଙ୍କ ସହ ସାକ୍ଷାତ	୧୧୮
ଭାରତର ବୈଦେଶିକ ନୀତି	୧୨୧
ଥାଇଲାଣ୍ଡ ଏବଂ ଭାରତ ଭ୍ରମଣ- ୧୯୯୪	୧୨୪
ଭାରତ ଡାଏରୀ-୧୯୯୪	୧୨୬
ମଣିରତ୍ନମ୍‌ଙ୍କ ଚଳଚ୍ଚିତ୍ର 'ବମ୍ବେ'	୧୨୯
ଭାରତ ଦର୍ଶନ-ଜୁଲାଇ ୧୯୯୫	୧୩୧
ଟି.ଏନ୍. ଶେଷାନ୍	୧୩୪
ମଦର ଟେରେସା	୧୩୬
ଆମ ଭାଷା ଓ ସାହିତ୍ୟ	୧୩୮
ଓଡ଼ିଶା ଚିନ୍ତନ ଆକାଶରୁ	୧୪୦

॥ ଚାରି ॥ ପୃଥିବୀ ଭ୍ରମଣ (ପ୍ରଥମ ଭାଗ)

ଇଉରୋପ ଭ୍ରମଣ	୧୪୫
ବ୍ରାଜିଲ୍-୧୯୮୭	୧୪୮
ଲଣ୍ଡନ- ମାର୍ଚ୍ଚ, ୧୯୮୮	୧୫୧
ରୋମ୍, ଇଟାଲୀ	୧୫୪
ହାୱାଇ	୧୫୬
ଭିଏନା, ଅଷ୍ଟ୍ରିଆ	୧୫୯
ସ୍କଟ୍‌ଲ୍ୟାଣ୍ଡ	୧୬୧
ଆର୍ଜେଣ୍ଟିନା	୧୬୪
ଅଷ୍ଟ୍ରେଲିଆ	୧୬୭

ନିଉଜିଲାଣ୍ଡ	୧୬୯
ଜର୍ମାନୀ-୧୯୯୧	୧୭୧
ଓମାନ	୧୭୪
ଜୋହାନ୍ସବର୍ଗ-ସାଉଥ ଆଫ୍ରିକା-୧୯୯୪	୧୭୬
ଏସିଆର ଚାରୋଟି ଦେଶ-୧୯୯୫	୧୭୯
ପ୍ୟାରିସ୍-୧୯୯୭	୧୮୨
ଫିନ୍‌ଲ୍ୟାଣ୍ଡ-୧୯୯୨	୧୮୫
ଗ୍ରୀସ୍-ଏଥେନ୍‌ସ	୧୮୭

॥ ପାଞ୍ଚ ॥ ସମାଜ ଓ ଜୀବନ ଦର୍ଶନ

ଆମର ଧର୍ମ	୧୯୧
ଭାରତୀୟ ସଂସ୍କୃତି	୧୯୪
ଟେଲିଭିଜନ ଓ ସମାଜ	୧୯୬
ଧୂମପାନ ଏବଂ ମଦ୍ୟପାନ	୧୯୯
ଦୀପକ ଚୋପ୍ରା	୨୦୨
ସ୍ୱାମୀ ଚିନ୍ମୟାନନ୍ଦ	୨୦୭
ଦତ୍ତାତ୍ରେୟଙ୍କ ୨୪ ଗୁରୁ	୨୧୦
ଭାଷଣ	୨୧୩
ଧ୍ୟାନର ମାହାତ୍ମ୍ୟ	୨୧୬
ହସ୍ତାମଲକ	୨୧୮
ଅକ୍ଷରଧାମ ମନ୍ଦିର	୨୨୦
ସାତ୍ତ୍ୱିକ ସୁଖ	୨୨୨
ଓଡ଼ିଶାରେ ଶ୍ରୀଶ୍ରୀ ରବିଶଙ୍କର	୨୨୪
ଏକନାଥ୍ ଈଶ୍ୱରନ୍	୨୨୬
ଡା. କବି ପ୍ରସାଦ ମିଶ୍ର	୨୨୮
ବିଜ୍ଞାନ ଏବଂ ଆଧ୍ୟାତ୍ମିକତା	୨୩୦
ପରମହଂସ ଯୋଗାନନ୍ଦ	୨୩୪
ଭକ୍ତି ସଂଗୀତ	୨୩୬
ସଂସାରବୃକ୍ଷ	୨୩୮
ଅଷ୍ଟବକ୍ର ଗୀତା	୨୪୦

॥ ଛଅ ॥ ଆନ୍ତର୍ଜାତିକ ଘଟଣାବଳୀ

୧୯୮୫ର ଆମେରିକା, ଏକ ଦୃଷ୍ଟିପାତ	୨୪୫
ଭିଏତନାମ୍-ଏକ ଐତିହାସିକ ସମୀକ୍ଷା	୨୪୭
ଚ୍ୟାଲେଞ୍ଜରର ଦୁର୍ଘଟଣା	୨୫୧
ଅର୍ଥନୈତିକ ସମସ୍ୟା	୨୫୪
ଦରଦାମ ବୃଦ୍ଧି ଓ ଆମେରିକା	୨୫୭

ଅଲମ୍ପିକ କ୍ରୀଡ଼ା-କୋରିଆ (୧୯୮୮)	୨୫୯
ଜର୍ଜ ବୁଶ୍-୧୯୮୮	୨୭୧
ଫିଲିପିନ୍ସରେ ଗଣତନ୍ତ୍ରର ବିଜୟ	୨୭୪
ଜାପାନ୍‍ର ଶିକ୍ଷାପଦ୍ଧତି	୨୭୭
୧୯୮୮ ରାଷ୍ଟ୍ରପତି ନିର୍ବାଚନ	୨୭୦
ସନ୍ତ୍ରାସବାଦୀ ଏବଂ ପାନାମ୍ କ୍ଲ୍ୟୋ ଜେଟ୍	୨୭୩
ଇରାକ୍-କୁଏତ୍ ସମସ୍ୟା	୨୭୫
ମଧ୍ୟପ୍ରାଚ୍ୟ ଯୁଦ୍ଧ	୨୭୭
ଇଉରୋପ-୧୯୯୨	୨୮୦
୧୯୯୨ ରାଷ୍ଟ୍ରପତି ନିର୍ବାଚନ-ଆମେରିକା	୨୮୩
୧୯୯୨-ଏକ ସମୀକ୍ଷା	୨୮୪
ଦକ୍ଷିଣ ଆମେରିକା ରାଜନୀତି	୨୮୬
ବେସ୍‍ବଲ୍	୨୮୯
ଶତାବ୍ଦୀ ସମୀକ୍ଷା	୨୯୧

॥ ସାତ ॥ ପୃଥିବୀ ଭ୍ରମଣ (ଦ୍ୱିତୀୟ ଭାଗ)

ଆମଷ୍ଟରଡାମ୍-ହଲାଣ୍ଡ	୨୯୭
ମେକ୍‍ସିକୋ ଏବଂ କଲମ୍ବିଆ	୨୯୯
ଲଣ୍ଡନ-୧୯୯୩	୩୦୨
ବ୍ରାଜିଲ-୧୯୮୯	୩୦୪
ଆବୁଧାବି	୩୦୭
ମଧ୍ୟପ୍ରାଚ୍ୟର କୁଏତ	୩୦୯
ଇଷ୍ଟାନବୁଲ୍-ତୁର୍କୀ	୩୧୧
ମଧ୍ୟପ୍ରାଚ୍ୟ-ବାହାରେନ	୩୧୩
ଫ୍ରାଙ୍କଫୁର୍ଟ-ଜର୍ମାନୀ	୩୧୫
ଦକ୍ଷିଣ ଆଫ୍ରିକା	୩୧୮
ସ୍ୱିଡେନ୍	୩୨୧
ବ୍ରାଜିଲ-୧୯୯୧	୩୨୩
ଆର୍ଜେଣ୍ଟିନା-୧୯୯୪	୩୨୪
ଦକ୍ଷିଣ ଫ୍ରାନ୍ସ	୩୨୮
ଫ୍ରାଙ୍କଫୁର୍ଟ-ଜର୍ମାନୀ-୧୯୯୬	୩୩୦
ଗୋଟିଏ ପୃଥିବୀ, ଅନେକ ଦେଶ	୩୩୧
ରୁଷିଆରେ ଚାରିଦିନ	୩୩୪
କୋଷ୍ଟାରିକା	୩୩୭
ଆମେରିକା ଚିଠି ଉନ୍ମୋଚିତ	୩୩୯

॥ ଏକ ॥

ଆମେରିକାର ଓଡ଼ିଆମାନେ

ଆମେରିକାର ଓଡ଼ିଆମାନେ

ବର୍ତ୍ତମାନ ଯୁକ୍ତରାଷ୍ଟ୍ର ଆମେରିକାରେ ୫୦୦ରୁ ଊର୍ଦ୍ଧ୍ୱ ଓଡ଼ିଆ ପରିବାର ତଥା ଛାତ୍ର ବସବାସ କରୁଛନ୍ତି। କାନାଡ଼ାରେ ପ୍ରାୟ ୫୦ଟି ପରିବାର ରହୁଛନ୍ତି, ସେଥିରୁ ପ୍ରାୟ ୪୦ଟି ପରବାର କେବଳ ଓଣ୍ଟାରିଓ ପ୍ରଦେଶରେ; ବିଶେଷତଃ ଟୋରୋଣ୍ଟୋ ତଥା ଆଖପାଖ ସହରରେ ରୁହନ୍ତି।

ଯୁକ୍ତରାଷ୍ଟ୍ର ଆମେରିକାରେ ୫୦୦ ପରିବାରଙ୍କ ମଧ୍ୟରୁ ନ୍ୟୁୟର୍କ, ନିୟୁଜର୍ସି ତଥା ପେନ୍‌ସିଲ୍‌ଭାନିଆ ପ୍ରଦେଶରେ ପ୍ରାୟ ୧୫୦ଟି ପରିବାର ରୁହନ୍ତି। ଟିକିଏ ଦକ୍ଷିଣରେ, ରାଜଧାନୀ ୱାଶିଂଟନ ଅଞ୍ଚଳରେ ପ୍ରାୟ ୫୦ଟି ପରିବାରଙ୍କ ଘର। ଚିକାଗୋ ସହର ତଥା ମିଚିଗାନ୍ ପ୍ରଦେଶରେ ସମୁଦାୟ ୫୦ଟି ପରିବାର ରୁହନ୍ତି। ଦକ୍ଷିଣରେ ଟେକ୍‌ସାସ ପ୍ରଦେଶରେ ୩୫ଟି ପରିବାର ଓ ପଶ୍ଚିମରେ କାଲିଫର୍ଣ୍ଣିଆ ପ୍ରଦେଶରେ ୪୦ଟି ପରିବାର ରହୁଛନ୍ତି।

ବିଗତ ଦୁଇ ଦଶନ୍ଧି ମଧ୍ୟରେ ଆମେରିକାର ଓଡ଼ିଆମାନଙ୍କ ସଂଖ୍ୟା ଅତି କମ୍‌ରେ ଦ୍ୱିଗୁଣିତ ହୋଇଛି। ସମୁଦାୟ ଛାତ୍ରଙ୍କ ସଂଖ୍ୟା ବର୍ତ୍ତମାନ ପ୍ରାୟ ଏକଶହରୁ ଊର୍ଦ୍ଧ୍ୱ। ବିଗତ ୧୫ବର୍ଷ ହେବ ବିଦେଶୀ ଓଡ଼ିଆମାନେ "ଓଡ଼ିଶା ସୋସାଇଟି ଅଫ୍ ଆମେରିକାସ୍" (OSA) ନାମକ ସଂସ୍ଥା ଗଠନ କରି ବିଦେଶରେ ଓଡ଼ିଆମାନଙ୍କର ଏକତା ତଥା ସଂପ୍ରୀତିକୁ ଦୃଢ଼ ରଖିବାକୁ ଅଦମ୍ୟ ଚେଷ୍ଟା ଚଳାଇଛନ୍ତି। ଏହି ସଂସ୍ଥା ତରଫରୁ ପ୍ରତି ତିନି ମାସରେ ଏକ ନ୍ୟୁଜଲେଟର ପ୍ରକାଶିତ ହେଉଛି, ଯାହାକୁ ଏହି ଲେଖକ ସମ୍ପାଦନା କରୁଛି। ନିକଟରେ ଆମେରିକା ବାହାରେ ଇଂଲଣ୍ଡ, ଜର୍ମାନୀ ବେଲଜିୟମ୍ ଇତ୍ୟାଦି ରାଷ୍ଟ୍ରମାନଙ୍କରେ ରହୁଥିବା ଓଡ଼ିଆମାନେ ଏହି ନିଉଜଲେଟର ପାଉଛନ୍ତି ଏବଂ ଆମେରିକୀୟ ଓଡ଼ିଆମାନଙ୍କ ସହ ସମ୍ପର୍କ ସ୍ଥାପନରେ ଆଗ୍ରହ ପ୍ରକାଶ କରୁଛନ୍ତି।

ପ୍ରକାଶ ଥାଉ କି ଏହି ସଂସ୍ଥା ଗତ ୨ବର୍ଷ ତଳେ ଓଡ଼ିଶାର ବନ୍ୟା ପାଣ୍ଠି ପାଇଁ

୫୦ ହଜାର ଟଙ୍କା ସାହାଯ୍ୟ ପଠାଇଥିଲେ। ଏହା ଛଡ଼ା ଓଡ଼ିଶାରୁ ଦୁଇଜଣ କଣ୍ଠଶିଳ୍ପୀ ଶ୍ରୀ ଅକ୍ଷୟ ମହାନ୍ତି (୧୯୭୯) ଏବଂ ଶ୍ରୀ ସିକନ୍ଦର ଆଲାମ (୧୯୮୩)ଙ୍କୁ ଆମେରିକା ଆଣିବାରେ ବିଶେଷ ସହାୟତା କରିଥିଲେ। ନିକଟରେ ନୃତ୍ୟଶିଳ୍ପୀ ଶ୍ରୀମତୀ ସଂଯୁକ୍ତା ପାଣିଗ୍ରାହୀଙ୍କୁ କେତେକ ସହରରେ ସାଂସ୍କୃତିକ କାର୍ଯ୍ୟକ୍ରମ ପରିବେଷଣ, ଆଲୋଚନାରେ ମଧ୍ୟ ସହାୟତା କରିଥିଲେ।

ବିଦେଶୀ ଓଡ଼ିଆମାନଙ୍କ ମଧ୍ୟରୁ ଅନେକେ ଡାକ୍ତରୀ, ଇଞ୍ଜିନିୟରିଂ ତଥା ଅଧ୍ୟାପନା କାର୍ଯ୍ୟରେ ନିଯୁକ୍ତ। ସର୍ବାଧିକ ଓଡ଼ିଆ ବୃତ୍ତି ପାଇ ଉଚ୍ଚଶିକ୍ଷା ପାଇଁ ଆସିଥିଲେ ଏବଂ ଉଚ୍ଚଶିକ୍ଷା ପରେ ବିଭିନ୍ନ ଚାକିରିରେ ରହିଲେ। ଯେଉଁ ସହରଗୁଡ଼ିକରେ ଓଡ଼ିଆମାନେ ବିଶେଷ ସଂଖ୍ୟାରେ ଅଛନ୍ତି, ସେଠାରେ ସ୍ଥାନୀୟ ସଂସ୍ଥା (Local Chapter) ମଧ୍ୟ କରାଯାଇଛି। ପ୍ରତିବର୍ଷ ବିଭିନ୍ନ ପୂଜାପର୍ବ ତଥା ସାଂସ୍କୃତିକ କାର୍ଯ୍ୟକ୍ରମ ଏହି ସ୍ଥାନୀୟ ସଂସ୍ଥାମାନଙ୍କ ଦ୍ୱାରା ପାଳିତ ହୋଇଥାଏ।

ଏବର୍ଷ ଏପ୍ରିଲ ମାସରେ କାଲିଫର୍ଣ୍ଣିଆରେ "ବିଷୁବ ମିଳନ" ପାଳିତ ହୋଇଥିଲା। ପ୍ରାୟ ୩୦୦ ଅଣଓଡ଼ିଆ ତଥା ଅଣଭାରତୀୟ ଏଥିରେ ଯୋଗଦେଇଥିଲେ। ଓଡ଼ିଆ କଳା ଲିପିର ପ୍ରଦର୍ଶନୀ ଛଡ଼ା ଫଟୋଚିତ୍ର (Slide Show) ମାଧ୍ୟମରେ ଓଡ଼ିଶାର ଭୌଗୋଳିକ ସ୍ଥିତି, ଶିଳ୍ପକଳା ବିଷୟରେ ସମସ୍ତଙ୍କୁ ଅବଗତ କରାଯାଇଥିଲା। ବିଦେଶରେ ଭାରତୀୟମାନଙ୍କୁ "ମୁଁ ଓଡ଼ିଶାରୁ" ବୋଲି କହିଲେ, ଅନେକେ ପଚାରନ୍ତି, "ୟେ ଓଡ଼ିଶା କାହାଁହେ, ସାଉଥ ମେଁ ?"

ଏଥିରୁ ଭାରତୀୟଙ୍କ ମଧ୍ୟରେ ଓଡ଼ିଶା ବାବଦରେ ଜ୍ଞାନର ସୀମା କଳ୍ପନା କରାଯାଇପାରେ। ସମୁଦାୟ ଆମେରିକାରେ ଭାରତର ଅନ୍ୟାନ୍ୟ ପ୍ରଦେଶରୁ, ବିଶେଷତଃ ଗୁଜରାଟ, ପଞ୍ଜାବ, ତାମିଲନାଡୁ, କେରଳରୁ ଓଡ଼ିଶା ଅପେକ୍ଷା ଅଧିକ ଲୋକ ଅଛନ୍ତି। କେବଳ ଟୋରୋଣ୍ଟୋ ସହରରେ ଭାରତୀୟଙ୍କ ସଂଖ୍ୟା ଏକଲକ୍ଷରୁ ଊର୍ଦ୍ଧ୍ୱ; ତା' ଭିତରେ ଓଡ଼ିଆ ମାତ୍ର ୪୦।

ପ୍ରତି ବର୍ଷ ଜୁଲାଇ ମାସରେ ଓଡ଼ିଶା ସୋସାଇଟିର ବାର୍ଷିକ ଅଧିବେଶନ ଅନୁଷ୍ଠିତ ହୁଏ। ବିଗତ ୩ ବର୍ଷରେ ଏହି ଅଧିବେଶନକୁ ବହୁ ସଂଖ୍ୟାରେ ଓଡ଼ିଆମାନେ ହଜାର ହଜାର ମାଇଲ ଦୂରରୁ ଆସୁଛନ୍ତି। ଦୁଇଦିନ ପାଇଁ ଗୋଟିଏ ଜାଗାରେ ଚାରିଶହ ଓଡ଼ିଆ ଏକାଠି ହୋଇ ଓଡ଼ିଆ ଭାଷାରେ ଚାରିଆଡ଼ ମୁଖରିତ କରନ୍ତି। ଓଡ଼ିଶାରେ ବାହାଘର ହେଲେ ବନ୍ଧୁବାନ୍ଧବଙ୍କ ସମାବେଶ ଯେମିତି ଲାଗେ, ଏହି ଅଧିବେଶନର ଅନୁଭବ ଠିକ୍ ସେହିପରି।

ଏ କଥା ମଧ୍ୟ ଲକ୍ଷ୍ୟ କରାଯାଇଛି ଯେ, ଗତ ୫ବର୍ଷ ଭିତରେ ଓଡ଼ିଶାରୁ

ବୁଲିବା ଲାଗି ଅନେକେ ଆସୁଛନ୍ତି । ଅବଶ୍ୟ ଏମାନଙ୍କ ମଧ୍ୟରେ ଅଧିକାଂଶ ଆମେରିକାର ବାସିନ୍ଦାମାନଙ୍କ ବନ୍ଧୁବାନ୍ଧବ । ଉଦାହରଣ ସ୍ୱରୂପ ଏ ବର୍ଷର ଲସ୍‌ଏଞ୍ଜେଲସ ଅଲିମ୍ପିକ ଖେଳ ଦେଖିବାକୁ ଓଡ଼ିଶାରୁ ପ୍ରାୟ ୧୦ ଜଣ ଆସିଥିଲେ । ତା'ଛଡ଼ା ବିଭିନ୍ନ ଶିକ୍ଷସଂସ୍ଥାରୁ ବୈଷୟିକ ତାଲିମ ପାଇଁ ମଧ୍ୟ ଅନେକ ଓଡ଼ିଆ ଆସୁଛନ୍ତି । ଏଠାର ବାସିନ୍ଦାମାନେ ପ୍ରତି ୨/୩ ବର୍ଷରେ ଥରେ ଓଡ଼ିଶା ଯାଆନ୍ତି । ଏକା ସମୟରେ ଏଠାର ଅନେକ ପରିବାର ଓଡ଼ିଶାରେ ଥାଆନ୍ତି ଓ ଭେଟାଭେଟି ହୋଇଗଲେ ନିଜ ପରିବାରକୁ ଭେଟିଲା ପରି ବୋଧହୁଏ ।

ସାପ୍ତାହିକ 'ସମାଜ' ଅନେକ ପରିବାର ମଗାନ୍ତି ଓ ପ୍ରତିଟି କାଗଜ ପହଞ୍ଚିଲା ମାତ୍ରେ ତାକୁ ଏକ ନିଃଶ୍ୱାସକେ ପଢ଼ିଯାଆନ୍ତି । ସମସ୍ତେ କୁହନ୍ତି ଯେ, ଏହା ସତେ ଯେମିତ ଘରୁ ଆସିଥିବା ଏକ ବଡ଼ ଚିଠି ।

■

ଇନ୍ଦିରା ଗାନ୍ଧୀଙ୍କ ମୃତ୍ୟୁ ଖବର

ଅକ୍ଟୋବର ୩୧ ତାରିଖରେ ଇନ୍ଦିରାଙ୍କ ନିର୍ମମ ହତ୍ୟା ଖବର ଏଠାକାର ଖବର କାଗଜ, ଟେଲିଭିଜନରେ ଏତେ ପରିମାଣରେ ଗୁରୁତ୍ୱପୂର୍ଣ୍ଣ ସ୍ଥାନ ଅଧିକାର କଲା ଯେ, ଯାହାକୁ ଐତିହାସିକ କହିଲେ ଭୁଲ୍ ହେବ ନାହିଁ। ଜଣେ ଭାରତୀୟ ନେତ୍ରୀଙ୍କୁ ଏତେ ଉଚ୍ଚସ୍ଥାନ ଦେବା ବୋଧହୁଏ ଅଭୂତପୂର୍ବ, କାରଣ ହେଲା ଭାରତ ଗଣତାନ୍ତ୍ରିକ ରାଷ୍ଟ୍ର ଏବଂ ଆମେରିକା ଗଣତନ୍ତ୍ର ଉପରେ ଗୁରୁତ୍ୱ ଦିଏ। ତା'ଛଡ଼ା ଜଣେ ମହିଳା ପୃଥିବୀର ସର୍ବବୃହତ୍ ଓ ଜଟିଳ ଗଣତନ୍ତ୍ରର ମୁଖ୍ୟ ହୋଇ ୧୬ବର୍ଷ ରହିବା ଏଠାର ପ୍ରେସ୍ ତଥା ସାଧାରଣ ଲୋକଙ୍କ ପାଇଁ ଅସାଧାରଣ।

ଏଠାରେ ଉଲ୍ଲେଖଯୋଗ୍ୟ ଯେ ଆମେରିକାରେ ପ୍ରଥମଥର ଲାଗି ଜଣେ ମହିଳା ଉପରାଷ୍ଟ୍ରପତି ପଦ ପାଇଁ ମନୋନୀତା ହୋଇ ଏହି ବର୍ଷ ଲଢ଼ିଲେ। ସେ ଥିଲେ ଜେରାଲ୍ଡିନ୍ ଫେରାରେ, ଡେମୋକ୍ରାଟିକ୍ ଦଳ ପକ୍ଷରୁ। ସାଧାରଣ ନାଗରିକ ଏଠାରେ ବର୍ତ୍ତମାନ ମଧ୍ୟ ଜଣେ "ମହିଳା" ରାଷ୍ଟ୍ରପତିଙ୍କୁ ଗ୍ରହଣ କରିବାକୁ କୁଣ୍ଠାବୋଧ କରୁଛନ୍ତି।

ଇନ୍ଦିରାଙ୍କ ମୃତ୍ୟୁ ପରେ 'ନ୍ୟୁୟର୍କ ଟାଇମସ୍' ରେ ପ୍ରାୟ ୧୦ ପୃଷ୍ଠାର ସ୍ୱତନ୍ତ୍ର ବିବରଣୀ ପ୍ରକାଶ ପାଇଲା। ପ୍ରାୟ ସବୁ ଲୋକ ବାଟରେ, ଅଫିସ୍‌ରେ, ଉଡ଼ାଜାହାଜରେ ପ୍ରଶ୍ନ କରୁଥିଲେ "କାହିଁକି ସେ ଶିଖ୍‌ମାନଙ୍କୁ ଦେହରଖୀ ହିସାବରେ ରଖିଲେ? ସେ କ'ଣ ଜାଣି ନ ଥିଲେ ଯେ ତାଙ୍କ ପାଇଁ ଏହା ନିରାପଦ ନୁହେଁ?"

ସବୁଠାରୁ ଦୁଃଖଦାୟକ ହେଲା, ଇନ୍ଦିରାଙ୍କ ମୃତ୍ୟୁ ପରେ ଏଠାରେ କେତେଜଣ ଶିଖ୍ ବାହାରେ ମିଠେଇ ବାଣ୍ଟିଲେ ଏବଂ ସ୍ଥାନୀୟ ଟେଲିଭିଜନରେ ତା'ର ବିବରଣୀ ଦିଆଗଲା।

ଭାରତର 'ଦୂରଦର୍ଶନ' ତରଫରୁ ଇନ୍ଦିରାଙ୍କ ଶେଷକୃତ୍ୟ ଟେଲିଭିଜନରେ ଭାରତୀୟମାନଙ୍କ ଛଡ଼ା ଏଠାରେ ମଧ୍ୟ ସମସ୍ତେ ଦେଖିବାକୁ ପାଇଲେ। ପୂରା ରାତି

ଶେଷକୃତ୍ୟ ଦେଖାଗଲା। ରାଜନୈତିକ ମହଲରେ ରାଜୀବ ଗାନ୍ଧୀଙ୍କ ନେତୃତ୍ୱ ଉପରେ ଅନେକ ଆଲୋଚନା କରାଯାଉଛି।

ସାଧାରଣ ଆମେରିକୀୟମାନଙ୍କ ପାଇଁ ଇନ୍ଦିରା ଜଣେ ଅସାଧାରଣ ବ୍ୟକ୍ତିତ୍ୱସମ୍ପନ୍ନା ମହିଳା ଥିଲେ। ଆବ୍ରାହମ୍ ଲିଙ୍କନ୍, ଜନ୍ କେନେଡି ପ୍ରମୁଖ ଲୋକପ୍ରିୟ ନେତାଙ୍କର ବର୍ବରୋଚିତ ହତ୍ୟାକାଣ୍ଡ ପରି ଇନ୍ଦିରାଙ୍କ ହତ୍ୟା ଘଟଣା ସମସ୍ତଙ୍କୁ ବିଶେଷ ମର୍ମାହତ କରିଛି।

ଓଡ଼ିଶା ଭ୍ରମଣ-୧୯୮୫ ଡିସେମ୍ବର

ଗତ ଡିସେମ୍ବର ମାସଟି ଭାରତ ଓ ଓଡ଼ିଶା ଭ୍ରମଣରେ ଅତିବାହିତ ହେଲା । ଅନେକ ବନ୍ଧୁ ଓ ହିତୈଷୀ କହିଲେ, 'ଆମେରିକାରୁ ଆସି ଆପଣ ଭାରତ, ବିଶେଷତଃ ଓଡ଼ିଶାରେ କ'ଣ ପରିବର୍ତ୍ତନ ଦେଖୁଛନ୍ତି ସେ କଥା ଲେଖନ୍ତୁ ।" ସେଇଥା ହିଁ ଏଥର ଲେଖୁଛି ।

ଭାରତ ପହଞ୍ଚି ଦିଲ୍ଲୀ ସହରରେ ସପ୍ତାହେ ରହିବା ପରେ ଓଡ଼ିଶା । ପ୍ରାୟ ଡିସେମ୍ବର ମାସଟି ଓଡ଼ିଶାରେ ରହିବା ଅବସରରେ କମ୍ପ୍ୟୁଟର ସଫ୍ଟୱେରରେ ସର୍ବଭାରତୀୟ ସ୍ତରରେ ସେମିନାର ତଥା ଆଲୋଚନା ପାଇଁ ହାଇଦ୍ରାବାଦ, ବମ୍ବେ ଇତ୍ୟାଦି ଯିବାକୁ ପଡ଼ିଲା । ଦିଲ୍ଲୀରେ ମଧ୍ୟ ସେମିନାର ଥିଲା । ଏହି ସହରଗୁଡ଼ିକରେ ଥିବା ସମୟରେ ବହୁତ ବୈଜ୍ଞାନିକ, ବୁଦ୍ଧିଜୀବୀ, କମ୍ପାନୀଗୁଡ଼ିକର ମ୍ୟାନେଜିଂ ଡାଇରେକ୍ଟର ଇତ୍ୟାଦିଙ୍କ ସହ ଆଲୋଚନା ମାଧ୍ୟମରେ ଭାରତରେ କମ୍ପ୍ୟୁଟର ତଥା ଅନ୍ୟାନ୍ୟ ଉନ୍ନତିମୂଳକ କାର୍ଯ୍ୟ ବାବଦରେ ଅବଗତ ହେବାର ସୁଯୋଗ ମିଳିଲା ।

ଏସବୁ କ୍ଷେତ୍ରରେ ନାନାଦି କାର୍ଯ୍ୟ ଆରମ୍ଭ ହୋଇଛି । ଯୁବ ବୈଜ୍ଞାନିକ ତଥା ଇଞ୍ଜିନିୟରମାନେ ଭବିଷ୍ୟତ ପାଇଁ ଉତ୍ସାହିତ ଓ ଆଶାବାଦୀ । ନୂତନ ପ୍ରଧାନମନ୍ତ୍ରୀଙ୍କ ବିଜ୍ଞାନ ଉପରେ ଗୁରୁତ୍ୱକୁ ସମସ୍ତେ ପ୍ରଶଂସା କରୁଛନ୍ତି । ଦେଶ ପକ୍ଷେ ଏସବୁ ଶୁଭ ନିଶ୍ଚୟ । ଦେଶର ଏସବୁ ଦେଖି ଆସିଲା ପରେ ଆମ ପ୍ରଦେଶ ଓଡ଼ିଶାରେ କ'ଣ ଲକ୍ଷ୍ୟ କରାଗଲା ?

ଓଡ଼ିଶା ଯେ ଏକ ଅବହେଳିତ ତଥା ଭାରତର ଅନୁନ୍ନତ ପ୍ରଦେଶମାନଙ୍କ ମଧ୍ୟରୁ ଅନ୍ୟତମ, ଏଥିରେ ସନ୍ଦେହ ନାହିଁ । ଦିଲ୍ଲୀରେ କିଛିଦିନ ଅବସ୍ଥାନ କଲେ ସ୍ପଷ୍ଟ ହୋଇଯାଏ ଯେ କେନ୍ଦ୍ର ସରକାରଙ୍କ ପାଇଁ ଓଡ଼ିଶାର ସ୍ଥାନ ଅତି ତଳେ । ଯଦି କେନ୍ଦ୍ର ସରକାରଙ୍କର ଦୁଇ ହଜାର ସମସ୍ୟା ଥାଏ, ତେବେ ଓଡ଼ିଶାର ସ୍ଥାନ ଦୁଇ ହଜାର ଏକ କହିଲେ ଅତ୍ୟୁକ୍ତି ହେବନାହିଁ । ରାଜୀବ ଗାନ୍ଧୀଙ୍କ ନିର୍ମଳ ଶାସନ ତଥା ଏକବିଂଶ ଶତାବ୍ଦୀ ଆଡ଼କୁ ମୁହାଁଇବାର ଆହ୍ୱାନ ଓଡ଼ିଶାରେ ପହଞ୍ଚିବାକୁ ଆହୁରି ବହୁକାଳ ଲାଗିଯିବ ।

ଆମେମାନେ ବିଦେଶରୁ ପ୍ରତି ୨ବର୍ଷରେ ଯାଇ ଦେଖୁଛୁ ଯେ ଓଡ଼ିଶାରେ କିଞ୍ଚିତ୍ ମାତ୍ରାରେ ଅଗ୍ରଗତି ନାହିଁ । କାଗଜପତ୍ରରେ ଅନେକ କଥା ଲେଖାଯାଇଛି, କୁହାଯାଇଛି; ମାତ୍ର ବାସ୍ତବରେ ଖୁବ୍ କମ୍ ଆଖିରେ ପଡୁଛି ।

ନାଲ୍କୋ ପ୍ରକଳ୍ପ ତ ହେଉଛି ମାତ୍ର ତା'ର ଖର୍ଚ୍ଚ ବର୍ତ୍ତମାନ ୨୪୦୦ କୋଟିକୁ ଟପିଲାଣି। ଯୁଆଡ଼େ ଗଲେ ନୂଆ କଥା ଆଖିରେ ପଡୁଛି-ହୋଟେଲ୍, ସେଥିରୁ ବଡ଼ ଆକର୍ଷଣ ହେଲା ମଦ୍ୟପାନ। ଓଡ଼ିଶାର ସାଧାରଣ ଲୋକେ ଏ ହୋଟେଲ୍‌ମାନଙ୍କରୁ କ'ଣ ଉପକାର ପାଉଛନ୍ତି ?

ଓଡ଼ିଶାର ଦୁର୍ନୀତି ଯେ ଚରମ ଏହା ଖୁବ୍ କମ୍ ସମୟରେ ସ୍ପଷ୍ଟ ହୋଇଯାଏ। ଛୋଟରୁ ବଡ଼ ପର୍ଯ୍ୟନ୍ତ ସବୁ ସ୍ତରରେ ଆଲୋଚନା ଭିତରେ ବଡ଼ କଥା ହେଲା- କିଏ କେତେ ବଡ଼ କୋଠା କରିଛି। ମାସକୁ କେତେ ଭଡ଼ା ମିଳୁଛି, ଅମୁକବାବୁ ପଇସାପତ୍ର ଖାଇ ଝିଅକୁ ଯୌତୁକ ଦେବାପାଇଁ ମାରୁତି ଭ୍ୟାନ କିଣିଲେଣି ତ ଆଉ କୋଉ ବାବୁ ଖୁବ୍ କମ୍ ବୟସରେ ଭୁବନେଶ୍ୱର ନୂଆପଲ୍ଲୀରେ ଜାଗା କିଣି ଦୁଇ ମହଲାକୋଠା କରିପକାଇଲେଣି। କୋଉ ଡାକ୍ତର ରାଜନୀତିରେ ପ୍ରବେଶ କରି ଏତେ ବଡ଼ କୋଠା କରିଛନ୍ତି ଯେ ମାସକୁ ଭଡ଼ା କେବଳ ୨୫୦୦୦ ଟଙ୍କା। ପ୍ରତି ଦିନ, ପ୍ରତି ମୁହୂର୍ତ୍ତରେ ଏଇ ପ୍ରକାର କଥା ଯଦି ଜଣେ ଶୁଣିବ, ତେବେ କ'ଣ ଧାରଣା ହେବ ?

ସର୍ବସାଧାରଣ ନିଜ ସ୍ୱାର୍ଥ ପାଇଁ ଦେଶଟାକୁ ଲୁଣ୍ଠି ପକେଇଲେଣି। ଓଡ଼ିଶାରେ ଥିବା ଅବସ୍ଥାରେ **'Sunday'** ପତ୍ରିକାର **Cover Page**ରେ **The Strange Record of J.B. Patnaik** (ଓଡ଼ିଶା ମୁଖ୍ୟମନ୍ତ୍ରୀଙ୍କର ଅଦ୍ଭୁତ ଶାସନ) ଶୀର୍ଷକ ବିବରଣୀ ପଢ଼ିଲେ ଯେ କେହି ବିସ୍ମିତ ନ ହୋଇ ରହିପାରିବନି।

ନୂଆ କଥା ଆମେ ଲକ୍ଷ୍ୟ କଲୁ। ଆଗେ ଦୁର୍ନୀତି ଯିଏ କରୁଥିଲା, ସେ କଥା ଲୁଚେଇ ଛପେଇ କରୁଥିଲା। ଏବକୁ ଚୋରି କରିବା ସଂଗେ ସଂଗେ ବାହାସ୍ଫୋଟ ମାରିବା ମଧ୍ୟ ଫେସନ ହେଲାଣି। ଭୁବନେଶ୍ୱରରେ ବୁଲିଲାବେଳେ ଯେଉଁ ଅଟ୍ଟାଳିକାମାନ ଆଖିରେ ପଡ଼େ, ସ୍ୱତଃ ମନରେ ପ୍ରଶ୍ନ ଆସେ, "ଏମାନେ କ'ଣ ସବୁ ବ୍ୟବସାୟୀ" ?

ଉତ୍ତର ମିଳେ ନା, ଏମାନେ ସବୁ ଚାକିରିଆ, କିଏ ପ୍ରଶାସନିକ ଅଫିସର ତ କିଏ ଇଞ୍ଜିନିୟର। ଯଦି ମାସିକ ଦରମା ଅତିବେଶିରେ ୩/୪ ହଜାର ଟଙ୍କା ହୁଏ ତେବେ ଲକ୍ଷ ଲକ୍ଷ ଟଙ୍କାର ଘର କରିବାକୁ ସମ୍ବଳ ଆସିଲା କୁଆଡୁ? ଏହାକୁ ଦେଖି ଅନେକେ ଭାବୁଛନ୍ତି ଯେ ଓଡ଼ିଶାରେ ଉନ୍ନତି ଖୁବ୍ ହୋଇଛି।

ଓଡ଼ିଶାରେ ଜଣେ ପ୍ରଶ୍ନ କଲେ, "ହଃ ଆମେରିକାରେ କ'ଣ ଦୁର୍ନୀତି ନ ଥିବ, ନିଶ୍ଚୟ ଥିବ ନା ?" ମୋର ଉତ୍ତର ହେଲା, ଅନ୍ତତଃ, ମୋର ପନ୍ଦରବର୍ଷ ରହଣି କାଳରେ କାହାକୁ ପାଞ୍ଚୋଟି ଟଙ୍କା ଲାଞ୍ଚ ଦେବା ଦରକାର ପଡ଼ିନି କି କେହି ଆମକୁ ପାଞ୍ଚୋଟି ଟଙ୍କା ଲାଞ୍ଚ ଦେବାର ପ୍ରୟାସ କରିନାହାନ୍ତି।"

ଥରେ ଜଣେ ଆଇ.ଏ.ଏସ୍. ଅଫିସର (ଭୁବନେଶ୍ୱରରେ କୋଠାଥିଲାବାଲା)

ପ୍ରଶ୍ନ କଲେ, "ଆମେରିକାରେ ୱାଟରଗେଟ୍ କେମିତି ହୋଇଥିଲା ? ସେ ଏତିକି ହୃଦୟଙ୍ଗମ କରିବା ଉଚିତ ଯେ ୱାଟରଗେଟ୍ ଯୋଗୁଁ ଆମେରିକାର ଖୋଦ ରାଷ୍ଟ୍ରପତି ତଡ଼ାଖାଇଲେ। ଏହା ଆମେରିକା ଇତିହାସରେ ପ୍ରଥମ ଥିଲା।

ଆମର କେତେଜଣ ବର୍ତ୍ତମାନ ତଥା ପୂର୍ବତନ ମନ୍ତ୍ରୀ ଜେଲ ଯାଇଛନ୍ତି ଦୁର୍ନୀତି ଯୋଗୁ ? ମହାରାଷ୍ଟ୍ରର ଆନ୍ତୁଲେ ଏବେ ମଧ୍ୟ ଆରାମରେ ଅଛନ୍ତି, ପୁଣି କଂଗ୍ରେସ ଫେରିବାକୁ ମନସ୍ଥ କରୁଛନ୍ତି ମଧ୍ୟ। ଓଡ଼ିଶା କଥା ନ କହିଲେ ଭଲ।

ଓଡ଼ିଶାରେ ଆଉ ଏକ ନୂଆ କଥା ଲକ୍ଷ୍ୟ କଲି- ଯୁବକମାନେ ଦୁର୍ନୀତି ଆଡ଼କୁ ବେଶି ଆକୃଷ୍ଟ ହେଉଛନ୍ତି। ସରକାରଙ୍କ ଜରିଆରେ ବ୍ୟାଙ୍କ ଋଣ ନେବା ଫେସନ ହୋଇଛି। ଋଣ ନେବା ଏକତରଫା ରାସ୍ତା। ଟଙ୍କା ନ ଫେରାଇବାର ଅନେକ ପନ୍ଥା ମଧ୍ୟ ବାହାର କରାଯାଇଛି। ଯେଉଁ ଅଫିସର ଋଣ ବ୍ୟବସ୍ଥା କରାଇବେ, ତାଙ୍କର ହାତ ପାଉଣା ମଧ୍ୟ ଅଛି।

ଶିଳ୍ପ ନାଁରେ ଲକ୍ଷ ଲକ୍ଷ ଟଙ୍କା ନେଇ କୋଠାବାଡ଼ି କରି ଗାଡ଼ି କିଣାଯାଇଛି। ମଞ୍ଚେଶ୍ୱରରେ ନାଁକୁ ଶେଡ୍ ନିଆଯାଇ ତାଲା ପକାହେଉଛି, ତା'ପରେ ରୁଗ୍ଣ ଶିଳ୍ପବୋଲି କୁହାଯାଇ, ସେ ଟଙ୍କା ଫେରାଇବାର ଆଉ ସମ୍ଭାବନା ନ ଥିବା କୁହାଯାଉଛି। ସରକାର ମଧ୍ୟ ଋଣ ପ୍ରଣାଳୀକୁ ଯଥାର୍ଥ ନିୟନ୍ତ୍ରଣ କରୁ ନାହାନ୍ତି। ଏହି ପ୍ରକ୍ରିୟାରେ ଅନେକ ପଇସାପତ୍ର ପାଇ ଆରାମରେ ରହୁଛନ୍ତି।

ବର୍ତ୍ତମାନ ଭୁବନେଶ୍ୱରକୁ ସଫ୍ଟୱେର ସିଟି କୁହାଗଲାଣି। ଯେମିତି ରାସ୍ତା, ପୋଲ ଇତ୍ୟାଦି କଣ୍ଟ୍ରାକ୍ଟରୀ କାମରେ ସୁବିଧାରେ ପଇସା କରି ହେଉଥିଲା, ସେମିତି ସଫ୍ଟୱେରରେରେ କେମିତି ରାତାରାତି ଲକ୍ଷପତି ହୋଇଯାଇହେବ, ସେଇ ଚିନ୍ତା ବହୁତ ଲୋକଙ୍କୁ ଏବେ ଘାରିଲାଣି।

ବିଦେଶୀ ଓଡ଼ିଆ ହିସାବରେ ଆମ୍ଭେମାନେ ଓଡ଼ିଶାର ମଙ୍ଗଳ କାମନା କରୁ। ନିଜ ପ୍ରଦେଶର ଉନ୍ନତି ହେଲେ ଆମ୍ଭେ ଗର୍ବିତ ହେବୁ। କିନ୍ତୁ ଓଡ଼ିଶାରେ କିଛି ସମୟ ରହି, ଏଇସବୁ ଚିନ୍ତାଧାରା ଦେଖିଲେ ଲାଗୁଛି ଓଡ଼ିଶା ଯେଉଁ ତିମିରରେ ଥିଲା, ସେହି ତିମିରରେ ଅଛି। ଅମଲାତନ୍ତ୍ରର ପ୍ରଭାବ ବେଶୀ। ବିଜ୍ଞାନ ତଥା ନୂତନ ଚିନ୍ତାଧାରାର ବିକାଶ ପାଇଁ ଆଗ୍ରହ ତଥା ଅବକାଶ କମୁଛି। ବିଶେଷ କାମ ନ କରି, ଅଳସୁଆ ହୋଇ କେମିତି ସୁବିଧାରେ ପଇସା ରୋଜଗାର କରିହେବ, ସେଇ ଚିନ୍ତାରେ ସମସ୍ତେ ବିଭୋର।

ଭାରତର ନେତୃବର୍ଗଙ୍କ ମଧ୍ୟରେ ନୂତନ ଚିନ୍ତାର ସୂର୍ଯ୍ୟୋଦୟ ହୋଇଛି। ଆମ୍ଭେମାନେ ଆଶାକରୁ ଯେ, ଓଡ଼ିଶାରେ ସେଭଳି ନୂତନ ପ୍ରେରଣା ଆସୁ ଓ ଦୁର୍ନୀତି ଲୋପ ପାଉ। ସାଧାରଣ ଜନତାଙ୍କର କିଛି ଉନ୍ନତି ହେଉ।

■

ଓଡ଼ିଶା ସୋସାଇଟିର ବାର୍ଷିକ ଅଧିବେଶନ-୧୯୮୬

ଆସନ୍ତା ଜୁଲାଇ ମାସ ୪ ଓ ୫ ତାରିଖରେ କାନାଡ଼ାର ଟରୋଣ୍ଟୋ ସହରରେ ଓରିଶା ସୋସାଇଟି ଅଫ୍ ଆମେରିକାସ୍ (OSA)ର ସପ୍ତଦଶ ବାର୍ଷିକ ଅଧିବେଶନ ଅନୁଷ୍ଠିତ ହେବ। ଚଳିତବର୍ଷ ଓଡ଼ିଶାର ସ୍ୱତନ୍ତ୍ର ପ୍ରଦେଶ ହେବାର ସୁବର୍ଣ୍ଣ ଜୟନ୍ତୀ (୫୦ ବର୍ଷ)। ସେଇଥିଲାଗି ଜୁଲାଇ ମାସର ଅଧିବେଶନ ଉପରେ ଅଧିକ ଗୁରୁତ୍ୱ ଦିଆଯାଇଛି।

ଟରୋଣ୍ଟୋ ବିଶ୍ୱବିଦ୍ୟାଳୟର ଏରିଣ୍ଡେଲ କଲେଜ କ୍ୟାମ୍ପସ୍‌ରେ ଅଧିବେଶନ ବସିବ। କ୍ୟାମ୍ପସ୍ ଭିତରେ ପ୍ରାୟ ୩୦୦ ଲୋକ ରହିବା ଲାଗି ବ୍ୟବସ୍ଥା ରହିଛି। ଏହାଛଡ଼ା ନିକଟସ୍ଥ ଦୁଇଟି ହୋଟେଲରେ ଓଡ଼ିଆ ପରିବାରମାନେ କମ୍ ଖର୍ଚ୍ଚରେ ରହିବାର ବନ୍ଦୋବସ୍ତ କରାଯାଇଛି। ଆମେରିକା ତଥା କାନାଡ଼ାରୁ ବହୁ ସଂଖ୍ୟାରେ ଓଡ଼ିଆମାନେ ଏହି ଅଧିବେଶନରେ ଯୋଗ ଦେବା ଲାଗି ଏବେଠାରୁ ଯୋଜନା କଲେଣି।

କାନାଡ଼ାସ୍ଥିତ ଭାରତୀୟ ଦୂତାବାସରେ ଶ୍ରୀମାନ୍ ମଣିଲାଲ ତ୍ରିପାଠୀ ଡେପୁଟି ହାଇକମିଶନର ଅଛନ୍ତି। ଓଡ଼ିଶା ସରକାର ତଥା ଦିଲ୍ଲୀରୁ ଓଡ଼ିଶାର ସୁବର୍ଣ୍ଣ ଜୟନ୍ତୀ ଉପଲକ୍ଷେ ନିର୍ମିତ ଫିଲ୍ମ ତଥା ପୁସ୍ତକ ଏବଂ ପୋଷ୍ଟର ଇତ୍ୟାଦି ସେ ମଗାଇଛନ୍ତି। ଓଡ଼ିଶାର ସାଂସ୍କୃତିକ ବିଭାଗ ସେକ୍ରେଟାରୀ ଶ୍ରୀ ସମର ମହାପାତ୍ର ସହାୟତା କରିବାର ପ୍ରତିଶ୍ରୁତି ଦେଇଛନ୍ତି। ଓଡ଼ିଶାରୁ ଏକ ସାଂସ୍କୃତିକ ଦଳକୁ କାର୍ଯ୍ୟକ୍ରମ ପାଇଁ କାନାଡ଼ା ଆଣିବା ପ୍ରସ୍ତାବକୁ ଦିଲ୍ଲୀସ୍ଥିତ ICCR (ଇଣ୍ଡିଆନ୍ କାଉନ୍‌ସିଲ୍ ଫର୍ କଲଚରାଲ୍ ରିଲେସନ୍‌ସ)ର ଡାଇରେକ୍ଟର ଜେନେରାଲ ଶ୍ରୀ ଲଳିତ ମାନସିଂହଙ୍କୁ ଦିଆଯାଇଛି।

ଟରୋଣ୍ଟୋ ଅଧିବେଶନ ଦାୟିତ୍ୱ ନେଇଛନ୍ତି ଶ୍ରୀମାନ୍ ଅଶୋକ ଦାସ ଏବଂ ସ୍ଥାନୀୟ ଓଡ଼ିଆ ପରିବାରବର୍ଗ ସବୁ ପ୍ରକାର ସାହାଯ୍ୟ କରୁଛନ୍ତି। ଅଟାୱାର ଭାରତୀୟ ହାଇକମିସନର ଶ୍ରୀ ଛଟୱାଲ ନିମନ୍ତ୍ରିତ ହୋଇ ସାନ୍ଧ୍ୟ ଭୋଜନ ସମୟରେ ଦୀକ୍ଷାନ୍ତ

ଭାଷଣ ଦେବେ। ସୁଦୂର କାଲିଫର୍ଣ୍ଣିଆ, ଟେକ୍ସାସ୍, ଆଲାବାମା ଇତ୍ୟାଦି ପ୍ରଦେଶରୁ ଓଡ଼ିଆମାନେ ଉଡ଼ାଜାହାଜ ତଥା କାର୍‌ରେ ଆସିବାର ଯୋଜନା କରୁଛନ୍ତି। ଦୁଇଟିଦିନ ଏରିଷ୍ଟୋଲ କଲେଜର ବାତାବରଣକୁ ଏକ ଛୋଟ ଓଡ଼ିଶାରେ ପରିଣତ କରି ଦିଆଯିବ। ଏଥିଲାଗି ସମସ୍ତେ ଜୁଲାଇ ୪/୫କୁ ଉତ୍କଣ୍ଠାର ସହ ଅପେକ୍ଷା କରିଛନ୍ତି।

ବାର୍ଷିକ ଅଧିବେଶନ ପରେ ଜୁଲାଇ ୨୬ ତାରିଖରେ କାଲିଫର୍ଣ୍ଣିଆର ସାନ୍‌ଫ୍ରାନ୍‌ସିସ୍କୋ ଅଞ୍ଚଳରେ ଓଡ଼ିଆ ପରିବାର ଉତ୍କଳ ଦିବସ ପାଳନ କରିବେ। ସ୍ଥାନୀୟ ଅଣଓଡ଼ିଆ ଭାରତୀୟ ତଥା ଆମେରିକାନ୍ ଲୋକଙ୍କ ସମ୍ମୁଖରେ ଓଡ଼ିଶା ପ୍ରଦେଶ, ଏହାର ସଂସ୍କୃତି, ଐତିହ୍ୟ, କଳା, ସ୍ଥାପତ୍ୟ, ସାହିତ୍ୟ, ସଙ୍ଗୀତ, ନୃତ୍ୟକଳା, ଚିତ୍ରଶିଳ୍ପୀର ଉପସ୍ଥାପନା କରାହେବ।

ଅତୀତରେ ୧୯୮୪ ମସିହା ଏପ୍ରିଲ ମାସରେ ପ୍ରଥମଥରଲାଗି 'ବିଷୁବ ମିଳନ' ପାଳିତ ହୋଇ ବିଶେଷଭାବେ ଆଦୃତ ହୋଇଥିଲା। ଏ ବର୍ଷର ଉତ୍କଳ ଦିବସରେ ଓଡ଼ିଶାର ସ୍ୱତନ୍ତ୍ର ପ୍ରଦେଶ ହେବାର ସୁବର୍ଣ୍ଣ ଜୟନ୍ତୀ ଉପଲକ୍ଷେ ଅନେକ ନୂତନ କାର୍ଯ୍ୟକ୍ରମର ଆୟୋଜନ କରାଯାଇଛି। ଓଡ଼ିଆ ନାଟକ ପରିବେଷଣଠାରୁ ଆରମ୍ଭ କରି କଳା ଓ ସାହିତ୍ୟ କ୍ଷେତ୍ରରେ ଓଡ଼ିଶାର ନିଜସ୍ୱ ସ୍ୱାତନ୍ତ୍ର୍ୟ ପ୍ରଦର୍ଶନ କରିବ ସଂଗେ ସଂଗେ ଭାରତୀୟ ସାଂସ୍କୃତିକ ଐକ୍ୟର ମର୍ଯ୍ୟାଦା ବୃଦ୍ଧି କରିବା ଏହାର ଉଦ୍ଦେଶ୍ୟ।

ଜୁଲାଇ ମାସରେ ଓଡ଼ିଶାରୁ କେହି ଭ୍ରମଣରେ ଆମେରିକା ଆସୁଥିଲେ ଉପରୋକ୍ତ ଦୁଇଟି ଉତ୍ସବରେ ଯୋଗଦାନ କରିବାକୁ ଅନୁରୋଧ।

■

ବିଦେଶରେ ଓଡ଼ିଆ କଳାକାର

ଜୁଲାଇ, ଅଗଷ୍ଟ ତଥା ସେପ୍ଟେମ୍ବର ମାସରେ ଓଡ଼ିଶାର ପ୍ରସିଦ୍ଧ ଗାୟକ ଶ୍ରୀମାନ ପ୍ରଫୁଲ୍ଲ କର ଆମେରିକା ଗସ୍ତ ସାରି ନିକଟରେ ଓଡ଼ିଶା ଫେରିଯାଇଛନ୍ତି । ଆମେରିକାରେ ଶ୍ରୀମାନ୍ କର ୨୨ଟି ପ୍ରୋଗ୍ରାମ ଦେଇଥିଲେ । ନ୍ୟୁୟର୍କ, ୱାଶିଂଟନ, ଡଲାସ୍, ଡେଟ୍ରଏଟ୍, ଚିକାଗୋ, ମିନିଆପଲିସ୍, ଆଲାବାମା, ବୋଷ୍ଟନ୍, ନିଉଜର୍ସି, ସାନ୍‌ଫ୍ରାନ୍‌ସିସ୍କୋ ଏବଂ ଲସ୍‌ଏଞ୍ଜେଲେସ୍ ସହରର ଓଡ଼ିଆମାନଙ୍କ ସମ୍ମୁଖରେ ସେ ଏକାଧିକ ସଙ୍ଗୀତ କାର୍ଯ୍ୟକ୍ରମ ଉପସ୍ଥାପନ କରି ସମସ୍ତଙ୍କୁ ଆପ୍ୟାୟିତ କରିଥିଲେ ।

ଶ୍ରୀମାନ୍ କରଙ୍କ ସାଙ୍ଗରେ ତବଲା ସଙ୍ଗୀତ କରିଥିଲେ ଭୁବନେଶ୍ୱର ସଙ୍ଗୀତ ମହାବିଦ୍ୟାଳୟର ସୁନାମଧନ୍ୟ ବାଦକ ଶ୍ରୀ ଉମେଶ ଚନ୍ଦ୍ର କର । ଏହି ପ୍ରୋଗ୍ରାମଗୁଡ଼ିକ ଓଡ଼ିଶା ସୋସାଇଟି ଅଫ୍ ଆମେରିକାସ୍ (OSA) ତରଫରୁ ଆୟୋଜିତ ହୋଇଥିଲା । ସମସ୍ତ କାର୍ଯ୍ୟକ୍ରମରେ ଓଡ଼ିଶୀ ସଙ୍ଗୀତ ସହ ଜଗନ୍ନାଥ ଜଣାଣ ତଥା ଶାସ୍ତ୍ରୀୟ ସଙ୍ଗୀତ ଉପରେ ବିଶେଷ ଗୁରୁତ୍ୱ ଦିଆଯାଇଥିଲା । ଓଡ଼ିଆ ବୁଦ୍ଧିଜୀବୀ ମହଲରେ ଓଡ଼ିଶାର ସଂସ୍କୃତି ତଥା ଓଡ଼ିଶୀ ସଙ୍ଗୀତର ପ୍ରାଧାନ୍ୟ ଉପରେ ଶ୍ରୀମାନ କର ଆଲୋକପାତ କରିଥିଲେ ।

ଭବିଷ୍ୟତରେ ଓଡ଼ିଶାର ପ୍ରସିଦ୍ଧ ଲେଖକମାନଙ୍କ ଦ୍ୱାରା ରଚିତ ଓଡ଼ିଶୀ ଗୀତଗୁଡ଼ିକୁ ନେଇ ଏକ ସ୍ୱତନ୍ତ୍ର ରେକର୍ଡ ବାହାର କରିବା ପ୍ରସ୍ତାବକୁ ପ୍ରାୟ ସମସ୍ତେ ଆଗ୍ରହର ସହ ସମର୍ଥନ କରିଥିଲେ । ଏପରି ଏକ ସଂଯୋଜନା ଆମେରିକାର ଓଡ଼ିଆ ଅନୁଷ୍ଠାନର ଆର୍ଥିକ ସାହାଯ୍ୟରେ ନିର୍ମାଣ କରାଯିବାର ପ୍ରସ୍ତାବ କରାଯାଇଛି । ତରୁଣ ଉମେଶ କରଙ୍କ ତବଲାବାଦନ ସମସ୍ତ ପ୍ରୋଗ୍ରାମରେ ଅତି ଉଚ୍ଚକୋଟୀର ହୋଇଥିଲା । କଣ୍ଠସଂଗୀତ ଛଡ଼ା ଉମେଶ କରଙ୍କ ସ୍ୱତନ୍ତ୍ର ତବଲାବାଦନ (ଶାସ୍ତ୍ରୀୟ ରାଗ ଉପରେ) ସମସ୍ତଙ୍କୁ ମନ୍ତ୍ରମୁଗ୍ଧ କରିଥିଲା ।

ସାନ୍‌ଫ୍ରାନ୍‌ସିସ୍କୋରେ ସେପ୍ଟେମ୍ବର ୬ତାରିଖରେ ଦୀର୍ଘ ୪ଘଣ୍ଟା ଧରି ସଂଗୀତ ଆସର ଜମିଥିଲା । କାର୍ଯ୍ୟକ୍ରମର ପ୍ରାୟ ଶତକଡ଼ା ୭୦/୮୦ ଭାଗ ଜଗନ୍ନାଥ ଜଣାଣ,

ଶାସ୍ତ୍ରୀୟ ସଂଗୀତ ତଥା ଓଡ଼ିଶୀରେ ନ୍ୟସ୍ତ କରାଗଲା। କବିସୂର୍ଯ୍ୟ ବଳଦେବ ରଥ, କବିସମ୍ରାଟ ଉପେନ୍ଦ୍ରଭଞ୍ଜ ଇତ୍ୟାଦିଙ୍କ ସୁବିଖ୍ୟାତ ରଚନା ସାଙ୍ଗରେ ଭାଗବତର କଥା ଶାସ୍ତ୍ରୀୟ ରାଗରେ ଶ୍ରୀ କର ଉପସ୍ଥାପନ କରିଥିଲେ। ପ୍ରାୟ ୭୦ ଜଣ ଓଡ଼ିଆ ଏହି ସାନ୍ଧ୍ୟ କାର୍ଯ୍ୟକ୍ରମରେ ଯୋଗଦାନ କରିଥିଲେ।

ଅନେକ ସମୟରେ ଓଡ଼ିଆମାନେ ଅଣଓଡ଼ିଆ ଭାରତୀୟମାନଙ୍କ ଲାଗି ସ୍ୱତନ୍ତ୍ର ପ୍ରୋଗ୍ରାମର ଆୟୋଜନ କରିଥିଲେ। ଏହିସବୁ ସ୍ୱତନ୍ତ୍ର କାର୍ଯ୍ୟକ୍ରମରେ ଶ୍ରୀ କର, ଓଡ଼ିଆ ସଂଗୀତ ଛଡ଼ା ହିନ୍ଦୀ ଗଜଲ ତଥା ଭଜନ ପରିବେଷଣ କରିଥିଲେ। ଅନେକ ସହରରେ ହିନ୍ଦୁ ମନ୍ଦିରରେ ସ୍ୱତନ୍ତ୍ର ଭଜନ ସମାରୋହର ଆୟୋଜନ ମଧ୍ୟ କରାଯାଇଥିଲା। ମୋଟାମୋଟି ଦେଖିଲେ ଶ୍ରୀ ପ୍ରଫୁଲ୍ଲ କରଙ୍କ ସମସ୍ତ ପ୍ରୋଗ୍ରାମ୍ ଅତୀବ ସଫଳକାମୀ ହୋଇଥିଲା। ଏହି ଆମେରିକା ଗସ୍ତରେ ଶ୍ରୀମାନ୍ କରଙ୍କ ପତ୍ନୀ ରମା କର ମଧ୍ୟ ସାଙ୍ଗରେ ଆସିଥିଲେ।

ଏଠରେ ପ୍ରକାଶ ଥାଉ କି ଶ୍ରୀ ପ୍ରଫୁଲ କରଙ୍କ ଆଗରୁ ୧୯୭୯ ମସିହାରେ କଣ୍ଠଶିଳ୍ପୀ ଶ୍ରୀମାନ୍ ଅକ୍ଷୟ ମହାନ୍ତି ଆମେରିକା ତଥା କାନାଡ଼ା ଗସ୍ତରେ ଆସିଥିଲେ। ୧୯୮୩ ମସିହାରେ ଶ୍ରୀମାନ୍ ସିକନ୍ଦର ଆଲାମ ମଧ୍ୟ ବିଭିନ୍ନ ସହରରେ ସଂଗୀତ ପରିବେଶଣ କରି ସଫଳକାମୀ ହୋଇଥିଲେ।

କଣ୍ଠସଂଗୀତ ଛଡ଼ା ଅତୀତରେ ଓଡ଼ିଶାରୁ ନୃତ୍ୟଶିଳ୍ପୀ ଶ୍ରୀମତୀ ସଂଯୁକ୍ତା ପାଣିଗ୍ରାହୀ ଏକାଧିକବାର ଆମେରିକା ଗସ୍ତରେ ଆସିଛନ୍ତି। ନିକଟରେ ଜଣେ ଆମେରିକାନ୍ ଓଡ଼ିଶୀ ନୃତ୍ୟଶିଳ୍ପୀ ଶ୍ରୀମତୀ ସାରନ୍ ଲୋରେନ୍ ନୃତ୍ୟ କାର୍ଯ୍ୟକ୍ରମ ଦେଇଥିଲେ। ସାଙ୍ଗରେ ଗୁରୁ ଶ୍ରୀ କେଳୁଚରଣ ମହାପାତ୍ର, ବେହେଲା ବିଶାରଦ ଶ୍ରୀ ଭୁବନେଶ୍ୱର ମିଶ୍ର ଏବଂ କଣ୍ଠଶିଳ୍ପୀ ଶ୍ରୀ ରାଖାଲ୍ ମହାନ୍ତି ମଧ୍ୟ ଆସିଥିଲେ।

■

ଓଡ଼ିଶା ଏବଂ ଓଡ଼ିଆ ସ୍ୱାଭିମାନ

ଏପ୍ରିଲ ଏକ ତାରିଖ। ଓଡ଼ିଶା ପ୍ରଦେଶ ହେବାର ଜନ୍ମତିଥି ଉତ୍କଳ ଦିବସ। ସୁଦୂର କାଲିଫର୍ଣ୍ଣିଆର ସନିଭେଲ୍ ସହରରେ (ସାନ ଫ୍ରାନ୍‌ସିସ୍କୋ ନିକଟବର୍ତ୍ତୀ) ସେଇଦିନ ସନ୍ଧ୍ୟାରେ ଏକ ଓଡ଼ିଶୀ ନୃତ୍ୟ କାର୍ଯ୍ୟକ୍ରମ ପରିବେଷଣ କରାଯାଇଥିଲା। ପ୍ରାୟ ୧୮୦ ଲୋକଙ୍କ ସମାବେଶରେ ଓଡ଼ିଶାର ନନ୍ଦିତା ବେହେରା (ମହାନ୍ତି) ଦୀର୍ଘ ଅଢ଼େଇଘଣ୍ଟା ଓଡ଼ିଶୀ ନୃତ୍ୟରେ ସମସ୍ତଙ୍କୁ ଚମତ୍କୃତ କରିଥିଲେ। ଦୂରଦୂରାନ୍ତରୁ ଓଡ଼ିଆ ପରିବାର ତଥା ଅନ୍ୟାନ୍ୟ ଭାରତୀୟମାନେ ଆସିଥିଲେ। କାର୍ଯ୍ୟକ୍ରମ ଶେଷରେ ଏଇ ଦିନଟିକୁ ଓଡ଼ିଆ ତଥା ଉତ୍କଳୀୟମାନଙ୍କ ପାଇଁ ଜନ୍ମତିଥି ହିସାବରେ ଏକ ସ୍ମରଣୀୟ ଦିବସ ବୋଲି ଘୋଷଣା କରାଗଲା।

ଓଡ଼ିଶା ପ୍ରଦେଶ ହେବା ୫୩ ବର୍ଷ ପୂରିଲା। ଇତିମଧ୍ୟରେ ଅନେକ ପରିବର୍ତ୍ତନ ହୋଇଛି। ଅନେକ ଓଡ଼ିଆ ପ୍ରଦେଶ ବାହାରେ ତଥା ଦେଶ ବାହାରେ ସୁନାମ ଅର୍ଜନ କରିଛନ୍ତି। ଏବକୁ ଭାରତବର୍ଷର ପ୍ରତିନିଧି ରୂପେ ଅନେକ ଓଡ଼ିଆ ବିଦେଶକୁ ଆସୁଛନ୍ତି। ପାକିସ୍ତାନର କରାଚୀ ସହରରେ ଶ୍ରୀ ମଣିଲାଲ ତ୍ରିପାଠୀ ହାଇକମିଶନର ଭାବେ ଗତବର୍ଷଠାରୁ ଯୋଗ ଦେଇଛନ୍ତି। ତା'ପୂର୍ବରୁ ଶ୍ରୀ ତ୍ରିପାଠୀ କାନାଡ଼ାରେ ଭାରତୀୟ ଦୂତାବାସରେ ଡେପୁଟି ହାଇକମିଶନର ଥିଲେ।

ନିକଟ ଅତୀତରେ ଓଡ଼ିଶାର ଶ୍ରୀ ଲଳିତେନ୍ଦୁ ମାନସିଂହ ଆମେରିକାର ୱାଶିଂଟନସ୍ଥିତ ଭାରତୀୟ ଦୂତାବାସରେ ଡେପୁଟି ରାଷ୍ଟ୍ରଦୂତ (ଆମ୍ବାସଡର୍) ହିସାବରେ କାର୍ଯ୍ୟାରମ୍ଭ କରିଛନ୍ତି। ସେହି ଦୂତାବାସରେ ଆଉ ଜଣେ ଓଡ଼ିଆ ଶ୍ରୀ ଶରତ ମିଶ୍ର ପ୍ରତିରକ୍ଷା ମନ୍ତ୍ରଣାଳୟରେ ମଧ୍ୟ ଅଛନ୍ତି।

ଇଉରୋପର କେତୋଟି ଦେଶରେ ମଧ୍ୟ ଓଡ଼ିଆମାନେ ଭାରତୀୟ ପ୍ରତିନିଧି ରୂପେ କାର୍ଯ୍ୟ କରୁଛନ୍ତି। ଗତବର୍ଷ ଅଷ୍ଟ୍ରେଲିଆ ଗସ୍ତ ସମୟରେ ସିଡ୍‌ନୀ ସହରରେ ଶ୍ରୀ ଅରବିନ୍ଦ ମହାନ୍ତି ଏବଂ ଶ୍ରୀ ଦିଲ୍ଲୀପ ମହାନ୍ତିଙ୍କ ସହ ସାକ୍ଷାତ କରିବାର ସୁଯୋଗ ମିଳିଥିଲା। ସେମାନେ ସେଠାରେ ନିଜ ତରଫରୁ ଆସି ବ୍ୟବସାୟିକ ସଂସ୍ଥାରେ କାର୍ଯ୍ୟ କରୁଛନ୍ତି।

ତଥାପି ଓଡ଼ିଶା ଭାରତର ଅନ୍ୟାନ୍ୟ ପ୍ରଦେଶମାନଙ୍କ ତୁଳନାରେ ପଛୁଆ ବୋଲି କହିବାକୁ ହେବ। ପୂର୍ବାପେକ୍ଷା ଅଧିକ ସଂଖ୍ୟାରେ ଓଡ଼ିଆମାନେ ଶିକ୍ଷିତ ହୋଇଛନ୍ତି, ଏହା ନିଶ୍ଚିତ। କିନ୍ତୁ ଓଡ଼ିଶାରେ ନିରକ୍ଷରତା ତଥା ଦାରିଦ୍ର୍ୟ ଭାରତବର୍ଷରେ ସବୁଠାରୁ ଅଧିକ ବୋଲି ଅନେକ ରିପୋର୍ଟରୁ ଦେଖିବାକୁ ମିଳୁଛି। ଆର୍ଥିକ ସ୍ୱଚ୍ଛଳତା ଅଭାବରୁ ପିଲାମାନେ ଉଚ୍ଚଶିକ୍ଷାରୁ ବଞ୍ଚିତ ହେଉଛନ୍ତି। ଅନେକ ମେଧାବୀ ଛାତ୍ର ଅଭାବଯୋଗୁଁ ଏବଂ ପାରିବାରିକ ଦାୟିତ୍ୱ ହେତୁ ଉଚ୍ଚସ୍ତରରେ ଶିକ୍ଷା ତଥା ଗବେଷଣା କରିପାରୁ ନାହାନ୍ତି।

ଓଡ଼ିଶାରେ ଶିକ୍ଷାର ମାନକୁ ବଢ଼ାଇ ପିଲାମାନଙ୍କୁ ସର୍ବଭାରତୀୟ ସ୍ତରରେ ପ୍ରତିଯୋଗୀ କରିବାର ଯୋଜନା ସରକାରଙ୍କ ଚିନ୍ତାର ବାହାରେ। ନିଜ ଚେଷ୍ଟା ତଥା ପରିଶ୍ରମରେ ପିଲାମାନେ ଭଲ ପାଠପଢ଼ି ଯାହା ଆଗେଇଛନ୍ତି। ନିକଟରେ ଓଡ଼ିଶାର ସ୍ୱନାମଧନ୍ୟ ରେଭେନ୍‌ସା କଲେଜରେ ଯେଭଳି ପ୍ରିନ୍ସିପାଲ୍‌ଙ୍କ ଅଫିସ୍‌ରେ ଅଗ୍ନିକାଣ୍ଡ ଘଟିଲା ସେଥିରୁ ପାଠପଢ଼ା ତଥା ଶୃଙ୍ଖଳାର ଅବସ୍ଥା କ'ଣ ତାହା ଜଣାପଡୁଛି।

ଏସବୁ ସତ୍ତ୍ୱେ ଦେଶ ବିଦେଶରେ ଓଡ଼ିଆ ପିଲାଙ୍କର କୃତିତ୍ୱ ଉପରେ ଗର୍ବ କରିବା ସମସ୍ତ ଓଡ଼ିଶାବାସୀଙ୍କ କର୍ତ୍ତବ୍ୟ। ଆଜିର ଶିଶୁକୁ ଉପଯୁକ୍ତ ଶିକ୍ଷା ଦେଇ ଭବିଷ୍ୟତରେ ବଡ଼ ମଣିଷ କରିବା ସମସ୍ତ ବାପ ମାଆ, ଶିକ୍ଷକ ତଥା ବଡ଼ ବୋଲାଉଥିବା ରାଜନୀତିଜ୍ଞମାନଙ୍କର ପ୍ରଧାନ କର୍ତ୍ତବ୍ୟ। ଗୁରୁଜନମାନେ ଯଦି କଳି, କନ୍ଦଳ, ହିଂସା, ଦୁର୍ନୀତିର ପନ୍ଥା ଅବଲମ୍ବନ କରିବେ, ତା'ହେଲେ ପିଲାମାନେ ମଧ୍ୟ ସେହି ପଥରେ ଆଗେଇବେ।

ସେହି ଏପ୍ରିଲ୍ ଏକ ତାରିଖ ସନ୍ଧ୍ୟାରେ ୧୮୦ଜଣ ଦେଶୀ ଓ ବିଦେଶୀଙ୍କ ସମ୍ମୁଖରେ ଓଡ଼ିଶାର ସ୍ୱତନ୍ତ୍ର ନୃତ୍ୟକଳା ପ୍ରଦର୍ଶନ ପରେ ଓଡ଼ିଶାର ଜନ୍ମଦିବସ ସ୍ମରଣରେ ମନରେ ସବୁ ଓଡ଼ିଆଙ୍କର ଏକ ସ୍ୱତନ୍ତ୍ର ଗର୍ବ ଅନୁଭବ ହେଉଥିଲା। ବହୁତ ଭାରତୀୟଙ୍କ ପାଇଁ ଓଡ଼ିଶା ବୋଲି ଏକ ପ୍ରଦେଶ ଅଛି ଏବଂ ସେଠାରେ ଏଭଳି ସୁନ୍ଦର ଐତିହ୍ୟ ତଥା କଳା ଭରି ରହିଛି, ଏହା ସମ୍ପୂର୍ଣ୍ଣ ନୂତନ ଅନୁଭୂତି ଥିଲା।

■

ଗଣତନ୍ତ୍ରରେ ସମ୍ବାଦପତ୍ର- ଶ୍ରୀ ରାଧାନାଥ ରଥ

ନିକଟ ଅତୀତରେ ଓଡ଼ିଶାର ସ୍ୱନାମଧନ୍ୟ ସାମ୍ବାଦିକ, ଉତ୍କଳମଣି ଗୋପବନ୍ଧୁଙ୍କ ଉପଯୁକ୍ତ ଦାୟାଦ, ଓଡ଼ିଶାର ଦୀନଦୁଃଖୀଙ୍କ ଚିରସାଥୀ, ସର୍ବଭାରତୀୟ ଲୋକସେବକ ମଣ୍ଡଳର ସଭାପତି ଏବଂ 'ସମାଜ'ର ସମ୍ପାଦକ ଶ୍ରୀଯୁକ୍ତ ରାଧାନାଥ ରଥଙ୍କ ଉପରେ ଖୋର୍ଦ୍ଧା ପାଖରେ ଯେଉଁ ବର୍ବରୋଚିତ ଆକ୍ରମଣ ହୋଇଗଲା, ସେଥିରେ ସମଗ୍ର ଓଡ଼ିଶା, ଭାରତ ତଥା ବିଦେଶୀ ଓଡ଼ିଆମାନେ ବିଶେଷ ମର୍ମାହତ ହୋଇଛନ୍ତି ।

ବିଂଶ ଶତାବ୍ଦୀର ଶେଷାର୍ଦ୍ଧରେ ପୃଥିବୀର ସର୍ବବୃହତ୍ ଗଣତାନ୍ତ୍ରିକ ଦେଶ ଭାରତରେ ଏଭଳି ଘଟଣା ଯେ ଘଟିପାରୁଛି, ଭାବିଲେ ଆଶ୍ଚର୍ଯ୍ୟଲାଗେ । ଭାରତର ସମ୍ମାନନୀୟ ପତ୍ରିକା ଇଣ୍ଡିଆ ଟୁଡେ (India Today)ରେ ଏହି ଘଟଣାର ବିବରଣୀରେ କୁହାଯାଇଛି ଯେ ଶାସକ ଗୋଷ୍ଠୀର ଲୋକମାନଙ୍କ ପ୍ରରୋଚନାରେ ଏଭଳି କାର୍ଯ୍ୟ କରାଯାଇଥିବାର ସନ୍ଦେହ ଉପୁଜିଛି । ଆମେରିକାରେ ଅନେକ ଓଡ଼ିଆ ଟେଲିଫୋନ୍ କରି ଏ ଘଟଣାର ନିନ୍ଦା କରିଛନ୍ତି ଏବଂ ମାନ୍ୟବର ରଥଙ୍କ ଅବସ୍ଥା ପଚାରି ବୁଝୁଛନ୍ତି ।

'ଇଣ୍ଡିଆ ଟୁଡ଼େ'ରେ ଶ୍ରୀଯୁକ୍ତ ରଥଙ୍କ ବୟସ ୮୪ ବୋଲି ଲେଖାଯାଇଛି । ଅଥଚ ଗତ ବର୍ଷ ଡିସେମ୍ବର ମାସଠାରୁ ସେ ୯୦ବର୍ଷ ବୟସରେ ପଦାର୍ପଣ କରିଛନ୍ତି । ଜଣେ ୯୦ବର୍ଷ ବୟସର ଲୋକଙ୍କୁ ଦୈହିକ ଆକ୍ରମଣ କରିବାରେ କ'ଣ ବାହାଦୁରି ଅଛି ? ଦୋଷ ଭିତରେ ଏତିକି ଯେ ସେ ସମ୍ବାଦପତ୍ରରେ ଦୁର୍ନୀତି ବିରୁଦ୍ଧରେ ସ୍ୱର ଉତ୍ତୋଳନ କଲେ ।

ଏକ ଗଣତାନ୍ତ୍ରିକ ଦେଶରେ ସମ୍ବାଦପତ୍ରକୁ ସ୍ୱାଧୀନତା ମିଳିଥାଏ । ସେମାନେ ସ୍ୱାଧୀନ ମତ ପରିବେଷଣ କରିପାରିବେ, ଅଥଚ ସମ୍ବାଦ ଯଦି ଦେହ ସୁହାଇଲା ଭଳି ନ ହେଲା, ତେବେ ରାସ୍ତାରେ ଗାଡ଼ି ଅଟକାଇ ଠେଙ୍ଗା ପାହାର ଦେଇ ଆକ୍ରମଣ କରିବା କ'ଣ ତା'ର ଉତ୍ତର ? ଏଥିରେ ଆମ ଦେଶର ଯୁବ ପ୍ରଧାନ ମନ୍ତ୍ରୀ କହୁଛନ୍ତି ଯେ ଆମେ ଶୀଘ୍ର ଶୀଘ୍ର ଏକବିଂଶ ଶତାବ୍ଦୀକୁ ମାଡ଼ି ଚାଲିବା ଏବଂ ପୃଥିବୀର ଅନ୍ୟାନ୍ୟ

ଉନ୍ନତ ଦେଶମାନଙ୍କ ସହ ତାଳ ଦେବା। ମାତ୍ର ଏ ପ୍ରକାର ମନୋବୃତ୍ତି ନ ବଦଳିବା ଯାଏ ଏହା କିଭଳି ସମ୍ଭବ ହେବ ?

ଏହି ଘଟଣା ଭାବିଲାବେଳେ ଅନେକ କଥା ମନରେ ଆସୁଛି। ନିକଟରେ ଏକ ଚଳଚ୍ଚିତ୍ର (New Delhi Times) ଭାରତ ସରକାରଙ୍କର ଶ୍ରେଷ୍ଠ ଚଳଚ୍ଚିତ୍ର ରୂପେ ପୁରସ୍କାର ପାଇଛି। ଏହି ସିନେମାର ମୁଖ୍ୟ ଅଭିନେତା ଶଶୀ କପୁର ମଧ ପୁରସ୍କୃତ ହୋଇଛନ୍ତି। ଏଥିରେ ଦେଖାଯାଇଛି ଯେ ସମ୍ବାଦପତ୍ରରେ ସତ୍ୟ ପରିବେଷଣ କରିବାବେଳେ ଜଣେ ସାମ୍ବାଦିକ କେତେପ୍ରକାର ଅସୁବିଧାରେ ପଡୁଛନ୍ତି, ରାଜନୈତିକ ଦଳର ନେତାମାନେ ବିଭିନ୍ନ ଉପାୟରେ ତାଙ୍କର ପଥରୋଧ କରୁଛନ୍ତି। ରାସ୍ତାରେ ଗାଡ଼ି ଅଟକାଇ ମାରପିଟ କରି ଭୟଭୀତ କରାଇବା ମଧ ହେଉଛି, ଅଥଚ ସମ୍ପାଦକ ମହାଶୟ ସେଥିରେ ବିଚଳିତ ନ ହୋଇ ସତ୍ୟ ସମ୍ବାଦ ଯୋଗାଇବା ଲାଗି ଆଗଭର ହୋଇଛନ୍ତି।

'ସମାଜ' ସମ୍ପାଦକଙ୍କ ଉପରେ ଆକ୍ରମଣ ପ୍ରମାଣ କରିଦେଲା, ଯେ ଚଳଚ୍ଚିତ୍ରରେ ଯାହା ରୂପାୟିତ ହୋଇ ସରକାରଙ୍କର ପୁରସ୍କାର ଲାଭ କରିଛି, ତାହା ଅଧୁନା ଭାରତ ବର୍ଷରେ ବାସ୍ତବରେ ଘଟୁଛି।

ଗତ ଅପ୍ରେଲ ମାସ ଶେଷ ସପ୍ତାହରେ ଆମେରିକାର ବଳିଷ୍ଠ ସମ୍ବାଦପତ୍ର 'ନ୍ୟୁୟର୍କ ଟାଇମ୍‌ସ' (Newyork Times)ର ରବିବାସରୀୟ ମାଗାଜିନ୍‌ରେ "ରାଜୀବଙ୍କ ଭାରତ" (Rajiv's India) ଶୀର୍ଷକ ପ୍ରବନ୍ଧ ପ୍ରକାଶ ପାଇଥିଲା। ସେଥିରେ କୁହାଯାଇଛି ଯେ ଭାରତର ବୁଦ୍ଧିଜୀବୀମାନେ କହୁଛନ୍ତି, କିଛିବର୍ଷ ତଳେ ଦାରିଦ୍ର୍ୟ ଭାରତର ପ୍ରଧାନ ସମସ୍ୟା ଥିଲା ଏବଂ ଏବେ ମଧ କେତେକାଂଶରେ ଅଛି। ଅବସ୍ଥାକ୍ରମେ ଦାରିଦ୍ର୍ୟର ନିରାକରଣ ହେଉଛି ଏବଂ ହେବ।

କିନ୍ତୁ ବର୍ତ୍ତମାନ ଭାରତର ସବୁଠାରୁ ବଡ଼ ସମସ୍ୟା ହେଲା "ଦୁର୍ନୀତି"(Corruption)। ଭାରତୀୟ ସମାଜରେ ସବୁ ସ୍ତରରେ ଯେଉଁ ପ୍ରକାର ଦୁର୍ନୀତି ଚାଲିଛି, କୌଣସି ଗଣତାନ୍ତ୍ରିକ ଦେଶରେ ଏଭଳି ନାହିଁ। କଳାଧନର ପରିମାଣ ଏତେ ବେଶି ଯେ ସେଥିରେ ଦେଶର ଅର୍ଥନୈତିକ ଉନ୍ନତି ବିଶେଷ ବାଧାପ୍ରାପ୍ତ ହେଉଛି। ଧନୀ ଓ ଦରିଦ୍ରଙ୍କ ମଧରେ ପାର୍ଥକ୍ୟ ବଢ଼ିବାରେ ଲାଗିଛି। ଖୋଦ୍ ପ୍ରଧାନମନ୍ତ୍ରୀ ରାଜୀବ ଗାନ୍ଧୀ ଗତ ଡିସେମ୍ବରରେ ବମ୍ବେଠାରେ କଂଗ୍ରେସ ଅଧିବେସନ ବେଳେ କହିଲେ ଯେ କଂଗ୍ରେସର ନେତାମାନେ ଦୁର୍ନୀତିମୁକ୍ତ ନ ହେଲେ ଦେଶରେ କିଛି ଉନ୍ନତି ଆଶା କରାଯାଇ ପାରିବନି।

ତେଣୁ ଏକ ସମ୍ବାଦପତ୍ର, ଯିଏ ଓଡ଼ିଶାର ସମାଜ ସହ ଅଙ୍ଗାଙ୍ଗୀଭାବେ ଜଡ଼ିତ,

ଯଦି ଓଡ଼ିଶାବାସୀଙ୍କ ଆଗରେ ଶାସକ ଗୋଷ୍ଠୀଙ୍କ କାର୍ଯ୍ୟକଳାପର ସତ୍ୟତା ଉପସ୍ଥାପନ କଲା, ତେବେ କ'ଣ ଭୁଲ୍ ହେଲା ?

ଆମେରିକାର 'ୱାଶିଂଟନ ପୋଷ୍ଟ' ସମ୍ବାଦପତ୍ର ରାଜଧାନୀ ୱାଶିଂଟନ୍ ସହରରୁ ପ୍ରକାଶିତ ହୁଏ। ୧୯୭୩ ମସିହାରେ ଦୁଇଜଣ ସାମ୍ବାଦିକ ଉଡଓ୍ୱାର୍ଡ ଏବଂ ବର୍ଣ୍ଣଷ୍ଟାଇନ୍ ସେତେବେଳର ରାଷ୍ଟ୍ରପତି ନିକ୍ସନ୍ ୱାଟରଗେଟ୍ ବିଲ୍‌ଡ଼ିଂରେ ନିଜ ଲୋକମାନଙ୍କ ଦ୍ୱାରା ବିପକ୍ଷ ଡେମୋକ୍ରାଟିକ୍ ଦଳର କଥାଭାଷାକୁ ଗୁପ୍ତରେ ସଂଗ୍ରହ କରୁଥିବାର ଖବର ପ୍ରଥମେ ପ୍ରକାଶ କରିଥିଲେ। ତା'ପରେ ସେମାନଙ୍କର ରିପୋର୍ଟ ସମଗ୍ର ଆମେରିକାରେ ଚାଞ୍ଚଲ୍ୟ ସୃଷ୍ଟି କରିଥିଲା। ଏକ ସ୍ୱତନ୍ତ୍ର କମିଶନ ବସି ଏହି ଘଟଣାର ତଦନ୍ତ କଲେ ଏବଂ ଖୋଦ୍ ରାଷ୍ଟ୍ରପତି ନିକ୍ସନ ଏଥିରେ ଦୋଷୀ ସାବ୍ୟସ୍ତ ହୋଇ ତଡ଼ା ଖାଇଲେ। ଉପ-ରାଷ୍ଟ୍ରପତି ଫୋର୍ଡ଼ ରାଷ୍ଟ୍ରପତି ରୂପେ କାର୍ଯ୍ୟ ଚଳାଇଲେ।

ଏଥିରୁ ବୁଝାଯିବ ଯେ ଗଣତାନ୍ତ୍ରିକ ଦେଶର ସମ୍ବାଦପତ୍ରକୁ ସ୍ୱାଧୀନତା ଦେବା କେତେ ଗୁରୁତ୍ୱପୂର୍ଣ୍ଣ। ଆମେରିକାରେ ଶହଶହ ସମ୍ବାଦପତ୍ର ବାହାରୁଛି। ଅନେକ ସମ୍ବାଦପତ୍ରରେ ସରକାରଙ୍କର ଦୋଷ ତ୍ରୁଟି ବିସ୍ତୃତ ଭାବେ ପ୍ରକାଶିତ ହେଉଛି। କାହିଁ ଏଠାରେ ତ କେହି ସମ୍ବାଦପତ୍ରର ସମ୍ପାଦକଙ୍କୁ ଆକ୍ରମଣ କରୁନାହାନ୍ତି ? କାରଣ ହେଲା- ସଭ୍ୟ ସମାଜ (Civilized Society) ରେ ଦୈହିକ ଆକ୍ରମଣ ହେଲା ବର୍ବରତା ତଥା କାପୁରୁଷତା।

ପୃଥିବୀର କମ୍ୟୁନିଷ୍ଟ ଦେଶମାନଙ୍କରେ ସମ୍ବାଦପତ୍ର, ରେଡିଓ ତଥା ଟେଲିଭିଜନ ସଂସ୍ଥାମାନଙ୍କର ସ୍ୱାଧୀନତା ନ ଥାଏ। ସେମାନେ ସରକାରଙ୍କ ମୁଖପତ୍ର ରୂପେ କାର୍ଯ୍ୟ କରିଥାନ୍ତି। ନିକଟରେ ସୋଭିଏତ୍ ରୁଷିଆରେ ଯେଉଁ ଆଣବିକ ରିଆକ୍ଟରରେ ବିସ୍ଫୋରଣ ଘଟିଲା, ତାହାର ସତ୍ୟାସତ୍ୟ ଏବେ ମଧ୍ୟ କେହି ଜାଣିନାହାନ୍ତି। ମାତ୍ର ଗଣତନ୍ତ୍ରରେ ସ୍ୱାଧୀନ ଭାବେ ସମ୍ବାଦ ପରିବେଷଣ ଉପରେ ବିଶେଷ ଗୁରୁତ୍ୱ ଦିଆଯାଇଥାଏ।

ଯେମିତି ଶାସକ ଦଳଙ୍କ ଭୁଲଭଟକା ବାହାର କରିବା ଲାଗି ବିପକ୍ଷ ଦଳ ଥା'ନ୍ତି, ସେମିତି ସମ୍ବାଦପତ୍ରର ଭୂମିକା ହେଲା ଜନସାଧାରଣଙ୍କୁ ସତ୍ୟ ସମ୍ବାଦ ପରିବେଷଣ କରିବା ଏବଂ ନିଜର ସ୍ୱାଧୀନ ମତବ୍ୟକ୍ତ କରିବା। ଉତ୍କଳମଣିଙ୍କ ପ୍ରତିଷ୍ଠିତ 'ସମାଜ' ଏହି ସତ୍ୟ ପରିବେଷଣରୁ କ୍ଷାନ୍ତ ନ ହେଉ। ଉତ୍କଳବାସୀ, 'ସମାଜ' ସମ୍ପାଦକ ତଥା ଜଣେ ସମ୍ମାନନୀୟ ବର୍ଷୀୟାନ୍ ନିର୍ଭୀକ ସାମ୍ବାଦିକ ଶ୍ରୀଯୁକ୍ତ ରଥଙ୍କ ଉପରେ ଘଟିଥିବା ଆକ୍ରମଣ ବିରୁଦ୍ଧରେ ସ୍ୱର ଉତ୍ତୋଳନ କରନ୍ତୁ। ଓଡ଼ିଶାରେ ସଭ୍ୟସମାଜରେ ଏଭଳି ବର୍ବରତାର ପୁନରାବୃତ୍ତି ନ ହେଉ।

■

ଶ୍ରୀ ପଦାରବିନ୍ଦ ମହାପାତ୍ର

ଗତ ଅଗଷ୍ଟ ମାସରେ ଓଡ଼ିଶାରେ ଥିବା ସମୟରେ ଅନେକ ବନ୍ଧୁ ହିତୈଷୀ ତଥା ଗୁରୁଜନମାନେ ପ୍ରଶ୍ନ କଲେ, କେତେଦିନ ହେବ ଆମେରିକା ଚିଠି କାହିଁକି ବାହାରୁନି ? ଉତ୍ତରରେ ଖାଲି କହିଲି କର୍ମବ୍ୟସ୍ତତା। ଭିତରେ ଲେଖିପାରିନି।

ପ୍ରକୃତ କାରଣ ଥିଲା ଅଲଗା। ଆମେରିକା ଚିଠି ଲେଖିବାକୁ ଯିଏ ପ୍ରେରଣା ଦେଇଥିଲେ, ପ୍ରଥମେ ଲେଖା ପଠାଇବାରେ ବିଳମ୍ବ ହେଲେ ଯିଏ ଟେଲିଫୋନ୍‌ଦ୍ୱାରା ହେଉ କିମ୍ୱା ପତ୍ରଦ୍ୱାରା ବାରମ୍ୱାର ମନେ ପକାଇ ଦେଉଥିଲେ ସେଇ ମହାପୁରୁଷଙ୍କର ଜୁଲାଇ ୧ ୯ତାରିଖ ପ୍ରାତଃକାଳରେ ହଠାତ୍ ମହାଯାତ୍ରା ହେବାରେ ଆମ୍ଭେ ଅତ୍ୟନ୍ତ ବ୍ୟଥିତ ଏବଂ ସ୍ତମ୍ଭୀଭୂତ ହୋଇପଡ଼ିଥିଲୁ। ସେହି ମହାପୁରୁଷ ଥିଲେ ଶ୍ରୀ ପଦାରବିନ୍ଦ ମହାପାତ୍ର ଅତ୍ୟନ୍ତ ଦେବୋପମ; ସ୍ନେହୀ ଏବଂ ପରୋପକାରୀ। ଆମେରିକା ଚିଠି ଲେଖିବା କଥା ଚିନ୍ତା କଲା ମାତ୍ରେ ତାଙ୍କର ସ୍ମୃତିରେ ମନ ଭାରାକ୍ରାନ୍ତ ହୋଇ ଉଠୁଥିଲା ଲେଖିବାକୁ, ମନ ଡାକୁ ନ ଥିଲା।

ତାଙ୍କର ତିରୋଧାନ ଆଜିକି ୩ ମାସ ହୋଇଗଲା। ଓଡ଼ିଶା ତଥା ଓଡ଼ିଶା ବାହାରେ ତାଙ୍କର ଅକାଳ ବିୟୋଗରେ ହଜାର ହଜାର ଲୋକ ଅଶ୍ରୁ ଢାଳିଲେ। ତାଙ୍କର ସଂସ୍ପର୍ଶରେ ଯିଏ ଥରେ ଆସିଛି, ତାଙ୍କର ଅସାଧାରଣ ବ୍ୟକ୍ତିତ୍ୱରେ ମୁଗ୍ଧ ନ ହୋଇ ରହିନି।

ଗତ ୧୯୮୬ ମସିହା ନଭେମ୍ୱର ମାସ ଶେଷଭାଗରେ ସେ ସସ୍ତ୍ରୀକ ଆମେରିକାର କାଲିଫର୍ଣ୍ଣିଆ ପ୍ରଦେଶର ସାନଫ୍ରାନ୍‌ସିସ୍କୋ ସହରରେ ପହଞ୍ଚିଲେ। ସମୁଦାୟ ଅଢ଼େଇମାସ ଅବସ୍ଥାନ ପରେ ଫେବୃୟାରୀ ୧୯୮୭ ମଧ୍ୟଭାଗରେ ସେ ନ୍ୟୁୟର୍କ, ୱାଶିଂଟନ୍ ଭ୍ରମଣକରି ଭାରତ ଫେରି ଯାଇଥିଲେ।

କାଲିଫର୍ଣ୍ଣିଆର ପ୍ରାୟ ପ୍ରତ୍ୟେକ ଓଡ଼ିଆ ପରିବାର, ଅନେକ ଅଣଓଡ଼ିଆ ଭାରତୀୟ ତଥା ଆମେରିକୀୟମାନେ ତାଙ୍କ ସଂସ୍ପର୍ଶରେ ଆସିଥିଲେ। ଯିଏ ତାଙ୍କୁ ମାତ୍ର ପାଞ୍ଚ ମିନିଟ୍ ପାଇଁ ଥରେ ଦେଖିଥିଲେ, ତାଙ୍କର ହସହସ ମୁହଁ, ସୌମ୍ୟକାନ୍ତି, ସ୍ୱଚ୍ଛ କଥା

ଏବଂ ପିତୃତୁଲ୍ୟ ବ୍ୟବହାରରେ ଅତୀବ ମୁଗ୍ଧ ହୋଇଥିଲେ। ବିଶ୍ୱବିଖ୍ୟାତ ଷ୍ଟାନ୍‌ଫୋର୍ଡ଼ ବିଶ୍ୱବିଦ୍ୟାଳୟ ବୁଲିବାକୁ ଆମନ୍ତ୍ରଣ କରିଥିଲେ ସେହି ଅନୁଷ୍ଠାନର ସୁପ୍ରସିଦ୍ଧ ପ୍ରଫେସର (ବିଜିନେସ୍ ସ୍କୁଲ୍) ଡକ୍ଟର ଶ୍ରୀନିଭାସନ। ସେଦିନ ଶ୍ରୀନିଭାସନଙ୍କ ଘରେ ମଧ୍ୟାହ୍ନ ଭୋଜନ ପରେ ତାଙ୍କୁ ପୂରା କ୍ୟାମ୍ପସ୍‌କୁ ବୁଲାଇ ଦେଖାଇଲେ ପ୍ରଫେସର; ଲାଇବ୍ରେରୀ, ମ୍ୟୁଜିୟମ୍, ସୁବିଖ୍ୟାତ ହ୍ୱିଲର୍ ଟାୱାର ଇତ୍ୟାଦି।

ଶ୍ରୀଯୁକ୍ତ ଓ ଶ୍ରୀମତୀ ମହାପାତ୍ର ନିକଟ ଅତୀତରେ ଭାରତକୁ ଫେରିବା ପରେ ଡକ୍ଟର ଶ୍ରୀନିଭାସନ ସାକ୍ଷାତରେ କହିଲେ, "ମିଷ୍ଟର ମହାପାତ୍ରଙ୍କ ସହ ସାକ୍ଷାତ ଏତେ ସ୍ୱଳ୍ପ ସମୟ ପାଇଁ ହୋଇଥିଲେ ମଧ୍ୟ ତାଙ୍କର ଅସାଧାରଣ ବ୍ୟକ୍ତିତ୍ୱ (ଯାହାକି ତାଙ୍କର ମୌନତା ମଧ୍ୟରେ ପ୍ରକଟିତ ହେଉଥିଲା) ମତେ ଅଭିଭୂତ କରିଥିଲା। ତାଙ୍କର ହଠାତ୍ ତିରୋଧାନ ଆମକୁ ବହୁତ ଆଲୋଡ଼ିତ କରିଛି। ତାଙ୍କର କଥା ଆମେ ସର୍ବଦା ମନେ ପକାଉଛୁ।" ଏହିଭଳି ସୁଦୂର ଆମେରିକାରେ ଅନେକ ବନ୍ଧୁ ମନ୍ତବ୍ୟ ଦେଲେ।

କାଲିଫର୍ଣ୍ଣିଆର ପ୍ରାକୃତିକ ସୌନ୍ଦର୍ଯ୍ୟ, ଦିଗନ୍ତବିସ୍ତାରୀ ବଣ, ପାହାଡ଼ ଶ୍ରୀ ମହାପାତ୍ରଙ୍କୁ ବହୁ ପରିମାଣରେ ଆକୃଷ୍ଟ କରିଥିଲା। ଦୀର୍ଘ ପାଞ୍ଚ ହଜାର ମାଇଲ ଭ୍ରମଣ ଭିତରେ ସେ କାଲିଫର୍ଣ୍ଣିଆ ପ୍ରଦେଶରେ ବହୁତ ଜାଗା ଦେଖିଲେ। ତା'ପରେ ଆରିଜୋନା ପ୍ରଦେଶର ମରୁଭୂମି ମଧ୍ୟରେ ଫିନିକ୍‌ସ ସହର ଦେଖିଥିଲେ। ସେଠାରୁ ବିଶ୍ୱପ୍ରସିଦ୍ଧ ଗ୍ରାଣ୍ଡ କାନ୍ୟାନ ଦେଖି ଲାସଭେଗାସ ସହରରେ ପହଞ୍ଚିଲେ।

ଏସବୁ ମଧ୍ୟରେ ସେ 'ସମାଜ' ଅନୁଷ୍ଠାନ କଥା ଅନବରତ ଚିନ୍ତା କରୁଥିଲେ। ଏଠାରେ ସ୍ୱତନ୍ତ୍ର ସମ୍ବାଦ, ଫଟୋଚିତ୍ର ତଥା ଲେଖା ପଠାଇବାକୁ ଆମ୍ଭମାନଙ୍କୁ ଉତ୍ସାହିତ କରୁଥିଲେ। ତାଙ୍କ ସହ ସାକ୍ଷାତ ପାଇଁ ସ୍ଥାନୀୟ ଓଡ଼ିଆ ପରିବାରମାନେ ବରାବର ଆସୁଥିଲେ। ତାଙ୍କର ଦି'ପଦ ସ୍ନେହବୋଳା କଥାରେ ତଥା ପିତୃତୁଲ୍ୟ ଗୁଣରେ ସମସ୍ତେ ଆକୃଷ୍ଟ ହେଉଥିଲେ। ଫେରିବା ବାଟରେ ନ୍ୟୁୟର୍କ ଓ ୱାଶିଂଟନରେ ଚାରି ଦିନ ରହିବା ଅବସରରେ ଅନେକ ସହପାଠୀ ତଥା ପୁରୁଣା ବନ୍ଧୁଙ୍କୁ ଟେଲିଫୋନ୍ କଲେ। ସମସ୍ତେ ତାଙ୍କ ସହ କଥା ହୋଇ ଭାବବିହ୍ୱଳ ହୋଇ ତାଙ୍କ ସହ ସାକ୍ଷାତ କରିବାକୁ ବ୍ୟଗ୍ର ହୋଇଥିଲେ।

ଫିଲାଡ଼େଲଫିଆର ଜଣେ ବନ୍ଧୁଙ୍କ ଘରେ ତାଙ୍କ ସହ ସାକ୍ଷାତ ପାଇଁ ବିଖ୍ୟାତ ଦାର୍ଶନିକ ଡକ୍ଟର ଜିତେନ୍ ମହାନ୍ତି ଆସି ପହଞ୍ଚିଲେ। ରେଭେନ୍‌ସା କଲେଜିଏଟ୍ ସ୍କୁଲ୍ ତଥା ୧୯୪୦ ଦଶନ୍ଧିରେ ରେଭେନ୍‌ସା କଲେଜରେ ଛାତ୍ର ଜୀବନର ଅନେକ ଘଟଣାବଳୀର ପୁନରାବୃତ୍ତି ହେଲା।

ଆମେରିକାର ଅଢ଼େଇ ମାସର ଅବସ୍ଥାନରେ ଶ୍ରୀ ପଦାରବିନ୍ଦ ମହାପାତ୍ରଙ୍କୁ

ଯିଏ ଥରେ ସାକ୍ଷାତ କରିଛି, ତାଙ୍କର ଅହେତୁକ ଦେହାବସାନରେ ସେମାନେ ଅତ୍ୟନ୍ତ ବ୍ୟଥିତ ହୋଇଛନ୍ତି। ତାଙ୍କର ଆଦର୍ଶ ଅତି ମହାନ୍, ତାଙ୍କର ଶତ୍ରୁ ନ ଥିଲେ। ସମସ୍ତଙ୍କର ଅତ୍ୟନ୍ତ ପ୍ରିୟଭାଜନ ଥିଲେ ସେ। ପରଚର୍ଚ୍ଚା, ପରନିନ୍ଦା କେବେ କରୁ ନ ଥିଲେ। 'ସମାଜ' ଅନୁଷ୍ଠାନ ଏଭଳି ମହାପୁରୁଷଙ୍କୁ ୪ବର୍ଷ ଲାଗି ପାଇ ଧନ୍ୟ ହୋଇଥିଲା। ଅନୁଷ୍ଠାନର କର୍ମକର୍ତ୍ତାମାନେ ତାଙ୍କର ଆଦର୍ଶ ତଥା ଚିନ୍ତାଧାରାରେ ଅନୁପ୍ରାଣିତ ହୁଅନ୍ତୁ ଏବଂ ତାଙ୍କର ଯୋଜନାବଳୀକୁ କାର୍ଯ୍ୟକାରୀ କରନ୍ତୁ, ଏହା ହିଁ କାମନା।

ଶ୍ରୀ ଗୋପୀନାଥ ମହାନ୍ତି

ସେଦିନ ଥିଲା ଏକାଦଶୀ। ଅଗଷ୍ଟ ମାସ ୨୦ ତାରିଖ। ଅପରାହ୍ଣ ସମୟ। ଗୋଟାଏ ସତଚାଳିଶ ମିନିଟ୍। କାଲିଫର୍ଣ୍ଣିଆର ସାନହୋଜେ ସହରରେ ଭ୍ୟାଲି ମେଡ଼ିକାଲ ସେଣ୍ଟର୍‌ର କକ୍ଷ ୩୬୨। ଓଡ଼ିଶାର ବରେଣ୍ୟ, ସୁଯୋଗ୍ୟ ଲେଖକ, ଓଡ଼ିଆ ଭାଷାର ସମୃଦ୍ଧି ପାଇଁ ଅହରହ ଚେଷ୍ଟା କରିଥିବା, ଓଡ଼ିଆର ସାଧାରଣ ଲୋକଙ୍କ ଜୀବନ ସ୍ରୋତକୁ ଗଭୀର ଭାବେ ଅନୁଧ୍ୟାନ କରି ନିଜର ସରଳ, ମୌଳିକ ଭଙ୍ଗୀରେ ଅମର ପୁସ୍ତକମାନଙ୍କର ରଚୟିତା ଏବଂ ଭାରତ ସରକାରଙ୍କର ସର୍ବୋଚ୍ଚ ସାହିତ୍ୟ ପୁରସ୍କାର 'ଜ୍ଞାନପୀଠ'ର ବିଜେତା ଶ୍ରୀ ଗୋପୀନାଥ ମହାନ୍ତି ଆମ ସମସ୍ତଙ୍କୁ ଛାଡ଼ି ଇହଧାମରୁ ବିଦାୟ ନେଲେ।

କକ୍ଷ ଭିତରେ ବହୁ ଓଡ଼ିଆ ବନ୍ଧୁ ସପରିବାର ଅଶ୍ରୁଳ ନୟନରେ ତାଙ୍କୁ ଚାହିଁ ରହିଥିଲେ। ମୁହଁରେ କ୍ଷୀଣ ହସ, ସତେ ଯେପରି ସମସ୍ତଙ୍କୁ ହୃଦୟ ଭିତରୁ ଆଶୀର୍ବାଦ ଦେଇ ଗୋପୀନାଥ ବାବୁ ଭଗବାନଙ୍କ ପାଖକୁ ଚାଲିଗଲେ। ସେଇ ନୀରବତା ଭିତରେ ଏ ମହାନ୍ ବ୍ୟକ୍ତିତ୍ୱ ଉପରେ ଚିନ୍ତା କରିବାର ଅବକାଶ ଆସୁଥିଲା।

ତାଙ୍କ ସହିତ ବହୁତ ସମୟ କଟିଥିଲା ଗତ ୮ ମାସର କାଲିଫର୍ଣ୍ଣିଆ ରହଣି କାଳରେ। ଆଗରୁ ମଧ୍ୟ ୧୯୮୭ ମସିହାରେ ସେ ପ୍ରଥମ ଥର ଲାଗି ଆମେରିକା ଆସିଥିଲେ। ତାଙ୍କ ସହ କଥାବାର୍ତ୍ତା ହେଲେ, ତାଙ୍କ ବିଶ୍ଳେଷଣ ତଥା ବିଚକ୍ଷଣ ଦୃଷ୍ଟିଭଙ୍ଗୀକୁ ଅନୁଧ୍ୟାନ କଲେ, ତାଙ୍କ ମହାନତା ଜଣାପଡ଼େ।

ଓଡ଼ିଶାର ପୁରପଲ୍ଲୀର ଜୀବନ, ଆଦିବାସୀମାନଙ୍କର ଜୀବନ ସଂଗ୍ରାମ, ସରଳ ବିଶ୍ୱାସ ସବୁ ତାଙ୍କପରି ବୋଧହୁଏ ଆଉ କେହି ଗଭୀର ଭାବେ ହୃଦୟଙ୍ଗମ କରି ନାହାନ୍ତି। ସେ ସବୁ ତାଙ୍କର ଅମର ପୁସ୍ତକ "ପରଜା", "ମାଟିମଟାଳ", "ଅମୃତର ସନ୍ତାନ" ଇତ୍ୟାଦିରେ ବର୍ଣ୍ଣିତ ହୋଇଛି। ଗାଉଁଲି ଭାଷାରେ ପ୍ରୟୋଗ ତଥା ବର୍ଣ୍ଣନା ମଧ୍ୟରେ ଗୁଢ଼ତତ୍ତ୍ୱର ବିଚାର ତାଙ୍କ ଲେଖାର ବିଶେଷତ୍ୱ ଥିଲା। ଏ ସବୁ ଉପରେ ଓଡ଼ିଆ ଭାଷାର ଗବେଷକ ତଥା ଛାତ୍ରମାନେ ଯଥେଷ୍ଟ ଅଧିକା ଜାଣନ୍ତି। ବ୍ୟକ୍ତିଗତ

ଭାବେ ଦେଖିଲେ ତାଙ୍କର ଯେକୌଣସି ବିଷୟରେ ମନ୍ତବ୍ୟ ତାଙ୍କ ଅତ୍ୟୁଚ୍ଚ ଚିନ୍ତାଧାରା ସୂଚାଇ ଦେଉଥିଲା।

ସେ ଇଂରାଜୀ ସାହିତ୍ୟର ଛାତ୍ର ଥିଲେ ପାଟନାରେ। ଇଂରାଜୀ ସାହିତ୍ୟ ଛଡ଼ା ସଂସ୍କୃତ ସାହିତ୍ୟ ମଧ୍ୟ ବିଶେଷ ଭାବେ ଅଧ୍ୟୟନ କରିଥିଲେ। ବଙ୍ଗଳା ସାହିତ୍ୟ ସହ ସେ ଖୁବ୍ ପରିଚିତ ଥିଲେ। ଲେଖିବା ଅର୍ଥ "ନିଜକୁ ଆବିଷ୍କାର କରିବା" ବୋଲି ସେ ବୁଝାଉଥିଲେ। ଅନ୍ୟକୁ "ସୁହାଇଲା ଭଳି" ନ ଲେଖି, ଯାହା ମନରେ ଆସୁଛି ତାକୁ ଲେଖିଚାଲ- ଏହା ଥିଲା ତାଙ୍କର ଲେଖକ ଜୀବନର ମୂଳମନ୍ତ୍ର।

ଲେଖକର ସୃଜନ ଶକ୍ତି (Creative force) ଆସେ ସବୁ ଜିନିଷ, ସବୁ ଲୋକ ଚରିତ୍ରକୁ ଗଭୀର ଭାବେ ନିରୀକ୍ଷଣ ତଥା ଅନୁଧ୍ୟାନ କଲେ। ଲେଖାରେ କ୍ଳିଷ୍ଟତା ପ୍ରଦର୍ଶନ କରି ପାଠକଙ୍କୁ ଦୁର୍ବୋଧ୍ୟ ସାହିତ୍ୟ ବାଢ଼ିବାରେ କିଛି ବିଶେଷତ୍ୱ ନାହିଁ- ଏକଥା ତାଙ୍କ ଲେଖାରୁ ସ୍ପଷ୍ଟ ଜଣାପଡ଼େ। ତାଙ୍କ ମତରେ-ପୃଥିବୀର ବଡ଼ବଡ଼ ଲେଖକ-ଯଥା: ମିଲ୍‌ଟନ୍, କିଟସ୍, ସେକ୍‌ସପିଅର କିମ୍ବା ରବୀନ୍ଦ୍ରନାଥ ଠାକୁରଙ୍କ ରଚନାଶୈଳୀ ଖୁବ୍ ସରଳ ଏବଂ ବୋଧଗମ୍ୟ। ସେଥିରେ ଭାବର ଜୁଆର ଉଠୁଥାଏ। ପଢ଼ିଲେ ମନ ହୁଏ ବାରମ୍ବାର ପଢ଼ିବାକୁ। କାରଣ ଲେଖକ ଲେଖିଲା ବେଳେ ନିଜ ଭିତରେ ହଜିଯାଏ, ସେ ଏକ ଅନ୍ୟ ଦୁନିଆରେ ପହଞ୍ଚିଥାଏ। ଯାହା ବାବଦରେ ଲେଖାଯାଉଛି, ସେଥିରେ ସେ ସମ୍ପୂର୍ଣ୍ଣରୂପେ ମଜ୍ଜି ଯାଇଥାଏ। ସମସ୍ତ ବିଶିଷ୍ଟ କଳାକାର ଏହା ହିଁ କରି ବଡ଼ ହୋଇଥାନ୍ତି।

ଗୋପୀନାଥବାବୁଙ୍କୁ ଶାସ୍ତ୍ରୀୟ ସଂଗୀତ ଭଲ ଲାଗୁଥିଲା। ଯେଉଁଠି ସଂଗୀତଜ୍ଞ ତାଙ୍କ କଳାରେ ହଜିଯାଇ ସଂଗୀତ ସୃଷ୍ଟି କରିଥାନ୍ତି। ଗୋପୀନାଥବାବୁ ମୂଳରୁ ଚାହିଁଥିଲେ ସେ ଏଭଳି ସାହିତ୍ୟ ସୃଷ୍ଟି କରିବେ ଯେଉଁଥିରେ ଓଡ଼ିଆ ସାହିତ୍ୟ ପୃଥିବୀର ଯେ କୌଣସି ଉଚ୍ଚକୋଟୀର ସାହିତ୍ୟ ସହ ସମାନ ହୋଇପାରିବ। ତାଙ୍କର ବିଶ୍ୱାସ ଥିଲା ଏଇ ଆମ ଓଡ଼ିଆ ଭାଷା ଭଳି ପ୍ରାଚୀନ ଏବଂ ସମୃଦ୍ଧ ସାହିତ୍ୟ ସାରା ଭାରତରେ ବିରଳ। ତାକୁ ସମ୍ମାନ ଦେବାଲାଗି, ତା'ର ରୂପସଂଜ୍ଞା ନିର୍ଦ୍ଧାରଣ ପାଇଁ, ତା'ର ସମସ୍ତ ସୌନ୍ଦର୍ଯ୍ୟକୁ ପ୍ରକାଶ କରିବାକୁ ହେବ। ଏହା କମ୍ ବଡ଼ ଲକ୍ଷ୍ୟ ନୁହେଁ? ଏଭଳି ଚିନ୍ତାଧାରା ତଥା ଲକ୍ଷ୍ୟ ଓଡ଼ିଶାରେ କେତେଜଣ ସାହିତ୍ୟିକଙ୍କ ମୂଳମନ୍ତ୍ର ହୋଇପାରିଛି ?

ଲୋକମାନଙ୍କ ଗହଣରେ ସେ ଆନନ୍ଦରେ ଅଧୀର ହୋଇ ପଡ଼ନ୍ତି-ଦେଖିଲେ ଆମ୍ଭମାନଙ୍କୁ କି ଖୁସି, କି ଆନନ୍ଦ ତାଙ୍କ ମୁହଁରେ ଦିଶେ। ସେ କହନ୍ତି, ଦୁନିଆରେ ଯେତେ ଶବ୍ଦ ଅଛି ବା ସ୍ୱର ଅଛି (ସେ ସଂଗୀତ ହେଉନା କାହିଁକି) ତା' ମଧ୍ୟରେ ମନୁଷ୍ୟର ସ୍ୱର ସର୍ବୋଚ୍ଚ। ତାକୁ ନେଇ ଆମ ଜୀବନ ଗଠିତ, ତା' ବିନା ଆଉ କ'ଣ

ବା ଅଛି ? ସେ ସ୍ୱର ମଧ୍ୟରେ ସବୁଠାରୁ ମିଠା ହେଲା ଶିଶୁମାନଙ୍କର ସ୍ୱର । ସାନପିଲାଙ୍କ ସହ ସେ ଘଣ୍ଟା ଘଣ୍ଟା ଧରି କଥାବାର୍ତ୍ତାରେ ମଜ୍ଜି ଯାଆନ୍ତି । ଛୋଟ ପିଲାଠାରୁ ବଡ଼ ପର୍ଯ୍ୟନ୍ତ ସମସ୍ତେ ତାଙ୍କ ସହ କିଛି ସମୟ କଟାଇବା ପାଇଁ ବ୍ୟାକୁଳ ହୋଇଥାନ୍ତି । ଆଉ ସମସ୍ତଙ୍କ ଲାଗି ତାଙ୍କ ନିରନ୍ତର ଶୁଭେଚ୍ଛା ଥାଏ । ସବୁଥିରେ ସେ ଅଦ୍ଭୁତ ଆନନ୍ଦ ପାଆନ୍ତି ।

ଗୋପୀନାଥ ମହାନ୍ତି ଖୁବ୍ ପଢ଼ନ୍ତି । ଏଭଳି ପଢ଼ିବାରେ ଆନନ୍ଦ ପାଉଥିବା ବ୍ୟକ୍ତି ଓଡ଼ିଶାରେ କାହିଁକି ଆମ ଦେଶରେ ଖୁବ୍ କମ୍ ଥିବେ । ଖବରକାଗଜଠାରୁ ଆରମ୍ଭ କରି ପତ୍ରିକା ଏବଂ ମୁଖ୍ୟତଃ ବହି ପଢ଼ିବା ଅଭ୍ୟାସ ତାଙ୍କର ରହି ଆସିଥିଲା ମୂଳରୁ । ସବୁପ୍ରକାର ସାହିତ୍ୟ ପଢ଼ିବାରେ ସେ ଆନନ୍ଦ ପାଉଥିଲେ । ଖାଲି ଉପରଠାଉରିଆ ଭାବେ ପଢ଼ିବା କଥା ନୁହେଁ । ସବୁ ଲେଖାରୁ ସେ ଅନେକ ଗୁଢ଼ତତ୍ତ୍ୱ ମଧ୍ୟ ବାହାର କରନ୍ତି ।

ତାଙ୍କର ଶବ୍ଦ ସଂଯୋଜନା ଓଡ଼ିଆରେ ଅତି ଚମତ୍କାର । ଉପଯୁକ୍ତ ଭାଷାଦ୍ୱାରା ଭାବନାକୁ ପ୍ରକାଶ କରିବା ଶକ୍ତି ତାଙ୍କଠାରେ ଯେଭଳି ଥିଲା, ଆଉ କ୍ୱଚିତ୍ ଦେଖିବାକୁ ମିଳେ । ବରାବର ସେ ଆମକୁ ମନେପକାଇ ଦେଇଥିଲେ, 'ଓଡ଼ିଆରେ କେତେ କେତେ ଶବ୍ଦ ଅଛି, ଯାହାର ଅବିକଳ ଅର୍ଥ ଅନ୍ୟ କୌଣସି ଭାଷାରେ ନାହିଁ, ଯଥା "ଆଉଁଷି ଦେଲେ", ଏହାକୁ ଇଂରାଜୀରେ କ'ଣ କହିବ କିମ୍ବା ଭାରତୀୟ ଭାଷାରେ (ହିନ୍ଦୀ କି ବଂଗଳା) କିପରି କହିବ ? ଆଉଁଷିବା ଅର୍ଥ ହାତ ଚଲେଇବା ନୁହଁ । ସେଥିରେ ସ୍ନେହ, ସଂବେଦନା, ଆଶ୍ୱାସନା ଇତ୍ୟାଦି କେତେ ଭାବ ମିଶି ରହିଛି ?'

ଏହିଭଳି ସାଧାରଣ କଥାବାର୍ତ୍ତାରେ ଆମକୁ ବାରମ୍ବାର ଓଡ଼ିଆ ଭାଷାର ବିଶିଷ୍ଟତା ସୂଚାଇ ଦେଉଥିଲେ ସେ । ତାଙ୍କର ୧୯୮୮ରେ ପ୍ରକାଶିତ ପୁସ୍ତକ "ବୁନ୍ଦାଏ ପାଣି" ଓଡ଼ିଆ ସାହିତ୍ୟରେ ଏକ ଚରମ କୀର୍ତ୍ତି । ସେଥିରେ କାହାଣୀ ରହିଛି । ସାଧାରଣ କଥା, ଭାରତ ସ୍ୱାଧୀନତା ପାଇବା ଦିନର ଘଟଣା, ଓଡ଼ିଶାର ଏକ ସାଧାରଣ ଟାଉନ୍‌ରେ କେତୋଟି ଲୋକଙ୍କର ଜୀବନରେ ସେଇ ଦିନଟିର ଅର୍ଥ କ'ଣ ଥିଲା । କଥୋପକଥନ ମାଧ୍ୟମରେ ସେ ଜୀବନ-ଦର୍ଶନ ଚମତ୍କାର ଭାବେ ଉପସ୍ଥାପନ କରିଛନ୍ତି । କେତେବେଳେ ଶଙ୍କରାଚାର୍ଯ୍ୟଙ୍କର ନିର୍ବାଣ ଷଟକମ୍‌ର "ଚିଦାନନ୍ଦରୂପ ଶିବୋହଂ ଶିବୋହଂ" କହିଲେଣି ତ କେତେବେଳେ ଭଗବଦ୍‌ଗୀତାର କର୍ମଯୋଗ କିମ୍ବା ଜ୍ଞାନଯୋଗ କଥା ଉପସ୍ଥାପନ କଲେଣି ।

ତାଙ୍କ ଲେଖାକୁ ତରବରିଆ ହୋଇ ପଢ଼ି ହୁଏନି । ବେଳେବେଳେ ବାରମ୍ବାର ପଢ଼ିବାକୁ ପଡ଼େ । ଏହା ଭାଷାର କ୍ଲିଷ୍ଟତା ଯୋଗୁଁ ନୁହେଁ, ଏହା ତାଙ୍କର ଗଭୀର ଚିନ୍ତାଧାରାକୁ ହୃଦୟଙ୍ଗମ କରିବାକୁ ।

କେତେ ସନ୍ଧ୍ୟାରେ, ଦ୍ୱିପ୍ରହରରେ ବସି ତାଙ୍କ ସହ ଆଲୋଚନା ହୋଇଛି। ରାଜନୈତିକ ସମସ୍ୟାଠାରୁ ଆରମ୍ଭ କରି ସାମାଜିକ ଅବସ୍ଥା। ସବୁ ଉପରେ ତାଙ୍କର ଗଭୀର ଅନୁଧ୍ୟାନ ଥିଲା। ପ୍ରକୃତିର ଉପାସକ ଥିଲେ ସେ। ଘରକୁ ଆସିଲେ ଆଗ ବଗିଚାକୁ ବୁଲିଯିବେ ଏବଂ ପ୍ରତ୍ୟେକ ଗଛ ଏବଂ ଫୁଲକୁ ତନ୍ନ ତନ୍ନ କରି ଚିହ୍ନିବେ। କିଛି ମନ୍ତବ୍ୟ ଦେବେ। ସତେ ଯେମିତି ସେମାନଙ୍କ ସହ ତାଙ୍କ ନିବିଡ଼ ସମ୍ପର୍କ, ସେମାନଙ୍କ ସହ ସେ ଆଳାପ କରୁଛନ୍ତି।

କାଲିଫର୍ଣ୍ଣିଆର ପ୍ରାକୃତିକ ସୌନ୍ଦର୍ଯ୍ୟ ତାଙ୍କୁ ବିଭୋର କରିଥିଲା। ବଣ, ପାହାଡ଼, ସମୁଦ୍ର ସବୁ ତାଙ୍କର ଅତିପ୍ରିୟ। କେଉଁ ଋତୁ ଭଲଲାଗେ ପଚାରିଲେ, ଭାରତରେ ତାଙ୍କୁ ବର୍ଷାଋତୁ ସବୁଠାରୁ ଭଲ ଲାଗେ ବୋଲି କହୁଥିଲେ। କାରଣ ବର୍ଷାର ଶବ୍ଦ ମାଧ୍ୟମରେ ଯେଉଁ ଝଙ୍କାର ସୃଷ୍ଟି ହୁଏ, ସେତେବେଳେ ନିଜକୁ ନିଜ ଭିତରେ ହଜାଇ ଦେବାକୁ ମନ ହୁଏ। ଏକ ପ୍ରକାର ଉଲ୍ଲାସ ମନରେ ଆସେ।

ଜୀବନକୁ ଖୁବ୍ ଭଲ ପାଉଥିଲେ ସେ। ସ୍ପଷ୍ଟବାଦୀ ଏବଂ ନିର୍ଭୀକ ମତ ଦେବାରେ ବିଶ୍ୱାସ କରୁଥିଲେ। ସବୁ ସମୟରେ ନିଜର ସ୍ୱତନ୍ତ୍ର ମତାମତ ଦେବା ଦ୍ୱାରା ନିଜର (individuality)କୁ ବଜାୟ ରଖିବା ଖୁବ୍ ଆବଶ୍ୟକ ବୋଲି ସେ କହୁଥିଲେ। ସବୁ କଥାରେ ହଁ ମାରିଲେ ତାଦ୍ୱାରା ନିଜର ସ୍ୱାତନ୍ତ୍ର୍ୟ ମଣିଷ ହରାଇଥାଏ।

ଜୀବନରେ ସେ ବହୁ ସଂଗ୍ରାମ କରିଥିଲେ। ଚାକିରି କ୍ଷେତ୍ରରେ ପଦୋନ୍ନତି ପାଇଁ ଅପ୍ରିୟ କାର୍ଯ୍ୟ କରିବାର ଖୁବ୍ ବିରୋଧୀ ଥିଲେ। ଥରେ କହିଥିଲେ, "ମୋତେ ଚାକିରିରେ ଦଣ୍ଡ ସ୍ୱରୂପ କୋରାପୁଟ ପଠାଇଦିଆ ଯାଇଥିଲା। ମୋ'ପାଇଁ ତାହା ଏକ ସୁଯୋଗ ଥିଲା, କାରଣ ସେହିଠାରୁ କନ୍ଧ, କୋହ୍ଲ ଇତ୍ୟାଦି ଆଦିବାସୀମାନଙ୍କ ସହ ମୋର ଘନିଷ୍ଠତା ବଢ଼ିଲା। ସେମାନଙ୍କ ଜୀବନଧାରା, ଆତ୍ମବିଶ୍ୱାସ ଏବଂ ସର୍ବୋପରି ତାଙ୍କ ସରଳତାର ସୁଯୋଗ ନେଇ ଅନ୍ୟମାନଙ୍କର ଶୋଷଣ ଇତ୍ୟାଦି ଅନୁଧ୍ୟାନ କରିବା ପରେ ଲେଖା ଆରମ୍ଭ ହୋଇଥିଲା।" ତାଙ୍କଠାରୁ ଆଦିବାସୀମାନଙ୍କର ଜୀବନ କଥା ବହୁବାର ଶୁଣିଛି ଏବଂ ଆମେ ସେଇ ଓଡ଼ିଶାରୁ ଆସିଥିଲେ ହେଁ, ଏହା ପରୀରାଇଜ କାହାଣୀ ଭଳି ବୋଧ ହୋଇଥାଏ।

ସ୍ଥାନୀୟ ସାନ୍‌ହୋଜେ ଷ୍ଟେଟ୍ ବିଶ୍ୱବିଦ୍ୟାଳୟରେ ତାଙ୍କୁ ସମ୍ମାନନୀୟ ପ୍ରଫେସର କରାଯାଇଥିଲା। ଏଠାରେ ଅନେକ ଖ୍ୟାତନାମା ଆମେରିକୀୟ ପ୍ରଫେସର ତାଙ୍କ ଲେଖା ତଥା ଗବେଷଣାରେ ଖୁବ୍ ପ୍ରଭାବିତ ହୋଇଥିଲେ। ବିଶେଷତଃ ଡକ୍ଟର ଜେମ୍‌ସ ଫ୍ରିମାନ୍। ସେ ଦିନ ଡାକ୍ତରଖାନାରେ ପ୍ରଫେସର ଫ୍ରିମାନ୍‌ଙ୍କ ସମେତ ଅନେକ ଆସିଥିଲେ ସେମାନଙ୍କ ଭକ୍ତିପୂତ ଶ୍ରଦ୍ଧାଞ୍ଜଳି ଜଣାଇବା ଲାଗି। ଷ୍ଟାନ୍‌ଫୋର୍ଡ ବିଶ୍ୱବିଦ୍ୟାଳୟରେ

ତାଙ୍କୁ ପରୀକ୍ଷା କରୁଥିବା ଡାକ୍ତରମାନେ ମଧ୍ୟ ତାଙ୍କ କଥାରେ ମୁଗ୍ଧ ହୋଇଥିଲେ ଏବଂ ତାଙ୍କ ବହି ପଢ଼ିବାକୁ ବିଶେଷ ଆଗ୍ରହ ଦେଖାଉଥିଲେ ।

କେତେ ବନ୍ଧୁ କହିଲେ, "ଏଭଳି ଜଣେ ସାଧକ, ଦାର୍ଶନିକ ତଥା ସାହିତ୍ୟର ଉପାସକ ଯଦି ଓଡ଼ିଶା ବାହାରେ ଜନ୍ମ ହୋଇଥାନ୍ତେ, କାହିଁ କେତେ ଉପରକୁ ଯାଇଥାନ୍ତେ ।" ଗୋପୀନାଥବାବୁ କେବେ ଯଶ ଚାହିଁ ନ ଥିଲେ । ସେ ଥିଲେ ବିଜୟୀ । ତାଙ୍କର ମହାନତା ତାଙ୍କ ପୁସ୍ତକମାନଙ୍କରୁ ସୁସ୍ପଷ୍ଟ । ସେ ପ୍ରଥମ ଓଡ଼ିଆ ଜ୍ଞାନପୀଠ ପୁରସ୍କାର ବିଜେତା । ଓଡ଼ିଶା ତଥା ଓଡ଼ିଆମାନଙ୍କର ସେ ଗର୍ବ ।

କିଛିଦିନ ତଳେ ସାକ୍ଷାତ୍‌ରେ ସାରଳା ଦାସଙ୍କର ମହାଭାରତ ଉପରେ ସେ ଆଲୋଚନା କରିଥିଲେ । ପରାକୃତ ବା ପ୍ରାକୃତ ଭାଷାର ଶୈଳୀ ବର୍ଣ୍ଣନା କରିଥିଲେ । ସ୍ୱର କରି କିଛି ପଦ ଗାଇଥିଲେ । କଥାବାର୍ତ୍ତାରେ ସେ ଭୋଳ ହେଲେ ଅନ୍ୟ ସବୁକଥା ଭୁଲି ଯାଉଥିଲେ । ସାଧାରଣ ପାର୍ଥିବ ଜିନିଷ ଉପରେ ତାଙ୍କର ନଜର କେବେ ନ ଥିଲା । ସେ ଥିଲେ ବହୁ ଉଚ୍ଚରେ । ସାଧାରଣ ଲୋକଙ୍କ ନିତିଦିନିଆ ଚିନ୍ତାରୁ ଆହୁରି କାହିଁ କେତେ ଉପରେ ।

ସେ ଦିନ ଅପରାହ୍ନରେ ସମସ୍ତେ ତାଙ୍କ ପ୍ରିୟ ମଉସାଙ୍କୁ ଅଶ୍ରୁସିକ୍ତ ନୟନରେ ବିଦାୟ ଦେଲେ । ସନ୍ଧ୍ୟାରେ ଏକ ପ୍ରାର୍ଥନା ସଭାରେ ସବୁ ଓଡ଼ିଆ ପରିବାର ତଥା ଅନେକ ବିଦେଶୀ ବନ୍ଧୁ ଯୋଗ ଦେଲେ । ଚାରିଆଡ଼େ ନୀରବତା ଘୋଟି ରହିଥିଲା । କେହି କିଛି କଥାରେ ପ୍ରକାଶ କରୁ ନ ଥିଲେ । ସମସ୍ତେ ମନରେ ଗୋଟିଏ ପ୍ରଶ୍ନ କରୁଥିଲେ "ଏଭଳି ଜଣେ ମହାନ୍ ବ୍ୟକ୍ତିତ୍ୱ ଓଡ଼ିଶାରେ ପୁଣି କେବେ ଆସିବେ ?"

ହାତଯୋଡ଼ି ତାଙ୍କ ଅମର ଆତ୍ମାକୁ ନମସ୍କାର କରୁଛୁ । ଲାଗୁଛି ସେ ଦୂରରୁ ଚାହିଁ ସମସ୍ତଙ୍କୁ ଆଶୀର୍ବାଦ ଜଣାଉଛନ୍ତି ।

■

ବିଦେଶରୁ ବନ୍ଧୁ ବିଚ୍ଛେଦ

୧୯୯୨ ବର୍ଷଟି ଆମେରିକାର ଓଡ଼ିଆମାନଙ୍କ ପାଇଁ ଏକ ବିଷାଦମୟ ବର୍ଷ। ବହୁତ ଘାତ ପ୍ରତିଘାତ ମଧ୍ୟରେ ବର୍ଷଟି ଚାଲିଛି। ଗତ ମାର୍ଚ୍ଚ ମାସରେ ଓଡ଼ିଆ ସମାଜର ଜଣେ ପ୍ରଧାନ ଉଦ୍ୟୋକ୍ତା ଶ୍ରୀ ପ୍ରମୋଦ ପଟ୍ଟନାୟକଙ୍କର ମାତ୍ର ୫୩ ବର୍ଷ ବୟସରେ ହୃଦ୍‌ରୋଗରେ ଦେହାନ୍ତ ହୋଇଗଲା।

ପ୍ରମୋଦବାବୁଙ୍କ ଘର ଢେଙ୍କାନାଳର କାମାକ୍ଷାନଗରରେ। ସେ କଟକ ଖ୍ରୀଷ୍ଟ କଲେଜରେ ଛାତ୍ରନେତା ଥିଲେ। ତା'ପରେ ମଧୁସୂଦନ ଲ' କଲେଜରେ ଓକିଲାତି ପଢ଼ିଲେ ଏବଂ ୧୯୬୯ ବେଳକୁ ଆମେରିକା ଆସିଲେ। ଏଠାରେ ଅଧ୍ୟୟନ ପରେ ସେ ଆଲାବାମା ପ୍ରଦେଶର ହଣ୍ଟସ୍‌ଭିଲ୍ ସହରରେ ଏକ ବିଶ୍ୱବିଦ୍ୟାଳୟରେ ଅଧ୍ୟାପନା କରୁଥିଲେ। ଆମେରିକାର ଓଡ଼ିଆ ସୋସାଇଟି ତଥା ଓଡ଼ିଆ ସଂସ୍କୃତିର ସମୂହ ବିକାଶ ଲାଗି ସେ ଅହରହ ଚେଷ୍ଟା କରୁଥିଲେ। ଆଲାବାମାକୁ ଅନେକ ଓଡ଼ିଆ ଛାତ୍ରଙ୍କୁ ଆଣିବାରେ ସେ ସହାୟତା କରିଥିଲେ। ତାଙ୍କର ଅକାଳ ବିୟୋଗ ସମଗ୍ର ଓଡ଼ିଆ ସମ୍ପ୍ରଦାୟକୁ ସ୍ତମ୍ଭୀଭୂତ କରିଦେଲା।

ଏହାପରେ ଅଗଷ୍ଟ ୧୨ ତାରିଖରେ ଆଉ ଜଣେ ପରମ ବନ୍ଧୁ ତଥା ବିଶିଷ୍ଟ ଓଡ଼ିଆ ଇଞ୍ଜିନିୟର ଶ୍ରୀ ଦିଲୀପ ଶତପଥୀ କାଲିଫର୍ଣ୍ଣିଆର ସାକ୍ରାମେଣ୍ଟୋ ସହରରେ ମାତ୍ର ୫୧ ବର୍ଷ ବୟସରେ ହଠାତ୍ ହୃତ୍‌କ୍ରିୟା ବନ୍ଦ ହେବା ଯୋଗୁଁ ଇହଲୀଳା ସମ୍ବରଣ କଲେ। ଦିଲ୍ଲୀପବାବୁ ଜଣେ ଅତି ପରୋପକାରୀ ତଥା ହୃଦୟବାନ ବ୍ୟକ୍ତି। ସେ କଟକ ସହରର ଶ୍ରୀ ରମେଶ ଶତପଥୀଙ୍କ ଜ୍ୟେଷ୍ଠପୁତ୍ର। ତାଙ୍କ ଅଜା କାଳିନ୍ଦୀଚରଣ ପାଣିଗ୍ରାହୀଙ୍କ ବଡ଼ଭାଇ।

କଲିଜିଏଟ ସ୍କୁଲରୁ ପାସ୍ କରି ସେ ରେଭେନ୍ସା କଲେଜରେ ପଢ଼ିଲେ। ତା'ପରେ ଆସାମରେ ଇଞ୍ଜିନିୟରିଂ ପଢ଼ିସାରି ସିମେନ୍‌ସ (**Siemens**) କମ୍ପାନୀରେ କଲିକତାରେ ଚାକିରି କରୁଥିଲେ। ୧୯୬୯ରେ ସେ ପ୍ରମୋଦବାବୁଙ୍କ ଭଳି ସପରିବାର ଆମେରିକା ଆସିଲେ। ଏଠାରେ ଉଚ୍ଚଶିକ୍ଷା ପରେ ସେ ଇଞ୍ଜିନିୟର ହିସାବରେ ବଡ଼ କମ୍ପାନୀମାନଙ୍କରେ କାମ କରୁଥିଲେ।

ତାଙ୍କ ସ୍ତ୍ରୀ ଛବି (ଅନ୍ନପୂର୍ଣ୍ଣା) କଟକରେ ଜଣାଶୁଣା ଡାକ୍ତର ରାଜୁ ପରିଡ଼ାଙ୍କ ସାନ ଭଉଣୀ। ଦିଲୀପବାବୁଙ୍କ ସହ ବହୁବର୍ଷର ବ୍ୟକ୍ତିଗତ ଘନିଷ୍ଠତା ଆମର। ତାଙ୍କର ଅକାଳ ବିୟୋଗ ଆମମାନଙ୍କୁ, କାଲିଫର୍ଣ୍ଣିଆର ତଥା ସମଗ୍ର ଆମେରିକା ଏବଂ କାନାଡ଼ାର ଓଡ଼ିଆମାନଙ୍କୁ ଶୋକସାଗରରେ ଭସାଇ ଦେଲା। ଆମେ ସବୁ ବାକ୍‌ବିସ୍ମିତ ହୋଇ ତାଙ୍କ ସ୍ତ୍ରୀ ଏବଂ ପିଲାମାନଙ୍କୁ ଆଶ୍ୱାସନା ଦେବାକୁ ବିଫଳ ଚେଷ୍ଟା କଲୁ।

ସେପ୍ଟେମ୍ବର ମାସରେ ଆଉ ଜଣେ ପରମବନ୍ଧୁ ତଥା ବିଶିଷ୍ଟ ଓଡ଼ିଆ ଡକ୍ଟର କଳ୍ପତରୁ କାନୁନ୍‌ଗୋଙ୍କ ଧର୍ମପତ୍ନୀ ଶ୍ରୀମତୀ ଅନୁ କାନୁନ୍‌ଗୋ କର୍କଟ ରୋଗରେ ଇହଧାମ ଛାଡ଼ିଲେ। ଅନୁ ଜଣେ ସ୍ନେହୀ, ସହାନୁଭୂତିଶୀଳା ଏବଂ ଦୟାର ପ୍ରତୀକ ଥିଲେ। ସେ ଜାମସେଦପୁର ଟାଟାରେ ପିଲାଦିନୁ ବଢ଼ିଥିଲେ। ତାଙ୍କର ୨ଟି ଝିଅ ଏବଂ ଗୋଟିଏ ପୁଅ। କଳ୍ପତରୁ ବାବୁଙ୍କ ପରି ଅତି ସରଳ ତଥା ଅମାୟିକ ଭଦ୍ରବ୍ୟକ୍ତି କ୍ୱଚିତ୍ ଦେଖିବାକୁ ମିଳନ୍ତି। ଭଗବାନ୍ ତାଙ୍କୁ ଏଭଳି କଷ୍ଟ ସହିବାକୁ ଶକ୍ତି ଦିଅନ୍ତୁ।

ଏହି ଅକ୍ଟୋବର ମାସରେ ତରୁଣ ଇଞ୍ଜିନିୟର ଶ୍ରୀ ରାଜନ୍ ପଣ୍ଡାଙ୍କ ସ୍ତ୍ରୀ ମନୀଷା ପଣ୍ଡା ଏକ ମୋଟରଗାଡ଼ି ଦୁର୍ଘଟଣାରେ ଚାଲିଗଲେ। ରାଜନ୍ ପଣ୍ଡା ମଧ୍ୟ ଆହତ ହୋଇ ଡାକ୍ତରଖାନାରେ ଚିକିତ୍ସିତ ହେଉଛନ୍ତି। ଶ୍ରୀ ପଣ୍ଡା ଅତି ନିକଟରେ ଭାରତ ଯାଇ ବିବାହ କରିଥିଲେ ଏବଂ ତାଙ୍କ ସ୍ତ୍ରୀ ଗତ ଅଗଷ୍ଟ ମାସ ୩୧ ତାରିଖରେ ଆମେରିକାରେ ପହଞ୍ଚିଥିଲେ। ଶ୍ରୀମତୀ ପଣ୍ଡା ନିଜେ ଜଣେ ଇଞ୍ଜିନିୟର ଥିଲେ। ତାଙ୍କ ବାପା ଶ୍ରୀଯୁକ୍ତ ଶରତ ମିଶ୍ର କଲିକତାସ୍ଥିତ ଅମୃତବଜାର ପତ୍ରିକାରେ କାମ କରନ୍ତି। ଶ୍ରୀ ରାଜନ୍ ପଣ୍ଡାଙ୍କ ଘର ବାରିପଦା ସହରରେ। ଏଭଳି ତରୁଣ ବୟସରେ ଆମେରିକାରେ ପହଞ୍ଚୁ ପହଞ୍ଚୁ ଗାଡ଼ି ଦୁର୍ଘଟଣାରେ ପ୍ରାଣ ହରାଇବାଠାରୁ ଆଉ ଅଧିକ ଦୁଃଖ କ'ଣ ଥାଇପାରେ ?

ସବୁ ଓଡ଼ିଆଙ୍କ ମଧ୍ୟରେ ଗୋଟିଏ କଥା, କ'ଣ ହୋଇଛି ଏ ବର୍ଷ। ଏଭଳି ଦୁଃଖ ସମ୍ବାଦ ଆଉ କେତେ ସହିବାକୁ ପଡ଼ିବ ? କେବଳ ଭଗବାନଙ୍କୁ ଡାକିବା ଛଡ଼ା ଆଉ କ'ଣ ଉପାୟ !

■

ଆମେରିକାରେ ନନା, ବୋଉ

ଏକୋଇଶ ବର୍ଷ ତଳେ ଆମେରିକା ଆସିବା ବେଳେ ଏହା ଏକ ବିଶେଷ ଘଟଣା ଥିଲା; ବିଶେଷତଃ ନିଜ ପରିବାର, ବନ୍ଧୁ ତଥା ହିତୈଷୀମାନଙ୍କ ପାଖରେ। ସେତେବେଳେ କମ୍ ସଂଖ୍ୟାରେ ଓଡ଼ିଆ ଛାତ୍ର ବିଦେଶ ଆସୁଥିଲେ। ପ୍ରତିବର୍ଷ ଏମିତି ୭/୮ ଜଣଙ୍କ ନାଁ ଶୁଣିବାକୁ ମିଳୁଥିଲା। ମୁଖ୍ୟତଃ ସେମାନେ ଇଂଜିନିୟରିଂ ତଥା ବିଜ୍ଞାନ ଛାତ୍ର ଥିଲେ ଆଇ.ଆଇ.ଟି କିମ୍ବା ଅନ୍ୟ ବଡ଼ ବିଶ୍ୱବିଦ୍ୟାଳୟରୁ।

୧୯୭୦ ଦଶନ୍ଧିରେ ଆମେରିକା ତଥା କାନାଡ଼ାରେ ରହୁଥିବା ଓଡ଼ିଆ ପରିବାର ସଂଖ୍ୟା ଥିଲା ପ୍ରାୟ ୪୦୦। ଏବେ ଏହା ବଢ଼ି ପ୍ରାୟ ୭୦୦ ପରିବାର ହେଲାଣି। ୧୯୯୦ ଦଶନ୍ଧିରେ ଆମେରିକାକୁ ଆସିବା ଏତେ ବଡ଼ କଥା ହୋଇ ରହିନାହିଁ। ଯେତେବେଳେ ଦେଖିଲେ କିଏ ନା କିଏ ବୁଲି ଆସିଛନ୍ତି କିମ୍ବା ଭାରତରୁ କାମରେ ଆସୁଛନ୍ତି। ବିଶେଷ ଭାବରେ ଏଠାରେ ରହିଥିବା ଓଡ଼ିଆମାନଙ୍କର ପିତା, ମାତା ତଥା ବନ୍ଧୁ ବାନ୍ଧବମାନେ।

ନିକଟରେ ମୋ ନନା, ବୋଉ ୪ ମାସ ଲାଗି ଆମେରିକା ଆସିଥିଲେ। ଏହା ପୂର୍ବରୁ ୧୯୮୨ ମସିହାରେ ସେମାନେ ପ୍ରଥମ ଥର ଆମେରିକାର କାଲିଫର୍ଣ୍ଣିଆରେ ୫ମାସ ଅବସ୍ଥାନ କରିଥିଲେ। ଦୀର୍ଘ ୯ବର୍ଷ ପରେ ଦ୍ୱିତୀୟବାର ସେମାନେ ଆସିଲେ। କଲିକତାରୁ ସିଙ୍ଗାପୁର ବାଟଦେଇ ଦିନକ ମଧ୍ୟରେ ଆସି ସାନ୍‌ଫ୍ରାନ୍‌ସିସ୍‌କୋ ସହରରେ ପହଞ୍ଚିଗଲେ। ସ୍ଥାନୀୟ ଓଡ଼ିଆବନ୍ଧୁ ଜଣେ ଫେରୁଥିଲେ। ତାଙ୍କ ସହ ଆସିବାରେ ସୁବିଧା ହେଲା।

ସିଙ୍ଗାପୁରରେ ଆମର ଭାରତୀୟ ବନ୍ଧୁ ତଥା ସହକର୍ମୀଙ୍କ ସହ କମ୍ପ୍ୟୁଟରଦ୍ୱାରା ଇଲେକ୍‌ଟ୍ରୋନିକ ମେଲ୍ ସାହାଯ୍ୟରେ ଆଖି ପିଛୁଳାକେ ଖବର ଆଦାନ ପ୍ରଦାନ ହୋଇ ପାରୁଥିବାରୁ ସେଠାରେ ରାତି ରହିବାର ବନ୍ଦୋବସ୍ତ କରାଯାଇଥିଲା। ସେମାନେ ସିଙ୍ଗାପୁରରେ ପହଞ୍ଚିବା ମାତ୍ରକେ ଆମର ଭାରତୀୟ ବନ୍ଧୁ କମ୍ପ୍ୟୁଟର ମାଧ୍ୟମରେ ସମ୍ବାଦ ଆମକୁ ପହଞ୍ଚାଇଲେ ଯେ ସେମାନେ ଭଲରେ ପହଞ୍ଚିଛନ୍ତି। ସେତେବେଳକୁ ମୁଁ କାମରେ

ନିଉୟର୍କ ସହରରେ। ସକାଳୁ ନିଉୟର୍କରେ ସମ୍ବାଦ ପାଇ ଉଡ଼ାଜାହାଜ ଧରି ମୁଁ ୩ ହଜାର ମାଇଲ କାଲିଫର୍ଣ୍ଣିଆରେ ପହଞ୍ଚିଲି। ମାତ୍ର ୨ଘଣ୍ଟା ପରେ ସିଙ୍ଗାପୁର ଏୟାରଲାଇନ୍‌ସର ବିମାନ ସେପଟୁ ଆସି ପହଞ୍ଚିଲା। ନନା, ବୋଉଙ୍କୁ ବିମାନଘାଟିରୁ ନେଇ ଘରକୁ ଫେରିଲି।

୯ବର୍ଷ ତଳେ ଏବଂ ବର୍ତ୍ତମାନ ଭିତରେ ଅନେକ ଫରକ। ବହୁତ କଥା ବଦଳି ଯାଇଛି। ଅନେକ ନୂଆ ନୂଆ କଥା ହୋଇଛି। ସେକଥା ସେମାନେ ଲକ୍ଷ୍ୟ କଲେ। ଦିନେ ଘରେ ବସି କମ୍ପ୍ୟୁଟର ମାଧ୍ୟମରେ ପୃଥିବୀର ଚାରିଆଡୁ ଆସୁଥିବା ଅଫିସ କାମରେ ଚିଠିପତ୍ର ଇତ୍ୟାଦି ସେମାନଙ୍କୁ ଦେଖାଉଥିଲି। ମୋର ପର ମାସରେ ଦକ୍ଷିଣ ଆମେରିକାର ବ୍ରାଜିଲ ଯିବାର ଅଛି। ତଜ୍ଜନିତ ସମସ୍ତ ଚିଠିପତ୍ର ଆଖିପିଛୁଳାକେ କମ୍ପ୍ୟୁଟର ଇଲେକ୍‌ଟ୍ରୋନିକ ମେଲ୍ ଦ୍ୱାରା ପହଞ୍ଚି ଯାଉଛି। ଟେଲେକ୍‌ସ ଦରକାର ନାହିଁ କି ବ୍ୟୟସାପେକ୍ଷ ଟେଲିଫୋନ୍ ଦରକାର ନାହିଁ।

ସେମାନଙ୍କ ରହଣି ୩ଦିନ ପରେ ମୋତେ ମାତ୍ର ୨୪ଘଣ୍ଟା କାମ ପାଇଁ ଇଉରୋପର ବେଲଜିୟମ୍ (ବ୍ରସେଲସ୍) ଯିବାକୁ ହେଲା। ନନା ଆମର ଆଟ୍‌ଲାସ ଧରି ବସିଲେ ଏବଂ ପ୍ରାୟ ୮ ହଜାର ମାଇଲ ଦୂରତ୍ୱକୁ କଳନା କରୁଥିଲେ। କାମ ଯେତିକି ନୁହଁ, ଯିବା ଆସିବାରେ ଯଥେଷ୍ଟ ଅଧିକା ସମୟ ଖର୍ଚ୍ଚ। କଟକର ଦଶହରା ଦେଖିବାକୁ ପିଲାଦିନେ ୨୨ ମାଇଲ ରାସ୍ତା ଚାଲିଚାଲି ଯାଉଥିବା କଥା ମନେ ପକାଇଲେ।

ଆମେରିକାରେ ନିଜର ବାପା, ମା'ଙ୍କ ଉପସ୍ଥିତି ଏକ ଅଭୂତପୂର୍ବ ଆନନ୍ଦ ଏବଂ ସନ୍ତୋଷ ମନରେ ଆଣେ। ସହଜେ ଆମେମାନେ ଦେଶ ଛାଡ଼ିବା ପରେ ନିଜ ପରିବାରଠାରୁ ଦୂରେଇ ଯାଇଛୁ। ପ୍ରତି ୨ ବା ୩ ବର୍ଷରେ ଭାରତ ଏବଂ ଓଡ଼ିଶା ଗଲେ ସାକ୍ଷାତ୍ ହୋଇଥାଏ। ସେଥିରେ ସମୟ ଅଳ୍ପକୁ ଯୋଜନା ବହୁତ। ସବୁ ବନ୍ଧୁବାନ୍ଧବଙ୍କୁ ଦେଖାକରିବାକୁ ହେବ, ପିଲାଙ୍କୁ ନେଇ ବୁଲାଇବାକୁ ହେବ ଇତ୍ୟାଦି ଇତ୍ୟାଦି। ଅଥଚ ଏଠାକୁ ନିଜ ଲୋକେ ଆସିଲେ ଏକାଠି ସମୟ କଟିବାର ସୁଯୋଗ ବହୁତ।

ଏଥରକ ନନା, ବୋଉଙ୍କୁ ନେଇ ନିଉୟର୍କ, ବୋଷ୍ଟନ୍, କନେକ୍ଟିକଟ୍, ଫିଲାଡ଼େଲଫିଆ, ନିଉଜର୍ସି ଇତ୍ୟାଦି ସ୍ଥାନ ବୁଲାଇବା ପରେ ଦକ୍ଷିଣରେ ଜର୍ଜିଆ ପ୍ରଦେଶର ଆଟଲାଣ୍ଟାରେ ପହଞ୍ଚିଲୁ। ସେଠାରେ ମୋ ସାନଭଉଣୀ ପାଖେ ସେମାନେ ମାସଟିଏ ରହି ଖୁବ୍ ବୁଲାବୁଲି କଲେ। ସେଠାରେ ଆମେ ସମସ୍ତେ ଏକ ଭ୍ୟାନ ଧରି ଫ୍ଲୋରିଡ଼ା ପ୍ରଦେଶ ଗଲୁ ଏବଂ ଅର୍ଲାଣ୍ଡୋ ସହରରେ ନାନା ପ୍ରସିଦ୍ଧ ସ୍ଥାନ ଦେଖିଲୁ।

ଏହାଛଡ଼ା ବାକି ୩ ମାସ ସେମାନେ କାଲିଫର୍ଣ୍ଣିଆର ବିଭିନ୍ନ ସ୍ଥାନ ପରିଦର୍ଶନ

କଲେ। ଉତ୍ତରକୁ ୩୦୦ ମାଇଲ ଦୂରରେ ୩/୪ ହଜାର ବର୍ଷ ପୁରୁଣା Giant Red Wood ଗଛର ଜଙ୍ଗଲ ଦେଖିଲେ। ପାଖରେ ୟେସୋମିଟି ଜାତୀୟ ଜଙ୍ଗଲ ଏବଂ ତହିଁରେ ଥିବା ୫୦୦ଫୁଟ ଉଚ୍ଚର ଜଳପ୍ରପାତ ତଥା ପ୍ରାକୃତିକ ସୌନ୍ଦର୍ଯ୍ୟ ଦେଖିଲେ। ତା'ଛଡ଼ା ଆହୁରି କେତେ ଜାଗା।

ରହଣିକାଳରେ ନନା, ବୋଉ ଏଠାରେ ସମସ୍ତ ଘଟଣାବଳୀ ସହ ଅବଗତ ହେଉଥିଲେ, କିନ୍ତୁ ଭାରତ ତଥା ଓଡ଼ିଶାର ସମ୍ବାଦ ପାଇବା ପାଇଁ ବ୍ୟଗ୍ର ହେଉଥିଲେ। ସେମାନଙ୍କ ରହଣିକାଳରେ ପୂର୍ବତନ ପ୍ରଧାନମନ୍ତ୍ରୀ ରାଜୀବଙ୍କ ହତ୍ୟା ଖବର ମିଳିଲା। ମୁଁ ନିଉୟର୍କରୁ ଖବର ପାଇ କାଲିଫର୍ଣ୍ଣିଆ ଫୋନ କଲାବେଳକୁ ସମସ୍ତେ ସେହି ସମ୍ବାଦରେ ସ୍ତମ୍ଭୀଭୂତ ହୋଇ ଖାଲି ଟେଲିଭିଜନକୁ ଚାହିଁଛନ୍ତି। ପ୍ରତି ସପ୍ତାହରେ ସାପ୍ତାହିକ 'ସମାଜ' ସ୍ଥାନୀୟ ଭାରତୀୟ ସାପ୍ତାହିକ ସମ୍ବାଦପତ୍ର, ଭାରତରୁ ଇଣ୍ଡିଆ ଟୁଡ଼େ ଏବଂ ଟାଇମ୍ ପତ୍ରିକା ଇତ୍ୟାଦି ନନା ପଢ଼ିଯାନ୍ତି। ସେଥିରୁ ସବୁଦିନ କିଛି ନା କିଛି ସମ୍ବାଦ ଆଲୋଚିତ ହୁଏ।

ଏଠାରେ ଟେଲିଫୋନ୍ ସଂସ୍ଥା ଉପରେ ସେମାନେ ସବୁଠାରୁ ସନ୍ତୋଷ ପ୍ରକାଶ କଲେ, କେତେ ଶୀଘ୍ର, କେତେ ପରିଷ୍କାର ସମସ୍ତଙ୍କ ସହ ତମେମାନେ କଥା ହୋଇ ପାରୁଛ। ଆହା ଆମ ଦେଶରେ ଏତିକି ସୁବିଧା ସାଧାରଣ ଲୋକଙ୍କ ପାଇଁ କରାଯାଇ ପାରନ୍ତା କି ? ଏହି ମନ୍ତବ୍ୟ ସବୁବେଳେ ମିଳୁଥିଲା।

ଭାରତ ଏବଂ ଓଡ଼ିଶାରୁ ହଜାର ହଜାର ମାଇଲ ଦୂରରେ, ପୃଥିବୀର ଅପର ପାର୍ଶ୍ୱରେ ବସି ଆମେ ସେଇ ଓଡ଼ିଶା, ନିଜ ଗାଁ ଓ ନିଜ ଲୋକଙ୍କ କଥାରେ ଘଣ୍ଟା ଘଣ୍ଟା ବିତେଇ ଦେଲୁ। ଅନ୍ୟାନ୍ୟ ଓଡ଼ିଆ ବନ୍ଧୁମାନଙ୍କ ଗହଣରେ ମୋ ନନା, ବୋଉଙ୍କୁ ମୋଟେ ଲାଗିଲାନି ସେମାନେ ଓଡ଼ିଶା ଛାଡ଼ି ବାହାରକୁ ଆସିଛନ୍ତି ବୋଲି। ନୈମିତିକ ପାନ ମିଳି ଯାଉଥିଲା। ବାକି ଖାଦ୍ୟପଦାର୍ଥ ଏଠାରେ ସବୁ ମିଳେ। ସେତିକି ବେଳେ ପିଲାଦିନେ ପଶ୍ଚିମ ଦିଗନ୍ତ କିମ୍ବା ନୀଳ ଚକ୍ରବାଳର ସେପାରି ଇତ୍ୟାଦି ପଢ଼ି ମନରେ ଯେଉଁ କିମ୍ଭୂତକିମାକାର ଧାରଣା ସୃଷ୍ଟି ହେଉଥିଲା, ସେ କଥା ମନେପଡୁଥିଲା।

ନନା, ବୋଉ ୪ ମାସ ପରେ ଫେରିଗଲେ ଏବଂ ଚିଠିରେ ଲେଖୁଛନ୍ତି ଯେ ତାଙ୍କୁ ଖାଲି ଏ ଦେଶ, ଏଠାରେ ସବୁକଥା ମନେ ପଡ଼ି ଯାଉଛି। ସେ ପୁଣି ଆସିବାକୁ ପ୍ରସ୍ତୁତ।

■

ଓଡ଼ିଶାରେ କମ୍ପ୍ୟୁଟର ସଂସ୍ଥା-୧୯୯୨

ଗତ ଡିସେମ୍ବର ମାସରେ ଭାରତ ଗସ୍ତରେ ଯିବା ସମୟରେ ଓଡ଼ିଶାରେ ମାତ୍ର ୩ଟି ଦିନ କଟାଇବାର ଅବକାଶ ମିଳିଲା। ଓଡ଼ିଶା ପହଞ୍ଚିବା ଆଗରୁ ଦିଲ୍ଲୀରେ ଏକ କମ୍ପ୍ୟୁଟର ସଫ୍ଟୱେର ସମ୍ମିଳନୀରେ ଭାଷଣ ଦେବାର ନିମନ୍ତ୍ରଣ ମିଳିଥିଲା। ସେହିଠାରେ ଓଡ଼ିଶାରେ ଶ୍ରୀ ସୁବାସ ପାଣିଙ୍କ ସହ ସାକ୍ଷାତ ହେଲା। ସୁବାସ ବାବୁ ଓଡ଼ିଶା ସରକାରଙ୍କର ସାଇନ୍ସ ଟେକ୍ନୋଲୋଜି ବିଭାଗର ସେକ୍ରେଟାରୀ। ଏହା ଛଡ଼ା ସେ ଗତ ୬/୭ ବର୍ଷ ହେଲା ଓଡ଼ିଶା କମ୍ପ୍ୟୁଟର ଆପ୍ଲିକେଶନ୍ ସେଣ୍ଟର (OCAC) ସଂସ୍ଥାର ମୁଖ୍ୟ ପରିଚାଳକ ହିସାବରେ କାର୍ଯ୍ୟ କରୁଛନ୍ତି। ତାଙ୍କର ସ୍ୱତନ୍ତ୍ର ନିମନ୍ତ୍ରଣ ରକ୍ଷାକରି ଆମ୍ଭେ ଓକାକ୍ ପରିଦର୍ଶନରେ ଯାଇଥିଲୁ।

ଭୁବନେଶ୍ୱରରେ ଓକାକ୍‌ର ଅଫିସ୍। ପ୍ରାୟ ୨୫/୩୦ ଜଣଙ୍କୁ ନେଇ ଗଠିତ ଏ ସଂସ୍ଥା। ପହଞ୍ଚିବା ମାତ୍ରକେ ଅନେକ ଯୁବ ବୈଜ୍ଞାନିକ ଆମକୁ ସ୍ୱାଗତ ଜଣାଇଥିଲେ। ତା'ପରେ ପ୍ରାୟ ୨ଘଣ୍ଟା ଧରି ଓକାକ୍‌ର ବିଭିନ୍ନ କାର୍ଯ୍ୟକଳାପ ସହ ସୁବାସବାବୁ ଏବଂ ଷ୍ଟାଫ୍ ଆମକୁ ଅବଗତ କରାଇଲେ। ଏହି ସଂସ୍ଥାର ମୁଖ୍ୟ କାର୍ଯ୍ୟ ହେଲା ଓଡ଼ିଶା ସରକାରଙ୍କ ପାଇଁ କମ୍ପ୍ୟୁଟରଦ୍ୱାରା କେତେକ କାର୍ଯ୍ୟକ୍ରମକୁ ତ୍ୱରାନ୍ୱିତ ତଥା ଦକ୍ଷତାର ସହ ପରିଚାଳନା କରିବା।

ପ୍ରଥମେ ଆମେ ଦେଖିଲୁ ଲାଣ୍ଡ ରେକର୍ଡ଼ (Land Record)କୁ କିପରି କମ୍ପ୍ୟୁଟରରେ ରଖାଯାଉଛି ଏବଂ ନିର୍ଭୁଲଭାବେ ଆଖିପିଛୁଳାକେ ଦେଖି ହେଉଛି। ଓଡ଼ିଆ ଭାଷାରେ ସବୁ ରେକର୍ଡ଼କୁ କମ୍ପ୍ୟୁଟର ଫାଇଲରେ ଭର୍ତ୍ତି କରାଯାଉଛି। କେବଳ ସାଙ୍ଗିଆ ବା ମୌଜା ବା ତଫସିଲର ନାମ (କିମ୍ବା ପ୍ରଥମ ଅକ୍ଷର) ଦେଲେ, କମ୍ପ୍ୟୁଟର ସିଷ୍ଟମ୍ ଅତି ଶୀଘ୍ର ସେହି ନାମରେ ସମସ୍ତ ରେକର୍ଡ଼ ସ୍କ୍ରିନ୍‌ରେ ଦେଖାଇପାରୁଛି। ଏହି ଆପ୍ଲିକେଶନ୍‌ଟି ଦ୍ୱାରା ଓଡ଼ିଶାର ଗୋଟିଏ ଜିଲ୍ଲାର ପ୍ରାୟ ସମସ୍ତେ ରେକର୍ଡ଼ କମ୍ପ୍ୟୁଟରରେ ରଖାଗଲାଣି।

ତା'ପରେ ଓଡ଼ିଶାର ବଜେଟ୍ ସିଷ୍ଟମ୍‌କୁ ଏକ ନୂଆ ସଫ୍ଟୱେର 'କୌଟିଲ୍ୟ'

ଦ୍ୱାରା କିପରି କମ୍ପ୍ୟୁଟରାଇଜ୍ କରାଯାଇଛି ଦେଖିଲୁ। ଏହା ସମ୍ପୂର୍ଣ୍ଣଭାବେ ନୂତନ ଏବଂ ଓଡ଼ିଶା ସରକାରଙ୍କର ଖୁବ୍ କମ୍ ଲୋକ ଏ ବାବଦରେ ଅବଗତ। ଏହାକୁ କାର୍ଯ୍ୟକାରୀ କରାଗଲେ, ବଜେଟ୍ ପ୍ରୋସେସ୍ ଖୁବ୍ ତ୍ୱରାନ୍ୱିତ ହେବ ଏବଂ ଭୁଲଭଟକା ରହିବନି। କମ୍ପ୍ୟୁଟର ମାଧ୍ୟମରେ ନାନା ପ୍ରକାର ଆନାଲିସିସ୍ ମଧ୍ୟ କରାଯାଇପାରିବ, ଯଥା-ଯଦି କୌଣସି ବିଭାଗର ବଜେଟ୍ ଶତକଡ଼ା ୧୦ଭାଗ କଟାଯିବ, ତେବେ ବିଭିନ୍ନ ଯୋଜନା ଉପରେ କ'ଣ ପ୍ରଭାବ ପଡ଼ିବ, ଇତ୍ୟାଦି, ଏହାକୁ **"What If" analysis** ("ଯଦି ଏହା କରାଯାଏ, କ'ଣ ଫଳ ହବ?") ରୂପକ ଅନୁଧ୍ୟାନ କୁହାଯାଏ।

ଓକାକ୍‌ର ତିନିହଜାର ଅତ୍ୟାଧୁନିକ କମ୍ପ୍ୟୁଟର ବହି ଏବଂ ମାଗାଜିନ୍ ଥିବା ଲାଇବ୍ରେରୀ ପରିଦର୍ଶନ କଲୁ। କମ୍ପୁଟର ମାଧ୍ୟମରେ ସମସ୍ତ ବହି, ବହିର ଲେଖକ, ତଥା ବହିର ସାରାଂଶ ରଖାଯାଇଛି। ତେଣୁ ଖୋଜିବା ପାଇଁ ଖୁବ୍ କମ୍ ସମୟ ଲାଗୁଛି। କିଏ ଯଦି ବହି ଚେକ୍-ଆଉଟ୍ କରି ନେଇଯାଏ, ସେ ଖବର ମଧ୍ୟ କମ୍ପ୍ୟୁଟରରୁ ଜାଣିହେବ।

ଆମେମାନେ କମ୍ପ୍ୟୁଟର ସଫ୍ଟୱେରରେ ବହୁ ବର୍ଷ କାର୍ଯ୍ୟ କରି ଆସୁଛୁ। ତେଣୁ ଏହିଭଳି ପ୍ରୟୋଗ ଆମ ପାଇଁ ନୂତନ ନୁହଁ। ଅନେକାଂଶରେ ଏହା ବେଶ୍ ମୌଳିକ ସ୍ତରର ବୋଲି କୁହାଯିବ। କିନ୍ତୁ ଓକାକ୍ ଶ୍ରୀ ସୁବାସ ପାଣିଙ୍କ ନେତୃତ୍ୱରେ ଏତିକି ବାଟ ଆସିପାରିଛି, ଏହା ଅତି ଗୌରବର କଥା। ଓଡ଼ିଶା ଭିତରେ ଆମେ କିଛି କାମ କଲେ, ଆମକୁ ତାହା ନ୍ୟୂନ ଦିଶେ। ତାକୁ ନେଇ ଗର୍ବ କରିବା ଆମେ ଶିଖିନୁ। ସମାଲୋଚନା ତଥା ନିନ୍ଦା କରିବାକୁ ଆମେ ତତ୍ପର ହୋଇପଡୁ। ଏହି କାମ ଯଦି ଦିଲ୍ଲୀ କିମ୍ବା ବମ୍ବେର କେଉଁ ଅନାମଧେୟ ସଂସ୍ଥା କରିଥାନ୍ତେ, ଏତେବେଳକୁ ଆମେ ତାକୁ ବଡ଼ ବୋଲି ବିଚାରନ୍ତେ। ଓକାକ୍‌ର ପ୍ରୋଗ୍ରେସକୁ ଲକ୍ଷ୍ୟ କରିବାର ବେଳ ଆସିଛି। ତା' ସାଙ୍ଗକୁ ଏହାର ପ୍ରକୃଷ୍ଟ ବ୍ୟବହାର (ଓଡ଼ିଶା ସରକାରଙ୍କ ଦ୍ୱାରା) ଯଥାଶୀଘ୍ର କରାଯିବା ଉଚିତ।

ସୁବାସ ପାଣିଙ୍କ ନିମନ୍ତ୍ରଣକ୍ରମେ ଆମେ ମୁଖ୍ୟମନ୍ତ୍ରୀ ଶ୍ରୀ ବିଜୁ ପଟ୍ଟନାୟକଙ୍କୁ ମଧ୍ୟ ସ୍ୱଳ୍ପ ସମୟ ଲାଗି ସାକ୍ଷାତ କରିଥିଲୁ। ଖୁବ୍ ଶୀଘ୍ର ଉପରୋକ୍ତ କମ୍ପ୍ୟୁଟର ଆପ୍ଲିକେସନକୁ ସରକାରୀ ସଂସ୍ଥାମାନେ ବ୍ୟବହାର କରିବା ଉଚିତ ବୋଲି ଆମେ ମନ୍ତବ୍ୟ ଦେଲୁ। ଥରେ ଆରମ୍ଭ ହେଲେ କମ୍ପ୍ୟୁଟରର ପ୍ରଚଳନର ବେଗ ବଢ଼ିବ। ବିଜୁ ବାବୁଙ୍କର ଉତ୍ସାହ ଏବଂ ସାହାଯ୍ୟ ଓକାକ୍‌ର ସଫଳତା ପାଇଁ ଦାୟୀ ବୋଲି ସୁବାସ ବାବୁ କହିଲେ।

ଓଡ଼ିଶାରେ ଓକାକ୍‌ର ଉତ୍ତରୋତ୍ତର ଅଭିବୃଦ୍ଧି ହେଉ ଏହା ହିଁ କାମନା।

■

ଘଟଣାବହୁଳ ଆମେରିକା-୧୯୯୩

୧୯୯୩ ପ୍ରଥମାର୍ଦ୍ଧ ସରିଆସୁଛି। ବିଲ୍ କ୍ଲିଣ୍ଟନଙ୍କର ରାଷ୍ଟ୍ରପତି ହେବା ମଧ୍ୟ ୬ ମାସ ହୋଇଗଲା। ଯେଉଁ ପ୍ରକାରର ମୌଳିକ ପରିବର୍ତ୍ତନ ଆଣିବାର ପ୍ରଚେଷ୍ଟା ସେ କରୁଛନ୍ତି, ସେଥିରେ ନାନାପ୍ରକାରର ପ୍ରତିବାଦ ହେଉଛି। ଆମେରିକାର ଡେଫିସିଟ୍ (ନିଅଣ୍ଟ) ଏକ ପ୍ରଧାନ ସମସ୍ୟା, ତାକୁ ସାମଧାନ କରିବା ଲାଗି କ୍ଲିଣ୍ଟନ୍ ଯେଉଁ ବଜେଟର ପ୍ରସ୍ତାବନା କରିଛନ୍ତି, ସେଥିରେ ଅନେକ ସ୍ୱତନ୍ତ୍ର ଗୋଷ୍ଠୀର ସ୍ୱାର୍ଥରେ ବାଧା ଆସିବାରୁ ପ୍ରତିବାଦର ସ୍ୱର ବଢ଼ିଚାଲିଛି।

ତାଙ୍କ ସ୍ତ୍ରୀ ହିଲାରୀ କ୍ଲିଣ୍ଟନ ଜଣେ ପ୍ରତିଭାଶାଳିନୀ ମହିଳା। ଆମେରିକାର ସର୍ବଶ୍ରେଷ୍ଠ ୧୦୦ ଜଣ ଓକିଲଙ୍କ ମଧ୍ୟରେ ସେ ଜଣେ। ତାଙ୍କୁ ଆମେରିକାର ସ୍ୱାସ୍ଥ୍ୟରକ୍ଷା (Health Care) ସମସ୍ୟାକୁ ସମାଧାନ କରିବାକୁ ଦିଆଯାଇଛି। ଏଠାରେ Health Care ଖର୍ଚ୍ଚ ବୃଦ୍ଧି ଏତେ ପରିମାଣରେ ହୋଇଛି ଯେ ତା'ର ତୁରନ୍ତ ସମାଧାନ ନ ହେଲେ ଦେଶର ନିଅଣ୍ଟ ସମସ୍ୟା କମିବ ନାହିଁ।

ଅଭିଜ୍ଞତାର ଅଭାବରୁ କ୍ଲିଣ୍ଟନ୍ କେତେକ ଭୁଲ୍ କରିଛନ୍ତି; ଯଥା- ଆଟର୍ଣ୍ଣି ଜେନେରାଲ ପଦବୀ ପାଇଁ ସେ ୨ଜଣ ମହିଳାଙ୍କୁ ମନୋନୀତ କଲେ, ଅଥଚ ସେମାନେ କେତେକ ଅସାମ୍ବିଧାନିକ କାର୍ଯ୍ୟ କରିଥିବାରୁ ମନୋନୀତ ହୋଇ ପାରିଲେନି। ସର୍ବଶେଷରେ ଜାନେଟ୍ ରେନୋ ସେହି ପଦରେ ରହିଲେ। ଅନେକ ମତ ଦିଅନ୍ତି ଯେ କ୍ଲିଣ୍ଟନଙ୍କ ଉପଦେଷ୍ଟାମାନେ ଅତି ଅଳ୍ପବୟସର, ଅନଭିଜ୍ଞ ହୋଇଥିବାରୁ ଏଭଳି ସମସ୍ୟା ଉପୁଜୁଛି। ନିକଟରେ ସେ ତାଙ୍କର ପ୍ରେସ୍ ଆଡଭାଇଜର ହିସାବରେ ଜଣେ ପୁରୁଖା ତଥା ଅଭିଜ୍ଞଙ୍କୁ ନେଇଛନ୍ତି। ସମସ୍ତେ ଆଶା କରୁଛନ୍ତି ଯେ ଅର୍ଥନୈତିକ ସମସ୍ୟାକୁ କ୍ଲିଣ୍ଟନ ସମାଧାନ କରିବାରେ ସକ୍ଷମ ହେବେ।

ଭାରତବର୍ଷକୁ ରାଷ୍ଟ୍ରଦୂତ ହିସାବରେ ନ୍ୟୁୟର୍କ ସିନେଟର ତଥା ଭାରତର ବନ୍ଧୁ ଷ୍ଟିଫେନ ସୋଲାର୍ଜଙ୍କୁ ମନୋନୀତ କରିବାରେ ବିଦେଶୀ ଭାରତୀୟମାନେ ବହୁତ ଖୁସି। ଆଗରୁ ସୋଲାର୍ଜ ଥଟ୍ଟାରେ କହୁଥିଲେ ଯେ ସେ ନ୍ୟୁୟର୍କରୁ ନୁହଁ, ବମ୍ବେରୁ ସିନେଟର ହିସାବରେ ବଛା ଯାଇଛନ୍ତି। ତାଙ୍କର ଦିଲ୍ଲୀରେ ପହଞ୍ଚିବା ପରେ ଭାରତ ଏବଂ ଆମେରିକାର ବନ୍ଧୁତ୍ୱ ବୃଦ୍ଧି ପାଇବ ଏବଂ ବୁଝାମଣା ବଢ଼ିବ।

■

କାଲିଫର୍ଣ୍ଣିଆର ଓଡ଼ିଆ

କାଲିଫର୍ଣ୍ଣିଆରେ ଓଡ଼ିଆମାନଙ୍କ ସଂଖ୍ୟା ବୃଦ୍ଧି ପାଇବାରେ ଲାଗିଛି । ବର୍ତ୍ତମାନ ପିଲାଛୁଆଙ୍କୁ ମିଶାଇଲେ ଉତ୍ତରରେ (ସାନ୍‌ଫ୍ରାନ୍‌ସିସ୍କୋ ପାଖ) ପ୍ରାୟ ୧୫୦ ଏବଂ ଦକ୍ଷିଣରେ (ଲସ୍‌ଏଞ୍ଜେଲସ ପାଖ) ପ୍ରାୟ ୧୩୦ । ପ୍ରତିବର୍ଷ ପରି ଏବର୍ଷ ମେ'ମାସ ଶେଷ ଭାଗରେ ବାର୍ଷିକ ସମ୍ମିଳନୀ ଖୁବ୍ ଜାକଜମକରେ ହେଲା । ପ୍ରାୟ ୧୫୦ ଲୋକ ଆସିଥିଲେ । ୩ ଦିନ ସମୁଦ୍ରକୂଳିଆ କାମ୍ବ୍ରିଆ ସହରରେ ଅନେକ ଘରର ବନ୍ଦୋବସ୍ତ ହୋଇଥିଲା । ନାନାପ୍ରକାର ମନୋରଞ୍ଜନ କାର୍ଯ୍ୟକ୍ରମ ଛଡ଼ା ପିଲାମାନଙ୍କର କ୍ରୀଡ଼ା ପ୍ରତିଯୋଗିତା ଇତ୍ୟାଦି କରାଯାଇଥିଲା । ଏହା ଏକ ବାର୍ଷିକ ପାରିବାରିକ ମିଳନର ରୂପ ନେବାରୁ ସମସ୍ତେ ଏଥିରେ ଯୋଗାଦାନ କରିବାକୁ ବିଶେଷ ଆଗ୍ରହୀ ।

ଏ ବର୍ଷ ବାର୍ଷିକ ଅଧିବେଶନ (ଓଡ଼ିଆ ସୋସାଇଟି) ମିଚିଗାନ ପ୍ରଦେଶର ଡେଟ୍ରଏଟ୍ ସହରରେ ହେବାକୁ ଯାଉଛି । କାଲିଫର୍ଣ୍ଣିଆରେ ଶ୍ରୀମତୀ ଶ୍ୱେତପଦ୍ମା ଦାଶଙ୍କ ଚେଷ୍ଟାରେ ଏକ ଓଡ଼ିଆ ସ୍କୁଲ ପ୍ରତିଷ୍ଠା କରାଯାଇଛି । ଜାନୁୟାରୀ ମାସରୁ ୧୧ ଜଣ ଛାତ୍ରଛାତ୍ରୀ ଏଠାରେ ଅଧ୍ୟୟନ କରୁଛନ୍ତି । ଓଡ଼ିଆ ଭାଷା ଲେଖିବା ଏବଂ ପଢ଼ିବା ଏମାନେ ଶିଖୁଛନ୍ତି । ଆମେରିକାରେ ଜନ୍ମ ହୋଇଥିବା ପିଲାମାନଙ୍କୁ ଆମର ମାତୃଭାଷା ଶିଖାଇବା ଏହି ସ୍କୁଲର ପ୍ରଧାନ ଉଦ୍ଦେଶ୍ୟ ।

ନିକଟରେ ଆମେରିକାର ଓଡ଼ିଆମାନେ କମ୍ପ୍ୟୁଟରର ଇଲେକ୍‌ଟ୍ରୋନିକ୍ ମେଲ୍ ଜରିଆରେ ଏକ ସ୍ୱତନ୍ତ୍ର ନେଟ୍‌ୱର୍କ ଆରମ୍ଭ କରୁଛନ୍ତି । ଏହାର ନାମ ରଖାଯାଇଛି ଅରନେଟ୍ (ORNET-ORIYA NETWORK) । ଏହା ମାଧ୍ୟମରେ ଶହ ଶହ ଓଡ଼ିଆ ପରସ୍ପର ମଧ୍ୟରେ ଖୁବ୍ କମ୍ ଖର୍ଚ୍ଚରେ ବିଦ୍ୟୁତ୍ ବେଗରେ ସମ୍ବାଦ ସରବରାହ କରିପାରୁଛନ୍ତି । ଅନ୍ୟାନ୍ୟ ଭାରତୀୟମାନେ ଏହି ପ୍ରକାରର ଇଲେକ୍‌ଟ୍ରୋନିକ ମେଲ୍‌ର ବ୍ୟବହାର କରିଆସୁଛନ୍ତି । ଆଶା କରାଯାଉଛି ଓଡ଼ିଶାର କମ୍ପ୍ୟୁଟରର ବୈଜ୍ଞାନିକମାନେ ORNET ଦ୍ୱାରା ବିଦେଶୀ ଓଡ଼ିଆଙ୍କ ସହ ଯୋଗାଯୋଗ ରଖିପାରିବେ । ଘରେ ଘରେ ପର୍ସନାଲ କମ୍ପ୍ୟୁଟରର ବ୍ୟବହାର ବଢ଼ିବା ସଂଗେ ସଂଗେ ଏହି ନେଟ୍‌ୱର୍କକୁ ପରିବାରର ସମସ୍ତେ ବ୍ୟବହାର କରିବାର ଆଶା ରଖାଯାଇଛି । ■

ଶ୍ରୀମତୀ ସୁନନ୍ଦା ପଟ୍ଟନାୟକ

ଓଡ଼ିଶା ତଥା ଭାରତର ସୁପ୍ରସିଦ୍ଧ ଶାସ୍ତ୍ରୀୟ ସଂଗୀତଜ୍ଞା ସୁନନ୍ଦା ପଟ୍ଟନାୟକଙ୍କୁ ପ୍ରଥମଥର ଲାଗି ଶୁଣିବାର ଅବକାଶ ମିଳିଲା ଆମେରିକାରେ। ଏହି ଜୁନ୍ ମାସ ୧୨ ଏବଂ ୧୩ ତାରିଖରେ ସୁନନ୍ଦାଙ୍କର ପ୍ରୋଗ୍ରାମ କାଲିଫର୍ଣ୍ଣିଆରେ ଥିଲା। ସେ ପ୍ରଥମରଥର ପାଇଁ ଆମେରିକା ଆସିଛନ୍ତି।

ମେକ୍ସିକୋ ସରକାରଙ୍କ ଆମନ୍ତ୍ରଣରେ ସୁନନ୍ଦା ମେକ୍ସିକୋ ସିଟିକୁ ଆସିଲେ, ଭାରତୀୟ ଶାସ୍ତ୍ରୀୟ ସଂଗୀତ ପ୍ରଦର୍ଶନ କରିବାକୁ। ଏ ଖବର ପହଞ୍ଚିବା ମାତ୍ରେ ୱାଶିଂଟନସ୍ଥିତ ଭାରତୀୟ ରାଷ୍ଟ୍ରଦୂତ ଶ୍ରୀ ସିଦ୍ଧାର୍ଥଶଙ୍କର ରାୟ ତାଙ୍କୁ ଅନୁରୋଧ କଲେ "ବିବେକାନନ୍ଦ ଶତବାର୍ଷିକୀ" ଉତ୍ସବରେ ଗାଇବା ଲାଗି। ତେଣୁ ସୁନନ୍ଦା ମେକ୍ସିକୋରେ ସପ୍ତାହେ ରହି ୱାଂଶିଟନ ଆସିଲେ। ସେଠାରେ ୨ଟି ପ୍ରୋଗ୍ରାମ କଲେ ଜୁନ୍ ମାସ ୭ତାରିଖ ଏବଂ ୮ତାରିଖରେ।

ସାନ୍‌ଫ୍ରାନ୍‌ସିସକୋ ପାଖରେ ଓସ୍ତାଦ୍ ଆଲ୍ଲି ଆକବର ଖାଁଙ୍କ ଦ୍ୱାରା ପ୍ରତିଷ୍ଠିତ ଆଲ୍ଲି ଆକବର କଲେଜ ଅଫ୍ ମ୍ୟୁଜିକ୍ ତରଫରୁ ତାଙ୍କୁ ନିମନ୍ତ୍ରଣ କରାଗଲା କାଲିଫର୍ଣ୍ଣିଆ ଆସିବାକୁ। ଜୁନ୍ ୧୨ତାରିଖ ସନ୍ଧ୍ୟାରେ ଆଲ୍ଲି ଆକବର କଲେଜରେ ଏକ ମନୋଜ୍ଞ ପରିବେଶରେ ସୁନନ୍ଦାଙ୍କର ସାନ୍ଧ୍ୟ ପ୍ରୋଗ୍ରାମ ହେଲା। ଆମେ ସବୁ ସେଠାରେ ଉପସ୍ଥିତ ଥିଲୁ। ଓସ୍ତାଦ୍ ଆଲ୍ଲି ଆକବର ଖାଁ ସାମ୍ନାରେ ବସିଥିଲେ। ତାଙ୍କର ଖ୍ୟାତନାମା ପୁଅ ଆଶିଷ ଖାଁ ଏବଂ ପ୍ରାଣେଶ ଖାଁ ମଧ୍ୟ ଥିଲେ। ତବଲା ବଜାଇଲେ ବିଖ୍ୟାତ ତବଲାବାଦକ ତଥା ଆଲ୍ଲି ଆକବର କଲେଜର ପ୍ରଫେସର ଶ୍ରୀ ସ୍ୱପନ ଚୌଧୁରୀ। ପ୍ରାୟ ୬୦ଜଣ ସଂଗୀତ ପ୍ରେମୀ ସେଠାରେ ଉପସ୍ଥିତ ଥିଲେ।

ସେଥିରେ ଆମେରିକାନ୍ ବହୁତ ସଂଖ୍ୟାରେ। ଓଡ଼ିଶାରେ ଏଭଳି ଉଚ୍ଚକୋଟୀର କଳାକାରଙ୍କ କଥା ଆମେ ଶୁଣିଥିଲୁ ଏବଂ ରେକର୍ଡରୁ ତାଙ୍କର ଧ୍ରୁପଦ୍ ତଥା ଗୋୟାଲିଅର ଘରାନା ଢାଞ୍ଚାରେ ସଂଗୀତ ଶୁଣିଥିଲୁ। କିନ୍ତୁ ଆଖିରେ ଦେଖିବା ଏବଂ ପାଖରେ ବସି ତାଙ୍କଠାରୁ ସଂଗୀତ ଶୁଣିବା ଏକ ସ୍ୱତନ୍ତ୍ର ଅନୁଭୂତି। ପ୍ରଥମେ ୯୦ମିନିଟ୍ ସେ ଏକ

କ୍ଲିଷ୍ଟ ରାଗରେ ଆରୋହଣ, ଅବରୋହଣ ପ୍ରଦର୍ଶିତ କରି ସମସ୍ତଙ୍କୁ ମନ୍ତ୍ରମୁଗ୍ଧ କରିଦେଲେ। କରତାଳି ଏବଂ ପ୍ରଶଂସାରେ ସଂଗୀତ ବିଶାରଦମାନେ କଲେଜ ପ୍ରାଙ୍ଗଣ ମୁଖରିତ କରିଦେଲେ। ତା'ପରେ ଆରମ୍ଭ ହେଲା ଭଜନ। ସୁନନ୍ଦାଙ୍କ ସ୍ୱତନ୍ତ୍ର ଶୈଳୀରେ 'ଜଗନ୍ନାଥ ସ୍ୱାମୀ', 'ଯୋଗୀ ମତ୍‌ଯା ମତ୍‌ଯା' ଇତ୍ୟାଦି ଭଜନର ମଧୁର ପରିବେଷଣ ତାଙ୍କର ୩୦ ବର୍ଷର ପ୍ରଗାଢ଼ ସାଧନାର ଫଳ ରୂପେ ପ୍ରଦର୍ଶିତ ହେଲା।

ସୁନନ୍ଦା ୧୯୫୭ରେ ପ୍ରଥମେ କଲିକତାର ସଦରଙ୍ଗ ସଂଗୀତ ସମ୍ମିଳନୀରେ ଗାଇବା ଆରମ୍ଭ କରିଥିଲେ। ପ୍ରାୟ ୧୫ବର୍ଷ ସେ ରବିଶଙ୍କର, ବିଲାୟତ୍ ଖାଁ ପ୍ରମୁଖ ବିଶ୍ୱବିଖ୍ୟାତ କଳାକାରଙ୍କ ସମକକ୍ଷ ଭାବରେ ଶାସ୍ତ୍ରୀୟ ସଂଗୀତ ଗାଇ ଆସିଲେ। ସେ ଓଡ଼ିଶା ସରକାରଙ୍କ ବୃତ୍ତି ପାଇ ଏବଂ ଭାରତର ପୂର୍ବ ରାଷ୍ଟ୍ରପତି ଶ୍ରୀ ରାଜେନ୍ଦ୍ର ପ୍ରସାଦଙ୍କଠାରୁ ସାହାଯ୍ୟ ନେଇ ପୁନାଠାରେ ଗୁରୁ ପଣ୍ଡିତ ବିନାୟକ ରାଓ ପଟ୍ଟବର୍ଦ୍ଧନଙ୍କଠାରୁ ଶାସ୍ତ୍ରୀୟ ସଂଗୀତ ଶିକ୍ଷା ଆରମ୍ଭ କରିଥିଲେ। ତା'ପରେ ତାଙ୍କୁ ସଂଗୀତ ଅଳଙ୍କାର ଆଖ୍ୟା ଦିଆଯାଇଥିଲା।

ସୁନନ୍ଦାଙ୍କର ସ୍ୱତନ୍ତ୍ର ଶୈଳୀ ଭାରତରେ ଅଦ୍ୱିତୀୟ। ତାଙ୍କର ସୁଲଳିତ କଣ୍ଠରେ ଭଜନ ଏବଂ ତରାନା ଶୁଣିଲେ ମନେହୁଏ ଭଗବାନଙ୍କର ଦର୍ଶନ ମିଳୁଛି। ତାଙ୍କ କଣ୍ଠ ଏକ ବାଦ୍ୟ ସଂଗୀତ ଭଳି, ସେଥିରେ ସେ ନାନାପ୍ରକାରର ମୂର୍ଚ୍ଛନା, ଭାବ ପ୍ରଦର୍ଶନ କରିପାରନ୍ତି। ସ୍ୱପନ ଚୌଧୁରୀଙ୍କର 'ବିଲମ୍ବିତ' ତବଲା ବାଦନ ମଧ୍ୟ ଅତି ଉଚ୍ଚକୋଟୀର।

ଜୁନ୍ ୧୩ ତାରିଖ ଦିନ ସ୍ଥାନୀୟ ଫ୍ରିମଣ୍ଟ ସହରର ହିନ୍ଦୁ ମନ୍ଦିରରେ ଆଉ ଏକ ପ୍ରୋଗ୍ରାମ ହେଲା। ସ୍ଥାନୀୟ ଓଡ଼ିଆ ପରିବାର ବର୍ଗ ଏବଂ ବଂଗାଳୀମାନେ ବହୁ ସଂଖ୍ୟାରେ ଯୋଗ ଦେଇଥିଲେ। ସୁନନ୍ଦା ସେଠାରେ ନିଜର ରଚିତ ସ୍ୱତନ୍ତ୍ର ରାଗରେ ଅନେକ ସଂଗୀତ ପରିବେଷଣ କରିଥିଲେ। ତାଙ୍କର ଭୈରବୀ ରାଗରେ ଏକ ଭଜନ (ସ୍ୱରଚିତ) ସମସ୍ତଙ୍କୁ ଭାବପ୍ରବଣ କରିଥିଲା।

ଗୋଟିଏ ପ୍ରଶ୍ନ ମନରେ ଆସିଲା, ଏଭଳି ସର୍ବଭାରତୀୟ ସ୍ତରରେ ଖ୍ୟାତି ଲାଭ କରିଥିବା ଜଣେ ସଂଗୀତଜ୍ଞଙ୍କୁ ଓଡ଼ିଶାରେ ଏତେ କମ୍ କେମିତି ଜାଣିଛନ୍ତି ? ତାଙ୍କର ସଂଗୀତକୁ ହୃଦୟଙ୍ଗମ କରି ତାର ମୂଲ୍ୟାଙ୍କନ କରିବାକୁ ଯୋଗ୍ୟତା ଥିବା ଦରକାର। ଆମ ଓଡ଼ିଶାରେ ଏଭଳି ସ୍ତରର ଶାସ୍ତ୍ରୀୟ ସଂଗୀତର ଚର୍ଚ୍ଚା ନାହିଁ କହିଲେ ଚଳେ। ମାତ୍ର ସମୟ ଆସିଛି ଏଭଳି ଉଚ୍ଚକୋଟୀର ସଂଗୀତଜ୍ଞଙ୍କୁ ଉପଯୁକ୍ତ ସମ୍ମାନ ଦେବାଲାଗି।

ତାଙ୍କର ଓଡ଼ିଶା ପ୍ରତି ପ୍ରଗାଢ଼ ପ୍ରେମ ରହିଛି। କଲିକତାରେ ରହିବା ଯୋଗୁଁ ସେ ସର୍ବଭାରତୀୟସ୍ତରରେ ଭାଗନେବାର ସୁଯୋଗ ପାଇ ପାରିଛନ୍ତି। କଥାବାର୍ତ୍ତା ପରେ ଜଣାଗଲା ଯେ ସେ ଓଡ଼ିଶା ସରକାରଙ୍କର ସାହାଯ୍ୟରେ ପୁରୀରେ ଗୋଟିଏ ସଂଗୀତ

ସ୍କୁଲ ଖୋଲୁଛନ୍ତି। ତାଙ୍କର ବିଭୁଦତ୍ତ କଳାକୁ ଓଡ଼ିଶାର ଭବିଷ୍ୟତର ପିଲାମାନଙ୍କୁ ସେ ଏହି ସ୍କୁଲ ମାଧ୍ୟମରେ କିଛି ଦେଇ ପାରିବେ।

କାଲିଫର୍ଣ୍ଣିଆର ପ୍ରୋଗ୍ରାମ ପରେ ସେ ଟେନେସି ପ୍ରଦେଶର ନାସଭିଲ ସହରରେ ପ୍ରୋଗ୍ରାମ ଦେବେ। ତା'ପରେ ପୁଣି ମେକ୍ସିକୋ ଯିବେ। ସେଠାରୁ ଫେରି ଓଡ଼ିଆ ସୋସାଇଟିର ବାର୍ଷିକ ଅଧିବେଶନରେ ଜୁଲାଇ ୩ ତାରିଖରେ ଡେଟ୍ରେଏଟରେ ସଂଗୀତ ପରିବେଷଣ କରିବେ। ଜୁଲାଇ ୧୮ ତାରିଖରେ ସେ ଭାରତ ଫେରଯିବେ।

କାଲିଫର୍ଣ୍ଣିଆର ସାନଫ୍ରାନ୍‌ସିସ୍କୋ ସହର ଏବଂ ଆଖପାଖରେ ଭାରତୀୟ ଶାସ୍ତ୍ରୀୟ ସଂଗୀତର ଚର୍ଚ୍ଚା ବହୁଳଭାବେ ହୋଇଆସୁଛି। ପ୍ରତିବର୍ଷ ଭାରତରୁ ଖ୍ୟାତନାମା ସଂଗୀତଜ୍ଞମାନେ ଏଠାକୁ ଆସିଥାନ୍ତି। ସୁନନ୍ଦା ପଟ୍ଟନାୟକଙ୍କୁ ଦେଖିବାପରେ ଆମେ ନିଶ୍ଚିତ ଯେ ସେ ବାରମ୍ବାର ନିମନ୍ତ୍ରିତ ହୋଇ ଏଠାକୁ ଆସିବେ। ସମସ୍ତ ଓଡ଼ିଶାବାସୀ ତାଙ୍କୁ ନେଇ ଅଶେଷ ଗର୍ବ କରିବାର ବେଳ ଆସିଛି।

■

ରାଉରକେଲାରେ ରଜତ ଜୟନ୍ତୀ

୧୯୬୯ ମସିହାରେ ରାଉରକେଲାର ରିଜିଓନାଲ ଇଂଜିନିୟରିଂ କଲେଜରୁ ପାସ୍ କରିଥିବା ଇଂଜିନିୟରମାନେ ଗ୍ରାଜୁଏସନ୍‌ର ୨୫ ବର୍ଷ ପୂରଣ ଉପଲକ୍ଷେ ରଜତ ଜୟନ୍ତୀର ଆୟୋଜନ କଲେ। ଡିସେମ୍ବର ୨୪ ଓ ୨୫ ତାରିଖରେ ରାଉରକେଲାରେ ଏହି ମହୋତ୍ସବ ମହାଡ଼ମ୍ବରରେ ପାଳିତ ହେଲା। ଆମେ ସେଇବର୍ଷର ଗ୍ରାଜୁଏଟ୍ ହୋଇଥବାରୁ ଭାରତ ଗସ୍ତ ଅବସରରେ ରାଉରକେଲା ଯାଇ ୨୫ବର୍ଷର ବନ୍ଧୁମିଳନରେ ଯୋଗ ଦେଇଥିଲୁ।

ରାଉରକେଲା ଷ୍ଟିଲ୍ ପ୍ଲାଣ୍ଟର ଇଂଜିନିୟର ଶ୍ରୀ ଯୋଗେନ୍ ମିଶ୍ର ଏବଂ ଶ୍ରୀ ଭାରତ ମହାନ୍ତିଙ୍କ ପ୍ରଗାଢ଼ ଉଦ୍ୟମ ଫଳରେ ରଜତ ଜୟନ୍ତୀ ଅତୀବ ଆନନ୍ଦଦାୟକ ଥିଲା। ଅନ୍ୟାନ୍ୟ ସ୍ଥାନୀୟ ବନ୍ଧୁମାନେ ଏଥିରେ ସହଯୋଗ କରିଥିଲେ- ସର୍ବ ଶ୍ରୀ ବିଜୟ ଦାସ, ସୀତାକାନ୍ତ ସାମନ୍ତ, ଦେବଦତ୍ତ ଦାସ, ପ୍ରସନ୍ନ ସେନାପତି, ଅଶୋକ ପଟ୍ଟନାୟକ, ସୁବୋଧ ରାଉତରାୟ, ସୁରେଶ ନାୟକ, ଶିବ ରାୟ, ଅଶୋକ ନନ୍ଦ ଏବଂ ଆହୁରି ଅନେକ।

ଦୂରଦୂରାନ୍ତରୁ ଆସିଥିଲେ ବନ୍ଧୁମାନେ ସେଇ ୨୫ବର୍ଷ ତଳର ସ୍ମୃତିକୁ ପୁନର୍ଜୀବିତ କରିବାକୁ। ସୁଦୂର ମଣିପୁରର ଇମ୍ଫାଲରୁ ଆସିଥିଲେ ଶ୍ରୀ ମଣିକୁମାର ସପରିବାର। ପାକିସ୍ତାନ ସୀମା ପାଖର ସୁରତ୍‌ଗଡ଼ରୁ ଭାରତୀୟ ଆର୍ମିର କର୍ଣ୍ଣେଲ ସମରେନ୍ଦ୍ର ମହାନ୍ତି ସସ୍ତ୍ରୀକ ଆସିଲେ। ବିଶାଖାପଟ୍ଟନମରୁ ଶ୍ରୀ ସଦାଶିବ ରାଓ, ମାଡ୍ରାସ୍‌ରୁ ଈଶ୍ୱର ସେଠୀ, ବମ୍ବେରୁ ସୁଖେନ୍ଦୁ ମିଶ୍ର, ବୋକାରୋ, ଭିଲାଇ ଏବଂ ଦୁର୍ଗାପୁରରୁ କେତେ କେତେ ବନ୍ଧୁ। ଓଡ଼ିଶାର ବିଭିନ୍ନ ସ୍ଥାନରୁ-ଜୟପୁର, ପାରାଦ୍ୱୀପ, କଳାହାଣ୍ଡି, ବାଲେଶ୍ୱର, ଭୁବନେଶ୍ୱର, କଟକରୁ ମଧ୍ୟ ଆସିଲେ। ଏଥିରେ ସମୁଦାୟ ୭୦ଟି ପରିବାର (ପ୍ରାୟ ୧୫୦) ଯୋଗଦେଇ ଉତ୍ସବର ଗୌରବ ବୃଦ୍ଧି କଲେ।

୨୪ ତାରିଖ ପ୍ରାତଃରୁ ସେକ୍ଟର ୪ ସ୍ଥିତ ସୋସିଆଲ୍ ହାଉସରେ ସମସ୍ତେ ଏକତ୍ର ହୋଇ ପରିଚୟ ପ୍ରଦାନ କଲେ। ଅପରାହ୍ନରେ ବସ୍‌ରେ ଆର.ଇ.ସି. କ୍ୟାମ୍ପସ୍

ଭ୍ରମଣ ପରେ ସ୍ଥାନୀୟ ଅଡିଓ ଭିଜୁଆଲ ହଲ୍‌ରେ ପ୍ରଫେସରବୃନ୍ଦଙ୍କ ସହ ସାନ୍ଧ୍ୟ ମିଳନ ହେଲା। ସାଂସ୍କୃତିକ କାର୍ଯ୍ୟକ୍ରମ ପରିବେଷଣ କରାଗଲା। ସ୍ଥାନୀୟ ଅଧ୍ୟାପକ ଡକ୍ଟର ରମେଶ ବେହେରାଙ୍କ ଉଦ୍ୟମ ଏବଂ ଉତ୍ସାହ ଯୋଗୁଁ କଲେଜର କାର୍ଯ୍ୟକ୍ରମ ଅତି ଉଚ୍ଚକୋଟୀର ହୋଇଥିଲା।

ପ୍ରିନ୍‌ସିପାଲ ଡକ୍ଟର ଅଶୋକ ମହାନ୍ତି ପୁରାତନ ଛାତ୍ରମାନଙ୍କୁ ଅଭିନନ୍ଦନ ଜଣାଇ ଆନୁଷ୍ଠାନିକ ସ୍ୱାଗତ କରିଥିଲେ। ଏହି ବ୍ୟାଚ୍‌ର ଛାତ୍ରମାନେ କିପରି ଶୀର୍ଷ ସ୍ଥାନମାନଙ୍କରେ କାର୍ଯ୍ୟ କରୁଛନ୍ତି ତାହା ସମସ୍ତଙ୍କୁ ଅବଗତ କରାଇଥିଲେ। କଲେଜର ବୃହତର ସ୍ୱାର୍ଥ ପାଇଁ ଏହି ବ୍ୟାଚର ପୁରାତନ ଛାତ୍ରଙ୍କୁ ଅକୁଣ୍ଠିତ ଚିତ୍ତରେ ସାହାଯ୍ୟ କରିବାକୁ କହିଥିଲେ।

୧୯୬୯ ବ୍ୟାଚର ରଜତ ଜୟନ୍ତୀ କମିଟିର ମୁଖ୍ୟ ଶ୍ରୀ ବିଜୟ ଦାସ ଏକ ଭାବଗର୍ଭକ ଭାଷଣ ଦେଲେ। ଅଧ୍ୟାପକ ରମେଶ ବେହେରାଙ୍କ ସ୍ତ୍ରୀ ଓଡ଼ିଆରେ ଅତି ସୁନ୍ଦର ଆବାହନ କଥିକା ଲେଖିଲେ ଏବଂ ଶ୍ରୀମତୀ ଇତି ମିଶ୍ର ତାହାକୁ ପାଠ କରିଥିଲେ। ରାତିରେ ପ୍ରଫେସରମାନଙ୍କ ଗହଣରେ ସାନ୍ଧ୍ୟ ଭୋଜନ ସମାପ୍ତ କରାଗଲା।

୨୫ ତାରିଖ ଦିନ ପୁରାତନ ଛାତ୍ରବୃନ୍ଦ ବସ୍‌ରେ ବେଦବ୍ୟାସ ଓ ମନ୍ଦିରା ଡ୍ୟାମ୍ ପରିଦର୍ଶନରେ ଯାଇଥିଲେ। ସେଦିନର ସାନ୍ଧ୍ୟଭୋଜନ ପରେ ସମସ୍ତେ ଅଶ୍ରୁଳ ନୟନରେ ବିଦାୟ ନେଇଥିଲେ। ଏଭଳି ରଜତ ଜୟନ୍ତୀ R.E.C. ଇତିହାସରେ ପ୍ରଥମ କହିଲେ ଚଳେ। ଆମ୍ଭର ବନ୍ଧୁମାନେ ପ୍ରତି ୩ବର୍ଷରେ ଏଭଳି ବନ୍ଧୁମିଳନର ଯୋଜନା ଚାଲୁ ରଖିବାକୁ ସ୍ଥିର କଲେ। ଏହି ବ୍ୟାଚ ତରଫରୁ R.E.C.ରେ ଏକ ମେଧାବୀ ଛାତ୍ର ବୃତ୍ତିର ଯୋଜନା କରାଯାଇଛି। ସୁଦୂର ଆମେରିକାରୁ ଆସି ପୁରାତନ ବନ୍ଧୁବର୍ଗଙ୍କ ସହ ୨ଟି ଦିନ ଅତୀବ ହୃଦୟସ୍ପର୍ଶୀ ଏବଂ ଗୁରୁତ୍ୱପୂର୍ଣ୍ଣ ହୋଇଥିଲା।

■

ଓଡ଼ିଶା ସୋସାଇଟିର ବାର୍ଷିକ ଅଧିବେଶନ

୧୯୯୫ ଜୁଲାଇ ୨ ତାରିଖରୁ ୪ ପର୍ଯ୍ୟନ୍ତ ଓଡ଼ିଶା ସୋସାଇଟି ଅଫ୍ ଆମେରିକାସ୍ (ଓ.ଏସ୍.ଏ.)ର ୨୬ତମ ବାର୍ଷିକ ଅଧିବେଶନ ମିନେସୋଟା ପ୍ରଦେଶର ମୁଖ୍ୟ ସହର ମିନିଆପଲିସ୍‌ଠାରେ ଅନୁଷ୍ଠିତ ହେଲା। ଗତବର୍ଷ ରୌପ୍ୟ ଜୟନ୍ତୀ ଉପଲକ୍ଷେ ନିଉଜର୍ସିଠାରେ ପ୍ରାୟ ଏକ ହଜାର ଓଡ଼ିଆ ଏକତ୍ର ହୋଇଥିଲେ। ଏବର୍ଷ ପ୍ରାୟ ୩ ଶହ ଯୋଗଦାନ କରିଥିଲେ। ଓଡ଼ିଶାରୁ ନିମନ୍ତ୍ରିତ ହୋଇ ଲେଖିକା ଶ୍ରୀମତୀ ପ୍ରତିଭା ରାୟ ଆସିଥିଲେ। ଦିଲ୍ଲୀସ୍ଥିତ ସଂଗୀତ ନାଟକ ଏକାଡ଼େମୀର ଅଧକ୍ଷ ଶ୍ରୀ ଜୀବନାନନ୍ଦ ପାଣି ମଧ୍ୟ ଆମେରିକା ଗସ୍ତ ଅବସରରେ ଏଠାକୁ ଆସିଥିଲେ।

ପ୍ରଥମ ଦିନ ସକାଳେ ଓଡ଼ିଆ ସଂସ୍କୃତି ଓ କଳା ଉପରେ ଡକ୍ଟର ଶ୍ରୀନିବାସ ସାହୁଙ୍କ ସଭାପତିତ୍ୱରେ ଏକ ଆଲୋଚନାଚକ୍ର ଚାଲିଲା। ଏଥିରେ ଶ୍ରୀ ଜୀବନାନନ୍ଦ ପାଣି, ଶ୍ରୀମତୀ ପ୍ରତିଭା ରାୟଙ୍କ ସମେତ ଅନ୍ୟାନ୍ୟ ଅତିଥିମାନେ ଜଗନ୍ନାଥ ସଂସ୍କୃତି ତଥା ଓଡ଼ିଆ ସଂସ୍କୃତିର ପରମ୍ପରା ଉପରେ ଆଲୋକପାତ କରିଥିଲେ। ଜୀବନାନନ୍ଦ ବାବୁ ଓଡ଼ିଶାର ନୃତ୍ୟ କଳା ତଥା ଛଉନାଚର ସ୍ୱାତନ୍ତ୍ର୍ୟ ଉପରେ ଏକ ସାରଗର୍ଭକ ଭାଷଣ ଦେଇଥିଲେ।

ସେ ଉଦ୍‌ଘାଟନୀ ଉତ୍ସବରେ ସ୍ଥାନୀୟ ସିନେଟର ଅଧିବେଶନରେ ସ୍ୱାଗତ ଭାଷଣ ଦେଇଥିଲେ। ଆଉ ଜଣେ ଆମେରିକାନ୍ ପ୍ରଫେସର ତାଙ୍କର ଭାରତ ଅଭିଜ୍ଞତା ବର୍ଣ୍ଣନା କରିଥିଲେ। ସେ କହିଥିଲେ ଯେ ଆମେ ଅତୀତକୁ ନେଇ ଗର୍ବ କରିବା ଉଚିତ୍, ମାତ୍ର ଅତି ପରିମାଣରେ ତାକୁ ରୋମାଣ୍ଟିସାଇଜ୍ କରିବା ଠିକ୍ ନୁହେଁ। ଅତୀତରେ ଭୁଲ ଭଟକାକୁ ମଧ ହୃଦୟଙ୍ଗମ କରି ଆଗତ ଭବିଷ୍ୟତରେ ତା'ର ପୁନରାବୃତ୍ତି ନ ହେବାକୁ ଉଦ୍ୟମ କରିବା ଉଚିତ।

ଅଧିବେଶନରେ ଅନେକ ମୂଲ୍ୟବାନ୍ ଆଲୋଚନା ତଥା ସେମିନାର୍ ହୋଇଥିଲା। ବୟଃବୃଦ୍ଧି ତଥା ରିଟାୟାରମେଣ୍ଟ ଉପରେ ଆଲୋଚନାରେ ବହୁଦିନରୁ ଆମେରିକାର ବାସିନ୍ଦା ଡାକ୍ତର ଉଦୟ ଦାସ, ଡାକ୍ତର ପ୍ରସନ୍ନ ପତି ଏବଂ ଇଞ୍ଜିନିୟର

ସୁଧାଂଶୁ ମିଶ୍ର ସେମାନଙ୍କର ଅଭିଜ୍ଞତା ତଥା କେତେକ ପରାମର୍ଶମୂଳକ ମନ୍ତବ୍ୟ ଦେଇଥିଲେ। ଏହାର ଉପାଦେୟତା ସମସ୍ତେ ଉପଲବ୍ଧି କରିଥିଲେ ଏବଂ ଏଭଳି ଆଲୋଚନାର ପୁନରାବୃତ୍ତି କରିବାକୁ ଅନୁରୋଧ କରିଥିଲେ। ଅନେକ ସ୍ୱତନ୍ତ୍ର ପ୍ରୋଜେକ୍ଟ ଉପରେ (ଯଥା: ରେଭେନ୍‌ସା କଲେଜର ପୁନରୁଦ୍ଧାର, ବାଲେଶ୍ୱରରେ ଫକୀରମୋହନ ବିଶ୍ୱବିଦ୍ୟାଳୟ ପ୍ରତିଷ୍ଠା) ଆଲୋଚନା ହୋଇଥିଲା, ମାତ୍ର ଏଥିରେ ଅନେକଙ୍କର ବିଶେଷ ଆଗ୍ରହ ପ୍ରକାଶ ପାଇ ନ ଥିଲା।

ଏହି ଦୁଇଦିନ ସନ୍ଧ୍ୟାରେ ବିଶେଷ ସାଂସ୍କୃତିକ କାର୍ଯ୍ୟକ୍ରମ ପରିବେଷଣ କରାଯାଇ ଥିଲା। ଦିଲ୍ଲୀରୁ ଶ୍ରୀମତୀ ମହାଲିକ୍ ଏବଂ ଭୁବନେଶ୍ୱରରୁ ଶ୍ରୀ ମନୋରଞ୍ଜନ ପ୍ରଧାନ ଓଡ଼ିଶୀ ନୃତ୍ୟ ପରିବେଷଣ କରିଥିଲେ। ସ୍ଥାନୀୟ ପରିବାରବର୍ଗ ଅକ୍ଲାନ୍ତ ପରିଶ୍ରମ କରି ଧରମା, ପେଟେଣ୍ଟ ମେଡ଼ିସିନ୍ ଇତ୍ୟାଦି ନାଟକ ମଞ୍ଚସ୍ଥ କରିଥିଲେ।

ଓଡ଼ିଶାର ବରେଣ୍ୟ ପୁରୁଷମାନେ ଓଡ଼ିଆର ଭାଷା, ସାହିତ୍ୟ, ଶିକ୍ଷା ତଥା ରାଜନୈତିକ କ୍ଷେତ୍ରରେ କିଭଳି ମୁଖ୍ୟ ଭୂମିକା ଗ୍ରହଣ କରିଥିଲେ, ତା'ର ଏକ ଫଟୋଚିତ୍ର ପ୍ରଦର୍ଶନୀର ଆୟୋଜନ କରାଯାଇଥିଲା। ଡକ୍ଟର ପ୍ରସନ୍ନ ମିଶ୍ରଙ୍କ ନେତୃତ୍ୱରେ ଗୋପବନ୍ଧୁ ଦାସ, ମଧୁବାବୁ, ଫକୀରମୋହନ, ରାଧାନାଥ ଇତ୍ୟାଦିଙ୍କ ଫଟୋ ରଖାଯାଇଥିଲା। ମିଚିଗାନ୍‌ର ଶ୍ରୀ ବିଜୟ ଭୂୟାଁ 'କଟକ' ଉପରେ ଏକ ଫଟୋଗ୍ରାଫି ପ୍ରଦର୍ଶନୀ କରିଥିଲେ।

ପିଲାମାନଙ୍କ ଲାଗି ସ୍ୱତନ୍ତ୍ର ସେମିନାର ଅନୁଷ୍ଠିତ ହୋଇଥିଲା। କ୍ୟାରିଅର ଡେଭଲପମେଣ୍ଟ ଉପରେ ଏହି ଲେଖକଙ୍କ ସମେତ ଆଉ ୩ ଜଣ ପରାମର୍ଶ ଦେଇଥିଲେ। ନିହାର ମହାପାତ୍ରଙ୍କ ଉଦ୍ୟମରେ ଏକ କ୍ୱିଜ୍ ଶୋ' ହୋଇଥିଲା। ଏବର୍ଷର ଅଧିବେଶନର ପୁରୋଧା ଥିଲେ ମିନିଆପଲିସ୍‌ର ଶ୍ରୀ ଶରତ ମହାପାତ୍ର। ତାଙ୍କୁ ସାହାଯ୍ୟ କରିଥିଲେ, ସ୍ମୃତି ଓ ଯୋଗେଶ ପଣ୍ଡା, ଅମିତାଭ ଓ ଡଲି ସାହୁ, ପ୍ରଣବ ଓ କାଜଲ ଚାଟାର୍ଜୀ, ପ୍ରସନ୍ନ ମିଶ୍ର, ଦୁର୍ଗା ପଣ୍ଡା, ଚିକାଗୋର ବିଜୟ ମିଶ୍ର, ଜ୍ଞାନ ଦ୍ୱିବେଦୀ, ନିହାର ମହାପାତ୍ର ଏବଂ ଆହୁରି ଅନେକ।

ଆସନ୍ତା ବର୍ଷର ଅଧିବେଶନ ୱାଶିଂଟନ ଡି.ସି.ରେ ବସିବାର ସ୍ଥିର ହେଲା।

■

ଓଡ଼ିଶା ସୋସାଇଟିର ବାର୍ଷିକ ଅଧିବେଶନ-୧୯୯୬

ଗତ ଜୁଲାଇ ୪,୫,୬ ତାରିଖରେ ଆମେରିକାର ରାଜଧାନୀ ୱାଶିଂଟନ ସହରରେ ଓରିଶା ସୋସାଇଟି ଅଫ୍ ଆମେରିକାସ୍ (OSA)ର ବାର୍ଷିକ ଅଧିବେଶନ ମହାସମାରୋହରେ ପାଳିତ ହେଲା। ପ୍ରାୟ ଏକ ହଜାର ଓଡ଼ିଆ (୩୦୦ରୁ ଊର୍ଦ୍ଧ୍ୱ ପରିବାର) ଆମେରିକାର ଭିନ୍ନ ଭିନ୍ନ ପ୍ରାନ୍ତରୁ ଆସି ଅଧିବେଶନରେ ଯୋଗଦାନ କରିଥିଲେ। ଅନ୍ୟ ବର୍ଷ ତୁଳନାରେ ଏ ବର୍ଷର ଅଧିବେଶନରେ ଅନେକ ନୂତନ କାର୍ଯ୍ୟକ୍ରମ ପ୍ରଥମଥର ଲାଗି ଅନ୍ତର୍ଭୁକ୍ତ କରାଯାଇଥିଲା।

ଉତ୍କଳ ବିଶ୍ୱବିଦ୍ୟାଳୟର କୁଳପତି ଶ୍ରୀ ଗୌରକିଶୋର ଦାସ, ସମ୍ବଲପୁର ବିଶ୍ୱବିଦ୍ୟାଳୟର ଇତିହାସ ଅଧ୍ୟାପକ ଶ୍ରୀ ପ୍ରବୋଧ ମିଶ୍ର ଏବଂ 'ସମ୍ବାଦ' ଦୈନିକର ସହସମ୍ପାଦକ ଶ୍ରୀ ଗୌରହରି ଦାସ ନିମନ୍ତ୍ରିତ ହୋଇଆସିଥିଲେ। ଏହାଛଡ଼ା ଓଡ଼ିଶାରୁ ଅନେକ ଦମ୍ପତି ସେମାନଙ୍କ ପରିବାର ତଥା ସମ୍ପର୍କୀୟମାନଙ୍କୁ ଦେଖିଆସିବା ଅବସରରେ ବାର୍ଷିକ ଅଧିବେଶନରେ ଯୋଗଦାନ କରିଥିଲେ। ଓଡ଼ିଶାରୁ ଇଂଜିନିୟର ସର୍ବଶ୍ରୀ ବିଚିତ୍ରାନନ୍ଦ ପୂଜାରୀ, ଦିବାକର ମିଶ୍ର, ବିପିନ ମହାନ୍ତି, ନଳିନୀ ପଣ୍ଡା, ଡାକ୍ତର ସୁଦର୍ଶନ ପଟ୍ଟନାୟକ, ବମ୍ବେରୁ ଉପେନ୍ଦ୍ର ଦାସ, ଲଣ୍ଡନରୁ ଶ୍ରୀ ପ୍ରଫୁଲ୍ଲ ମହାନ୍ତି, ଜର୍ମାନୀରୁ ଶ୍ରୀ ଅଶୋକ ପଟ୍ଟନାୟକ, ଇଣ୍ଡୋନେସିଆର ଜାକର୍ତ୍ତାରୁ ଶ୍ରୀ ସୁକାନ୍ତ ପଣ୍ଡା ସସ୍ତ୍ରୀକ ଅଧିବେଶନରେ ଯୋଗ ଦେଇଥିଲେ।

ଜୁଲାଇ ୪ ତାରିଖ ବଡ଼ି ସକାଳୁ ମାଙ୍ଗଳିକ କାର୍ଯ୍ୟକ୍ରମରେ ଭଜନ ତଥା ଆଧ୍ୟାତ୍ମିକ ସଂଗୀତ ପରିବେଷଣ କରାଗଲା। ଦ୍ୱିପ୍ରହରରେ ୰ ପ୍ରମୋଦ ପଟ୍ଟନାୟକଙ୍କ ସ୍ମୃତିରେ ଏକ ଇଣ୍ଟର-ଚାପ୍ଟର ପ୍ରତିଯୋଗିତା ହେଲା। ଏଥିରେ ନ୍ୟୁୟର୍କ, ନିଉଜର୍ସି, ୱାଶିଂଟନ୍, ଡେଟ୍ରଏଟ୍, ଚିକାଗୋ ତଥା ନାଶଭିଲ୍‌ର ସ୍ଥାନୀୟ ଓଡ଼ିଆମାନେ ନାଟ୍ୟଚିତ୍ର, ନୃତ୍ୟ, ଡ୍ରାମା ଇତ୍ୟାଦି ମଞ୍ଚସ୍ଥ କରିଥିଲେ। ସନ୍ଧ୍ୟାବେଳେ ହିଲଟନ୍ ହୋଟେଲରେ 'ସଂଗୀତ ସମାରୋହ' ଅନୁଷ୍ଠିତ ହେଲା।

ଜୁଲାଇ ୫ ତାରିଖ ଦିନ ବାର୍ଷିକ ଅଧିବେଶନ ଉଦ୍‌ଘାଟନୀ ଉତ୍ସବ ହେଲା। ମୁଖ୍ୟଅତିଥି ଶ୍ରୀ ଗୌରକିଶୋର ଦାସ ତଥା ଅନ୍ୟାନ୍ୟ ଆମନ୍ତ୍ରିତ ଅତିଥିବୃନ୍ଦ ତାଙ୍କର ବକ୍ତବ୍ୟ ଦେଲେ। ପ୍ରଥମଥର ଲାଗି ଓଡ଼ିଶାର ପର୍ବ (Festival of Orissa) ଉପରେ 'ବାରମାସରେ ତେର ଯାତ୍ରା' ପରିବେଷିତ ହେଲା। ସେଥିରେ ରଜ, ମାଣବସା, କୁମାର ପୂର୍ଣ୍ଣିମା, ହୋଲି, ରଥଯାତ୍ରା, ଖୁଦୁରୁକୁଣି, କାର୍ତ୍ତିକ ପୂର୍ଣ୍ଣମୀର ବୋଇତ ବନ୍ଦାଣ ଉପରେ ସଂଗୀତ ଏବଂ ନୃତ୍ୟ ମାଧମରେ ସ୍ୱତନ୍ତ୍ର ପ୍ରୋଗ୍ରାମ ସମସ୍ତଙ୍କୁ ମନ୍ତ୍ରମୁଗ୍ଧ କରିଥିଲା।

ବିଭିନ୍ନ ପ୍ରସଙ୍ଗ ଉପରେ ଆଲୋଚନାଚକ୍ର ଚାଲିଲା ଯଥା: ଆମେରିକାରେ ଓଡ଼ିଆ ନାରୀଙ୍କ ଭୂମିକା, ଓଡ଼ିଆ ସଂସ୍କୃତି ଏବଂ ତହିଁରେ ବ୍ୟକ୍ତିତ୍ୱର ସ୍ଥାନ, ଜଗନ୍ନାଥ ସଂସ୍କୃତି, କବିତା ଆବୃତ୍ତି ଇତ୍ୟାଦି।

ଜୁଲାଇ ୬ତାରିଖ ଦିନ ନିକଟସ୍ଥ ହାଇସ୍କୁଲ ପ୍ରାଙ୍ଗଣରେ ଏକ ମେଳାର ଆୟୋଜନ କରାଯାଇଥିଲା। ମୁକ୍ତ ପ୍ରାଙ୍ଗଣରେ ଏକ ମଣ୍ଡପ ଉପରେ ନାନାପ୍ରକାର ନୃତ୍ୟଗୀତର ଆୟୋଜନ କରାଯାଇଥିଲା। ପାଖରେ ଭିନ୍ନ ଭିନ୍ନ ଦୋକାନ ବଜାରରେ ଖାଇବା ତଥା ଅନ୍ୟାନ୍ୟ ଜିନିଷ ବିକ୍ରି ଚାଲିଥିଲ।

୩ ଦିନ ପର୍ଯ୍ୟନ୍ତ ୱାଶିଂଟନ ନିକଟସ୍ଥ ଗେଥରସ୍‌ବର୍ଗ ହିଲଟନ୍ ହୋଟେଲ ଏକ ଓଡ଼ିଶାରେ ପରିବର୍ତ୍ତିତ ହୋଇଥିଲା। ପିଲାମାନଙ୍କ ଲାଗି ୱାଶିଂଟନ ଭ୍ରମଣ ବସ୍ ମାଧ୍ୟମରେ ଆୟୋଜିତ ହେଲା। ଏ ବର୍ଷର ପ୍ରବନ୍ଧ ପ୍ରତିଯୋଗିତାରେ ୩ଟି ଗ୍ରୁପ୍ ଭାଗ ନେଇଥିଲେ। ହାଇସ୍କୁଲ ସ୍ତରରେ କାଲିଫର୍ଣ୍ଣିଆର ଶ୍ରୀ ସୋମେଶ ଦାଶ ସର୍ବଶ୍ରେଷ୍ଠ ପ୍ରବନ୍ଧ ପୁରସ୍କାର ପାଇଲେ। ଓଡ଼ିଶା ସୋସାଇଟିର ପ୍ରେସିଡେଣ୍ଟ ଶ୍ରୀ ହେମନ୍ତ ସେନାପତି ସମସ୍ତଙ୍କୁ ଧନ୍ୟବାଦ ଦେଲେ।

ଓଡ଼ିଶାରେ ଗଢ଼ି ଉଠୁଥିବା କଳିଙ୍ଗ ହସ୍‌ପିଟାଲ ତରଫରୁ ଶ୍ରୀ ରମେଶ ରାୟ ଚୌଧୁରୀ ଏବଂ ମନୋରଞ୍ଜନ ପଟ୍ଟନାୟକ ଡାକ୍ତରଖାନା ପ୍ରସ୍ତୁତୀକରଣ ଉପରେ ଫଟୋଚିତ୍ର ମାଧ୍ୟମରେ ଅବଗତ କରାଇଥିଲେ। ୱାଶିଂଟନସ୍ଥିତ ଓଡ଼ିଆମାନେ ଅକ୍ଳାନ୍ତ ପରିଶ୍ରମ କରି ଏ ବର୍ଷର ମହୋତ୍ସବକୁ ଉଚ୍ଚକୋଟୀର ରୂପରେଖା ଦେଇଥିବାରୁ ସମସ୍ତଙ୍କର ଧନ୍ୟବାଦର ପ୍ରାତ୍ର ହୋଇଥିଲା। ଆସନ୍ତା ବର୍ଷର ବାର୍ଷିକ ଅଧିବେଶନ ଟେକ୍‌ସାସ ପ୍ରଦେଶର ହ୍ୟୁଷ୍ଟନ୍ ସହରରେ ଅନୁଷ୍ଠିତ ହେବାର ଧାର୍ଯ୍ୟ ହେଲା।

■

କାଲିଫର୍ଣ୍ଣିଆରେ ରଥଯାତ୍ରା-୧୯୯୬

କାଲିଫର୍ଣ୍ଣିଆ ପ୍ରଦେଶ ଯୁକ୍ତରାଷ୍ଟ୍ର ଆମେରିକା ଦେଶର ୫୦ଟି ପ୍ରଦେଶମାନଙ୍କ ମଧ୍ୟରେ ସର୍ବବୃହତ୍। ଉତ୍ତର ଭାଗରେ ସହର ସାନ୍‌ଫ୍ରାନ୍‌ସିସ୍କୋ ଏବଂ ସାନ୍ ହୋଜେ ତଥା ଆଖପାଖର ଅନେକ ଛୋଟବଡ଼ ସହର। ଅତ୍ୟାଧୁନିକ ଟେକ୍ନୋଲୋଜିର ମୂଳ ପୀଠ ସିଲିକନ୍ ଭାଲି ଏହିଠାରେ।

ସେହିଭଳି ଏହି ସ୍ଥାନ ଫ୍ରିମଣ୍ଟ ଏବଂ ତହିଁର ହିନ୍ଦୁ ମନ୍ଦିର। ଉତ୍ତର ଭାରତୀୟ ଏବଂ ଗୁଜରାଟୀମାନେ ପ୍ରାୟ ଏହି ମନ୍ଦିରକୁ ଆସନ୍ତି। ଜୁଲାଇ ୧୭ତାରିଖ ଦିନ ପ୍ରଥମେ ୫୦/୬୦ ଜଣ ଲୋକଙ୍କୁ ନେଇ ପ୍ରକୃତ ରଥଯାତ୍ରା ପାଳିତ ହେଲା। ୪ ଦିନ ପରେ ରବିବାର ଜୁଲାଇ ୨୧ ତାରିଖରେ ରଥଯାତ୍ରା ଖୁବ୍ ବଡ଼ ଆକାରରେ ପ୍ରାୟ ୫୦୦ ଲୋକଙ୍କ ଗହଣରେ ଆଡ଼ମ୍ବରରେ ପାଳିତ ହେଲା।

ସର୍ବପ୍ରଥମେ ପୂଜାପାଠ ପରେ ସ୍ଥାନୀୟ ଓଡ଼ିଆମାନେ ଏକ ଘଣ୍ଟା ଧରି ଜଗନ୍ନାଥ ଜଣାଣ ତଥା ହିନ୍ଦୀ ଭଜନ ବୋଲିଲେ। ତା'ପରେ ଶ୍ରୀ ସରୋଜ ବେହେରା ଜଗନ୍ନାଥ ଧର୍ମ ଏବଂ ରଥଯାତ୍ରାର ତାତ୍ପର୍ଯ୍ୟ ଉପରେ ସଂକ୍ଷିପ୍ତ ଭାଷଣ ଦେଇଥିଲେ। ଶଙ୍ଖ, ହୁଳହୁଳି, ଘଣ୍ଟାଧ୍ୱନି ମଧ୍ୟରେ ମନ୍ଦିର ପ୍ରାଙ୍ଗଣରେ ରଥଟଣା ଆରମ୍ଭ ହେଲା। ରଥଟି ସ୍ଥାନୀୟ ଓଡ଼ିଆମାନେ ନିର୍ମାଣ କରିଥିଲେ ୨ବର୍ଷ ତଳେ। ଆକାର କ୍ଷୁଦ୍ର ହେଲେ ମଧ୍ୟ ପୁରୀ ରଥର ଢାଞ୍ଚାରେ ଏହା ନିର୍ମିତ। ସଂକୀର୍ତ୍ତନ ଏବଂ ଭଜନ ମଧ୍ୟରେ ରଥଟଣା ଖୁବ୍ ଆନନ୍ଦଦାୟକ ହୋଇଥିଲା।

ଦେଶ ଅଲଗା, ମନ୍ଦିର ଅଲଗା, ରଥ ଅଲଗା, ମାତ୍ର ଜଗତର ନାଥ ଜଗନ୍ନାଥ ସେଇ ଏକା। ତାଙ୍କ ଆଖିରେ ସମଗ୍ର ମାନବ ଜାତି ଗୋଟିଏ। ଓଡ଼ିଆ, ଅଣ-ଓଡ଼ିଆ ସମସ୍ତଙ୍କ ଭକ୍ତିର ଊଣା ନାହିଁ। ରଥଟଣା ସମାପ୍ତ ହେଲା ତା'ପରେ ଓଡ଼ିଆ ପରିବାରମାନେ ସମସ୍ତ ଅତିଥିମାନଙ୍କ ଲାଗି ଭୋଜନର ବ୍ୟବସ୍ଥା କରିଥିଲେ। ନିକଟର ୟୁଥ୍ ସେଣ୍ଟରରେ ଓଡ଼ିଶାର ହସ୍ତତନ୍ତ ତଥା ମୂର୍ତ୍ତିସବୁ ପ୍ରଦର୍ଶିତ ହେଲା।

ପୂର୍ବଦିନ ଜୁଲାଇ ୨୦ ତାରିଖରେ ଟେନେସି ପ୍ରଦେଶର ନାସଭିଲ୍ ସହରରେ

ରଥଯାତ୍ରା ପାଳିତ ହୋଇଥିଲା । କାଲିଫର୍ଣ୍ଣିଆର ଲସ୍ ଏଞ୍ଜେଲସ୍ ସହରର ସ୍ୱାମୀ ନାରାୟଣ ମନ୍ଦିରରେ ମଧ୍ୟ ରଥଯାତ୍ରା ପାଳିତ ହେଲା । ଫ୍ରିମଣ୍ଟ ମନ୍ଦିରର ଶାସ୍ତ୍ରୀଜୀ "ଜଗନ୍ନାଥ ସ୍ୱାମୀ ନୟନ ପଥଗାମୀ ଭବତୁ ମେ" ବୋଲି ଜଗନ୍ନାଥଙ୍କର ସ୍ତୁତିଗାନ କଲେ ।

ଏ ବର୍ଷକୁ ମିଶେଇ ତୃତୀୟ ଥର ରଥଯାତ୍ରା ପାଳିତ ହେବାରେ ସ୍ଥାନୀୟ ହିନ୍ଦୁମାନେ ଏହାକୁ ଏକ ପ୍ରଧାନ ପର୍ବ ରୂପେ ପାଳି ଆସୁଛନ୍ତି । ଏ ବର୍ଷ ଓଡ଼ିଶାରୁ ଅନେକ ବାପା, ମା' ଆସିଥିଲେ । କଟକରୁ ଡାକ୍ତର ସୁଦର୍ଶନ ପଟ୍ଟନାୟକ ଏବଂ ବାସନ୍ତୀ ପଟ୍ଟନାୟକ ଉପସ୍ଥିତ ଥିଲେ । ଭୁବନେଶ୍ୱରରୁ ପୂର୍ବତନ ଅଧ୍ୟାପକ ଅନନ୍ତ ମିଶ୍ର ସସ୍ତ୍ରୀକ ଉପସ୍ଥିତ ଥିଲେ । ଓଡ଼ିଶାରୁ ଭ୍ରମଣରେ ଆସିଥିବା ଲୋକମାନେ ସୁଦୂର ଆମେରିକାରେ ଜଗନ୍ନାଥ ଭକ୍ତିରେ ଭାବବିହ୍ୱଳ ହୋଇଯାଇଥିଲେ । ସ୍ଥାନୀୟ ଓଡ଼ିଆ ପରିବାରବର୍ଗଙ୍କ ଉଦ୍ୟୋକ୍ତା ଥିଲେ ଶ୍ରୀ ଦେବରଞ୍ଜନ ମହାନ୍ତି । ତାଙ୍କୁ ଆହୁରି ଅନେକ ସହଯୋଗ କରିଥିଲେ । ଏବର୍ଷର ରଥଯାତ୍ରା ଖୁବ୍ ଉପଭୋଗ୍ୟ ହୋଇଥିଲା ।

■

ଓଡ଼ିଆ ସୋସାଇଟି ଅଫ୍ ଆମେରିକାଜ୍‌ର ରଜତ ଜୟନ୍ତୀ

ଗତ ଜୁଲାଇ ୧ରୁ ୪ ତାରିଖ ପର୍ଯ୍ୟନ୍ତ ଓଡ଼ିଶା ସୋସାଇଟି ଅଫ୍ ଆମେରିକାସ୍ (ଓସା-OSA) ର ରଜତ ଜୟନ୍ତୀ (୨୫ ବର୍ଷ) ମହାସମାରୋହରେ ନିଉଜର୍ସି ସ୍ଥିତ ଷ୍ଟକଟନ୍ କଲେଜ ପ୍ରାଙ୍ଗଣରେ ପାଳିତ ହେଲା। ଏଥିରେ ସମୁଦାୟ ଏକ ହଜାର ଓଡ଼ିଆ ଯୋଗଦାନ କରିଥିଲେ। ମୁଖ୍ୟଅତିଥି ଥିଲେ ଭାରତର ଇନ୍‌ଫର୍ମେସନ ଏବଂ ବ୍ରଡ୍‌କାଷ୍ଟିଂ ବିଭାଗର ମନ୍ତ୍ରୀ, ଓଡ଼ିଶାର ଶ୍ରୀଯୁକ୍ତ କାମାକ୍ଷା ପ୍ରସାଦ ସିଂହଦେଓ। ମୁଖ୍ୟ ବକ୍ତା ଭାବରେ ଭାରତର ନାଇଜେରିଆରେ ଥିବା ରାଷ୍ଟ୍ରଦୂତ ଶ୍ରୀ ଲଳିତ ମାନସିଂହ ନିମନ୍ତ୍ରିତ ହୋଇଥିଲେ। ତା'ଛଡ଼ା ଓଡ଼ିଶାରୁ ପୂର୍ବତନ ରେଳବାଇ ମନ୍ତ୍ରୀ ଶ୍ରୀ କାହ୍ନୁଚରଣ ଲେଙ୍କା ମଧ୍ୟ ଯୋଗଦାନ କରିଥିଲେ। ଓଡ଼ିଶାରୁ ଶ୍ରୀ ହୃଦାନନ୍ଦ ରାୟ ଶ୍ରୀ ମନମୋହନ ମିଶ୍ର ଏବଂ ଶ୍ରୀମତୀ ସାବିତ୍ରୀ ରାଉତ ଆମେରିକା ଗସ୍ତରେ ଆସିଥିବା ଅବକାଶରେ ଅଧିବେଶନରେ ଯୋଗଦାନ କରିଥିଲେ। ୱାଶିଂଟନ ସ୍ଥିତ ଭାରତୀୟ ଦୂତାବାସରେ କାର୍ଯ୍ୟ କରୁଥିବା ଡେପୁଟି କନସଲ୍ ଶ୍ରୀ ମଳୟ ମିଶ୍ର ନିଉୟର୍କସ୍ଥିତ ଭାରତୀୟ ଦୂତାବାସର ମୁଖ୍ୟ ଶ୍ରୀ ଗଜାନନ୍ ୱାକାଙ୍କୀର ନିମନ୍ତ୍ରିତ ଅତିଥିଭାବେ ଆସିଥିଲେ।

ଦୂରଦୂରାନ୍ତରୁ ବହୁ ଓଡ଼ିଆ ପରିବାର ଏଥର ରଜତ ଜୟନ୍ତୀ ଅଧିବେଶନରେ ଯୋଗଦାନ କରିଥିଲେ। ସୁଦୂର ଆଲାସ୍କାରୁ ପ୍ରଫେସର ଦେବ ଦାସ ଆସିଥିଲେ। କାଲିଫର୍ଣ୍ଣିଆରୁ ପ୍ରାୟ ୪୫ ଜଣ ୩୦୦୦ ମାଇଲ ଦୂରତ୍ୱ ଅତିକ୍ରମ କରି ଆସିଥିଲେ। ଲଣ୍ଡନରେ ଅବସ୍ଥାନ କରୁଥିବା ଖ୍ୟାତନାମା ଲେଖକ ତଥା ଚିତ୍ରଶିଳ୍ପୀ ଶ୍ରୀ ପ୍ରଫୁଲ୍ଲ ମହାନ୍ତି ନିମନ୍ତ୍ରିତ ହୋଇ ଆସିଥିଲେ ଏବଂ ତାଙ୍କର ଚିତ୍ରକଳା ପ୍ରଦର୍ଶନ କରିଥିଲେ। ଇଂଲଣ୍ଡରେ ବସବାସ କରୁଥିବା ୪ଟି ଓଡ଼ିଆ ପରିବାର ଅଧିବେଶନରେ ଯୋଗଦାନ କରିଥିଲେ।

ଜୁଲାଇ ୧ ତାରିଖ, ଶୁକ୍ରବାର ଦିନ ବହୁ ଓଡ଼ିଆ ପରିବାର ଷ୍ଟକଟନ କଲେଜରେ

ପହଞ୍ଚି ସାରିଥିଲେ। ଜୁଲାଇ ୧ ତାରିଖରେ ଜଗନ୍ନାଥ ସଂସ୍କୃତି ଉପରେ ଆଲୋଚନା ଚକ୍ରରେ ଡକ୍ଟର ହୃଦାନନ୍ଦ ରାୟ, ଶ୍ରୀ ପ୍ରଫୁଲ୍ଲ ମହାନ୍ତି, ଶ୍ରୀ କାହ୍ନୁଚରଣ ଲେଙ୍କା ତଥା ଆମେରିକାର ଡାକ୍ତର ପଞ୍ଚାନନ ଶତପଥୀ ଭାଗ ନେଇଥିଲେ। ଶନିବାର ଜୁଲାଇ ୨ତାରିଖ ପ୍ରାତଃ ୯ଟା ବେଳେ ରଜତ ଜୟନ୍ତୀର ଉଦ୍‌ଘାଟନୀ ଉତ୍ସବ ଆରମ୍ଭ ହେଲା। ସର୍ବପ୍ରଥମେ କାଲିଫର୍ଣ୍ଣିଆର ଶ୍ରୀମତୀ ଶ୍ୱେତପଦ୍ମା ଦାଶ ବେଦମନ୍ତ୍ରଦ୍ୱାରା ଆବାହନ କଲେ, ତା'ପରେ ଏବର୍ଷର ଅଧିବେଶନର ମୁଖ୍ୟ ପୁରୋଧା ଶ୍ରୀ ମନୋରଞ୍ଜନ ପଟ୍ଟନାୟକ ଉପସ୍ଥିତ ଅତିଥି ଏବଂ ଓଡ଼ିଆ ପରିବାର ବର୍ଗଙ୍କୁ ହାର୍ଦ୍ଦିକ ସ୍ୱାଗତ ଜଣାଇଥିଲେ। ଓସାର ପ୍ରଥମ ପ୍ରେସିଡେଣ୍ଟ ଶ୍ରୀ ଗୌରିଚରଣ ଦାସ ଅନୁଷ୍ଠାନର ଇତିହାସ ଉପରେ କହିଲେ, ଅଳ୍ପ କେତୋଟି ପରିବାରଙ୍କୁ ନେଇ ଗଢ଼ା ଯାଇଥିବା ଅନୁଷ୍ଠାନ ୨୫ ବର୍ଷ ପରେ କିପରି ବିରାଟ ଆକାରରେ ପହଞ୍ଚିଛି, ତାହା ବାସ୍ତବିକ ଆନନ୍ଦର ବିଷୟ ବୋଲି ସେ କହିଥିଲେ।

ମୁଖ୍ୟବକ୍ତା ଶ୍ରୀ ଲଳିତ ମାନସିଂହ ଏକ ଭାବଗର୍ଭକ ତଥା ତଥ୍ୟ ସମ୍ବଳିତ ବକ୍ତୃତାରେ "Orissa Past, Present & Future" (ଓଡ଼ିଶା, ଅତୀତ, ବର୍ତ୍ତମାନ ଓ ଭବିଷ୍ୟତ) ଉପରେ ଆଲୋକପାତ କଲେ। ଓଡ଼ିଶାର ମହାନ୍ ସଂସ୍କୃତି ତଥା ଐତିହ୍ୟ ଉପରେ ଆଲୋଚନା କରି ବର୍ତ୍ତମାନ ଓଡ଼ିଶାର ସମସ୍ୟା ଉପରେ ଦୃକ୍‌ପାତ କରି ଆମେ କେତେ ପରିମାଣରେ ନିମ୍ନଗାମୀ ହୋଇଛୁ ତାହା ବର୍ଣ୍ଣନା କଲେ। ଭବିଷ୍ୟତର ଓଡ଼ିଶାରେ ୨ଟି ମାର୍ଗ ଉପରେ ସେ କହିଲେ। ଗୋଟିଏ ମାର୍ଗକୁ ସେ nightmare ରୂପେ ବର୍ଣ୍ଣନା କଲେ। ଯେଉଁଥିରେ ଓଡ଼ିଶାର ବର୍ତ୍ତମାନର ସମସ୍ୟା ବହୁଗୁଣିତ ହୋଇ ଯାଇଥିବ, ଆଉ ଗୋଟିଏ ମାର୍ଗକୁ Dream (ସ୍ୱପ୍ନ) ବୋଲି ଆଖ୍ୟା ଦେଇଥିଲେ। ଏହି ମାର୍ଗରେ ପହଞ୍ଚିବାକୁ ହେଲେ କ'ଣ କରିବାକୁ ହେବ, ବିଶେଷତଃ ଆମେରିକାର ଓଡ଼ିଆମାନେ ସେ ଦିଗରେ କି ପ୍ରକାର ପଦକ୍ଷେପ ନେଇପାରିବେ ସେ କଥା ସେ କହିଥିଲେ।

ମୁଖ୍ୟ ଅତିଥି ଶ୍ରୀ ସିଂହଦେଓ, ବିଦେଶରେ ଓଡ଼ିଆ ଭାଇ ଭଉଣୀଙ୍କୁ ଦେଖି ଆନନ୍ଦରେ ଅଧୀର ହୋଇପଡ଼ିଥିଲେ। ସେ ସମସ୍ତ ଓଡ଼ିଆଙ୍କ ପାଇଁ ପୁରୀରୁ ମହାପ୍ରସାଦ ସାଂଗରେ ନେଇ ଆସିଥିଲେ। ଓଡ଼ିଶା ଏକ Paradox (ଦ୍ୱନ୍ଦ୍ୱ) ବୋଲି ସେ କହିଲେ, ଏକ ପକ୍ଷେ ବିଦେଶର ଓଡ଼ିଆମାନେ ନିଜର ବୁଦ୍ଧି ଦ୍ୱାରା ସାରା ବିଶ୍ୱରେ ନାଁ କରିଥିବାବେଳେ, ଜନ୍ମମାଟି ପ୍ରଦେଶ ତଳେ ପଡ଼ି ରହିଛି। ସେ ଓଡ଼ିଆମାନଙ୍କର ସ୍ୱାଭିମାନ ତଥା ଶକ୍ତିର ପରାକାଷ୍ଠା ଉପରେ ଉଦ୍‌ବୋଧନ ଦେଇଥିଲେ।

ପ୍ରାରମ୍ଭିକ ଅଧିବେଶନରେ ଓଡ଼ିଶୀ ନୃତ୍ୟରେ ସମସ୍ତଙ୍କୁ ଆପ୍ୟାୟିତ କରାଯାଇଥିଲା। ଶ୍ରୀମତୀ ନନ୍ଦିତା ବେହେରା ଏବଂ ଆମେରିକାର ବଢୁଥିବା ଝିଅମାନଙ୍କୁ

ନେଇ ଗ୍ରୁପ୍ ଡ୍ୟାନ୍ସ ଖୁବ୍ ଚମତ୍କାର ହୋଇଥିଲା। ଦୂରଦର୍ଶନ ତଥା ଟି.ଭି ଏସିଆ ତରଫରୁ ଅଧିବେଶନର କାର୍ଯ୍ୟକ୍ରମର ଭିଡ଼ିଓ ନିଆଯାଇଥିଲା। ସ୍ଥାନୀୟ ଭାରତୀୟ ସମ୍ବାଦପତ୍ର ଯଥା-ଇଣ୍ଡିଆ ଆବ୍ରଡ୍, ନିଉଜ୍ ଇଣ୍ଡିଆ ଇତ୍ୟାଦିର ରିପୋର୍ଟରମାନେ ଉପସ୍ଥିତ ଥିଲେ। ସାନ୍ଧ୍ୟ ସାଂସ୍କୃତିକ କାର୍ଯ୍ୟକ୍ରମ ଅତି ଉଚ୍ଚକୋଟୀର ହୋଇଥିଲା। ଫକୀର ମୋହନ ସେନାପତିଙ୍କର ୧୫୦ତମ ଜନ୍ମବାର୍ଷିକୀ ଉପଲକ୍ଷେ ସେମିନାର କରାଯାଇଥିଲା। ଡକ୍ଟର ସାବିତ୍ରୀ ରାଉତ, ଶ୍ରୀ ମନୋମୋହନ ମିଶ୍ର, ଶ୍ରୀ କାହ୍ନୁଚରଣ ଲେଙ୍କା ପ୍ରମୁଖ ଭାଷଣ ଦେଇଥିଲେ। ସାନ୍ଧ୍ୟ କାର୍ଯ୍ୟକ୍ରମରେ କାନାଡ଼ାର ଟରୋଣ୍ଟୋର ଓଡ଼ିଆମାନେ 'ଛ ମାଣ ଆଠଗୁଣ୍ଠ'କୁ ଡ୍ରାମା ଆକାରରେ ପରିବେଷଣ କରିଥିଲେ। ଡ୍ରାମାର ମାନ ଅତି ଉଚ୍ଚକୋଟୀର, ପ୍ରଫେସର ଶ୍ରୀ ଗୋପାଳ ମହାନ୍ତିଙ୍କ ନିର୍ଦ୍ଦେଶନାରେ ଡ୍ରାମାର ଚରିତ୍ରମାନେ ଜୀବନ୍ତ ହୋଇଉଠିଥିଲେ। ଅନ୍ୟାନ୍ୟ ସେମିନାର କାର୍ଯ୍ୟକ୍ରମରେ 'ହୃଦ୍‌ରୋଗ ଏବଂ ତହିଁର ପ୍ରତିକାର" ଦୁଇଟି ସଂସ୍କୃତି ମଧ୍ୟରେ ମହିଳାମାନଙ୍କର ଭୂମିକା, "ଓଡ଼ିଶାର କଳାହାଣ୍ଡି ତଥା ବଲାଙ୍ଗୀରରେ ଉନ୍ନତିମୂଳକ କାର୍ଯ୍ୟ", "ଏଠିକାର ଛାତ୍ରମାନଙ୍କର କଲେଜ ଜୀବନ" ଉପରେ ଆଲୋଚନା ହୋଇଥିଲା, ୩ ଦିନ ଧରି ଷ୍ଟକଟନ୍ କଲେଜ ପ୍ରାଙ୍ଗଣ ଏକ ଓଡ଼ିଶାରେ ପରିଣତ ହୋଇଯାଇଥିଲା।

ଏଥରକ ଅଧିବେଶନ ଐତିହାସିକ କହିଲେ ଭୁଲ୍ ହେବନି। ନିଉୟର୍କ ଚାପଟରର ଓଡ଼ିଆମାନେ ଏକବର୍ଷ ଧରି ଅକ୍ଳାନ୍ତ ପରିଶ୍ରମ କରିଥିଲେ ଏହି ଅଧିବେଶନ ଲାଗି। ରଜତ ଜୟନ୍ତୀର ପତ୍ରିକା ଡକ୍ଟର ଲଲାଟେନ୍ଦୁ ମାନସିଂହଙ୍କ ସମ୍ପାଦନାରେ ଅତି ସୁନ୍ଦର କଳେବର ନେଇଛି। ୧୭୫ ପୃଷ୍ଠାର ଏହି ପତ୍ରିକାରେ ଅନେକ ସାରଗର୍ଭକ ଲେଖା ସ୍ଥାନ ପାଇଛି। ଅଧିବେଶନର ମୁଖ୍ୟ ପରିଚାଳକ ଶ୍ରୀ ମନୋରଞ୍ଜନ ପଟ୍ଟନାୟକଙ୍କୁ ସାହାଯ୍ୟ କରିଥିଲେ- ଶ୍ରୀମତୀ ଶାନ୍ତି ମିଶ୍ର, ଶ୍ରୀ ପୀତାମ୍ବର ଷଡ଼ଙ୍ଗୀ, ଶ୍ରୀ ଦୁର୍ଗା ମିଶ୍ର, ଶ୍ରୀ ଲୁଲୁ ପଟ୍ଟନାୟକ, ଶ୍ରୀ ସୁଜିତ ପଟ୍ଟନାୟକ, ଶ୍ରୀ ବୀରେନ୍ଦ୍ର ପଟ୍ଟନାୟକ, ଶ୍ରୀ ଆଶୁତୋଷ ଦତ୍ତ, ଶ୍ରୀ ରାଜନ ପଣ୍ଡା ଏବଂ ଶ୍ରୀ ଲଲାଟେନ୍ଦୁ ମାନସିଂହ।

ସର୍ବଶେଷରେ ଓସାର କର୍ମକର୍ତ୍ତାମାନେ ଉଦ୍ୟୋକ୍ତାମାନଙ୍କୁ ଧନ୍ୟବାଦ ଦେଇଥିଲେ ଏବଂ ଆସନ୍ତା ବର୍ଷର ଅଧିବେଶନ ମିନିଆପଲିସ୍‌ଠାରେ ଅନୁଷ୍ଠିତ ହେବ ବୋଲି ସ୍ଥିର ହୋଇଥିଲା। ଓସାର ରଜତ ଜୟନ୍ତୀ ସ୍ଥାନୀୟ ଭାରତୀୟ ପତ୍ରିକାରେ ବିଶେଷଭାବେ ବର୍ଣ୍ଣନା କରାଯାଇଛି।

■

॥ ଦୁଇ ॥

ଜ୍ଞାନ-ବିଜ୍ଞାନ

କମ୍ପ୍ୟୁଟରର ପ୍ରସାର

ପ୍ରଧାନମନ୍ତ୍ରୀ ରାଜୀବ ଗାନ୍ଧୀଙ୍କ ନେତୃତ୍ୱରେ କମ୍ପ୍ୟୁଟରର ପ୍ରଚଳନକୁ ଭାରତରେ ତ୍ୱରାନ୍ୱିତ କରାଇବାକୁ ଘୋଷଣା କରାଯାଇଛି। ଏଥିଲାଗି ପ୍ରଥମ ପର୍ଯ୍ୟାୟରେ କମ୍ପ୍ୟୁଟର ଯନ୍ତ୍ରପାତି ଆମଦାନୀ ଶୁଳ୍କକୁ ଲାଘବ କରାଗଲାଣି। ଭାରତ ସରକାରଙ୍କ ଏହି ନୂଆ ପଦକ୍ଷେପ ଘୋଷଣା ପରେ ଆମେରିକା, ଜାପାନ୍ ତଥା ଇଉରୋପର ଅନେକ କମ୍ପ୍ୟୁଟର ସଂସ୍ଥା ଭାରତରେ ବ୍ୟବସାୟ ପାଇଁ ବିଶେଷ ଉତ୍ସାହ ପ୍ରଦର୍ଶନ କରିଛନ୍ତି।

୧୯୮୩ ମସିହା ଜାନୁୟାରୀ ମାସରେ ଆମେରିକାର ସମ୍ମାନନୀୟ ସାପ୍ତାହିକ ପତ୍ରିକା 'ଟାଇମ' (Time ତାଙ୍କର Man of the Year ବର୍ଷର ସର୍ବୋତ୍କୃଷ୍ଟ ବ୍ୟକ୍ତି) ହିସାବରେ ଜଣେ ବ୍ୟକ୍ତିବିଶେଷଙ୍କୁ ବାଛିବା ପରିବର୍ତ୍ତେ, କମ୍ପ୍ୟୁଟରକୁ ବାଛି ସମ୍ପାଦକୀୟରେ ଏହି ମନ୍ତବ୍ୟ ଦେଇଛନ୍ତି-

"There are some occasions when the most significant force in a year's news is not a single individual but a process and a widespread recognition by a whole Society that the process is changing the course of all other processes. That is why after weighing the ebb and flow of events around the world. TIME has decided that 1982 is the year of computer.

ଏହାର ମର୍ମ ହେଲା, ବେଳେ ବେଳେ ବର୍ଷଯାକର ଘଟଣାବଳୀ ଭିତରେ ସବୁଠାରୁ ପ୍ରଭାବଶାଳୀ ଶକ୍ତି ଜଣେ ବ୍ୟକ୍ତିବିଶେଷ ନୁହନ୍ତି, ବରଂ ଏକ ପ୍ରକ୍ରିୟା, ଯାହାକି ସର୍ବସମ୍ମତିକ୍ରମେ ସମାଜରେ ସମସ୍ତ କାର୍ଯ୍ୟକଳାପ ଉପରେ ବିଶେଷ ପରିବର୍ତ୍ତନ ଆଣିଥାଏ। ସେଥିଲାଗି ବିଗତ ବର୍ଷର ଘଟଣାବଳୀକୁ ବିଶ୍ଲେଷଣ କଲାପରେ ଟାଇମ୍ ପ୍ରତ୍ରିକା ୧୯୮୨ ବର୍ଷଟିକୁ କମ୍ପ୍ୟୁଟରର ବର୍ଷ ରୂପେ ସ୍ଥିର କଲେ।

ଦ୍ୱିତୀୟ ବିଶ୍ୱ ମହାଯୁଦ୍ଧ ପରେ ୧୯୫୦ ପରଠାରୁ କମ୍ପ୍ୟୁଟର ବିଜ୍ଞାନର ପ୍ରାରମ୍ଭ ହେଲା କହିଲେ ଚଳେ। ବିଗତ ୩୫ ବର୍ଷ ଭିତରେ ଏହି ବିଜ୍ଞାନରରେ ଅଭୂତପୂର୍ବ

ଉନ୍ନତି ସାଧିତ ହୋଇଯାଇଛି । ଭାରତବର୍ଷରେ ବର୍ତ୍ତମାନ କମ୍ପ୍ୟୁଟର ପ୍ରତି ଯେଉଁ ଅନୁରକ୍ତି ବା ଉତ୍କଣ୍ଠା ପ୍ରକାଶ ପାଇଛି, ଆମେରିକା ତଥା ଅନ୍ୟାନ୍ୟ ପାଶ୍ଚାତ୍ୟ ଦେଶମାନଙ୍କରେ ସେ ପ୍ରକାର ଉତ୍କଣ୍ଠା ୨୫/୩୦ ବର୍ଷ ତଳେ ଦେଖାଯାଇଥିଲା । କେତୋଟି ପରିସଂଖ୍ୟାନରୁ କମ୍ପ୍ୟୁଟରର ପ୍ରସାର ବାବଦରେ ସାମାନ୍ୟ ଧାରଣା କରିହେବ । ୧୯୮୪ ମସିହା ଶେଷସୁଦ୍ଧା କେବଳ ଯୁକ୍ତରାଷ୍ଟ୍ର ଆମେରିକାରେ କ୍ଷୁଦ୍ର ବା ବ୍ୟକ୍ତିଗତ କମ୍ପ୍ୟୁଟର (Personal Computer) ସଂଖ୍ୟା ହେଲା ୧୭୦ ଲକ୍ଷ । ଏହି ସମୟରେ ସମଗ୍ର ବିଶ୍ୱରେ ଏ ପ୍ରକାର କମ୍ପ୍ୟୁଟର ସଂଖ୍ୟା ୨୩୦ ଲକ୍ଷରେ ପହଞ୍ଚିଛି ଯାହାର ବଜାର ମୂଲ୍ୟ ୫୦,୦୦୦ କୋଟି ଟଙ୍କା । ତୁଳନାତ୍ମକ ଭାବେ ବିଚାର କଲେ, ଏହି ବଜାର ମୂଲ୍ୟ ଗ୍ରୀସ ଦେଶର ଜାତୀୟ ଉତ୍ପାଦନ (Gross National Product) ସହ ସମାନ । ଏହି ଦଶନ୍ଧି ଶେଷସୁଦ୍ଧା କ୍ଷୁଦ୍ର କମ୍ପ୍ୟୁଟରର ସଂଖ୍ୟା ବଢ଼ି ବଢ଼ି ୧୨୫୦ ଲକ୍ଷ ହେବ ବୋଲି ଅନୁମାନ କରାଯାଇଛି । ଏଥି ମଧ୍ୟରୁ ୬୫୦ ଲକ୍ଷ କେବଳ ଲୋକମାନଙ୍କ ଘରେ ବ୍ୟବହୃତ ହେବ ଏବଂ ୫୦୦ ଲକ୍ଷରୁ ଊର୍ଦ୍ଧ୍ୱ ବ୍ୟବସାୟମାନଙ୍କରେ ବ୍ୟବହାର କରାଯିବ ।

୧୯୮୩-୮୪ ମସିହାରେ ଯୁକ୍ତରାଷ୍ଟ୍ର ଆମେରିକାରେ କମ୍ପ୍ୟୁଟର ବିକ୍ରି, ମୋଟରକାର ବିକ୍ରି ସଂଖ୍ୟା ସହ ସମାନ ହେଲା । କମ୍ପ୍ୟୁଟରର ଦରଦାମ ସମୟାନୁସାରେ କମି ଚାଲିଛି । ନୂଆ ପ୍ରକାର କାରିଗରୀ କୌଶଳ ତଥା ଉଦ୍ଭାବନ ଯୋଗୁ ଅଳ୍ପ ଖର୍ଚ୍ଚରେ ବେଶି ଶକ୍ତିଶାଳୀ କମ୍ପ୍ୟୁଟର ତିଆରି କରାଯାଇ ପାରୁଛି । ତେଣୁ ସାଧାରଣ ଲୋକେ କିଣି ପାରିବା ଭଳି କମ୍ପ୍ୟୁଟର ବଜାରରେ ମିଳିଲାଣି । ଉଦାହରଣ ସ୍ୱରୂପ, ୧୯୭୦ ମସିହାରେ ଯେଉଁ କମ୍ପ୍ୟୁଟର ୧ କୋଟି ଟଙ୍କାରେ ବିକ୍ରି ହେଉଥିଲା, ୧୯୯୦ ମସିହାରେ ତାର ଦାମ୍ ମାତ୍ର ୭୫୦୦ ଟଙ୍କା ହେବ । ସେଇ ଦରରେ କମିଲେ, ବିଂଶ ଶତାବ୍ଦୀର ଶେଷକୁ ତା'ର ଦାମ ମାତ୍ର ୫୦୦ ଟଙ୍କା ହେବ ବୋଲି ଅଟକଳ କରାଯାଇଛି । ଅଥଚ ସେତେବେଳକୁ ଆମେରିକାରେ ସାଧାରଣ ମୋଟର କାରର ଦାମ ବଢ଼ି ବଢ଼ି ୬ଲକ୍ଷ ଟଙ୍କାରେ ପହଞ୍ଚିବ । ପୁନରାୟ ତୁଳନାତ୍ମକ ବିଚାର କଲେ ଏହି ପ୍ରଗତିର ସ୍ପଷ୍ଟ ଚିତ୍ର ଅବଧାରଣ କରି ହେବ । ଟେଲିଫୋନ୍ ଯନ୍ତ୍ରର ପ୍ରଗତି ପାଇଁ ୭୫ ବର୍ଷ ସମୟ ଲାଗିଲା, ମୋଟରକାର ପାଇଁ ୭୦ ବର୍ଷ, ଟେଲିଭିଜନ ପାଇଁ ୩୦ବର୍ଷ ଲାଗିଥିବା ସ୍ଥଳେ, କମ୍ପ୍ୟୁଟର ବିଜ୍ଞାନ ପାଇଁ ମାତ୍ର ୧୦ବର୍ଷରେ ଏ ପ୍ରକାର ପ୍ରଗତି ସମ୍ଭବ ହୋଇପାରିଲା । ମଣିଷ ଧୀ ଶକ୍ତିର ଏହା ପ୍ରକୃତ ପରିଚାୟକ ନୁହେଁ କି ?

କମ୍ପ୍ୟୁଟର କାହିଁକି ଏତେ ଶୀଘ୍ର ଏତେ ପ୍ରଭାବଶାଳୀ ହେଲା ? ଅଳ୍ପକେ କହିଲେ କମ୍ପ୍ୟୁଟର ଦ୍ୱାରା (Data) ବା ଗୁରୁତ୍ୱପୂର୍ଣ୍ଣ ତଥ୍ୟକୁ କମ୍ପ୍ୟୁଟରର ସ୍ମରଣଶକ୍ତି ଭିତରେ

ରଖାହୁଏ। ବିଭିନ୍ନ ପ୍ରୋଗ୍ରାମ (Software) ଦ୍ୱାରା ଏହି ତଥ୍ୟକୁ ଭିନ୍ନ ଭିନ୍ନ ଭାବେ ଆଖି ପିଛୁଳାକେ ଉପସ୍ଥାପନ କରି ହୁଏ। ଯେପରି ଟେପ୍ ରେକର୍ଡର ଦ୍ୱାରା ସଂଗୀତ ବା କଥାକୁ ଭବିଷ୍ୟତ ପାଇଁ ରଖା ହୁଏ, ସେପରି କମ୍ପୁଟର (Memory) ରେ ବହୁ ପରିମାଣର ତଥ୍ୟକୁ ରଖା ହୁଏ। ଧରାଯାଉ, ଓଡ଼ିଶାରେ ଏକ କୋଟି ନଳକୂପ ବସାଇବାର ଏକ ପ୍ରୋଜେକ୍ଟ କରାଯାଇ କମ୍ପ୍ୟୁଟରରେ ପ୍ରତିଟି ନଳକୂପର ସ୍ଥାନ, କାହାର ଦାୟିତ୍ୱ, କେବେ ସମ୍ପୂର୍ଣ୍ଣ ହେବ, ଖର୍ଚ୍ଚ ସମେତ କାର୍ଯ୍ୟ କେତେଦୂର ଅଗ୍ରସର ହେବାର ସମସ୍ତ ଖବର ରଖାଗଲା। ଯେ କୌଣସି ମୁହୂର୍ତ୍ତରେ ନଳକୂପ ପ୍ରୋଜେକ୍ଟର ସମୁଦାୟ ବିବରଣୀ (Status Report) ଅତି କମ୍ ସମୟରେ ବାହାର କରାଯାଇ, କେଉଁଠାରେ କ'ଣ ହେଉଛି ଜାଣିହବ ଏବଂ ଯେକୌଣସି ଅସୁବିଧାକୁ ଦୂର ମଧ୍ୟ ସହଜରେ କରି ହେବ। ଶହ ଶହ ନାଲିଫିତାର ଫାଇଲ୍ ଦେଖିବାର ଆବଶ୍ୟକତା ରହିବ ନାହିଁ କିମ୍ବା ସେକ୍ରେଟାରିଏଟ୍‌ରେ ବ୍ୟକ୍ତିବିଶେଷଙ୍କ ଉପରେ ନିର୍ଭର କରିବା ଦରକାର ହେବ ନାହିଁ। ଏ ପ୍ରକାର ଉଦାହରଣ, ଯେ କୌଣସି ଶିକ୍ଷ ସଂସ୍ଥା, ସରକାରୀ ବିଭାଗ, ବିଶ୍ୱବିଦ୍ୟାଳୟ ଇତ୍ୟାଦିରେ ବର୍ଣ୍ଣନା କରାଯାଇ ପାରିବ। ବିଶ୍ୱବିଦ୍ୟାଳୟ ତଥା ଗବେଷଣା ସଂସ୍ଥାଗୁଡ଼ିକରେ ବହୁ ତଥ୍ୟକୁ ବିଶ୍ଳେଷଣ କରିବାରେ କମ୍ପ୍ୟୁଟର ଯଥେଷ୍ଟ ସହାୟତା କରୁଛି। ଏୟାରଲାଇନ୍‌ସର ରିଜର୍ଭେସନ, ଟିକଟ୍ ଉପରୁ ଆୟବ୍ୟୟ, ଲାଭକ୍ଷତି ଇତ୍ୟାଦି ସବୁ ସୁବିଧାରେ, ଠିକ୍ ଭାବରେ କମ୍ ସମୟରେ ହିସାବ କରାଯାଇ ପାରୁଛି। ମହାକାଶ ଯାତ୍ରା ଲାଗି ରକେଟ୍‌ଗୁଡ଼ିକରେ କମ୍ପ୍ୟୁଟର ଦ୍ୱାରା ଯାତ୍ରାପଥ ନିର୍ଦ୍ଧାରଣ, ଅପ୍ରତ୍ୟାଶିତ ଅସୁବିଧାର ଦୂରୀକରଣ ତଥା ବୈଜ୍ଞାନିକ ତଥ୍ୟ ସଂଗ୍ରହ ହୋଇପାରୁଛି।

କମ୍ପ୍ୟୁଟର ବିଭିନ୍ନ ଆକାରରେ ତିଆରି ହେଉଛି। ବଡ଼ ବଡ଼ ବ୍ୟବସାୟ ସଂସ୍ଥା ତଥା ସରକାରୀ କଳ, ବଡ଼ ବଡ଼ କମ୍ପ୍ୟୁଟର ବ୍ୟବହାର କରନ୍ତି। କ୍ଷୁଦ୍ର ବ୍ୟବସାୟିକ ସଂସ୍ଥା ତଥା ଘରୋଇ କାର୍ଯ୍ୟରେ ଛୋଟ ଛୋଟ କମ୍ପ୍ୟୁଟରର ବ୍ୟବହାର ଗତ ୫ବର୍ଷ ଭିତରେ ବହୁଳ ପ୍ରସାର ଲାଭ କରିଛି। ଆମେରିକାର ଦୁଇଟି କମ୍ପାନୀ ଏଥିରେ ଅଗ୍ରଣୀ ପୃଥିବୀର ସର୍ବବୃହତ୍ କମ୍ପ୍ୟୁଟର କମ୍ପାନୀ IBM (International Business Machines) ଏବଂ (Apple Computers) ଏହି ଦୁଇଟି କମ୍ପାନୀ ପ୍ରାୟ ଶତକଡ଼ା ୭୦/୮୦ ଭାଗ କମ୍ପ୍ୟୁଟର ତିଆରି କରନ୍ତି। ଜାପାନ୍‌ରେ ଅନେକ କମ୍ପାନୀ ଏହି କ୍ଷେତ୍ରରେ ପ୍ରତିଦ୍ୱନ୍ଦ୍ୱିତା ପାଇଁ ନିଷ୍ଠାପର ଅଭିଯାନ ଚଳାଇଛନ୍ତି।

ଆମେରିକାରେ ୩୦ବର୍ଷ ତଳେ କମ୍ପ୍ୟୁଟର ବିପ୍ଳବର ପ୍ରାକ୍‌କାଳରେ ସମସ୍ତେ ଡରୁଥିଲେ ଯେ ଏହାଦ୍ୱାରା ଲୋକଶକ୍ତିର ଆବଶ୍ୟକତା କମିଯିବ। ବେକାରି ବଢ଼ିବ। ୩୦ବର୍ଷ ପରେ ଏ ପ୍ରକାର ଭୟ ସମ୍ପୂର୍ଣ୍ଣ ଭିତ୍ତିହୀନ ବୋଲି ପ୍ରମାଣିତ ହୋଇଛି।

ବେକାରୀ ବଢ଼ିବା ପରିବର୍ତ୍ତେ କମ୍ପ୍ୟୁଟରର ପ୍ରସାର ଫଳରେ ବହୁତ ନୂଆ କାମ ସୃଷ୍ଟି ହୋଇପାରିଛି । ଲୋକମାନେ ପୁରୁଣା ଫାଇଲ ଚାଷରେ ସମୟ ନଷ୍ଟ ନ କରି ଅନ୍ୟାନ୍ୟ ଉପାଦେୟ କାମରେ ନିଜକୁ ନିୟୋଜନ କରିବା ଦ୍ୱାରା ଉତ୍ପାଦନ ବୃଦ୍ଧି ପାଇଛି ।

ଭାରତରେ କମ୍ପ୍ୟୁଟର ଉପାଦେୟତା ଉପରେ ଗ୍ରନ୍ଥ ଲେଖି ହେବ । ଭାରତ ପରି ଜନବହୁଳ ଦେଶରେ ଯୋଜନାକୁ କାର୍ଯ୍ୟକାରୀ କରାଇ ସଫଳ କରାଇବାରେ କମ୍ପ୍ୟୁଟର ବହୁତ ସହାୟକ ହେବ । ସେଇଥିଲାଗି ରାଜୀବ ଏବଂ ତାଙ୍କ ସହକର୍ମୀମାନେ (Computer Boys) ଦେଶର କମ୍ପ୍ୟୁଟର ପ୍ରଚଳନ ପାଇଁ ଏତେ ଉତ୍କଣ୍ଠା ପ୍ରକାଶ କରିଛନ୍ତି । କମ୍ପ୍ୟୁଟର ଏକ ମଣିଷ ତିଆରି ଇଲେକ୍‌ଟ୍ରୋନିକ୍ ଯନ୍ତ୍ର, ଏହା ଦିନେ ମାନବ ସମାଜକୁ ଅକ୍ତିଆର କରିବାର ଭୟ ସମ୍ପୂର୍ଣ୍ଣ ଅମୂଳକ ଏବଂ ଗଳ୍ପ ଲେଖକମାନଙ୍କର ମନଗଢ଼ା କଳ୍ପନା ମାତ୍ର ।

■

ସିଲିକନ୍-ଭ୍ୟାଲି

ଆମେରିକାର ପଶ୍ଚିମ ଦିଗରେ ପ୍ରଶାନ୍ତ ମହାସାଗରର ବେଳାଭୂମିରେ ଦୀର୍ଘ ଏକ ହଜାର ମାଇଲ ବ୍ୟାପୀ ଅଞ୍ଚଳରେ କାଲିଫର୍ଣ୍ଣିଆ ପ୍ରଦେଶ ଅବସ୍ଥିତ। ଉତ୍ତରରେ ଅରେଗନ୍ ପ୍ରଦେଶ, ଦକ୍ଷିଣରେ ପଡ଼ୋଶୀ ଦେଶ ମେକ୍‌ସିକୋ, ପୂର୍ବରେ ନେଭାଡ଼ା, ଆରିଜୋନା ଇତ୍ୟାଦି ପ୍ରଦେଶମାନ ଅବସ୍ଥିତ। କାଲିଫର୍ଣ୍ଣିଆର ଲୋକସଂଖ୍ୟା ପ୍ରାୟ ଅଢ଼େଇ କୋଟି। ଏହା ଆମେରିକାର ପଚାଶଟି ପ୍ରଦେଶ ମଧ୍ୟରେ ସବୁଠାରୁ ଜନବହୁଳ ପ୍ରଦେଶ। କାଲିଫର୍ଣ୍ଣିଆର ସୌନ୍ଦର୍ଯ୍ୟ ଅତୀବ ମନୋରମ। ପାହାଡ଼ ପର୍ବତ ଓ ହ୍ରଦଭରା ଏହି ପ୍ରଦେଶଟି ସବୁଜିମାରେ ଭରପୂର। ଜଳବାୟୁ ଏହାର ନାତିଶୀତୋଷ୍ଣ ଏବଂ ଫଳଚାଷ ପାଇଁ ଅତି ଉତ୍କୃଷ୍ଟ କହିଲେ ଚଳେ। ଆମେରିକା ଦେଶର ଭଣ୍ଡାର ଘର (Granary of America) ବୋଲି ଏହାକୁ କୁହାଯାଏ। ପ୍ରଦେଶର ଦକ୍ଷିଣ ଭାଗରେ ଦେଶର ଦ୍ୱିତୀୟ ବୃହତ୍ ସହର ଲସ୍‌ଏଞ୍ଜେଲସ ଅବସ୍ଥିତ। ସିନେମା ଜଗତର ମୁଖ୍ୟସ୍ଥଳୀ ହଲିଉଡ଼ ବ୍ୟତୀତ ଏହି ସହରରେ ଅନେକ ବଡ଼ ବଡ଼ ଶିଳ୍ପ ପ୍ରତିଷ୍ଠାମାନଙ୍କ ମୁଖ୍ୟ କେନ୍ଦ୍ର ପ୍ରଦେଶର ଉତ୍ତର ଭାଗରେ ଅତି ସୁନ୍ଦର ସହର ସାନ୍‌ଫ୍ରାନ୍‌ସିସ୍କୋ ବିରାଜମାନ। ଏକ ପ୍ରାର୍ଶ୍ୱରେ ମହାସାଗର ଏବଂ ଅନ୍ୟ ପାର୍ଶ୍ୱରେ ସାନ୍‌ଫ୍ରାନ୍‌ସିସ୍କୋ ବେ (Bay) ସହରର ସୌନ୍ଦର୍ଯ୍ୟକୁ ବୃଦ୍ଧି କରିଥାନ୍ତି। ଅନତିଦୂରରେ ବର୍କଲେ ବିଶ୍ୱବିଦ୍ୟାଳୟ ଏବଂ ଷ୍ଟାନ୍‌ଫୋର୍ଡ ବିଶ୍ୱବିଦ୍ୟାଳୟ ଦୁଇଟି ମୁଖ୍ୟ ଶିକ୍ଷାପୀଠ। ଏହି ଦୁଇଟି ବିଶ୍ୱବିଦ୍ୟାଳୟ ୩୦ ମାଇଲ ବ୍ୟବଧାନରେ ଅବସ୍ଥିତ ଏବଂ ପ୍ରାୟ ୨୫ଜଣ ନୋବେଲ ପୁରସ୍କାର ପ୍ରାପ୍ତ ପ୍ରଫେସର ଏଇଠି ଅଧ୍ୟାପନା କରନ୍ତି।

ଷ୍ଟାନ୍‌ଫୋର୍ଡ ବିଶ୍ୱବିଦ୍ୟାଳୟଠାରୁ ୨୦ ମାଇଲ ଦକ୍ଷିଣ ପୂର୍ବକୁ ଅନେକ ଛୋଟ ଛୋଟ ସହରକୁ ନେଇ ଗଢ଼ିଉଠିଛି ସିଲିକନ୍ ଭାଲି। ସିଲିକନ୍ ଏକ ଧାତୁ ଏବଂ ଏହାର ଉପତ୍ୟକା କହିଲେ ଜଣାପଡ଼େ ଅନେକଗୁଡ଼ିଏ ଖଣିର ଅବସ୍ଥିତି। ମାତ୍ର ତା' ନୁହେଁ, ସିଲିକନ୍ ଧାତୁର ବ୍ୟବହାରେ ସେମିକଣ୍ଡକ୍‌ଟର ଚିପ୍‌ସ (Semiconductor Chips) ତିଆରି ହୁଏ। ଯାହାକୁ ନେଇ ଅତ୍ୟାଧୁନିକ କମ୍ପ୍ୟୁଟର ତଥା ଅନ୍ୟାନ୍ୟ ଇଲେକ୍‌ଟ୍ରୋନିକ୍

ଯନ୍ତ୍ରପାତି ତିଆରି ହୋଇପାରୁଛି। ଛୋଟ ଛୋଟ Calculator, ଇଲେକଟ୍ରୋନିକ ଘଣ୍ଟା, ବାଦ୍ୟଯନ୍ତ୍ର, ରେଡ଼ିଓ, ଟେଲିଭିଜନ ଇତ୍ୟାଦି ଏଇ SiliconChips ଦ୍ୱାରା ଗଢ଼ା ଯାଇପାରୁଛି। ଗୋଟିଏ chipsରେ ଆକାର ଅତି କ୍ଷୁଦ୍ର, ଏକ ଇଞ୍ଚର ଷୋହଳ ଭାଗରୁ ଭାଗେ ଲମ୍ବର ଏକ ବର୍ଗକ୍ଷେତ୍ର ଆକାରର ଆମର ଆଙ୍ଗୁଠି ଟିପରେ ଏକ chips ରହିଯାଇ ପାରିବ ଏବଂ ଭଲଭାବେ ଦେଖିବାକୁ ଅଣୁବୀକ୍ଷଣ ଯନ୍ତ୍ର ଆବଶ୍ୟକ ହେବ। ଗୋଟିଏ ଚିପ୍‌ରେ ୨,୫୬,୦୦୦ ଇଂରାଜୀ ଅକ୍ଷରକୁ ରଖାଯାଇ ପାରିବ। ଅନେକଗୁଡ଼ିଏ ଚିପ୍‌ସର ସମ୍ମିଶ୍ରଣରେ ଯେଉଁ ଇଲେକ୍‌ଟ୍ରୋନିକ ସ୍ମରଣଶକ୍ତି Main Memory କିମ୍ବା Random Access Memory ସୃଷ୍ଟି ହୁଏ, ତା' କମ୍ପ୍ୟୁଟର ଯନ୍ତ୍ରର ମୁଖ୍ୟ ବ୍ରେନ୍ ବା ମସ୍ତିଷ୍କ ରୂପେ ବ୍ୟବହାର କରାହୁଏ।

ସିଲିକନ୍ ଭାଲି ଏକ ଶିଳ୍ପାଞ୍ଚଳ। ଦ୍ୱିତୀୟ ମହାଯୁଦ୍ଧ ପରଠାରୁ ଏହି ଅଞ୍ଚଳରେ ଗବେଷଣା ହୋଇ ସିଲିକନ୍ ଚିପ୍‌ସର ଉଦ୍ଭାବନ ହେଲା। ୧୯୬୦ ମସିହା ବେଳକୁ ଏହି ଗବେଷଣାକୁ ନେଇ ଚିପ୍‌ସର ତିଆରି ଆରମ୍ଭ ହେଲା। ହିଉଲେଟ ପାକାର୍ଡ଼ (Hewlett Packard) ନାମକ କମ୍ପାନୀ ତଥା ଅନ୍ୟ କେତେକ ଏଥିରେ ଅଗ୍ରଣୀ ଥିଲେ। ଯେତେବେଳେ ବ୍ୟକ୍ତିଗତ କମ୍ପ୍ୟୁଟର (Personal Computer) ୧୯୭୫ରେ ତିଆରି ହେଲା, ଚିପ୍‌ସର ଚାହିଦା ବଢ଼ିବାରେ ଲାଗିଲା। ନୂଆ ପ୍ରକାର କାରିଗରି କୌଶଳ ଯୋଗୁଁ ଚିପ୍‌ସଗୁଡ଼ି କମ୍ ଖର୍ଚ୍ଚରେ ନିର୍ମାଣ କରାଯାଇ ପାରିଲା। କ୍ରମେ କ୍ରମେ ବହୁତ ଶିଳ୍ପାନୁଷ୍ଠାନ ଏଇଠି ଚିପ୍‌ସ ତିଆରିରେ ଲାଗିଲେ। ଗତ ୨୦ବର୍ଷ ଭିତରେ ଏହି ଅଞ୍ଚଳଟି ସାରା ଆମେରିକାରେ ଇଲେକ୍‌ଟ୍ରୋନିକ ବିଜ୍ଞାନରେ ଅଦ୍ୱିତୀୟ ହେଲା। ବହୁ ପରିମାଣରେ ବୈଜ୍ଞାନିକ ତଥା ଇଞ୍ଜିନିଅରମାନେ ଏଠାକୁ ଆସିଲେ। ପ୍ରତି ୬ ଜଣରେ ଜଣେ ଏଠି ଡକ୍ଟରେଟ୍ ଡିଗ୍ରୀଧାରୀ। ଖୁବ୍ ବୁଦ୍ଧିମାନ୍ ଲୋକଙ୍କର ଏକତ୍ର ସମାବେଶ ଏହିଠାରେ ହେବାକୁ ଲାଗିଲା। ଅଳ୍ପ ବୟସର ଲୋକେ କୋଟିପତି ହେବାକୁ ଆରମ୍ଭ କଲେ। ଉଦାହରଣ ସ୍ୱରୂପ, ଷ୍ଟିଭେନ୍‌ଜବସ୍ (Steven Jobs) ଙ୍କୁ ବର୍ତ୍ତମାନ ୩୦ ବର୍ଷ ବୟସ। ପ୍ରାୟ ୮ ବର୍ଷ ତଳେ ସେ ତାଙ୍କର ଜଣେ ବନ୍ଧୁଙ୍କ ଘରର ଗ୍ୟାରେଜରେ ବ୍ୟକ୍ତିଗତ କମ୍ପ୍ୟୁଟର ତିଆରିର ପରିକଳ୍ପନା କଲେ। ତାଙ୍କରି ଉଦ୍ୟମରେ ପୃଥିବୀର ସର୍ବପ୍ରଥମ (Personal Computer) ତିଆରି ହେଲା ଏବଂ ୧୯୭୮ରେ ବଜାରକୁ ଆସିଲା। ତାଙ୍କର କମ୍ପାନୀ ନାଁ ହେଲା Apple Computer । ବର୍ତ୍ତମାନ ଜବସ୍ ସାହେବଙ୍କ ସମ୍ପତ୍ତିର ମୂଲ୍ୟ ପ୍ରାୟ ୫୦୦ କୋଟି ଟଙ୍କା। ୨୧ ବର୍ଷ ବୟସରେ ସେ ୩୦୦ କୋଟି ଟଙ୍କାର ମାଲିକ ଥିଲେ। ତାଙ୍କ କମ୍ପାନୀର ବାର୍ଷିକ ଆୟ ବର୍ତ୍ତମାନ ହଜାରେ କୋଟି ଟଙ୍କା।

ଏହିଭଳି ଅନେକ ତରୁଣ ଯୁବକ ନିଜର ବୁଦ୍ଧି ତଥା ଅଧ୍ୟବସାୟ ବଳରେ କମ୍ପ୍ୟୁଟର ପ୍ରଚଳନରେ ଅଗ୍ରଣୀ ହେଲେ। ତତ୍‌ସଙ୍ଗେ ସିଲିକନ୍ ଚିପ୍‌ସର ଚାହିଦା ମଧ୍ୟ ବୃଦ୍ଧି ପାଇବାରେ ଲାଗିଲା। ସିଲିକନ୍ ଭାଲିର ଅଭୂତପୂର୍ବ ଉନ୍ନତି ସଙ୍ଗେ ସଙ୍ଗେ ଘର ତଥା ଜାଗାର ଦରଦାମ୍ ବଢ଼ିଚାଲିଲା। ସାଧାରଣ ଘରର ଦାମ୍ ବର୍ତ୍ତମାନ ପ୍ରାୟ ୨୬ ଲକ୍ଷ ଟଙ୍କା। ଏବକୁ ଅନ୍ୟଆଡ଼ୁ ଇଞ୍ଜିନିୟର, ବୈଜ୍ଞାନିକ ତଥା ଟେକ୍‌ନିସିଆନ୍‌ମାନେ ଆସିବାକୁ କୁଣ୍ଠାବୋଧ କରୁଛନ୍ତି। ସାଧାରଣ ଲୋକଙ୍କ ଆୟ ଦେଶର ଅନ୍ୟ ସ୍ଥାନମାନଙ୍କ ତୁଳନାରେ ଅଧିକ।

■

ସୁପର୍ କଣ୍ଡକ୍ଟିଭିଟି

ଗତ ବର୍ଷ ଶେଷଭାଗ ଏବଂ ଏହି ବର୍ଷ ପ୍ରାରମ୍ଭରେ ପଦାର୍ଥ ବିଜ୍ଞାନରେ ଏକ ଚାଞ୍ଚଲ୍ୟକର ଉଦ୍ଭାବନ ପୃଥିବୀର ସମସ୍ତ ବୈଜ୍ଞାନିକଙ୍କୁ ଚମତ୍କୃତ କରିଛି। ଏହାର ନାମ ସୁପରକଣ୍ଡକ୍ଟିଭିଟି। ସରଳଭାଷାରେ କହିଲେ, ଉତ୍ତାପ ଶୂନ ଡିଗ୍ରୀ ହେଲେ ପାଣି ବରଫ ହେବା ଆରମ୍ଭ କରେ, ରେଫ୍ରିଜରେଟରରେ ଏଭଳି ଉତ୍ତାପ ସୃଷ୍ଟି କରାଯାଇ ପାରୁଥିବାରୁ ଆମେ ବରଫ ପାଇ ପାରୁଛେ। ଶୂନ ଡିଗ୍ରୀଠାରୁ ଆହୁରି କମ୍ ଉତ୍ତାପରେ ଥଣ୍ଡା ବେଶି। ଏଭଳି- ୨୭୩° ସେଲସିୟସକୁ ଆବସଲ୍ୟୁଟ ଶୂନ (Absolute Zero) କୁହାଯାଏ କିମ୍ବା ଶୂନ ଡିଗ୍ରୀ କେଲଭିନ (0°K) କୁହାଯାଏ। ବୈଜ୍ଞାନିକ ମାନେ ଏହାକୁ ସବୁଠାରୁ ନ୍ୟୁନତମ ଉତ୍ତାପ ବୋଲି କହି ଆସୁଛନ୍ତି।

ଯଦି ଇଲେକଟ୍ରିକ ତାରକୁ ଏଭଳି ନ୍ୟୁନ ଉତ୍ତାପ ପର୍ଯ୍ୟନ୍ତ ଥଣ୍ଡା କରାଯାଇ ପାରିବ, ତେବେ ଇଲେକ୍ଟ୍ରିକ୍ କରେଣ୍ଟ (ବିଦ୍ୟୁତ୍ ଶକ୍ତି), ଚାଲିବାରେ ପ୍ରତିବନ୍ଧକ (resistance) ସମ୍ପୂର୍ଣ୍ଣ ଦୂର ହୋଇଯାଇ ପାରିବ। ଅର୍ଥାତ୍ ଇଲେକ୍ଟ୍ରିକ୍ କରେଣ୍ଟ ଚାଲିଲେ ତାର ଯେପରି ତାତି ଉଠେ ଏବଂ ଯେତିକି କରେଣ୍ଟ ଯିବା କଥା, ତା'ଠାରୁ କମ ଚଳାଚଳ କରିପାରେ, ସେଭଳି ସମସ୍ୟା ଆଉ ରହିବ ନାହିଁ। ଏଭଳି ସୁପରକଣ୍ଡକଟର ତାର ଯଦି ସାଧାରଣ ଜୀବନରେ ବ୍ୟବହୃତ ହୋଇପାରିବ, ତେବେ ବିଦ୍ୟୁତ୍‌ଶକ୍ତି ଅତିବ କମ ଖର୍ଚ୍ଚରେ ଯୋଗାଇ ଦିଆଯାଇପାରିବ। ଏହାଛଡ଼ା ଆହୁରି ଅନେକ ଉପାଦେୟ କାର୍ଯ୍ୟରେ ଏହାକୁ ଲଗାଯାଇ ପାରିବ। ସହରମାନଙ୍କ ଭିତରେ ଦ୍ରୁତଗାମୀ ରେଳ ଚଳାଚଳ ହେବ, ଯାହା ଘଣ୍ଟାକୁ ୩୦୦ରୁ ୪୦୦ ମାଇଲ ବେଗରେ ଯାଇପାରିବ ଏବଂ ରେଳ ଲାଇନ ଉପରେ ଚକ ଚାଲିବା ପରିବର୍ତ୍ତେ ଏହା ଚୁମ୍ବକଶକ୍ତି ସାହାଯ୍ୟରେ ପୃଥିବୀ ପୃଷ୍ଠରୁ ଅଳ୍ପ ଉଚ୍ଚରେ ଭାସମାନ ଅବସ୍ଥାରେ ଯାଇପାରିବ। ଉଡ଼ାଜାହାଜ ପରି ଏହି ରେଳ ଚକ ମାଧ୍ୟମରେ ଚଳାଚଳ ଆରମ୍ଭ କରି ଧରାପୃଷ୍ଠରୁ ଚୁମ୍ବକଶକ୍ତି ସାହାଯ୍ୟରେ ଉପରକୁ ଉଠି ଚୁମ୍ବକ ଶକ୍ତିର ଶେଯ (electromagnetic Cushion) ଉପରେ ଭାସି ଭାସି ଉଡ଼ି ଚାଲିବ।

ଏହି ପ୍ରକାଣ୍ଡ ଚୁମ୍ବକ ଶକ୍ତି ସୁପରକଣ୍ଡକଟିଭିଟି ସାହାଯ୍ୟରେ ଖୁବ୍ କମ ଖର୍ଚ୍ଚରେ ବାହାରି ପାରିବ। ଏଭଳି ଦ୍ରୁତଗାମୀ ଯାନକୁ ଜାପାନ ଓ ଜର୍ମାନୀର ବୈଜ୍ଞାନିକମାନେ ପରୀକ୍ଷାଗାରରେ ତିଆରି କରିଛନ୍ତି। ଏହାର ନାଁ ମାଗ୍‌ଲେଭ (Magnetically levitated superfast trains)। ଜାପାନୀମାନେ ଘଣ୍ଟାକୁ ୩୦୦ ମାଇଲ ବେଗରେ ଏହାକୁ ଚଳାଇ ପାରିଛନ୍ତି। ବର୍ତ୍ତମାନ ପୃଥିବୀରେ ସବୁଠାରୁ ଦ୍ରୁତଗାମୀ ରେଳ ଫ୍ରାନ୍‌ସର TGV train ଏବଂ ଏହା ଘଣ୍ଟାକୁ ୧୮୯ ମାଇଲ ବେଗରେ ଯାତାୟାତ କରେ।

ପ୍ରଶ୍ନ ହେଲା, ସୁପରକଣ୍ଡକ୍‌ଟିଭିଟି ଗବେଷଣାରେ ନୂଆ କଣ ବାହାରିଲା ? କାରଣ ଏହାର ତଥ୍ୟ ୧୯୧୧ ମସିହାରୁ ବୈଜ୍ଞାନିକମାନଙ୍କୁ ଜଣାଥିଲା। ସବୁଠାରୁ ବଡ଼ ସମସ୍ୟା, ଏଭଳି ନ୍ୟୁନ ଉତ୍ତାପକୁ ଯିବା କଷ୍ଟସାଧ୍ୟ ଏବଂ Liquid helium (ତରଳ ହିଲିୟମ) ଦ୍ୱାରା ଏହା ସମ୍ଭବ ବୋଲି ସମସ୍ତେ ଜାଣି ଥିଲେ। ପ୍ରଥମତଃ ତରଳ ହିଲିୟମ୍ ଅତୀବ ଖର୍ଚ୍ଚସାପେକ୍ଷ ଏବଂ ଏହାକୁ ତରଳ ଅବସ୍ଥାରେ ରଖିବା କଷ୍ଟକର।

ଗତ ବର୍ଷ ଡିସେମ୍ବର ମାସରେ ପୃଥିବୀର ସର୍ବବୃହତ୍ କମ୍ପ୍ୟୁଟର କମ୍ପାନୀ IBMର ବୈଜ୍ଞାନିକ ଡକ୍ଟର ମ୍ୟୁଲେର ସୁଇଜରଲ୍ୟାଣ୍ଡର ଜୁରିକ୍ ଗବେଷଣାଗାରରେ ହଠାତ୍ ପରୀକ୍ଷା କରି ଦେଖିଲେ ଯେ କେତେକ ସେରାମିକ୍ ପଦାର୍ଥ ମାଧ୍ୟମରେ 0^0K ପରିବର୍ତ୍ତେ 35^0K ରେ ସୁପରକଣ୍ଡକ୍ଟଭିଟି ଗୁଣ ଦେଖାଦେଇଛି। ସାଧାରଣ ଲୋକଙ୍କୁ ଯଦିଓ ଏହା ଏତେ ଗୁରୁତ୍ୱପୂର୍ଣ୍ଣ ଜଣାପଡୁନି, ବୈଜ୍ଞାନିକ ମହଲରେ ଏହା ତୀବ୍ର ଆଲୋଡ଼ନ ସୃଷ୍ଟି କଲାଣି। ଜର୍ମାନୀର ଏକ ପଦାର୍ଥବିଜ୍ଞାନ ପତ୍ରିକାରେ ଏହା ୧୯୮୬ ରେ ବାହାରିବା ପରେ, ଅନେକ ବୈଜ୍ଞାନିକ ଏହାକୁ ବିଶ୍ୱାସ କଲେନି। (ଶୂନ) ଡ୍ରିଗ୍ରୀରୁ ଏତେ ଉପରେ ୩୫°ରେ କିଭଳି ସୁପରକଣ୍ଡକ୍‌ଟିଭିଟି ପହଞ୍ଚିବପାରିବ)।

ଟେକ୍‌ସାସର ହ୍ୟୁଷ୍ଟନ୍ ବିଶ୍ୱବିଦ୍ୟାଳୟ ଏବଂ ଜାପାନର ଟୋକିଓ ବିଶ୍ୱବିଦ୍ୟାଳୟରେ ବୈଜ୍ଞାନିକମାନେ ରାତିଦିନ ଗବେଷଣାରେ ଲାଗି ପଡ଼ିଲେ। ଅନେକ ବିଖ୍ୟାତ ବୈଜ୍ଞାନିକ ଗତ ଡିସେମ୍ବର ଶେଷ ସପ୍ତାହରେ ଅନବରତ ପରୀକ୍ଷାଗାରରେ ଖାଇପିଇ ରହିଲେ। ମାତ୍ର ୨/୩ ଘଣ୍ଟା ଶୋଇ, ସେମାନେ ଏହି ତଥ୍ୟର ସତ୍ୟତା ଖୋଜି ଚାଲିଲେ। ଫଳରେ ଆହୁରି ଚାଞ୍ଚଲ୍ୟକର ତଥ୍ୟ ବାହାରିଲା।

୩୫° Kelvin ପରିବର୍ତ୍ତେ ସ୍ୱତନ୍ତ୍ର ପଦାର୍ଥ ସାହାଯ୍ୟରେ ହ୍ୟୁଷ୍ଟନ୍‌ର ବୈଜ୍ଞାନିକ ଡକ୍ଟର ଚୁ ୯୮°K ରେ ସୁପରକଣ୍ଡକ୍‌ଟିଭିଟି ବାହାରକରି ପାରିଲେ। ଫଳରେ ଗତ ମାର୍ଚ୍ଚ ମାସରେ ଆମେରିକୀୟ ପଦାର୍ଥ ବିଜ୍ଞାନ ସୋସାଇଟି (American Physical Society)ର ବାର୍ଷିକ ସମ୍ମିଳନୀ ନ୍ୟୁୟର୍କରେ ହେଲା ଏବଂ ଏହି ସୁପରକଣ୍ଡକ୍‌ଟିଭିଟି କଥା ଶୁଣିବା ଲାଗି ଛଅହଜାର ବୈଜ୍ଞାନିକ ପୃଥିବୀର ଚାରିଆଡୁ

ଧାଇଁଲେ। ରାତିଯାକ ବୈଜ୍ଞାନିକ ଦଳ ଗୋଟିଏ ପରେ ଗୋଟିଏ ସେମାନଙ୍କର ଗବେଷଣାର ଫଳାଫଳ ଘୋଷଣା କଲେ।

ଏଭଳି ଡ୍ରାମା ଓ ଚାଞ୍ଚଲ୍ୟ ବିଂଶ ଶତାବ୍ଦୀର ଦ୍ୱିତୀୟାର୍ଦ୍ଧରେ ପ୍ରଥମ। ଜଣେ ବୈଜ୍ଞାନିକ କହିଲେ, 'ବିଂଶ ଶତାବ୍ଦୀରେ ଟ୍ରାଞ୍ଜିଷ୍ଟର ଯେଭଳି ବୈଜ୍ଞାନିକ ବିପ୍ଳବ ସୃଷ୍ଟି କଲା, ଦ୍ୱିତୀୟାର୍ଦ୍ଧରେ ସୁପରକଣ୍ଡକ୍‌ଟିଭିଟି ସେଭଳି ବିପ୍ଳବ ସୃଷ୍ଟି କରିବାକୁ ଯାଉଛି।

ଗବେଷଣା ଅବ୍ୟାହତ ରହିଛି, ନୋବେଲ ପୁରସ୍କାର ପାଇଁ ମଧ୍ୟ ପ୍ରତିଦ୍ୱନ୍ଦ୍ୱିତା ପ୍ରବଳ। IBMର ଡକ୍ଟର ମୂଲ୍ୟର ଏହାର ପଥପ୍ରଦର୍ଶକ, ଏଥିରେ କାହାର ଦ୍ୱିଧା ନାହିଁ।

ଯଦି ରୁମ୍ ଉତ୍ତାପରେ ସୁପରକଣ୍ଡକ୍‌ଟିଭିଟି ବାହାରି ପାରିବ, ତେବେ ମାନବ ସଭ୍ୟତାର ଅନେକ ପରିବର୍ତ୍ତନ ଆସିବ, ବିଦ୍ୟୁତ୍ ଶକ୍ତି ତଥା ଚୁମ୍ବକ ଶକ୍ତିକୁ ପୁନର୍ବାର ନିରୀକ୍ଷଣ କରିବାକୁ ହେବ।

ବୈଜ୍ଞାନିକମାନେ ୯୮°K କୁ ତରଳ ନାଇଟ୍ରୋଜେନ ମାଧ୍ୟମରେ ପହଞ୍ଚି ପାରୁଛନ୍ତି। ତରଳ ହିଲିୟମ୍ ଅପେକ୍ଷା ତରଳ ନାଇଟ୍ରୋଜେନ ଶସ୍ତା ଏବଂ ପ୍ରଚୁର ଭାବେ ମିଳେ।

ଭାରତବର୍ଷରେ ସୁପରକଣ୍ଡକ୍ଟିଭିଟିର ଉପକାରିତା ଅନେକ। ହୀରାକୁଦର ଜଳଭଣ୍ଡାରରୁ ଇଲେକ୍‌ଟ୍ରିସିଟିକୁ ଭବିଷ୍ୟତ ପାଇଁ ରଖାଯାଇ ପାରିବ। ପାଣିର ପତନ କମିଲେ ମଧ୍ୟ ଚିନ୍ତା କରିବାକୁ ନ ଥିବ, ମାତ୍ର ଅଳ୍ପ କେତୋଟି ତାର ମାଧ୍ୟମରେ ବଡ଼ ବଡ଼ ସହରକୁ ବିଦ୍ୟୁତ୍ ଶକ୍ତି ଯୋଗାଇ ଦିଆଯାଇ ପାରିବ। କମ୍ପ୍ୟୁଟରଠାରୁ ଆରମ୍ଭ କରି ମିଲିଟାରୀ ତଥା ଯାନବାହନ କ୍ଷେତ୍ରରେ ଅଭୂତପୂର୍ବ ପରିବର୍ତ୍ତନ ଆସିବ।

ଜାପାନର ବାଣିଜ୍ୟ ମନ୍ତ୍ରଣାଳୟ କୋଟି କୋଟି ଟଙ୍କା ମଞ୍ଜୁର କଲେଣି। ବିଶ୍ୱବିଦ୍ୟାଳୟ ତଥା କମ୍ପାନୀମାନେ ଏକାଠି ଏହି ଗବେଷଣା ଚାଲୁ ରଖିବାକୁ ଆମେରିକାରେ ମାସକ ତଳେ National Science Foundation ସଂସ୍ଥା କୋଟି କୋଟି ଟଙ୍କା ଏହି ସୁପର କଣ୍ଡକ୍‌ଟିଭିଟି ଗବେଷଣା ପାଇଁ ମଞ୍ଜୁର କରିଛନ୍ତି। ଆମ ଦେଶର ଭାଷଣସର୍ବସ୍ୱ ନେତୃବର୍ଗ ବୈଜ୍ଞାନିକ ଗବେଷଣା ଉପରେ ଗୁରୁତ୍ୱ ଦେଲେ ଦେଶ ଅଗ୍ରଗତି କରନ୍ତା।

ଭାରତବର୍ଷର କେବଳ ଜଣେ ବୈଜ୍ଞାନିକ ସି.ଭି. ରମନ୍ ୧୯୩୦ ମସିହାରେ ନୋବେଲ ପୁରସ୍କାର ପାଇଥିଲେ। ତା'ପରେ ଡକ୍ଟର ଚନ୍ଦ୍ରଶେଖର (ଆମେରିକୀୟ ନାଗରିକ) କିଛି ବର୍ଷ ତଳେ ପାଇଥିଲେ। ଏତେ ବଡ଼ ଦେଶ ଭାରତବର୍ଷରେ ବୈଜ୍ଞାନିକ ଗବେଷଣାର ମାନ ଏତେ ତଳେ ପଡ଼ିଥିବା ଅତୀବ କ୍ଷୋଭର ବିଷୟ। ଭାରତୀୟ ପଦାର୍ଥ ବିଜ୍ଞାନବିତ୍‌ମାନେ ସୁପରକଣ୍ଡକ୍‌ଟିଭିଟି ଉପରେ ଗବେଷଣା କରିବା ବିଧେୟ।

■

ଷ୍ଟିଫେନ୍ ହକିଙ୍ଗ୍

୧୯୮୮ ଶେଷଭାଗକୁ ଆମେରିକାର ବିଭିନ୍ନ ବହି ଦୋକାନରେ ଗୋଟିଏ ନୂଆ ବହି ଦେଖିବାକୁ ମିଳିଲା। ଏହା ନାଁ ଥିଲା "A brief history of Time- From Big Bang to Black Holes"। ସମୟର ସଂକ୍ଷିପ୍ତ ଇତିହାସ ବହିଟିର ଲେଖକ ହେଲେ ଏହି ବିଂଶ ଶତାବ୍ଦୀର ଜଣେ ବିଚକ୍ଷଣ ପଦାର୍ଥ ବିଜ୍ଞାନବିତ୍ ଡକ୍ଟର ଷ୍ଟିଫେନ୍ ହକିଙ୍ଗ (Stephen Hawking)। କାଲିଫର୍ଣ୍ଣିଆରୁ ଫ୍ଲୋରିଡ଼ା ଯିବା ବାଟରେ ଏହି ବହିଟିକୁ କିଣି ପଢ଼ିବା ପରେ ଷ୍ଟିଫେନ୍ ହିକିଙ୍ଗ୍‌ଙ୍କର ବିଚକ୍ଷଣ ବୁଦ୍ଧିର ଆଭାସ ମିଳିଲା। ଇଂଲଣ୍ଡର କେମ୍ବ୍ରିଜ ବିଶ୍ୱବିଦ୍ୟାଳୟର ଗଣିତ ବିଭାଗରେ ଡକ୍ଟର ହକିଙ୍ଗ ହେଉଛନ୍ତି ଲୁକାସିଆନ୍ ପ୍ରଫେସର (Lucasian Professor)। ଅତୀତରେ ଏହି ସମ୍ମାନନୀୟ ପଦବୀର ଅଧିକାରୀ ଥିଲେ ସାର ଆଇଜାକ୍ ନିଉଟନ୍ ଏବଂ ପଲ୍ ଡିରାକ। ଷ୍ଟିଫେନ୍ ହକିଂଙ୍କର ବୟସ ୪୬। ଏହି ଶତାବ୍ଦୀରେ ଆଲବର୍ଟ ଆଇନଷ୍ଟାଇନ୍‌ଙ୍କ ପରେ ପୃଥିବୀରେ ସେ ସବୁଠାରୁ ବୁଦ୍ଧିମାନ ଥିଓରେଟିକାଲ ଫିଜିସିଷ୍ଟ ବୋଲି ବିଶେଷଜ୍ଞମାନେ ମତ ଦେଇଛନ୍ତି।

ସବୁଠାରୁ ଆଶ୍ଚର୍ଯ୍ୟର କଥା ହେଲା, ଏଭଳି ଜଣେ ଖ୍ୟାତିସମ୍ପନ୍ନ ବୈଜ୍ଞାନିକ ଏକ ଦୁଃସାଧ୍ୟ ରୋଗରେ ପଡ଼ି ଗତ କୋଡ଼ିଏ ବର୍ଷ ହେଲା ଏକ ହୁଇଲ ଚେୟାରରେ ବସି ରହିଛନ୍ତି। ଲୁଗେହରିଗ (Loe Gehrig) ରୋଗରେ ମଣିଷ ଚଳତ୍‌ଶକ୍ତି ହରାଇ ବସେ, ଗୋଡ଼ ହାତ ତଥା ଦେହର 'ମସଲ' କାମ କରନ୍ତିନି। ୧୯୮୫ ମସିହାରେ ଡକ୍ଟର ହକିଙ୍ଗଙ୍କୁ ନିଉମୋନିଆ ହେବା ପରେ ଏକ ଅପରେସନର ଆବଶ୍ୟକତା ପଡ଼ିଲା। ତା ପରେ ପରେ ସେ କଥା କହିବାର ଶକ୍ତି ହରାଇ ବସିଲେ।

ବର୍ତ୍ତମାନ ଡକ୍ଟର ହକିଙ୍ଗଙ୍କ ହୁଇଲ ଚେୟାରରେ ଏକ ଛୋଟିଆ କମ୍ପ୍ୟୁଟର ରଖାଯାଇଛି। ତାଙ୍କ କଥା ସବୁ (Voice activator) ଯନ୍ତ୍ରଦ୍ୱାରା କମ୍ପ୍ୟୁଟର ପ୍ରସାର କରେ। କମ୍ପ୍ୟୁଟର ଦ୍ୱାରା ସେ ଲେଖାଲେଖି କରିପାରୁଛନ୍ତି। ୧୯୬୩ ମସିହାରେ (Royal Society of London) ରେ ତାଙ୍କୁ ସର୍ବୋଚ୍ଚ ବୈଜ୍ଞାନିକ ସମ୍ମାନରେ ଭୂଷିତ କରାଯାଇଥିଲା। ତାଙ୍କର ବହି 'ସମୟର ସଂକ୍ଷିପ୍ତ ଇତିହାସ'ରେ ସେ

ଆରିଷ୍ଟୋଟଲ, ଟଲେମୀ ଇତ୍ୟାଦି ପ୍ରାଚୀନ କାଳର ବୈଜ୍ଞାନିକ ତଥା ଦାର୍ଶନିକମାନଙ୍କ ସମୟରୁ "ଆମେ ମାନବ ଜାତି କିପରି ଆମ ଜଗତକୁ (Universe) ଦେଖିଆସିଛୁ", ତାହାର ବର୍ଣ୍ଣନାକରି ୧୯୧୫ରେ ଆଲବର୍ଟ ଆଇନଷ୍ଟାଇନ କିପରି ତାଙ୍କର (Relativity) ଥିଓରି ମାଧ୍ୟମରେ Universeକୁ ବର୍ଣ୍ଣନା କଲେ ତାହା ମଧ୍ୟ ପ୍ରାଞ୍ଜଳ ଭାବେ ଉପସ୍ଥାପନା କରିଛନ୍ତି । ଆଇନଷ୍ଟାଇନଙ୍କ ପରେ ବିଗତ ୭୫ ବର୍ଷ ମଧ୍ୟରେ ଅନ୍ୟାନ୍ୟ ବୈଜ୍ଞାନିକମାନଙ୍କର ନୂତନ ମତାମତ କଥା ମଧ୍ୟ ସେ ବର୍ଣ୍ଣନା କରି ସୃଷ୍ଟିର ପ୍ରାରମ୍ଭ ଭଗବତ୍ ସତ୍ତା ଏବଂ ସୃଷ୍ଟିକର୍ତ୍ତାଙ୍କ ମନରେ କ'ଣ ଥିଲା, ତା'ଉପରେ ଦାର୍ଶନିକ ଦୃକ୍‌ପାତ କରିଛନ୍ତି । ଆଇନଷ୍ଟାଇନଙ୍କର କେତେକ ମତାମତକୁ ହକିଙ୍ଗ ବଦଳାଇ ନୂତନ ଥିଓରୀ ଉପସ୍ଥାପନା କରିଛନ୍ତି ।

ବହିଟିର ପ୍ରାରମ୍ଭରୁ କ୍ରମାନ୍ୱୟରେ ସେ ନିଉଟନ ତଥା ଗାଲିଲିଓଙ୍କ ଥିଓରୀ କଥା ଲେଖିଛନ୍ତି, ସେଠାରୁ ଆଇନଷ୍ଟାଇନଙ୍କ ଥିଓରୀ କଥା ବର୍ଣ୍ଣନା କରିଛନ୍ତି । ଏ ସୃଷ୍ଟିର ଆରମ୍ଭ କେମିତ ହେଲା, ଏହାର ଅନ୍ତ ଅଛି କି? ସମୟ ବୋଲି ଯାହାକୁ ଆମେ କହୁଛୁ ତାହା କିପରି ଆରମ୍ଭ ହେଲା, ସୃଷ୍ଟିର କିଛି ବାଉଣ୍ଡରୀ ଅଛି କି? ତାପରେ ଅତି କ୍ଷୁଦ୍ର କ୍ୱାଣ୍ଟମ ଥିଓରୀ ଉପରେ ଆଲୋକପାତ କରିଛନ୍ତି । ଏହି ଦୁଇ ଥିଓରୀ (Theory of Relativity and Quantum Mechanics)ର ସମୟରେ ସେ Unified theory କଥା ବର୍ଣ୍ଣନା କରିଛନ୍ତି, ଯାହାଦ୍ୱାରା ଏହି Universeର ଅନେକ ଜିନିଷକୁ ବୁଝାଯାଇ ପାରିବ ।

ଷ୍ଟିଫେନ୍ ହକିଙ୍ଗଙ୍କର ଏହି ବହିଟି ଇଉରୋପ ତଥା ଆମେରିକାରେ best seller ହିସାବରେ କିଛି ମାସ ରହିଲା । ସାଧାରଣ ଲୋକ ବୁଝିବା ଭଳି ଭାଷାରେ ସେ ଏତେ ଜଟିଳ ବୈଜ୍ଞାନିକ ତଥ୍ୟ ଯେପରି ଭାବେ ବର୍ଣ୍ଣନା କରିଛନ୍ତି, ସେଥିରୁ ତାଙ୍କର ବୁଦ୍ଧିମତ୍ତାର ପରିଚୟ ମିଳେ । ପ୍ରଥମରୁ ସେ ପ୍ରତିଜ୍ଞା କଲେ ଯେ ବହିରେ ଗୋଟିଏ ହେଲେ ଗାଣିତିକ equation ରଖିବେନି । କେବଳ ଆଇନଷ୍ଟାଇନଙ୍କ $E=Mc^2$ ଛଡ଼ା ସେ ଗୋଟିଏ ହେଲେ equation ରଖିନାହାନ୍ତି । ଏଭଳି ଶାରୀରିକ ଅବସ୍ଥାରେ ସାଧାରଣ ମାନବଜାତି ବୁଝିଲାପରି ବହି ଲେଖି ସେ ଅଶେଷ ଉପକାର କରିଛନ୍ତି । ଅନ୍ୟାନ୍ୟ ବୈଜ୍ଞାନିକମାନଙ୍କୁ ଏଭଳି ପଦକ୍ଷେପ ନେବାକୁ ସେ ଆହ୍ୱାନ କରିଛନ୍ତି ।

ବର୍ତ୍ତମାନ ହକିଙ୍ଗ ବିଶେଷ କୁଆଡ଼େ ଯାଇ ପାରୁନାହାନ୍ତି । ତାଙ୍କ ପାଖେ ପାଖେ ୬ ଜଣ ନର୍ସ ସର୍ବଦା ରହୁଛନ୍ତି । ଶାରୀରିକ ଅକ୍ଷମତା ସତ୍ତ୍ୱେ ତାଙ୍କ ହ୍ୱିଲ୍ ଚେୟାରରୁ ତାଙ୍କ ମାନସ ପଟରେ ସେ ସମଗ୍ର Universeରେ ବୈଜ୍ଞାନିକ ତଥ୍ୟ ଦେଖି ପାରୁଛନ୍ତି । ଏଭଳି ଜଣେ ମଣିଷ ଅନ୍ୟାନ୍ୟ ବୈଜ୍ଞାନିକଙ୍କର ଆଦର୍ଶ ହୁଅନ୍ତୁ ଏଇଆ କାମନା ।

■

ଆମ ପୃଥିବୀ

ଆମେରିକାର ଟାଇମ୍ ପତ୍ରିକା ପ୍ରତିବର୍ଷ ଆରମ୍ଭରେ ଜନୈକ ବ୍ୟକ୍ତିବିଶେଷଙ୍କୁ **Man of the year** (ବର୍ଷର ସର୍ବଶ୍ରେଷ୍ଠ ବ୍ୟକ୍ତି) ବୋଲି ବାଛିଛନ୍ତି। ୧୯୮୮ ପୂର୍ବରୁ ଥରେ ମାତ୍ର ଏହାର ବ୍ୟତିକ୍ରମ ଦେଖା ଦେଇଥିଲା। ଟାଇମ ପତ୍ରିକା କିଛି ବର୍ଷ ତଳେ 'କମ୍ପ୍ୟୁଟର'କୁ ବର୍ଷର ସର୍ବଶ୍ରେଷ୍ଠ ବସ୍ତୁ ହିସାବରେ ମନୋନୀତ କରିଥିଲେ।

୧୯୮୮ ରେ ଦ୍ୱିତୀୟଥର ଏପରି ବ୍ୟତିକ୍ରମ ଦେଖାଗଲା। ଟାଇମ ଏହି ବର୍ଷଟିକୁ ଆମର ପୃଥିବୀକୁ **Planet of the year** (ବର୍ଷର ବିପଦଗ୍ରସ୍ତ ଗ୍ରହ) ବୋଲି ବିବେଚନା କଲେ। ପୃଥିବୀରେ ଯେପ୍ରକାର ମାନବକୃତ ଧ୍ୱଂସ ଚାଲିଛି ଏହାର ପରିଣାମ ଭୟାବହ ହେବ ବୋଲି ଏହି ସଂଖ୍ୟା ଟାଇମରେ ବିସ୍ତୃତ ଆଲୋଚନା କରାହୋଇଛି।

ପୃଥିବୀରେ ମଣିଷ ସୃଷ୍ଟି ପ୍ରାୟ ୨୦ ଲକ୍ଷ ବର୍ଷ ପୂର୍ବେ ଆରମ୍ଭ ହୋଇଥିଲା। ୧୮୦୦ ମସିହାରେ ଜନସଂଖ୍ୟା ଥିଲା ୧୦୦ କୋଟି। ୧୯୩୦ ବେଳକୁ ଏହା ଦ୍ୱିଗୁଣିତ ହେଲା। ୧୯୭୫ ରେ ଏହା ପୁଣି ଦୁଇଗୁଣ ବଢ଼ିଲା। ବର୍ତ୍ତମାନ ପୃଥିବୀର ଲୋକସଂଖ୍ୟା ୫୧୦କୋଟି ଏବଂ ବର୍ତ୍ତମାନର ଜନ୍ମହାର ଅନୁସାରେ ଏହା ୪୦ ବର୍ଷ ପରେ ପୁନରାୟ ଦ୍ୱିଗୁଣିତ ହେବ। ଏପରି ଲୋକସଂଖ୍ୟା ବୃଦ୍ଧି ହିଁ ପୃଥିବୀର ଭବିଷ୍ୟତକୁ ଧ୍ୱଂସମୁଖକୁ ଆଗେଇ ନେବ। ଏହାର କାରଣ କ'ଣ ?

କେବଳ ଲୋକସଂଖ୍ୟା ଦୃଷ୍ଟିରୁ ନୁହେଁ ଏହି ପୃଥିବୀକୁ ଯେପରିଭାବେ ମଣିଷ ଜାତି ଅପବ୍ୟବହାର କରୁଛି, ତାହାହିଁ ଭବିଷ୍ୟତ ପାଇଁ ବିପଦ। ଶିଳ୍ପବିପ୍ଳବର ପ୍ରାରମ୍ଭରୁ ବିଭିନ୍ନ ଶିଳ୍ପସଂସ୍ଥା ପୃଥିବୀର ଜଳବାୟୁକୁ ଦୂଷିତ କରି ଚାଲିଛନ୍ତି। କଳକାରଖାନା ଗୁଡ଼ିକ ନଦୀ, ହ୍ରଦ ତଥା ସମୁଦ୍ର ଜଳକୁ ନାନାପ୍ରକାର ବିଷାକ୍ତ ଦ୍ରବ୍ୟ ଛାଡୁଛନ୍ତି। ମଟରଗାଡ଼ିସବୁ ତୈଳଇନ୍ଧନ ବ୍ୟବହାର କରିବା ସଂଗେ ସଂଗେ ଜଳବାୟୁକୁ ଦୂଷିତ କରିବାରେ ଲାଗିଛନ୍ତି। ପ୍ରଗତି ନାଁରେ ଜଙ୍ଗଲ ଧ୍ୱଂସ ଚାଲିଛି। ଗତ ଅନେକବର୍ଷ ଧରି ବୈଜ୍ଞାନିକମାନେ ଏସବୁର ଭୟାବହ ପରିଣାମ ଉପରେ ଚେତାବନୀ ଦେଇଥିଲେ ହେଁ କେହି ଏକଥା ଶୁଣିବାକୁ ପ୍ରସ୍ତୁତ ନୁହନ୍ତି।

୧୯୮୮ରେ ସତେ ଯେମିତି ଭଗବାନ ତାଗିଦ କରିବାକୁ ଚାହୁଁଲେ। ଆମେରିକାରେ ତିନିମାସ ଧରି ମରୁଡ଼ି ଯୋଗୁ ଫସଲ ଆମଦାନୀ ଶତକଡ଼ା ୩୦ଭାଗ କମିଗଲା ଏବଂ ହଜାର ହଜାର ସଂଖ୍ୟାରେ ଗୋରୁଗାଈ ମରିଗଲେ। ଦୀର୍ଘ ୭ସପ୍ତାହ ଧରି ଏଭଳି ଗରମ ହେଲା ଯେ ସମଗ୍ର ଦେଶରେ ପ୍ରାୟ ୩୭ରୁ ୪୦ ଡିଗ୍ରୀ ଉତ୍ତାପ ଲାଗିରହିଲା। ସମସ୍ତେ ଗ୍ରୀନହାଉସ ପରିଣାମ (Greenhouse effect) ଜଳବାୟୁରେ କାର୍ବନ ଡାଇଅକ୍‌ସାଇଡ଼ ଏବଂ ଅନ୍ୟାନ୍ୟ ଗ୍ୟାସର ବୃଦ୍ଧି ହେତୁ ଅତ୍ୟଧିକ ଗରମ କଥାର ସତ୍ୟତା ଉପରେ ଚିନ୍ତା କରିବାକୁ ଆରମ୍ଭ କଲେ। ୱେଷ୍ଟଇଣ୍ଡିଜରେ ପ୍ରବଳ ଘୂର୍ଣ୍ଣିବାତ୍ୟା ହେଲା, ବାଂଲା ଦେଶରେ ମଧ୍ୟ। ରୁଷିଆର ଆର୍ମେନିଆ ପ୍ରଦେଶରେ ଭୂମିକମ୍ପ ହେତୁ ପ୍ରାୟ ୫୫ ହଜାର ଲୋକ ମରିଗଲେ।

ବୈଜ୍ଞାନିକମାନେ କହିଲେ ଯେ ପୃଥିବୀର ଜଳବାୟୁରେ ଓଜୋନ ଗ୍ୟାସର ଯେଉଁ ସ୍ତର (ozone layer) ରହିଛି, ତାହାର ଅବକ୍ଷୟ ଘଟୁଛି। ଏହି ଓଜୋନ ଗ୍ୟାସ ଅଲଟ୍ରାଭାଓଲେଟ ରଶ୍ମିକୁ (ଯାହା କ୍ୟାନ୍‌ସର ଘଟାଏ) ପୃଥିବୀ ପୃଷ୍ଠକୁ ଆସିବାର ପ୍ରତିବନ୍ଧକ ହୋଇଥାଏ। ଏହାର କ୍ଷୟ ହେଲେ, ପରିଣାମ ଅତି ବିପଜ୍ଜନକ ହେବ। ସବୁଠାରୁ ବଡ଼ ଦୁଃଖର ବିଷୟ ହେଲା ଜଙ୍ଗଲ ଧ୍ୱଂସ। ଜଙ୍ଗଲ ଦ୍ୱାରା ପୃଥିବୀର ଜଳବାୟୁ ତଥା ନାନାପ୍ରକାର ଜୀବଜନ୍ତୁଙ୍କ ଜୀବନ ନିୟନ୍ତ୍ରିତ ହୋଇଥାଏ। ଦକ୍ଷିଣ ଆମେରିକା, ଭାରତ ତଥା ଏସିଆ ମହାଦେଶର ଜଙ୍ଗଲ ବହୁ ପରିମାଣରେ ଧ୍ୱଂସ ହେବାଦ୍ୱାରା ନାନାପ୍ରକାର ଅସମତା (Imbalance) ଲକ୍ଷ୍ୟ କରାଯାଇଛି। ଅତୀତରେ ଏଭଳି ଅସମତା ହେତୁ ପୃଥିବୀ ପୃଷ୍ଠରୁ କେତେକ ଜୀବ ସମ୍ପୂର୍ଣ୍ଣ ଲୋପ ପାଇଯାଇଥିଲେ।

ଟାଇମ୍ ପତ୍ରିକା ପୃଥିବୀର ୧୦ଟି ଦେଶର ୩୩ ଜଣ ବିଶିଷ୍ଟ ବୈଜ୍ଞାନିକ ଏବଂ ରାଜନୀତିଜ୍ଞଙ୍କୁ ନିମନ୍ତ୍ରଣ କରି ଏହି ସମସ୍ୟା ଉପରେ ଏକ ଆଲୋଚନା କରାଇଥିଲେ। ବିଭିନ୍ନ ପ୍ରକାର ସମସ୍ୟାର ପ୍ରତିକାର ପାଇଁ ଦେଶମାନଙ୍କୁ କ'ଣ କରିବାକୁ ହେବ ତାହାର ସୁପାରିସ ମଧ୍ୟ ସେମାନେ କରିଛନ୍ତି। ଦେଶ, ପ୍ରଦେଶର ସଂକୀର୍ଣ୍ଣ ମନୋଭାବରୁ ବାହାରି ଆସି ସମଗ୍ର ପୃଥିବୀର ଭବିଷ୍ୟତ ଉପରେ କାମ କରିବାକୁ ଏହି ବିଶେଷଜ୍ଞ ଦଳ ଦେଶ ଜାତି ନିର୍ବିଶେଷରେ ସମସ୍ତ ମାନବ ଜାତିକୁ ଆହ୍ୱାନ କରିଛନ୍ତି।

■

ଟାଇଟାନିକ୍‌ର ସନ୍ଧାନ

୧୯୧୨ ମସିହା ଅପ୍ରେଲ୍ ମାସ ୧୦ ତାରିଖରେ ବିଲାତର ସାଉଦାମ୍ପଟନ ବନ୍ଦରରୁ ଏକ ବିଶାଳ ତଥା ବିଳାସପୂର୍ଣ୍ଣ ଯାତ୍ରୀବାହୀ ଜାହାଜ 'ଟାଇଟାନିକ୍' ଆଟଲାଣ୍ଟିକ ମହାସାଗରରେ ଯାତ୍ରା ଆରମ୍ଭ କଲା। ଫ୍ରାନ୍‌ସ ଓ ଆୟାରଲାଣ୍ଡର କିଛିକ୍ଷଣ ରହି ନ୍ୟୁୟର୍କ ସହର ଅଭିମୁଖେ ଏହାର ଗତିପଥ ସ୍ଥିର କରାଯାଇଥିଲା। ଜାହାଜର ଓଜନ ଥିଲା ୪୬,୩୨୮ ଟନ ଏବଂ ଲମ୍ବ ପ୍ରାୟ ଏକ ହଜାର ଫୁଟ। ସମୁଦାୟ ଯାତ୍ରୀସଂଖ୍ୟା ଥିଲା ୧୧୦୭। ମାତ୍ର ଜୀବନରକ୍ଷା-ଡଙ୍ଗା (ଲାଇଫ ବୋଟ)ର ବନ୍ଦୋବସ୍ତ ଥିଲା ପ୍ରାୟ ୧୨୦୦ ଲୋକଙ୍କ ପାଇଁ। ଟାଇଟାନିକ୍ ଜାହାଜ ବୁଡ଼ିଯିବାର ଆଶଙ୍କା ଅଛି କି ବୋଲି ପ୍ରଶ୍ନ ହେଲାବେଳେ ଏହାର କ୍ୟାପଟେନ୍ କହୁଥିଲେ "ସ୍ୱୟଂ ଭଗବାନ ଚାହିଁଲେ ମଧ୍ୟ ଟାଇଟାନିକ୍‌କୁ ବୁଡ଼ାଇ ପାରବେ ନାହିଁ।"

ମାତ୍ର 'ଦଇବ ଦଉଡ଼ି ମଣିଷ ଗାଈ'। ସମୁଦ୍ର ପଥରେ କିଛି ଦିନ ଯାତ୍ରା କଲାପରେ ଉତ୍ତର ଆଟ୍‌ଲାଣ୍ଟିକରେ ଟାଇଟାନିକ୍ ଏକ ଝଡ଼ର ସମ୍ମୁଖୀନ ହେଲା। ସେଇ ସମୟରେ ଏକ ବରଫପାହାଡ଼ ସହ ଧକ୍‌କା ଖାଇ ଜାହାଜର ମୁଖ୍ୟ ଇଞ୍ଜିନ ଘରେ ପାଣି ପଶିବାକୁ ଆରମ୍ଭ କଲା। ଟାଇଟାନିକ୍ ସମୁଦ୍ରର ଅତଳଗର୍ଭରେ ଲୀନ ହୋଇଗଲା, ତା' ସାଙ୍ଗରେ ୧୫୦୦ ଲୋକଙ୍କୁ ମଧ୍ୟ ପାଣିତଳକୁ ନେଇଗଲା। ଏହି ଜାହାଜଟିରେ ଅନେକ ଧନୀ ଲୋକ ଆସୁଥିଲେ। କାରଣ ସେ କାଳରେ ଇଂଲଣ୍ଡରୁ ନ୍ୟୁୟର୍କ ଯିବାଆସିବାର ଭଡ଼ା ଥିଲା ଆମ ଭାରତୀୟ ଟଙ୍କାରେ, ୫୦,୦୦୦। ଏହି ଧନୀ ବ୍ୟକ୍ତିମାନେ ସାଙ୍ଗରେ ଲକ୍ଷ ଲକ୍ଷ ଟଙ୍କାର ହୀରା, ସୁନା ଅଳଙ୍କାର ତଥା ଅନ୍ୟାନ୍ୟ ମୂଲ୍ୟବାନ ପଦାର୍ଥ ନେଉଥିଲେ।

ଟାଇଟାନିକ ଜାହାଜ ବୁଡ଼ିଯିବାର ୭୩ ବର୍ଷ ହୋଇଗଲା ଇତିମଧ୍ୟରେ ଅନେକ ବ୍ୟକ୍ତି ଏହା ସମୁଦ୍ରତଳେ କେଉଁ ଜାଗାରେ ଅଛି ଜାଣିବାକୁ ଉତ୍ସୁକ ଥିଲେ ମଧ୍ୟ ଜାଣିପାରୁ ନଥିଲେ। ଏହି ସହ ପୋତିହୋଇ ରହିଥିବା ଧନସମ୍ପଦକୁ ଅକ୍ତିଆର କରିବାକୁ ଅନେକ ଚାହୁଁଥିଲେ ମଧ୍ୟ ଉତ୍ତର ଆଟଲାଣ୍ଟିକର ଭୟାନକ ଗଭୀରତା ଏବଂ ଭୀଷଣ ଝଡ଼ବତାସ

ଭିତରେ ଜାହାଜକୁ ଖୋଜିବା କଷ୍ଟକର ଥିଲା। ମାତ୍ର, ଗତ ଦୁଇ ମାସ ତଳେ କେତେକ ଆମେରିକୀୟ ଓ ଫରାସୀ ବୈଜ୍ଞାନିକ ଏହି ଜାହାଜର ପାଣିଭିତରେ ପ୍ରକୃତ ଅବସ୍ଥିତି ଜାଣି ପାରିଛନ୍ତି। କାନାଡ଼ାର ନିଉଫାଣ୍ଡଉଲାଣ୍ଡ ଦ୍ୱୀପରୁ ୫୦୦ ମାଇଲ ଦକ୍ଷିଣରେ, ଆଟଲାଣ୍ଟିକ ମହାସମୁଦ୍ରର ୧୩୦୦୦ ଫୁଟ (ପ୍ରାୟ ୪ କିଲୋମିଟର) ତଳେ ଏହି ବିଶାଳକାୟ ଐତିହାସିକ ଜାହାଜର ସନ୍ଧାନ ମିଳିଛି।

ଗତ ୧୯୮୦ ମସିହାରୁ ଆମେରିକାର କେତେ ଜଣ ବୈଜ୍ଞାନିକ ପାଣି ଭିତରେ କ୍ୟାମେରା ତଥା ଶବ୍ଦ ସାହାଯ୍ୟରେ ସୋନାର ଟେକ୍ନୋଲୋଜି ସମୁଦ୍ର ଚଟାଣର ଫଟୋଚିତ୍ର ଉଠାଇ, ତାକୁ କମ୍ପ୍ୟୁଟର ସାହାଯ୍ୟରେ ବଡ଼ କରାଇ, ବିଭିନ୍ନ ପଦାର୍ଥକୁ ଚିହ୍ନଟ କରିବା ଆରମ୍ଭ କରିଥିଲେ। ୧୯୮୩ ସୁଦ୍ଧା ଏହି କାର୍ଯ୍ୟରେ ପ୍ରାୟ ୨କୋଟି ଟଙ୍କା ଖର୍ଚ୍ଚ ହୋଇଥିଲା। ତା'ପରେ ଭୀଷଣ ଝଡ଼ ଓ ଜୁଆର ଯୋଗୁ ଖୋଜିବା କାମ ଅସମ୍ଭବ ହୋଇପଡ଼ିଲା। ଗତବର୍ଷ, ପ୍ରଥମଥର ଲାଗି ଏକ ଜାହାଜର ପ୍ରୋପେଲର (ଯାହା ଦ୍ୱାରା ଇଞ୍ଜିନର ମୋଟର ବୁଲେ) ର ଛବି ମିଳିଲା ଏବଂ ଟାଇଟାନିକ୍ ଜାହାଜର ଡିଜାଇନ୍ ଛବି ସହ ଏହାକୁ ମିଳାଇବାରୁ ଅନେକ ସାମଞ୍ଜସ୍ୟ ଦେଖାଗଲା। ଗତ ଜୁନ୍ ମାସ ୨୮ତାରିଖରେ ଆଉ ଏକ ଫରାସୀ ବୁଡ଼ାଜାହାଜ ଟାଇଟାନିକ୍‌ର ପାଖ ଅଞ୍ଚଳରେ ପହଞ୍ଚି ଜାହାଜର ଅବସ୍ଥିତି ସମ୍ପର୍କରେ ଅବଗତ ହୋଇଥିଲେ। ଆମେରିକୀୟ ଓ ଫରାସୀ ବୈଜ୍ଞାନିକମାନେ ଏକାଠି ସନ୍ଧାନ କାର୍ଯ୍ୟ ଜୋରସୋରରେ ଚଳାଇଲେ। ୧୩୦୦ ଫୁଟର ଗଭୀରତାକୁ ଏକ ସ୍ୱତନ୍ତ୍ର ଯନ୍ତ୍ର " ଅର୍ଗୋ" କେବୁଲ ମାଧ୍ୟମରେ ପଠାଇଲେ। "ଅର୍ଗୋ"ର ଶକ୍ତିଶାଳୀ ଟର୍ଚ୍ଚ ଲାଇଟ ତଥା କ୍ୟାମେରା ମାନ ସମୁଦ୍ରର ଚଟାଣରେ ବୁଲିବୁଲି ଚତୁର୍ଦ୍ଦିଗର ଫଟୋ ଉଠାଇ କେବୁଲ ଦ୍ୱାରା ପଠାଇବାରୁ ପାଣି ଉପରେ ବୈଜ୍ଞାନିକମାନେ ତାକୁ ଏକ ସମୟରେ ଟେଲିଭିଜନରେ ଦେଖି ପାରିଲେ।

ଟାଇଟାନିକ୍‌ର ସନ୍ଧାନ ବାସ୍ତବିକ ଏକ ବୈଜ୍ଞାନିକ ବିସ୍ମୟ କହିଲେ ଭୁଲ ହବନି। ଜାହାଜର ଅଧିକାଂଶ ଅଂଶ ଅକ୍ଷୟ ହୋଇ ରହିଛି। ଏହାକୁ ଉଦ୍ଧାର କରି ପାଣି ଉପରକୁ ଆଣିବା ପ୍ରସ୍ତାବରେ କେହି ରାଜି ନୁହନ୍ତି। ପ୍ରଥମତଃ ଏଭଳି ଉଦ୍ଧାର କାର୍ଯ୍ୟ ପାଇଁ ଅମାପ ଖର୍ଚ୍ଚ ହେବ। ଦ୍ୱିତୀୟରେ ଯେଉଁ ୧୫୦୦ ଲୋକଙ୍କ ମୃତଶରୀର ସେଇଠାରେ କବର ପାଇଛି, ତାକୁ ସ୍ଥାନାନ୍ତର କରିବା ଅନୁଚିତ ବୋଲି ମତପ୍ରକାଶ ପାଇଛି।

■

ମହାକାଶରେ ମରାମତି କାର୍ଯ୍ୟ

ନିକଟରେ ମହାକାଶରେ ଆଉ ଏକ ବୈଜ୍ଞାନିକ ଚମତ୍କାରିତା ଘଟିଯାଇଛି। ଆମେରିକାର ମହାକାଶଯାନ ଡିସକ୍‌ଭରୀର ଅଗଷ୍ଟ ମାସ ଯାତ୍ରାରେ ମହାକାଶଯାତ୍ରୀଙ୍କୁ ଏକ ଅଭୂତପୂର୍ବ ଦାୟିତ୍ୱ ଦିଆଗଲା। ସେମାନେ ମହାକାଶରେ ଅକାମୀ ହୋଇ ପଡ଼ିଥିବା ଲିଆସାଟ-୩ ନାମକ ଏକ ଉପଗ୍ରହ (ସାଟେଲାଇଟ)ର ମରାମତି କରିବେ। ଏହି ଉପଗ୍ରହ ଲିଆସାଟ୍ ଗତ ବର୍ଷ ଅପ୍ରେଲ ମାସରେ ୮୦କୋଟି ଟଙ୍କା ଖର୍ଚ୍ଚରେ ମହାକାଶକୁ ଛଡ଼ା ଯାଇଥିଲା। ପୃଥିବୀ ପୃଷ୍ଠରୁ ୨୧୯ ମାଇଲ ଦୂରରେ ଏହା ପରିକ୍ରମା କଲା ସମୟରେ ଏହାର ଆଣ୍ଟେନାଟି ନ ଖୋଲିବାରୁ ନିଜର କମ୍ୟୁନିକେସନ ସରବରାହ କାର୍ଯ୍ୟ କରିବାକୁ ଅକ୍ଷମ ହୋଇ ପଡ଼ିଲା।

ଡିସ୍‌କଭରୀର ମହାକାଶଯାତ୍ରୀ ଜେମସ୍ ଭାନ୍ ହଫେଟନ ନିଜ ଯାନରୁ ବାହାରି ମହାଶୂନ୍ୟରେ ଲିଆସାଟର ଆଣ୍ଟେନାକୁ ହାତରେ ଖୋଲିଦେବାର ଯୋଜନା କଲେ। ପ୍ରଥମେ ଡିସ୍‌କଭରୀକୁ ଏକ ୫୦ ଫୁଟ ଲମ୍ବର ରୋବୋଟ୍ ହାତ (Robotic Arm) ବାହାରକୁ ବାହାରିଲା, ଯାହା ଅଗ୍ର ଭାଗରେ ଭାନ୍ ହଫେଟନ୍ ସାହାବଙ୍କ ଗୋଡ଼ଦ୍ୱୟକୁ ଦୃଢ଼ ଭାବେ ବନ୍ଧା ଯାଇଥିଲା। ଦୁର୍ଭାଗ୍ୟବଶତଃ ଯେଉଁ କମ୍ପ୍ୟୁଟର ଦ୍ୱାରା ରୋବୋଟ ହାତକୁ ଚଳପ୍ରଚଳ କରାହୁଏ, ତାହା ସେଇ ମୁହୂର୍ତ୍ତରେ ଖରାପ ହୋଇଗଲା। ଏଥିରେ ବିଚଳିତ ନ ହୋଇ ଡିସକଭରୀର କ୍ୟାପଟେନ ବୈଜ୍ଞାନିକ ଉଇଲିଅମ ଫିସର ନିଜ ହାତରେ ରୋବୋଟ୍ ହାତକୁ ଚଳାଇଲେ। ତେଣୁ ଘଣ୍ଟାକର କାମକୁ ସାଢ଼େ ୬ଘଣ୍ଟା ଲାଗିଲା। ଶେଷରେ ବୈଜ୍ଞାନିକମାନେ ସଫଳ ହେଲେ। ପ୍ରଥମେ ଲିଆସାଟ୍‌ର ୩୫ ଫୁଟ ପାଖକୁ ଡିସକଭରୀ ଚାଲି ଆସି ସମଗତିରେ ପୃଥିବୀ ପରିକ୍ରମା କଲା। ରୋବୋଟ ସାହାଯ୍ୟରେ ଭାନ୍ ହଫେଟନ୍ ମହାଶୂନ୍ୟରେ ଯାଇ ନିଜ ହାତରେ ଆଣ୍ଟେନାକୁ ମରାମତି କଲେ। ଏହା ଛତା ପରି ଖୋଲିଗଲା। ୧୫,୨୦୦ ପାଉଣ୍ଡର ଲିଆସାଟ ପୁନର୍ଜୀବନ ପାଇ ପୃଥିବୀକୁ ସିଗ୍‌ନାଲ ପଠାଇବା ପୁଣି ଆରମ୍ଭ କରିଦେଲା। ଅକ୍ଟୋବର ମାସରେ ଏହି ଉପଗ୍ରହଟିକୁ ପୃଥିବୀ ପୃଷ୍ଠରୁ ୨୨,୩୦୦ ମାଇଲ ଦୂରକୁ ପଠାଯିବ। ସେଠାରେ

ଏହା ନୌବାହିନୀର ସମ୍ବାଦ ସରବରାହ କାମରେ ବ୍ୟବହୃତହେବ। ଡିସ୍‌କଭରୀର ମହାକାଶ ଯାତ୍ରୀମାନେ ଲିଆସାଟର ଉଦ୍ଧାର କାର୍ଯ୍ୟ ଛଡ଼ା ଅନ୍ୟାନ୍ୟ ବୈଜ୍ଞାନିକ ପରୀକ୍ଷା ମଧ୍ୟ କଲେ। ଏଥରକ ଯାତ୍ରୀମାନେ ମହାକାଶରେ ମୋଟ ସାତ ଦିନ ରହିଲେ। ଏଠାରେ ଉଲ୍ଲେଖଯୋଗ୍ୟ ଯେ ଡିସ୍‌କଭରୀ ଯାନଟି ଉଡ଼ାଜାହାଜ ପରି। ମହାକାଶରେ କାମ ସାରି ଏହା ଫେରି ଆସି ଉଡ଼ାଜାହାଜ ପରି ଅବତରଣ କରେ ଓ ପୁନର୍ବ୍ୟବହୃତ ହୁଏ। ଅଥଚ ଆମ ରକେଟ (ଆପୋଲୋ ସମେତ)ଗୁଡ଼ିକ ଫେରି ଆସି ପାଣିରେ ଓହ୍ଲାଇଥିଲେ ଏବଂ ଥରେ ଫେରିବା ପରେ ପୁନର୍ବାର ବ୍ୟବହାର କରାଯାଇ ପାରୁ ନ ଥିଲା।

ମହାଶୂନ୍ୟରେ ମଣିଷ ଯାଇ ଏକ ଉପଗ୍ରହର ମରାମତି କାର୍ଯ୍ୟ କରିବା ମହାକାଶ ବିଜ୍ଞାନରେ ଏକ ନୂତନ ତଥା ବଳିଷ୍ଠ ପଦକ୍ଷେପ।

■

ଇନଫର୍ମେସନ୍ ଯୁଗ

ଇନଫର୍ମେସନ (Information) ଶବ୍ଦର ପ୍ରକୃତ ଓଡ଼ିଆ ଅନୁବାଦ 'ଖବର' (News) ଘଟଣାବଳୀ (Facts) କିମ୍ବା ତଥ୍ୟ ନୁହେଁ। ଇଂରାଜୀରେ 'to inform' ମାନେ ଅନ୍ୟକୁ ଜଣାଇବା। ସେହି ଅନୁସାରେ ଇନଫର୍ମେସନର ଅର୍ଥ ହେବ 'ଅନ୍ୟମାନଙ୍କୁ ବା ସମସ୍ତଙ୍କୁ ଜଣାଇବା ଭଳି କଥା ବା ସମ୍ବାଦ'। ଆଜକୁ ୫୦୦ବର୍ଷ ତଳେ କ୍ରିଷ୍ଟୋଫର କଲମ୍ବସ ୧୪୯୨ ମସିହା ଅକ୍ଟୋବର ୧୨ ତାରିଖ ଦିନ ଦୀର୍ଘ ୭୦ ଦିନର ସମୁଦ୍ର ଯାତ୍ରା ପରେ ଆମେରିକା ମହାଦେଶରେ ପଦାର୍ପଣ କଲେ। ସେ ନିଜେ ଜାଣି ନ ଥିଲେ ଯେ ଏକ ନୂତନ ମହାଦେଶ ସେ ଆବିଷ୍କାର କଲେ। ପୃଥିବୀର ଅନ୍ୟ କୌଣସି ଦେଶର ଲୋକେ ଏ ଖବର ବହୁକାଳ ଧରି ଜାଣି ପାରି ନ ଥିଲେ। ମାନବ ସଭ୍ୟତାର ପ୍ରାରମ୍ଭରୁ ଏଭଳି ଗୁରୁତ୍ୱପୂର୍ଣ୍ଣ ଘଟଣା ଅଦ୍ୱିତୀୟ ବୋଲି କହିବାକୁ ହେବ।

ଅଥଚ ୧୨ବର୍ଷ ତଳେ ୧୯୬୯ ମସିହା ଜୁଲାଇ ୨୦ ତାରିଖରେ ଯେତେବେଳେ ଆମେରିକାର ମହାକାଶଯାତ୍ରୀ ନିଲ୍ ଆର୍ମଷ୍ଟ୍ରଙ୍ଗ୍ ଚନ୍ଦ୍ରପୃଷ୍ଠରେ ପଦାର୍ପଣ କଲେ, ସମସ୍ତେ ମାନବଜାତି ଆଶ୍ଚର୍ଯ୍ୟରେ ଅଭିଭୂତ ହୋଇପଡ଼ିଲେ। ଟେଲିଭିଜନ ମାଧ୍ୟମରେ ସମସ୍ତେ ସ୍ୱଚକ୍ଷୁରେ ଦେଖିପାରୁଥିଲେ କିଭଳି ଭାବେ ମହାକାଶଯାନ ଚନ୍ଦ୍ରରେ ଅବତରଣ କଲା, କିଭଳି ମହାକାଶଯାତ୍ରୀ ଡେଇଁ ଡେଇଁ ଚନ୍ଦ୍ରଉପରେ ପଦଚାରଣ କଲେ। ମାନବ ସଭ୍ୟତାର ଇତିହାସରେ ଏହା ଏକ ମହାନ ମାଇଲଖୁଣ୍ଟ ଭାବେ ଚିରକାଳ ରହିବ।

ଆମେସବୁ ସେତେବେଳେ ଇଞ୍ଜିନିୟରିଂ ଛାତ୍ର। ଓଡ଼ିଶାର ଚାରିଆଡ଼େ ଏ ଖବର ରେଡ଼ିଓଦ୍ୱାରା ପ୍ରଚାରିତ ହେଉଥିଲା। ଆମେ ରେଡ଼ିଓ ପାଖରେ କାନ ଦେଇ ରାତିଯାକ ଏ ଖବର ପାଇ ଅତି ଆଶ୍ଚର୍ଯ୍ୟାନ୍ୱିତ ହେଉଥିଲୁ। ଗାଁର ଜଣେ ବୟସ୍କ ମନ୍ତବ୍ୟ ଦେଲେ ଏହା କେବେ ସମ୍ଭବ ନୁହେଁ। ସବୁ ଠକାମି, ମଣିଷ ଚନ୍ଦ୍ରକୁ କେବେ ଯାଇପାରିବନି। ମଧ୍ୟମ ଭୁବନରେ ପହଞ୍ଚି ସମସ୍ତଙ୍କୁ ମିଛ କୁହାଯାଇଛି ଯେ ଚନ୍ଦ୍ରରେ ପହଞ୍ଚିଯାଇଛି ବୋଲି।

ଏବେକାର ମଧ୍ୟପ୍ରାଚ୍ୟ ଯୁଦ୍ଧ କଥା ଦେଖାଯାଉ । ଯେଉଁଦିନ ରାତ୍ରିରେ ଆମେରିକା ସୈନ୍ୟବାହିନୀ ବାଗଦାଦ ଉପରେ ବୋମାବର୍ଷଣ କଲେ, ସେଠାରେ ଏକ ହୋଟେଲ ଛାତରୁ CNN (Cable News Network) ଟେଲିଭିଜନ ସଂସ୍ଥାର ସାମ୍ବାଦିକ ପିଟର ଆର୍‌ନେଟ୍ ସ୍ୱଚକ୍ଷୁରେ ଯାହା ଦେଖିଲେ ଫଟୋ ମାଧ୍ୟମରେ ସମଗ୍ର ବିଶ୍ୱକୁ ଦେଖାଇଦେଲେ । ଆକାଶ ଦୀପାବଳି ବାଣ ଫୁଟିବା ପରି ଆଲୋକମୟ ଦିଶୁଥିଲା । ବୋମା ଶବ୍ଦ ମନରେ ଭୀତି ସଞ୍ଚାର କରୁଥିଲା । ଆମ ଭାରତବର୍ଷର ଦିଲ୍ଲୀ ସହରରେ କେତେକ ପଞ୍ଚତାରକା ହୋଟେଲରେ CNN ପ୍ରସାରଣ ଦେଖିବାକୁ ମିଳିଲା । ଶହ ଶହ ଲୋକ ହୋଟେଲରେ ଭିଡ଼ ଜମାଇଲେ ପ୍ରତ୍ୟକ୍ଷ ଘଟଣା ଦେଖିବାଲାଗି ।

CNN ସଂସ୍ଥା ୨୪ ଘଣ୍ଟା ସମ୍ବାଦ ସରବରାହ କରିଥାନ୍ତି । ଆମେ ବ୍ରାଜିଲ୍, ୟୁରୋପ, ହଲାଣ୍ଡ, ଜର୍ମାନୀ, ଫ୍ରାନ୍‌ସ, ସ୍ପେନ ତଥା ଅଷ୍ଟ୍ରେଲିଆ, ଜାପାନ ଇତ୍ୟାଦି ଯେକୌଣସି ଦେଶକୁ ଯାଇ CNN ଦେଖିବାକୁ ପାଉ । ସମଗ୍ର ପୃଥିବୀ ଏକ ଛୋଟ ଜାଗା ପରି ମନେ ହୋଇଥାଏ । ଯେଉଁଠି ଯାହା ଘଟଣା ଘଟୁଛି, ଆଖି ପିଛୁଳାକେ ପୃଥିବୀର ସବୁଆଡ଼େ ସାରା ଖବର ପହଞ୍ଚି ଯାଇ ପାରୁଛି ।

ଏସବୁ ଘଟୁଥିଲାବେଳେ ଭାରତବର୍ଷରେ ଦୂରଦର୍ଶନ ସଂସ୍ଥା ତରଫରୁ ସରକାରୀ କଳକୁ ସୁହାଇଲା ଭଳି ସମ୍ବାଦ ଲୋକଙ୍କୁ ଯୋଗାଇବା ହାସ୍ୟାସ୍ପଦ କଥା । ଟେଲିଭିଜନକୁ Propaganda ଯନ୍ତ୍ର ରୂପେ ବ୍ୟବହାର ନ କରି ପ୍ରକୃତ ସମ୍ବାଦ ତଥା ନିରପେକ୍ଷ ଆଲୋଚନା ଲୋକଙ୍କୁ ଯୋଗାଇବା ଆବଶ୍ୟକ ।

■

ସୁବ୍ରମଣ୍ୟମ୍ ଚନ୍ଦ୍ରଶେଖର

ଏହି ମାସ ଅଗଷ୍ଟ ୨୧ ତାରିଖ ଦିନ ଆମେରିକାର ଚିକାଗୋ ସହରରେ ଭାରତର ଗର୍ବ, ଗୌରବ ତଥା ବିଶ୍ୱବିଖ୍ୟାତ ଜ୍ୟୋତିପଦାର୍ଥ ବିଜ୍ଞାନବିତ୍ ଡକ୍ଟର ସୁବ୍ରମଣ୍ୟନ୍ ଚନ୍ଦ୍ରଶେଖର ୮୪ ବର୍ଷ ବୟସରେ ଇହଲୀଳା ତ୍ୟାଗ କଲେ। ୧୯୮୩ ମସିହାରେ ପୃଥିବୀର ସର୍ବୋଚ୍ଚ ସମ୍ମାନ ନୋବେଲ୍ ପ୍ରାଇଜ୍ ତାଙ୍କୁ ଏବଂ କାଲିଫର୍ଣ୍ଣିଆ ଇନ୍‌ଷ୍ଟିଚ୍ୟୁଟ ଅଫ୍ ଟେକ୍‌ନୋଲୋଜିର ପଦାର୍ଥ ବିଜ୍ଞାନବିତ୍ ଡକ୍ଟର ଉଇଲିୟମ୍ ଫାଉଲରଙ୍କୁ ଏକତ୍ର ଦିଆଯାଇଥିଲା।

ଡକ୍ଟର ଚନ୍ଦ୍ରଶେଖର ମହାକାଶର ନକ୍ଷତ୍ରମାନଙ୍କର ଗୁଣାବଳୀ ଉପରେ ଯେଉଁ ତଥ୍ୟ ଆବିଷ୍କାର କରିଥିଲେ, ତାହା କ୍ରମଶଃ କୃଷ୍ଣଗର୍ଭ (Black Hole)ର ଆବିଷ୍କାରରେ ସହାୟକ ହୋଇଥିଲା। ସୂର୍ଯ୍ୟଠାରୁ ଶତକଡ଼ା ୧.୪ଗୁଣରୁ ଅଧିକ ଘନତ୍ୱ (durability) ଥିବା ନକ୍ଷତ୍ରମାନଙ୍କରେ ଥିବା ଉଦ୍‌ଯାନ ତଥା ଅନ୍ୟାନ୍ୟ ଇନ୍ଧନ ଶେଷ ହୋଇଯାଏ ସେତେବେଳେ ସେଗୁଡ଼ିକର କ୍ରମକ୍ଷୟ ଘଟିଥାଏ। ମାଧ୍ୟାକର୍ଷଣ ବଳର ପ୍ରଭାବରେ ଯେତେବେଳେ ନକ୍ଷତ୍ର ସଂକୁଚିତ ହେବାକୁ ଆରମ୍ଭ କରେ ଏବଂ ଏହାର ଘନତ୍ୱ ବଢ଼ିଯାଏ ସେତେବେଳେ ଏହାକୁ 'ଶ୍ୱେତ ବାମନ' ବା (White Dwarf) କୁହାଯାଏ। ଏହି ଶ୍ୱେତ ବାମନର ସ୍ଥିତି କ'ଣ ହେବ, ଏହା ସେହିପରି ଅବସ୍ଥାରେ ରହିବ କିମ୍ବା ଏହାର ମୃତ୍ୟୁ ହେବ- ଏହି ତଥ୍ୟ ବୈଜ୍ଞାନିକ ଚନ୍ଦ୍ରଶେଖର ଆବିଷ୍କାର କରିଥିଲେ। ସୂର୍ଯ୍ୟଠାରୁ ଘନତ୍ୱ ଏକ ଦଶମିକ ଚାରିଗୁଣ ଅଧିକ ସୀମାରେଖାର ନକ୍ଷତ୍ର ଏହି ଶ୍ୱେତବାମନ ସ୍ଥିତିକୁ ଯିବାର ଆବିଷ୍କାର ଯୋଗୁଁ ଏହି ସୀମାକୁ 'ଚନ୍ଦ୍ରଶେଖର ସୀମା' ବୋଲି ବୈଜ୍ଞାନିକମାନେ ଆଖ୍ୟା ଦେଇଛନ୍ତି।

ଚନ୍ଦ୍ରଶେଖର ୧୯୩୦ ମସିହାରେ ଏହି ତଥ୍ୟ ଆବିଷ୍କାର କରିଥିଲେ। ଚନ୍ଦ୍ରଶେଖରଙ୍କ ତଥ୍ୟ ଉପରେ ପୃଥିବୀର ଅନ୍ୟାନ୍ୟ ଖ୍ୟାତନାମ ପଦାର୍ଥବିଜ୍ଞାନବିତ୍ ଯଥା ରବର୍ଟଓପନ ହାଇମ୍‌ର ପରବର୍ତ୍ତୀ କାଳରେ Black Hole ଉପରେ ଅନେକ ତଥ୍ୟ ପାଇପାରିଥିଲେ। ୧୯୧୦ ମସିହାରେ ଚନ୍ଦ୍ରଶେଖର ସେକାଳର ଭାରତସ୍ଥିତ

ଲାହୋରରେ ଜନ୍ମ ହୋଇଥିଲେ। ତାଙ୍କ ମାମୁ ଡକ୍ଟର ଚନ୍ଦ୍ରଶେଖର ଭେଙ୍କଟ ରମଣ ଥିଲେ। ୧୯୩୦ ମସିହାରେ ନୋବେଲ୍ ପ୍ରାଇଜ୍ ଲାଭ କରିଥିଲେ।

ମାଡ୍ରାସର ପ୍ରେସିଡେନ୍‌ସି କଲେଜରେ ଅଧ୍ୟୟନ କଲାବେଳେ ଚନ୍ଦ୍ରଶେଖରଙ୍କର ଅଖଣ୍ଡ ପ୍ରତିଭା ଦେଖା ଯାଇଥିଲା। ୧୯୩୦ରେ ଏକ ବୃତ୍ତି ପାଇ ସେ କେମ୍ବ୍ରିଜ ବିଶ୍ୱବିଦ୍ୟାଳୟକୁ ଗବେଷଣା କରିବାକୁ ଆସିଲେ। ବାଟରେ ପାଣି ଜାହାଜରେ ଆସୁଥିବାବେଳେ ୨୦ ବର୍ଷ ବୟସ୍କ ଚନ୍ଦ୍ରଶେଖର ଆଇନଷ୍ଟାଇନ୍‌ଙ୍କ ୧୯୧୫ରେ ପ୍ରକାଶିତ ଆପେକ୍ଷିକ ତତ୍ତ୍ୱ (Relativity Theory) ଏବଂ ଡିରାକ୍‌ଙ୍କ କ୍ୱାଣ୍ଟମ୍ ତଥ୍ୟକୁ ଗଭୀର ଭାବେ ଅନୁଧ୍ୟାନ କରିଥିଲେ। ସେଥିରୁ ସେ ଗଣନା କରି ବାହାର କଲେ ଯେ ଅଣୁ ଭିତରେ କେଉଁଭଳି ଶକ୍ତି ଦ୍ୱାରା ନକ୍ଷତ୍ରମାନଙ୍କର କ୍ରମକ୍ଷୟ ବନ୍ଦ ହୋଇପାରିବ। ତାଙ୍କର ରିସର୍ଚ୍ଚ ୧୯୩୧ ମସିହାରେ ପ୍ରକାଶିତ ହୋଇଥିଲା। ଅଥଚ ସେତେବେଳର ପ୍ରଖ୍ୟାତ ବିଲାତର ବୈଜ୍ଞାନିକ ଡକ୍ଟର ଏଡିଂଟନ୍ ଏବଂ ଅନ୍ୟମାନେ ଏହାକୁ ବିଶ୍ୱାସ ନ କରି ତାଙ୍କର ଗବେଷଣାକୁ ତାଚ୍ଛଲ୍ୟ କରିଥିଲେ। ଯୁବକ ଚନ୍ଦ୍ରଶେଖର ଏଥିରେ କ୍ଷୁଣ୍ଣ ହୋଇ ଏହି ଗବେଷଣାକୁ କିଛିବର୍ଷ ଲାଗି ସ୍ଥଗିତ ରଖିଲେ।

୧୯୩୧ ଏବଂ ୧୯୩୨ରେ ସେ ଜର୍ମାନୀ ଏବଂ ଡେନ୍‌ମାର୍କରେ ଅଧ୍ୟୟନ କଲେ। ୧୯୩୩ରେ ସେ କେମ୍ବ୍ରିଜ୍‌ରୁ ଡକ୍ଟରେଟ ପାଇ ଭାରତ ଫେରିଲେ। ୧୯୩୬ରେ ସେ ଜଣେ ପଦାର୍ଥ ବିଜ୍ଞାନୀ ଲଳିତାଙ୍କୁ ବିବାହ କରି ସେଇବର୍ଷ ଆମେରିକାର ଚିକାଗୋ ବିଶ୍ୱବିଦ୍ୟାଳୟରେ ପ୍ରଫେସର ପଦରେ ଅଧିଷ୍ଠିତ ହେଲେ। ୧୯୫୩ରେ ସେ ଆମେରିକାର ନାଗରିକତ୍ୱ ଗ୍ରହଣ କରିଥିଲେ ମଧ୍ୟ ଭାରତ ପ୍ରତି ତାଙ୍କର ଅଖଣ୍ଡ ପ୍ରେମ ଥିଲା। ସେ ଆଜୀବନ ନିରାମିଷାଶୀ ଥିଲେ। ୧୯୫୨ରୁ ୧୯୮୬ ପର୍ଯ୍ୟନ୍ତ ସେ ଚିକାଗୋରେ ମାର୍ଟିନ ହଲ୍ ସମ୍ମାନନୀୟ ପ୍ରଫେସର ହୋଇ ରହିଥିଲେ। ତା'ପରେ ତାଙ୍କୁ Professor Emeritus କରି ରଖାଯାଇଥିଲା।

ଚିକାଗୋ ବିଶ୍ୱବିଦ୍ୟାଳୟରେ ତାଙ୍କୁ ସମସ୍ତେ ଅଲୌକିକ ପ୍ରତିଭାସମ୍ପନ୍ନ ବ୍ୟକ୍ତି ରୂପେ ଗଣୁଥିଲେ। ୧୯୪୦ ଦଶନ୍ଧିରେ ସେ ଦୀର୍ଘ ୭୫ ମାଇଲ ଗାଡ଼ି ଚଳେଇ ଦୁଇଜଣ ଛାତ୍ରଙ୍କୁ ପଢ଼ାଇବାକୁ ଆସୁଥିଲେ ଏବଂ ଫେରୁଥିଲେ। ପରବର୍ତ୍ତୀ କାଳରେ ସେଇ ଦୁଇଜଣ ଛାତ୍ର ପଦାର୍ଥବିଜ୍ଞାନରେ ନୋବେଲ ପ୍ରାଇଜ୍ ପାଇଥିଲେ। ୧୯୫୨ରୁ ୧୯୭୧ ପର୍ଯ୍ୟନ୍ତ ଚନ୍ଦ୍ରଶେଖର ଆଷ୍ଟ୍ରୋଫିଜିକସ୍ ଜର୍ଣ୍ଣାଲର ମ୍ୟାନେଜିଂ ଏଡିଟର ଥିଲେ। ଦ୍ୱିତୀୟ ମହାଯୁଦ୍ଧ ସମୟରେ ତାଙ୍କୁ ନିଉ ମେକ୍‌ସିକୋର ଲସ୍ ଆଲାମୋସ୍ ଲାବୋରେଟୋରୀରେ ଗବେଷଣା ପାଇଁ ନିମନ୍ତ୍ରଣ କରାଯାଇଥିଲା। ସେ ମନା କରିଥିଲେ। ଏହିଠାରୁ ଆଣବିକ ବୋମା ଆବିଷ୍କୃତ ହୋଇଥିଲା।

ଚନ୍ଦ୍ରଶେଖର ପାଶ୍ଚାତ୍ୟ କ୍ଲାସିକାଲ ସଂଗୀତ ତଥା କଳା ପ୍ରତି ବିଶେଷ ଆକୃଷ୍ଟ ହୋଇଥିଲେ। ସେ ଅନେକ ବହି ଲେଖିଛନ୍ତି। ଏଇ ବର୍ଷ ୧୯୯୫ରେ ତାଙ୍କର ରଚିତ ପୁସ୍ତକ **Newtons Pruicipia for the Common Reader** ପ୍ରକାଶିତ ହୋଇଛି। ୧୯୬୨ରେ ଇଂଲଣ୍ଡର ରାଣୀ ଏଲିଜାବେଥ୍ ତାଙ୍କୁ ରୟାଲ ମେଡାଲରେ ସମ୍ମାନିତ କରିଥିଲେ। ୧୯୬୬ରେ ଆମେରିକାର ପ୍ରେସିଡେଣ୍ଟ ଜନସନ୍ ତାଙ୍କୁ **National Medal of Science** ଦେଇଥିଲେ। ଏହାଛଡ଼ା ପୃଥିବୀର ଚାରିଆଡ଼େ ତାଙ୍କୁ ଉଚ୍ଚକୋଟୀର ସମ୍ମାନ ଦିଆଯାଇଥିଲା। ସରଳ, ନିରହଙ୍କାର, ବିଚକ୍ଷଣ ବୈଜ୍ଞାନିକ ଡକ୍ଟର ଚନ୍ଦ୍ରଶେଖର ଆମ ସମସ୍ତଙ୍କର ଗର୍ବ ଓ ଗୌରବ। ବିଂଶ ଶତାବ୍ଦୀର ତେଜୋଦୀପ୍ତ ଜ୍ୟୋତିର୍ବିଜ୍ଞାନବିତ୍‌ମାନଙ୍କ ମଧ୍ୟରେ ସେ ଉଚ୍ଚ ସ୍ଥାନ ଅଧିକାର କରିଛନ୍ତି। ତାଙ୍କର ଅମର ଆତ୍ମାର ସଦ୍‌ଗତି ହେଉ ଏହାହିଁ କାମନା।

■

ପଲ୍ ଏର୍ଦୋସ-ଗଣିତଜ୍ଞ

ସେପ୍ଟମ୍ବର ୨୦ ତାରିଖରେ ଏହି ଶତାବ୍ଦୀର ଜଣେ ବିଚକ୍ଷଣ ଗଣିତଜ୍ଞ ପର୍ଲ ଏର୍ଦୋସ (Paul Erdos) ୮୩ ବର୍ଷ ବୟସରେ ଇହଲୀଳା ସମ୍ବରଣ କଲେ। ଅଷ୍ଟାଦଶ ଶତାବ୍ଦୀର ସର୍ବଶ୍ରେଷ୍ଠ ଗଣିତଜ୍ଞ ଲିଓନାର୍ଡ ଇଉଲର୍ (୧୭୦୭-୧୭୮୩)ଙ୍କ ସହ ଏର୍ଦୋସଙ୍କୁ ତୁଳନା କରାଯାଏ। ମୃତ୍ୟୁ ପର୍ଯ୍ୟନ୍ତ ପ୍ରତ୍ୟହ ୧୯ଘଣ୍ଟା କରି ଏର୍ଦୋସ୍ ଗଣିତ ବିଜ୍ଞାନରେ ଗବେଷଣା ଚଳେଇଥିଲେ। ତାଙ୍କର କିଛି ନ ଥିଲା। ଘର, ସ୍ତ୍ରୀ, ପିଲା, ଚାକିରି ଏସବୁ ଦୈନନ୍ଦିନ ଜଞ୍ଜାଳରୁ ସେ ମୁକ୍ତ ଥିଲେ। ଗଣିତ ଥିଲା ତାଙ୍କ ଜୀବନ। ସେ କହୁଥିଲେ "Private Property is a Nuisance" ଅର୍ଥାତ୍ - ସମ୍ପତ୍ତିବାଡ଼ି ରହିବା ହିଁ ନିରର୍ଥକ। ତାଙ୍କ ମୃତ୍ୟୁରେ ପୃଥିବୀର ଗଣିତଶାସ୍ତ୍ର ଏକ ଉଜ୍ଜ୍ୱଳ ତାରକାଙ୍କୁ ହରାଇଲା।

ସେ ହଙ୍ଗେରୀ ଦେଶରେ ଜିଉ ପରିବାରରେ ଜନ୍ମ ହୋଇଥିଲେ। ତାଙ୍କ ବାପା ଓ ମା' ଉଭୟେ ଗଣିତ ଶିକ୍ଷକ ଥିଲେ। ମାତ୍ର ୪ବର୍ଷ ବୟସରେ ସେ ନେଗେଟିଭ୍ ସଂଖ୍ୟା ନିଜେ ଆବିଷ୍କାର କରିଥିଲେ। ମାତ୍ର ୧୮ ବର୍ଷ ବୟସରେ ନିଜେ "Prime number" ଆବିଷ୍କାର କଲେ। ପ୍ରାଇମ୍ ନମ୍ବର କେବଳ ୧ ଦ୍ୱାରା ବିଭକ୍ତ ହୋଇ ପାରିବ, ଯଥା ୧୯୧୩ (ଏର୍ଦୋସ୍ଙ୍କ ଜନ୍ମବର୍ଷ) କିମ୍ବା ୮୩(ମୃତ୍ୟୁ ବେଳକୁ ତାଙ୍କ ବୟସ)କୁ ପ୍ରାଇମ୍ ନମ୍ବର କୁହାଯାଏ। ସେ ନିଜେ ଏକ ହଜାରରୁ ଊର୍ଦ୍ଧ୍ୱ ଗବେଷଣାମୂଳକ ପେପର ଲେଖିଛନ୍ତି।

ତାଙ୍କର ଜୀବନ ଥିଲା ଏକ ଯାଯାବର ଜୀବନ। ଗୋଟିଏ ସୁଟ୍‌କେଶରେ ନିଜର କିଛି ପୋଷାକପତ୍ର ଛଡ଼ା ଆଉ କିଛି ନ ଥିଲା। ପୃଥିବୀର କୌଣସି ସହରକୁ ଭାଷଣ ଦେବାକୁ ଯିବା ଅବସରରେ ସେ ତାଙ୍କର ଗଣିତ ବିଜ୍ଞାନୀ ବନ୍ଧୁଙ୍କୁ ଫୋନ୍ କରି କୁହନ୍ତି ଯେ "My brain is in town" (ମୋର ମସ୍ତିଷ୍କ ଆପଣଙ୍କ ସହରରେ) ତାଙ୍କ ବନ୍ଧୁମାନେ ଅତି ଆନନ୍ଦରେ ତାଙ୍କୁ ଅତିଥିରୂପେ ସ୍ୱୀକାର କରିଥାନ୍ତି ଏବଂ ତାଙ୍କର ବିଚକ୍ଷଣ ଗଣିତ ଚର୍ଚ୍ଚାରେ ଆପ୍ୟାୟିତ ହୋଇଥାନ୍ତି।

ଗଣିତ ବିଜ୍ଞାନରେ କ୍ଷୁଦ୍ରତମ ସଂଖ୍ୟାକୁ ଗ୍ରୀକ୍ ଶବ୍ଦ ଏପସାଇଲନ୍‌ଦ୍ୱାରା ଚିହ୍ନିତ କରାଯାଏ। ପୃଥିବୀର ବଡ଼ ବଡ଼ ଗଣିତଜ୍ଞମାନେ ଏପସାଇଲନ୍ ହେଲେ ପଲ ଏର୍ଦୋସଙ୍କୁ "uncle paul" ବୋଲି କୁହାଯାଏ। ଯେ କ୍ଲିଷ୍ଟ ଗଣିତ ସବୁ ଅନ୍ୟାନ୍ୟ ଗଣିତଜ୍ଞଙ୍କୁ ସମାଧାନ କରିବାକୁ ଦିଅନ୍ତି। ଯିଏ ସମାଧାନ କରିପାରେ, ତାଙ୍କୁ ନିଜର ସ୍ୱଳ୍ପ ସମ୍ବଳରୁ କିଛି ଶହ ଡଲାର ପୁରସ୍କାର ଦେଇଥାନ୍ତି। ତାଙ୍କ ଜୀବନରେ ଅର୍ଥ ମୂଲ୍ୟହୀନ, ଏହା କେବଳ ଅନ୍ୟମାନଙ୍କୁ ଦେବା ପାଇଁ ଉଦ୍ଦିଷ୍ଟ।

ଦ୍ୱିତୀୟ ମହାଯୁଦ୍ଧରେ ତାଙ୍କର ପରିବାରର ସମସ୍ତଙ୍କୁ ହିଟ୍‌ଲରଙ୍କ ନାଜୀମାନେ ହତ୍ୟା କରିଥିଲେ। ପୃଥିବୀର ବଡ଼ ବଡ଼ ଗଣିତ ବିଜ୍ଞାନୀମାନେ ପଲ ଏର୍ଦୋସଙ୍କୁ ସର୍ବୋଚ୍ଚ ଗଣିତଜ୍ଞ ବୋଲି ବିଚାରୁଥିଲେ। ତାଙ୍କ ପରି ସାରା ଜୀବନ ଗଣିତ ବିଦ୍ୟାକୁ ଏପରି କେହି ଉତ୍ସର୍ଗ କରିନାହାନ୍ତି। ପ୍ରଚୁର କଫି ପିଉଥିଲେ ସେ । ତାଙ୍କ ଭାଷାରେ "A mathematician is a machine for converting coffee into theorems" (ଜଣେ ଗଣିତଜ୍ଞ ଏକ ଯନ୍ତ୍ର, ଯିଏ କି କଫିକୁ ଉପପାଦ୍ୟରେ ପରିଣତ କରିଥାଏ)।

ଏକ ଆନ୍ତର୍ଜାତିକ ଗଣିତ ବିଜ୍ଞାନର ସଂସଦରେ ଭାଷଣ ଦେବାଲାଗି ସେ ପୋଲାଣ୍ଡ ଦେଶର ଓ୍ୱାରସ ସହରକୁ ଯାଇଥିବା ଅବସରରେ ହୃଦ୍‌କ୍ରିୟା ବନ୍ଦ ହୋଇ ଯିବାରୁ ୮୩ ବର୍ଷ ବୟସର ଦେହତ୍ୟାଗ କଲେ। ଗଣିତ ବିଜ୍ଞାନ ପାଇଁ ଏହା ଏକ ଅପୂରଣୀୟ କ୍ଷତି।

■

ଓଡ଼ିଶାରେ ଆଇଟି ଦିବସ

ଗତ ଡିସେମ୍ବର ୮ ତାରିଖରେ ଓଡ଼ିଶା ସରକାରଙ୍କ ଦ୍ୱାରା ଓଡ଼ିଶା ଆଇଟି ଦିବସ ପାଳିତ ହେଲା । ଏହା ପ୍ରଥମ । ଏହାର ଲକ୍ଷ୍ୟ ଥିଲା ଓଡ଼ିଶାରେ ଏଣ୍ଟରପ୍ରେନ୍ୟୋରସିପ୍‌ର ବିକାଶ । ଆମେ ମୁଖ୍ୟ ବକ୍ତା ଭାବେ ଯୋଗ ଦେବାର ସୁଯୋଗ ପାଇଥିଲୁ । ମୁଖ୍ୟ ଅତିଥି ନବୀନ ପଟ୍ଟନାୟକ ଉଦ୍‌ଘାଟନ କରି କହିଲେ ଯେ, ଓଡ଼ିଶାରେ ଆଇଟି ଏବଂ ଆଇ.ଟି.ଇ.ଏସ୍. (ଇଣ୍ଟରନ୍ୟାସନାଲ୍ ଟେକ୍ନୋଲୋଜି ଏନାବଲ୍‌ଡ ସର୍ଭିସ୍)ର ଉଦ୍ୟୋଗ ଲାଗି ସରକାର ଗୁରୁତ୍ୱ ଦେଉଛନ୍ତି । ବର୍ତ୍ତମାନ ଓଡ଼ିଶାକୁ ସବୁ ବଡ଼ ବଡ଼ ଆଇ.ଟି. କମ୍ପାନୀ ଆସିଗଲେଣି ଯଥା- ଇନ୍‌ଫୋସିସ୍, ସତ୍ୟମ୍, ଓ୍ୱିପ୍ରୋ, ଟି.ସି.ଏସ୍. । ଭବିଷ୍ୟତରେ ମାଇଣ୍ଟ୍ରି, ଜେନ୍‌ପ୍ୟାକ୍ଟ ଇତ୍ୟାଦି କମ୍ପାନୀ ତାଙ୍କର ସଂସ୍ଥା ଆରମ୍ଭ କରିବେ ବୋଲି ଯୋଜନା କରିସାରିଲେଣି ।

ଏଥର ସମ୍ମିଳନୀରେ ସରକାରଙ୍କର ଓକାକ୍ (ଓସିଏସି-ଓଡ଼ିଶା କମ୍ପ୍ୟୁଟର ଆପ୍ଲିକେସନ୍ ସେଣ୍ଟର) ସଂସ୍ଥା ସମସ୍ତ ଆୟୋଜନ କରିଥିଲେ । ଓକାକ୍‌ର ମୁଖ୍ୟ ବିଶାଳ ଦେବ ବହୁ ପରିଶ୍ରମ କରି ଏହି ସମ୍ମିଳନୀକୁ ସଫଳ କରାଇଥିଲେ । ଏହି ବର୍ଷଠାରୁ ଡିସେମ୍ବର ୮ ତାରିଖ ଓଡ଼ିଶା ଆଇ.ଟି., ଦିବସ ରୂପେ ପ୍ରତିବର୍ଷ ପାଳିତ ହେବ । ମନ୍ତ୍ରୀ ସୂର୍ଯ୍ୟନାରାୟଣ ପାତ୍ର ଉଦ୍‌ବୋଧନ ଦେଇ ଆଇ.ଟି.ର ଅଗ୍ରଗତି ଲାଗି ସରକାରଙ୍କ ସକ୍ରିୟ ଭୂମିକା କଥା ପ୍ରକାଶ କରିଥିଲେ ।

ବାଙ୍ଗାଲୋରରୁ ଦତ୍ତାରାମ ମିଶ୍ର ତାଙ୍କର ଗଠିତ କ୍ୟାପ୍ ଡିଜାଇନ୍ କମ୍ପାନୀର ଅବଦାନ ଉପରେ ଆଲୋକପାତ କରିଥିଲେ ଏବଂ ଏହାର ଶାଖା ଓଡ଼ିଶାରେ ଶୀଘ୍ର ଖୋଲିବେ ବୋଲି କହିଲେ । ଓ୍ୱିପ୍ରୋର ଉଚ୍ଚପଦସ୍ଥ ଅଫିସର ରାଜେଶ ରାମ ମିଶ୍ର 'ଓଡ଼ିଶା ୨୦୧୦'ର ଚିତ୍ରଣ ସମସ୍ତଙ୍କୁ ଉପସ୍ଥାପିତ କଲେ । ଯଦି ସରକାର ଏବଂ ଅନ୍ୟମାନେ ଉଦ୍ୟମ କରନ୍ତି, ତେବେ ୨୦୧୦ରେ ଓଡ଼ିଶାରେ କେତେ ଇଞ୍ଜିନିୟର (୫୦୦୦୦) ନିଯୁକ୍ତି ପାଇବେ ଏବଂ ଆନୁଷଙ୍ଗିକ ବ୍ୟବସାୟ ଯଥା ହୋଟେଲ, ଘର, ସ୍କୁଲ ଇତ୍ୟାଦିର ବିକାଶ ହୋଇପାରିବ । ସ୍ଥାନୀୟ ଶିଳ୍ପବିତ୍ ବିଜୟକୁମାର ସାହୁ

ତାଙ୍କ ନିଜ କମ୍ପାନୀ କିପରି ଆରମ୍ଭ କରି ଅଗ୍ରଗତି କରିଛନ୍ତି, ତାହା ଦର୍ଶାଇଲେ। ଦିଲ୍ଲୀସ୍ଥିତ ଯୁବକ ଚିନ୍ମୟ ପଣ୍ଡା ତାଙ୍କ ଶିଳ୍ପୋଦ୍ୟୋଗର ଅଭିଜ୍ଞତା ବର୍ଣ୍ଣନା କଲେ। ସର୍ବଶେଷରେ ବ୍ରାଣ୍ଡ ଓଡ଼ିଶା ଉପରେ ଏକ ପ୍ୟାନେଲ୍ ବସିଥିଲା, ଆମ୍ଭ ଛଡ଼ା ଏଥିରେ ଶିଳ୍ପ ସେକ୍ରେଟାରୀ ଶ୍ରୀନିବାସ, ଇଡ୍‌କୋର ମୁଖ୍ୟ ଅଶୋକ ମୀନା, ଆଇ.ଟି. ସେକ୍ରେଟାରୀ ଏସ୍.ଏନ୍.ତ୍ରିପାଠୀ ଏବଂ ବିଜୁ ପଟ୍ଟନାୟକ ଟେକ୍‌ନିକାଲ ବିଶ୍ୱବିଦ୍ୟାଳୟର କୁଳପତି ଓଙ୍କାର ନାଥ ମହାନ୍ତି ଯୋଗଦେଇଥିଲେ। ଓଡ଼ିଶାର ଆଇ.ଟି.ର ଅଗ୍ରଗତି ଲାଗି ସରକାରଙ୍କୁ ବାହାରେ ପ୍ରମୋସନ୍ କରିବାକୁ ହେବ। ଯେମିତି ପଡ଼ୋଶୀ ରାଜ୍ୟ ବେଙ୍ଗଲରେ ମୁଖ୍ୟମନ୍ତ୍ରୀ ବୁଦ୍ଧଦେବ କରୁଛନ୍ତି। ବଡ଼ ବଡ଼ କମ୍ପାନୀମାନେ ବର୍ତ୍ତମାନ ବାଙ୍ଗାଲୋର, ହାଇଦ୍ରାବାଦ ଇତ୍ୟାଦି ସହରକୁ ଅନେକ କାରଣରୁ ପସନ୍ଦ କରୁନାହାନ୍ତି। ଟ୍ରାଫିକ୍ ଏବଂ ବ୍ୟୟ ଅତ୍ୟଧିକ ଯୋଗୁ ଜୀବନଧାରଣ କଷ୍ଟ ହୋଇପଡ଼ିଲାଣି। ସେ ଦୃଷ୍ଟିରୁ ପୁନେ, କଲିକତା, ତ୍ରିଭେନ୍ଦ୍ରମ ଇଦ୍ୟାଦି ସହର ନିଜକୁ ପ୍ରମୋସନ କରି ଆଇ.ଟି. ସଂସ୍ଥାକୁ ନିମନ୍ତ୍ରଣ କରୁଛନ୍ତି। ଭୁବନେଶ୍ୱରର ଇନ୍‌ଫ୍ରାଷ୍ଟ୍ରକ୍‌ଚର ବଡ଼ ସହର ତୁଳନାରେ ଭଲ। ଶାନ୍ତ ଜାଗା, ବିମାନଘାଟିରୁ ଯେ କୌଣସି ସ୍ଥାନକୁ ୧୫-୨୦ ମିନିଟ୍ ଭିତରେ ଯାଇହେବ। ଜାଗା ମଧ୍ୟ ଅପେକ୍ଷାକୃତ ଭାବେ ଶସ୍ତା। ଏ ସବୁ ଦୃଷ୍ଟିରୁ ଟିକିଏ ଚେଷ୍ଟା ଏବଂ ପ୍ରମୋସନ କଲେ ଭଲ ଭଲ କମ୍ପାନୀ ଏଠାକୁ ଆସିବାକୁ ଆଗ୍ରହ ପ୍ରକାଶ କରିବେ। ଓଡ଼ିଶାରେ ଷ୍ଟିଲ୍ ତଥା ପାୱାର କ୍ଷେତ୍ରରେ ବହୁତ କମ୍ପାନୀ ଆସିବାର ଯୋଜନା କରିଛନ୍ତି। ଆଇ.ଟି. କ୍ଷେତ୍ରରେ ସେହିଭଳି ଉନ୍ନତି ହେବା ଉଚିତ୍, କାରଣ ଏହା ପ୍ରଦୂଷଣ ମୁକ୍ତ। ମାତ୍ର ସେଥିଲାଗି ଉଚ୍ଚମାନର ଶିକ୍ଷାନୁଷ୍ଠାନ ଓ ଉଚ୍ଚମାନର ଶିକ୍ଷା ତଥା ଟ୍ରେନିଂର ଆବଶ୍ୟକତା ରହିଛି। ଓଡ଼ିଶାରେ ଆଇଆଇଆଇଟି ଆରମ୍ଭ ହେଉଥିବା ଖୁବ୍ ସ୍ୱାଗତଯୋଗ୍ୟ ଖବର। ଜାତୀୟ ସ୍ତରର ଆଇ.ଆଇ.ଟି. ଏଠାକୁ ଆସିବା ନିହାତି ଆବଶ୍ୟକ। ଏଥିଲାଗି ସରକାର ତଥା ଜନସାଧାରଣ କେନ୍ଦ୍ରକୁ ଦାବି କରିବାର ବେଳ ଆସିଛି।

ସମ୍ମିଳନୀକୁ ଅନେକ କଲେଜ ଛାତ୍ର ଆସିଥିଲେ। ଆମ୍ଭେ ଉଦ୍ଭାବନ ଉପରେ ଗୁରୁତ୍ୱ ଦେଇଥିଲୁ। ଯେଭଳି ଷ୍ଟାନ୍‌ଫୋର୍ଡ ବିଶ୍ୱବିଦ୍ୟାଳୟର ଛାତ୍ର ପୃଥିବୀର ଖ୍ୟାତନାମା କମ୍ପାନୀ ଯଥା, ସନ୍, ସିସ୍କୋ, ୟାହୁ, ଗୁଗଲ୍ ଗଢ଼ିପାରିଛନ୍ତି ସେହିଭଳି ନୂତନ ବୈଷୟିକ ଉଦ୍ଭାବନ (ଟେକ୍ନୋଲୋଜି ଇନୋଭେସନ୍)ର ସମୟ ଆସିଛି। ଏହା ଭାରତର ସମସ୍ୟା। ଆମ ଶିକ୍ଷା ପଦ୍ଧତିରେ ସୃଜନାତ୍ମକ ଚିନ୍ତନ (କ୍ରିଏଟିଭ୍ ଥିଙ୍କିଙ୍ଗ୍)ର ଅଭାବ ରହିଛି। ଓଡ଼ିଶା ଭବିଷ୍ୟତରେ ଏଭଳି ପଦକ୍ଷେପ ନେବା ଆବଶ୍ୟକ। ମାତ୍ର ଏଥିଲାଗି ଦରକାର ଅନେକ ଉଦ୍ୟମ ଏବଂ ସରକାରୀ ସଂକଳ୍ପ।

■

ଓଡ଼ିଶାରେ ଆଇଟିର ଅଗ୍ରଗତି

ଏବର୍ଷ ଭାରତଗସ୍ତ ପ୍ରଥମେ ଅଗଷ୍ଟରେ, ଦ୍ୱିତୀୟବାର ଅକ୍ଟୋବର ଶେଷ, ନଭେମ୍ବର ଆରମ୍ଭରେ।

ପ୍ରଥମେ ବାଙ୍ଗାଲୋରରେ ୨ଦିନ ରହଣି। ବମ୍ବେରେ ୪ଦିନ। ଅଗଷ୍ଟ ମାସରେ ବାଙ୍ଗାଲୋର ଗସ୍ତବେଳେ ସ୍ଥାନୀୟ ଓଡ଼ିଆମାନଙ୍କର ଗଣେଶ ପୂଜା ଦେଖିବାର ସୁଯୋଗ ମିଳିଲା। ପ୍ୟାଲେସ୍ ଗ୍ରାଉଣ୍ଡରେ ବିଶାଳ ହଲ୍‌ରେ ପ୍ରାୟ ୮-୧୦ ହଜାର ଓଡ଼ିଆଙ୍କ ସମାଗମ 'ଆମକୁ ଆଶ୍ଚର୍ଯ୍ୟ କରିଥିଲା। ଓଡ଼ିଶା ବାହାରେ ଏହା ବୋଧହୁଏ ସର୍ବବୃହତ୍ ସଂଖ୍ୟା ଆମେ ଦେଖିଲୁ। ଇନଫରମେସନ୍ ଟେକ୍‌ନୋଲୋଜି କ୍ଷେତ୍ରରେ ବହୁ ସଂଖ୍ୟାରେ ଓଡ଼ିଆ ପିଲା କାର୍ଯ୍ୟ କରୁଛନ୍ତି ଓଡ଼ିଶା ବାହାରେ।

ଏଥରକ ବାଙ୍ଗାଲୋର ଗସ୍ତ ସମୟରେ ଆମେ ଜାପାନ୍‌ର ୩ଜଣ ଖୁବ୍ ଉଚ୍ଚସ୍ତରୀୟ ଅଫିସରଙ୍କୁ ସାଙ୍ଗରେ ଆଣିଥିଲୁ। ସେମାନଙ୍କ ପାଇଁ ଏହା ପ୍ରଥମ ଭାରତଗସ୍ତ ଥିଲା। ଇନ୍‌ଫୋସିସ, ଓ୍ୱିପ୍ରୋ, ମାଇଣ୍ଡଟ୍ରି, ସୋନାଟା ଇତ୍ୟାଦି ବଡ଼ ବଡ଼ କମ୍ପାନୀର ସର୍ବୋଚ୍ଚ କର୍ମକର୍ତ୍ତାଙ୍କ ସହ ମିଟିଂ ଥିଲା। ୨ଜଣ ଓଡ଼ିଆ (ପୁରାତନ ବନ୍ଧୁ)ଙ୍କ ପରିଚୟ ଉଲ୍ଲେଖଯୋଗ୍ୟ। ପ୍ରଥମ ହେଲେ ସୁବ୍ରତ ବାଗ୍‌ଚୀ, ଆମ ଓଡ଼ିଶାର, ତାଙ୍କ ଗଠିତ ମାଇଣ୍ଡଟ୍ରି କମ୍ପାନୀ ଦେଖିବାର ଅବକାଶ ମିଳିଲା, ସେ ଆମକୁ ଅନେକ ବର୍ଷ ହେଲା ଚିହ୍ନନ୍ତି ଏବଂ 'ଭାଇନା' ସମ୍ବୋଧନ କରି ସମ୍ମାନ ଦେଇ ଆସୁଛନ୍ତି। ତାଙ୍କର କମ୍ପାନୀ ୧୯୯୯ରେ ଆରମ୍ଭ ହୋଇଥିଲେ ମଧ୍ୟ, ମାତ୍ର ୭ବର୍ଷ ଭିତରେ ଖୁବ୍ ଉନ୍ନତି କରିଛି, ଏବେ ୩୦୦୦ରୁ ଊର୍ଦ୍ଧ୍ୱ କର୍ମଚାରୀ କାମ କରୁଛନ୍ତି। ସେ ମଧ୍ୟ ଆସନ୍ତା ବର୍ଷ ଭୁବନେଶ୍ୱରଠାରେ ତାଙ୍କ କମ୍ପାନୀର ଶାଖା ଖୋଲୁଛନ୍ତି।

ଦ୍ୱିତୀୟ ଓଡ଼ିଆ ହେଲେ ସୁରେଶ ସେନାପତି। ମୋର ରାଉରକେଲା ଇଞ୍ଜିନିୟରିଂ କଲେଜର ସହପାଠୀ ଲାଲମୋହନ ସେନାପତିଙ୍କର ସେ ସାନଭାଇ। ତେଣୁ ସେ ମଧ୍ୟ ବଡ଼ଭାଇର ସମ୍ମାନ ଦେଇଥାନ୍ତି। ସୁରେଶ ଓ୍ୱିପ୍ରୋ କମ୍ପାନୀରେ

୨୫ବର୍ଷରୁ ଊର୍ଦ୍ଧ୍ୱ କାର୍ଯ୍ୟ କରି ଆସୁଛନ୍ତି। ସେ ସେଠାରେ ଏକ୍‌ଜିକ୍ୟୁଟିଭ୍ ଭାଇସ୍ ପ୍ରେସିଡେଣ୍ଟ ତଥା ଚିଫ୍ ଫାଇନାନ୍ସ ଅଫିସର ଅଛନ୍ତି। ୱିପ୍ରୋ କମ୍ପାନୀର ବୋର୍ଡରେ ମଧ୍ୟ ଡାଇରେକ୍ଟର ଅଛନ୍ତି। ଓଡ଼ିଶା ବାହାରେ ଓଡ଼ିଆମାନଙ୍କର କୃତିତ୍ୱ ଅତି ଆନନ୍ଦ ଏବଂ ଗର୍ବର ବିଷୟ।

ବମ୍ବେରେ ଆମେ ଟି.ସି.ଏସ୍. (ଟାଟା କନ୍‌ସଲଟାନ୍ସି ସର୍ଭିସ)ର ମୁଖ୍ୟ ରାମଦୋରାଇଙ୍କ ସହ ସାକ୍ଷାତ କରିଥିଲୁ। ସେ ଆମର ୨୦ବର୍ଷର ପୁରାତନ ବନ୍ଧୁ। ଭାରତର ଆଇ.ଟି. କମ୍ପାନୀମାନଙ୍କ ମଧ୍ୟରେ ଟିସିଏସ୍ ସର୍ବବୃହତ୍। ବର୍ତ୍ତମାନ ସତୁରି ହଜାର ଲୋକ କାମ କରୁଛନ୍ତି। ପ୍ରାୟ ଦଶହଜାର କେବଳ ଆମେରିକାରେ ଏବଂ ୬ହଜାର ଇଉରୋପରେ। ପୁନେସ୍ଥିତ ପରସିଷ୍ଟେନସ୍ ସଫ୍ଟୱେର କମ୍ପାନୀର ପ୍ରତିଷ୍ଠାତା ତଥା ମୁଖ୍ୟ ଆନନ୍ଦ ଦେଶପାଣ୍ଡେ ଆମ୍ଭଙ୍କୁ ସାକ୍ଷାତ କରିବାକୁ ବମ୍ବେ ଆସିଥିଲେ। ଜାପାନ୍‌ର ଅତିଥିମାନଙ୍କୁ ନେଇ ଆମେ 'ମଣି ଭବନ' ଦେଖାଇଲୁ। ଗାନ୍ଧିଜୀ ୧୯୧୭ରୁ ୧୯୩୪ ପର୍ଯ୍ୟନ୍ତ ବମ୍ବେରେ ଏହି ଘରେ ଅବସ୍ଥାନ କରୁଥିଲେ। ଏହି ଘରେ ଗାନ୍ଧିଜୀ ଅରଟରେ ସୂତା କାଟିବା ପ୍ରଥମେ ଶିଖିଥିଲେ। ୧୯୧୯ ମାର୍ଚ୍ଚ ମାସରେ ରାଉଲେଟ୍ ଆକ୍ଟ ବିରୋଧରେ ସତ୍ୟାଗ୍ରହ ଏହି ଘରୁ ଆରମ୍ଭ ହୋଇଥିଲା। ଐତିହାସିକ ଜାଗା, ଏ ପର୍ଯ୍ୟନ୍ତ ଗାନ୍ଧିଜୀଙ୍କ ଚରଖା, ବସିବା ସ୍ଥାନ ଏବଂ ଅନ୍ୟାନ୍ୟ ଆସବାବପତ୍ର ପୂର୍ବବତ୍ ରଖାଯାଇଛି। ୧୯୧୯ରେ ଗାନ୍ଧିଜୀ 'ନବଜୀବନ' ଏବଂ 'ୟଙ୍ଗ୍ ଇଣ୍ଡିଆ' ପତ୍ରିକା ଏହିଠାରୁ ଆରମ୍ଭ କରିଥିଲେ।

ଡିସେମ୍ବର ୩୧, ୧୯୩୧ ମସିହାରେ ଗାନ୍ଧିଜୀ ଇଂଲଣ୍ଡରେ ଗୋଲ୍‌ଟେବୁଲ ବୈଠକରୁ ବିଫଳ ହୋଇ ଫେରିବା ପରେ ଅସହଯୋଗ ଆନ୍ଦୋଳନର ଡାକରା ଦେଇଥିଲେ ଏହି ବାସଭବନରୁ। ଆଜି ଗାନ୍ଧିଜୀଙ୍କର ଯିବାର ପ୍ରାୟ ୬୦ ବର୍ଷ ପାଖାପାଖି ହୋଇଥିଲେ ହେଁ ଦେଶର ଜନକ ତଥା ଦିଗ୍‌ଦର୍ଶକ ହିସାବରେ ପ୍ରଥମ ସ୍ଥାନରେ ରହିଛନ୍ତି। ତାଙ୍କର ଆଦର୍ଶକୁ ହୃଦ୍‌ବୋଧ କରିବାର ବେଳ ଆସିଛି।

ବମ୍ବେରେ ଅବସ୍ଥାନ କାଳରେ ଆମେ ଶୁଣିଲୁ ଯେ ଗତ ଗଣେଶପୂଜାରେ ପ୍ରାୟ ୨୦୦୦ ଓଡ଼ିଆ ଯୋଗଦାନ କରିଥିଲେ। ଅନେକ ଓଡ଼ିଆ ଉଚ୍ଚପଦବୀରେ କାର୍ଯ୍ୟ କରୁଛନ୍ତି। ପୋଲିସ କମିଶନର ଅରୂପ ପଟ୍ଟନାୟକଙ୍କଠାରୁ ଆରମ୍ଭ କରି ଏସିଆନ ହାର୍ଟ ଇନ୍‌ଷ୍ଟିଚ୍ୟୁଟର ଡାକ୍ତର ରମାକାନ୍ତ ପଣ୍ଡାଙ୍କ ପର୍ଯ୍ୟନ୍ତ।

ବାଙ୍ଗାଲୋରରେ ଓଡ଼ିଶାର ଆଇ.ଟି. ସେକ୍ରେଟାରୀ ବିଶାଳ ଦେବ ଆମ୍ଭଙ୍କୁ ଜଣାଇଲେ ଯେ ବର୍ତ୍ତମାନ ଭୁବନେଶ୍ୱର ଏବଂ ବାଙ୍ଗାଲୋର ମଧ୍ୟରେ ଇଣ୍ଡିଆନ୍ ଏୟାରଲାଇନ୍ସ ବିମାନ ଚଳାଚଳ ଆରମ୍ଭ କରିଛି। ଅନ୍ୟାନ୍ୟ ବିମାନ କମ୍ପାନୀ ମଧ୍ୟ

ଭୁଚବନେଶ୍ୱରକୁ ବିମାନ ଚଳାଚଳ ଆରମ୍ଭ କରିବେ ବୋଲି ଯୋଜନା କରୁଛନ୍ତି। ଆସନ୍ତା ଡିସେମ୍ବର ୮ତାରିଖରେ ଓଡ଼ିଶା ଆଇ.ଟି. ଦିବସ ପାଳିତ ହେବ। ଆମ୍ଭେ ସେଥିରେ ଯୋଗଦାନ କରି ମୁଖ୍ୟ ଭାଷଣ ଦେବାର ଯୋଜନା ରହିଛି।

ସାରା ଭାରତ ଭ୍ରମଣ ବେଳେ ଓଡ଼ିଶାର ଅଗ୍ରଗତି ତଥା ଅନ୍ୟାନ୍ୟ ପ୍ରାନ୍ତର ସହର ଭଳି ଭୁବନେଶ୍ୱରରେ ଆଇ.ଟି.ର ଅଗ୍ରଗତି କିପରି ହେବ, ଚିନ୍ତା କରିବା ସ୍ୱାଭାବିକ।

■

॥ ତିନି ॥

ସ୍ୱଦେଶ ଚିନ୍ତା

ଭାରତୀୟ ଗଣତନ୍ତ୍ର

ଗତ ସପ୍ତାହରେ ଇଂଲଣ୍ଡରେ ଅବସ୍ଥାନ ସମୟରେ ଅନେକ ଭାରତୀୟ ବନ୍ଧୁ ମତ ଦେଲେ ଯେ ବ୍ରିଟିଶମାନଙ୍କ ଯୋଗୁ ହିଁ ଭାରତ ଏକ ଦେଶ ହୋଇ ତିଷ୍ଠି ପାରିଥିଲା। ବର୍ତ୍ତମାନର ଅବସ୍ଥାକୁ ଲକ୍ଷ୍ୟ କଲେ ଜଣାପଡୁଛି ଯେ ଏପରି ଅଖଣ୍ଡତାର ଭବିଷ୍ୟତ ଅନିଶ୍ଚିତ। ବ୍ରିଟିଶ ରାଜତ୍ୱ ବେଳେ ଦେଶରେ ଇଂରାଜୀ ଭାଷାର ପ୍ରଚଳନ ହେଲା। ପୋଷ୍ଟ, ଟେଲିଗ୍ରାଫରେ ଉନ୍ନତି ହେଲା, ରେଳଦ୍ୱାରା ଯାନବାହନ ପ୍ରସାରଣ ବୃଦ୍ଧି ପାଇଲା। ଇଂରେଜମାନେ ୨୦୦ ବର୍ଷ କାଳ ନ ରହିଥିଲେ ଭାରତର ଇତିହାସ କେଉଁ ପ୍ରକାର ମୋଡ଼ ନେଇଥାନ୍ତା ତାହା କଳ୍ପନା କରିବା ସହଜ ନୁହେଁ। ମାତ୍ର ଏକଛତ୍ରବାଦ ବାଦବିବାଦ ଯେ ନିଶ୍ଚିତ ଭାବେ ହୋଇଥାନ୍ତା ଏହା ସହଜେ ଅନୁମେୟ।

ଭାରତ ପରି ତୃତୀୟ ବିଶ୍ୱର ବିକାଶଶୀଳ ଦେଶମାନଙ୍କରେ (third world nation) ଗଣତନ୍ତ୍ର ବିଶେଷ କାର୍ଯ୍ୟ କରିପାରିନାହିଁ। ଯେଉଁ ଦେଶରେ ଅର୍ଥନୈତିକ ଅସମତା (economic inequality) ଅତି ମାତ୍ରାରେ ରହିଛି, ସେଠାରେ ଦୁର୍ନୀତିର ଚେର ବିସ୍ତାରିତ ହୋଇଛି। ମେକ୍‌ସିକୋ, ବ୍ରାଜିଲ, ପାନାମା, ନିକାରାଗୁଆ ତଥା ଆଫ୍ରିକାର ଦେଶଗୁଡ଼ିକରେ ଏ ପ୍ରକାର ଉଦାହରଣ ଦେଖାଯାଉଛି। ଅତି ସହଜରେ ଏକଛତ୍ରବାଦ (dictatorship) ଶାସନ ଦେଖାଦେବା ସ୍ୱାଭାବିକ।

ଫିଲିପାଇନ୍‌ସରେ ମାର୍କୋସ ଅନେକ ବର୍ଷ ଧରି ରାଜକୋଷ ଧନରୁ ନିଜେ ଧନୀ ହେଲେ। ବର୍ତ୍ତମାନ ପାନାମା ଦେଶର ଜେନେରାଲ ନରେଇଗା ବିଭିନ୍ନ ପ୍ରକାର ଡ୍ରଗ ବ୍ୟବସାୟରୁ କୋଟି କୋଟି ଟଙ୍କାର ମାଲିକ ହୋଇଛନ୍ତି। ଇରାନର ଏକଛତ୍ରପତି ସାହା ଅନେକ ବର୍ଷ ଧରି ଦେଶର ଧନରୁ ଧନୀ ହେଲେ। ତାଙ୍କ ପରେ ଧର୍ମାନ୍ଧମାନେ ଆୟାତୋଲା ଖୋମେନୀଙ୍କ ନେତୃତ୍ୱରେ ଦେଶର ଅବସ୍ଥା ତଳିତାଳାନ୍ତ କଲେଣି। ଇରାନ-ଇରାକ ଯୁଦ୍ଧ ଗତ ୮ ବର୍ଷ ହେଲା ଚାଲିଛି। ଅର୍ଥନୈତିକ ମାନଦଣ୍ଡ ଅତି ଦୁର୍ବଳ ହୋଇଗଲାଣି।

ଭାରତର ପଡ଼ୋଶୀ ଦେଶ ପାକିସ୍ତାନରେ ଗଣତନ୍ତ୍ର ତିଷ୍ଠି ପାରିନାହିଁ।

ଜେନେରାଲ ଜିଆ ମିଲିଟାରୀ ଶାସନ ଜାରି ରଖିଛନ୍ତି। ବାଂଲାଦେଶରେ ଏରସାଦ ନାମକୁ ମାତ୍ର ଗଣତନ୍ତ୍ର ସୁରାକ ଦେଇ ନିଜର କ୍ଷମତା ବଢ଼ାଇବାରେ ଲାଗିଛନ୍ତି। ଆଫ୍ରିକାର ଅଧିକାଂଶ ଦେଶରେ ଗଣତନ୍ତ୍ର ନାହିଁ। ପଶ୍ଚିମ ଇଉରୋପର ମୁଖ୍ୟ ଦେଶମାନଙ୍କୁ (ଫ୍ରାନ୍‌ସ, ଇଂଲଣ୍ଡ, ଜର୍ମାନୀ, ସ୍କାଣ୍ଡିନେଭିଆ, ହଲାଣ୍ଡ ଇତ୍ୟାଦି) ବାଦଦେଲେ ପୂର୍ବ ଇଉରୋପୀୟ ଦେଶ ପ୍ରାୟ ସମସ୍ତେ କମ୍ୟୁନିଷ୍ଟ ଶାସନରେ ଥିବାରୁ ସେ ସବୁ ଦେଶରେ ବ୍ୟକ୍ତିଗତ ସ୍ୱାଧୀନତା ନାହିଁ। ସରକାର ବିରୋଧରେ କ୍ଷୀଣ ସ୍ୱର ଉତ୍ତୋଳନ କଲାମାତ୍ରେ ଜେଲଯିବାକୁ ହେବ। ଏହା ପରାଧୀନତାଠାରୁ ବଳି।

ଭାରତର ଗଣତନ୍ତ୍ରର ଭିତ୍ତି ବ୍ରିଟିଶ ଗଣତନ୍ତ୍ରର ଢାଞ୍ଚାରେ ଗଠିତ। ସ୍ୱାଧୀନତା ପରଠାରୁ ଏକଛତ୍ରବାଦର ଆଭାସ କେବଳ ଇନ୍ଦିରା ଗାନ୍ଧୀଙ୍କ ଏମର୍ଜେନ୍‌ସି ଶାସନ କାଳରେ ଦେଖା ଯାଇଥିଲା, ତାହାହେଲେ ଗଣତନ୍ତ୍ରରେ ଅସୁବିଧା ରହିଲା କେଉଁଠି ? ଭାରତୀୟ ଗଣତନ୍ତ୍ର କାଗଜ ପତ୍ରରେ ଅତି ସୁଦୃଢ଼, ମାତ୍ର ବାସ୍ତବରେ ଏହା ଅନେକ ପ୍ରକାର ଦୁର୍ବଳତାରେ ଭରପୂର।

ଇଂଲଣ୍ଡରେ ବିରୋଧୀ ଦଳଙ୍କ ସମାଲୋଚନା ଦେଶ ଶାସନରେ ମୁଖ୍ୟ ଅଂଶ ଅଧିକାର କରିଥାଏ। ଆମ ଦେଶରେ ବ୍ୟକ୍ତିଗତ କ୍ଷମତା ଉପରେ ଗୁରୁତ୍ୱ ବେଶି। ଆମର ବିରୋଧୀଦଳ ମଧ୍ୟ ଭାଗ ଭାଗ। କୌଣସି ଗଣତନ୍ତ୍ରରେ ଆମ ଦେଶପରି ଏତେପ୍ରକାର ପାର୍ଟି ନାହିଁ। ଆମେରିକାର ଦୁଇଟି ଦଳ- ଡେମୋକ୍ରାଟ ଏବଂ ରିପବ୍ଲିକାନ। ଇଂଲଣ୍ଡରେ ମୁଖ୍ୟତ ୨ଟି ଦଳ ଲେବର ଏବଂ କଞ୍ଜରଭେଟିଭ। ଦଳସଂଖ୍ୟା ଯେତେ ବେଶି, ଲୋକମାନେ ସେତିକି ମାତ୍ରାରେ ଅନିଶ୍ଚିତ। କଂଗ୍ରେସ ଦଳ ଗତ ୩୦ ବର୍ଷ ଭିତରେ ଅନେକଥର ଭାଗ ଭାଗ ହୋଇଛି। ବର୍ତ୍ତମାନ ଭାରତର ମୁଖ୍ୟ ନେତା ସମସ୍ତେ ଏକଦା କଂଗ୍ରେସ ଦଳର ଅନ୍ତର୍ଭୁକ୍ତ ଥିଲେ।

ବିଶ୍ୱନାଥ ପ୍ରତାପ ସିଂହଙ୍କ ପରି ଜଣେ ଟାଣୁଆ ନିର୍ଭୀକ ଏବଂ ଦୁର୍ନୀତିମୁକ୍ତ ନେତା ମଧ୍ୟ ଭାରତବର୍ଷରେ ତିଷ୍ଠିବା କଷ୍ଟ। ଉତ୍ତରପ୍ରଦେଶରେ ମୁଖ୍ୟମନ୍ତ୍ରୀ ବୀର ବାହାଦୁର ସିଂହ କୋଟି କୋଟି ଟଙ୍କା ବିନିମୟରେ ବିଶ୍ୱନାଥ ପ୍ରତାପ ସିଂହଙ୍କ ସଭାସମିତି ଭାଙ୍ଗିବାକୁ ବଦ୍ଧପରିକର। ଏକ ସମୟରେ ୧୯୮୬ ମସିହାରେ ଆମେରିକାର ଟାଇମ ପତ୍ରିକା ବିଶ୍ୱନାଥ ପ୍ରତାପ ସିଂହଙ୍କୁ ପୃଥିବୀର ସର୍ବଶ୍ରେଷ୍ଠ ଅର୍ଥମନ୍ତ୍ରୀ ବୋଲି ପ୍ରଶଂସା କରିଥିଲେ। କାରଣ ଥିଲା ଯେ ଗୋଟିଏ ବର୍ଷ ଭିତରେ ଭାରତର ଅର୍ଥନୈତିକ ବିକାଶ କ୍ଷେତ୍ରରେ ତାଙ୍କର ଅବଦାନ ଅତି ଉଲ୍ଲେଖଯୋଗ୍ୟ ଥିଲା। କଂଗ୍ରେସର ନେତା ପ୍ରଧାନମନ୍ତ୍ରୀ ରାଜୀବଙ୍କ ସହ ମତଭେଦ ହେତୁ ତାଙ୍କୁ ମନ୍ତ୍ରୀପଦରୁ ବହିଷ୍କାର କରାଗଲା। ଅରୁଣ ନେହେରୁ ଯେଉଁତକ ସମୟ ଇଲେକ୍‌ଟ୍ରିକ୍ ପାୱାର ବିଭାଗ ଦାୟିତ୍ୱରେ ଥିଲେ, ଦେଶରେ

ପାୱାର ଅବସ୍ଥାର ଅଭୂତପୂର୍ବ ଅଗ୍ରଗତି ହୋଇଥିଲା । ଏହିଭଳି ନେତୃବର୍ଗଙ୍କୁ ଛୋଟ ଛୋଟ ବ୍ୟକ୍ତିଗତ କାରଣରୁ ବାହାର କରି ଅଯୋଗ୍ୟ ଲୋକଙ୍କୁ ଦେଶର ଦାୟିତ୍ୱରେ ରଖିବା ଗଣତନ୍ତ୍ରକୁ ପରିହାସ ଛଡ଼ା ଆଉ କ'ଣ ହୋଇପାରେ ?

ଆମେରିକାର ମୁଖ୍ୟ ବିଭାଗଗୁଡ଼ିକରେ ଅତି ପାରିବାର ଲୋକଙ୍କୁ ବଛାଯାଇଥାଏ । ସେକ୍ରେଟେରୀ ଅଫ ଷ୍ଟେଟସ ଜର୍ଜ ସୁଲଜ ନିଜେ ରାଜନୀତିବିଜ୍ଞାନରେ ପିଏଚ.ଡି. କରି ଷ୍ଟାନଫୋର୍ଡ଼ ଭଳି ବିଖ୍ୟାତ ବିଶ୍ୱବିଦ୍ୟାଳୟରେ ଅଧ୍ୟାପକ ଥିଲେ । ହେନେରୀ କିସିଞ୍ଜର ହାର୍ଭାର୍ଡ ବିଶ୍ୱବିଦ୍ୟାଳୟରେ ଜଣେ ଖ୍ୟାତନାମା ପ୍ରଫେସର ଥିଲେ । ଯୋଗ୍ୟ ଲୋକଙ୍କୁ ଦେଶ ଚଳାଇବା ଦାୟିତ୍ୱରେ ନ ରଖିଲେ ଭାରତ ପରି ଅନୁନ୍ନତ ତଥା ବିକାଶଶୀଳ ଦେଶ କିପରି ଅଗ୍ରଗତି କରିବ ?

■

ଆମେରିକାରେ ଭାରତ ଉତ୍ସବ

ଏହି ବର୍ଷ ଜୁନ୍ ମାସରେ ଆମେରିକାରେ ଭାରତ ଉତ୍ସବ (Festival of India) ଆରମ୍ଭ ହୋଇଛି। ସେଥିଲାଗି ପ୍ରଧାନମନ୍ତ୍ରୀ ଶ୍ରୀ ରାଜୀବ ଗାନ୍ଧୀ ଜୁନ୍ ୧୧ ତାରିଖରୁ ୱାଶିଂଟନ ଗସ୍ତରେ ଆସୁଛନ୍ତି। ବାଟରେ ସେ ପ୍ୟାରିସରେ ରହି ସେଠି ମଧ୍ୟ 'ଭାରତ ଉତ୍ସବ' ଉଦ୍‌ଘାଟନ କରିବେ। ତାଙ୍କ ସହ ଫ୍ରାନ୍‌ସ୍‌ର ରାଷ୍ଟ୍ରପତି ଫ୍ରାନ୍‌ସୁଆ ମିତଂରା ମଧ୍ୟ ଉପସ୍ଥିତ ରହିବେ। ବିଖ୍ୟାତ ଆଇଫେଲ ଟାୱାର ସାମ୍ନାରେ ଟ୍ରୋକାଡେରୋ ଉଦ୍ୟାନରେ ଭାରତରୁ ଆସିଥିବା ଲୋକନୃତ୍ୟ, ପୋଷାକ ଓ ଚିତ୍ରକଳାର ଉପସ୍ଥାପନ କରାଯିବ। ନିକଟ ଅତୀତରେ ଦିଲ୍ଲୀସ୍ଥିତ ଫରାସୀ ରାଷ୍ଟ୍ରଦୂତଙ୍କ କାର୍ଯ୍ୟାଳୟରେ କାମ କରୁଥିବା ଜଣେ ଅଫିସରଙ୍କର କୁମାର ନାରାୟଣଙ୍କ ସହ ସମ୍ପର୍କ ଏବଂ ଗୁପ୍ତ ସରକାରୀ କାଗଜ ପତ୍ର ହାସଲ କରିବାଜନିତ ଷଡ଼ଯନ୍ତ୍ର ଭାରତ ତଥା ଫ୍ରାନ୍‌ସରେ ଚାଞ୍ଚଲ୍ୟ ସୃଷ୍ଟି କରିଥିଲା। ତା'ପରେ ଦୁଇ ଦେଶ ମଧ୍ୟରେ ବନ୍ଧୁତ୍ୱ କ୍ଷୁଣ୍ଣ ହେବା ସ୍ୱାଭାବିକ। ଫ୍ରାନ୍‌ସ ସରକାର ସେଥିପ୍ରତି ନଜର ଦେଇ ଭାରତକୁ ଗୁରୁତ୍ୱଦେବାକୁ ଚାହୁଁଛନ୍ତି ଏବଂ ରାଜୀବଙ୍କ ଜୁନ ୬ତାରିଖରେ ଉପସ୍ଥିତି ଉପରେ ବହୁତ ଜୋର ଦିଆଯାଉଛି।

ଫ୍ରାନ୍‌ସର କାର୍ଯ୍ୟକ୍ରମ ସାରି ରାଜୀବ ଗାନ୍ଧୀ ୱାଶିଂଟନରେ ପହଞ୍ଚିବେ। ସ୍ୱର୍ଗତା ଇନ୍ଦିରା ଗାନ୍ଧୀଙ୍କ ଦ୍ୱାରା ଏହି ଭାରତ ଉତ୍ସବ ଉଦ୍‌ଘାଟିତ ହେବାର ଯୋଜନା ଥିଲା।

ଆମେରିକାର ବିଭିନ୍ନ ସହରରେ ଏ ଉତ୍ସବ ବର୍ଷସାରା ଚାଲିବ। ଭାରତର କଳା ଓ ସାଂସ୍କୃତିକ କାର୍ଯ୍ୟକ୍ରମ ୱାଶିଂଟନରେ ଆରମ୍ଭ ହୋଇ ନ୍ୟୁୟର୍କ, ବୋଷ୍ଟନ, ଚିକାଗୋ, ସାନ୍‌ଫ୍ରାନ୍‌ସିସ୍କୋ, ଲସ୍‌ଏଞ୍ଜେଲସ୍, ଡଲାସ, ହ୍ୟୁଷ୍ଟନ ଇତ୍ୟାଦି ସହରମାନ ପରିକ୍ରମା କରିବ। ସ୍ଥାନୀୟ ଭାରତୀୟ ଦୂତାବାସର କର୍ମଚାରୀଙ୍କ ସହ ଆମେରିକାରେ ଭାରତୀୟ ବାସିନ୍ଦାମାନେ ମଧ୍ୟ ଏଥିରେ ସହାୟତା କରୁଛନ୍ତି। ରାଷ୍ଟ୍ରପତି ରେଗାନ୍ ପ୍ରଧାନମନ୍ତ୍ରୀ ରାଜୀବଙ୍କ ସହ କେତେକ ଆଲୋଚନା କରିବାର ଯୋଜନା ରହିଛି। ରେଗାନ୍ ସରକାର ଭାରତ ସହ ବନ୍ଧୁତ୍ୱର ଏକ ନୂତନ ପର୍ଯ୍ୟାୟ ଆରମ୍ଭ କରିବାକୁ ଇଚ୍ଛା କରୁଛନ୍ତି। ନିକଟ ଅତୀତରେ ଆମେରିକା ସରକାରଙ୍କର

ବହୁ ଉଚ୍ଚସ୍ତରୀୟ କର୍ମଚାରୀ ଭାରତ ଯାଇଛନ୍ତି। ହେନେରୀ କିସିଞ୍ଜର ମଧ୍ୟ ଦିଲ୍ଲୀରେ ରହି ଏଲ.କେ.ଝା ତଥା ନରସିଂହ ରାଓଙ୍କ ସହ ଦୁଇ ଦେଶ ସମ୍ପର୍କ ବିଷୟରେ ଆଲୋଚନା କରିଥିଲେ।

ଏପ୍ରିଲ ମାସରେ ରେଗାନ୍‌ଙ୍କର ଜଣେ ଉଚ୍ଚପଦସ୍ଥ କର୍ମଚାରୀ ଭାରତକୁ ସାମରିକ ଅସ୍ତ୍ରଶସ୍ତ୍ର ବିକ୍ରୟ ସମ୍ବନ୍ଧରେ ଆଲୋଚନା କରିବାକୁ ଯାଇଥିଲେ। ଏ କ୍ଷେତ୍ରରେ ଭାରତର ସୋଭିଏତ ରୁଷିଆ ସହ ଦୃଢ଼ ସମ୍ପର୍କକୁ ଆମେରିକା ଟିକିଏ କୋହଳ କରିବାକୁ ଇଚ୍ଛୁକ ଭଳି ମନେହେଉଛି।

ଗତ ୩ବର୍ଷ ତଳେ ଇଂଲଣ୍ଡରେ ଇଣ୍ଡିଆ ଫେଷ୍ଟିଭାଲ ହୋଇଥିଲା। ପ୍ରଧାନମନ୍ତ୍ରୀ ଇନ୍ଦିରା ଗାନ୍ଧୀ ଓ ମାର୍ଗାରେଟ ଥାଚର (ବିଲାତର ପ୍ରଧାନମନ୍ତ୍ରୀ) ଏହାକୁ ଉଦ୍‌ଘାଟନ କରିଥିଲେ। ନାନା ପ୍ରକାର ଭାରତୀୟ କଳା ଓ ସଂସ୍କୃତିର ପ୍ରଦର୍ଶନୀ ହୋଇଥିଲା। ଉଦାହରଣ ସ୍ୱରୂପ "ମ୍ୟୁଜିୟମ୍ ଅଫ୍ ମ୍ୟାନକାଇଣ୍ଡ" ବୋଲି ଲଣ୍ଡନର ଏକ ବିଖ୍ୟାତ ଯାଦୁଘରେ ଗୋଟିଏ ଭାରତୀୟ ଗାଁର ଅବିକଳ ରୂପ ପ୍ରଦର୍ଶିତ ହୋଇଥିଲା। ଏହାର ନାଁ ଥିଲା **Vasna, Inside an Indian Village** (ଭାସନା, ଭାରତର ଏକ ଗାଁ ଭିତରେ) ଅହମ୍ମଦାବାଦ ପାଖରେ ଭାସନା ଗାଁରୁ ଯାଇ ସେଠାର ବ୍ୟବହାର୍ଯ୍ୟ କେତୋଟି ଜିନିଷର ଅବିକଳ ନକଲ ପ୍ରଦର୍ଶନ ହୋଇଥିଲା ଯଥା: ଏକ ତନ୍ତୀର ଘର, ଘର ବାହାରେ ଗୁହାଳ, ବଳଦ ଓ ବଳଦ ଗାଡ଼ି। ଏହାକୁ ଦେଖିବାକୁ ଶହ ଶହ ବ୍ରିଟିଶ ଓ ବିଦେଶୀ ଭାରତୀୟମାନଙ୍କ ଭିଡ଼ ହୋଉଥିଲା।

ଏଭଳି ନାନା ପ୍ରକାରର ସାଂସ୍କୃତିକ ବ୍ୟବହାର୍ଯ୍ୟ ସାମଗ୍ରୀ ଆମେରିକାରେ ମଧ୍ୟ ଏଥର ପ୍ରଦର୍ଶିତ ହେବ। ଅନେକ ଆମେରିକାବାସୀ ଏହାକୁ ଦେଖିବାକୁ ଉତ୍କଣ୍ଠାର ସହ ଅପେକ୍ଷା କରିଛନ୍ତି। ଏଭଳି ଏକ ପଦକ୍ଷେପ ଆମେରିକାରେ ସର୍ବପ୍ରଥମ। ଏହାଦ୍ୱାରା ଯେ ଆମେରିକାବାସୀ ଓ ଭାରତୀୟଙ୍କ ମଧ୍ୟରେ ସୌହାର୍ଦ୍ଦ୍ୟ ଏବଂ ବୁଝାମଣା ବୃଦ୍ଧି ପାଇବ, ଏଥିରେ ସନ୍ଦେହ ନାହିଁ।

■

ନୂଆବର୍ଷରେ ଭାରତ ଚିନ୍ତା-୧୯୮୫

ସୁଦୂର ଆମେରିକାରୁ, ଏଠାର ଓଡ଼ିଆ ସମ୍ପ୍ରଦାୟ ତରଫରୁ ଓଡ଼ିଶାବାସୀଙ୍କୁ ନବବର୍ଷର ହାର୍ଦ୍ଦିକ ଅଭିନନ୍ଦନ ଓ ଶୁଭେଚ୍ଛା । ଚାହୁଁ ଚାହୁଁ ୧୯୮୪ ଇତିହାସକୁ ଚାଲିଗଲା । ଗତବର୍ଷ ଭାରତ, ଆମେରିକା ତଥା ପୃଥିବୀ ଲାଗି ଏକ ସ୍ମରଣୀୟ ବର୍ଷ । ଜୁନ୍ ମାସରେ ଅମୃତସରସ୍ଥିତ ସ୍ୱର୍ଣ୍ଣମନ୍ଦିରରେ ସୈନ୍ୟ ପ୍ରବେଶ ଏବଂ ସନ୍ଥ ଭିନ୍ଦ୍ରନୱାଲେଙ୍କ ମୃତ୍ୟୁ ସମ୍ବାଦ ବିଦେଶୀ ଶିଖମାନଙ୍କୁ ଅସ୍ଥିର କରିଥିଲା । ତା'ପରେ ପ୍ରଧାନମନ୍ତ୍ରୀ ଶ୍ରୀମତୀ ଇନ୍ଦିରା ଗାନ୍ଧୀଙ୍କୁ ପ୍ରତିଶୋଧ ମୂଳକ ହତ୍ୟା ଏଠାରେ ସମସ୍ତ ଭାରତୀୟ ତଥା ଆମେରିକାବାସୀଙ୍କୁ ବିଚଳିତ କଲା ।

ରାଜୀବ ଗାନ୍ଧୀଙ୍କୁ ଅସ୍ଥାୟୀ ପ୍ରଧାନମନ୍ତ୍ରୀ ରୂପେ ଘୋଷଣା ପରେ ପରେ ଲୋକସଭା ନିର୍ବାଚନ ଘୋଷଣା ଗଣତନ୍ତ୍ରପ୍ରେମୀ ଆମେରିକାବାସୀଙ୍କ ପାଖରେ ଉଲ୍ଲେଖଯୋଗ୍ୟ ଘଟଣା ହେଲା; କାରଣ ଇନ୍ଦିରାଙ୍କ ପରେ ରାଜନୈତିକ ଅସ୍ଥିରତା ସୃଷ୍ଟି ହେବାର ସମ୍ଭାବନା ରହିଛି ବୋଲି ଏଠାର ସମ୍ବାଦପତ୍ରମାନେ ମତ ଦେଉଥିଲେ । ଲୋକସଭା ନିର୍ବାଚନରେ ରାଜୀବଙ୍କ ଐତିହାସିକ ବିଜୟ ବହୁଳଭାବେ ପ୍ରସାରିତ ହେଲା । ମୁଖ୍ୟ ସମ୍ବାଦପତ୍ରମାନେ ସୁପ୍ରତିଷ୍ଠିତ ତଥା ଲୋକପ୍ରିୟ ନେତାମାନଙ୍କର (ଯଥା- ହେମବତୀ ନନ୍ଦନ ବହୁଗୁଣା, ଅଟଳ ବିହାରୀ ବାଜପେୟୀ) ପରାଜୟ କଥା ଉଲ୍ଲେଖ କରି ରାଜୀବଙ୍କ ନୂତନ ନେତୃତ୍ୱରେ ଭାରତର ରାଜନୈତିକ ଦିଗ୍‌ବଳୟରେ ନୂତନ ଦିଗ୍‌ଦର୍ଶନର ପ୍ରାରମ୍ଭ ବୋଲି ମନ୍ତବ୍ୟ ଦେଉଛନ୍ତି ।

ଆସନ୍ତା ଜୁନ୍ ମାସରେ ରାଜୀବଙ୍କ ପ୍ରସ୍ତାବିତ ୱାଶିଂଟନ ଗସ୍ତ ତଥା ରେଗାନ୍‌ଙ୍କ ସହ ସାକ୍ଷାତକାର ଭାରତ-ଆମେରିକା ସମ୍ପର୍କରେ ଉନ୍ନତି ଘଟାଇବ ବୋଲି ଆଶା ପ୍ରକାଶ କରାଯାଉଛି । ରାଜୀବ ଗାନ୍ଧୀ ତଥା ନୂଆ ନେତୃବର୍ଗ ଭାରତରେ କଡ଼ା ଶାସନ ଜାରି କରି ଦୁର୍ନୀତି ଲୋପ କରିବାରେ ବିଶେଷ ଉଦ୍ୟମ କରିବେ ବୋଲି ବିଦେଶୀ ଭାରତୀୟମାନେ ବିଶେଷ ଆଶା କରୁଛନ୍ତି । ୧୯୮୫ ମସିହାଟି ଭାରତ ପାଇଁ ରାଜନୈତିକ ଆକାଶରେ ନୂତନ ସୂର୍ଯ୍ୟୋଦୟ ଆଣୁ, ଏହାହିଁ କାମନା ।

ଖ୍ରୀଷ୍ଟମାସ ଏବଂ ନୂଆବର୍ଷ ଏ ଦେଶରେ ଉତ୍ସବର ସମୟ। ଆମ ଓଡ଼ିଶା ପରି ଏଠି ସାରାବର୍ଷ ବିଭିନ୍ନ ପର୍ବପର୍ବାଣି ନ ଥାଏ। ସମୁଦାୟ ବର୍ଷ ଭିତରେ ଅଫିସ, କାରଖାନା ଇତ୍ୟାଦିରେ ମାତ୍ର ୧୦ ଦିନ ଛୁଟି। ତେଣୁ ଖ୍ରୀଷ୍ଟମାସ ଏମାନଙ୍କର ମୁଖ୍ୟ ଉତ୍ସବ କହିଲେ ଚଳେ। ସ୍କୁଲ, କଲେଜ ଛୁଟି ହୁଏ। ଅଫିସ ସବୁ ମଧ୍ୟ ବନ୍ଦ ହୁଏ। ପରିବାରର ସମସ୍ତେ ବିଭିନ୍ନ ଜାଗାରୁ ଆସି ଏକତ୍ର ହୁଅନ୍ତି। ପରସ୍ପର ଲାଗି ଉପହାର ଆଦାନ ପ୍ରଦାନ ସଙ୍ଗେ ସଙ୍ଗେ କେତୋଟି ଦିନ ହସଖୁସିରେ ସମୟ କଟାନ୍ତି। ସହର, ବଜାର, ଘର, ସବୁଆଡ଼େ ବିପୁଳ ଆଲୋକସଜ୍ଜା ହୋଇଥାଏ।

୧୯୮୪ରେ ଆମେରିକାରେ ଅଲିମ୍ପିକ୍ କ୍ରୀଡ଼ା ଲସ୍‌ଏଞ୍ଜେଲସ୍ ସହରରେ ଅନୁଷ୍ଠିତ ହୋଇଥିଲା। ଅନ୍ୟାନ୍ୟ ଅଲିମ୍ପିକ୍ ପରି ଏଥରକ ଏହି କ୍ରୀଡ଼ାରେ ଅର୍ଥନୈତିକ କ୍ଷତି ନ ହୋଇ ବରଂ ୨୫୦ କୋଟି ଟଙ୍କା ଲାଭ ହେଲା। ସୋଭିଏତ୍ ରୁଷିଆ, ପୂର୍ବଜର୍ମାନୀ ସମେତ କେତେକ କମ୍ୟୁନିଷ୍ଟ ରାଷ୍ଟ୍ର ଏଥିରେ ଭାଗ ନେଲେ ନାହିଁ। ତଥାପି ଏହି କ୍ରୀଡ଼ା ପ୍ରତି ଆଗ୍ରହ ପୂର୍ବପରି ଅତୁଟ ରହିଥିଲା।

ଗତବର୍ଷ ଆମେରିକାରେ ରାଷ୍ଟ୍ରପତି ନିର୍ବାଚନ ହେଲା। ରାଷ୍ଟ୍ରପତି ରେଗାନ୍ ବିପୁଳ ସିଂଖ୍ୟାଗରିଷ୍ଠତା ହାସଲ କରି ପୁନଃନିର୍ବାଚିତ ହେଲେ। ସମୁଦାୟ ୫୦ଟି ପ୍ରଦେଶରୁ ୪୯ଟି ପ୍ରଦେଶରେ ସେ ସଂଖ୍ୟାଗରିଷ୍ଠତା ହାସଲ କଲେ। ଡେମୋକ୍ରାଟିକ୍ ଦଳର ପ୍ରାର୍ଥୀ ମଣ୍ଡେଲ କେବଳ ତାଙ୍କ ପ୍ରଦେଶ ମିନୋସୋଟାରୁ ଜିତିଲେ। ରେଗାନ୍‌ଙ୍କ ଲୋକପ୍ରିୟତାର ମୂଳ କାରଣ ଭିତରେ ଅର୍ଥନୈତିକ ସ୍ୱଚ୍ଛଳତା ପ୍ରଥମ। ମୁଦ୍ରାସ୍ଫୀତି କମି କମି ଶତକଡ଼ା ୪ ତଳେ ପହଞ୍ଚିଲା, ସାଧାରଣ ଲୋକେ ଅନୁଭବ କଲେ ଯେ, ଗତ ୪ ବର୍ଷ ଭିତରେ ସେମାନଙ୍କର ଜୀବନଧାରଣର ମାନ ଉନ୍ନତ ହୋଇଛି।

କାର୍ଟରଙ୍କ ସମୟରେ ଇରାନରେ ଆମେରିକୀୟ ବନ୍ଦୀ ସମସ୍ୟା ନେଇ ଯେଉଁ ଅପମାନଜନକ ପରିସ୍ଥିତି ସୃଷ୍ଟି ହୋଇଥିଲା ରେଗାନ୍‌ଙ୍କ ସମୟରେ ସେଭଳି ଘଟଣାର ପୁନରାବୃତ୍ତି ହେଲା ନାହିଁ। ବରଂ ଆମେରିକା ସବୁଠାରୁ ଶକ୍ତିଶାଳୀ (ସାମରିକ କ୍ଷେତ୍ରରେ) ରାଷ୍ଟ୍ର ବୋଲି ସାଧାରଣ ଜନସାଧାରଣଙ୍କ ପାଖରେ ଆଦୃତ ହେଲା, ଅବଶ୍ୟ ବିଶ୍ୱ ମହାଯୁଦ୍ଧର ସମ୍ଭାବନା ବୃଦ୍ଧି ପାଇଥିଲେ ହେଁ ସାଧାରଣ ଲୋକେ ତାକୁ ବିଶେଷ ହୃଦୟଙ୍ଗମ କଲେ ନାହିଁ। ନିର୍ବାଚନ ଆଗରୁ ସୋଭିଏତ୍ ରୁଷିଆ ସହ ନିରସ୍ତ୍ରୀକରଣ କଥାବାର୍ତ୍ତା ପାଇଁ ଆଗ୍ରହ ପ୍ରକାଶ କରିଥିବାରୁ ରେଗାନ୍‌ଙ୍କ ଲୋକପ୍ରିୟତା ବୃଦ୍ଧିରେ ଏହାର ସହାୟକ ହେଲା। ଏଇ ମାସରେ ରେଗାନ୍ ଆସନ୍ତା ୪ବର୍ଷ ଲାଗି ରାଷ୍ଟ୍ରପତି ଭାବରେ ଶପଥ ଗ୍ରହଣ କରିବେ ଏବଂ ଦେଶ ପାଇଁ ତାଙ୍କ କର୍ମସୂଚୀର ରୂପରେଖ ଦେବେ।

୧୯୮୫ରେ ଆମେରିକାର ଓଡ଼ିଆ ସମାଜର ଦ୍ୱିବାର୍ଷିକ ନିର୍ବାଚନ ହେବ। ଏହାକୁ ଡାକଦ୍ୱାରା କାର୍ଯ୍ୟକାରୀ କରାଯାଇଥାଏ। ପ୍ରଥମେ ପ୍ରାର୍ଥୀ ମନୋନୟନ ପର୍ଯ୍ୟାୟ ଆରମ୍ଭ ହୁଏ। ତା'ପରେ ୪ଟି ବିଭାଗରେ ମନୋନୀତ ପ୍ରାର୍ଥୀମାନଙ୍କ ମଧ୍ୟରେ ନିର୍ବାଚନ ହୋଇଥାଏ (ସଭାପତି, ଉପସଭାପତି, ସେକ୍ରେଟେରୀ ଏବଂ କୋଷାଧ୍ୟକ୍ଷ, ନିଉଜ୍‌ଲେଟରର ସମ୍ପାଦକ)। ପ୍ରାର୍ଥୀ ମନୋନୟନ ବିଭିନ୍ନ ସଭ୍ୟମାନେ କରନ୍ତି। ନିର୍ବାଚନ ପରେ ଫଳାଫଳ ନିଉଜଲେଟର ମାଧ୍ୟମରେ ଘୋଷଣା କରାଯାଏ। ଜୁଲାଇ ମାସରେ ବାର୍ଷିକ ଅଧିବେଶନରେ ନୂତନ କର୍ମକର୍ତ୍ତାମାନେ ଦାୟିତ୍ୱ ଗ୍ରହଣ କରନ୍ତି। ଏବର୍ଷର ନିର୍ବାଚନ କମିଟିରେ ୫ଜଣ ସଭ୍ୟ ଅଛନ୍ତି ଏବଂ ଚେୟାରମ୍ୟାନ ଅଛନ୍ତି ଚିକାଗୋ ସହରର ଡକ୍ଟର ସୂର୍ଯ୍ୟ ମିଶ୍ର।

■

ଆମେରିକାରେ ଭାରତ ଓ ଭାରତୀୟ

ନିଉୟର୍କ ସହରରେ ଜଣେ ଅତି ପ୍ରତିଷ୍ଠିତ ଭାରତୀୟ ହେଉଛନ୍ତି ବମ୍ବେରୁ ଆସିଥିବା ଜୁବିନ ମେହେଟ୍ଟା । ଗତ ୩୦ବର୍ଷ ହେବ ଶ୍ରୀ ମେହେଟ୍ଟା ପାଶ୍ଚାତ୍ୟ ସଙ୍ଗୀତରେ ବିଶେଷ ସୁଖ୍ୟାତି ଅର୍ଜନ କରିଛନ୍ତି । କିନ୍ତୁ ସେ ଗାୟକ ନୁହନ୍ତି କି ବାୟକ ନୁହନ୍ତି । ସେ ଅର୍କେଷ୍ଟ୍ରା (Philharmonic)ର ନିର୍ଦ୍ଦେଶକ । ଏଇ ଅର୍କେଷ୍ଟ୍ରାରେ ପ୍ରାୟ ୧୦୦ରୁ ଊର୍ଦ୍ଧ୍ୱ ଯନ୍ତ୍ରବାଦକ ଥାଆନ୍ତି ଏବଂ ସେମାନେ ଇଉରୋପର ପ୍ରାଚୀନ (Classical) ସଙ୍ଗୀତକୁ ବାଦ୍ୟଯନ୍ତ୍ରରେ ରୂପାୟନ କରନ୍ତି । ଦୁଇଶହ ତିନିଶହ ବର୍ଷ ତଳେ ଅଷ୍ଟ୍ରିଆ ଓ ଜର୍ମାନୀରେ ଯେଉଁ ବିଖ୍ୟାତ ପାଶ୍ଚାତ୍ୟ ସଙ୍ଗୀତକାରମାନେ ଥିଲେ; ଯଥା- ବେଥୋଭେନ୍, ମୋଜାର୍ଟ, ଷ୍ଟ୍ରାଉସ୍, ସେମାନଙ୍କ ଐତିହାସିକ ସଙ୍ଗୀତ ରଚନାବଳୀକୁ ଏମାନେ ବଜାଇଥାନ୍ତି । ଏମାନଙ୍କର ନେତାଙ୍କୁ (Conductor) କୁହାଯାଇଥାଏ ।

ଶ୍ରୀ ମେହେଟ୍ଟା ଅଷ୍ଟ୍ରିଆରୁ ଅଳ୍ପ ବୟସରେ ତାଲିମ୍ ପାଇ ମଣ୍ଟ୍ରିଲ୍‌ର ଫିଲହାରମୋନିକ୍‌ର ନିର୍ଦ୍ଦେଶକ ହେଲେ, ତା'ପରେ ସେ ୧୫ ବର୍ଷ ଲସ୍ ଏଞ୍ଜେଲସ୍ ଫିଲହାରମୋନିକ୍‌ର ନିର୍ଦ୍ଦେଶନା ଦାୟିତ୍ୱ ନେଲେ । ଗତ ୬ବର୍ଷ ତଳେ ସବୁଠାରୁ ସୁପ୍ରତିଷ୍ଠିତ ତଥା ସମ୍ମାନିତ ନିଉୟର୍କ ଫିଲହାରମୋନିକ୍ ଅର୍କେଷ୍ଟ୍ରାର ନିର୍ଦ୍ଦେଶନା ଦାୟିତ୍ୱ ନେଲେ । ଏହାଛଡ଼ା ସେ ଇସ୍ରାଏଲର ତେଲ୍-ଅଭିଭ ଅର୍କେଷ୍ଟ୍ରାର ମଧ୍ୟ ନିର୍ଦ୍ଦେଶନା ଦିଅନ୍ତି ।

ନିକଟରେ ଶ୍ରୀ ମେହଟ୍ଟା ସ୍ୱର୍ଗତା ପ୍ରଧାନମନ୍ତ୍ରୀ ଇନ୍ଦିରା ଗାନ୍ଧୀଙ୍କ ଉତ୍ସାହକ୍ରମେ ଭାରତ ଗସ୍ତ କରି ଦିଲ୍ଲୀ ଓ ବମ୍ବେ ସହରରେ ତାଙ୍କ କଳାର ଉପସ୍ଥାପନା କରି ବିଶେଷ ଭାବେ ଆଦୃତ ହୋଇଥିଲେ ।

ଗତ ୨ବର୍ଷ ତଳେ ସାର୍ ରିଚାର୍ଡ୍ ଆଟେନବୋରୋଙ୍କ ନିର୍ଦ୍ଦେଶିତ ଚଳଚ୍ଚିତ୍ର ଗାନ୍ଧୀ ଆମେରିକା ତଥା ଇଉରୋପରେ ବିଶେଷଭାବେ ଆଦୃତ ହୋଇଥିଲା । ଏହା ସର୍ବୋଚ୍ଚ ପୁରସ୍କାର ଓସ୍କାରର ୮ଟି ବିଭାଗରେ ବିଜୟ ଲାଭ କରିଥିଲା ।

ନିକଟରେ ଭାରତରେ ବ୍ରିଟିଶ ଶାସନକାଳରେ ଘଟଣାବଳୀକୁ ନେଇ ଆଉ

ଏକ ଚଳଚ୍ଚିତ୍ର A Passage to India ମୁକ୍ତିଲାଭ କରିଛି । ଏହାକୁ ନିର୍ଦ୍ଦେଶନା ଦେଇଛନ୍ତି ଇଂଲଣ୍ଡର ବିଖ୍ୟାତ ନିର୍ଦ୍ଦେଶକ ୭୬ ବର୍ଷ ବୟସରେ ସାର୍ ଡେଭିଡ଼ ଲିନ୍ ଯେ କି ଅତୀତରେ Dr. Zhivago; Lawrence of Arabia ଇତ୍ୟାଦି ନାମଜାଦା ଚଳଚ୍ଚିତ୍ର ନିର୍ମାଣ କରିଥିଲେ । ଏଇ ନୂଆ ଚଳଚ୍ଚିତ୍ରଟି ଗତ ଡିସେମ୍ବରରେ ଆମେରିକାର ୩ଟି ସହରରେ ମୁକ୍ତିଲାଭ କରି ବିଶେଷ ସୁନାମ ଅର୍ଜନ କଲାଣି । ଇଂଲଣ୍ଡ ଓ ଅଷ୍ଟ୍ରେଲିଆର ଅଭିନେତା ଓ ଅଭିନେତ୍ରୀଙ୍କ ଛଡ଼ା ଭାରତର ଭିକ୍ଟର ବାନାର୍ଜୀ ଏଥିରେ ଅଂଶ ଗ୍ରହଣ କରିଛନ୍ତି । ଏ ବର୍ଷର ଓସ୍କାର ପୁରସ୍କାରର କେତେକ ମୁଖ୍ୟ ବିଭାଗରେ ଏହା ବିଜେତା ହେବ ବୋଲି ଆଶା କରାଯାଉଛି । 'A Passage to India' ବହିଟିକୁ ୧୯୨୮ ମସିହାରେ ଇଂଲଣ୍ଡର ଲେଖକ ଇ.ଏମ୍. ଫର୍ଷ୍ଟର ଲେଖିଥିଲେ ।

ଟେଲିଭିଜନରେ ୧୯୪୩ ର ବ୍ରିଟିଶ ଭାରତରେ ଆଧାରିତ ଏକ ଗଳ୍ପ ଉପରେ ୧୫ ଘଣ୍ଟାର ପ୍ରୋଗ୍ରାମ Jewel in the crown (ମୁକୁଟର ମଣି) ବର୍ତ୍ତମାନ ଆମେରିକା ଓ କାନାଡ଼ାରେ ଦେଖା ହେଉଛି । ଏହା ଇଂଲଣ୍ଡର ବି.ବି.ସି. ସଂସ୍ଥା ପକ୍ଷରୁ ନିର୍ମାଣ କରାଯାଇଛି । ସେତେବେଳେ ଭାରତରେ ଥିବା ବ୍ରିଟିଶ ଅଫିସରମାନଙ୍କର ମନୋବୃତ୍ତି ରଙ୍ଗବୈଷମ୍ୟ ତଥା ଦ୍ୱିତୀୟ ମହାଯୁଦ୍ଧର ଘନଘଟା ଭିତରେ ଜାପାନର ଭାରତ ଆକ୍ରମଣର ଆଶଙ୍କା ଇତ୍ୟାଦି ନେଇ କେତେକ ରୋମାଞ୍ଚକାରୀ ଘଟଣାବଳୀକୁ ଚଳଚ୍ଚିତ୍ରରେ ରୂପାୟନ କରାଯାଇଛି ।

ରାଜୀବ ଗାନ୍ଧୀଙ୍କ ଆମେରିକା ଗସ୍ତ-୧୯୮୫

ଗତ ଜୁନ୍ ମାସରେ ପ୍ରଧାନମନ୍ତ୍ରୀ ରାଜୀବ ଗାନ୍ଧୀଙ୍କ ଆମେରିକା ଗସ୍ତ ଏଠାର ଖବରକାଗଜ ତଥା ଟେଲିଭିଜନରେ ବହୁଳଭାବେ ପ୍ରଚାରିତ ହୋଇଥିଲା । ରାଜୀବଙ୍କ ପ୍ରତିରକ୍ଷା ପାଇଁ ରେଗାନ୍ ସରକାର ଅତି କଡ଼ା ନିରାପତ୍ତା ବ୍ୟବସ୍ଥା କରିଥିଲେ । ୱାଶିଂଟନ ସହରରେ ରାଜୀବ ଭାରତର ରାଷ୍ଟ୍ରଦୂତ ଶଙ୍କର ବାଜପେୟୀଙ୍କ ବାସଭବନରେ ରହିଲେ । ତାଙ୍କର ସହକର୍ମୀମାନେ କିଛି ମାଇଲ ଦୂର ମାଡ଼ିସନ ହୋଟେଲଠାରେ ଅବସ୍ଥାନ କରୁଥିଲେ । ଭାରତୀୟ ତଥା ବିଦେଶୀ ସମ୍ବାଦଦାତାମାନଙ୍କୁ ରାଜୀବଙ୍କ ମିଟିଂର ନିର୍ଦ୍ଧାରିତ ସମୟରେ ଅଧଘଣ୍ଟା ଆଗରୁ ପହଞ୍ଚିବା ପାଇଁ ନିର୍ଦ୍ଦେଶ ଦିଆଯାଇଥିଲା । ପ୍ରତ୍ୟେକଙ୍କୁ ସୁରକ୍ଷା ଯାଞ୍ଚ କରାଇବାକୁ ହେଉଥିଲା ।

ରାଜନୈତିକ ଦୃଷ୍ଟିକୋଣରୁ ରେଗାନ୍ ସରକାର ରାଜୀବଙ୍କ ଗସ୍ତ ଉପରେ ଅଭୂତପୂର୍ବ ଗୁରୁତ୍ୱ ଦେଇଥିଲେ । ରେଗାନ୍ ସରକାରଙ୍କର ସମସ୍ତ କ୍ୟାବିନେଟ ପାହ୍ୟାର ସହକର୍ମୀଙ୍କ ସହ ରାଜୀବ ଦେଖାକଲେ । ସବୁଠାରୁ ଗୁରୁତ୍ୱପୂର୍ଣ୍ଣ ଘଟଣା ଥିଲା ରାଜୀବଙ୍କୁ କଂଗ୍ରେସର ସମବେତ ଅଧିବେଶନ (joint session of Congress) ରେ ଭାଷଣ ଦେବାକୁ ନିମନ୍ତ୍ରଣ । ଏଥିପୂର୍ବରୁ କେବଳ ଜଣେ ମାତ୍ର ଭାରତୀୟ ନେତା ଏହି ସମ୍ମାନର ଅଧିକାରୀ ଥିଲେ । ସେ ଥିଲେ ପଣ୍ଡିତ ଜବାହରଲାଲ ନେହେରୁ ୧୯୪୯ ମସିହାରେ ।

ରାଜୀବଙ୍କ କଂଗ୍ରେସ ଭାଷଣକୁ ସମସ୍ତେ ଖୁବ୍ ପ୍ରଶଂସା କଲେ । ଭାଷଣର ଶେଷରେ ରାଜୀବ କହିଲେ, "India is an old country, but a young nation and like the young everywhere we are impatient. I am impatient and I too have a dream. I dream of an India-strong, independent, self reliant and in the front ranks of nations of the world in the service of mankind." (ଭାରତ ଏକ ପୁରାତନ ଦେଶ ଅଥଚ ଏକ ତରୁଣ ରାଷ୍ଟ୍ର । ଆମେମାନେ ସେଥିଲାଗି ଟିକିଏ ଅଧୈର୍ଯ୍ୟ । ମୁଁ ନିଜେ ମଧ୍ୟ ଅଧୈର୍ଯ୍ୟ ଏବଂ ମୋର ଏକ ସ୍ୱପ୍ନ ଅଛି । ମୋର ସ୍ୱପ୍ନର ଭାରତବର୍ଷ ଏକ ଶକ୍ତିଶାଳୀ,

ସ୍ୱାଧୀନ, ଆତ୍ମନିର୍ଭରଶୀଳ ଦେଶ ଏବଂ ମାନବଜାତିର ସେବାରେ ପୃଥିବୀର ସର୍ବଶ୍ରେଷ୍ଠ ଦେଶମାନଙ୍କ ମଧ୍ୟରୁ ଅନ୍ୟତମ)।

ଭାଷଣ ଶେଷରେ ସବୁ ସିନେଟରମାନେ ଠିଆ ହୋଇ ସମବେତ କରତାଳି ଦେଇ ରାଜୀବଙ୍କୁ ଅଭିନନ୍ଦନ ଜଣାଇଲେ। ଏପରିକି ଭାରତର ଜଣେ ମୁଖ୍ୟ ସମାଲୋଚକ, ପ୍ୟାଟ୍ରିକ୍ ମନିହାନ୍ ରାଜୀବଙ୍କୁ ହାର୍ଦ୍ଦିକ ଧନ୍ୟବାଦ ଜଣାଇଥିଲେ। ରାଜୀବ ଏକାଧିକବାର ରେଗାନ୍‌ଙ୍କ ଯୁଦ୍ଧଖୋର ନୀତି ତଥା ମହାକାଶରେ ଅସ୍ତ୍ରସଜ୍ଜା (Star Wars) ଯୋଜନାକୁ କଟୁ ସମାଲୋଚନା କଲେ ମଧ୍ୟ ରେଗାନ ସରକାର ସେଥିରେ ବିମର୍ଷ ବା କ୍ରୋଧାନ୍ୱିତ ହୋଇ ନ ଥିଲେ। ଏଥିରୁ ରାଜୀବ ସରକାରଙ୍କ ସହ ଉତ୍ତମ ବୁଝାମଣା ଲାଗି ଆମେରିକା ବିଶେଷଭାବେ ଆଗ୍ରହୀ ଭଳି ବୋଧହେଲା।

ରାଜନୈତିକ ଛଡ଼ା ରାଜୀବ ଓ ସୋନିଆ ଗାନ୍ଧୀ ଅନେକ ସାଂସ୍କୃତିକ ତଥା ସାମାଜିକ କାର୍ଯ୍ୟକ୍ରମରେ ଯୋଗ ଦେଇଥିଲେ। ହ୍ୱାଇଟ ହାଉସ (ରେଗାନ୍‌ଙ୍କ ବାସଭବନ) ରେ ରାଜୀବ ଓ ସୋନିଆଙ୍କ ପାଇଁ ରେଗାନ୍ ଓ ତାଙ୍କ ପତ୍ନୀ ନାନ୍‌ସି ଏକ ସାନ୍ଧ୍ୟ ଭୋଜନର ଆୟୋଜନ କରିଥିଲେ। ଅନ୍ୟାନ୍ୟ ନିମନ୍ତ୍ରିତ ଅତିଥିମାନଙ୍କ ମଧ୍ୟରେ ଥିଲେ ନୋବେଲ ପୁରସ୍କାର ବିଜେତା ପ୍ରଫେସର ସୁବ୍ରମନିଅମ୍ ଚନ୍ଦ୍ରଶେଖର, ଶିଳ୍ପପତି ସରଜଙ୍ଗଲାଲ୍ ଟଣ୍ଡନ, ବିଶିଷ୍ଟ ଜାହାଜ କମ୍ପାନୀର ମାଲିକ ରବି ଟିକ୍‌କୁ, ପବ୍ଲିକ୍ ରିଲେସନ୍ କମ୍ପାନୀର ମାଲିକ ଜାନକୀ ଗଞ୍ଜୁ। ଏହାଛଡ଼ା ରେଗାନ୍‌ଙ୍କ କେତେକ ବିଶିଷ୍ଟ ଆମେରିକାନ୍ ବନ୍ଧୁମାନେ ମଧ୍ୟ ନିମନ୍ତ୍ରିତ ହୋଇଥିଲେ।

ୱାଶିଂଟନରେ 'ଭାରତ ଉତ୍ସବ'ର ଉଦ୍‌ଘାଟନ ମଧ୍ୟ ହେଲା। ରାଜୀବ ଓ ସୋନିଆଙ୍କୁ ନାନ୍‌ସି ରେଗାନ୍ ନେଇ 'ଅଦିତି' ପ୍ରଦର୍ଶନୀ ବୁଲାଇଲେ। ସାଙ୍ଗରେ ଭାରତ ଉତ୍ସବର ମୁଖ୍ୟ ନିର୍ଦ୍ଦେଶିକା ପୁପୁଲ ଜୟକର ମଧ ଥିଲେ। ସନ୍ଧ୍ୟାରେ ସହରର ସର୍ବଶ୍ରେଷ୍ଠ ହଲ୍ କେନେଡ଼ି ସେଣ୍ଟରଠାରେ ସ୍ୱତନ୍ତ୍ରଭାବେ ନିମନ୍ତ୍ରିତ ୨୦୦ ବିଶିଷ୍ଟ ଲୋକଙ୍କ ଗହଣରେ ରାଜୀବ ଭାରତ ଉତ୍ସବ ଉଦ୍‌ଘାଟନ କଲେ। ଅତିଥିମାନଙ୍କ ମଧ୍ୟରେ ହେନରୀ କିସିଞ୍ଜର, ବେନ୍‌ବ୍ରାଡଲି (ୱାଶିଂଟନ ପୋଷ୍ଟ ଖବରକାଗଜର ସମ୍ପାଦକ), ଜର୍ଜ ସୁଲଜ, କ୍ୟାସ୍ପର ୱାଇନବର୍ଗର (defence of secretry) ଜୁବିନ ମେହେଟ୍ଟା, ରବିଶଙ୍କର ଓ ଆଲ୍ଲାରଖା (ସଂଗୀତଜ୍ଞ) ଥିଲେ। ଉପରାଷ୍ଟ୍ରପତି ଜର୍ଜ ବୁଶ୍, ରାଜୀବ ଓ ସୋନିଆଙ୍କୁ ପୋଛୋଟି ଆଣି ଯେତେବେଳେ ସ୍ୱତନ୍ତ୍ର ବାଲ୍‌କୋନି ସିଟ୍‌ରେ ବସାଇଲେ, ଉପସ୍ଥିତ ସମସ୍ତେ ଠିଆ ହୋଇ ଅଭିନନ୍ଦନ ଜଣାଇଲେ। ସନ୍ଧ୍ୟାର ସାଂସ୍କୃତିକ କାର୍ଯ୍ୟକ୍ରମରେ କଥକ ନାଚ ପ୍ରଥମେ ହେଲା, ଶେଷକୁ ଅଲ୍ଲୀ ଆକବର ଖାଁ ସରୋଦ୍

ଏବଂ ରବିଶଙ୍କର ସୀତାରରେ ଯୁଗଳବନ୍ଦୀ ବଜାଇଲେ, ତାଙ୍କ ସହ ତବଲା ବଜାଇଥିଲେ ବାପ-ପୁଅ ଆଲ୍ଲାରଖା ଏବଂ ଜାକିର ହୁସେନ।

ଏହାଛଡ଼ା ରାଜୀବ ୱାଶିଂଟନ୍‌ରେ ଅନେକ ସଭା, ତଥା ଆଲୋଚନାରେ ଭାଗ ନେଲେ ଟେକ୍‌ସାସର ହ୍ୟୁଷ୍ଟନ ସହରକୁ ଉପରାଷ୍ଟ୍ରପତି ଜର୍ଜବୁସଙ୍କ ସହ ସେ ଆସିଥିଲେ। ସେଠାରେ ଭାରତୀୟମାନଙ୍କ ଏକ ସଭାରେ ସେ ଭାଷଣ ଦେଇ ନାନା ପ୍ରଶ୍ନର ଉତ୍ତର ଦେଇଥିଲେ।

ରାଜୀବଙ୍କ ଆମେରିକା ଗସ୍ତକୁ ଏକ ସଫଳ ଗସ୍ତ ବୋଲି କୁହାଯାଇପାରେ। ତାଙ୍କର ବ୍ୟକ୍ତିଗତ ସ୍ୱଭାବ ତଥା ସିଧାସଳଖ କଥାବାର୍ତ୍ତା ଆମେରିକାର ଜନସାଧାରଣ ତଥା ସରକାରଙ୍କୁ ମୁଗ୍‌ଧ କରିଥିବାରୁ ଏବଂ ଭାରତ ପ୍ରତି ସେମାନଙ୍କ ଦୃଷ୍ଟିକୋଣ ପରିବର୍ତ୍ତନ କରିବାରେ ସହାୟକ ହୋଇଥିବାର ମନେ ହୁଏ।

ରାଜୀବ ଆମେରିକାର କଂଗ୍ରେସକୁ କହିଥିଲେ- The people of India & America are not allies in security strategies, but they are friends in larger human causes-freedom, justice & peace" (ଭାରତ ଓ ଆମେରିକାର ଲୋକମାନେ ପ୍ରତିରକ୍ଷା ଯୋଜନାରେ ପରସ୍ପର ମେଣ୍ଟଭୁକ୍ତ ନୁହନ୍ତି, କିନ୍ତୁ ମେଣ୍ଟଭୁକ୍ତ ବୃହତ୍ତର ମାନବିକ ଚିନ୍ତାଧାରାରେ ଯଥା- ସ୍ୱାଧୀନତା, ନ୍ୟାୟ ଓ ଶାନ୍ତିରେ। ରାଜୀବଙ୍କ ଗସ୍ତ ଫଳରେ ଭାରତ ଓ ଆମେରିକାର ବୁଝାମଣାରେ ନୂତନ ଅଧ୍ୟାୟର ପ୍ରାରମ୍ଭ ହେଲାବୋଲି କହିବାକୁ ହେବ।

■

ଏୟାର ଇଣ୍ଡିଆ ଦୁର୍ଘଟଣା-୧୯୮୫

ଜୁନ୍ ମାସ ୨୩ ତାରିଖ ବଡ଼ିଭୋରରେ ଆୟାରଲାଣ୍ଡ ଦେଶରୁ କିଛି ଦୂରରେ ଏୟାର ଇଣ୍ଡିଆର ଫ୍ଲାଇଟ୍ ୧୮୨ ଟରୋଣ୍ଟୋରୁ ଲଣ୍ଡନ ଆସିବା ବାଟରେ ହଠାତ୍ ଅନ୍ତର୍ଦ୍ଧାନ ହୋଇଗଲା । ଆୟାରଲାଣ୍ଡର ଶାନନ୍ ସହରର ବିମାନଘାଟୀର ଏୟାର ଟ୍ରାଫିକ୍ ଅନୁଧ୍ୟାନକାରୀମାନେ ଠିକ୍ ୮ମିନିଟ ଆଗରୁ ପାଇଲଟଙ୍କ ସହ କଥା ହେଉଥିଲେ । ସବୁ ଠିକ୍ ଥିଲା ମାତ୍ର ଘଣ୍ଟାକ ପରେ ଲଣ୍ଡନର ହିଥ୍ରୋ ବିମାନଘାଟିରେ ଉଡ଼ାଜାହାଜ ପହଞ୍ଚିବା କଥା । ରାଡାର ଯନ୍ତ୍ରରେ ଆଖିପିଛୁଳାକେ ଏତେବଡ଼ ଉଡ଼ାଜାହାଜ ଉଭାନ୍ ହେବା ଖୁବ୍ ବିସ୍ମୟଜନକ । ଇଞ୍ଜିନ୍ ସେଥିରେ ୪ଟି, ସବୁଯାକ ଅକାମୀ ହେଲେ ମଧ୍ୟ ଉଡ଼ାଜାହାଜ ଅନେକ ସମୟ ଧରି ଆକାଶମାର୍ଗରେ ରହିପାରିବ । ଅଥଚ ବିନାକାରଣରେ ଉଡ଼ାଜାହାଜ କିପରି ହଜିଗଲା, ତାହା ଏୟାର ଟ୍ରାଫିକ୍ କଣ୍ଟ୍ରୋଲରମାନେ ଜାଣିପାରିଲେ ନାହିଁ ।

ମାତ୍ର କିଛି ସମୟ ପରେ ଆଟ୍‌ଲାଣ୍ଟିକ ସମୁଦ୍ର ବକ୍ଷରେ ଅନେକ ମୃତଶରୀର ଭାସୁଥିବାର ଖବର ଏକ ନୌବାହିନୀର ଜାହାଜ ଜଣାଇଲା । ବୋଇଂ ୭୪୭, ଯାହାକୁ ଜୁମ୍ବୋ ଜେଟ ବୋଲି କୁହାଯାଏ, ଏକ ବିଶାଳ ଘର ପରି । ସେଥିରେ ୪୦୦ ଲୋକ ବସିପାରିବେ । ଉପରୋକ୍ତ ଫ୍ଲାଇଟ୍‌ରେ ୩୨୯ ଲୋକ ଥିଲେ । ସମସ୍ତେ ଆଖିପିଛୁଳାକେ ମହାସମୁଦ୍ରର ଅତଳଗର୍ଭରେ ଲୀନ ହୋଇଗଲେ । ଅନେକ ଖୋଜାଖୋଜି ପରେ ମାତ୍ର ୧୩୧ ଲୋକଙ୍କର ମୃତଦେହ ଉଦ୍ଧାର କରାଯାଇପାରିଲା । ଏହା ଯେ ଏକ ବୋମା ବିସ୍ଫୋରଣ ଯୋଗୁ ଘଟିଛି, ଏଥିରେ ସନ୍ଦେହ ନାହିଁ ବୋଲି ମତ ପ୍ରକାଶ କରାଯାଇଛି ।

ପୂର୍ବ ଦିନ ଶନିବାର, ଜୁନ ୨୨ ତାରିଖ ସନ୍ଧ୍ୟା ୮ଟାରେ ଟରୋଣ୍ଟୋ ବିମାନଘାଟିଠାରେ ଅନେକ ଭାରତୀୟ ସେମାନଙ୍କ ବନ୍ଧୁବାନ୍ଧବ, ତଥା ଆତ୍ମୀୟମାନଙ୍କୁ ବିଦାୟ ଦେଇଥିଲେ । ଓଡ଼ିଶାର ଶ୍ରୀମାନ୍ ରାଜେନ୍ଦ୍ର ଷଡ଼ଙ୍ଗୀ, ପତ୍ନୀ ମୀନା ଷଡ଼ଙ୍ଗୀ, ତାଙ୍କର ଏକମାତ୍ର କନ୍ୟା କୁମାରୀ ଲୀତା (ରାଜଶ୍ରୀ) ଷଡ଼ଙ୍ଗୀ (୧୫ବର୍ଷ ବୟସ)ଙ୍କୁ

ବିଦାୟ ଦେଇଥିଲେ । ପରୀକ୍ଷା ପରେ ଖରାଛୁଟି ଯୋଗୁଁ ସ୍କୁଲ ବନ୍ଦ ଅଛି । ଝିଅ ଓଡ଼ିଶୀ ନାଚ ମଧ୍ୟ କିଛି ଶିଖି ଫେରିବ । ବହୁ ଆଶାରେ ବାପ, ମା', ଉତ୍କଣ୍ଠାର ସହିତ ଝିଅକୁ ବିଦାୟ ଦେଲେ । ସେମାନେ କ'ଣ ଜାଣିଥିଲେ, ମାତ୍ର ୬ଘଣ୍ଟା ପରେ ଏଭଳି ହୃଦୟବିଦାରକ ଖବର ପାଇବେ ବୋଲି ? ପିତାମାତାଙ୍କ ପ୍ରତି ସନ୍ତାନ ବିଚ୍ଛେଦର ଦୁଃଖକୁ ଅନୁଭବୀ ଛଡ଼ା କିଏ ବୁଝିପାରିବ ?

ରବିବାର ଦିନ ଖବର ପାଇବା ମାତ୍ରେ ସାରା ଆମେରିକା ତଥା କାନାଡ଼ାର ଓଡ଼ିଆମାନଙ୍କ ମଧ୍ୟରେ ବିଷାଦର କରୁଣ ଛାୟା ଖେଳିଗଲା । ଟେଲିଫୋନ୍ ଉଠାଇ ରାଜେନ୍ଦ୍ରବାବୁ ଓ ମୀନାଙ୍କୁ ଆଶ୍ୱାସନା ଦେବାକୁ ହାତ ଗଲାନି, ସାହସ ହେଲାନି । ଆଖି ବନ୍ଦ କରି ଲୀତାର ଆତ୍ମାର ସଦ୍‌ଗତି ପାଇଁ ସମସ୍ତେ ନୀରବ ପ୍ରାର୍ଥନା କଲୁ । ଠିକ୍ ବର୍ଷେତଳେ, ଓଡ଼ିଶା ସୋସାଇଟିର ବାର୍ଷିକ ଅଧିବେଶନରେ ଏଇ ଲେଖକ ଲୀତାକୁ ଦେଖିଥିଲେ । ଅତି ସୁନ୍ଦର ଓଡ଼ିଶୀ ନୃତ୍ୟ ପରିବେଷଣ କରିଥିଲା ଲୀତା । ବିଦେଶୀ ଓଡ଼ିଆମାନେ ସମସ୍ତେ ଅନୁଭବ କଲେ, ଯେପରି ନିଜର ପିଲାକୁ ସମସ୍ତେ ହରାଇଲେ ।

ଯଦି ଶିଖ୍ ସମ୍ପ୍ରଦାୟ ସେଭଳି ନିନ୍ଦନୀୟ, ଅମାନୁଷିକ କାର୍ଯ୍ୟ କରିଥାନ୍ତି, ତେବେ ସେମାନଙ୍କ ଖାଲିସ୍ଥାନ ଆନ୍ଦୋଳନରେ ଏହା କିଭଳି ସହାୟକ ହେବ ତାହା ବୁଝିବା କଷ୍ଟ । ଏତେଗୁଡ଼ିଏ ନିରୀହ ଲୋକଙ୍କୁ ମାରିଦେବାଠାରୁ ଭଳି ବର୍ବରୋଚିତ କାମ ଆଉ କ'ଣ ହୋଇପାରେ ? ଏଇ ଘଟଣା ପରେ ଏୟାର ଇଣ୍ଡିଆ କାନାଡ଼ାକୁ ଆସିବା ବନ୍ଦ କରିଦେଇଛନ୍ତି । ସାରା ପୃଥିବୀରେ ଏଇ ଘଟଣାକୁ ଭୀଷଣ ନିନ୍ଦା କରାଯାଉଛି । ଭଗବାନ କରନ୍ତୁ, ଏଭଳି କାର୍ଯ୍ୟର ପୁନରାବୃତ୍ତି ନ ଘଟୁ ।

■

ଓଡ଼ିଶା ସୋସାଇଟିର ବାର୍ଷିକ ଅଧିବେଶନ

ଓଡ଼ିଶା ସୋସାଇଟି ଅଫ୍ ଆମେରିକାର ବାର୍ଷିକ ଅଧିବେଶନ ଗତ ଜୁଲାଇ ୫ ଓ ୬ ତାରିଖ ଦିନ ଓହାଇଓ ପ୍ରଦେଶରେ କେଣ୍ଟ ସହରରେ ମହାସମାରୋହରେ ପାଳିତ ହେଲା। ଆସନ୍ତା ୨ବର୍ଷ ଲାଗି କର୍ମକର୍ତ୍ତା ନିର୍ବାଚନର ଫଳାଫଳ ଘୋଷଣା କରାଗଲା। ନୂତନ କର୍ମଚାରୀମାନେହେଲେ ଶ୍ରୀ ସରୋଜ ବେହେରା (ସଭାପତି), ଶ୍ରୀ ପୂର୍ଣ୍ଣ ପଟ୍ଟନାୟକ (ଉପସଭାପତି) ଏବଂ ଶ୍ରୀ ଶରତ ଚନ୍ଦ୍ର ମିଶ୍ର (ସେକ୍ରେଟାରୀ ଟ୍ରେଜରର୍)। ଏହି କର୍ମକର୍ତ୍ତାମାନେ ସମସ୍ତେ କାଲିଫର୍ଣ୍ଣିଆ ପ୍ରଦେଶରେ ଅବସ୍ଥାନ କରନ୍ତି। ଏଠାରେ ଉଲ୍ଲେଖଯୋଗ୍ୟ ଯେ ପ୍ରଥମଥର ପାଇଁ ଓଡ଼ିଶା ସୋସାଇଟିର କର୍ମକର୍ତ୍ତାମାନେ କାଲିଫର୍ଣ୍ଣିଆରୁ ବଛାଗଲେ।

ଏ ବର୍ଷର ଅଧିବେଶନରେ ପ୍ରାୟ ୧୦୦ଟି ପରିବାର ଦୂରଦୂରାନ୍ତରୁ ଆସି ଯୋଗଦାନ କରିଥିଲେ। ଜେନେରାଲ ମିଟିଂରେ ବିଭିନ୍ନ ବିଷୟ ଆଲୋଚିତ ହୋଇଥିଲା, ଯଥା- ଓଡ଼ିଶା ସୋସାଇଟିର ଭବିଷ୍ୟତ କର୍ମପନ୍ଥା, ଓଡ଼ିଆ ବହିର ଲାଇବ୍ରେରୀ ଗଠନ, ଓଡ଼ିଶାରୁ ବିଭିନ୍ନ ସଂଗୀତଜ୍ଞ ତଥା ନୃତ୍ୟଶିଳ୍ପୀଙ୍କୁ ଭବିଷ୍ୟତରେ ଆଣିବା। ପିଲାମାନଙ୍କ ପାଇଁ ଏକ ୟୁଥ୍ ଫୋରମ୍‌ର ଗଠନ ଇତ୍ୟାଦି। କ୍ଲିଭଲ୍ୟାଣ୍ଡର ଓହାଇଓ ବିଶ୍ୱବିଦ୍ୟାଳୟର ଜଣେ ପ୍ରଫେସର ଓଡ଼ିଶା ବିଷୟରେ ତାଙ୍କର ଗବେଷଣା ଉପରେ ଆଲୋଚନା କଲେ।

ବିଦେଶରେ ଓଡ଼ିଆ ପରିବାରର ପିଲାମାନେ କିପରି ନିଜର ଐତିହ୍ୟ ଓ ପରମ୍ପରା ବାବଦରେ ଅବଗତ ହେବେ ଏବଂ ସେମାନଙ୍କୁ କିପରିଭାବେ ବାପ ମା'ମାନେ ବଢ଼ାଇବା କଥା ଉପରେ ଏକ ଆଲୋଚନାଚକ୍ର ଅନୁଷ୍ଠିତ ହେଲା। ଶ୍ରୀ ଅର୍ଜୁନ ପୁରୋହିତ, ଶ୍ରୀ ଅମୀୟ ମହାନ୍ତି, ଶ୍ରୀ ବୀରେନ୍ଦ୍ର ପଟ୍ଟନାୟକ, ଶ୍ରୀମତୀ ଜୟଶ୍ରୀ ମହାନ୍ତି, ଶ୍ରୀ ଉମାବଲ୍ଲଭ ମିଶ୍ର ଏହି ଆଲୋଚନାରେ ଭାଗ ନେଇ ନିଜର ମତବ୍ୟକ୍ତ କରିଥିଲେ।

ପିଲାମାନଙ୍କର ଚିତ୍ରାଙ୍କନ ଏବଂ ଭାଷଣ ପ୍ରତିଯୋଗିତା ହୋଇଥିଲା। ସାଂସ୍କୃତିକ କାର୍ଯ୍ୟକ୍ରମରେ ଅନେକ ସଭ୍ୟ ଅଂଶଗ୍ରହଣ କରିଥିଲେ। ଓହାଇଓ ପ୍ରଦେଶର ଗଭର୍ଣ୍ଣର

ଏକ ସ୍ୱତନ୍ତ୍ର ପ୍ରତିନିଧିଙ୍କୁ ପଠାଇ ଓଡ଼ିଶା ସୋସାଇଟିର ମଙ୍ଗଳ ତଥା ଉତ୍ତରୋତ୍ତର ଉନ୍ନତି କାମନା କରିଥିଲେ। ଅଧିବେଶନର ପ୍ରାରମ୍ଭରେ ନିକଟରେ ଏୟାର-ଇଣ୍ଡିଆ ବିମାନ ଦୁର୍ଘଟଣାରେ ପ୍ରାଣ ହରାଇଥିବା କୁମାରୀ ଲୀତା ଷଡ଼ଙ୍ଗୀଙ୍କ ପାଇଁ ନୀରବ ପ୍ରାର୍ଥନା କରାଯାଇଥିଲା। ଅନୁଷ୍ଠାନ ତରଫରୁ ଲୀତାଙ୍କ ସ୍ମୃତି ପାଇଁ ଏକ ସ୍ମୃତି ପାଣ୍ଠି ପ୍ରସ୍ତୁତ କରାଯିବାର ପ୍ରସ୍ତାବ ସର୍ବସମ୍ମତକ୍ରମେ ଗ୍ରହଣ କରାଗଲା।

ଆସନ୍ତା ବର୍ଷର ବାର୍ଷିକ ଅଧିବେଶନ କାନାଡ଼ାର ଟରୋଣ୍ଟୋ ସହରରେ କରାଯିବାର ଠିକଣା ହେଲା। ୧୯୮୭ରେ ଏହି ଅଧିବେଶନ କାଲିଫର୍ଣ୍ଣିଆର ସାନ୍‌ଫ୍ରାନ୍ସିସ୍କୋ ସହରରେ ଅନୁଷ୍ଠିତ ହେବ। ବିଦେଶୀ ଓଡ଼ିଆମାନଙ୍କ ଏକତା ଓ ସଂହତି ଉପରେ ବହୁ ବ୍ୟକ୍ତି ଗୁରୁତ୍ୱ ଦେଲେ। ଅନୁଷ୍ଠାନର ଆର୍ଥିକ ସ୍ୱଚ୍ଛଳତା ଉପରେ ସଭ୍ୟମାନେ ସନ୍ତୋଷ ପ୍ରକାଶ କରିବା ସଙ୍ଗେ ସଙ୍ଗେ, ଏହାର ଉତ୍ତରୋତ୍ତର ଉନ୍ନତି ପାଇଁ ସମସ୍ତେ ପ୍ରଚେଷ୍ଟା କରିବାକୁ ଆହ୍ୱାନ ଦେଇଥିଲେ।

■

ଭାରତରେ କମ୍ପ୍ୟୁଟର ପ୍ରସାର

ଗତ ଜୁଲାଇ ଏବଂ ଅଗଷ୍ଟ ମାସରେ ଭାରତ ସମେତ ୫ଟି ଦେଶ ଏବଂ ୩ଟି ମହାଦେଶ ଗସ୍ତ କରିବାକୁ ପଡ଼ିଲା। ପ୍ରଥମେ ଜର୍ମାନୀର ଫ୍ରାଙ୍କଫର୍ଟରେ କାମ ସାରି ବେଲଜିୟମର ବ୍ରସେଲ୍ସ ଯିବାକୁ ହେଲା। ସେଠାରେ କମ୍ପ୍ୟୁଟର ସଫ୍ଟୱେର ଉପରେ ଏକ ସମ୍ମିଳନୀରେ ଭାଷଣ ଦେବାର ଥିଲା, ତା'ପରେ ଭାରତବର୍ଷ। ବମ୍ବେରେ ଟାଟା କନସଲଟାନସି ସର୍ଭିସର ଆମନ୍ତ୍ରଣକ୍ରମେ ଏକ ଦୁଇଦିନିଆ ସେମିନାରରେ ଯୋଗ ଦେବାକୁ ହେଲା, ଭାରତର ବିଭିନ୍ନ ସହରରୁ ପ୍ରାୟ ୪୦ ଜଣ ଆସିଥିଲେ। ସେଠାରୁ ଅଷ୍ଟ୍ରେଲିଆ ଓ ନିଉଜିଲାଣ୍ଡ ୨ ସପ୍ତାହ ଯାଇ ଫେରିବା ପରେ ବାଙ୍ଗାଲୋରରେ ଇନ୍‌ଫୋସିସ୍‌ଙ୍କ ଆମନ୍ତ୍ରଣକ୍ରମେ ଏକ ତିନିଦିନିଆ ସେମିନାରରେ ଯୋଗ ଦେବାକୁ ହେଲା।

ଭାରତବର୍ଷରେ କମ୍ପ୍ୟୁଟର ପ୍ରତି ଆଗ୍ରହ ବଢ଼ିଛି। ଯେତେ କାମ ହଉନି, ତାଠୁ ବେଶି ଆଲୋଚନା ଚାଲିଛି। ସରକାରୀ ମହଲରେ କାର୍ଯ୍ୟ ଅପେକ୍ଷା କଥା ବେଶି, ଅଥଚ ଅନେକଗୁଡ଼ିଏ ପ୍ରାଇଭେଟ୍ ସଂସ୍ଥାରେ ବେଶି କାମ ହେଉଛି।

ଟାଟା କନସଲଟାନ୍‌ସି ସର୍ଭିସ ସାରା ଦେଶରେ କମ୍ପ୍ୟୁଟର ସଫ୍ଟୱେରରେ ଅଗ୍ରଣୀ କହିଲେ ଚଳେ। ତାଙ୍କର ମୁଖ୍ୟ ଅଫିସ ବମ୍ବେର ନରିମାନ ପଏଣ୍ଟରେ, ଏୟାର ଇଣ୍ଡିଆ ବିଲ୍‌ଡ଼ିଂରେ। ତାଙ୍କର ଚେୟାର୍ମ୍ୟାନ ହେଲେ ସୁପ୍ରସିଦ୍ଧ ଆଇନଜ୍ଞ ଶ୍ରୀ ନାନୀ ପାଲ୍‌କୀବାଲା। ସମୁଦାୟ ୧୩୦୦ ଲୋକ କାମ କରନ୍ତି। ସେଥିରୁ ୫୦୦ ଭାରତ ବାହାରେ। ପ୍ରାୟ ୩୦୦ ଲୋକ ଯୁକ୍ତରାଷ୍ଟ୍ର ଆମେରିକାରେ ବିଭିନ୍ନ ବୈଷୟିକ ସଂସ୍ଥାରେ କନ୍‌ସଲ୍‌ଟିଂ କଣ୍ଟ୍ରାକ୍ଟ କାମ କରୁଛନ୍ତି।

ଆମେରିକା ଛଡ଼ା ତାଙ୍କର ଇଉରୋପରେ ଅନେକ ଜାଗାରେ ଅଫିସ, ଅଷ୍ଟ୍ରେଲିଆର ସିଡ୍‌ନୀରେ ଅଫିସ, ହଂକଂ ଏବଂ ସିଙ୍ଗାପୁରରେ ଅଫିସ, ନିକଟରେ ଜାପାନର ଟୋକିଓଠାରେ ନୂଆ ଅଫିସ ଖୋଲାଯାଇଛି। ଭୁବନେଶ୍ୱରରେ ନାଲକୋ କୋଠାର ଅପରପାର୍ଶ୍ୱରେ ତାଙ୍କର ସାଇନ ବୋର୍ଡ଼ ଥିବା ଅଫିସ ଦେଖିବାକୁ ମିଳିବ।

ବମ୍ବେ ଛଡ଼ା ଦିଲ୍ଲୀ, ମାଡ୍ରାସ ଏବଂ ବାଙ୍ଗାଲୋରରେ ତାଙ୍କର ବଡ଼ ଅଫିସ ସବୁ ଅଛି।

ଭାରତବର୍ଷର ସର୍ବଶ୍ରେଷ୍ଠ ଶିକ୍ଷାନୁଷ୍ଠାନ ଯଥା- (ଆଇ.ଆଇ.ଟି., ଇଣ୍ଡିଆନ ଇନଷ୍ଟିଚ୍ୟୁଟ ଅଫ୍ ସାଇନ୍ସ, ଆଇ.ଆଇ.ଏମ୍.)ମାନଙ୍କରୁ ପ୍ରଥମ, ଦ୍ୱିତୀୟ ସ୍ଥାନ ଅଧିକାର କରିଥିବା ପିଲାମାନେ ସେଠାରେ ଜଏନ କରିଥାନ୍ତି। ମୁଁ ଆସନ୍ତା ୧୯୯୦ ଦଶନ୍ଧିରେ କମ୍ପ୍ୟୁଟର ସଫ୍ଟୱେର(ବିଶେଷତଃ ଡାଟାବେସ କ୍ଷେତ୍ରରେ)ରେ କ'ଣ ସବୁ ବୈପ୍ଳବିକ ପରିବର୍ତ୍ତନ ଆସୁଛି, ସେ କଥା ସେମିନାରରେ ପଢ଼ାଉଥିଲି। ଛାତ୍ରମାନେ ସବୁ କଲେଜ ପରେ ୫/୧୦ ବର୍ଷ ଚାକିରି କରିଛନ୍ତି। ବିଦେଶ ବହୁତ ବୁଲିଛନ୍ତି। ସେମାନଙ୍କର ଆଗ୍ରହ ଅସୀମ। ଏକାଦିକ୍ରମେ ସକାଳ ୯ଟାରୁ ସନ୍ଧ୍ୟା ୬ଟା ପର୍ଯ୍ୟନ୍ତ ଟେକ୍‌ନିକାଲ ଆଲୋଚନା ଚାଲୁରହିଲା। ଏଥରକୁ ମିଶାଇ ଟି.ସି.ଏସ୍.ରେ ୬ଥର ସେମିନାର ଦିଆଗଲା। ୧୯୮୨ ମସିହାରୁ ଏ ସମ୍ପର୍କ ଆରମ୍ଭ ହୋଇ ସମୟାନୁକ୍ରମେ ଦୃଢ଼ତର ହୋଇଉଠିଛି। ୨ବର୍ଷ ତଳେ ନାନୀ ପାଲ୍‌କୀୱାଲାଙ୍କ ସହ ଆମେରିକାରେ ସାକ୍ଷାତରେ ଅନେକ ଆଲୋଚନା ହୋଇଥିଲା।

ବାଙ୍ଗାଲୋର ସହରରେ କମ୍ପ୍ୟୁଟର ସଫ୍ଟୱେରରେ ଭଲ କାମ ହେଉଛି। ୱିପ୍ରୋ ଏବଂ ଇନ୍‌ଫୋସିସ୍‌ଙ୍କ ସହ ବିଭିନ୍ନ ଆଲୋଚନା ସମୟରେ ସେମାନଙ୍କ କାମ ସହ ପରିଚିତ ହେବାରୁ ସୁଯୋଗ ମିଳିଲା। ଭବିଷ୍ୟତ ଯୋଜନା ଉପରେ ମୋର ଉପଦେଶ ସେମାନେ ଶୁଣିବାକୁ ବେଶ୍ ଉତ୍କଣ୍ଠା ପ୍ରକାଶ କଲେ। ବାଙ୍ଗାଲୋରରେ ଥିବାବେଳେ ହିନ୍ଦୀ ଟ୍ରନ୍ କମ୍ପାନୀର ଜଣେ ମୁଖ୍ୟ ଡାଇରେକ୍ଟର ଡକ୍ଟର ଅରବିନ୍ଦ ଶାହାଙ୍କ ନିମନ୍ତ୍ରଣରେ ସାନ୍ଧ୍ୟଭୋଜନ ହେଲା। ସେଇ ଅବସରରେ ଭାରତର କମ୍ପ୍ୟୁଟର କ୍ଷେତ୍ରରେ କ'ଣ ସବୁ ହେଉଛି ଶୁଣିବାକୁ ମିଳିଲା। ସରକାର ଅନେକ ସମୟରେ ସାହାଯ୍ୟ କରିବା ଜାଗାରେ ପ୍ରତିବନ୍ଧକ ସୃଷ୍ଟି କରୁଛନ୍ତି ବୋଲି କହିଲେ। ତଥାପି ଗତ ୫ବର୍ଷ ଭିତରେ କମ୍ପ୍ୟୁଟର କ୍ଷେତ୍ରରେ ଭାରତରେ ନିଶ୍ଚୟ ଅଗ୍ରଗତି ହୋଇଛି, ଏହା ଆନନ୍ଦର କଥା।

■

ନାନୀ ପାଲକୀବାଲାଙ୍କ ସହ ସାକ୍ଷାତ

କିଛିଦିନ ତଳେ ଟାଟାଗ୍ରୁପ୍‌ର ମ୍ୟାନେଜର ରାଓ ଫୋନ୍‌ରେ ନିମନ୍ତ୍ରଣ କଲେ। ଜାନୁଆରୀ ମାସ ୨୧ ତାରିଖ ସନ୍ଧ୍ୟାରେ ଟାଟା କନସଲଟାନ୍‌ସି ସର୍ଭିସ (ବମ୍ବେ)ର ଚେୟାରମ୍ୟାନ୍ ନାନୀ ପାଲକୀବାଲା ଏବଂ ପ୍ରେସିଡେଣ୍ଟ ଫକୀର କୋହଲୀଙ୍କ ସମ୍ମାନାର୍ଥେ ଏକ ସାନ୍ଧ୍ୟାମିଳନର ଆୟୋଜନ କରାଯାଉଛି। କାଲିଫର୍ଣ୍ଣିଆରେ ରହୁଥିବା ବିଶିଷ୍ଟ ଭାରତୀୟମାନଙ୍କୁ ନିମନ୍ତ୍ରଣ କରାଯାଉଛି। ଆପଣ ଆସିପାରିଲେ ଭଲ ହୁଅନ୍ତା।

ସମ୍ମତି ଦେଲି। କୋହଲୀଙ୍କୁ ମୁଁ ୧୯୮୨ ମସିହାରୁ ଚିହ୍ନେ। ପ୍ରତି ୨ବର୍ଷରେ ପ୍ରାୟ ବମ୍ବେଠାରେ ଟାଟା ଗ୍ରୁପ୍‌ଙ୍କ ନିମନ୍ତ୍ରଣ କ୍ରମେ ମୁଁ ଅନେକ ସେମିନାରରେ ଯୋଗ ଦେଇଛି ଏବଂ ଉପଦେଷ୍ଟା ଭାବେ କାର୍ଯ୍ୟ କରିଛି। ମୋର ପଢ଼ାଇଥିବା ଅନେକ କମ୍ପ୍ୟୁଟର ବୈଜ୍ଞାନିକ ବର୍ତ୍ତମାନ ଟାଟା ତରଫରୁ ଆମେରିକାର ଅନେକ ସ୍ଥାନରେ କାମ କରୁଛନ୍ତି।

ପାଲକୀବାଲାଙ୍କ ସହ ସାକ୍ଷାତ କେବେ ହୋଇ ନ ଥିଲା। ନାମ ଶୁଣିଛି। ଭାରତବର୍ଷରେ ସେ ଜଣେ ପ୍ରଖ୍ୟାତ ଆଇନଜ୍ଞ। ସ୍ୱର୍ଗତା ପ୍ରଧାନମନ୍ତ୍ରୀ ଇନ୍ଦିରା ଗାନ୍ଧୀଙ୍କ ସମୟରେ ରାଜାମାନଙ୍କ ଭତ୍ତା ଉପରେ ଯେଉଁ କଟକଣା ଜାରି ହେଲା, ସେଥିରେ ପାଲକୀବାଲାଙ୍କ ଭୂମିକା ଗୁରୁତ୍ୱପୂର୍ଣ୍ଣ। ତା'ଛଡ଼ା ପ୍ରତିବର୍ଷ ଭାରତ ସରକାରଙ୍କ ବଜେଟ ଅଧିବେଶନ ପରେ ପାଲକୀବାଲାଙ୍କ ବଜେଟ ବିଶ୍ଳେଷଣ ଶୁଣିବା ଲାଗି ବ୍ୟବସାୟିକ ସଂସ୍ଥା ବ୍ୟଗ୍ର ହୋଇ ରହିଥାନ୍ତି, ଏବେକୁ ତାଙ୍କର ବଜେଟ ବିଶ୍ଳେଷଣ ପାଇଁ ବ୍ରାବୋର୍ଣ୍ଣ ଷ୍ଟାଡ଼ିୟମକୁ ରିଜର୍ଭ କରିବାକୁ ପଡୁଛି। ଏଠାରେ ଉଲ୍ଲେଖଯୋଗ୍ୟ ଯେ ଜନତା ସରକାର ଅମଳରେ ପାଲକୀବାଲା ଭାରତର ରାଷ୍ଟ୍ରଦୂତ ହିସାବରେ ୨ବର୍ଷ ଆମେରିକାର ୱାଶିଂଟନରେ ଅବସ୍ଥାନ କରିଥିଲେ।

ସନ୍ଧ୍ୟା ପ୍ରାୟ ସାଢ଼େ ୬ଟା ବେଳକୁ ସାନଫ୍ରାନ୍‌ସିସ୍କୋ ହୋଟେଲରେ ପହଞ୍ଚିଲି। ପ୍ରାୟ ୫୦ରୁ ୬୦ଜଣ ଲୋକଙ୍କ ସମାବେଶ, ଭାରତୀୟ ତଥା ଆମେରିକାନ୍ ସାହାବଙ୍କ ସମ୍ମିଶ୍ରଣ। ଅନେକ ପୁରୁଣା ସାହାବ ବନ୍ଧୁଙ୍କ ସହ ସାକ୍ଷାତ ହେଲା। ଟାଟା

କନସଲଟାନ୍‌ସିର ଅନେକ ଯୁବ ବୈଜ୍ଞାନିକ ବମ୍ବେରେ ମୋର ପଢ଼ାଉଥିବା କୋର୍ସ କଥା ମନେପକାଇଲେ । ମୁହଁ ସବୁ ମନେ ପଡୁଛି, ଅଥଚ ନାଁ ମୋର ମନେ ନାହିଁ ।

ମାତ୍ର ୩ ଦିନର ସାକ୍ଷାତ, ୩ବର୍ଷ ହୋଇଗଲାଣି । ମୁରଲୀ, ରାଜୁ, ସୁବ୍ରମନିୟମ, ରାଓ ଇତ୍ୟାଦି ଆଇ.ବି.ଏମ. ର ଟେକ୍‌ନୋଲୋଜି ଉପରେ ଅନେକ ପ୍ରଶ୍ନ ପଚାରିଲେ । ତା'ପରେ କୋହଲୀ ସାହାବଙ୍କ ସହ ସାକ୍ଷାତ ହେଲା । ଭଲ ମନେ ରଖିଛନ୍ତି ଦେଖିଲି । 'ଗତବର୍ଷ ତମେ ବମ୍ବେ ଆସିଲା ବେଳେ ମୁଁ ଆମେରିକା ଆସିଥିଲି । ଦେଖାହୋଇ ପାରିଲାନି' କହିଲେ । ମୁଁ ପଚାରିଲି, "ମିଷ୍ଟର କୋହଲୀ ଆପଣଙ୍କ ଚେୟାରମ୍ୟାନ୍ ପାଲ୍‌କୀବାଲା କିଏ ?

ସଙ୍ଗେ ସଙ୍ଗେ କୋହଲୀ ବ୍ୟସ୍ତ ହୋଇପଡ଼ିଲେ- "ଏପର୍ଯ୍ୟନ୍ତ ସାକ୍ଷାତ ହୋଇନି, ଆସ" ।

ମତେ ନେଇଗଲେ, ଜଣେ ଛୋଟିଆ ଭଦ୍ରଲୋକ, ଉଚ୍ଚତା ୫ଫୁଟ ୫ଇଞ୍ଚ ଖଣ୍ଡେ ହେବ । ସୁଟ୍ ପିନ୍ଧିଛନ୍ତି, ଅତି ସାଧାରଣ ଲୋକଟିଏ ପରି ଦିଶୁଛନ୍ତି । ଚିହ୍ନା କରାଇଲେ "ମିଷ୍ଟର ପାଲକୀବାଲା, ମିଷ୍ଟର ଦାଶଙ୍କ ସହ ସାକ୍ଷାତ କରନ୍ତୁ । ଆମକୁ ବମ୍ବେରେ ସେ ବହୁତ ସାହାଯ୍ୟ କରି ଆସୁଛନ୍ତି । କମ୍ପ୍ୟୁଟର ବିଜ୍ଞାନର ଡାଟା ବେସ୍ ସମ୍ପର୍କରେ ମୋର ପ୍ରାୟ ସମସ୍ତ ବୈଜ୍ଞାନିକଙ୍କୁ ସେ ଶିକ୍ଷା ଦେଇଛନ୍ତି"....... ଅନେକ କଥା କହିଚାଲିଲେ ଫକୀର କୋହଲୀ ।

ପାଲକୀବାଲା ଧନ୍ୟବାଦ ଜଣାଇଲେ । ବିଦେଶରେ ରହି ଦେଶ ବିଷୟରେ ଚିନ୍ତା କରୁଥିବାରୁ ନିଜର କୃତଜ୍ଞତା ପ୍ରକାଶ କଲେ । ତାଙ୍କୁ ପଚାରିଲି, "ଆପଣ ଆମେରିକା ବେଶ୍ ବୁଲିଥିବେ, ପ୍ରଥମେ କେବେ ଆସିଲେ' ? "ଉତ୍ତରରେ ସେ କହିଲେ, ୧୯୫୬ ମସିହାରେ ପ୍ରଥମେ ହାର୍ଭାର୍ଡ଼ ବିଶ୍ୱବିଦ୍ୟାଳୟକୁ ଆସିଥିଲି ଭାରତର ଆଇନ ବିଦ୍ୟା ଉପରେ ଏକ ପୁସ୍ତକ ପ୍ରକାଶନ କରିବା ଲାଗି । ତା'ପରେ ମୋରାରଜୀ ଦେଶାଇ ମୋତେ ଭାରତର ରାଷ୍ଟ୍ରଦୂତ କରି ପଠାଇଲେ ୧୯୭୭ ମସିହାରେ । ସେହି ଦୁଇବର୍ଷ ରହଣି କାଳରେ ମୁଁ ଆମେରିକାର ୫୦ଟି ପ୍ରଦେଶରୁ ୩୨ ଟି ବୁଲି ଦେଖିବାର ସୁଯୋଗ ପାଇଲି । ମତେ ଆମେରିକା ଦେଶ ବହୁତ ଭଲ ଲାଗେ ।" ପ୍ରାୟ ଅଧଘଣ୍ଟା ଉପରେ ତାଙ୍କର ମୋର ଆଳାପ ହେଲା । ବର୍ତ୍ତମାନର ଦେଶ ପରିସ୍ଥିତି କଥା ମଧ୍ୟ ସଂକ୍ଷେପରେ ଆଲୋଚନା ହେଲା । ପ୍ରଧାନମନ୍ତ୍ରୀ ରାଜୀବ ଗାନ୍ଧୀଙ୍କୁ ସେ ପିଲାଦିନୁ ଚିହ୍ନିଛନ୍ତି । ବମ୍ବେରେ ରାଜୀବଙ୍କ ଅବସ୍ଥାନ କାଳରେ ଅନେକ ସମୟ ଏକାଠି କଟାଇଛନ୍ତି । ଏବେମଧ୍ୟ ପରାମର୍ଶ ପାଇଁ ଅନେକବାର ଦିଲ୍ଲୀ ଯିବାକୁ ପଡ଼େ ବୋଲି କହିଲେ । ଗୋଟିଏ ମନ୍ତବ୍ୟ ଶେଷରେ ଦେଲେ, ରାଜୀବ ଲୋକ ହିସାବରେ ଅତି

ଉତ୍ତମ। ଭାରତର ଯେଉଁ ବିଷମ ସମସ୍ୟାକୁ ସମାଧାନ କରିବାର ଭାର ସେ ନେଇଛନ୍ତି, ସେଥିରେ ସେ ସଫଳ ହୁଅନ୍ତୁ, ଏହାହିଁ କାମନା।

ଏଠାରେ ଉଲ୍ଲେଖଯୋଗ୍ୟ ଯେ ପାଲକୀବାଲା ଟାଟା ପରିବାରରେ ବିବାହ କରିଛନ୍ତି। ସେ ଜଣେ ବିଚକ୍ଷଣ ଓ ବୁଦ୍ଧିମାନ ଲୋକ। ନିକଟରେ ରାଜୀବ ଗାନ୍ଧୀ ଟାଟା ଗ୍ରୁପ୍‌ର ମୁଖ୍ୟ ରତନ ଟାଟାଙ୍କୁ ଏୟାର ଇଣ୍ଡିଆର ବୋର୍ଡ଼ ଅଫ ଡାଇରେକ୍ଟରର ମୁଖ୍ୟ ହିସାବରେ ଘୋଷଣା କରିଛନ୍ତି।

ପାଲକୀବାଲାଙ୍କ ସହ ସାକ୍ଷାତ ପାଇଁ ଅନେକ ସାହାବ ତଥା ଭାରତୀୟ ଚାହୁଁଥାନ୍ତି। ମୋର ଆଳାପ ସମାପ୍ତ କଲି। ବମ୍ବେ ଆସିଲେ ସାକ୍ଷାତର ଯୋଜନା କରାଯାଉ ବୋଲି ମନ୍ତବ୍ୟ ଦେଇ ବିଦାୟ ନେଲେ ସେ। ଭାରତୀୟ ହାଇକମିଶନର କନସଲ ମିଷ୍ଟର ଘୋଷ ପ୍ରମୁଖଙ୍କ ସହ ଆଉ କିଛି ସମୟ କଥାବାର୍ତ୍ତା ସାରି ବିଦାୟ ନେଲି।

ଟାଟା କନସଲଟାନ୍‌ସି ସର୍ଭିସେସ୍ ସଂସ୍ଥାର ମୁଖ୍ୟ କେନ୍ଦ୍ର ହେଲା ବମ୍ବେର ନରିମନ୍ ପଏଣ୍ଟର ଏୟାର ଇଣ୍ଡିଆ ବିଲଡିଂ। ସଂପ୍ରତି ଆମେରିକାରେ ଏହି ସଂସ୍ଥାର ପ୍ରାୟ ଏକଶହ ବୈଜ୍ଞାନିକ ଏବଂ ଇଞ୍ଜିନିୟର କମ୍ପ୍ୟୁଟର ବିଦ୍ୟାରେ କନସଲଟିଂ କରୁଛନ୍ତି। ଏମାନଙ୍କର ସୁନାମ କେବଳ ଟାଟା ଅନୁଷ୍ଠାନର ସୁପରିଚାଳନା ତଥା ଦୂରଦର୍ଶିତା ଯୋଗୁଁ ହିଁ ସମ୍ଭବ ହୋଇପାରିଛି।

■

ଭାରତର ବୈଦେଶିକ ନୀତି

ସ୍ୱାଧୀନତା ପାଇବା ଆମ ଦେଶରେ ୪୪ବର୍ଷ ହୋଇଗଲା । ଗତ ଏକ ବର୍ଷର ଭାରତୀୟ ବୈଦେଶିକ ନୀତି ତଥା ବିଦେଶରେ ଭାରତର ଭାବମୂର୍ତ୍ତି ସର୍ବନିମ୍ନ ସ୍ତରରେ ପହଞ୍ଚିଯାଇଛି । ଏଭଳି ଅଧଃପତନ ଆଗରୁ କେବେ ଦେଖାଯାଇ ନ ଥିଲା । ପଣ୍ଡିତ ଜବାହରଲାଲ ନେହେରୁ ଭାରତବର୍ଷକୁ ନିରପେକ୍ଷ ରାଷ୍ଟ୍ର ରୂପେ ଘୋଷଣା କରି ପୃଥିବୀର ଦୁଇ ମହାଶକ୍ତିଙ୍କ କବଳରୁ ମୁକ୍ତ ରଖିଥିଲେ । ତାଙ୍କର ବଳିଷ୍ଠ ବ୍ୟକ୍ତିତ୍ୱ ତଥା ନେତୃତ୍ୱ ପୃଥିବୀରେ ଭାରତକୁ ଏକ ସମ୍ମାନାସ୍ପଦ ରାଷ୍ଟ୍ର କରିଥିଲା । ଅଥଚ ବର୍ତ୍ତମାନର ନେତୃବର୍ଗ ଭାରତକୁ ଏକ ଲୋକହସା ଦେଶ କରିଦେଲେଣି ।

ପ୍ରଥମତଃ ଯେତେବେଳେ ଇରାକର ରାଷ୍ଟ୍ରପତି ସଦ୍ଦାମ ହୁସେନ କୁଏତକୁ ଆକ୍ରମଣ କଲେ ଗତ ବର୍ଷ ଅଗଷ୍ଟ ମାସରେ, ସମଗ୍ର ପୃଥିବୀ (କେବଳ ୨/୩ଟି ରାଷ୍ଟ୍ରକୁ ଛାଡ଼ିଦେଲେ) ଏହାକୁ ନିନ୍ଦା କଲା । ମାତ୍ର ସେତେବେଳର ବୈଦେଶିକ ମନ୍ତ୍ରୀ ବାଗ୍‌ଦାଦ୍ ଯାଇ ସଦ୍ଦାମଙ୍କୁ ସାକ୍ଷାତ କରି ତାଙ୍କୁ ଯେଉଁ ସମ୍ବର୍ଦ୍ଧନା ଦେଲେ, ଏହା ବିଶ୍ୱ ଦେଖିଲା, ବିଶେଷତଃ କୁଏତ୍ ଏବଂ ସାଉଦୀ ଆରବ ତଥା ଇଜିପ୍‌ଟର ଲୋକେ ଦେଖି କ୍ଷୁଣ୍ଣ ହେଲେ । ଏଠାରେ ସୂଚାଇ ଦେବା ଯଥାର୍ଥ ଯେ କୁଏତ୍‌ରେ ଲକ୍ଷାଧିକ ଭାରତୀୟ ବସବାସ କରୁଥିଲେ ।

ଦ୍ୱିତୀୟତଃ ଆମେରିକାର ଅଧିନାୟକତ୍ୱରେ ଯେତେବେଳେ ଯୁଦ୍ଧ ଆରମ୍ଭ ହେଲା ଜାନୁୟାରୀ ମାସରେ, ଭାରତରେ ଆମେରିକାର ସାମରିକ ଉଡ଼ାଜାହାଜମାନ ପେଟ୍ରୋଲ ନେବାଲାଗି ଓହ୍ଲାଇଲେ । ଏଭଳି କାର୍ଯ୍ୟ ଦେଶ ଦେଶ ମଧ୍ୟରେ ହୋଇଥାଏ । ଯଦି ଭାରତବର୍ଷର ଉଡ଼ାଜାହାଜର ତେଲ ଦରକାର ହେବ, ତେବେ ସେ ଆମେରିକାର ବିମାନଘାଟିରେ ଅବତରଣ କରି ତେଲ ନେଇପାରିବ । ଏ ବୁଝାମଣା ଆଗରୁ ଥିଲା । ଶ୍ରୀ ଚନ୍ଦ୍ରଶେଖର ଏହା ଆରମ୍ଭ କରି ନ ଥିଲେ । ମୁସଲମାନ ସମ୍ପ୍ରଦାୟ ଏହାର ବିରୋଧ କରିବା ଆରମ୍ଭ ନ କରୁଣୁ, ବିପକ୍ଷ ଦଳର ନେତା ଶ୍ରୀ ରାଜୀବ ଗାନ୍ଧୀ ତୁରନ୍ତ ଏହାକୁ ବନ୍ଦ କରାଇଦେଲେ । ଏହାଦ୍ୱାରା ସାଉଦୀ ଆରବ, ଆମେରିକା, ଇଂଲଣ୍ଡ ଇତ୍ୟାଦି

କ୍ଷୁବ୍ଧ ହେଲେ। ପେଟ୍ରୋଲ ଦେବା ଘଟଣାକୁ ନେଇ ଇରାକ ସରକାରଙ୍କଠାରୁ ପ୍ରତିବାଦ ଆସିଥିଲା।

ତୃତୀୟତଃ ଯେତେବେଳେ ମିଳିତ ଜାତିସଂଘରେ ଭୋଟ ନିଆଗଲା ଇରାକର ଯୁଦ୍ଧଖୋର ନୀତି ଉପରେ, ଭାରତବର୍ଷ ଭୋଟ ଦେଲା ନାହିଁ। ଏତେବେଳକୁ ନିରପେକ୍ଷତା ପ୍ରଦର୍ଶନ କରିବା ହାସ୍ୟାସ୍ପଦ କଥା ହେଲା।

ଫଳରେ ଭାରତର ଦୁଇ ନାଆରେ ଗୋଡ଼ ଦେବାରେ ଦୁଇ ପକ୍ଷ ଭାରତ ଉପରେ କ୍ଷୁବ୍ଧ ହେଲେ। ଏହାର ପରିଣାମ ଯେ ଖାଲି ଭାରତରେ ବୈଦେଶିକ ନୀତିରେ କିଛି ଠିକଣା ନାହିଁ ତା ନୁହେଁ, ଏଭଳି ଖାମଖିଆଲି କାର୍ଯ୍ୟ ଭାରତକୁ ଘୋର ଅସୁବିଧାରେ ପକାଇଦେଲା। ସବୁଠାରୁ ହାସ୍ୟାସ୍ପଦ ଘଟଣା ହେଲା, ଯୁଦ୍ଧର ଘନଘଟା ଭିତରେ ଭାରତର ପ୍ରଧାନମନ୍ତ୍ରୀ ପଦରେ ନ ଥିବା ଶ୍ରୀ ରାଜୀବ ଗାନ୍ଧୀଙ୍କର ହଠାତ୍ ଯୁଦ୍ଧ ବନ୍ଦ କରିବାର ପ୍ରଚେଷ୍ଟା। ସେ ଉଡ଼ାଜାହାଜ ଧରି ଇରାକ ତଥା ରୁଷିଆ ଚାଲିଗଲେ। ଯେଉଁ ଯୁଦ୍ଧରେ ସ୍ୱୟଂ ଗୋର୍ବାଚୋଭଙ୍କର କିଛି ସ୍ଥିତି ବା ସ୍ୱର ନ ଥିଲା, ସେଠାରେ ରାଜୀବଙ୍କୁ ପଚାରେ କିଏ ?

କୁଏତ୍‌ରେ କୋଟି କୋଟି ଟଙ୍କାର ନିର୍ମାଣ କାର୍ଯ୍ୟ ଆରମ୍ଭ ହୋଇଗଲାଣି। ଭାରତବର୍ଷରୁ ସେଥିରୁ କାଣିଚାଏ ମିଳିବନି ବୋଲି ସେମାନେ ଘୋଷଣା କରିଦେଲେଣି। ଯେଉଁ ହଜାର ହଜାର ଭାରତୀୟ କୁଏତ୍ ଛାଡ଼ି ଦେଶକୁ ପ୍ରତ୍ୟାବର୍ତ୍ତନ କରିଥିଲେ, ସେମାନେ ଫେରି କାମଧନ୍ଦା କରିପାରିବେନି।

ଭାରତକୁ ପ୍ରତି ମାସରେ ୫୦କୋଟି ଡଲାର କେବଳ ଗଲ୍‌ଫ୍‌ରୁ ଆସୁଥିଲା, ସେତକ ବନ୍ଦ ହୋଇଯିବାରୁ ବୈଦେଶିକ ମୁଦ୍ରା ଭାରତରେ କମିଯାଇ ଅତି ନିମ୍ନ ସ୍ତରରେ ପହଞ୍ଚିଲାଣି। ମାତ୍ର ଦୁଇଟି ସପ୍ତାହର ଖର୍ଚ୍ଚ ପାଇଁ ଜମା ରହିଛି। ପେଟ୍ରୋଲ ତଥା ଅନ୍ୟାନ୍ୟ ଗୁରୁତ୍ୱପୂର୍ଣ୍ଣ ଜିନିଷ ପୃଥିବୀ ବଜାରରୁ କିଣିବା ଲାଗି ଡଲାରର ଆବଶ୍ୟକତା ରହିଛି। ୱାର୍ଲଡ ବ୍ୟାଙ୍କରୁ ଋଣ ମିଳିବା କଷ୍ଟକର ହେଲାଣି। ଆମେରିକାର ଯେଉଁ ସିନେଟରମାନେ ଭାରତକୁ ବର୍ଷ ବର୍ଷ ଧରି ସପୋର୍ଟ କରି ଆସୁଥିଲେ (ଯଥା ଷ୍ଟିଫେନ୍ ସୋଲର୍ଜ) ସେମାନେ ଭାରତର ଏ ପ୍ରକାର ଦୋମୁହାଁ କାରବାରରେ ବିବ୍ରତ ହୋଇ ପଡ଼ିଲେଣି। ଭବିଷ୍ୟତରେ ଭାରତ ସପକ୍ଷରେ ଯୁକ୍ତି କରିବା ଏକ ପ୍ରକାର କଷ୍ଟକର ବ୍ୟାପାର ହେବ ବୋଲି ଘୋଷଣା କଲେଣି।

'ଇଣ୍ଡିଆ ଟୁଡେ' ସମ୍ପାଦକୀୟରେ ଏହି ବୈଦେଶିକ ନୀତି ଉପରେ ବିଶେଷ ସମାଲୋଚନା ବାହାରିଥିଲା। ତାଙ୍କର କହିବା କଥା ଯେ ନିରପେକ୍ଷତା ଅର୍ଥ କ'ଣ ? ଯେତେବେଳେ ଦୁଇ ମହାଶକ୍ତି (ଆମେରିକା ଏବଂ ରୁଷିଆ) ନିଜର ବଳ କଷାକଷି

ଆରମ୍ଭ କରିବେ ସେତେବେଳେ ଭାରତ ନିରପେକ୍ଷ ରହିବା ବିଧେୟ। ଏହା ନେହେରୁ କରି ଆସୁଥିଲେ।

ବର୍ତ୍ତମାନ, ଗୋଟିଏ ମହାଶକ୍ତିର ଅବସ୍ଥା ଅତୀବ ଶୋଚନୀୟ। ରୁଷିଆର ଆଭ୍ୟନ୍ତରୀଣ ସମସ୍ୟା ଏତେ ଜଟିଳ ହେଲାଣି ଯେ ଗୋର୍ବାଚୋଭ ମହାଶୟଙ୍କ ଗାଦି ଟଳମଳ। ତା'ଛଡ଼ା ଇରାକର ଆଉ ଗୋଟିଏ ସ୍ୱାଧୀନ ଦେଶକୁ ଆକ୍ରମଣ କରିବା ଆନ୍ତର୍ଜାତିକ ବୁଝାମଣାରୁ ବହିର୍ଭୂତ। ଏହାକୁ ସମସ୍ୱରରେ ସମଗ୍ର ପୃଥିବୀ ନିନ୍ଦା କରିବା ଆବଶ୍ୟକ। ବିଶେଷତଃ ଭାରତବର୍ଷର ସୀମାନ୍ତରେ ଅନ୍ୟାନ୍ୟ ଦେଶ (ଚୀନ ଏବଂ ପାକିସ୍ତାନ) ଆକ୍ରମଣ କରି ଆସୁଛନ୍ତି। ତେଣୁ ଏଥିରେ ଇରାକକୁ ପ୍ରତ୍ୟେକ୍ଷରେ ସମର୍ଥନ କରିବା ମାନେ, ତାଙ୍କର କୁଏତ ଆକ୍ରମଣ ଯଥାର୍ଥ ବୋଲି ସ୍ୱୀକାର କରିବା।

ପାକିସ୍ତାନ ମୁସଲିମ୍ ଦେଶ ହୋଇ ମଧ୍ୟ ଆମେରିକା ତଥା ମିଳିତ ବାହିନୀ ସହ ଯୁଦ୍ଧ ପାଇଁ ୧୦ ହଜାର ସୈନ୍ୟ ପଠାଇଥିଲା; ସେହିଭଳି ଆହୁରି ଅନେକ ମୁସଲମାନ (ବାଂଲା ଦେଶ ଇତ୍ୟାଦି) ଦେଶ ମଧ୍ୟ। ଖୋଦ୍ ସାଉଦୀ ଆରବ, ଇଜିପ୍ଟ ମୁଖ୍ୟତଃ ମୁସଲମାନ ଦେଶ। ତେଣୁ ଭାରତର ମୁସଲମାନ ଭୋଟରଙ୍କୁ ଖୁସି କରିବା ଲାଗି ନେତାମାନେ ଯେଉଁ ପନ୍ଥା ନେଲେ, ଏହା ଭାରତକୁ ସମସ୍ତଙ୍କ ଆଖିରେ ନ୍ୟୂନ କରିଦେଲା। ବୈଦେଶିକ ନୀତି ପାଇଁ ନେତାମାନେ ନିଜର ସ୍ୱାର୍ଥ ତଥା ଆଭ୍ୟନ୍ତରୀଣ ଲାଭକ୍ଷତିକୁ ପଛରେ ରଖି ଯେଉଁଟି ଦେଶ ପାଇଁ ହିତକର ଏବଂ ସମ୍ମାନସ୍ପଦ, ତାହା କରିବା ବିଧେୟ।

■

ଥାଇଲାଣ୍ଡ ଏବଂ ଭାରତ ଭ୍ରମଣ- ୧୯୯୪

ଅଗଷ୍ଟ ମାସ ଏକ ତାରିଖରୁ ୨ତାରିଖ ପର୍ଯ୍ୟନ୍ତ ଦୁଇଟି ଦିନ ଥାଇଲାଣ୍ଡ ଦେଶର ଉତ୍ତରରେ ଦ୍ୱିତୀୟ ବୃହତ୍ତମ ସହର ଚାଙ୍ଗମାଇରେ କଟାଇବାକୁ ପଡ଼ିଲା। ସମଗ୍ର ଏସିଆ ପାସିଫିକ୍‌ର ଦେଶମାନଙ୍କରୁ ଶହେରୁ ଊର୍ଦ୍ଧ୍ୱ କମ୍ପାନୀମାନଙ୍କର ଏକ ସମ୍ମିଳନୀରେ ଭାଷଣ ଦେବାଲାଗି ନିମନ୍ତ୍ରିତ ହୋଇ ଆମେ ଯାଇଥିଲୁ। ବ୍ୟାଙ୍କକ୍‌ରୁ ମାତ୍ର ୧ଘଣ୍ଟାର ଉଡ଼ାଜାହାଜ ବାଟ ଚାଙ୍ଗମାଇ ସହର। ସହରଟି ଅତି ସୁନ୍ଦର ଅଥଚ ପହଞ୍ଚିବା ମାତ୍ରେ ଆମକୁ ଅନୁଗୁଳ ଭିତରେ ବୁଲିଲା ପରି ଲାଗିଲା। ବର୍ମା ଦେଶର ସୀମାରେଖାଠାରୁ ମାତ୍ର ୧୦ମାଇଲ ଦୂର; ଅର୍ଥାତ୍ ବର୍ମା ଡେଇଁଲେ ଭାରତ କହିଲେ ଚଳେ।

ଚାଙ୍ଗମାଇ ଐତିହାସିକ ସହର, ପୁରାତନ ହିନ୍ଦୁଧର୍ମ ଭିତ୍ତିଉପରେ ନିର୍ମିତ ମନ୍ଦିରମାନ ବିରାଜମାନ। ଗୋଟିଏ ଦିନ, ଆମକୁ ବସ୍‌ରେ ନିଆଯାଇ ଏକ ବିରାଟ ହାତୀ ସ୍ଥାନରେ ପହଞ୍ଚାଗଲା। ହାତୀମାନେ ବିଭିନ୍ନ ପ୍ରକାରର କାର୍ଯ୍ୟକଳାପ ପ୍ରଦର୍ଶନ କରାଇଲେ। ସାଇବମାନେ (ଯିଏ ଜୀବନରେ ହାତୀ ଦେଖିନାହାନ୍ତି) ଗଦ୍‌ଗଦ୍ ହୋଇ ଫଟୋ ଉଠାଇବାରେ ଲାଗିଲେ।

ଦୁଇଦିନ ଅବସ୍ଥାନ ପରେ ସକାଳୁ ଚାଙ୍ଗମାଇରୁ ବ୍ୟାଙ୍କକ୍ ଆସି, ସେଠାରୁ ଥାଇ ଏୟାରଲାଇନ୍‌ସର ଉଡ଼ାଜାହାଜରେ ୨ଘଣ୍ଟା ଉଡ଼ିବା ପରେ କଲିକତାରେ ପହଞ୍ଚିଲୁ। ସେଠାରୁ ୨ଘଣ୍ଟା ପରେ ଭୁବନେଶ୍ୱର ଉଡାଜାହାଜ ମିଳିଲା ଏବଂ ଘଣ୍ଟାକ ପରେ ଓଡ଼ିଶା ମାଟିରେ ପୁଣି ପାଦ ପଡ଼ିଲା। ଏହା ଆଗରୁ ଏହିବର୍ଷ ଫେବୃଆରୀ ଶେଷରେ ଓଡ଼ିଶା ଦର୍ଶନ ହୋଇଥିଲା। ଜନୈକ ବନ୍ଧୁ ଦେଖିବା ମାତ୍ରେ ପ୍ରଶ୍ନ କଲେ ଏବେ ପରା ଦେଖା ହୋଇଥିଲା, କ'ଣ ଯାଇନ କି?' ଅଥଚ ଆଉଜଣେ ପରିବାରର ବନ୍ଧୁ ମନ୍ତବ୍ୟ ଦେଲେ, 'ଓଡ଼ିଶା ଭିତରେ ଆପଣ ନିଜ ଲୋକଙ୍କୁ ଆମ ଅପେକ୍ଷା ବେଶି ଦେଖୁଛନ୍ତି'। ଏହାର ଅର୍ଥ ହେଲା ପ୍ରକୃତରେ ବର୍ତ୍ତମାନ ଆମେ ଏକ Global Village (ବିଶ୍ୱ ଗାଁ) ରେ ରହୁଛେ। ଦୂରତ୍ୱର କିଛି ଅର୍ଥ ଆଉନାହିଁ କହିଲେ ଚଳେ।

ଥାଇଲାଣ୍ଡରେ ୨ଦିନ ରହି ଓଡ଼ିଶାରେ ୩ଦିନ କଟାଇ ଆମେ ବାଙ୍ଗାଲୋରରେ

୨ ଦିନ ଏବଂ ବମ୍ବେରେ ୧ଦିନ କଟାଇ ତହିଁ ଆରଦିନ ଲଣ୍ଡନ ଦେଇ ସାନଫ୍ରାନ୍‌ସିକୋରେ ପହଞ୍ଚିଲୁ। ପୃଥିବୀକୁ ପୂରା ବୁଲିଗଲୁ କହିଲେ ଚଳେ। ପ୍ରଶାନ୍ତ ମହାସାଗର ଅତିକ୍ରମ କରି ତାଇୱାନ ଦେଇ ଥାଇଲାଣ୍ଡ ଆସିଲୁ। ସେଠାରୁ କଲିକତା, ଭୁବନେଶ୍ୱର, ବାଙ୍ଗାଲୋର ଏବଂ ବମ୍ବେ ଦେଇ ଲଣ୍ଡନ ଆସିଲୁ। ଆଟଲାଣ୍ଟିକ୍ ମହାସାଗର ଅତିକ୍ରମ କରି ସିଧା କାଲିଫର୍ଣ୍ଣିଆରେ ପହଞ୍ଚି ପାରିଲୁ। ତା'ପରେ ମାତ୍ର ଏକ ସପ୍ତାହରେ ପୁନରାୟ ପୃଥିବୀର ଅଧା ରାସ୍ତା ଅତିକ୍ରମ କରି ଦକ୍ଷିଣ ଆଫ୍ରିକା ଯିବାକୁ ହେବ।

ଏଥରକ ଭାରତରେ ମାତ୍ର ୬ଦିନ ରହଣି, ସେଥିରୁ ଓଡ଼ିଶାରେ ମାତ୍ର ୩ ଦିନ। ବାଙ୍ଗାଲୋରରେ ଏକ ସେମିନାରରେ ପ୍ରାୟ ୧୭୦ ଲୋକ ଯୋଗ ଦେଇଥିଲେ। ସେଥିରୁ ଅନ୍ତତଃ ୨ଜଣ ଓଡ଼ିଶାର ବୋଲି ପରିଚୟ ଦେଲେ। ଆମ ସମୟର ମାଟ୍ରିକରେ ପ୍ରଥମ ସ୍ଥାନ ଅଧିକାର କରିଥିବା ତଥା ଇଞ୍ଜିନିୟରିଂ କଲେଜର ସାଙ୍ଗ ଡକ୍ଟର ଲଳିତ ପଟ୍ଟନାୟକଙ୍କ ସହ ଦେଖାହେଲା। ଲଳିତ ଇଣ୍ଡିଆନ୍ ଇନ୍‌ଷ୍ଟିଚ୍ୟୁଟ ଅଫ୍ ସାଇନସର ସ୍କୁଲ ଅଫ ଅଟୋମେସନରେ ପ୍ରଫେସର ଥାଇ ଖୁବ୍ ନାଁ କରିଛନ୍ତି। ଦୁଇ ବନ୍ଧୁଙ୍କର ବହୁବର୍ଷ ପରର ସାକ୍ଷାତ ଅତୀବ ଆନନ୍ଦଦାୟକ ଥିଲା।

କମ୍ପ୍ୟୁଟର କ୍ଷେତ୍ରରେ ଭାରତବର୍ଷର ସର୍ବୋଚ୍ଚ କାର୍ଯ୍ୟକଳାପ ସେଇ ବାଙ୍ଗାଲୋରରେ ହିଁ ହେଉଛି। ଲୋକମାନେ ଭଦ୍ର, ସଂଯତ ଏବଂ ମିଷ୍ଟଭାଷୀ। ଦୁଇଟି ଦିନ ବହୁ ବିଶିଷ୍ଟ ବ୍ୟକ୍ତି ତଥା ବନ୍ଧୁମାନଙ୍କ ସହ ସାକ୍ଷାତ ହୋଇ ଭଲରେ କଟିଲା।

ତା'ପରେ ଆସିଲୁ ବମ୍ବେ। ଏଥରକ ବାଙ୍ଗାଲୋରରୁ ବମ୍ବେ ଆମେ 'ଜେଟ ଏୟାର'ରେ ଉଡ଼ିଲୁ। ଏମାନଙ୍କର ସର୍ଭିସ ତଥା ଯାତ୍ରୀମାନଙ୍କର ଦେଖାଚାହାଁ ଇଣ୍ଡିଆନ୍ ଏୟାରଲାଇନ୍‌ସଠାରୁ ବହୁ ଊର୍ଦ୍ଧ୍ୱରେ। ଥରେ ଏଥିରେ ଉଡ଼ିଲେ, କେହି ଇଣ୍ଡିଆନ୍ ଏୟାରଲାଇନ୍‌ସରେ ବସିବାକୁ ଇଚ୍ଛୁକ ହେବେନାହିଁ; ଅଥଚ ଭୁବନେଶ୍ୱର ପାଇଁ ଯାତ୍ରୀଙ୍କର ଘୋର ଅଭାବ ଯୋଗୁଁ ପ୍ରାଇଭେଟ ଉଡ଼ାଜାହାଜ କମ୍ପାନୀମାନେ ବିମାନ ସରବରାହ କରି ପାରିନାହାନ୍ତି।

କର୍ଣ୍ଣାଟକ ଏବଂ ମହାରାଷ୍ଟ୍ରର ବୈଷୟିକ ଉନ୍ନତି ତଥା ସାଧାରଣ ନାଗରିକଙ୍କର ଜୀବନଧାରଣର ମାନ ମୂଲ୍ୟାଙ୍କନ କଲେ, ଓଡ଼ିଶା କେତେ ପଛରେ ପଡ଼ିଛି ବୁଝି ହେବ। ଶାସ୍ତା ରାଜନୀତି ତଥା ରାଜନୀତିଜ୍ଞମାନଙ୍କୁ ବରଖାସ୍ତ କରିବାର ସମୟ ଆସିଛି। ପ୍ରଦେଶ ପାଇଁ କାହାର ଉତ୍କଣ୍ଠା ବା ଭାବାବେଗ ନାହିଁ। ସମସ୍ତେ ନିଜ ନିଜର ଅର୍ଥବୃଦ୍ଧି କରିବାରେ ବ୍ୟସ୍ତ।

■

ଭାରତ ଡାଏରୀ-୧୯୯୪

୧୯୯୪ରେ ଭାରତ ୩ଥର ଯିବାକୁ ପଡ଼ିଲା । ଫେବୃୟାରୀ ଶେଷ ଭାଗରେ, ଅଗଷ୍ଟ ମାସରେ ଏବଂ ଗତ ଡିସେମ୍ବର ଶେଷ ଭାଗରେ ।

ଡିସେମ୍ବର ୧୫ ରାତି ଅଧରେ ଦିଲ୍ଲୀର ବିମାନଘାଟିରେ ପହଞ୍ଚିଲା ବେଳକୁ ଚାରିଆଡ଼େ ଲୋକାରଣ୍ୟ । ରାତି ୨ଟାରେ ଏତେ ସଂଖ୍ୟାରେ ଯବାନ କୋଉଠୁ ଆସିଲେ ? ବୁଝିଲା ବେଳକୁ ସୋମାଲିଆରେ ମୁତୟନ ହୋଇଥିବା ଭାରତୀୟ ସୈନ୍ୟମାନେ ଘରକୁ ଫେରୁଛନ୍ତି ।

ଜିନିଷପତ୍ର ନେଇ ବାହାରକୁ ଆସିଲାବେଳକୁ ଆମର ନାଁ ସାଇନବୋର୍ଡ଼ରେ ଲେଖି ଜଣେ ଡ୍ରାଇଭର ଅପେକ୍ଷା କରିଥିଲା । ଓବେରୋଇ ହୋଟେଲରେ ପହଞ୍ଚିଲା ବେଳକୁ ରାତି ପ୍ରାୟ ୩ଟା । ଦିଲ୍ଲୀର ଓବେରୋଇ ହୋଟେଲର ଦରଦାମ ଆମେରିକା ହୋଟେଲ ଦାମଠାରୁ ଅଧିକା ଲାଗିଲା । ଗୋଟିଏ ଦିନ ରହଣି ୬ ହଜାର ଟଙ୍କାରୁ ଊର୍ଦ୍ଧ୍ୱ ।

ମାତ୍ର ୩-୪ଘଣ୍ଟା ବିଶ୍ରାମ ପରେ ପ୍ରଥମ ଅଫିସିଆଲ କାର୍ଯ୍ୟକ୍ରମ ଆରମ୍ଭ ହେଲା । ହୋଟେଲ ଅଶୋକାରେ ନାସକମ୍ NASSCOM(National Association of Software & Services Companies)ର ବାର୍ଷିକ ସେମିନାରରେ ମୁଖ୍ୟ ଭାଷଣ ଦେବାକୁ ହେବ । ସେଠାରୁ କାମସାରି ଇନ୍‌କମ୍ ଟ୍ୟାକ୍‌ସ କମିଶନରଙ୍କ ସହ ସାକ୍ଷାତ କାର୍ଯ୍ୟକ୍ରମ ସମାପ୍ତ କରି, ସନ୍ଧ୍ୟାରେ ୨ଟି ପୂର୍ବ ନିର୍ଦ୍ଧାରିତ କାର୍ଯ୍ୟ ସମାପ୍ତ କଲାବେଳକୁ ରାତି ୧୧ । ଆମେରିକାରୁ ଦିଲ୍ଲୀ ଉଡ଼ିବାକୁ ପ୍ରାୟ ୨୦ ଘଣ୍ଟା ଲାଗିଥିଲା । ତା'ପରେ ପରେ ନିରବଚ୍ଛିନ୍ନ ଭାବେ କାର୍ଯ୍ୟ ଚାଲୁ ରହିଲା । ୧୭ତାରିଖ ସକାଳୁ ଦିଲ୍ଲୀର କମ୍ପ୍ୟୁଟର ପତ୍ରିକାମାନଙ୍କର ସମ୍ପାଦକଙ୍କ ସହ ସାକ୍ଷାତକାର ପରେ ଜଣେ ବିଶିଷ୍ଟ ଶିଳ୍ପବିତ୍ ବନ୍ଧୁ ସୌରଭ ଶ୍ରୀବାସ୍ତବଙ୍କ ସହ ମଧ୍ୟାହ୍ନ ଭୋଜନ ଥିଲା । ରବିବାର ଦିନ ଆମର ଓଡ଼ିଶାର କେନ୍ଦ୍ରମନ୍ତ୍ରୀ ଶ୍ରୀ କାମାକ୍ଷା ପ୍ରସାଦ ସିଂହଦେଓଙ୍କ ସହ ପ୍ରାତଃଭୋଜନ ଥିଲା ।

ସେଇଦିନ ଦ୍ୱିପ୍ରହରରେ ଦିଲ୍ଲୀର ସ୍ଥାନୀୟ ବନ୍ଧୁଙ୍କ ନିମନ୍ତ୍ରଣକ୍ରମେ ଆମେ ମୌର୍ଯ୍ୟ

ଶେରାଟନ୍ ହୋଟେଲରେ ଏକ ବନ୍ଧୁମିଳନରେ ଯୋଗ ଦେଲୁ। ସେଠାରେ ଭାରତର ଅନେକ ଜଣାଶୁଣା ବ୍ୟକ୍ତିଙ୍କ ସହ ସାକ୍ଷାତ ହେଲା। ପ୍ରଥମ ଥର ଲାଗି ଶ୍ରୀ ମଣ୍ଟେକ୍ ସିଂ ଆଲୁହାଲିଆ (ଫାଇନାନ୍ସ ସେକ୍ରେଟାରୀ ଏବଂ ମନମୋହନ ସିଂହଙ୍କ ଡାହାଣ ହାତ)ଙ୍କ ସହ ସାକ୍ଷାତ ହେଲା ଅଳ୍ପ ମିନିଟ୍ ଲାଗି। ତା'ପରେ ମଣିଶଙ୍କର ଆୟାର, ଅରୁଣ ସୁରୀ, ନଳିନୀ ସିଂ (ଅରୁଣ ସୁରୀଙ୍କ ଭଉଣୀ ଏବଂ ଟେଲିଭିଜନ୍ ରିପୋର୍ଟର), କଳାକାର ରୋଷନ୍ ସେଠ୍, ସଂଗୀତକାର ଅମଜାଦ୍ ଅଲ୍ଲୀ ଖାଁ, ଶିଳ୍ପପତି ଏସ୍.କେ. ମୋଦି ଇତ୍ୟାଦି। ଯେହେତୁ ଆମେ ବିଦେଶରେ ରହୁଛୁ ବହୁତ ଲୋକଙ୍କୁ ଚିହ୍ନିବା ସମ୍ଭବ ନଥିଲା। ଭାରତବର୍ଷର ଅର୍ଥନୈତିକ ବିକାଶରେ ନିକଟ ଅତୀତରେ ନିର୍ବାଚନ ଫଳାଫଳ କିଛି ବ୍ୟାଘାତ ଆଣିବା ଉପରେ ଅନେକ ଚର୍ଚ୍ଚା ହେଲା।

ସେଦିନ (ଡିସେମ୍ବର ୧୮) ଉପରବେଳା ମେଦୀଲୁଫତଙ୍କ ଉଡାଜାହାଜରେ ଦିଲ୍ଲୀରୁ ବାଙ୍ଗାଲୋର ଯିବାକୁ ପଡ଼ିଲା। ବାଙ୍ଗାଲୋର ଓବେରୟ ହୋଟେଲ ମହାତ୍ମା ଗାନ୍ଧୀ ରୋଡ଼୍ ଉପରେ। ଖୁବ୍ ସୁନ୍ଦର ପରିବେଶ।

୧୯ତାରିଖ ସକାଳେ ଏକ ଆନ୍ତର୍ଜାତିକ ସମ୍ମିଳନୀରେ ମୁଖ୍ୟ ବକ୍ତୃତା ସକାଳ ୧୦ରେ ଦେବାକୁ ଥିଲା। ଏହି ସମ୍ମିଳନୀର ନାଁ ଥିଲା **Conference on Management of Data (COMAD'94)**। ପ୍ରାୟ ୧୦/୧୨ଟି ଦେଶର କମ୍ପ୍ୟୁଟର ବୈଜ୍ଞାନିକମାନେ ଯୋଗ ଦେଇଥିଲେ। ୨୦ତାରିଖ ଦିନ ସକାଳୁ ପୁନରାୟ ଦିଲ୍ଲୀ ଫେରି, ସେଠାରୁ ସନ୍ଧ୍ୟାବେଳକୁ ଭୁବନେଶ୍ୱର ଆସିବାକୁ ହେଲା। ସେ ପ୍ଲେନ୍ ପୁଣି ୩ ଘଣ୍ଟା ବିଳମ୍ବ।

ପ୍ରତି ଥର ଭଳି ଭାରତରେ ଅନ୍ୟାନ୍ୟ ଯାଗା ଦେଖି ଓଡ଼ିଶାରେ ପହଞ୍ଚିଲା ମାତ୍ରେ ମନରେ ଆସେ ସତରେ ଭାରତର ସବୁଠାରୁ ଗରିବ ରାଜ୍ୟ ହେଲା ଓଡ଼ିଶା, ଏଠି ସବୁ ପ୍ରକାର ଅବ୍ୟବସ୍ଥା। ନେତୃବର୍ଗ ତଥା ଜନସାଧାରଣଙ୍କ ଚିନ୍ତାଧାରା ମଧ୍ୟ ଖୁବ୍ ସୀମିତ। ଅଥଚ ଓଡ଼ିଶାର ଶାନ୍ତିପୂର୍ଣ୍ଣ ପରିବେଶ ଯେ କୌଣସି ଲୋକଙ୍କୁ ମୁଗ୍ଧ କରିବ। ୩ଦିନ କଟକ, ଭୁବନେଶ୍ୱର ଏବଂ ଆଠଗଡ଼ରେ ରହିବା ପରେ ଏକ ପୁରାତନ ବନ୍ଧୁମିଳନ କାର୍ଯ୍ୟକ୍ରମରେ ରେଳରେ ରାଉରକେଲା ଯିବାକୁ ହେଲା, ରେଳ ମଧ୍ୟ ୩ ଘଣ୍ଟା ବିଳମ୍ବ। ଡବାରେ ପାଣି ନାହିଁ, ରାତିଯାକ ବିଭିନ୍ନ ଲୋକ ପଦଚାରଣ କରୁଛନ୍ତି। ଅଥଚ କଟକରୁ ରାଉରକେଲା ଭଡ଼ା ୬୪୦ଟଙ୍କା, ଅବଶ୍ୟ ଏସି ସେକେଣ୍ଡ କ୍ଲାସ।

ଡିସେମ୍ବର ୨୫ ତାରିଖରେ ଗୋଟିଏ ବସ୍‌ରେ ମାତ୍ର ୧୩୫ ଟଙ୍କା ଭଡ଼ାରେ ବଡ଼ ସୁବିଧାରେ ଭୁବନେଶ୍ୱରରେ ପହଞ୍ଚିଲୁ। ଯେତେଥର ଭୁବନେଶ୍ୱର ଦେଖିଲେ ଲାଗୁଛି ଲୋକସଂଖ୍ୟା, ଗାଡ଼ିମୋଟର ଆହୁରି ବଢ଼ିଛି। ସେଇ ପୁରୁଣା ଖୋଲା ଆବହାୱା

ଆଉ ନାହିଁ। ସ୍ଥାନୀୟ ବନ୍ଧୁମାନେ କହିଲେ ଚୋରି, ଡକାୟତି ମଧ୍ୟ ବୃଦ୍ଧି ପାଇଛି। ଭୁବନେଶ୍ୱର ଯେ Delhi in miniature ଏହା ସତ। ସରକାରୀ ଅମଲାଙ୍କ ସହର ଏବଂ ନାଲି ଫିତାର ସହର। ଗୋଟିଏ ଦିନ ଭୁବନେଶ୍ୱରରେ କଟାଇ ସନ୍ଧ୍ୟାରେ ଦିଲ୍ଲୀ ଆସି ସେଇ ରାତିରେ ଫ୍ରାଙ୍କଫୁର୍ଟ ଦେଇ ସାନ୍‌ଫ୍ରାନ୍‌ସିସ୍କୋରେ ପହଞ୍ଚିଲୁ ଦୀର୍ଘ ୨୪ଘଣ୍ଟା ଉଡ଼ିବା ପରେ। ୧୯୯୪ର ଶେଷ ଭାରତଗସ୍ତ ପୂର୍ବଭଳି ଖୁବ୍ ଆନନ୍ଦଦାୟକ ଥିଲା।

ମଣିରତ୍ନମ୍‌ଙ୍କ ଚଳଚ୍ଚିତ୍ର 'ବମ୍ବେ'

ନିକଟରେ ଭାରତର ସୁବିଖ୍ୟାତ ନିର୍ଦ୍ଦେଶକ ମଣିରତ୍ନମ୍‌ଙ୍କ ଚଳଚ୍ଚିତ୍ର 'ବମ୍ବେ' ଦେଖିବାର ଅବକାଶ ମିଳିଲା। ଏହା ଏକ ଉଚ୍ଚକୋଟୀର ଉପସ୍ଥାପନା, ଏଥିରେ ସନ୍ଦେହ ନାହିଁ। ଏଥିପୂର୍ବରୁ ମଣିରତ୍ନମ୍ ହିନ୍ଦୀ 'ଅଞ୍ଜଳି' ଏବଂ 'ରୋଜା' ସିନେମା ନିର୍ଦ୍ଦେଶନା ଦେଇ ଖୁବ୍ ସୁଖ୍ୟାତି ଅର୍ଜନ କରିଥିଲେ।

'ବମ୍ବେ'ର ବିଷୟବସ୍ତୁ ବର୍ତ୍ତମାନର ସମାଜରେ ଖୁବ୍ ଗୁରୁତ୍ୱପୂର୍ଣ୍ଣ। ହିନ୍ଦୁ ଏବଂ ମୁସଲମାନ ସମ୍ପ୍ରଦାୟରେ ବିବାଦ ଏବଂ ତଜ୍ଜନିତ ତିକ୍ତତା ଏବଂ ଦଙ୍ଗା ଏହାର ବିଷୟବସ୍ତୁ। ମଣିରତ୍ନମ୍ କିନ୍ତୁ ଏହି ସମସ୍ୟାକୁ ଅତି ଭାବିଚିନ୍ତି ଯତ୍ନର ସହିତ ଉପସ୍ଥାପନା କରିଛନ୍ତି।

ବମ୍ବେଠାରୁ କିଛିଦୂରରେ ସମୁଦ୍ରକୂଳରେ ଏକ ଗାଁରେ ଏକ ହିନ୍ଦୁ ବ୍ରାହ୍ମଣ ପିଲା ଏକ ମୁସଲମାନ ଝିଅକୁ ବିବାହ କରିଛି (ଉଭୟ ପରିବାରର ଘୋର ଆପତ୍ତିସତ୍ତ୍ୱେ)। ସେମାନେ ଗାଁ ଛାଡ଼ି ବମ୍ବେ ସହରରେ ରେଜିଷ୍ଟ୍ରି ବିବାହ କରି ରହୁଛନ୍ତି। ସେମାନଙ୍କର ଦୁଇଟି ପୁଅ ହୋଇଛି।

ଇତିମଧ୍ୟରେ ୧୯୯୨ର ବାବ୍ରୀ ମସଜିଦ ଘଟଣା ପରେ ବମ୍ବେରେ ହିନ୍ଦୁ ମୁସଲମାନଙ୍କ ମଧ୍ୟରେ ସାଂପ୍ରଦାୟିକ ଦଙ୍ଗା ହୋଇଛି। ସାଂପ୍ରଦାୟିକତାର ବିଭୀଷିକା ମଧ୍ୟରେ ଏହି ପରିବାରଟିର ନାନା ପ୍ରକାର ଅସୁବିଧା ହୋଇଛି। କିନ୍ତୁ ମଣିଷ ପ୍ରଥମେ ରକ୍ତମାଂସଧାରୀ ମଣିଷ। ତା'ପରେ ତା'ର ଧର୍ମ, ଜାତି ଏବଂ ସାମାଜିକ ସ୍ଥିତି। ବେଳେବେଳେ ସାଂପ୍ରଦାୟିକତାର ସଂକୀର୍ଣ୍ଣତାରେ ମଣିଷ ନିଜର ମଣିଷତ୍ୱ ଭୁଲିଯାଏ। ଯେଉଁମାନଙ୍କ ସହ ସ୍ନେହ ସୌହାର୍ଦ୍ଦ ବର୍ଷବର୍ଷ ଧରି ଗଢ଼ି ଉଠିଥାଏ ମୁହୂର୍ତ୍ତିକ ମଧ୍ୟରେ ସେମାନେ ଶତ୍ରୁ ପାଲଟିଯାନ୍ତି।

ମଣିରତ୍ନମ୍‌ଙ୍କ ସିନେମାରେ ସାନ ପିଲାଟିଏ ପ୍ରଶ୍ନ କରିଛି- "କାହିଁକି ହିନ୍ଦୁ ଓ ମୁସଲମାନ ଲୋକେ ପରସ୍ପରକୁ ଘୃଣା କରନ୍ତି ?"

ତା'ର ବୁଢ଼ାବାପା ଉତ୍ତରରେ କେବଳ ପିଲାର ମୁହଁକୁ ଚାହିଁ ରହିଛନ୍ତି। ସତେ ଅବା ଏହା ଏକ ଜଟିଳ ପ୍ରଶ୍ନ।

ବମ୍ବେର ପ୍ରଥମାର୍ଦ୍ଧ ଏକ ଚଳଚ୍ଚିତ୍ର ନୁହେଁ, ବରଂ ଏକ ଉଚ୍ଚକୋଟୀର ଚିତ୍ରକଳାର ପ୍ରଦର୍ଶନୀ। ଏକ କବିତା ପଢ଼ିଲେ ଯେଭଳି ଲାଗେ ଏହି ଚିତ୍ରସବୁ ଦେଖିଲେ ସେହିଭଳି ରସାତ୍ମକ ବୋଧହୁଏ। ତା'ସହିତ ଶ୍ରୀ ରହମାନଙ୍କ ସଂଗୀତ ମଧ୍ୟ ଅତି ଉଚ୍ଚମାନର।

ଦୁଃଖର କଥା ଏହି ଚଳଚ୍ଚିତ୍ର 'ବମ୍ବେ'କୁ ହାଇଦ୍ରାବାଦରେ ବନ୍ଦ କରାଯାଇଛି। ବମ୍ବେ ସହରରେ ମଧ୍ୟ ଏହାର ପ୍ରଦର୍ଶନ ରଦ୍ଦ କରାଯାଇଛି ବୋଲି ଖବର ପାଇଲୁ। ଏହା ଅତ୍ୟନ୍ତ ଦୁଃଖର ବିଷୟ। ମଣିରତ୍ନମ୍ ଅତି ଯତ୍ନରେ କୌଣସି ସମ୍ପ୍ରଦାୟକୁ ଅପମାନିତ କଲାଭଳି କିଛି ହେଲେ ଦେଖାଇନାହାନ୍ତି। ସାଧାରଣ ମଣିଷର ଦୈନନ୍ଦିନ ଜୀବନପ୍ରବାହରେ ଯାହାସବୁ ଘଟିଯାଏ ତା'ର ବିବରଣୀ ଦିଆଯାଇଛି।

ବମ୍ବେରେ ପ୍ରକୃତରେ ଯେଉଁ ଦଙ୍ଗା ଘଟିଗଲା ତା'ର ପ୍ରକୃତ ରୂପରେଖା ଦେଇ ସେ ଦର୍ଶାଇଛନ୍ତି ଯେ ଏଭଳି ପାଗଳାମିର ପରିଣାମ କେତେ ଭୟାବହ ହୋଇପାରେ। ଭାରତର ଚଳଚ୍ଚିତ୍ର ଜଗତରେ ଏଭଳି ସାମାଜିକ ବିଷୟବସ୍ତୁ ତଥା ସମସ୍ୟା ଉପରେ ସିନେମା ଖୁବ୍ କମ୍ ତିଆରି ହୋଇଥାଏ। ଏହାକୁ ବନ୍ଦ କରିବା ପରିବର୍ତ୍ତେ ଭାରତ ତଥା ଭାରତ ବାହାରେ ପାକିସ୍ତାନ ଇତ୍ୟାଦି ଦେଶରେ ସମସ୍ତଙ୍କୁ ବାଧ୍ୟତାମୂଳକ ଦେଖାଇବା ଉଚିତ। ବାଙ୍ଗାଲୋର ତଥା ଅନ୍ୟ କେତେକ ବଡ଼ ସହରରେ 'ବମ୍ବେ' ଲୋକପ୍ରିୟ ହେବାକୁ ଆରମ୍ଭ କରିଛି। ଆମେରିକାରେ ବଡ଼ ବଡ଼ ସହରମାନଙ୍କରେ ଭାରତୀୟ ଲୋକେ ଏହାକୁ ବହୁସଂଖ୍ୟାରେ ଦେଖୁଛନ୍ତି।

■

ଭାରତ ଦର୍ଶନ-ଜୁଲାଇ ୧୯୯୫

ଜୁଲାଇ ମାସରେ ୧୦ ଦିନ ଲାଗି ଭାରତ ଗସ୍ତରେ ଆମେ ଯାଇଥିଲୁ। ସେଥିରେ ୪ଦିନ ଭାରତର ୩ଟି ସହରରେ କାର୍ଯ୍ୟ ସମାପ୍ତ କରି ଓଡ଼ିଶାରେ ମାତ୍ର ୬ ଦିନର ରହଣି। ଦିଲ୍ଲୀ, ବମ୍ବେ ଏବଂ କଲିକତାର ଭାରତବର୍ଷ ଅଲଗା। ବଡ଼ ବଡ଼ ହୋଟେଲ, ପ୍ରାଇଭେଟ୍ ଏଆରଲାଇନ୍‌ସ, ଅଗଷ୍ଟ ମାସରେ ଆସୁଥିବା ମୋବାଇଲ୍ ଟେଲିଫୋନ୍ ଏବଂ କମ୍ପ୍ୟୁଟରର ଭାରତବର୍ଷ ସିଏ।

ଦିଲ୍ଲୀରେ ପହଞ୍ଚିଲା ବେଳକୁ ରାତି ଗୋଟାଏ। ସେଠାରୁ ଜିନିଷପତ୍ର ଧରି ଓବେରୟ ହୋଟେଲରେ ପହଞ୍ଚୁ ପହଞ୍ଚୁ ରାତି ୩। ସକାଳ ସାଢ଼େ ୯ଟାରେ ମୌର୍ଯ୍ୟ ଶେରାଟନ୍ ହୋଟେଲରେ ଶତାଧିକ କମ୍ପ୍ୟୁଟର ବୈଜ୍ଞାନିକଙ୍କୁ ୩ ଘଣ୍ଟାର ସେମିନାର ଦେଇସାରି, ଉପରବେଳା ମୋଦିଲୁଫ୍‌ଟ ଉଡ଼ାଜାହାଜରେ ବମ୍ବେ ଆସିଲୁ।

ସେଠି ସମସ୍ତେ ଅନବରତ ଧାଉଁଛନ୍ତି। ମେରାଇନ୍ ଡ୍ରାଇଭ୍ ଉପରେ ସକାଳୁ ଶହ ଶହ ଲୋକେ ବ୍ୟାୟାମ୍ ପାଇଁ ଚାଲୁଛନ୍ତି। ଦିନଟିଏ ରହି ଜେଟ୍ ଏଆରଓ୍ୱେଜରେ ସାଢ଼େ ୩ ଘଣ୍ଟା ଉଡ଼ିଲେ କଲିକତା। ଦମ୍‌ଦମ୍‌ଠାରେ ଆନ୍ତଃରାଷ୍ଟ୍ରୀୟ ବିମାନଘାଟି ନୂଆ ହୋଇଛି। ଭାରତବର୍ଷରେ ସର୍ବାଧୁନିକ କହିଲେ ଭୁଲ୍ ହେବନି। ସେଠାରେ ତାଜ୍ ବେଙ୍ଗଲ୍ ହୋଟେଲରେ ଦିନକର କାର୍ଯ୍ୟ ସମାପ୍ତ କରି ତହିଁ ଆରଦିନ ଭୁବନେଶ୍ୱରରେ ପାଦ ପଡ଼ିଲା। ଭୁବନେଶ୍ୱର ବିମାନଘାଟିର ଅନତିଦୂରରେ ନୂଆ ଟର୍ମିନାଲ୍ ତିଆରି ହେବାର ଦେଖିଲୁ। କିଏ କିଏ କହିଲେ ଏହା ଆନ୍ତର୍ଜାତିକ ବିମାନଘାଟି ହେବାକୁ ଯାଉଛି। ଜଣେ ଇଣ୍ଡିଆନ୍ ଏୟାରଲାଇନ୍‌ସର କର୍ମଚାରୀ କହିଲେ ଯେ କେବେ ସରିବ ଠିକ୍ ଜଣାନାହିଁ, କାରଣ ଟଙ୍କା ନାହିଁ ସରକାରଙ୍କର। ତଥାପି ୧୯୯୭ ସୁଦ୍ଧା ସରିବାର ଯୋଜନା ଅଛି। ଆମେ ଆଗତ ଭବିଷ୍ୟତର ସ୍ୱପ୍ନ ଦେଖିଲୁ ଯେ ସିଙ୍ଗାପୁର କି ଆଉ ଅନ୍ୟ ଏସିଆର ସହରରୁ ସିଧା ଉଡ଼ିକି ଆମେ ଭୁବନେଶ୍ୱରରେ ଓହ୍ଲାଇବୁ। ସେ ଦିନକୁ ଅପେକ୍ଷା।

ଭୁବନେଶ୍ୱରର କଳେବର ବୃଦ୍ଧି ଚାଲୁରହିଛି। ଯେତେଥର ଦେଖିଲେ ଲାଗୁଛି ଚତୁର୍ଦ୍ଦିଗକୁ ଏହା ଲମ୍ବି ଚାଲିଛି। ତଜ୍ଜନିତ ସମସ୍ୟା କଥା ମଧ୍ୟ ଲୋକେ କୁହାକୁହି

ହେଲେ, ଗାଡ଼ିମୋଟର ସ୍କୁଟର ବଢ଼ି ଚାଲିଛି। ନାନା ପ୍ରକାର ଚୋରି ଡକାୟତି ମଧ୍ୟ ବଢ଼ିଛି। ଓବେରୟ ହୋଟେଲ୍ ପାଖରେ ଗଢ଼ି ଉଠୁଥିବା କଳିଙ୍ଗ ହସ୍‌ପିଟାଲ ଦେଖିଲୁ। ଓବେରୟ ହୋଟେଲରେ ଅକସ୍ମାତ୍ ୨୦ବର୍ଷ ତଳର ଜଣେ କାନାଡ଼ାର ସାହାବ ସାଙ୍ଗ ଦେଖାହେଲେ। "ଏଠି କ'ଣ କରୁଛ?"- ବୋଲି ପ୍ରଶ୍ନ କଲାରୁ କହିଲେ ତାଙ୍କର କାନାଡ଼ାସ୍ଥିତ କନସଲ୍‌ଟିଂ କମ୍ପାନୀ ଓଡ଼ିଶାର ଷ୍ଟେଟ୍ ଇଲେକ୍‌ଟ୍ରିସିଟି ବୋର୍ଡ଼ (OSEB) ଲାଗି ବଡ଼ କାମ ନେଇଛନ୍ତି। ତାଙ୍କ ସହ ଲଣ୍ଡନ ଏବଂ କାନାଡ଼ରୁ ଆଉ ୨ଜଣ ସହକର୍ମୀ ଆସିଥିଲେ। ଦେଖାହେଲା। ଓଏସଇବିର ଅବସ୍ଥା କପରି ବୋଲି ପ୍ରଶ୍ନ କଲାରୁ ସେମାନେ ଅଳ୍ପ ହସି ମୁଣ୍ଡ ହଲାଇଲେ ଏବଂ କହିଲେ ବହୁତ କିଛି କାମ କରିବାକୁ ଅଛି। ବିଦ୍ୟୁତ୍ ଚୋରି ଏବଂ ସେଥିଲାଗି ଯେଉଁ ରେଭେନ୍ୟୁ କ୍ଷତି ତାହାକୁ ସଜାଡ଼ିବା ଅନେକ କାମ ଭିତରୁ ଗୋଟିଏ।

ଗତ ଡିସେମ୍ବର ଓଡ଼ିଶା ଗସ୍ତ ପରେ ୬ମାସ ଭିତରେ ରାଜନୈତିକ ପରିବର୍ତ୍ତନ ଘଟିଯାଇଛି। ନାନାପ୍ରକାର ମନ୍ତବ୍ୟ ଶୁଣିବାକୁ ମିଳିଲା। ବଡ଼ ସହରଠାରୁ ଛୋଟ ପର୍ଯ୍ୟନ୍ତ ସବୁଆଡ଼େ ଖାଲି କର୍ମଚାରୀଙ୍କର ବଦଳି ଏବଂ ନୂଆ କଂଗ୍ରେସ ଲୋକଙ୍କୁ କହି ତାକୁ ବନ୍ଦ କରିବା କିମ୍ବା ବଦଳାଇବା ପାଇଁ ସମସ୍ତେ ଚେଷ୍ଟିତ। କେହି କେହି ତାଙ୍କ ଆଡୁ ବଖାଣିଲେ କେମିତି ଅମୁକ ନେତା ନିର୍ବାଚନରେ ହାରିଥିଲେ ମଧ କଂଗ୍ରେସ ଦଳ ଯୋଗୁ ବର୍ତ୍ତମାନ ଅମାପ କ୍ଷମତା ଧରି ବୁଲୁଛନ୍ତି। ତାଙ୍କ ଘରେ ସ୍କୁଟର, ଗାଡ଼ିର ଭିଡ଼। ସେ ଦିନକ ମଧ୍ୟରେ ହଜାର ହଜାର ଟଙ୍କା ନେଇ ଲୋକମାନଙ୍କୁ ବଦଳିଜନିତ ଦୁଃଖ ଲାଘବ କରିବେ ବୋଲି ପ୍ରତିଶ୍ରୁତି ଦେଉଛନ୍ତି।

ଓଡ଼ିଶାରେ ସବୁଥର ପରି ସେ ତଳସ୍ତରରେ ରାଜନୀତି ଏବଂ ସଂକୀର୍ଣ୍ଣ ମନୋଭାବ ବଦଳିନି। ଯୋଉ ଅନ୍ଧାରକୁ ସେଇ ଅନ୍ଧାର। ବିଶେଷତଃ ଭାରତର ଅନ୍ୟାନ୍ୟ ପ୍ରଦେଶ ଦେଖି ଆସିଲା ପରେ ଓଡ଼ିଶା ପାଇଁ ଯେଉଁ ବିଷର୍ଣ୍ଣତା ଏବଂ କ୍ଷୋଭ ଆସୁଥିଲା ବର୍ତ୍ତମାନ ମଧ୍ୟ ତା'ର ପରିବର୍ତ୍ତନ ନାହିଁ। ଦୁର୍ନୀତି ଭାରତରେ ଚାରିଆଡ଼େ, ଓଡ଼ିଶାରେ ମଧ୍ୟ ପ୍ରଭାବ ଖୁବ୍ ଅଧିକ।

ଓଡ଼ିଆମାନେ ସରଳ ଏବଂ ନିରହଙ୍କାର। ଓଡ଼ିଶା ଭିତରେ ଓ ବାହାରେ ଧୀରେ ଧୀରେ ସେମାନଙ୍କ ନାଁ ବଢୁଛି। ଏବର୍ଷର ସର୍ବଭାରତୀୟ ସ୍ତରରେ ଓଡ଼ିଆ ଚଳଚ୍ଚିତ୍ର 'ଇନ୍ଦ୍ରଧନୁର ଛାଇ' ଫ୍ରାନ୍‌ସ କ୍ୟାନ୍ ଫିଲ୍‌ମ ଫେଷ୍ଟିଭାଲରେ ପ୍ରଦର୍ଶିତ ହୋଇଥିଲା। ସୁଦୂର ଆମେରିକାରେ ଅନେକ ସହରରେ ଓଡ଼ିଆ ତଥା ଜଗନ୍ନାଥ ସଂସ୍କୃତିର ପ୍ରତୀକ ରଥଯାତ୍ରା ପାଳିତ ହେଉଛି। ଯେଉଁ ଜାତି ଦିନେ ବୀରତ୍ୱରେ ପରାକାଷ୍ଠା ଦେଖାଇ ପୃଥିବୀରେ ନାଁ କରିଥିଲା, ସେମାନେ ଏତେ ପରିମାଣରେ ନିଷ୍କ୍ରିୟ କାହିଁକି?

ଭାରତରେ ଓଡ଼ିଶା କେବଳ ଦାରିଦ୍ର୍ୟର ଚରମ ମାପକାଠି ରୂପେ ଗଣା ହେଉଛି। ସବୁ ନେତା କଥା କଥାକେ କଳାହାଣ୍ଡି ଏବଂ କୋରାପୁଟର ପିଲା ବିକିବା କଥା ଉଦ୍ଧାର କରୁଛନ୍ତି। କହୁନାହାନ୍ତି ଯେ ସର୍ବଭାରତରେ ଅତିବଡ଼ୀ ଜଗନ୍ନାଥ ଦାସ ସର୍ବପ୍ରଥମେ ଏକ ଆଞ୍ଚଳିକ ଭାଷାରେ ଭାଗବତ ଲେଖିଥିଲେ କିମ୍ୱା ସାରଳା ଦାସ ମହାଭାରତ ଲେଖିଥିଲେ। କେହି କହୁନାହାନ୍ତି ଯେ ଷୋଡ଼ଶ ଶତାବ୍ଦୀରେ ଓଡ଼ିଶା କଳା, ସାହିତ୍ୟ ଓ ସଂସ୍କୃତିରେ ଶୀର୍ଷସ୍ଥାନ ଅଧିକାର କରିଥିଲା।

ହଁ, ଅତୀତକୁ ବେଶି ଟେକିବା ଉଚିତ ନୁହେଁ। ବର୍ତ୍ତମାନ ଏବଂ ଭବିଷ୍ୟତକୁ ଚାହିଁବା ଦରକାର। ମାତ୍ର ଅତୀତର ଗୌରବ ଭବିଷ୍ୟତକୁ ଉଜ୍ଜ୍ୱଳ କରିବା ପାଇଁ ପ୍ରେରଣା ଦେବା ଉଚିତ। ସଂପ୍ରତି ଏହାର ଆବଶ୍ୟକତା ଅତି ଜରୁରୀ ବୋଧ ହେଉଛି। ଛ'ଟି ଦିନର ଓଡ଼ିଶା ରହଣି ସବୁଥର ପରି ଆନନ୍ଦଦାୟକ ଥିଲା। ପ୍ଲେନ୍‌ରେ ଦିଲ୍ଲୀ ଏବଂ ସେଇ ରାତିରେ ଇଉରୋପ ଆସିବା ବାଟରେ ମନ ଧାଉଁଥିଲା ସେଇ ଓଡ଼ିଶାର ମାଟି ପବନକୁ, ସ୍ନେହପ୍ରବଣ ଓଡ଼ିଆ ପ୍ରାଣର ସରଳତାକୁ।

■

ଟି.ଏନ୍. ଶେଷାନ୍

ସଦ୍ୟ ଭାରତ ଏବଂ ଓଡ଼ିଶାରୁ ଫେରିବାର ୩ଦିନ ପରେ ଶୁଣିଲୁ ଭାରତର ମୁଖ୍ୟ ନିର୍ବାଚନ କମିଶନର ଶ୍ରୀ ଟି.ଏନ୍.ଶେଷାନ୍ କାଲିଫର୍ଣ୍ଣିଆର ସନିଭେଲ୍ ସହରରେ ସଂଧ୍ୟାରେ ଭାଷଣ ଦେବେ। ପହଞ୍ଚିଲାବେଳକୁ ପ୍ରାୟ ବାରଶହ ବିଦେଶୀ ଭାରତୀୟ ସେଠାରେ ଜମା ହୋଇଛନ୍ତି। ବସିବାକୁ ଜାଗା ନାହିଁ। ଶେଷାନ୍ ମହୋଦୟ ଦୀର୍ଘ ୧ଘଣ୍ଟା ୪୫ ମିନିଟ୍ ଅନର୍ଗଳ କହି ଚାଲିଲେ। ସମସ୍ତେ ନିର୍ବାକ୍ ହୋଇ ତାଙ୍କ କଥା ଶୁଣି ଚାଲିଥିଲେ।

ପ୍ରଥମେ ସେ କହିଲେ ଯେ ଆମର ଭାରତବର୍ଷ ଯେଉଁଠାରେ ୫ହଜାର ବର୍ଷ ତଳେ ମଣିଷ ଜାତିର ମୌଳିକ ପ୍ରଶ୍ନ ପଚରା ଯାଇଥିଲା, "ମୁଁ କିଏ ?" ମାନେ ମନୁଷ୍ୟର ସଂଜ୍ଞା କ'ଣ ? ତା'ର ଭଗବାନ୍‌ଙ୍କ ସହ ସମ୍ପର୍କ କ'ଣ ? ଆଜି ଶଙ୍କରାଚାର୍ଯ୍ୟ ତାଙ୍କର ଅଦ୍ୱୈତବାଦ ଉପସ୍ଥାପନ କରି କହିଲେ, "ଅହଂ ବ୍ରହ୍ମାସ୍ମି ଏବଂ ତତ୍ତ୍ୱମସି" ମାନେ ତମେ, ମୁଁ ଆମେ ସମସ୍ତେ ଏହି ଅନନ୍ତ ବ୍ରହ୍ମାଣ୍ଡ, ସବୁ ସେଇ ଗୋଟିଏ ସତ୍ତା, ଯାହାକୁ ଆମ ଶାସ୍ତ୍ରରେ ବ୍ରହ୍ମନ୍ ବୋଲି କୁହାଯାଇଛି। ବେଦାନ୍ତର ମୂଳମନ୍ତ୍ର "ନେତି ନେତି" ଅର୍ଥାତ୍ ଯାହା ସବୁ ଦେଖୁଛୁ ସବୁ ମାୟା। ଇଂରାଜୀରେ ଏହା illusion, ବରଂ ଏହାକୁ Relative Reality ବୋଲି କୁହାଯାଏ।

ଅନେକ ବର୍ଷ ପରେ ବିଶିଷ୍ଟ ପଦାର୍ଥ ବିଜ୍ଞାନବିତ୍ ଆଇନ୍‌ଷ୍ଟାଇନ୍ ମଧ୍ୟ ସେଇଆ କହିଲେ ଯେ ସମୟ ଏବଂ space ମଧ୍ୟ ସ୍ଥିର ନୁହନ୍ତି, ବରଂ ଆପେକ୍ଷିକ (relative) ଶେଷାନ୍ ସାହେବ କହି ଚାଲିଲେ, ୧୯୫୦ ଦଶନ୍ଧିରେ ସେ ପଦାର୍ଥ ବିଜ୍ଞାନର ଛାତ୍ର ଥିଲାବେଳେ ହାଇଜେନ୍ ବର୍ଗଙ୍କ principle of uncertainty ପଢ଼ିଥିଲେ। ତା'ର ମଧ୍ୟ ବେଦାନ୍ତ ମନ୍ତ୍ର ସହ କିପରି ସାମଞ୍ଜସ୍ୟ ଅଛି। ଗୀତାରୁ ଉଦ୍ଧାର କରି ପୁଣି କହିଲେ, ଶରୀର, ମନ ଏବଂ ବୁଦ୍ଧି ସବୁ କିଛି ନୁହଁ, ତା' ଉପରେ ଅଛି "Pure awareness" "ବ୍ରହ୍ମନ୍"। "ନୈନଂ ଛିନ୍ଦନ୍ତି ଶସ୍ତ୍ରାଣି, ନୈନଂ ଦହତି ପାବକଃ, ନ ଚୈବଂ କ୍ଲେଦୟନ୍ତ୍ୟାପୋ, ନ ଶୋଷୟତି ମାରୁତଃ।"

ସେଠାରୁ ଭାରତର ଗତ ୨ ହଜାର ବର୍ଷର ଇତିହାସ ସଂକ୍ଷେପରେ ବର୍ଣ୍ଣନା କରି ସେ ସ୍ୱାଧୀନୋତ୍ତର ଭାରତକୁ ଆସିଲେ। ବର୍ତ୍ତମାନର ପରିପ୍ରେକ୍ଷୀରେ ସେଇ ଭାରତର ଅବସ୍ଥା ବର୍ଣ୍ଣନା କଲେ। ଭାରତ ଯେ ଏକ ସୁଦୃଢ଼ ଗଣତନ୍ତ୍ର ଏଥିରେ ସନ୍ଦେହ ନାହିଁ। ପଚାଶ କୋଟି ଲୋକ କିପରି ଭୋଟ୍ ଦିଅନ୍ତି ଏବଂ ଏହି ପ୍ରକ୍ରିୟା କ୍ଲିଷ୍ଟ ତାକୁ ବର୍ଣ୍ଣନା କଲେ; ଅଥଚ,ବର୍ତ୍ତମାନ ଭାରତରେ ନିର୍ବାଚନରେ କିପରି ଗୁଣ୍ଡାରାଜ ତଥା ଦୁର୍ନୀତି ପ୍ରବେଶ କରିଛି ତାହା କହିଲେ।

ତାଙ୍କ ନିଜର କୌଣସି ପଦ, ପଦବୀ ପ୍ରତି ସ୍ପୃହା ନାହିଁ ବୋଲି ଶେଷାନ୍ ବାରମ୍ବାର ସୂଚାଇ ଦେଲେ। ବର୍ତ୍ତମାନର କେନ୍ଦ୍ର ସରକାର ତାଙ୍କୁ ଯେକୌଣସି ପ୍ରଦେଶର ରାଜ୍ୟପାଳ ପଦବୀ ଯାଚୁଥିଲେ, ସେ ମନା କଲେ। ପୃଥିବୀର ଯେକୌଣସି ଦେଶକୁ ଭାରତର ରାଷ୍ଟ୍ରଦୂତ ହୋଇକରି ଯାଆନ୍ତୁ ବୋଲି ତାଙ୍କୁ ପ୍ରଲୋଭନ ଦିଆଗଲା। ସେ ପରିହାସ ଛଳରେ କହିଲେ, ଗୋଟିଏ ଆମ୍ବାସାଡ଼ର କଥା ସେ ଜାଣନ୍ତି, ସେଇଟି ହେଉଛି ଗୋଟିଏ ଗାଡ଼ିର ନାଁ। ଆମେରିକାର ବିଭିନ୍ନ ସହରରୁ ଅନେକ ସଂଖ୍ୟାରେ ନିମନ୍ତ୍ରଣ ପାଇ ସେ ଭାଷଣ ଦେଇଛନ୍ତି।

ସର୍ବ ଶେଷରେ ସେ ବିଭିନ୍ନ ନୈତିକତାରେ ଦିନେ ଭାରତବର୍ଷ ସମଗ୍ର ପୃଥିବୀକୁ ଦିଗ୍‌ଦର୍ଶନ ଦେଇଥିଲା, ସେହିଠାରେ ଅଧୁନା ଦୁର୍ନୀତି ପ୍ରବଳ। ଆମେ ସବୁ ଆମର ଚରିତ୍ରବତ୍ତା ଏବଂ ନୈତିକତା ହରାଇ ବସିଛୁ। ମୁଁ କ'ଣ କରିବା ଉଚିତ ବୋଲି ପ୍ରଶ୍ନ କଲାରୁ, ଶ୍ରୋତାମାନେ ଉଚ୍ଚ ସ୍ୱରରେ କହିଲେ ଆପଣ ସଂଗ୍ରାମ ଚାଲୁ ରଖନ୍ତୁ। ସେ ବିଦେଶୀ ଭାରତୀୟମାନଙ୍କ ସହାୟତାରେ ଏକ ଦେଶଭକ୍ତ ଟ୍ରଷ୍ଟ ଆରମ୍ଭ କରିଛନ୍ତି। ଏଠାରୁ ୨ଜଣ ଜ୍ଞାନୀ ଯୁବକ ତାଙ୍କ ସହ ଭାରତ ଫେରିଯାଇ ତାଙ୍କର ଦୁର୍ନୀତି ମୂଳୋତ୍ପାଟନ ସଂଗ୍ରାମରେ ଯୋଗଦେବେ ବୋଲି ସ୍ଥିର କରିଛନ୍ତି।

ଶେଷାନଙ୍କ ଓଜଃସ୍ୱିନୀ ବକ୍ତୃତା ଶୁଣିଲା ପରେ ହୃଦ୍‌ବୋଧ ହେଲା ଯେ ସେ ଜଣେ ଅସାଧାରଣ ବ୍ୟକ୍ତି। ସମସ୍ତେ କହିଲେ ଏହିଭଳି ଆଉ କେତେଜଣ ଶେଷାନ୍ ବାହାରିଲେ ଭାରତବର୍ଷ ସୁଧୁରିଯିବ।

■

ମଦର ଟେରେସା

ସେଦିନ ମଦର ଟେରେସାଙ୍କ ତିରୋଧାନ ଖବର ପାଇ ମନଟି ଦବିଗଲା। ବିଂଶ ଶତାବ୍ଦୀରେ ଅତି ମହାନ୍ ମହିଳା। ପାଞ୍ଚ ଫୁଟ ଉଚ୍ଚା, ଟିକିଏ ବୟସର ଭାରରେ ଶରୀର ନଇଁ ଯାଇଛି। ଧଳା ଶାଢ଼ି, ମୁଣ୍ଡରେ ଓଢ଼ଣା, ବେକରେ ଝୁଲୁଛି ତାଙ୍କ ଭଗବାନ ଯିଶୁଖ୍ରୀଷ୍ଟଙ୍କର କ୍ରସ୍। ପବିତ୍ର ସ୍ୱଚ୍ଛ ହୃଦୟ, ଅପରର ଦୁଃଖ ପାଇଁ ଅହରହ ତାଙ୍କ ପ୍ରାଣ କାନ୍ଦୁଥିଲା। ଦୀନ ଦୁଃଖୀମାନଙ୍କର ଚିରସାଥୀ। ଆମର କଥାସର୍ବସ୍ୱ ନେତାମାନଙ୍କୁ ଦେଖିଲେ ଏଭଳି ଗୋଟିଏ ମଣିଷ କାହିଁ କେତେ ଉଚ୍ଚରେ, ତାହା କଳ୍ପନା କରି ହୁଏନି।

କୋଉ ମାସେଡେନିଆ (ବର୍ତ୍ତମାନର ଯୁଗୋସ୍ଲାଭିଆ) ଦେଶର ଅନାମଧେୟ ଗାଁରେ ସେ ଜନ୍ମ ହୋଇଥିଲେ। ମାତ୍ର ୧୩ ବର୍ଷ ବୟସରେ ଭଗବାନଙ୍କ ଡାକରା ତାଙ୍କ କାନରେ ପଡ଼ିଲା, ସେ ସ୍ଥିର କଲେ ବାହାସାହା ନ ହୋଇ ଚର୍ଚ୍ଚରେ ନନ୍ ହେବେ। ୧୮ବର୍ଷ ବୟସରେ ସେ ନନ୍ ହେଲେ। ଲରେଟୋ ସ୍କୁଲର ଶିକ୍ଷୟିତ୍ରୀ ହିସାବରେ ସେ ଭାରତରେ ପଦାର୍ପଣ କଲେ ୧୯୩୮ ମସିହାରେ। ଥରେ ଟ୍ରେନ୍‌ରେ ଦାର୍ଜିଲିଂ ଯାଉଥିବାବେଳେ ତାଙ୍କୁ ଲାଗିଲା ଭଗବାନ ତାଙ୍କୁ କହୁଛନ୍ତି ଯେ ଏ ପାଠ ପଢ଼େଇବା କାମ ଛାଡ଼ି ଦୀନଦୁଃଖୀଙ୍କ ସେବାରେ ନିଜକୁ ଉତ୍ସର୍ଗ କରିବାକୁ। ସେଇ ଡାକରା ପରେ, ସେ କଲିକତାରେ କିଛି ଭଲେଣ୍ଟିୟରଙ୍କୁ ନେଇ ରାସ୍ତାରେ ଅବହେଳିତ ତଥା ମୁମୂର୍ଷୁଙ୍କୁ ସେବା କରିବା ଆରମ୍ଭ କଲେ। କଲିକତାର ମ୍ୟୁନିସିପାଲିଟି କର୍ମକର୍ତ୍ତାଙ୍କୁ ଏହି ଛୋଟିଆ ବିଦେଶୀ ମହିଳା ଯାଇ ଅନୁରୋଧ କଲା ଯେ, ଗୋଟିଏ ଜାଗା ମିଳିଲେ ସେ ମୃତ୍ୟୁମୁଖରେ ପଡ଼ିଥିବା ଦରିଦ୍ରମାନଙ୍କୁ କିଛି ସମୟ ଲାଗି ସେବା କରିବାର ଅବକାଶ ପାଇବ। କାଳୀମନ୍ଦିର ପାଖରେ ତାଙ୍କୁ ସ୍ଥାନ ଦିଆଗଲା। ୧୯୫୦ ମସିହାରେ ସ୍ୱାଧୀନ ଭାରତ ୩ ବର୍ଷର ହୋଇଥିଲା। ମଦର ଟେରେସା ତାଙ୍କର ଦରିଦ୍ର ସେବା ତପସ୍ୟା ଆରମ୍ଭ କଲେ।

କିଛି ବର୍ଷ ଭିତରେ ରାସ୍ତାଘାଟରୁ ଶହଶହ ଅବହେଳିତ ଅବାଂଛିତ ଶିଶୁଙ୍କୁ

ନେଇ ସେ ତାଙ୍କର ସହକର୍ମୀମାନଙ୍କ ସହାୟତାରେ ପାଳିବାକୁ ଲାଗିଲେ। ତାଙ୍କର ଏତାଦୃଶ କାର୍ଯ୍ୟ ଭାରତ ଭିତରେ ଏବଂ ବାହାରେ ଲୋକମାନଙ୍କ କାନରେ ପଡ଼ିଲା। ଅନେକେ ତାଙ୍କ ବିରୋଧରେ ସ୍ୱର ଉତ୍ତୋଳନ କରୁଥିଲେ ଯେ ସେ ଗରିବମାନଙ୍କୁ ଖ୍ରୀଷ୍ଟ ଧର୍ମକୁ ବଦଳେଇବାକୁ ଏଭଳି ପ୍ରହସନ କରୁଛନ୍ତି। ସମସ୍ତେ ଧୀରେ ଧୀରେ ତାଙ୍କର ମାତୃସୁଲଭ ଗୁଣରେ ମୁଗ୍ଧ ହୋଇ ଚୁପ୍ ହେଲେ। ଭାରତ ବାହାରେ ତାଙ୍କୁ ବହୁତ ସମ୍ମାନ ମିଳିଲା। ନୋବେଲ ଶାନ୍ତି ପୁରସ୍କାର ତାଙ୍କୁ ଦିଆଗଲା। ନୋବେଲ କମିଟିଙ୍କ ମତ ଥିଲା ଯେ ବିଶ୍ୱ ଶାନ୍ତି ପାଇଁ ଦାରିଦ୍ର୍ୟ ନିରାକରଣ ଅତ୍ୟନ୍ତ ଜରୁରୀ। ନୋବେଲ ପୁରସ୍କାର ପାଇବା ଖବର ଶୁଣି ମଦର ଟେରେସା କହିଲେ, ମୁଁ ଏ ପୁରସ୍କାର ଲାଗି ସମ୍ପୂର୍ଣ୍ଣ ଅଯୋଗ୍ୟ।

ଭାରତ ରତ୍ନ ଉପାଧି ତାଙ୍କୁ ଦିଆଗଲା। ଆମେରିକାର ସର୍ବୋଚ୍ଚ ସମ୍ମାନ ତାଙ୍କୁ ଦିଆଗଲା। ୨ବର୍ଷ ତଳେ ଆମେରିକାର ନାଗରିକତ୍ୱ ତାଙ୍କୁ ଦିଆଗଲା। ପୃଥିବୀର ୧୦୦ଟି ଦେଶରେ ତାଙ୍କର **misson of charity** ତରଫରୁ ଶାଖା ଖୋଲାଯାଇଛି।

ଏହି ପାଞ୍ଚଫୁଟର ବୃଦ୍ଧା ପୃଥିବୀର ସବୁ ବଡ଼ ଦେଶର ପ୍ରେସିଡେଣ୍ଟ ଏବଂ ରାଜା ମହାରାଜାଙ୍କ ସମ୍ମାନର ପାତ୍ର ହୋଇପାରିଥିଲେ। ବିଂଶ ଶତାବ୍ଦୀର ଶେଷାର୍ଦ୍ଧରେ ମଦର ଟେରେସାଙ୍କ ପରି ମଣିଷ ପୃଥିବୀରେ ଅଦ୍ୱିତୀୟ।

ସେ କହୁଥିଲେ ଗରିବ ଏବଂ ଅବହେଳିତମାନଙ୍କ ଉପରେ ଦୟା ଦେଖାଇ ଭିତରେ ଘୃଣା କରନି। ତାଙ୍କ ପ୍ରତି ସମ୍ମାନ ଏବଂ ସହାନୁଭୂତି ଦେଖାଅ। ସେମାନେ ମଧ୍ୟ ଭଗବାନଙ୍କ ସୃଷ୍ଟି। ମନରେ ପ୍ରଶ୍ନ ଆସେ ଯଦି ମହାତ୍ମା ଗାନ୍ଧୀ ବଞ୍ଚିଥାନ୍ତେ, ତେବେ ମଦର ଟେରେସାଙ୍କ କାର୍ଯ୍ୟରେ କେତେ ଖୁସୀ ନ ହୋଇଥାନ୍ତେ।

ଏଭଳି ଜଣେ ମହାନ ବ୍ୟକ୍ତିଙ୍କୁ ନେଇ ଭାରତବର୍ଷ ଧନ୍ୟ ହେଲା। ତାଙ୍କର ଆଦର୍ଶ ଅନୁସରଣ କରିବାର ଅବକାଶ ଆସିଛି। ଭାରତର ୫୦ବର୍ଷ ସ୍ୱାଧୀନତା ଜନ୍ମ ଦିବସରେ ମଦର ଟେରେସାଙ୍କ ପରି ଉଜ୍ଜ୍ୱଳ ଜ୍ୟୋତିଷ୍କ ଲିଭିଯିବା ଦାରୁଣ ଦୁଃଖର ବିଷୟ। ଭଗବାନ ଆମକୁ ତାଙ୍କ ଆଦର୍ଶ ଅନୁସରଣ କରିବାର ସାହସ ଏବଂ ଶକ୍ତି ଦିଅନ୍ତୁ। ଏହା ହିଁ ପ୍ରାର୍ଥନା।

■

ଆମ ଭାଷା ଓ ସାହିତ୍ୟ

ସଂସ୍କୃତ ଭାଷା ହେଲା ଦେବଭାଷା, ଏଭଳି ସମୃଦ୍ଧ ଭାଷା ଏପର୍ଯ୍ୟନ୍ତ ପୃଥିବୀରେ ତିଆରି ହୋଇନି। କିଛିବର୍ଷ ତଳେ ବମ୍ବେରେ ଏକ ମିଟିଂରେ ଭାଷଣ ଦେବାବେଳେ ଏହି ଲେଖକ କହିଥିଲେ ଯେ କମ୍ପ୍ୟୁଟର ଅସ୍ପଷ୍ଟତାକୁ ପସନ୍ଦ କରେନା: ତେଣୁ କମ୍ପ୍ୟୁଟର ପାଇଁ ସର୍ବଶ୍ରେଷ୍ଠ ଭାଷା ହେଲା ସଂସ୍କୃତ, ଯେଉଁଥିରେ ସ୍ପଷ୍ଟତା ଛଡ଼ା ଅଳ୍ପରେ ବହୁତ ପ୍ରକାଶ କଲାଭଳି ଗଠନ ରହିଛି। ଗୋଟିଏ ମୂଳ ଧାତୁ ଯଥା ଧୃ ମାନେ ଧରି ରଖିବାକୁ କେତେ ଶବ୍ଦର ଉତ୍ପତ୍ତି, ଯଥା-ଧର୍ମ, ଧାରଣ, ଧରା ଇତ୍ୟାଦି। ସେହିଭଳି ସୁ ଧାତୁରୁ ଆସିଛି ସବିତା, ପ୍ରସବ ଇତ୍ୟାଦି। (ମୂଳ ଧାତୁରୁ ଶବ୍ଦର ଉତ୍ପତ୍ତି ଅନୁମାନ କରିହେବ) କମ୍ପ୍ୟୁଟର ଲାଗି ଆବଶ୍ୟକ, ଅଥଚ କମ୍ପ୍ୟୁଟର ପାଇଁ ସବୁଠାରୁ ଗୋଳମାଳିଆ ଭାଷା ହେଲା ଇଂରାଜୀ, ଅଙ୍କଲ କହିଲେ ଛ'ଟି ଅର୍ଥ। କୋଉ ଅଙ୍କଲ? ମାମୁ, ମଉସା, ପିଉସା ଇତ୍ୟାଦି। ତେଣୁ ଅସ୍ପଷ୍ଟ। ସଂସ୍କୃତ ଭାଷାର ଅନେକ ଶବ୍ଦ ଇଂରାଜୀରେ ପହଞ୍ଚିଛି। ଯଥା- 'ସମ'ରୁ ଆସିଛି ଇଂରାଜୀ ଶବ୍ଦ ସେମ୍ କିମ୍ବା ସଂସ୍କୃତରେ ତ୍ରି (ମାନେ ତିନି)ରୁ ଇଂରାଜୀ ଥ୍ରି। ଭାଷାବିତ୍‌ମାନେ ଏଭଳି ଲମ୍ବା ଲିଷ୍ଟ କହିପାରିବେ। ଆମ ଦେଶରେ ଇଂରେଜମାନେ ୨୦୦ ବର୍ଷ ରାଜତ୍ୱ କରିବା ଅବସରରେ ଗୋଟିଏ କାମ କଲେ- ଆମ ଦେବଭାଷାକୁ ଲୋପ କରିବାରେ ସଫଳ ହେଲେ। ସ୍କୁଲ, କଲେଜରେ ସଂସ୍କୃତର ଗୁରୁତ୍ୱ କମାଇ ଦିଆଗଲା। ଅଥଚ ଶଙ୍କରାଚାର୍ଯ୍ୟଙ୍କର ତତ୍ତ୍ୱବୋଧ ନ ପଢ଼ି ଆମେ ପଢ଼ିଲୁ ୱାର୍ଡ଼ସୱାର୍ଥଙ୍କ କବିତା ଡାଫୋଡ଼ିଲ, ଯାହା ଭାରତବର୍ଷରେ ଦେଖିବାକୁ ବିରଳ। ଇଂରାଜୀ ଭାଷା ପ୍ରଚଳନରେ କ୍ଷତି ନାହିଁ; ମାତ୍ର ସଂସ୍କୃତକୁ ଲୋକଙ୍କଠାରୁ ଦୂରେଇ ନେବା ଠିକ୍ ନୁହେଁ। ଆମେରିକାର ହାର୍ଭାର୍ଡ଼ ବିଶ୍ୱବିଦ୍ୟାଳୟ ଏବଂ ଏମ୍‌ଆଇଟିର କମ୍ପ୍ୟୁଟର ବିଜ୍ଞାନ ଛାତ୍ରଙ୍କୁ ସଂସ୍କୃତ ଭାଷାର ଷ୍ଟ୍ରକ୍‌ଚର ପଢ଼ାଯାଇଛି, ଦେଖାଇବାକୁ ଯେ ଏ ଭାଷା କେତେ ଉଚ୍ଚକୋଟୀର ଏବଂ ସାଇଣ୍ଟିଫିକ। ଏହାକୁ ଶିଖିଲେ କମ୍ପ୍ୟୁଟର ଭାଷା ଯଥା-ଜାଭା, ସି ଇତ୍ୟାଦି ତିଆରି କରିହେବ।

ଆମ ଓଡ଼ିଆ ଭାଷା ସଂସ୍କୃତ ଭାଷାରୁ ଆସିଛି ଏବଂ ଶୁଦ୍ଧ ଓଡ଼ିଆ ପ୍ରାୟ ସଂସ୍କୃତ

କହିଲେ ଭୁଲ ହେବନି। ହିନ୍ଦୀ ଏବଂ ବଙ୍ଗଳା ଭାଷାରେ 'ଳ' ଏବଂ 'ଣ'ର ଉଚ୍ଚାରଣ ନାହିଁ। ପାଣି କିମ୍ବା ଜଳ ସେମାନେ କହିପାରିବେନି। ଓଡ଼ିଆରେ ଅଛି, ମରାଠୀରେ ଅଛି। ବଙ୍ଗଳା ଭାଷାରେ ଯୁକ୍ତାକ୍ଷରକୁ ସହଜ କରିବା ଲାଗି ଚେଷ୍ଟା ହୋଇଛି। ତେଣୁ ଅହଲ୍ୟା ଜାଗାରେ ଅହିଲା, ପଦ୍ମା ଜାଗାରେ ପଦ୍ଧା, ଲକ୍ଷ୍ମୀ ଜାଗାରେ ଲଖୀ ବୋଲି ଲେଖାଯାଇଛି। କାନକୁ ସହଜ ଶୁଭିଲେ ମଧ୍ୟ ଏହା ସଂସ୍କୃତ ଶବ୍ଦର ଅପଭ୍ରଷ୍ଟ ବୋଲି କୁହାଯାଇପାରେ।

ଓଡ଼ିଶାରେ ଓଡ଼ିଆ ଭାଷାର ଆଦର ନାହିଁ। ଏବେ ଭୁବନେଶ୍ୱରରେ ଆମେ ଘରେ, ରାସ୍ତାରେ ଖାଲି ହିନ୍ଦୀ ଶୁଣୁଛୁ। ବେଳେବେଳେ ଲାଗୁଛି ଆମେ ଓଡ଼ିଶାରେ ନାହୁଁ, ଏପରିକି ଆମ ଓଡ଼ିଆ ପରିବାରର ପିଲାଏ ପରସ୍ପର ମଧ୍ୟରେ ହିନ୍ଦୀରେ କଥା ହେଉଥିବା ଆମେ ଲକ୍ଷ୍ୟ କଲୁ। ଏହାର କାରଣ କ'ଣ ? ଆମର ହୀନମନ୍ୟତା, ଆମ ଭାଷା ନ କହି ଅନ୍ୟ ଭାଷା କହିଲେ ଲୋକେ ଆମକୁ ସ୍ମାର୍ଟ କହିବେ। ଆମ ଭାଷାର ସୌନ୍ଦର୍ଯ୍ୟର ପଟ୍ଟାନ୍ତର ନାହିଁ। ରାଧାନାଥ ରାୟଙ୍କ କବିତା, ମାୟାଧର ମାନସିଂହଙ୍କ ରଚନାବଳୀ, ରାଧାମୋହନ ଗଡ଼ନାୟକଙ୍କର ସୃଷ୍ଟି, ଏ ସବୁକୁ ସମ୍ମାନ ଦେବାର ବେଳ ଆସିଛି। ଉପେନ୍ଦ୍ର ଭଞ୍ଜ ଅବନା ଅକ୍ଷରରେ ରାମାୟଣ ଲେଖିଲେ। ରାମ ନ କହି ଦଶରଥ ନନ୍ଦନ କହିଲେ। ସୀତା ନ କହି ଜନକ ତନୟା କହିଲେ, ସେ ଶବ୍ଦର ସମୁଦ୍ରକୁ ପାରି କରିଯାଇଥିଲେ। ଆମେ ଡକ୍ଟର କବି ମିଶ୍ରଙ୍କଠାରୁ ଯେତିକି ଭଞ୍ଜ ସାହିତ୍ୟ ଶୁଣିଛୁ, ଅନୁଭବ କଲୁ ଯେ ଆମର ଅଜ୍ଞତା କେତେ ବେଶି। ଏସବୁର ପୁନରୁଦ୍ଧାର ଏବଂ ଲୋକପ୍ରିୟତା ପାଇଁ ସମସ୍ତେ ଏକଜୁଟ ହେବାର ବେଳ ଆସିଛି। ପଡ଼ୋଶୀ ରାଜ୍ୟ ବଙ୍ଗଳାରୁ କିଛି ଶିଖିବା ଉଚିତ୍। ସେମାନେ ତାଙ୍କ ଭାଷା ନେଇ ଯେଭଳି ଗର୍ବିତ, ଆମ ଓଡ଼ିଆଙ୍କର ତାହା ଅଭାବ। ବେଳ ଆସିଛି ଆମ ଭାଷାକୁ ନେଇ ଆମର ଗର୍ବ କରିବା ଏବଂ ଅଧ୍ୟୟନ କରିବା।

■

ଓଡ଼ିଶା ଚିନ୍ତନ ଆକାଶରୁ

ଏହି ଚିଠି ଉଡ଼ାଜାହାଜରୁ ଲେଖାଯାଇଛି। ଆମେରିକାର ଚିକାଗୋ ସହରରୁ ଦିଲ୍ଲୀ ନିରବଚ୍ଛିନ୍ନ ଭାବେ ଉଡ଼ିବା ଏହା ପ୍ରଥମ ଅଭିଜ୍ଞତା। ଦୀର୍ଘ ୧୪ଘଣ୍ଟା ୪୦ ମିନିଟ୍‌ର ଫ୍ଲାଇଟ୍। ବିମାନ ବର୍ତ୍ତମାନ ବୋଧହୁଏ ରୁଷିଆ ଉପରେ ଉଡୁଛି। ଚିକାଗୋରୁ ଉତ୍ତରକୁ ଯାଇ ପ୍ରାୟ ଉତ୍ତର ମେରୁ ପାଖଦେଇ ପୁଣି ତଳକୁ ଖସୁଛି। ଏଭଳି ଆସିଲେ ବାଟ କମ୍। ତଥାପି ଏହି ଦୂରତ୍ୱ ୧୨ ହଜାର କିଲୋମିଟର। ପୃଥିବୀ ବାସ୍ତବିକ ସଂକୁଚିତ ହୋଇଗଲାଣି କହିଲେ ଭୁଲ୍ ହେବନି। ଶହେ ବର୍ଷ ତଳେ ବିଲାତ ଆସିବାକୁ ହେଲେ ମୁମ୍ବଇରୁ ପାଣି ଜାହାଜରେ ଦୁଇ ସପ୍ତାହ ଲାଗୁଥିଲା। ଏବେକୁ ସାତଘଣ୍ଟାରେ ସେହି ଦୂରତ୍ୱକୁ ଅତିକ୍ରମ କରିହେଉଛି। ପାଖରେ ଜଣେ ପୌଢ଼ା ସାଇବ ଭଦ୍ରମହିଳା ବସିଛନ୍ତି। ତାଙ୍କର କଥାଭଙ୍ଗୀରୁ ଜଣାପଡ଼ିଲା ସେ ସ୍ପାନିଶ୍ ଭାଷାଭାଷୀ ଲୋକ। ପଚାରିଲାରୁ କହିଲେ ତାଙ୍କ ଘର ଦକ୍ଷିଣ ଆମେରିକା ମହାଦେଶର ତଳକୁ ଚିଲି ଦେଶରେ। ରାଜଧାନୀ ସାଣ୍ଟିଆଗୋ ସହର। କିଛି ବର୍ଷ ତଳେ ଆମେ ସେହି ସହରକୁ କାମରେ ଯାଇଥିଲୁ। ଇଉରୋପର ସହର ଭଳି ଖୁବ୍ ସୁନ୍ଦର ଜାଗା, ଭଦ୍ରମହିଳାଙ୍କ ସ୍ୱାମୀ ଚିଲି ଦେଶର ରାଷ୍ଟ୍ରଦୂତ ଭାବରେ ଦିଲ୍ଲୀରେ ୩ବର୍ଷ ହେବ କାମ କରୁଛନ୍ତି। ଭଦ୍ରମହିଳା ଦିଲ୍ଲୀରୁ ଯାଇ ନିଜ ଘରଦ୍ୱାରା ବୁଲି ପିଲାମାନଙ୍କୁ ଦେଖି ପୁନରାୟ ସ୍ୱାମୀଙ୍କ ପାଖକୁ ପ୍ରତ୍ୟାବର୍ତ୍ତନ କରୁଛନ୍ତି। ତାଙ୍କର ପୁଅ ଏବଂ ଝିଅ ଉଭୟ ଓକିଲାତି ପଢୁଛନ୍ତି। ମତେ କହିଲେ ତାଙ୍କ ସ୍ୱାମୀଙ୍କର ୬ବର୍ଷ ଭାରତରେ ରହିବା କଥା। ଏହା ଭିତରେ ସେ ୧୭ଟି ଭାରତୀୟ ପ୍ରଦେଶ ବୁଲି ସାରିଲେଣି। ତାଙ୍କ ଇଚ୍ଛା ୨୮ଟି ଯାକ ପ୍ରଦେଶ ସେ ବୁଲି ଦେଖିବେ ନିଜ ଦେଶକୁ ଫେରିବା ଆଗରୁ। 'ମୁଁ ପଚାରିଲି' ଆପଣ ଓଡ଼ିଶା ଯାଇଛନ୍ତି, ସେ କହିଲେ ନାଁ ଏବଂ ମନ୍ତବ୍ୟ ଦେଲେ 'ଓଡ଼ିଶା ଖୁବ୍ ଦରିଦ୍ର ଏବଂ ଅନୁନ୍ନତ ରାଜ୍ୟ, ସବୁପ୍ରକାରର ପ୍ରାକୃତିକ ବିପଦ ଓଡ଼ିଶାକୁ ଆସିଥାଏ। ଜଣେ ବିଦେଶୀ ଭାରତରେ ୩ବର୍ଷ ଅବସ୍ଥାନ କରି ଓଡ଼ିଶାକୁ କେଉଁ ଚକ୍ଷୁରେ ଦେଖନ୍ତି ଏହା ଏହି ଉଦାହରଣରୁ ଜଣାପଡ଼ିବ। ମୁଁ ବାଧ ହୋଇ କହିଲି ଯେ ଓଡ଼ିଶା ଉନ୍ନତି ପଥରେ

ଆଗଉଛି। ପୋସ୍କୋ ଏବଂ ମିତ୍ତଲ ଷ୍ଟିଲ ତରଫରୁ ପ୍ରାୟ ୨୦ ବିଲିୟନ୍ ଡଲାର (୨୦୦୦କୋଟି)ର ପୁଞ୍ଜି ବିନିଯୋଗ ଯୋଜନା ରହିଛି। ଆମେ ସବୁ କୁପମଣ୍ଡୁକ ହୋଇ ସ୍ୱାର୍ଥ ଏବଂ ଦଳକେନ୍ଦ୍ରିକ ମନୋଭାବ ରଖି ଓଡ଼ିଶାର ଯେକୌଣସି ଉନ୍ନତିକୁ ବିରୋଧ କରିବାର ଖବର ବାହାରେ ରହି ପଡୁଛୁ। ତାହାଲେ ଓଡ଼ିଶା କଣ ସେଇ ଅନ୍ଧାର ଭିତରେ ରହିଥିବ? ଯେଉଁମାନେ ବିରୋଧ କରୁଛନ୍ତି ସେମାନେ କ୍ଷମତାରେ ଥିଲାବେଳେ କ'ଣ କରିଥିଲେ? ଓଡ଼ିଶାବାସୀ ହୃଦୟଙ୍ଗମ କରିବା ଉଚିତ୍ ଯେ ଅନ୍ୟାନ୍ୟ ପ୍ରଦେଶ ଯଥା କର୍ଣ୍ଣାଟକ, ତାମିଲନାଡୁ, ଆନ୍ଧ୍ର ପ୍ରଭୃତି ପ୍ରଗତି କରୁଛନ୍ତି ଶିଳ୍ପର ଉଦ୍ୟୋଗ ଯୋଗୁ। ଓଡ଼ିଶାରେ ଏଭଳି ଉନ୍ନତିର ସୂର୍ଯ୍ୟୋଦୟ ଆରମ୍ଭ ହୋଇଛି। ଏହାକୁ ସମର୍ଥନ ଏବଂ ଉତ୍ସାହ ଦେବା ଉଚିତ।

ଉଡ଼ାଜାହାଜରେ ଚାହିଁଲେ, ବହୁତ ସଂଖ୍ୟାରେ ବିଦେଶୀ ଲୋକ ଭାରତ ଗସ୍ତରେ ଆସୁଛନ୍ତି। ଆଉ ଜଣେ କୃଷ୍ଣକାୟ ଆମେରିକାନ୍ (ନିଗ୍ରୋ ଶବ୍ଦ ଆମେରିକାରେ କହିବା ଅପମାନସୂଚକ, ତେଣୁ ସେମାନଙ୍କୁ ଆଫ୍ରିକୀୟ ଆମେରିକାନ ବୋଲି କୁହାଯାଇଛି) ଦିଲ୍ଲୀ ଯାଉଛନ୍ତି। ପଚାରିଲି, "ଆପଣଙ୍କ କ'ଣ କାମ? ସେ କହିଲେ ମେରିଲ୍ ଲିଞ୍ଚ କମ୍ପାନୀର ଦିଲ୍ଲୀ ଅଫିସରେ କାମ ଅଛି। ତାଙ୍କ ପାଖକୁ ଜଣେ ପୃଥୁଳ ଭାରତୀୟ କହିଲେ ସେ ମୋଟୋରୋଲା କମ୍ପାନୀ ତରଫରୁ ବାଙ୍ଗାଲୋର ଯାଉଛନ୍ତି ଏବଂ ସେ ପ୍ରତି ୨ମାସରେ ଭାରତ ଯାଆନ୍ତି।

ନିକଟରେ ଆମେ ପଢ଼ିଲୁ ଯେ ଇନ୍‌ଫୋସିସ୍ କମ୍ପାନୀ ଏହି ୨୦୦୬ରେ ଆମେରିକାରୁ ପାଠ ପଢ଼ିଥିବା ୧୨୬ଜଣ ନୂଆ ଗ୍ରାଜୁଏଟ୍‌ଙ୍କୁ ଚାକିରି ଦେଇଛନ୍ତି। ସେମାନେ ୬ମାସ ଟ୍ରେନିଂ ଲାଗି ବାଙ୍ଗାଲୋର ଆସିବେ, ତା'ପରେ ସେମାନଙ୍କର ଦେଶ ବିଦେଶରେ ପୋଷ୍ଟିଂ ହେବ। ଏକ ଐତିହାସିକ ଖବର। ଏକ ଭାରତୀୟ କମ୍ପାନୀ ଆମେରିକା ଆସି ସେଠାରେ ବୁଦ୍ଧିମାନ ପିଲାଙ୍କୁ ଚାକିରି ଦେବା ଆଗରୁ ଶୁଣାଯାଉ ନ ଥିଲା। ଭାରତୀୟ କମ୍ପାନୀମାନେ ଏଥର ବିଦେଶୀ କମ୍ପାନୀ କିଣିବା ଆରମ୍ଭ କଲେଣି। ଟାଟା କମ୍ପାନୀ ଏବେ ଇଂଲଣ୍ଡର କୋରସ୍ ଇସ୍ପାତ କମ୍ପାନୀକୁ ୮୦୦ କୋଟି ଡଲାରରେ କିଣିବା ଖବର ଚାରିଆଡ଼େ ଚହଳ ପକାଇଛି।

ଏହି ପରିପ୍ରେକ୍ଷୀରେ ଓଡ଼ିଶା କିଭଳି ଭାରତର ଅନ୍ୟାନ୍ୟ ପ୍ରଦେଶ ଭଳି ଅଗ୍ରଗତି କରିବ ଚିନ୍ତା କରିବାର ବେଳ ଆସିଛି। ପରସ୍ପର ଭିତରେ କଳିକଜିଆ ନ କରି, ନକାରାତ୍ମକ ଭାବ ନ ରଖି, ଓଡ଼ିଆମାନଙ୍କ ସମୂହ କଲ୍ୟାଣ ପାଇଁ ଜନସାଧାରଣ ଏବଂ ନେତୃବର୍ଗ ଚିନ୍ତା କରନ୍ତୁ, ଏହା ଆମର ଅନୁରୋଧ।

■

॥ ଚାରି ॥

ପୃଥିବୀ ଭ୍ରମଣ
(ପ୍ରଥମ ଭାଗ)

ଇଉରୋପ ଭ୍ରମଣ

ଏକ ଆନ୍ତର୍ଜାତିକ ସମ୍ମିଳନୀରେ ଭାଷଣ ଦବାଲାଗି ଇଉରୋପ ଆସିବାକୁ ହେଲା। ପ୍ରଥମଥର ଲାଗି ସୁଇଡ଼େନ ଦେଶର ରାଜଧାନୀ ଷ୍ଟକ୍‌ହୋମ ସହର ଦେଖିବାର ସୁଯୋଗ ମିଳିଲା। ଆସିବା ବାଟରେ ଲଣ୍ଡନରେ ଦୁଇଦିନ ରହିବା ଅବସରରେ ଓଡ଼ିଆ ବନ୍ଧୁ ପ୍ରଫୁଲ୍ଲ ମହାନ୍ତିଙ୍କ ସହ ସାକ୍ଷାତ ହେଲା।

ପ୍ରଫୁଲ୍ଲବାବୁ ଇଂଲଣ୍ଡକୁ ୧୯୬୦ ମସିହାରେ ଆସିଥିଲେ। ସେ ଜଣେ ଆର୍ଟିଟେକ୍ଟ ଓ ବମ୍ବେରୁ ପାଠ ସାରି ଇଂଲଣ୍ଡର ଲିଡସ୍ ବିଶ୍ୱବିଦ୍ୟାଳୟରେ ଉଚ୍ଚଶିକ୍ଷା ପାଇଲେ। ତା'ପରେ ପାଞ୍ଚବର୍ଷ ଲାଗି ଲଣ୍ଡନର ନଗର ଉନ୍ନୟନ ତଥା ଯୋଜନା (City Planning) ରେ କାର୍ଯ୍ୟ କଲେ। ୧୯୭୦ ମସିହାରେ ସେ କାମଛାଡ଼ି କଳା ତଥା ଲେଖାଲେଖିରେ ପୂରା ସମୟ କାଟିଲେ।

ସେ ଜଣେ ଉଚ୍ଚକୋଟୀର ଆଧୁନିକ ଚିତ୍ରକର। ତାଙ୍କ ଚିତ୍ର ପୃଥିବୀର ବିଭିନ୍ନ ଦେଶରେ ପ୍ରଦର୍ଶିତ ହୋଇଛି। ୟୁରୋପର ଅନେକ ଦେଶ ଛଡ଼ା ଜାପାନ ତଥା ଭାରତରେ ମଧ୍ୟ ତାଙ୍କ କାର୍ଯ୍ୟର ପ୍ରଦର୍ଶନୀ ହୋଇଥିଲା। ଗତ ଜାନୁୟାରୀ ମାସରେ ଦିଲ୍ଲୀରେ ଲଳିତ କଳା ଏକାଡ଼େମୀ ତରଫରୁ ତାଙ୍କ ଶିଳ୍ପକଳା (ଓଡ଼ିଶାର ସଂସ୍କୃତିକୁ ଭିତ୍ତି କରି) ପ୍ରଦର୍ଶିତ ହୋଇ ଉଚ୍ଚ ପ୍ରଶଂସିତ ହୋଇଥିଲା। ଏବର୍ଷ (Festival of India) ତରଫରୁ ଆମେରିକାର ଲସ୍‌ଏଞ୍ଜେଲସ ସହରରେ ସମ୍ପ୍ରତି ଭାରତୀୟ ଚିତ୍ରକଳା ଉପରେ ୬ଜଣଙ୍କର କାର୍ଯ୍ୟ ପ୍ରଦର୍ଶିତ ହୋଇଛି। ସେଥିରୁ ପ୍ରଫୁଲ୍ଲବାବୁ ଅନ୍ୟତମ।

୧୯୭୨ ମସିହାରେ ତାଙ୍କର ପ୍ରଥମ ଇଂରାଜୀ ବହି "My Village My Life, Nanpur, Portrait of an Indian Village" (ମୋ ଗାଁ ଜୀବନ, ନାନପୁର ଏକ ଭାରତୀୟ ଗାଁର ପ୍ରତିଛବି) ଅକ୍‌ସଫୋର୍ଡ ପ୍ରେସ୍ ତରଫରୁ ପ୍ରକାଶିତ ହେଲା। ଇଂଲଣ୍ଡ ଓ ଆମେରିକାର ଉଚ୍ଚ ପ୍ରଶଂସିତ ହେବା ପରେ ଏହା ଅନେକ ଭାଷାରେ (ସ୍ୱିଡ଼େନ୍, ଜାପାନ ଇତ୍ୟଦି) ଅନୁବାଦିତ ହେଲା। ସରଳ, ସାବଲୀଳ ଭାଷାରେ ଭାରତର ଗାଁଜୀବନକୁ ରୂପାୟିତ କରିବାରେ ପ୍ରଫୁଲ୍ଲବାବୁଙ୍କ ଲେଖନୀ ଖୁବ୍ ଶକ୍ତିଶାଳୀ।

୧୯୭୫ରେ ତାଙ୍କର ଦ୍ୱିତୀୟ ବହି "Indian Village Tales" (ଭାରତୀୟ ଗାଉଁଲୀ ଗଳ୍ପ) ପ୍ରକାଶିତ ହେଲା। ଏଇବର୍ଷ ସେପ୍ଟେମ୍ବର ମାସରେ ତାଙ୍କର ତୃତୀୟ ବହି "Through brown Eyes" (ମୋର ଇଂଲଣ୍ଡ ଅନୁଭୂତି) ଅକ୍‌ସଫୋର୍ଡ୍ ବିଶ୍ୱବିଦ୍ୟାଳୟ ପ୍ରେସ୍ ତରଫରୁ ପ୍ରକାଶିତ ହେବ।

ପ୍ରଫୁଲ୍ଲବାବୁଙ୍କ ସହ କିଛି ମୁହୂର୍ତ୍ତ ଲଣ୍ଡନରେ କଟାଇବାର ଅନେକ ଆନନ୍ଦ ମିଳିଲା। ତାଙ୍କ ବାସଭବନରେ ନିଜ ଚିତ୍ରକଳା ପ୍ରଦର୍ଶନ ପାଇଁ ଏକ ଷ୍ଟୁଡ଼ିଓ ରହିଛି। ତାକୁ ମଧ୍ୟ ଦେଖିବାର ସୁଯୋଗ ମିଳିଲା।

ଇଂଲଣ୍ଡ ପରେ ସ୍ୱିଡେନ। ଷ୍ଟକ୍‌ହୋମ ଏକ ଅତି ମନୋରମ ସହର। ସ୍ୱିଡେନ୍ ସ୍କାଣ୍ଡିନେଭିଆ ଦେଶମାନଙ୍କ ମଧ୍ୟରୁ ଅନ୍ୟତମ। ବାକି ୩ଟି ଦେଶ ହେଲା ନରୱେ, ଡେନ୍‌ମାର୍କ ଏବଂ ଫିନ୍‌ଲାଣ୍ଡ।

ଷ୍ଟକ୍‌ହୋମ ଆଖପାଖରେ ଅନେକ ଛୋଟ ଛୋଟ ଦ୍ୱୀପପୁଞ୍ଜର ଅବସ୍ଥିତି। ଲୋକସଂଖ୍ୟା ଏଇ ଦେଶର ମାତ୍ର ୮୦ ଲକ୍ଷ। ପ୍ରଥମ ଓ ଦ୍ୱିତୀୟ ମହାଯୁଦ୍ଧର ସ୍ୱିଡେନ ନିରପେକ୍ଷ ହୋଇଥିବାରୁ ସହରର ସମସ୍ତ ପୁରାତନ କୋଠାବାଡ଼ି, ରାଜପ୍ରାସାଦ ଇତିହାସର ସାକ୍ଷୀରୂପେ ଅଦ୍ୟପି ଦଣ୍ଡାୟମାନ। ଓ୍ୱସା ମ୍ୟୁଜିୟମ୍‌ରେ ୧୬୨୮ ମସିହାରେ ବୁଡ଼ିଯାଇଥିବା ଏକ ଯୁଦ୍ଧଜାହାଜକୁ ସମୁଦ୍ରତଳୁ ଉଦ୍ଧାର କରାଯାଇ କିପରି ରଖାଯାଇଛି ଦେଖିବାକୁ ମିଳିଲା।

ଟାଉନହଲରେ, ଆମ ସମ୍ମିଳନୀ ତରଫରୁ ଏକ ସାନ୍ଧ୍ୟଭୋଜନର ଆୟୋଜନ ହୋଇଥିଲା। ଏହିଠାରେ ପ୍ରତିବର୍ଷ ନୋବେଲ ପୁରସ୍କାର ଦିଆଯାଏ। ଜୁନ୍ ୬ତାରିଖ ଦିନ ସହରର ମଧ୍ୟଭାଗରେ ଏକ ରେଲଷ୍ଟେସନ ପାଖରେ ଅନେକ ଭାରତୀୟ ଶିଖ ଧାରଣା ଦେଇଥିବାର ଦେଖିବାକୁ ମିଳିଲା। ମନେପଡ଼ିଲା ଯେ ବର୍ଷକ ତଳେ ଅମୃତସର ମନ୍ଦିର ଭିତରେ ସୈନ୍ୟବାହିନୀ ପ୍ରବେଶ କରିବାର ବିରୋଧ କରି ଏମାନେ ଧାରଣା ଦେଇଛନ୍ତି।

ରାସ୍ତାରେ ଯିବା ଅବସରରେ ଜଣେ ଭାରତୀୟ ଭଦ୍ରଲୋକ ଅଶେଷ ଖୋକାରଙ୍କ ସହ ଦେଖାହେଲା। ସେ ନୂଆଦିଲ୍ଲୀରୁ ସପ୍ତାହକ ଲାଗି ଆସିଛନ୍ତି ଆସନ୍ତା ବର୍ଷ ସ୍ୱିଡ଼େନ ଓ ନରୱେରେ Festival of India ଭାରତୀୟ ଥିଏଟର ପାଇଁ ଯୋଜନା କରିବାକୁ। ତାଙ୍କଠାରୁ ଶୁଣିଲି ଯେ ଅର୍ଥମନ୍ତ୍ରୀ ବିଶ୍ୱନାଥ ପ୍ରତାପ ସିଂ ତା' ପରଦିନ (୮ତାରିଖ, ଜୁନ୍) ଷ୍ଟକ୍‌ହାମ୍ ଆସୁଛନ୍ତି। ୬ ତାରିଖରେ ରାଜୀବ ଗାନ୍ଧୀ ପ୍ୟାରିସରେ ପହଞ୍ଚି (India Festival) ଉଦ୍‌ଘାଟନ କଲେ।

ଷ୍ଟକ୍‌ହୋମ୍‌ର ଲୋକମାନେ ଖୁବ୍ ଶାନ୍ତିପ୍ରିୟ। କିଛି ପଚାରିଲେ, ସାହାଯ୍ୟ

କରିବାକୁ ଆଗଭର ହୋଇପଡ଼ନ୍ତି । ଏଠାରେ ଇଂଲଣ୍ଡ ଭଳି ଭାରତୀୟ ଏତେ ପରିମାଣରେ ନାହାନ୍ତି । ସ୍ୱିଡେନ ଦେଶର ଆକାର ଯଦିଓ ଇଂଲଣ୍ଡର ୨ଗୁଣ, ଲୋକସଂଖ୍ୟା ଖୁବ୍ କମ୍ ଏବଂ ସମସ୍ତ ଲୋକ ଦକ୍ଷିଣରେ ରହନ୍ତି ଯେହେତୁ ଦେଶର ଅବସ୍ଥିତି ଖୁବ୍ ଉତ୍ତରରେ । ଖରାଦିନେ ଦିନ ଆଲୁଅ ବହୁତ ସମୟ ରହେ, ଅନ୍ଧାର ହୁଏ ରାତି ୧୧ଟା ପରେ, ଏବଂ ଆଲୁଅ ହୁଏ ରାତି ୩ଟାରେ । ସେହିପରି ଶୀତଦିନେ ଖୁବ୍‌ଶୀଘ୍ର ହୁଏ (ଦିନ ୩ଟାରେ) ଏବଂ ସକାଳ ସୂର୍ଯ୍ୟୋଦୟ ହୁଏ ଦିନ ୯ଟା ପରେ । ଶୀତଦିନେ ଖୁବ୍ ଥଣ୍ଡା ଓ ବରଫ ପଡ଼େ । ସେଥିଲାଗି ଖରାଦିନର ଅଳ୍ପ କେତୋଟି ମାସରେ ଲୋକେ ବାହାରକୁ ଯିବାଲାଗି ବହୁତ ବ୍ୟଗ୍ର ହୁଅନ୍ତି ।

ଭାରତ ସହ ସ୍ୱିଡେନ୍‌ର ବନ୍ଧୁତ୍ୱ ବହୁଦିନର । ଭାରତର ଅର୍ଥମନ୍ତ୍ରୀ ଶ୍ରୀ ବିଶ୍ୱନାଥ ପ୍ରତାପ ସିଂ ଶିଳ୍ପ ଓ ବାଣିଜ୍ୟ କ୍ଷେତ୍ରରେ ଭାରତ ଏବଂ ସ୍ୱିଡେନ୍ ମଧ୍ୟରେ କଥାବାର୍ତ୍ତା ଲାଗି ଆସି ପହଞ୍ଚିଥିଲେ । ଏଠାରୁ ସେ ପ୍ରଧାନମନ୍ତ୍ରୀ ରାଜୀବ ଗାନ୍ଧୀଙ୍କ ସହ ଯାତ୍ରା କରିଥିଲେ । ରାଜୀବ ଗାନ୍ଧୀଙ୍କ ଆମେରିକା ଗସ୍ତ ଫଳରେ ଭାରତ ଓ ଆମେରିକା ସମ୍ପର୍କର ଉନ୍ନତି ହେବବୋଲି ଆମେରିକା ସମ୍ବାଦପତ୍ର ଓ ଟେଲିଭିଜନ ମାଧ୍ୟମରେ ଆଶା ପୋଷଣ କରାଯାଉଛି ।

■

ବ୍ରାଜିଲ୍-୧୯୮୭

ଉତ୍ତର ଆମେରିକାର ତିନୋଟି ଦେଶ ହେଲା କାନାଡ଼ା, ଯୁକ୍ତରାଷ୍ଟ୍ର ଆମେରିକା ଏବଂ ମେକ୍ସିକୋ, ତା'ର ତଳକୁ ରହିଲା ମଧ୍ୟଆମେରିକା (Central America) ସେଥିରୁ ପାନାମା, ନିକାରାଗୁଆ, ହଣ୍ଡୁରାସ୍ ଇତ୍ୟାଦି କ୍ଷୁଦ୍ର ଦେଶମାନଙ୍କର ଅବସ୍ଥିତି। ତା'ର ଦକ୍ଷିଣକୁ ପ୍ରକାଣ୍ଡ ମହାଦେଶ ଦକ୍ଷିଣ ଆମେରିକା। ପ୍ରଧାନ ଦେଶ ସବୁ ହେଲେ ବ୍ରାଜିଲ, ଭେନେଜୁଏଲା, ଆର୍ଜେଣ୍ଟିନା, ପେରୁ, ଚିଲି, କଲମ୍ବିଆ, ଉରୁଗୁଏ ଏବଂ ପାରାଗୁଆ। ସ୍ଥଳଭାଗ ଦେଖିଲେ ଯୁକ୍ତରାଷ୍ଟ୍ର ଆମେରିକା ସହ ପ୍ରାୟ ସମାନ। ଲୋକସଂଖ୍ୟା ୧୪କୋଟି। ମୁଖ୍ୟ ସହର ଦୁଇଟି ରିଓଡ଼ି ଜେନେଇରୋ ଏବଂ ସାଓପାଲୋ। ରାଜଧାନୀର ନାଁ ବ୍ରାଜିଲିଆ।

ଗୋଟିଏ ଆନ୍ତର୍ଜାତିକ ସମ୍ମିଳନୀରେ ଭାଷଣ ଦେବାକୁ ପ୍ରଥମ ଥର ଲାଗି ବ୍ରାଜିଲ ଆସିବାର ସୁଯୋଗ ମିଳିଲା। କାଲିଫର୍ଣ୍ଣିଆରୁ ଫ୍ଲୋରିଡ଼ା ପ୍ରଦେଶର ମାୟାମୀ ସହର ଆସିବାକୁ ଉଡାଜାହାଜରେ ୫ଘଣ୍ଟା ଲାଗିଲା। ସେଠାରୁ ରିଓ ଡିଜେନେଇରୋକୁ ଉଡାଜାହାଜରେ ନିରବଚ୍ଛିନ୍ନ ଭାବେ ୯ଘଣ୍ଟା ଉଡ଼ିବାକୁ ହେଲା। ବିଷୁବରେଖାର ଦକ୍ଷିଣ ଗୋଲାର୍ଦ୍ଧର ଋତୁ ଉତ୍ତର ଗୋଲାର୍ଦ୍ଧଠାରୁ ଠିକ୍ ଓଲଟା, ଅର୍ଥାତ୍ ଯୁକ୍ତରାଷ୍ଟ୍ର ଆମେରିକା କିମ୍ବା ଭାରତବର୍ଷରେ ଖରାଦିନ, ଏଠାରେ ଶୀତଦିନ। ଉତ୍ତରରେ ଶୀତଦିନ ହୋଇ ବରଫ ପଡୁଥିବା ବେଳେ ଏଠାରେ ପ୍ରଚୁର ଖରା। ଗତ ବର୍ଷ ଅଷ୍ଟ୍ରେଲିଆ ଯାଇଥିବା ଅବସରରେ ଏକଥା ମଧ୍ୟ ଲକ୍ଷ୍ୟ କରାଯାଇଥିଲା। ଦକ୍ଷିଣ ଆମେରିକାର ତଳକୁ ତଳକୁ ଗଲେ ଆର୍ଜେଣ୍ଟିନା ଏକପାଖରେ, ତଥା ଚିଲିଦେଶ ଅପର ପାର୍ଶ୍ୱରେ। ଯେତେ ଦକ୍ଷିଣକୁ ଯିବ, ସେତେ ବେଶି ଥଣ୍ଡା। ଆଣ୍ଡେସ୍ ପର୍ବତମାଳା ମହାଦେଶର ମଝିରେ ଲମ୍ବିଯାଇଛି।

ରିଓ ଡି ଜେନେଇରୋ, କେବଳ ଦକ୍ଷିଣ ଆମେରିକାର ନୁହଁ। ସାରା ପୃଥିବୀର ଏକ ଅତ୍ୟନ୍ତ ସୁନ୍ଦର ସହର। ଚାରିଆଡ଼େ ପାହାଡ଼ ସବୁ ମୁଣ୍ଡ ଟେକିଛନ୍ତି। ପାଖରେ ଆଟଲାଣ୍ଟିକ ମହାସାଗର, ଅତ୍ୟନ୍ତ ସୁନ୍ଦର ସମୁଦ୍ରକୂଳ ପୃଥିବୀ ବିଖ୍ୟାତ କୋପାକାବାନା ବିଚ ଏହି ସହରରେ। ସେ ପାଖରେ ଲାଗିକି ଆଉ ଏକ ମନୋରମ ବିଚ୍ ଇପାନେମା।

ଏହି ସହରର ଲୋକ ସଂଖ୍ୟା ସମୁଦାୟ ୫୦ ଲକ୍ଷ। ଦେଶର ଭାଷା ପର୍ତ୍ତୁଗୀଜ, କାରଣ ୧୫୯୦ ମସିହାରେ ବ୍ରାଜିଲ ଆବିଷ୍କୃତ ହୋଇଥିଲା। ଅନେକ ପର୍ତ୍ତୁଗାଲର ଲୋକେ ଏଠାରେ ବସବାସ କରିବା ଆରମ୍ଭ କଲେ। ୧୮୨୨ ମସିହାରେ ବ୍ରାଜିଲ ସ୍ୱାଧୀନତା ଲାଭ କଲା। କିନ୍ତୁ ନାମକୁ ମାତ୍ର; କାରଣ ପର୍ତ୍ତୁଗାଲର ବିତାଡ଼ିତ ରାଜା ଏଠାରେ ଆସି ରହି ନିଜକୁ ସମ୍ରାଟ ବୋଲି ଘୋଷଣା କଲେ। ୧୮୮୯ ମସିହାରେ ପ୍ରକୃତ ସ୍ୱାଧୀନତା ମିଳିଲା ଏବଂ ଗଣତନ୍ତ୍ର ଆରମ୍ଭ ହେଲା। ରିଓ ଡି ଜେନେଇରୋ ସହରରେ ୩ଦିନ ଅବସ୍ଥାନ ପରେ ସାଓ ପାଲୋ **(Sao Paulo)** ଆସିବାକୁ ହେଲା। ଏହା ପୃଥିବୀର ବଡ଼ ସହର ମଧ୍ୟରୁ ଅନ୍ୟତମ। ଲୋକସଂଖ୍ୟା ୧୫୦ ଲକ୍ଷରୁ ଊର୍ଦ୍ଧ୍ୱ। ରିଓର ସୌନ୍ଦର୍ଯ୍ୟ ଏଠି ନାହିଁ। ଚାରିଆଡ଼େ ଚାହିଁଲେ ଖାଲି ନଭଶ୍ଚୁମ୍ବୀ ଅଟ୍ଟାଳିକାମାନ; ଯାହାକୁ କଂକ୍ରିଟ ଜଙ୍ଗଲ କୁହନ୍ତି। ରାସ୍ତାଘାଟରେ ଲୋକେ ଓ ଗାଡ଼ି ଚୁଣ୍ଟି ହୋଇଥାନ୍ତି ଅନବରତ। କିନ୍ତୁ ଅର୍ଥନୈତିକ ରାଜଧାନୀ ଦେଶର ହେଲା ସାଓପାଲୋ, ଠିକ୍ ବମ୍ବେ ପରି।

ବ୍ରାଜିଲରେ ଅନେକ ଦେଶର ଲୋକେ ବସବାସ କରନ୍ତି। ଏହି ଶତାବ୍ଦୀର ପ୍ରାରମ୍ଭରେ ୧୦ଲକ୍ଷ ଜାପାନୀଲୋକେ ଏଠାକୁ ଆସି ରହି ଚାଷବାସ କରିଥିଲେ। ସାଓପାଲୋରେ ପ୍ରକାଣ୍ଡ ଜାପାନୀ କଲୋନୀ ଅଛି। ଜର୍ମାନୀ, ଇଟାଲୀ ତଥା ଅଫ୍ରିକାରୁ ଅନେକ ଲୋକ ଏଠାରେ ବସବାସ କରି ଆସୁଛନ୍ତି। ଦୁଇଟି ସହରରେ ଯୋଡ଼ିଏ ଲେଖାଏଁ ଭାରତୀୟ ରେସ୍ତୋରାଁ ଅଛି। ଗୋଆର ଭାରତୀୟ କିଛି ପର୍ତ୍ତୁଗୀଜ ଭାଷା ଦୃଷ୍ଟିରୁ ଏଠାକୁ ଚାଲିଆସିଥିଲେ, ସେମାନେ ଭାରତୀୟ ରେସ୍ତୋରାଁ ଚଳାଉଛନ୍ତି।

ବ୍ରାଜିଲର ସ୍ୱାତନ୍ତ୍ର୍ୟ ଅନେକ, ଇଉରୋପୀୟ ସଭ୍ୟତାର ପ୍ରଭାବ ବେଶି,କାରଣ ସର୍ବାଧିକ ଲୋକେ ପର୍ତ୍ତୁଗାଲ ଦେଶରୁ।

ବ୍ରାଜିଲର ଦକ୍ଷିଣକୁ ଆର୍ଜେଣ୍ଟିନା ଦେଶର ରାଜଧାନୀ ବୁଏନସ ଏଆରେସ ଏକ ଇଉରୋପୀୟ ସହର ପରି ଦେଖିବାକୁ। ବ୍ରାଜିଲରେ କଫି, ମକା, କମଳା, ଗହମ ଇତ୍ୟାଦି ଭଲ ଚାଷ ହୁଏ। ଦେଶର ମଧ୍ୟ ଭାଗରେ ଆମାଜନ ନଦୀ ଏବଂ ପାର୍ଶ୍ୱରେ ଅନେକ ଜଙ୍ଗଲର ସମାବେଶ। ଅଥଚ ପ୍ରାକୃତିକ ସମ୍ପଦ ଥାଇ ମଧ୍ୟ ରାଜନୈତିକ ଅବ୍ୟବସ୍ଥା ଯୋଗୁ ଏଠାରେ ଦାରିଦ୍ର୍ୟ ବହୁତ। ଅବଶ୍ୟ ତୁଳନାତ୍ମକ ଭାବେ ଦେଖିଲେ ଜଣାଯାଏ ଯେ, ଭାରତ ଅପେକ୍ଷା ଏମାନେ ଭଲରେ ଅଛନ୍ତି।

ଦୁର୍ନୀତି ପ୍ରଚୁର, ଧନୀ ଓ ଗରିବମାନଙ୍କ ଏଠାରେ ମଧ୍ୟ ତାରତମ୍ୟ ବହୁତ ଅଧିକ। ମୁଦ୍ରାସ୍ଫୀତି ଅସମ୍ଭବ ବୃଦ୍ଧି ପାଇଛି। ମାସକୁ ଶତକାଡ଼ା ୧୫ରୁ ୨୦ ଭାଗ ଏହା ବଢୁଛି ବୋଲି ଲୋକେ ଅତିଷ୍ଠ ହେଲେଣି। ଧାର କରଜରେ ଦେଶ ବୁଡ଼ିଗଲାଣି। ରାଜନୈତିକ ଅସ୍ଥିରତା କଥା ପ୍ରାୟ ସମସ୍ତ ସ୍ଥାନୀୟ ବନ୍ଧୁ କହିଲେ। ବିମାନଘାଟିରେ

ପହଞ୍ଚିଲା ମାତ୍ରକେ ବ୍ଲାକ ମାର୍କେଟରେ ଟଙ୍କା ଭଙ୍ଗେଇବାକୁ ସମସ୍ତେ ବାରମ୍ବାର ପ୍ରଶ୍ନ କରୁଥାନ୍ତି। ସେଥିରେ ଚୋରା ଛପା କିଛି ନାହିଁ।

ଫୁଟବଲ ଖେଳ ଏ ଦେଶ ଲୋକଙ୍କ ଜୀବନ। ରିଓ ସହରର ମାରାକାନ୍ୟା ଷ୍ଟାଡ଼ିୟମ ପୃଥିବୀର ସର୍ବବୃହତ୍। ଏଥିରେ ୨ଲକ୍ଷ ଦେଖଣାହାରୀ ବସିପାରିବେ। ବିଶ୍ୱବିଖ୍ୟାତ ଖେଳୁଆଡ଼ ପେଲେ ଏହିଦେଶର। ଦେଶର ଟଙ୍କା ହେଲା କ୍ରୁଜାଡ଼ୋ (Cruzado) ଏବଂ ଆମର ଗୋଟିଏ ଭାରତୀୟ ଟଙ୍କା ଏଠାରେ ୫ କ୍ରୁଜାଡୋ ସହ ସମାନ। ସାଓପାଲୋରୁ କାମସାରି ରିଓ ସହରରେ ଆଉ ଦିନଟିଏ କଟାଇ ପୁଣି କାଲିଫର୍ଣ୍ଣିଆ ଫେରିବାକୁ ହେବ।

■

ଲଣ୍ଡନ- ମାର୍ଚ୍ଚ, ୧୯୮୮

ମାର୍ଚ୍ଚ ମାସ ଶେଷ ସପ୍ତାହ। ଲଣ୍ଡନର ଆକାଶ ମେଘାଚ୍ଛନ୍ନ, କ୍ରମାଗତ ଝିପ୍‌ଝିପ୍ ବର୍ଷା। ଛତା କିମ୍ବା ବର୍ଷାତି ନ ହେଲେ ବାହାରକୁ ଯିବା ସମ୍ଭବ ନୁହଁ। ଥଣ୍ଡା ପାଗ। ଓଦା ହେବାମାତ୍ରେ ଦେହ ଖରାପ ହେବାର ସମ୍ଭାବନା। ଲଣ୍ଡନ ସହରର ଅଣ୍ଡରଗ୍ରାଉଣ୍ଡ ଟ୍ରେନ୍ ବା ସବ୍‌ୱେରେ ଯାତ୍ରୀଙ୍କ ଭିଡ଼ ବଢ଼ିଛି। ୧୯୮୨ ମସିହାରୁ ଏପର୍ଯ୍ୟନ୍ତ ଯାତ୍ରୀଙ୍କ ସଂଖ୍ୟା ଶତକଡ଼ା ୬୦ ଭାଗ ବୃଦ୍ଧି ପାଇଛି। ଅଫିସ୍ ସମୟରେ ଟ୍ରେନ୍‌ଗୁଡ଼ିକ ଲୋକରେ ଭର୍ତ୍ତି।

ସହରର ବିଭିନ୍ନ ଯାଗାରେ ନୂଆ ନୂଆ କୋଠାବାଡ଼ି ତିଆରି ଚାଲିଛି। ଅର୍ଥନୈତିକ ବିକାଶ ହୋଇଛି। ପ୍ରଧାନମନ୍ତ୍ରୀ ମାର୍ଗାରେଟ ଥାଚରଙ୍କ ଶାସନକାଳରେ ବେକାରି କମିଛି ଏବଂ ଶିଳ୍ପ ସଂସ୍ଥାଗୁଡ଼ିକର ଆୟ ବୃଦ୍ଧି ପାଇଛି। ଇଂଲଣ୍ଡର ଟଙ୍କା ପାଉଣ୍ଡର ମୂଲ୍ୟ ପୃଥିବୀ ବଜାରରେ ବଢ଼ିଛି। ଷ୍ଟକ୍ ଏକ୍ସଚେଞ୍ଜ ତଥା ଟେଲିକମ୍ୟୁନିକେସନ କ୍ଷେତ୍ରରେ କଟକଣା କମେଇ ଦେବାରୁ (deregulation) ବିଦେଶୀ କମ୍ପାନୀମାନେ ବ୍ୟବସାୟ ବୃଦ୍ଧି କରିବାରେ ସଫଳକାମ ହୋଇଛନ୍ତି। ଆମେରିକା ଭଳି, ଇଂଲଣ୍ଡରେ ରପ୍ତାନୀ ତୁଳନାରେ ଆମଦାନୀର ପରିମାଣ ବେଶି ହେବାରୁ ନିଅଣ୍ଟ ବାଣିଜ୍ୟ (trade deficit) ବୃଦ୍ଧି ପାଇଛି। ଆମେରିକା ତୁଳନାରେ ଇଂଲଣ୍ଡରେ ଲୋକଙ୍କ ଆୟ କମ୍, ଜିନିଷପତ୍ରର ଦରଦାମ ଅଧିକ।

ଅନ୍ୟାନ୍ୟ ଇଉରୋପୀୟ ଦେଶ ଯଥା ଜର୍ମାନୀ ଏବଂ ଫ୍ରାନ୍ସ ତୁଳନାରେ ଇଂଲଣ୍ଡର ଅର୍ଥନୈତିକ ବିକାଶରେ ଅଧିକ ଉନ୍ନତି ଗତବର୍ଷ ହୋଇପାରିଛି।

ଇଂଲଣ୍ଡରେ ସପ୍ତାହଟିଏ ରହିବା ଅବସରରେ ଅନେକ ବ୍ୟବସାୟିକ ସଂସ୍ଥା ସହ ଆଲୋଚନାର ସୁଯୋଗ ମିଳିଲା। ଲଣ୍ଡନ ଷ୍ଟକ୍ ଏକ୍ସଚେଞ୍ଜ, ବ୍ରିଟିଶ ଟେଲିକମ୍ ଇତ୍ୟାଦି ଅନୁଷ୍ଠାନର ପ୍ରଗତି ଦ୍ରୁତଗାମୀ ହୋଇଛି। ସବୁ ପାଶ୍ଚାତ୍ୟ ଦେଶ ପରି ଇଂଲଣ୍ଡ ଲୋକେ ତାଙ୍କ ଦେଶର ରାଜନୈତିକ, ଅର୍ଥନୈତିକ ତଥା ସାମାଜିକ ଘଟଣାବଳୀରେ ଜଡ଼ିତ। ଆମଦେଶ ଭାରତ କଥା ଚିନ୍ତା କରିବାକୁ ଏମାନଙ୍କର ବେଳ ନାହିଁ କିମ୍ବା

ଆଗ୍ରହ ମଧ୍ୟ ନାହିଁ। ଏମାନଙ୍କ ଆଖିରେ ଭାରତ ଏକ ଅନୁନ୍ନତ ଦେଶ ଏବଂ ଏପରି ଦେଶ ପୃଥିବୀରେ ଅନେକ ଅଛି।

ଆମେରିକା ତୁଳନାରେ ଇଂଲଣ୍ଡରେ ଭାରତର ଘଟଣାବଳୀ ବେଶି ସମ୍ବାଦପତ୍ରରେ ପ୍ରକାଶିତ ହେବାର ଲକ୍ଷ୍ୟ କରାଗଲା। ସପ୍ତାହକ ଭିତରେ 'ଲଣ୍ଡନ ଟାଇମ୍‌ସ'ରେ ପ୍ରାୟ ତିନିଥର ଭାରତ କଥା ପ୍ରକାଶିତ ହୋଇଥିଲା- ପଞ୍ଜାବ ହିଂସାକାଣ୍ଡ, ରାଜୀବଙ୍କ ଭାବମୂର୍ତ୍ତି କ୍ଷୟ ଏବଂ ଆଗାମୀ ନିର୍ବାଚନକୁ ତ୍ୱରାନ୍ୱିତ କରିବାର ଯୋଜନା, ବିରୋଧୀ ଦଳମାନଙ୍କ ଆହ୍ୱାନରେ ହୋଇଥିବା ବନ୍ଦ ଇତ୍ୟାଦି। ଲଣ୍ଡନରେ ପହଞ୍ଚି ଗଲେ, ଭାରତ ନିକଟ ହୋଇଗଲା ପରି ଲାଗେ। ବମ୍ବେର ଭିକ୍‌ଟୋରିଆ ଟର୍‌ମିନସ ପରି ପୁରାତନ ଷ୍ଟେସନ, ଦିମହଲା ବସ୍, ରାସ୍ତାର ବାମପଟେ ଗାଡ଼ି ଚଳାଇବା (ଆମେରିକାରେ ତଥା ପୃଥିବୀର ଅଧିକାଂଶ ଦେଶରେ ରାସ୍ତାର ଡାହାଣପଟେ ଗାଡ଼ି ଚଳାଯାଏ) ଇତ୍ୟାଦି ଚିହ୍ନାଜଣା ଲାଗେ। ତା' ଛଡ଼ା ଭାରତୀୟଙ୍କ ସଂଖ୍ୟା ବହୁତ ଲଣ୍ଡନରେ। ପ୍ରାୟ ଏକ ହଜାରରୁ ଊର୍ଦ୍ଧ୍ୱ ଭାରତୀୟ ରେସ୍ତୋରାଁ କେବଳ ଲଣ୍ଡନରେ।

ଜଣେ ଆମେରିକୀୟ ବନ୍ଧୁ ଗତବର୍ଷଠାରୁ ଲଣ୍ଡନରେ ଅବସ୍ଥାନ କରୁଛନ୍ତି। ଆହୁରି ବର୍ଷଟିଏ କାମରେ ରହିବେ। ଦିନେ ସନ୍ଧ୍ୟାରେ ବନ୍ଧୁ ତାଙ୍କର ଇଂଲଣ୍ଡରେ ଅବସ୍ଥାନର ଅନୁଭୂତି ବର୍ଣ୍ଣନା କରୁଥିଲେ। ତାଙ୍କୁ ଆମେରିକାରୁ ଆସି ଏଠି ଇଂଲଣ୍ଡରେ ସବୁ ଧୀର ଲାଗୁଛି। ତାଙ୍କ ଆଖିରେ ଏହିଦେଶ ଏକ ନାଲିଫିତା (beaurocratic)ର ଦେଶ। ଲୋକମାନେ ଆମେରିକା ତୁଳନାରେ କାମ କମ୍ କରନ୍ତି।

ଏଠିକାର ବ୍ୟାଙ୍କ, ଅଫିସ୍ ଇତ୍ୟାଦିରେ ସବୁ କାମ କରିବାକୁ ଅତ୍ୟଧିକ ସମୟ ଲାଗୁଛି। ବହୁତ ଫର୍ମ ପୂରଣ କରିବାକୁ ହେଉଛି। ଅନ୍ତର୍ନିହିତ ମସଲା ଉପରେ ଗୁରୁତ୍ୱ କମ୍ ଦେଇ ବାହ୍ୟ ଆବରଣ ତଥା ଚାକଚକ୍ୟ ଉପରେ ବେଶି ଚିନ୍ତା ଏମାନଙ୍କର (Form is more important than content) । ଏଠିକାର class system (ସାମାଜିକ ଭେଦଭାବ) ଉପରେ ମଧ୍ୟ ବନ୍ଧୁ ମନ୍ତବ୍ୟ କଲେ। ଚାକିରିରେ ତଳସ୍ତରର ଲୋକେ ଉପର ହାକିମକୁ ମିଷ୍ଟର କହି ଡାକିବେ, ଯେଉଁଟା ଆମେରିକାରେ ନାହିଁ (ସମସ୍ତେ ସମସ୍ତଙ୍କୁ ପ୍ରଥମ ନାମରେ ଡାକନ୍ତି)। ଆମେରିକୀୟ ବନ୍ଧୁ ଅନର୍ଗଳ ଏ ସମାଜର ଦୁର୍ବଳତା କଥା କହିଚାଲିଲେ।

ଐତିହାସିକ ପ୍ରାଧାନ୍ୟ କଥା କହିବାକୁ ନାହିଁ। ସେହି ଗୋଟିଏ କଥା, ଇଂଲଣ୍ଡର ମୁଖ୍ୟ ଜିନିଷ, ଯେକୌଣସି କୋଠା, ଗୀର୍ଜା ଇତ୍ୟାଦିକୁ ଦେଖିଲେ, ସେଥିରେ ଶହ ଶହ ବର୍ଷର ଇତିହାସ ଲୁଚି ରହିଛି। ସେଦିନ ସନ୍ଧ୍ୟାରେ ବନ୍ଧୁ ଏକ ୯୦୦ ବର୍ଷର ପୁରାତନ ରେସ୍ତୋରାଁକୁ ଖାଇବାକୁ ନିମନ୍ତ୍ରଣ କଲେ।

ଆମେରିକୀୟ ବନ୍ଧୁଙ୍କ ମନ୍ତବ୍ୟ ଶୁଣି ମନେହେଲା ଯଦି ସେ ଭାରତବର୍ଷ ଯିବେ, ତେବେ ତାଙ୍କ ମୁଣ୍ଡ ଖରାପ ହେବ। ଇଂଲଣ୍ଡର ନାଲିଫିତା ଆମ ଭାରତବର୍ଷ ତୁଳନାରେ ଯଥେଷ୍ଟ କମ୍। ସାଇବମାନେ ଆମକୁ ଯେଉଁ ନାଲିଫିତା ଶିଖାଇଲେ, ଆମେ ତାକୁ ଧୋଇମାଜି ଆହୁରି ବଢ଼େଇଛୁ। ଏଠାରେ ସାମାଜିକ ଭେଦଭାବ ଆମ ଦେଶ ତୁଳନାରେ ହାସ୍ୟାସ୍ପଦ ବୋଲି କହିବାକୁ ହେବ। ମହାତ୍ମା ଗାନ୍ଧୀଙ୍କ ସାମାଜିକ ଭେଦଭାବର ଦୂରୀକରଣ ସ୍ୱପ୍ନ ଏପର୍ଯ୍ୟନ୍ତ ସ୍ୱପ୍ନ ହୋଇ ରହିଛି। ଆମର ଭେଦଭାବ ଜାତି, ଧର୍ମ, ଧନ, ରାଜନୀତି ସବୁ କ୍ଷେତ୍ରରୁ ସୃଷ୍ଟି ହୋଇ ବିସ୍ତାର ଲାଭ କରିବାରେ ଲାଗିଛି।

ଇଂଲଣ୍ଡର ଟ୍ରେଡ୍ ୟୁନିୟନ୍ ମୁଭମେଣ୍ଟ ମାର୍ଗାରେଟ ଥାଚରଙ୍କ ଶାସନରେ ଊଣା ହୋଇଛି। ସେଇଥିଲାଗି ଉତ୍ପାଦନ ବୃଦ୍ଧି ପାଇ ଦେଶର ଅର୍ଥନୈତିକ ବିକାଶ ହୋଇ ପାରିଛି ବୋଲି ଅନେକ ବିଶେଷଜ୍ଞ ମତ ଦେଇଛନ୍ତି।

■

ରୋମ୍, ଇଟାଲୀ

ରୋମ୍ ସହର ଇଟାଲୀର ରାଜଧାନୀ। ଇଟାଲୀୟ ଭାଷାରେ ରୋମକୁ 'ରୋମା' କୁହାଯାଇଥାଏ। ଅତି ସୁନ୍ଦର ସହର। ପ୍ରାଚୀନ ରୋମାନ ସଭ୍ୟତାର ଐତିହାସିକ ପୃଷ୍ଠଭୂମି। ଖ୍ରୀଷ୍ଟଧର୍ମୀମାନଙ୍କର ପ୍ରଧାନ ତୀର୍ଥସ୍ଥାନ। ଏହିଠାରେ ରୋମାନ୍ କ୍ୟାଥ୍‌ଲିକ୍ ଚର୍ଚ୍ଚର ପୁରୋଧା 'ପୋପ୍' ଭାଟିକାନ୍ ସିଟିରେ ରହିଥାନ୍ତି। ପ୍ରତିବର୍ଷ ଡିସେମ୍ବର ୨୫ତାରିଖ ଖ୍ରୀଷ୍ଟମାସ ଦିନ ଏବଂ ଇଷ୍ଟର ବେଳେ ହଜାର ହଜାର ଲୋକଙ୍କୁ ସେ ଆଶୀର୍ବାଦ କରିଥାନ୍ତି। ସେଣ୍ଟ ପିଟରସ ଚର୍ଚ୍ଚ ସାମ୍ନାରେ ବିସ୍ତୃତ ପଡ଼ିଆରେ ଲୋକମାନେ ଏକତ୍ର ହୋଇଥାନ୍ତି।

ଚର୍ଚ୍ଚ ପାଖରେ ଭାଟିକାନ୍ ମ୍ୟୁଜିୟମ, ଯେଉଁଥିରେ ଖ୍ରୀଷ୍ଟପୂର୍ବ ସମୟରୁ ଆରମ୍ଭ କରି ବିଂଶ ଶତାବ୍ଦୀ ପର୍ଯ୍ୟନ୍ତ ନାନା ଐତିହାସିକ ପଦାର୍ଥ ଚିତ୍ରକଳା ଇତ୍ୟାଦି ସୁରକ୍ଷିତ ହୋଇ ରହିଛି। ସବୁଠାରୁ ବିଖ୍ୟାତ ସିଷ୍ଟିନ୍ ଚାପେଲ ଚର୍ଚ୍ଚ, ଯାହାର ଛାତରେ ବିଖ୍ୟାତ ଚିତ୍ରକାର ମାଇକେଲ ଆଞ୍ଜେଲୋଙ୍କର ପେଣ୍ଟିଂ ରହିଛି। ୧୫୦୮ ଖ୍ରୀଷ୍ଟାବ୍ଦରେ ଏହି ପେଣ୍ଟିଂ ଆରମ୍ଭ ହୋଇଥିଲା। ୪ବର୍ଷ ପରେ ଏହା ସରିଥିଲା। ସେତେବେଳେ ବିଜୁଳିବତି ନ ଥିଲା। ଲଣ୍ଠନ ଆଲୁଅରେ ଏତେ ଉପରେ ପୁଣି ଛାତର ଭିତରପାର୍ଶ୍ୱରେ ଏଭଳି ଚମତ୍କାର କଳା ଯେ କେହି ଦେଖିଲେ ଆଶ୍ଚର୍ଯ୍ୟ ହେବ। ଏହି କଳା ମାଧ୍ୟମରେ ସୃଷ୍ଟିର ପ୍ରାରମ୍ଭ, ଆଦାମ ଏବଂ ଇଭ୍‌ଙ୍କ ଜେନେସିସ୍, ପାରାଡାଇଜ୍‌ରୁ ବହିଷ୍କାର ଇତ୍ୟାଦି ବର୍ଣ୍ଣିତ ହୋଇଛି। ପ୍ରାୟ ୪୮୦ ବର୍ଷ ପରେ ମଧ୍ୟ ରଙ୍ଗିନ୍ କଳାଚିତ୍ର ସେହିଭଳି ଜୀବନ୍ତ ହୋଇ ରହିଛି।

ରୋମ ସହରର ଚାରିଆଡ଼େ ଇତିହାସର ମୂକସାକ୍ଷୀ ରୂପେ ନାନାପ୍ରକାର ପିଆଜା (ଛକ) କାଟାକମ୍ବ (କବରପୀଠ) ଚର୍ଚ୍ଚ (ଗୀର୍ଜା), ଫାଉଣ୍ଟେନ, ତଥା ଉଦ୍ୟାନମାନ ରହିଛି। ଅନେକ ବିଶାଳ ରାଜପ୍ରାସାଦ ମଧ୍ୟ ଅଦ୍ୟାବଧି ମହଜୁଦ୍ ଅଛି। ମଝିରେ ବହିଯାଇଛି ଟିବେର ନଦୀ। ସହରର ମଧ୍ୟଭାଗରେ ସୁବିଖ୍ୟାତ ସ୍ପାନିସ୍ ଷ୍ଟେପସ୍। ପାର୍ଶ୍ୱରେ ପିଆଜା ଦେ ସ୍ପାନ୍ୟା।

ଏହି ସ୍ପାନିସ୍ ଷ୍ଟେପ ପାଖରେ ଇଂଲଣ୍ଡର ବିଖ୍ୟାତ କବି କିଟସ୍ ଏବଂ ସେଲୀ ରହୁଥିଲେ। ତାଙ୍କର ରହିବା ରୁମ୍ ଏବେ ମଧ୍ୟ ଏକ ମ୍ୟୁଜିୟମ ରୂପେ ସୁରକ୍ଷିତ ହୋଇ

ରଖାଯାଇଛି । ଜନ୍ କିଟସ୍ ମାତ୍ର ୭୫ବର୍ଷ ବୟସରେ ୧୮୨୧ ମସିହାରେ ଏହିଠାରେ ଟିବି ରୋଗରେ ପ୍ରାଣ ହରାଇଥିଲେ । କିଟସ୍ ଏବଂ ସେଲୀଙ୍କ ଛଡ଼ା ସ୍ପାନିସ୍‌ଷ୍ଟେପ୍‌ସ ଅଞ୍ଚଳରେ ଅନେକ ବିଖ୍ୟାତ ଲେଖକ ରହିଥିଲେ-ବାଇରନ୍, ଟେନିସନ୍, ଗୋଏଥେ ପ୍ରମୁଖ । ସାମ୍ନାର ପାଣି ଫାଉଣ୍ଟେନ୍ ଏବଂ ପାହାଚର ଦୁଇପାର୍ଶ୍ୱରେ ରଙ୍ଗୀନ ଫୁଲର ସାଜସଜ୍ଜା । ଏହା ଅଦ୍ୟାପି କବିମାନଙ୍କୁ ବିଶେଷ ଆକୃଷ୍ଟ କରିଥାଏ ।

ରୋମାନ୍ ଫୋରମ୍ ସ୍ଥାନଟି ଖ୍ରୀଷ୍ଟପୂର୍ବ ସମୟର ଅନେକ ଚର୍ଚ୍ଚ ତଥା ଟେମ୍ପଲର ସମାବେଶ । ଜୁଲିୟସ୍ ସିଜରଙ୍କ ସମୟରେ ଏହାର ନିର୍ମାଣ ହୋଇଥିଲା । ସମୁଦାୟ ୧୦୦୦ ବର୍ଷ ଲାଗିଥିଲା ଏହି ଫୋରମର ନିର୍ମାଣ । ନିକଟରେ ସୁବିଖ୍ୟାତ କଲିସିୟମ ଯାହା ଏକ ଗୋଲାକାର ଷ୍ଟାଡ଼ିୟମ କହିଲେ ଚଳେ ।

ରୋମରେ ୨ଟି ଦିନ ଚାଲି ଚାଲି ବହୁତ ବୁଲାଗଲା । ଏଠାରେ କେବଳ ଚାଲିକରି ଦେଖିଲେ ସବୁପ୍ରକାରର ଐତିହାସିକ ସ୍ଥାନ ଦେଖିହେବ । ଟ୍ରେଭୀ ଫାଉଣ୍ଟେନ୍ ଏକ ମନୋରମ ଜଳୋଦ୍ୟାନ । ଏହା ୧୭୩୫ ମସିହାରେ ନିର୍ମିତ ହୋଇଥିଲା । ରୋମ ସହର ଦେଖିଲେ ଲାଗେ ଅତୀତର ରୋମ ସଭ୍ୟତା କେତେ ଶୀର୍ଷକୁ ଉଠିଥିଲା ଏବଂ ପରେ କେମିତି ତାର ପତନ ଘଟିଥିଲା । ରୋମ ଜଳୁଥିବା ବେଳେ 'ନୀରୋ' ବାଜା ବଜାଇଥିଲେ ବୋଲି ପିଲାଦିନେ ପଢ଼ିଥିଲୁ । ନୀରୋଙ୍କ ପ୍ରାସାଦ ଦେଖିଲାବେଳେ ସେଇଆ ମନେପଡ଼ିଗଲା ।

ବର୍ତ୍ତମାନର ଇଟାଲୀ ଆଉ ସେକାଳର ପୃଥିବୀ ଇତିହାସରେ ଚରମସ୍ଥାନ ଅଧିକାର କରିଥିବାର ଦେଶ ହୋଇ ନାହିଁ । ନେପୋଲିୟନଙ୍କ ରାଜ୍ୟ ପରେ ଦିନେ ମୁସୋଲିନୀଙ୍କର ଫାସିଷ୍ଟ ବିପ୍ଳବର ଶିକାର ହେଲା । ୧୯୪୬ ମସିହାରେ ଇଟାଲୀୟ ରିପବ୍ଲିକ୍ ଜନ୍ମଲାଭ କଲା । ଉତ୍ତର ଇଟାଲୀ ଶିଳ୍ପକ୍ଷେତ୍ରରେ ଆଗୁଆ, ଦକ୍ଷିଣରେ ବେଶି ଚାଷବାସ । ରୋମ ରାଜଧାନୀ, ଲୋକସଂଖ୍ୟା ୩୦ ଲକ୍ଷ ।

ରୋମ୍ ଆସିବା ଆଗରୁ ବନ୍ଧୁମାନେ ତାଗିଦ୍ କଲେ ସାବଧାନ ରହିବାକୁ । ଏଠାରେ ପକେଟ୍‌ମାର ଏବଂ ଚୋରି ବେଶି ହୁଏ, ଠକିବା ମଧ୍ୟ ସାଧାରଣ । ଅବଶ୍ୟ ଲୋକମାନେ ଖୁବ୍ ମେଳାପୀ । ଭାରତବର୍ଷ ପାଇଁ ଇଟାଲୀର ଆକର୍ଷଣ ହେଲା ଏହା ଆମ ପ୍ରଧାନମନ୍ତ୍ରୀଙ୍କର ଶ୍ୱଶୁରଘର ରାଜ୍ୟ । ରାଜୀବଙ୍କ ଆସିବା ପରେ ଇଟାଲୀର ନାନାପ୍ରକାର ଇଣ୍ଡଷ୍ଟ୍ରି ଭାରତ ସହ ବାଣିଜ୍ୟ ସ୍ଥାପନ କରିଛନ୍ତି । ଫିଆଟ ଗାଡ଼ି ତଥା ଭେସ୍ପା ସ୍କୁଟର ଏହି ରାଜ୍ୟରୁ ଆରମ୍ଭ ହୋଇଥିଲା ।

ଆକର୍ଷଣୀୟ ତଥା ଅତୀବ ସୁନ୍ଦର ସହର ରୋମ୍‌ରେ ଚାରିଦିନ ସାରି ଦକ୍ଷିଣ ସ୍ପେନର ମାଲାଗା ଯିବାକୁ ହେବ ଏକ କମ୍ପ୍ୟୁଟର କନ୍‌ଫରେନ୍ସରେ ଭାଷଣ ଦେବାକୁ ।

■

ହାୱାଇ

ଉତ୍ତର ଆମେରିକା ମହାଦେଶରେ ଯୁକ୍ତରାଷ୍ଟ୍ର ଆମେରିକାର ୪୯ଟି ପ୍ରଦେଶ ଅଛି । ୪୮ଟି ପ୍ରଦେଶ ଛଡ଼ା ଆଲସ୍କା ପ୍ରଦେଶ କାନାଡ଼ା ଦେଶକୁ ଲାଗି ଅଲଗା ହୋଇ ରହିଛି । ଆମେରିକାର ୫୦ ତମ ପ୍ରଦେଶ ହେଲା ହାୱାଇ ପ୍ରଦେଶ ।

ହାୱାଇ ଦ୍ୱୀପପୁଞ୍ଜ ପ୍ରଶାନ୍ତ ମହାସାଗରରେ । ଆମେରିକାର ରାଜଧାନୀ ୱାଶିଂଟନଠାରୁ ପ୍ରାୟ ସାଢ଼େ ୬ ହଜାର ମାଇଲ ଦୂରରେ ଏବଂ କାଲିଫର୍ଣ୍ଣିଆଠାରୁ ପ୍ରାୟ ସାଢ଼େ ୩ ହଜାର ମାଇଲ ଦକ୍ଷିଣ ପଶ୍ଚିମରେ । ଉଡ଼ାଜାହାଜରେ ସାନ୍‌ଫ୍ରାନ୍‌ସିସ୍କୋ (କାଲିଫର୍ଣ୍ଣିଆ) ରୁ ୫ଘଣ୍ଟାର ରାସ୍ତା । ସମୟ ବ୍ୟବଧାନ କାଲିଫର୍ଣ୍ଣିଆରୁ ୨ଘଣ୍ଟା ଏବଂ ନିଉୟର୍କଠାରୁ ୫ଘଣ୍ଟା । ନିକଟ ଅତୀତରେ ହାୱାଇ ଦ୍ୱୀପପୁଞ୍ଜରେ ୭ଦିନ କଟାଇବାର ସୁଯୋଗ ମିଳିଲା ।

ସମୁଦାୟ ୮ଟି ଦ୍ୱୀପର ସମାବେଶ- ହାୱାଇ । ସେଥିରୁ ମୁଖ୍ୟ ଦ୍ୱୀପର ନାଁ ହେଲା ଓଆହୁ (Oahu) । ପ୍ରଦେଶର ରାଜଧାନୀ ତଥା ମୁଖ୍ୟ ସହର ହନଲୁଲୁ (Honolulu) ଏହିଠାରେ ଅବସ୍ଥିତ । ସମୁଦାୟ ଓଆହୁର ଲୋକସଂଖ୍ୟା ମାତ୍ର ୮ଲକ୍ଷ । ଓଆହୁ ପାର୍ଶ୍ୱରେ ଅଛି ମାଓ୍ୱି (Maui) ଏବଂ କୋୱାଇ (Kauai) । ସବୁଠାରୁ ବୃହତ୍ତମ ଦ୍ୱୀପ ନାଁ ହେଲା ହାୱାଇ । ସ୍ଥାନୀୟ ଲୋକେ ଏହାକୁ Big Island କିମ୍ବା ବୃହତ୍ ଦ୍ୱୀପ ବୋଲି କହିଥାନ୍ତି । ଏହାଛଡ଼ା ଆଉ ୪ଟି କ୍ଷୁଦ୍ର ଦ୍ୱୀପ ମଧ୍ୟ ପାଖରେ ଅବସ୍ଥିତ । କିନ୍ତୁ ଉପରୋକ୍ତ ୪ଟି ଦ୍ୱୀପରେ ଜନବସତି ଥାଏ ।

ଏହି ବର୍ଷ ହାୱାଇ ଯୁକ୍ତରାଷ୍ଟ୍ର ଆମେରିକାର ପ୍ରଦେଶ ହେବାର ସ୍ୱର୍ଣ୍ଣ ଜୟନ୍ତୀ (୫୦ବର୍ଷ) ପାଳିତ ହେଉଛି ହନଲୁଲୁ ସହରର ବିଶ୍ୱପ୍ରସିଦ୍ଧ ସିବିଚ୍ ନାଁ ହେଲା ୱାଇକିକି (Waikiki) ଏବଂ ପ୍ରତିବର୍ଷ ଲକ୍ଷ ଲକ୍ଷ ଲୋକ ପୃଥିବୀର ବିଭିନ୍ନ ଦେଶରୁ ଏହିଠାକୁ ଭ୍ରମଣ ଉଦ୍ଦେଶ୍ୟରେ ଆସିଥାନ୍ତି । ଯାତ୍ରୀମାନଙ୍କ ମଧ୍ୟରୁ ଅଧିକାଂଶ ଆମେରିକୀୟ ନାଗରିକ ଏବଂ ସେମାନେ ମେନ୍‌ଲ୍ୟାଣ୍ଡରୁ ଛୁଟି କଟାଇବା ଲାଗି ହାୱାଇ ଆସିଥାଆନ୍ତି । ଯେତେବେଳେ ନିଉୟର୍କ, ଚିକାଗୋ କିମ୍ବା କାନାଡ଼ାରେ ଅତି ଥଣ୍ଡା ପାଗ ଏବଂ

ବରଫ ବୃଷ୍ଟି ହେଉଥାଏ, ହାୱାଇରେ ଅତି ସୁନ୍ଦର ଖରା ପାଗ, ଉତ୍ତାପ ପ୍ରାୟ ୮୦ ଡିଗ୍ରୀ ଫାରେନହାଇଟ ଏବଂ ଲୋକେ ସମୁଦ୍ରରେ ଗାଧୋଇ ଏବଂ ବାହାରେ ସାଧାରଣ ପୋଷାକ ପିନ୍ଧି ବୁଲିପାରନ୍ତି। ତେଣୁ ପ୍ରତିବର୍ଷ ଶୀତଦିନେ ହାୱାଇରେ ଯାତ୍ରୀଙ୍କ ଭିଡ଼ ଜମିଉଠେ।

ଆମେରିକା ଏବଂ କାନାଡ଼ା ଛଡ଼ା ଜାପାନୀମାନେ ହାୱାଇକୁ ଅତ୍ୟଧିକ ସଂଖ୍ୟାରେ ଆସିବାକୁ ପସନ୍ଦ କରନ୍ତି। ଟୋକିଓରୁ ଉଡ଼ାଜାହାଜରେ ହନଲୁଲୁ ଯାତ୍ରା ୭ଘଣ୍ଟାର ରାସ୍ତା। ହନଲୁଲୁ ସହରଠାରୁ ଅନତିଦୂରରେ ପର୍ଲ ହାର୍ବର ଅବସ୍ଥିତ।

୧୯୪୧ ମସିହା ଡିସେମ୍ବର ୭ତାରିଖ ଦିନ ଦ୍ୱିତୀୟ ମହାଯୁଦ୍ଧର ଘନଘଟା ଭିତରେ ଜାପାନ ଆମେରିକାକୁ ଆକ୍ରମଣ କରିଥିଲା ଏବଂ ଏହି ପର୍ଲ ହାର୍ବର ଉପରେ ବୋମାମାଡ଼ ହୋଇ ଏକ ବିରାଟ ଜାହାଜ 'ଆରିଜୋନା' ପ୍ରାୟ ୧୨୦୦ ନାବିକଙ୍କୁ ନେଇ ଜଳରେ ସମାଧି ପାଇଥିଲା। ଏହା ପରଠାରୁ ଆମେରିକା ମହାଯୁଦ୍ଧରେ ଯୋଗ ଦେଇଥିଲା ଏବଂ ୪ବର୍ଷ ପରେ ୧୯୪୫ ମସିହା ଅଗଷ୍ଟ ମାସରେ ନାଗାସାକି ଏବଂ ହିରୋଶିମା (ଜାପାନ) ସହର ଉପରେ ଆଣବିକ ବୋମା ନିକ୍ଷେପ କରିଥିଲା। ପର୍ଲ ହାର୍ବରରେ ଅଦ୍ୟାବଧି ଆରିଜୋନା ଜାହାଜ ପାଣିତଳେ ମୃତ ସୈନିକଙ୍କ ସମେତ କବରପ୍ରାପ୍ତ ହୋଇ ରହିଛି। ତା'ପରେ ଏକ ସ୍ମୃତିଗୃହ ନିର୍ମାଣ କରାଯାଇଛି।

ସେଇ ଜାପାନୀମାନେ ଆଜି ମାତ୍ର ୪୭ ବର୍ଷ ପରେ ତାଙ୍କର ଅର୍ଥନୈତିକ ପ୍ରାଧାନ୍ୟ ହେତୁ ହଜାର ହଜାର ସଂଖ୍ୟାରେ ହାୱାଇ ଭ୍ରମଣରେ ଆସି ବୁଲୁଛନ୍ତି। ହନଲୁଲୁ ସହରର ପ୍ରଧାନ ହୋଟେଲମାନ ତଥା ଅନେକ ଦୋକାନ ବଜାର ତଥା ଘରସବୁ ଜାପାନୀମାନେ କିଣି ପକେଇଲେଣି। ଏଥର ବୁଲିଲାବେଳେ ବୋଧହେଲା ସତେ ଯେମିତି ଆମେ ଟୋକିଓରେ ପହଂଚିଗଲୁଣି।

ହାୱାଇ ପ୍ରାକୃତିକ ସୌନ୍ଦର୍ଯ୍ୟରେ ଭରପୂର। ଚାରିଆଡ଼େ ସମୁଦ୍ରର ନୀଳ ଜଳରାଶି। ପାର୍ଶ୍ୱରେ ଅତି ଶୋଭନୀୟ ବେଳାଭୂମି। ଅନେକ ଗଛପତ୍ର, ଫଳ ପୁଷ୍ପ ଭାରତ ପରି। ଆଖୁ କିଆରି ଲମ୍ବିଛି। ତା' ସାଙ୍ଗକୁ ସପୁରି ବଣ। ଆମେରିକାର ସର୍ବବୃହତ୍ ସପୁରି କମ୍ପାନୀ **Cole pineapple** ଏଠାରେ ଗୋଟିଏ ଛୋଟ ଦ୍ୱୀପକୁ ପୂରା ସପୁରି ଚାଷରେ ବିନିଯୋଗ କରିଥାନ୍ତି। ଆମ୍ବ ଗଛରେ ବଉଳ ଭର୍ତ୍ତି। ଅନେକ ଜାଗାରେ ଆମ୍ବ ଫଳିଲାଣି। ପିଜୁଳି ଗଛ ଚାରିଆଡ଼େ। କରମଙ୍ଗା ଗଛ **(Star Fruit)** ମଧ୍ୟ ଦେଖିବାକୁ ମିଳିଲା। ନଡ଼ିଆଗଛ ବହୁତ। ଅମୃତଭଣ୍ଡା ଏବଂ ଜାମୁକୋଳି ଗଛ। କଦଳୀ ଗଛ ଚାରିଆଡ଼େ। ଏଠାରେ ଦେଶୀଆଳୁ ମଧ୍ୟ ଚାଷ କରାଯାଏ।

ଫୁଲରେ ଦ୍ୱୀପଗୁଡ଼ିକ ଭରା, ଭିନ୍ନ ଭିନ୍ନ ରଙ୍ଗ ସାଙ୍ଗକୁ ସେମାନଙ୍କର ମହକ

ଆମକୁ ଭାରତବର୍ଷ, ବିଶେଷତଃ ଓଡ଼ିଶା ମନେ ପକାଇଲା । ଚମ୍ପାଫୁଲ, ହେନାଫୁଲ ଅନେକ । ହାୱାଇର ଷ୍ଟେଟ୍ ଫୁଲ ହେଲା ମନ୍ଦାର (Hibiscus) ଏବଂ କେତେ ପ୍ରକାରର ମନ୍ଦାର ନାଲି, ଧଳା, ହଳଦିଆ ଓ କମଳାରଙ୍ଗର । ତା' ଛଡ଼ା କଲମୀ କରାଯାଇ ହରରଙ୍ଗୀ ମନ୍ଦାର ଦେଖିବାକୁ ମିଳିଲା । ଆମର କାଗଜଫୁଲ (ବୋଗନଭିଲା) ମଧ୍ୟ ଏଠାରେ ଭର୍ତ୍ତି । ସାରାଦ୍ୱୀପ ଏକ ପୁଷ୍ପ ଉଦ୍ୟାନ ପରି ବୋଧହୁଏ ।

ହାୱାଇ ଦ୍ୱୀପରେ ଖୁବ୍ ଶାନ୍ତ ପରିବେଶ । ନିକଟରେ ଏକ ମୃତ ଆଗ୍ନେୟଗିରି । ଦଶହଜାର ଫୁଟ ଉପରେ ଆଗ୍ନେୟଗିରିର ମୁଖଦେଶ । ଅନେକ ଯାତ୍ରୀ ସେଠାକୁ ଗାଡ଼ିରେ ଯାଇ ସୂର୍ଯ୍ୟୋଦୟ ଦେଖିଥାନ୍ତି । ଏଠାକାର ସମୁଦ୍ରରେ ଅସଂଖ୍ୟ ତିମିମାଛ (whale) ସେମାନେ ଉତ୍ତରଦିଗର ଆଲାସ୍କା ପଟୁ ଆସିଥାନ୍ତି । ଖାଲି ଆଖିରେ ଏହି ତିମିମାନଙ୍କୁ ଦେଖିହୁଏ । ଏକାଠି ହୋଇ ଏମାନେ ସମୁଦ୍ରଜଳରେ ଖେଳୁଥାନ୍ତି ।

ଓଆହୁ ଦ୍ୱୀପରେ ଅନେକ ଜଳପ୍ରପାତ ଏବଂ ଟ୍ରପିକାଲ ଜଙ୍ଗଲର ସମାବେଶ । ଲୋକେ ସବୁ ଏଠାରେ ସ୍ୱଚ୍ଛ ପୋଷାକ ପରିଧାନ କରିଥାନ୍ତି । ପିଲାଦିନୁ ଆମେ 'ହାୱାଇ ଶାର୍ଟ' ସହ ସମ୍ପୃକ୍ତ । ରଙ୍ଗବେରଙ୍ଗୀ ଜାମା ପିନ୍ଧିବା ଏଠାର ଏକ ସଉକ ।

ହାୱାଇର ଲୋକମାନେ ଅତି ଶାନ୍ତିପ୍ରିୟ ଏବଂ ମେଳାପୀ । ଏମାନଙ୍କର ସ୍ୱତନ୍ତ୍ର ଭାଷା ଅଛି । ଅନେକ ଶବ୍ଦ ଟିକିଏ ଓଡ଼ିଆ ଶୁଣିଲା ପରି ଲାଗେ । ଏଠାରେ ଲୋକେ ସ୍ୱାଗତ କରିବାକୁ 'ଆଲୋହା' କହିଥାନ୍ତି । ଧନ୍ୟବାଦକୁ 'ମାହାଲୋ' କୁହାଯାଏ । ଏଠାରେ ଏକ ସ୍ୱତନ୍ତ୍ର ନାଚକୁ 'ହୁଲା' ଡ୍ୟାନ୍ସ କୁହାଯାଏ । ପ୍ରଶାନ୍ତ ମହାସାଗରର ଅନ୍ୟାନ୍ୟ ଦ୍ୱୀପର ଫିଜି, ସାମୋଆ, ନିଉଜିଲାଣ୍ଡ, ଟାହିଟିକୁ ମିଶାଇ ପଲିନେସିଆ (Polynesia) ଦ୍ୱୀପର ଅନେକ ସାଂସ୍କୃତିକ ସାମଞ୍ଜସ୍ୟ ଏଠାରେ ଦେଖିବାକୁ ମିଳେ । ହାୱାଇ ଦ୍ୱୀପପୁଞ୍ଜ ଏହି ପଲିନେସିଆର ଅନ୍ତର୍ଭୁକ୍ତ । ହାୱାଇ ଦ୍ୱୀପରେ ଏବେ ଏକ ଆଗ୍ନେୟଗିରି 'ମୋଉନାଲୋଆ' ଲାଭା ଉଦ୍‌ଗିରଣ କରୁଛି ।

■

ଭିଏନା, ଅଷ୍ଟ୍ରିଆ

ଭିଏନା ଇଉରୋପ ମହାଦେଶର ଅଷ୍ଟ୍ରିଆ ଦେଶର ରାଜଧାନୀ ତଥା ମୁଖ୍ୟ ସହର। କଳା, ସଂଗୀତ ଏବଂ ହଜାର ହଜାର ବର୍ଷର ନାନା ଐତିହାସିକ ଘଟଣାବଳୀରେ ଭରପୂର ଏ ସହର। ପାଖରେ ବହି ଯାଇଛି ଡାନ୍ୟୁବ୍ ନଦୀ। ପୂର୍ବକୁ ହଙ୍ଗେରୀ, ଚେକୋସ୍ଲାଭିକିଆ, ଯୁଗସ୍ଲୋଭିଆ, ଉତ୍ତରକୁ ପୋଲାଣ୍ଡ ଏବଂ ଦକ୍ଷିଣକୁ ଇଟାଲୀ, ପଶ୍ଚିମପଟେ ଜର୍ମାନୀ ତଥା ସୁଇଜରଲାଣ୍ଡ। ଭିଏନା କହିଲେ ପାଶ୍ଚାତ୍ୟ ଶାସ୍ତ୍ରୀୟ ସଂଗୀତର ପୃଷ୍ଠଭୂମି ବୁଝାଯାଏ।

ଏହି ସହରରେ ୧୭୫୬ ମସିହାରେ ଜନ୍ମ ହୋଇଥିଲେ ମହାନ୍ ସଂଗୀତଜ୍ଞ ଉଲ୍ଫଗାଙ୍ଗ୍ ଆମେଡେୟସ୍ ମୋଜାର୍ଟ। ମାତ୍ର ୩୭ ବର୍ଷ ବୟସରେ ୧୭୯୧ ଡିସେମ୍ବର, ୫ତାରିଖରେ ତାଙ୍କର ଅକାଳ ମୃତ୍ୟୁ ହୋଇଥିଲା। ଅତି ପିଲାଟି ଦିନରୁ ସେ ମହାନ୍ ସଂଗୀତଜ୍ଞ ହିସାବରେ ନାଁ କରିଥିଲେ। ପାଶ୍ଚାତ୍ୟ ସଂଗୀତ ରଚନା କରୁଥିଲେ ଏବଂ (composer) ସଂଗୀତ ମାଧ୍ୟମରେ ଅପେରା ଲେଖୁଥିଲେ।

ଭିଏନା ଥିଲା ତାଙ୍କ ଘର ଏବଂ ଏଠାର ସମ୍ରାଟ ତାଙ୍କ ସଂଗୀତର ମୁଖ୍ୟ ପୁରୋଧା ଥିଲେ। ତାଙ୍କ ମୃତ୍ୟୁର ୨୦୦ ବର୍ଷ ହୋଇଗଲା। ସହରରେ ତାଙ୍କର ଦୁଇଶତତମ ଶ୍ରାଦ୍ଧବାର୍ଷିକୀ ପାଳିତ ହେଉଛି। ପୃଥିବୀର ଆହୁରି ଅନେକ ସହରରେ ମଧ୍ୟ। ସ୍ଥାନୀୟ ଅପେରା ହଲ୍‌ଟି ଅତୀତର ସ୍ମୃତି ବହନକରି ଅଦ୍ୟାବଧି ଦଣ୍ଡାୟମାନ। ତା'ର ବିଶାଳ କାରୁକାର୍ଯ୍ୟ ଦେଖିଲେ ମୁଗ୍ଧ ନ ହୋଇ ରହି ହୁଏନି। ଏହି ଅପେରା ହଲ୍‌ରେ ମୋଜାର୍ଟ ତାଙ୍କର ସଂଗୀତ ପରାକାଷ୍ଠା ଦେଖାଉଥିଲେ ଅଷ୍ଟାଦଶ ଶତାବ୍ଦୀର ଶେଷାର୍ଦ୍ଧରେ।

ଆଉ ଟିକିଏ ଚାଲିଗଲେ ଆଖିରେ ପଡ଼େ ଅତି ବିଶାଳ ରାଜପ୍ରାସାଦ (imperial palace) ଅଷ୍ଟ୍ରିଆର। ରାଜା ଏହିଠାରେ ରହି ଆସୁଥିଲେ। ଦ୍ୱିତୀୟ ମହାଯୁଦ୍ଧ ଆରମ୍ଭରେ ହିଟଲର୍ ପ୍ରଥମେ ଜର୍ମାନୀରୁ ଆସି ଅଷ୍ଟ୍ରିଆ ଆକ୍ରମଣ କରିଥିଲେ ଏବଂ ଏହି ରାଜବାଟୀର ଉପର ମହଲାରେ ଠିଆ ହୋଇ ହଜାର ହଜାର ଅଷ୍ଟ୍ରିଆବାସୀଙ୍କ ଆଗରେ ବିଜୟର ରଣହୁଙ୍କାର ଦେଇଥିଲେ। ସେହି ଦୃଶ୍ୟ ଏ ଶତାବ୍ଦୀର ମାଇଲ ଖୁଣ୍ଟ ମଧ୍ୟରୁ ଗୋଟିଏ।

ଅଷ୍ଟ୍ରିଆର ଭାଷା ଜର୍ମାନ୍। ଲୋକେ ତାକୁ ଟିକିଏ ଅଲଗାଭାବେ କହିଥାନ୍ତି। ସହରଟିର ଲୋକସଂଖ୍ୟା ପ୍ରାୟ ୩୦ ଲକ୍ଷ। ସହରର ଯୁଆଡ଼େ ଚାହିଁବ ଖାଲି ପୁରୁଣା

ରାଜପ୍ରାସାଦ ତଥା ଗୀର୍ଜା। ଅଧୁନା ସେହି ରାଜପ୍ରାସାଦ ସବୁ ମ୍ୟୁଜିୟମ୍ ହୋଇଛି। ଏଠାରେ ପୃଥିବୀ ବିଖ୍ୟାତ ମ୍ୟୁଜିୟମ୍ ହେଲା Museum of Modern Art, Museum of Natural History ଇତ୍ୟାଦି।

ରୋମ୍ ତଥା ପ୍ୟାରିସ୍ ପରି ଏଠାରେ ବଡ଼ ବଡ଼ ଅଗଣା (Piazza) ଏବଂ ସେଥିରେ ନାନା ପ୍ରସ୍ତର ମୂର୍ତ୍ତି ସମେତ ଝରଣା (Water fountain)। ସହରରେ ବୁଲିଲେ ଲାଗେ ସମସ୍ତେ ଯେମିତି ଅତୀତର ଐତିହାସିକ ସ୍ଥାନରେ ଅଛନ୍ତି। ଉଦ୍ୟାନ ଚାରିଆଡ଼େ ଭର୍ତ୍ତି। ସହରର ବିଭିନ୍ନ ସ୍ଥାନକୁ ଯିବାଲାଗି ଭୂଇଁତଳ ଟ୍ରେନ୍ (underground) ର ବ୍ୟବସ୍ଥା ଅଛି। ଏଠାରେ ଟଙ୍କାକୁ ଶିଲିଂ କୁହାଯାଏ ଏବଂ ଗୋଟିଏ ଶିଲିଂର ମୂଲ୍ୟ ଭାରତୀୟ ମୁଦ୍ରାରେ ପ୍ରାୟ ଅଢ଼େଇ ଟଙ୍କା।

ଅଷ୍ଟ୍ରିଆ ନିରପେକ୍ଷ ତଥା ଶକ୍ତିକାମୀ ରାଜ୍ୟ। ବର୍ତ୍ତମାନ ପୂର୍ବରେ ଥିବା ଦେଶମାନଙ୍କରେ କମ୍ୟୁନିଷ୍ଟ ଶାସନର ପତନ ହେବାଦ୍ୱାରା, ଘୋର ପରିବର୍ତ୍ତନ ଦେଖାଦେଇଛି। ଶହ ଶହ ସଂଖ୍ୟାରେ ଲୋକ ଚାକିରି ପାଇଁ ଅଷ୍ଟ୍ରିଆ ଆସୁଛନ୍ତି। ଆମ କମ୍ପ୍ୟୁଟର ସେମିନାର୍‌ରେ ୨୨୦ ଲୋକଙ୍କ ଭିତରୁ ପ୍ରାୟ ୮୦ଜଣ ପୂର୍ବ ଇଉରୋପୀୟ ଦେଶ (ପୋଲାଣ୍ଡ, ହଙ୍ଗେରୀ, ଚେକୋସ୍ଲୋଭିଆ ଏବଂ ୟୁଗୋସ୍ଲାଭିଆ)ରୁ ଆସିଥିଲେ।

ଅଷ୍ଟ୍ରିଆର ଅର୍ଥନୈତିକ ବିକାଶ ଉଲ୍ଲେଖଯୋଗ୍ୟ। ଏଠାରେ ଶିକ୍ଷାନୁଷ୍ଠାନମାନଙ୍କରେ ୟୁନିୟନ୍ ପ୍ରାୟ ନାହିଁ। ତେଣୁ ଷ୍ଟ୍ରାଇକ୍ ଦ୍ୱାରା ମୂଲ୍ୟବାନ ସମୟନଷ୍ଟ ଖୁବ୍ କମ୍। ୧୯୮୯-୯୦ ମସିହାରେ ସାରା ୟୁରୋପରେ ଅଷ୍ଟ୍ରିଆର ଅର୍ଥନୈତିକ ବିକାଶ ସବୁଠାରୁ ଅଗ୍ରଗାମୀ ଥିଲା। ମିଳିତ ଜାତିସଂଘର ଅଷ୍ଟ୍ରିଆ ଏକ ମୁଖ୍ୟ ସହର। ଏହିଠାରେ ପୂର୍ବ ଏବଂ ପାଶ୍ଚାତ୍ୟର ସମନ୍ୱୟ ସକାଶେ ନାନା ଆଲୋଚନାଚକ୍ର ବସିଥାଏ। ଭିଏନା ଇଉରୋପର ଏକ ପ୍ରଧାନ ବୈପାରିକ କେନ୍ଦ୍ର (Business Centre)।

ଅକ୍ଟୋବର ମାସ ମଧ୍ୟଭାଗରେ ପାଗ ଏତେ ଥଣ୍ଡା ନୁହେଁ। ଉତ୍ତାପ ପ୍ରାୟ ୧୬ରୁ ୨୦ ଡିଗ୍ରୀ। ଖରାପାଗ ମଧ୍ୟ। ରାତିରେ ଟିକିଏ ଥଣ୍ଡା, ଆଉ ମାସକ ପରେ ଶୀତର ପ୍ରକୋପ ବୃଦ୍ଧି ପାଇବ।

ଭିଏନା ଦେଶର ପୂର୍ବତଟ ସୀମାରେଖା ପାଖରେ ଅବସ୍ଥିତ। ପଶ୍ଚିମକୁ ପାହାଡ଼ିଆ ଅଞ୍ଚଳ ଆଲପସ୍ ପର୍ବତମାଳା, ସ୍କି କରିବାକୁ ହଜାର ହଜାର ଲୋକ ଆସନ୍ତି। ସାଲସ୍‌ବର୍ଗ (Salzburg) ସହର ସ୍କି ପାଇଁ ପ୍ରସିଦ୍ଧ।

ଆଉ ଗୋଟିଏ ଦିନର ରହଣି (ସମୁଦାୟ ୩ ଦିନ ଭିତରୁ), ତା'ପରେ କାମ ସମାପ୍ତ କରି କାଲିଫର୍ଣ୍ଣିଆ ପ୍ରତ୍ୟାବର୍ତ୍ତନ।

ସ୍କଟ୍‌ଲ୍ୟାଣ୍ଡ

ନଭେମ୍ବର ପ୍ରଥମ ସପ୍ତାହରେ ଜର୍ମାନୀ ଏବଂ ବେଲ୍‌ଜିୟମ ଆସିବାକୁ ପଡ଼ିଥିଲା। ବେଲ୍‌ଜିୟମ ଇଉରୋପୀୟ କମନ୍ ମାର୍କେଟ୍ ତଥା ଇଉରୋପୀୟ ଅର୍ଥନୈତିକ କାଉନ୍‌ସିଲ୍ (EEC) ଦେଶମାନଙ୍କର ପ୍ରଧାନ କର୍ମପୀଠ। ଏହାର ମୁଖ୍ୟ ସହର ତଥା ରାଜଧାନୀ ବ୍ରସେଲସ୍ କେବଳ ଐତିହାସିକ ସହର ନୁହଁ ଆଧୁନିକ ଇଉରୋପର ପ୍ରଧାନ ବ୍ୟାବସାୟିକ କେନ୍ଦ୍ର। ଏହିଠାରେ ନାଟୋ (ନର୍ଥ ଆଟଲାଣ୍ଟିକ ଟ୍ରିଟ ଅର୍ଗାନାଇଜେସନ NATO)ର ମୁଖ୍ୟ ଅଫିସ।

ସହରରେ ମାତ୍ର ୨ ଦିନ ରହିବାକୁ ଥିଲା। ଏକ ଆନ୍ତର୍ଜାତିକ ଶିକ୍ଷାକେନ୍ଦ୍ରରେ କମ୍ପ୍ୟୁଟର ସଫ୍ଟୱେରରେ କହିବାକୁ ନିମନ୍ତ୍ରଣ ମିଳିଥିଲା।

ବ୍ରସେଲ୍‌ସରେ ସଂକ୍ଷିପ୍ତ ରହଣି ଭିତରେ ଓଡ଼ିଶାର ଡକ୍ଟର ବୈଦ୍ୟନାଥ ମିଶ୍ରଙ୍କ ସହ ସାକ୍ଷାତ ହେଲା। ବୈଦ୍ୟନାଥ ବାବୁ ସମ୍ବଲପୁର ଜିଲାର ଆନ୍ତର୍ଜାତିକ ଖ୍ୟାତି ଲାଭ କରିଛନ୍ତି। ଇଉରୋପର ସୁଇଜରଲ୍ୟାଣ୍ଡ ଦେଶର ଜୁରିକ୍ ବିଶ୍ୱବିଦ୍ୟାଳୟରୁ ସେ ପିଏଚ୍.ଡି. କରି ସେହିଠାରେ କିଛି ବର୍ଷ ରହିବା ପରେ ଆମେରିକା ଆସିଥିଲେ। ଟେକ୍‌ସାସ, କଲରାଡ଼ୋ ତଥା ଲସଏଞ୍ଜେଲସ୍‌ର ବିଭିନ୍ନ ବିଶ୍ୱବିଦ୍ୟାଳୟମାନଙ୍କରେ ପ୍ରଫେସର ଥିଲେ। ଗତ ୧୨ ବର୍ଷ ହେବ ସେ ବ୍ରସେଲସ୍‌ର ଏକ ସମ୍ମାନନୀୟ ଫିଜିକ୍‌ସ ଇନ୍‌ଷ୍ଟିଚ୍ୟୁଟରେ କାମ କରୁଛନ୍ତି। ତାଙ୍କର ସହକର୍ମୀ ହେଲେ ନୋବେଲ ପୁରସ୍କାର ପ୍ରାପ୍ତ ପଦାର୍ଥ ବିଜ୍ଞାନବିତ୍ ଡକ୍ଟର ଇଲିଆ ପ୍ରେଗୋଜିନ। ବୈଦ୍ୟନାଥ ବାବୁ ଏହି ବର୍ଷଠାରୁ ଦିଲ୍ଲୀର ଜବାହରଲାଲ ନେହେରୁ ବିଶ୍ୱବିଦ୍ୟାଳୟରେ ନୂଆ ଫିଜିକ୍‌ସ ଡିପାର୍ଟମେଣ୍ଟର ମୁଖ୍ୟ ଅଧ୍ୟାପକ ଭାବେ ଯୋଗ ଦେଇଛନ୍ତି। ବର୍ଷର କିଛି ସମୟ ଦିଲ୍ଲୀରେ କଟାଇ, ବାକି ସମୟ ବ୍ରସେଲ୍‌ସରେ ରହିବେ ବୋଲି କହିଲେ।

ଅମାୟିକ ଭଦ୍ରଲୋକ, ଅତି ଜ୍ଞାନୀ, ସ୍ୱଳ୍ପଭାଷୀ, ନମ୍ରତାର ପ୍ରତୀକ। ନିଜ ବଡ଼ିମା ଦେଖାଇବାର ପ୍ରୟାସ ସାମାନ୍ୟ ମାତ୍ର ନାହିଁ। ତାଙ୍କ ପତ୍ନୀ ବୀଣା ଏବଂ ତିନୋଟି କନ୍ୟା ପୁରବୀ, ସୁରଭି ଏବଂ ଶୋଭଦାଙ୍କ ସହ ସାକ୍ଷାତ ହେଲା। ପିଲେ ଇଂରାଜୀ

ତଥା ଫରାସୀ ଭାଷାରେ ପଢୁଛନ୍ତି। ବେଲଜିୟମ୍ ଦେଶର ଉତ୍ତରରେ ହଲାଣ୍ଡ, ପୂର୍ବରେ ଜର୍ମାନୀ ତଥା ଲକ୍ସମବର୍ଗ, ଦକ୍ଷିଣରେ ଫ୍ରାନ୍ସ। ଦେଶରେ ଦୁଇଟି ପ୍ରଧାନ ଭାଷା, ଫରାସୀ ଏବଂ ଫ୍ଲେମିସ୍ (ଡଚଭାଷା)। ସୁଦୂର ବ୍ରସେଲସରେ ଗୋଟିଏ ସନ୍ଧ୍ୟା ଜଣେ ଓଡ଼ିଆ ପରିବାର ସହ କଟାଇବାରେ ଅପୂର୍ବ ଆନନ୍ଦ ମିଳିଲା।

ନଭେମ୍ବର ଶେଷ ସପ୍ତାହ। ବର୍ତ୍ତମାନ ପୁନରାୟ ଇଉରୋପ ଆସିବାକୁ ପଡ଼ିଛି। କିନ୍ତୁ ଏଥର ଲଣ୍ଡନ ଏବଂ ସ୍କଟଲ୍ୟାଣ୍ଡର ଏଡିନବର୍ଗ ସହରରେ କାମ, ସ୍କଟଲ୍ୟାଣ୍ଡ ଆସିବାର ସୁଯୋଗ ପ୍ରଥମଥର ଲାଗି ମିଳିଲା। ନଭେମ୍ବର ମାସ, ଥଣ୍ଡାର ପ୍ରକୋପ ବେଶ୍। ବରଫ ଯଦିଓ ପଡ଼ିନି, ବାହାରେ ଗରମ ପୋଷାକ ପିନ୍ଧିବା ଅତ୍ୟନ୍ତ ଜରୁରୀ।

ଏଡିନବରା ସହରଟି ଅତ୍ୟନ୍ତ ସୁନ୍ଦର। ଲଣ୍ଡନ ପରି ସମତଳ ନୁହଁ, ଛୋଟିଆ ପାହାଡ଼ ଆଖ ପାଖରେ। ଖରାଦିନେ ସବୁଜିମାରେ ତଥା ରଙ୍ଗିନ ଫୁଲରେ ସହରର ସୌନ୍ଦର୍ଯ୍ୟ ବଢ଼ିଯାଏ। ଚାରିଆଡ଼େ ଐତିହାସିକ ପ୍ରାସାଦମାନ। କାଲେଡୋନିଆ ହୋଟେଲରେ ରହିବା ଅବସରରେ ଅତି ନିକଟରେ ବିଶାଳ ରାଜପ୍ରାସାଦ ଆଖିରେ ପଡ଼େ। ଏହା ବର୍ତ୍ତମାନ ସରକାରୀ ମ୍ୟୁଜିୟମ।

ସ୍କଟଲାଣ୍ଡ ୟୁନାଇଟେଡ କିଙ୍ଗଡମ (U.K.)ରେ ଅନ୍ତର୍ଭୁକ୍ତ। ମାତ୍ର ଇଂଲଣ୍ଡଠାରୁ ଏଠାକାର ଲୋକମାନଙ୍କ ଚାଲିଚଳଣ, ଇଂରାଜୀ କହିବାର ଭଙ୍ଗୀ, ଖାଦ୍ୟପେୟ ଅନେକାଂଶରେ ସ୍ୱତନ୍ତ୍ର। ଅତୀତରେ ସ୍କଟଲାଣ୍ଡ ସ୍ୱତନ୍ତ୍ର ରାଜ୍ୟ ଥିଲା ଏବଂ ଅନେକ ଯୁଦ୍ଧ ପରେ, ଇଂଲଣ୍ଡ ସହ ମିଶି ଏକ ରାଜ୍ୟ ହୋଇଛି। ଏଡିନବରା, ସ୍କଟଲ୍ୟାଣ୍ଡର ମୁଖ୍ୟ ସହର। ମଝିରେ ନଦୀ, ପାର୍ଶ୍ୱରେ ସମୁଦ୍ର, ଚାରିଆଡ଼େ ଛୋଟ ସହରମାନ ଏବଂ ଐତିହାସିକ ଅଟ୍ଟାଳିକାମାନ। ଏହି ଐତିହାସିକ ଅଟ୍ଟାଳିକାମାନ ସହରଟିକୁ ଅତୀବ ସୁନ୍ଦର କରିଥାନ୍ତି।

ଏହି ସ୍କଟଲ୍ୟାଣ୍ଡ ବାବଦରେ ପିଲାଦିନୁ ଆମ୍ଭେମାନେ ସଂପୃକ୍ତ। ସ୍କଟଲ୍ୟାଣ୍ଡ ୟାର୍ଡର ଡିଟେକ୍‌ଟିଭମାନଙ୍କ କଥା ପୃଥିବୀପ୍ରସିଦ୍ଧ। ଏହିଠାରେ ଆର୍ଥର୍ କେନାନ ଡୟେଲ ତାଙ୍କର ବିଶ୍ୱବିଖ୍ୟାତ ଶେରଲକ୍ ହୋମସ (Sherlock Holmes) ଚରିତ୍ରର ସୃଷ୍ଟି କରିଥିଲେ। ରବର୍ଟ ଲୁଇ ଷ୍ଟିଭେନସନ (R.L.Stevenson) ତାଙ୍କର ବିଖ୍ୟାତ ଗଳ୍ପବହି Treasure Island ଲେଖିଥିଲେ। ୧୭୭୬ ମସିହାରେ ଆଡାମ ସ୍ମିଥଙ୍କ ପୁସ୍ତକ The Wealth of Nations ଆଧୁନିକ ଅର୍ଥନୀତି ବିଦ୍ୟାର ଭିତ୍ତି କହିଲେ ଚଳେ।

ଅନ୍ୟାନ୍ୟ ପ୍ରସିଦ୍ଧ ଲୋକଙ୍କ ସଂଖ୍ୟା ଏଠି କିଛି କମ୍ ନୁହେଁ। ଡେଭିଡ୍ ହ୍ୟୁମ ଏବଂ ସାର ୱାଲଟାର ସ୍କଟଙ୍କ ଲେଖନୀ ସାହିତ୍ୟକୁ ସମୃଦ୍ଧ କରିଛି। ଡାକ୍ତରୀ ବିଦ୍ୟାରେ

ଏଡିନ୍‌ବରାରୁ ଡକ୍ଟର ସିମ୍ପସନ ଆନାସ୍ଥେଟିକସ (ଅପରେସନ ବେଳେ ନିତାନ୍ତ ଆବଶ୍ୟକ) ବାହାର କରିଥିଲେ। ଆଲେକ୍‌ଜାଣ୍ଡାର ଗ୍ରାହାମ ବେଲ ଟେଲିଫୋନ୍ ଉଦ୍ଭାବନ କରିଥିଲେ। ଏମାନେ ସମସ୍ତେ ଏଇ ସ୍କଟଲ୍ୟାଣ୍ଡର ଲୋକ।

ପ୍ରତିବର୍ଷ ଅଗଷ୍ଟମାସରେ ଏଡିନ୍‌ବରା ଆନ୍ତର୍ଜାତିକ ସଂଗୀତ ଏବଂ ନୃତ୍ୟ ଫେଷ୍ଟିଭାଲ ହୁଏ। ହଜାର ହଜାର ସଂଖ୍ୟାରେ ଲୋକେ ଆସିଥାନ୍ତି। ଏଠାରେ ସ୍ୱତନ୍ତ୍ର ସଂଗୀତ ହେଲା ସ୍କଟିସ୍ ବ୍ୟାଗ୍ ପାଇପ। ବ୍ୟାଣ୍ଡ ପାର୍ଟିରେ ମାର୍ଚ୍ଚ କରି ଏହି ସଂଗୀତ ବଜାଯାଇଥାଏ। ମାଗ୍ୟୁଏନ ହଲରେ ସାନ୍ଧ୍ୟ ମିଳନ ଅବସରରେ ଏହିପରି ଏକ ବ୍ୟାଗ ପାଇପ ଗ୍ରୁପ୍ ସଂଗୀତ ମାଧ୍ୟମରେ ଆମମାନଙ୍କୁ (ପ୍ରାୟ ୭୦୦ ଲୋକ ସମ୍ମିଳନୀରେ ଯୋଗ ଦେଇଥିଲେ) ଅଭିନନ୍ଦନ ଜଣାଇଥିଲେ।

ଲଣ୍ଡନ ପରି ଏଡିନବରାରେ ଏତେ ସଂଖ୍ୟାରେ ଭାରତୀୟ ନାହାନ୍ତି। କିନ୍ତୁ ଅନେକ ଭାରତୀୟ ରେସ୍ତୋରାଁ ଦେଖିବାକୁ ମିଳିଲା। ଏଡିନବରାର ଲୋକେ ମେଳାପୀ। ସ୍କଟଲ୍ୟାଣ୍ଡର ଲୋକଙ୍କ ଚେହେରା ବଡ଼ ଏବଂ ଅତୀତରେ ଏମାନେ ଯୋଦ୍ଧାରୂପେ ଖ୍ୟାତିଲାଭ କରିଥିଲେ। ସ୍କଟଲ୍ୟାଣ୍ଡରେ ମାତ୍ର ୨ ଦିନର ସଂକ୍ଷିପ୍ତ ରହଣି ପରେ କାଲିଫର୍ଣ୍ଣିଆ ଫେରିବାକୁ ପଡ଼ିବ। ଏଡିନବରା ତଥା ନିକଟବର୍ତ୍ତୀ ଗ୍ଲାସଗୋ ସହରକୁ ଖରାଦିନେ ଆସି ଦେଖିବାକୁ ଅନେକ ବନ୍ଧୁ ପରାମର୍ଶ ଦେଲେ।

■

ଆର୍ଜେଣ୍ଟିନା

ଆର୍ଜେଣ୍ଟିନା ଦେଶର ରାଜଧାନୀ ତଥା ପ୍ରଧାନ ସହର ବୁଏନୋସ ଏଆରେସ (Buenos Aires)ରେ ଟାକ୍‌ସି ଡ୍ରାଇଭର ଯଦିଓ ଗପି ଚାଲିଥାଏ- 'ଗ୍ୟାସୋଲିନା ସିଙ୍କୁଏଣ୍ଟ ମନୋସ'। ସ୍ପାନିସ୍ ଭାଷାରେ ସେ କହୁଥିଲା ଯେ ଗତ ସପ୍ତାହରେ ପେଟ୍ରୋଲ ଦାମ ଶତକଡ଼ା ପଚାଶ ବଢ଼ିଗଲା। ଏକଥା କହି ମୁଣ୍ଡରେ ହାତ ମାରୁଥାଏ। ଦେଶର ଅର୍ଥନୈତିକ ସମସ୍ୟାର ଏକ ସଂକ୍ଷିପ୍ତ ବିହଙ୍ଗାବଲୋକନ। ଭାଷା ବୁଝା ପଡୁ ନ ଥିଲେ ମଧ୍ୟ ଅନୁମାନ କରି ହେଉଥିଲା କ'ଣ ସେ କହୁଛି।

ଆର୍ଜେଣ୍ଟିନା ଦକ୍ଷିଣ ଆମେରିକା ମହାଦେଶର ଏକ ଉନ୍ନତ ଦେଶ। ଅଷ୍ଟାଦଶ ଏବଂ ଊନବିଂଶ ଶତାବ୍ଦୀରେ ଇଉରୋପର ସ୍ପେନ ତଥା ଇଟାଲୀୟମାନେ ଏହି ଦେଶରେ ବସବାସ ଆରମ୍ଭ କରିଥିଲେ। ବିଂଶ ଶତାବ୍ଦୀର ପ୍ରାରମ୍ଭରେ ଆର୍ଜେଣ୍ଟିନା ବିଶାଳ ଧନୀରାଷ୍ଟ୍ର ରୂପେ ଗଣାଯାଉଥିଲା। ସ୍ପେନର ରାଜାରାଜୁଡ଼ା କାରବାର ସମାପ୍ତ ହୋଇ ଗଣତନ୍ତ୍ର ହୋଇଥିଲା, ବର୍ତ୍ତମାନ ଲୋକସଂଖ୍ୟା ମାତ୍ର ୩କୋଟି ୫୦ଲକ୍ଷ।

ଏହାର ଉତ୍ତରରେ ବ୍ରାଜିଲ ଦେଶ, ପୂର୍ବକୁ ଉରୁଗୁଏ, ମଝିରେ ନଦୀ ଲା ପ୍ଲାଟା (ରୌପ୍ୟନଦୀ)। ନଦୀ ସେପାଖରେ ଉରୁଗୁଏର ମୁଖ୍ୟ ସହର ମଣ୍ଟେ ଭିଡ୍ରେଓ। ଆର୍ଜେଣ୍ଟିନାର ପଶ୍ଚିମକୁ ଚିଲି ଦେଶ ଏବଂ ଉତ୍ତର-ପଶ୍ଚିମକୁ ବଲିଭିଆ ଦେଶ ଅବସ୍ଥିତ। ବୁଏନୋସ ଏଆରେସ ସହର ଏବଂ ଏହାର ଆଖପାଖରେ ପ୍ରାୟ ଦେଢ଼କୋଟି ଲୋକ ବସବାସ କରନ୍ତି। ମୁଖ୍ୟଭାଷା ସ୍ପାନିସ୍। ଗତ ମେ' ମାସ ୧୪ରେ ରାଷ୍ଟ୍ରପତି ନିର୍ବାଚନ ହେଲା।

୧୯୪୬ ମସିହାରେ ଜେନେରାଲ ହୁଆନ ପେରୋନ୍ ଆର୍ଜେଣ୍ଟିନାର ରାଷ୍ଟ୍ରପତି ରୂପେ ନିର୍ବାଚିତ ହେଲେ। ଦ୍ୱିତୀୟ ବିଶ୍ୱଯୁଦ୍ଧ ବେଳେ ଆର୍ଜେଣ୍ଟିନା ନିରପେକ୍ଷ ରାଷ୍ଟ୍ରରୂପେ ଘୋଷିତ ହୋଇଥିଲେ ହେଁ ଜର୍ମାନୀର ଯୁଦ୍ଧ ଜାହାଜ ଏଠାରେ ତେଲ ନେବାପାଇଁ ଲଙ୍ଗର ପକାଉଥିଲେ। ପୃଥିବୀ ଆଖିରେ ଆର୍ଜେଣ୍ଟିନାର ସରକାର ନାଜୀ ଜର୍ମାନୀ ତଥା ହିଟଲରଙ୍କ ସମର୍ଥକ ଥିଲେ।

ଯୁଦ୍ଧପରେ ୧୯୫୩ ମସିହାରେ ହୁଆନ ପେରୋନ୍ ଦେଶରୁ ସନ୍ତ୍ରାସବାଦୀଙ୍କ ଦ୍ୱାରା ବିତାଡ଼ିତ ହେଲେ। ସେ ଏବଂ ତାଙ୍କ ପତ୍ନୀ ଏଭିଟା ପେରୋନ୍ ସ୍ପେନରେ ଆଶ୍ରୟ ନେଲେ। ଆର୍ଜେଣ୍ଟିନା ଦେଶରେ ସାମରିକ ଶାସନ ଚାଲୁ ରହିଲା। ୧୯୫୩ ରୁ ୧୯୮୩ ପର୍ଯ୍ୟନ୍ତ ଏକଛତ୍ରବାଦ ତଥା ସାମରିକ ଶାସନ ଚାଲିଲା ଏବଂ ସନ୍ତ୍ରାସବାଦୀମାନେ ଦେଶରେ ନାନା ଗଣ୍ଡଗୋଳ ଚାଲୁ ରଖିଲେ। କ୍ରମଶଃ ଲୋକେ ଏଥିରେ ବ୍ୟତିବ୍ୟସ୍ତ ହୋଇ ପୁନରାୟ ହୁଆନ ପେରୋନ୍‌ଙ୍କୁ ଦେଶକୁ ଆଣିଲେ ୧୯୮୦ ମସିହାରେ।

ସେ ପୁନରାୟ ରାଷ୍ଟ୍ରପତି ରୂପେ ନିର୍ବାଚିତ ହେଲେ ଏବଂ ବର୍ଷକ ପରେ ତାଙ୍କର ମୃତ୍ୟୁ ହେଲା। ପେରୋନ ଯଦିଓ ଗଣତନ୍ତ୍ରର ସମର୍ଥକ ଥିଲେ, ତଥାପି ତାଙ୍କର ପ୍ରଥମ ଶାସନ କାଳରେ ବ୍ୟକ୍ତିଗତ ସ୍ୱାଧୀନତା ବିଶେଷ ଦିଆଯାଉନଥିଲା। ତାଙ୍କ ସ୍ତ୍ରୀ ଏଭିଟା ଜଣେ ଅଭିନେତ୍ରୀ ତଥା ସୁନ୍ଦରୀ ମହିଳା ଥିଲେ। ସ୍ପେନରେ ଥିବା ଅବସ୍ଥାରେ ମାତ୍ର ୩୧ ବର୍ଷ ବୟସରେ ତାଙ୍କର କର୍କଟ ରୋଗରେ ମୃତ୍ୟୁ ଘଟିଲା। ଆର୍ଜେଣ୍ଟିନାର ଜନସାଧାରଣ ଏଭିଟାଙ୍କ ସୌନ୍ଦର୍ଯ୍ୟ ତଥା ବ୍ୟକ୍ତିତ୍ୱରେ ମୁଗ୍ଧ ହୋଇଥିଲେ। ତାଙ୍କର ଅକାଳ ମୃତ୍ୟୁ ତାଙ୍କୁ ଲୋକମାନଙ୍କ ଚକ୍ଷୁରେ ଆହୁରି ଅମର କରିଦେଲା। ତାଙ୍କ ନାମରେ ଏକ ବିଖ୍ୟାତ ଡ୍ରାମା 'ଏଭିଟା' ନିଉୟର୍କ, ଆର୍ଜେଣ୍ଟିନା ତଥା ଅନ୍ୟାନ୍ୟ ଦେଶରେ ବହୁତ ଦିନ ଚାଲିଲା।

ହୁଆନ ପେରୋନଙ୍କ ମୃତ୍ୟୁପରେ ବିରୋଧୀଦଳ ନେତା ରାଉଲ ଆଲଫନ୍‌ସିନ୍ ରାଷ୍ଟ୍ରପତି ହୋଇ ବର୍ତ୍ତମାନ ପର୍ଯ୍ୟନ୍ତ ଗାଦିରେ ରହିଥିଲେ। ଦେଶର ଅର୍ଥନୈତିକ ମାନଦଣ୍ଡ ଦୁର୍ବଳ ହୋଇ ପ୍ରତିମାସରେ ମୁଦ୍ରାସ୍ଫୀତି ଶତକଡ଼ା ୪୦ରୁ ୫୦ ଭାଗ ବଢ଼ିଲା। ଦରଦାମ ଏପରି ବୃଦ୍ଧି ପାଇବାରୁ ଲୋକେ ବ୍ୟତିବ୍ୟସ୍ତ ହେଲେ। ଏହି ମେ' ମାସ ୧୪ର ନିର୍ବାଚନରେ ପେରୋନଙ୍କ ସମର୍ଥକ କାର୍ଲୋସ ମେନେମ ରାଷ୍ଟ୍ରପତି ରୂପେ ନିର୍ବାଚିତ ହୋଇଛନ୍ତି।

ଅର୍ଜେଣ୍ଟିନାରେ ମାତ୍ର ୨ଦିନର ରହଣି ଥିଲା। ବୁଏନୋସ ଏଆରେସ ସହରଟି ଇଉରୋପୀୟ ସହର ପରି ଦେଖିବାକୁ। ବଡ଼ ବଡ଼ ରାଜପ୍ରାସାଦ (କାସ ରୋଜାଡୀ- ଗୋଲାପୀ ରାଜପ୍ରାସାଦ), ମନୋରମ ଉଦ୍ୟାନ, ଚଉଡ଼ା ରାସ୍ତା, ପୁରୁଣା ଗୀର୍ଜା, କ୍ୟାଥଲିକ ପ୍ରଧାନ ଧର୍ମ। ବୁଦ୍ଧିଜୀବୀ, ଚିତ୍ରକର, କବିମାନଙ୍କର ସ୍ଥାନ ଏହି ସହରଟି। ଚମଡ଼ାଦ୍ରବ୍ୟ ଖୁବ୍ ଶସ୍ତା। ଜୁନ୍ ମାସରୁ ସେପ୍ଟେମ୍ବର ଶୀତଦିନ, ଫଳ ତଥା ଗହମ ଚାଷ ଭଲହୁଏ। ଉତ୍ତର ଗୋଲାର୍ଦ୍ଧରେ ଆର୍ଜେଣ୍ଟିନା, ସେପଟେ ଉତ୍ତରମେରୁ ଏପଟେ ଦକ୍ଷିଣମେରୁ, ଚାରିଆଡ଼େ ମେପଲ ତଥା ପାଇନ୍ ଗଛମାନ ପଶ୍ଚିମରେ ଆଣ୍ଡେସ ପର୍ବତମାଳା,ଶୀତଦିନେ ବରଫମୟ।

ଟ୍ୟାକ୍‌ସି ଡ୍ରାଇଭର ଜର୍ଜିଓ ସହରରୁ ବିମାନଘାଟି ଆସିବା ସମୟରେ ତା ଜୀବନର ଦୁଃଖ-ସୁଖ ସବୁ କହିଲା। ତା'ର ସ୍ତ୍ରୀ, ୩ଟି ପିଲା, ରାଜନୀତିଜ୍ଞମାନଙ୍କ ଖେଳରେ ଦେଶ ଅବସ୍ଥା କେମିତି ଗୁରୁତର ହେଉଛି, ମଣିଷମାନେ ସବୁଠି ସମାନ, ସେ ଭାରତବର୍ଷରେ ଥାଉ କିମ୍ବା କାନାଡ଼ାରେ ଥାଉ କିମ୍ବା ଅର୍ଜେଣ୍ଟିନାରେ, ଭାଷା ଭିନ୍ନ, ସଂସ୍କୃତି ଭିନ୍ନ, କିନ୍ତୁ ମୌଳିକ ସମସ୍ୟା ସବୁ ଏକା।

ଆର୍ଜେଣ୍ଟିନାରେ ୨ଟି ସଂକ୍ଷିପ୍ତ ଦିନ ବେଶ୍‌ ସ୍ମରଣୀୟ ହୋଇ ରହିବ।

ଅଷ୍ଟ୍ରେଲିଆ

ଭାରତରେ ମାତ୍ର ୯ଦିନ ରହିବାପରେ ଅଷ୍ଟ୍ରେଲିଆ ଆସିବାକୁ ହେଲା, ଦିଲ୍ଲୀରୁ ଉଡ଼ାଜାହାଜରେ ବସିଲେ ସାଢ଼େ ତିନିଘଣ୍ଟାରେ ଥାଇଲାଣ୍ଡର ବ୍ୟାଙ୍କକ୍ ସହର। ସେଠାରୁ ଅଷ୍ଟ୍ରେଲିଆର ଜାତୀୟ ବିମାନ କ୍ୱାଣ୍ଟାସ୍ (Quantas)ରେ ବସିଲେ ପ୍ରାୟ ୮ଘଣ୍ଟା ନିରବଚ୍ଛିନ୍ନ ଉଡ଼ିବା ପରେ ଅଷ୍ଟ୍ରେଲିଆର ପ୍ରଧାନ ସହର ସିଡ୍‌ନୀରେ ପହଞ୍ଚିଲୁ। ୮ଘଣ୍ଟାରୁ ପ୍ରାୟ ସାଢ଼େ ଚାରିଘଣ୍ଟା ଦେଶ ଉପରେ ଉଡ଼ିବାକୁ ହେଲା।

ପ୍ରକାଣ୍ଡ ଦେଶ, ମାତ୍ର ଲୋକସଂଖ୍ୟା ଖୁବ୍ କମ୍, ଜମା ଏକକୋଟି ୭୦ଲକ୍ଷ। ଦେଶରୁ ଅନେକାଂଶ ଜନବସତିହୀନ। ଶହ ଶହ ମାଇଲ ଗଲେ କାଁ ଭାଁ କିଛି ଲୋକ ଦେଖିବାକୁ ମିଳିବେ। ସମୁଦାୟ ୭ଟି ପ୍ରଦେଶ। ପଶ୍ଚିମରେ ୱେଷ୍ଟର୍ଣ୍ଣ ଅଷ୍ଟ୍ରେଲିଆ, ପ୍ରଧାନ ସହର ପର୍ଥ, ତା' ପାଖକୁ ଉତ୍ତର ପ୍ରଦେଶ, ତଳକୁ ଦକ୍ଷିଣ ପ୍ରଦେଶ, ଆଡିଲେଡ ପ୍ରଧାନ ସହର।

ପୂର୍ବରେ କୁଇନ୍‌ସ୍‌ଲ୍ୟାଣ୍ଡ ବ୍ରିସବେନ୍ ପ୍ରଧାନ ସହର। ତା'ତଳକୁ ନିଉ ସାଉଥ୍ ୱେଲ୍‌ସ। ପ୍ରଧାନ ସହର ସିଡନି। ଏହି ପ୍ରଦେଶରେ ରାଜଧାନୀ କ୍ୟାନ୍‌ବେରା ଅବସ୍ଥିତ। ଦିଲ୍ଲୀ ପରି ଏହା କେନ୍ଦ୍ରଶାସିତ ଅଞ୍ଚଳ। ପାଖରେ ଭିକ୍ଟୋରିଆ ପ୍ରଦେଶ। ପ୍ରଧାନ ସହର ହେଲା ମେଲବୋର୍ଣ୍ଣ। ଅଷ୍ଟ୍ରେଲିଆର ଦକ୍ଷିଣକୁ ଦ୍ୱୀପ ଟାସ୍‌ମାନିଆ ଏବଂ ଏହା ଏକ ପ୍ରଦେଶ, ହୋବାର୍ଟ ଏହାର ପ୍ରଧାନ ସହର।

ବିଷୁବ ରେଖାର ଦକ୍ଷିଣରେ ଅବସ୍ଥିତ ଅଷ୍ଟ୍ରେଲିଆ ଦକ୍ଷିଣ ଗୋଲାର୍ଦ୍ଧରେ ଥିବାରୁ ଏଠାରର ଋତୁ ଆମଠାରୁ ଠିକ୍ ଓଲଟା। ଅର୍ଥାତ୍ ଆମର ଖରାଦିନ ସମୟରେ ଏଠାରେ ଶୀତଦିନ। ଡିସେମ୍ବର ଏବଂ ଜାନୁୟାରୀରେ ଏଠାରେ ଗ୍ରୀଷ୍ମ ଋତୁ।

ପ୍ରଥମେ କ୍ୟାନବେରାରେ ଦିନକର କାମ। ରାଜଧାନୀ, ପାର୍ଲାମେଣ୍ଟ, କୋର୍ଟସବୁ, ପ୍ରଧାନମନ୍ତ୍ରୀଙ୍କ ଘର ଇତ୍ୟାଦି ସ୍ଥାନ ବନ୍ଧୁ ବୁଲାଇ ଦେଖାଇଲେ। ସହରଟି ଖୁବ୍ ଶାନ୍ତ। ବିଶେଷତଃ ଦିଲ୍ଲୀର ଘୋ ଘୋ, ଅସମ୍ଭବ ଗାଡ଼ି ମୋଟର ଭିଡ଼ ଦେଖି ଆସିଲାପରେ କ୍ୟାନ୍‌ବେରା ଅତୀବ ଶାନ୍ତ ଲାଗିଲା।

ପୂର୍ବଦିନ ସିଡ୍‌ନୀରେ ଓଡ଼ିଆ ଅରବିନ୍ଦ ମହାନ୍ତିଙ୍କ ଘରେ କିଛି ଅନ୍ୟାନ୍ୟ ଓଡ଼ିଆ ପରିବାରଙ୍କ ସହ ସାକ୍ଷାତ ହୋଇଥିଲା। କ୍ୟାନବେରାରେ ଫିଜିକ୍‌ସ ପ୍ରଫେସର ଜଗଦୀଶ୍ ମହାନ୍ତି ରୁହନ୍ତି। ଗତଥର ୧୯୮୮ରେ ଆସିଥିବାବେଳେ ତିନୋଟି ଓଡ଼ିଆ ପରିବାର ଥିଲେ। ଏବକୁ ୧୦ଟି ପରିବାର ହେଲେଣି।

ଅଷ୍ଟ୍ରେଲିଆ ଦେଶର ଅର୍ଥନୈତିକ ସମସ୍ୟା ଭଲ ନାହିଁ ବୋଲି ସମସ୍ତେ କହିଲେ। ବେକାରି ବୃଦ୍ଧି ପାଇ ଶତକଡ଼ା ଏଗାରରେ ପହଞ୍ଚିଛି। ସରକାର ବ୍ରିଟିଶ୍ ଢାଞ୍ଚାରେ; କାରଣ ଅଷ୍ଟ୍ରେଲିଆ ବ୍ରିଟିଶ୍ କଲୋନୀ ଥିଲା। ଅତୀତରେ ଚୋର, ଖଣ୍ଟମାନଙ୍କୁ ଦେଶାନ୍ତର କରି ଏହିଠାକୁ ପଠାଯାଉଥିଲା। ଏବକୁ ଅଷ୍ଟ୍ରେଲିଆ ଏକ ଉନ୍ନତ ଏବଂ ପ୍ରଭାବଶାଳୀ ଦେଶଭାବେ ଗଣା ହେଉଛି।

ଅନେକ ଭାରତୀୟ ଏଠାରେ ଅଛନ୍ତି। ସିଡ୍‌ନୀରେ ଭାରତୀୟ ରେସ୍ତୋରାଁ ଅନେକ। ଆମଦେଶ ସହ ଅଷ୍ଟ୍ରେଲିଆ ଅନେକଭାବେ ଜଡ଼ିତ, ଯଥା କ୍ରିକେଟ। ମେଲବୋର୍ଣ୍ଣ ସହରରେ ବାଣିଜ୍ୟ, ବ୍ୟବସାୟ ବେଶି। ସିଡ୍‌ନୀ ସହର ଅତୀବ ସୁନ୍ଦର। ପାର୍ଶ୍ୱରେ ସିଡ୍‌ନୀ ହାର୍ବର। ଫୁଲ ପାଖୁଡ଼ା ପରି ନିର୍ମିତ ବିଖ୍ୟାତ ମ୍ୟୁଜିକ୍ ସେଣ୍ଟର, ଆସନ୍ତା ୨୦୦୦ ମସିହାରେ ଅଲିମ୍ପିକ କ୍ରୀଡ଼ା ଏହି ସିଡ୍‌ନୀରେ ହେବାଲାଗି ଖୁବ୍ ଯୋଜନା ଚାଲିଛି। ଏପର୍ଯ୍ୟନ୍ତ ସହର ସ୍ଥିର ହୋଇନାହିଁ। କିନ୍ତୁ ସିଡ୍‌ନୀ ଲିଷ୍ଟର ସର୍ବପ୍ରଥମ ସ୍ଥାନରେ ରହିଛି।

ଏମାନଙ୍କର ଟଙ୍କାକୁ ଅଷ୍ଟ୍ରେଲିଆ ଡଲାର କୁହନ୍ତି। ଗୋଟିଏ ଅଷ୍ଟ୍ରେଲିଆ ଟଙ୍କା ଆମର ପ୍ରାୟ ୨୦ ଟଙ୍କା ସହ ସମାନ। ଅଗଷ୍ଟ ୧୫ତାରିଖ ଦିନ ସ୍ଥାନୀୟ ଓଡ଼ିଆମାନେ ସକାଳୁ ପତାକା ଉତ୍ତୋଳନ ପାଇଁ ଯାଇଥିଲେ।

■

ନିଉଜିଲାଣ୍ଡ

ଅଷ୍ଟ୍ରେଲିଆରେ ୩ଦିନ ରହଣି ପରେ ସିଡ୍‌ନୀରୁ ଏଆର ନିଉଜିଲାଣ୍ଡ ଦେଇ ଅକ୍‌ଲାଣ୍ଡ ଆସିବାକୁ ହେଲା। ୩ଘଣ୍ଟାର ରାସ୍ତା, ସିଡ୍‌ନୀଠାରୁ ଦକ୍ଷିଣ ପୂର୍ବରେ। ଅଷ୍ଟ୍ରେଲିଆ ଏବଂ ନିଉଜିଲାଣ୍ଡ ମଝିରେ ସମୁଦ୍ରକୁ 'ଟାସମାନ ସି' ବୋଲି କୁହନ୍ତି।

ନିଉଜିଲାଣ୍ଡ ଦେଶର ୨ଟି ଦ୍ୱୀପ: ଉତ୍ତରଦ୍ୱୀପ **(North Island)** ଏବଂ ଦକ୍ଷିଣ ଦ୍ୱୀପ **(South Island)**। ନର୍ଥ ଆଇଲାଣ୍ଡର ସବା ଉପରେ ଅକ୍‌ଲାଣ୍ଡ ସହର। ସର୍ବବୃହତ ସହର ଏବଂ ବ୍ୟବସାୟ କେନ୍ଦ୍ର। ସେଇ ଆଇଲାଣ୍ଡର ଦକ୍ଷିଣରେ ସହର ୱେଲିଙ୍ଗଟନ୍ ଦେଶର ରାଜଧାନୀ।

ଦେଶର ଲୋକସଂଖ୍ୟା ମାତ୍ର ୩୭ ଲକ୍ଷ। ଉତ୍ତରଦ୍ୱୀପରେ ବେଶି ଲୋକ ରୁହନ୍ତି। ଦକ୍ଷିଣ ଦ୍ୱୀପରେ ବହୁତ ପାହାଡ଼। ଏହାକୁ ଆଲ୍‌ପସ ପର୍ବତମାଳା ବୋଲି କୁହାଯାଏ। ଦକ୍ଷିଣ ଦ୍ୱୀପର ପ୍ରଧାନ ସହର କ୍ରାଏଷ୍ଟଚର୍ଚ୍ଚ। ଦେଶର ଆୟତନ ତୁଳନାରେ ଲୋକସଂଖ୍ୟା ଅତି ସ୍ୱଳ୍ପ, ତେଣୁ ଖୋଲା ଜାଗା ଚାରିଆଡ଼।

ନିଉଜିଲାଣ୍ଡ ଦେଶର ସୌନ୍ଦର୍ଯ୍ୟ ବର୍ଣ୍ଣନାତୀତ। ସବୁଜ ପାହାଡ଼ ଏବଂ ଜଳପ୍ରପାତ ଚାରିଆଡ଼େ। ସମୁଦ୍ର ଚାରିପାଖେ ଥିବାରୁ ରଙ୍ଗବେରଙ୍ଗ ଫୁଲର ସମାବେଶ। ଲୋକମାନେ ଅତି ଭଦ୍ର ଏବଂ ଶାନ୍ତିପ୍ରିୟ। ବ୍ରିଟିଶ୍ ଶାସକମାନଙ୍କର କଲୋନୀ ହୋଇ ନିଉଜିଲାଣ୍ଡ ବହୁବର୍ଷ ଥିଲା। ତେଣୁ ବ୍ରିଟିଶ ସଂସ୍କୃତିର ପ୍ରଭାବ ବେଶି। କେତେକ ଅଷ୍ଟ୍ରେଲିଆକୁ ଆମେରିକା ସହ ତୁଳନା କରି ନିଉଜିଲାଣ୍ଡକୁ ଇଂଲଣ୍ଡ ସହ ତୁଳନା କରିଥାନ୍ତି। ଅଷ୍ଟ୍ରେଲିଆ ପରି ଦକ୍ଷିଣ ଗୋଲାର୍ଦ୍ଧରେ ଥିବାରୁ ଏଠାର ଋତୁ ଆମଠାରୁ ଓଲଟା। ଅଗଷ୍ଟ ମାସରେ ଶୀତଦିନ। ଡିସେମ୍ବର ମାସରେ ଖରାଦିନ।

ନିଉଜିଲାଣ୍ଡ ଦେଶର ପ୍ରଥମ ବାସିନ୍ଦା ଥିଲେ ମାଓରି ସଂପ୍ରଦାୟ। ସେମାନେ ଦକ୍ଷିଣ ପ୍ରଶାନ୍ତ ମହାସାଗରର ଦ୍ୱୀପପୁଞ୍ଜ ସାମୋଆରୁ ଆସିଥିଲେ। ପରେ ଇଂରେଜମାନେ ଏ ଦେଶକୁ ଦଖଲ କରି ଆଧିପତ୍ୟ ବିସ୍ତାର କଲେ।

ନିଉଜିଲାଣ୍ଡ କମ୍ପ୍ୟୁଟର ସୋସାଇଟିର ଦ୍ୱିବାର୍ଷିକ ଅଧିବେଶନରେ ମୁଖ୍ୟବକ୍ତା

ରୂପେ ଆମେ ନିମନ୍ତ୍ରିତ ହୋଇଥିଲୁ। ପ୍ରାୟ ୫୦୦ ବୈଜ୍ଞାନିକ ଅଧିବେଶନରେ ଯୋଗଦାନ କରିଥିଲେ। ଅଷ୍ଟ୍ରେଲିଆ ତଥା ଦକ୍ଷିଣ ପୂର୍ବ ଏସିଆର ଦେଶମାନଙ୍କରୁ ଅନେକ ଲୋକ ଆସିଥିଲେ। ଅଧିବେଶନର ସାନ୍ଧ୍ୟ କାର୍ଯ୍ୟକ୍ରମରେ ନିମନ୍ତ୍ରିତ ହୋଇଥିଲେ ପୂର୍ବତନ ପ୍ରଧାନମନ୍ତ୍ରୀ ଡେଭିଡ୍ ଲାଙ୍ଗେ। ତାଙ୍କ ଭାଷଣକ୍ରମେ ସେ ପୃଥିବୀର ବିଭିନ୍ନ ନେତାମାନଙ୍କ ଉପରେ କହିଲେ। ରାଜୀବ ଗାନ୍ଧୀଙ୍କ ମୃତ୍ୟୁର ୩ଦିନ ଆଗରୁ ସେ କିପରି ଦିଲ୍ଲୀଗସ୍ତରେ ଯାଇ ରାଜୀବଙ୍କ ସହ ସମୟ କଟାଇଥିଲେ ତାହା କହିଲେ।

ବାହାରେ ଅଳ୍ପ ଶୀତ ଏବଂ ଝିପି ଝିପି ବର୍ଷା। ଆମେ ଅକ୍‌ଲାଣ୍ଡରେ ଦିନଟି କାର୍ଯ୍ୟକ୍ରମ ଶେଷକରି ତା'ପରଦିନ ସକାଳେ ୱେଲିଂଟନ ସହରକୁ ଗଲୁ। ଏ ସହର ନିଉଜିଲାଣ୍ଡର ରାଜଧାନୀ। ଚାରିପାଖ ସମୁଦ୍ର ଏବଂ ସ୍ଥଳଭାଗ ପାହାଡ଼ମୟ। ଦେଶର ପାର୍ଲାମେଣ୍ଟ ଏହିଠାରେ। ନିଉଜିଲାଣ୍ଡରେ ଲୋକସଂଖ୍ୟା କମ୍ ତଥା ଶିଳ୍ପକ୍ଷେତ୍ରରେ ଏହା ଏତେ ଅଗ୍ରଗାମୀ ନୁହେଁ। ଅଷ୍ଟ୍ରେଲିଆ ସହ ବାଣିଜ୍ୟ ବେଶି। ଏଠାରୁ ମାଛ ପ୍ରଚୁର ପରିମାଣରେ ଜାପାନ୍ ଇତ୍ୟାଦି ଦେଶକୁ ରପ୍ତାନୀ ହୋଇଥାଏ।

ୱେଲିଂଟନ ସହରରେ ନାନାପ୍ରକାର ମିଟିଂ ତଥା ସେମିନାର ସମାପ୍ତ କରି ସନ୍ଧ୍ୟାରେ ପୁନରାୟ ଉଡାଜାହାଜରେ ଅକ୍‌ଲାଣ୍ଡ ଫେରିବାକୁ ହେଲା, ମାତ୍ର ଘଣ୍ଟାକର ବାଟ। ଆଉ ଅକ୍‌ଲାଣ୍ଡରେ ଦିନଟିଏ। ସ୍ଥାନୀୟ ବନ୍ଧୁମାନେ ଗାଡ଼ିରେ ଅକ୍‌ଲାଣ୍ଡର ଆଖପାଖ ବୁଲାଇଲେ। ପାହାଡ଼, ଜଳପ୍ରପାତ, ସମୁଦ୍ରକୂଳ ସାଙ୍ଗକୁ ମୃତ ଆଗ୍ନେୟଗିରି ସବୁ ମିଶି ଅକ୍‌ଲାଣ୍ଡ ପୃଥିବୀରେ ଏକ ଅତି ସୁନ୍ଦର ସହର ନିଶ୍ଚୟ। ୧୫ ଘଣ୍ଟାର ଉଡ଼ାଜାହାଜ ରାସ୍ତା ସାନ୍‌ଫ୍ରାନ୍‌ସିସ୍କୋ ସହରକୁ।

■

ଜର୍ମାନୀ-୧୯୯୧

ଜର୍ମାନୀର ଏକ ପ୍ରଧାନ ସହର ହେଲା ଷ୍ଟୁଟଗାର୍ଟ (Stuttgart)। ଏହା ଜର୍ମାନୀର ଦକ୍ଷିଣରେ, ପ୍ରାୟ ସୁଇଜରଲାଣ୍ଡ ସୀମା ପାଖାପାଖି। ନିକଟରେ ବ୍ୟାପିଛି ପ୍ରକାଣ୍ଡ କୃଷ୍ଣଜଙ୍ଗଲ (Black Forest)। ପ୍ରାୟ ୨୦୦ କିଲୋମିଟର ଉତ୍ତରକୁ ପ୍ରଧାନ ସହର ଫ୍ରାଙ୍କଫୁର୍ଟ। ଷ୍ଟୁଟଗାର୍ଟ ସହରରେ ଅନେକ ମୁଖ୍ୟ କମ୍ପାନୀର ହେଡ୍‌କ୍ୱାର୍ଟର୍ସ ଅବସ୍ଥିତ।

ଜର୍ମାନୀର ସର୍ବବୃହତ୍ ଗାଡ଼ି କମ୍ପାନୀ ମର୍ସିଡେଜ୍ ବେଞ୍ଜ ଏବଂ ପୋର୍ସେଙ୍କ ପ୍ରଧାନ କାର୍ଯ୍ୟାଳୟ ତଥା ଫ୍ୟାକ୍ଟ୍ରି ଏହିଠାରେ। ଆମର ରହଣି ଥିଲା ମାତ୍ର ୩ଦିନର। ପୂର୍ବ ଏବଂ ପଶ୍ଚିମ ଜର୍ମାନୀର ଏକତ୍ରୀକରଣ ପରେ ଏହା ଥିଲା ପ୍ରଥମ ଜର୍ମାନୀ ଗସ୍ତ। ଏକତ୍ରୀକରଣ ଠିକ୍ ବର୍ଷେ ତଳେ, ୧୯୯୦ ଅକ୍ଟୋବର ମାସରେ ହୋଇଥିଲା। ସାରା ବିଶ୍ୱ ଦୁଇଦେଶର ମିଶ୍ରଣ ଏତେ ଶୀଘ୍ର ଘଟି ପାରିବ ବୋଲି କେବେ ଆଶା କରି ନ ଥିଲା।

କମ୍ୟୁନିଷ୍ଟ ଶାସନର କ୍ରମାନ୍ୱୟ ଲୋପ ଆରମ୍ଭ ହେଲା ୧୯୮୯ ମସିହାର ଶେଷ ଭାଗରେ। ପୂର୍ବଜର୍ମାନୀ, ପୋଲାଣ୍ଡ, ଚେକୋସ୍ଲୋଭାକିଆ, ରୁମାନିଆ ଏବଂ ବୁଲଗେରିଆ ଆଦି ଦେଶରେ ଗୋଟିଏ ପରେ ଗୋଟିଏ ଏକଛାତ୍ରବାଦ ଶାସନକୁ ବିତାଡ଼ିତ କରାଗଲା। ଏହିବର୍ଷ ୧୯୯୧ ରେ ଚଳଚ୍ଚିତ୍ରର ଶେଷ ଦୃଶ୍ୟ ପରି ସୋଭିଏତ୍ ରୁଷିଆ ଖଣ୍ଡ ବିଖଣ୍ଡ ହେବାର ପ୍ରକ୍ରିୟା ଆରମ୍ଭ ହୋଇଯାଇଛି।

୩ ଦିନ ଅବସ୍ଥାନ କାଳରେ ଜଣେ ଜର୍ମାନ ବନ୍ଧୁଙ୍କସହ ପୂର୍ବ ଜର୍ମାନୀ ତଥା ଏକତ୍ରୀକରଣ ଉପରେ ବହୁ ଆଲୋଚନା ହେଲା। ବନ୍ଧୁଜଣକ ଏହି ଷ୍ଟୁଟ୍‌ଗାର୍ଟ ସହରର। କିନ୍ତୁ କମ୍ପାନୀ କାମରେ ତାଙ୍କୁ ୩ବର୍ଷ ଲାଗି ପୂର୍ବ ଜର୍ମାନୀର ଡ୍ରେସଡେନ୍ ନାମକ ସ୍ଥାନକୁ ବଦଳି କରାଯାଇଛି। ତାଙ୍କ ଭାଷାରେ ସେ ଭାବୁଛନ୍ତି ସତେ ଯେମିତି ତାଙ୍କୁ ଜର୍ମାନୀର ବହୁ ଦୂରକୁ କେଉଁ ଏକ ଅନୁନ୍ନତ ରାଜ୍ୟକୁ ପଠାଯାଇଛି।

ଡ୍ରେସଡେନ୍ ସହର ବର୍ଲିନ୍‌ର ଦକ୍ଷିଣରେ ପ୍ରାୟ ୨୦୦ କିଲୋମିଟର ଦୂରରେ

ଅବସ୍ଥିତ। ଷ୍ଟୁଟଗାର୍ଟରୁ ପ୍ରାୟ ୫୫୦ କିଲୋମିଟର ଦୂର। ସେଠାର ଜନସାଧାରଣଙ୍କ ଜୀବନ ଅଲଗା ରକମର ଥିଲା। ପଶ୍ଚିମ ଜର୍ମାନୀର ମାନଠାରୁ ଖୁବ୍ ନ୍ୟୂନ। ବନ୍ଧୁଙ୍କ ଅଫିସରେ ୩୦ଜଣ ଲୋକଙ୍କ ପାଇଁ ମାତ୍ର ଗୋଟିଏ ଟେଲିଫୋନ୍‌ର ବ୍ୟବସ୍ଥା। ପଶ୍ଚିମ ଜର୍ମାନୀସହ ଟେଲିଫୋନ୍ ଯୋଗାଯୋଗର ବ୍ୟବସ୍ଥା ନାହିଁ। ସାଟେଲାଇଟ ମାଧ୍ୟମରେ ସମ୍ଭବ ହେଉଛି। ଲୋକମାନେ କଠିନ ପରିଶ୍ରମର ବିରୋଧୀ। କମ୍ୟୁନିଷ୍ଟ ଶାସନରେ ଠକିବା ମନୋବୃତ୍ତି ବେଶି ଥିଲା। ରାଷ୍ଟ୍ରାୟତ୍ତ ଶିଳ୍ପ (Public Sector) ଗୁଡ଼ିକରେ ଉତ୍ପାଦନ ଖୁବ୍ କମ୍ ଏବଂ ପୃଥିବୀ ବଜାରରେ ଚାହିଦା ମଧ୍ୟ କମ୍।

ବନ୍ଧୁଙ୍କ ଭାଷାରେ, ଅତୀତରେ ଆମେରିକାର Wild westକୁ ସମସ୍ତେ ସୁନା ସନ୍ଧାନରେ (Gold Rush) ଗଲାବେଳେ ଯେପରି ନାନାପ୍ରକାର ଅରାଜକତା ବ୍ୟାପିଥିଲା, ବର୍ତ୍ତମାନ ପୂର୍ବ ଜର୍ମାନୀରେ ଠିକ୍ ସେଇ ଅବସ୍ଥା। ସମସ୍ତେ ରାତାରାତି ଧନୀ ହେବାର ସ୍ୱପ୍ନ ଦେଖୁଛନ୍ତି। ବନ୍ଧୁଙ୍କ ଏକ ବେଡରୁମ୍ ଫ୍ଲାଟର ମାସିକ ଭଡ଼ା ୧୦୦୦ ମାର୍କ (୧୭ହଜାର ଟଙ୍କା), ଯାହାକି ବର୍ଷେ ତଳେ ମାତ୍ର ୩୦୦ରୁ ୪୦୦ ମାର୍କ ଥିଲା। ବନ୍ଧୁଜଣକ ଅଭିଯୋଗ କରୁଥିଲେ ଯେ, ଏବେ ଚୋରି, ଡକାୟତି, ନରହତ୍ୟା ଇତ୍ୟାଦି ବୃଦ୍ଧି ପାଉଛି।

ପଶ୍ଚିମ ଜର୍ମାନୀ ପୃଥିବୀରେ ଧନୀ ଦେଶମାନଙ୍କରୁ ଅନ୍ୟତମ। ପୂର୍ବ ଜର୍ମାନୀରେ ନାନା ସମସ୍ୟା ଏବଂ ଗତ ୪୦ ବର୍ଷ ଧରି ସେଠାରେ ସଂସ୍କୃତି ତଥା ଚିନ୍ତାଧାରା ଏପଟରୁ ପୂରା ପୃଥକ୍। ଏପ୍ରକାର ଦୁଇଟି ବିଶାଳ ଦେଶକୁ ଗୋଟିଏ କରିଦେଲେ, କେତେଗୁଡ଼ିଏ ସମସ୍ୟା ଦେଖାଯିବା ସ୍ୱାଭାବିକ। ପୂର୍ବଜର୍ମାନୀକୁ ଶିଳ୍ପ ତଥା ବାଣିଜ୍ୟ କ୍ଷେତ୍ରରେ ବଳଶାଳୀ କରିବା ଲାଗି ଆହୁରି କିଛି ବର୍ଷ ଲାଗିଯିବ। ଦୁଇଟି ଦେଶର ମିଶ୍ରଣ ଖୁବ୍ ଗୁରୁତ୍ୱପୂର୍ଣ୍ଣ ଏବଂ ଦୁଇ ଦେଶର ନେତାମାନଙ୍କ ବଳିଷ୍ଠ ପଦକ୍ଷେପ ବୋଲି କହିବାକୁ ହେବ।

ଷ୍ଟୁଟଗାର୍ଟରେ ଅର୍ଥନୈତିକ ବିକାଶ ତଥା ଜର୍ମାନୀର ବୈଜ୍ଞାନିକଙ୍କ ଅଗ୍ରଗତି ସ୍ପଷ୍ଟ ଦେଖିବାକୁ ମିଳେ। ସହରଟି ପାହାଡ଼ ତଥା ସବୁଜିମାରେ ଭରା। ସହରର ଚାରିଆଡ଼େ ତଥା ଆଖପାଖ ସ୍ଥାନମାନଙ୍କୁ ଯିବା ଲାଗି ମାଟିତଳ ଟ୍ରେନ୍‌ର ବନ୍ଦୋବସ୍ତ ରହିଛି। ବୁଲିଲାବେଳେ କାଁ ଭାଁ ଭାରତୀୟ ଆଖିରେ ପଡ଼ନ୍ତି। ଇଂଲଣ୍ଡ ତଥା ଆମେରିକା ପରି ଏତେ ସଂଖ୍ୟାରେ ଭାରତୀୟ ନାହାନ୍ତି।

ଏଠାରେ ଉଲ୍ଲେଖନୀୟ ଯେ ଆମ ଦେଶର ପ୍ରଧାନମନ୍ତ୍ରୀ ଶ୍ରୀ ନରସିଂହ ରାଓ ଗତ ମାସରେ ପ୍ରଥମ ଥର ଲାଗି ଦେଶ ବାହାରକୁ ଆସି ଏହି ଜର୍ମାନୀରେ ପହଞ୍ଚିଥିଲେ। ଆଗରୁ ନୂଆ ପ୍ରଧାନମନ୍ତ୍ରୀ ସର୍ବପ୍ରଥମେ ସୋଭିଏତ୍ ରୁଷିଆ ଯିବାର ପ୍ରୋଟୋକଲ୍ ରହି

ଆସିଥିଲା। ଅଥଚ ବର୍ତ୍ତମାନ ରାଜନୈତିକ ପରିପ୍ରେକ୍ଷୀରେ ରୁଷିଆର ଗୁରୁତ୍ବ କମିଯାଇଛି ଏବଂ ବାଣିଜ୍ୟ ଦୃଷ୍ଟିରୁ ଜର୍ମାନୀ ଭାରତ ପାଇଁ ଯଥେଷ୍ଟ ଦରକାରୀ ଦେଶ। ଜାପାନର ବୈଜ୍ଞାନିକ ତଥା ଅର୍ଥନୈତିକ ଉନ୍ନତି ସହ ତାଳ ଦେଇ ଜର୍ମାନୀ ଅଗ୍ରଗତି କରୁଛି। ସମଗ୍ର ଇଉରୋପରେ ଏହା ସବୁଠାରୁ ଶକ୍ତିଶାଳୀ ଦେଶ ବୋଲି ଗଣାଯାଉଛି।

ଓମାନ

କାଲିଫର୍ଣ୍ଣିଆରୁ ନିଉୟର୍କ ଦେଇ ଲଣ୍ଡନରେ ପହଞ୍ଚିବାକୁ ପ୍ରାୟ ୧୪ଘଣ୍ଟା ଲାଗିଲା। ଲଣ୍ଡନରୁ ପ୍ରାୟ ସାଢ଼େ ୭ଘଣ୍ଟା ଉଡ଼ିବା ପରେ ପାରସ୍ୟ ଉପସାଗର କୂଳରେ ୟୁନାଇଟେଡ୍ ଆରବ ଏମିରେଟ୍ସର ଦୁବାଇରେ ପହଞ୍ଚିଲୁ। ସେଠାରେ ଏକଘଣ୍ଟା ପରେ ଆରବ ରାଜ୍ୟର ଦକ୍ଷିଣତମ ଦେଶ ଓମାନର ପ୍ରଧାନ ସହର ମସ୍କାଟରେ ପ୍ଲେନ ପହଞ୍ଚିଲା।

ଏ ରାଜ୍ୟ ଭିତରକୁ ଆସିବା ଏହା ପ୍ରଥମ। ଆଗରୁ ଅନେକଥର ଭାରତ ଯିବାବାଟରେ ରାତିଅଧରେ ପ୍ଲେନ ଆବୁଧାବି, ଦୁବାଇ, ମସ୍କାଟ କିମ୍ବା ବାହାରେନରେ ଅଳ୍ପ ସମୟ ଲାଗି ଅଟକିଥାଏ। ଖାଲି ବିମାନଘାଟିରେ ଦୋକାନ ପତ୍ର ଦେଖିବା ପରେ ପୁଣି ପ୍ଲେନରେ ବସିବାକୁ ପଡ଼ିଥାଏ। ଏଠାରୁ ମାତ୍ର ଦେଢ଼ଘଣ୍ଟା ଉଡ଼ିଲେ ବମ୍ବେ। ପାକିସ୍ତାନ ଆହୁରି ପାଖ।

ଓମାନ୍ ଦେଶର ମୁଖ୍ୟ ଶାସକ ହେଲେ ସୁଲତାନ। ତାଙ୍କ ନାଁ ସୁଲତାନ କ୍ୱାବୁସ ବିନ୍ ସୟେଦ। ବଂଶ ପରମ୍ପରା ଅନୁଯାୟୀ ତାଙ୍କ ବାପା ଆଗରୁ ସୁଲତାନ ଥିଲେ। ପ୍ରାୟ ୧୫ବର୍ଷ ତଳେ ନିଜ ବାପାଙ୍କୁ ବିତାଡ଼ିତ କରି ବର୍ତ୍ତମାନର ସୁଲତାନ ଶାସନ ଗାଦିରେ ବସିଛନ୍ତି। ଏହି ସୁଲତାନ ଦେଶକୁ ପ୍ରଗତିପଥରେ ଆଗେଇ ଚାଲିଛନ୍ତି ବୋଲି ସମସ୍ତେ କହିଲେ।

ଦେଶର ସମୁଦାୟ ଲୋକସଂଖ୍ୟା ମାତ୍ର ୧୫ଲକ୍ଷ। ବିରାଟ ଦେଶ। ମସ୍କାଟରେ ବେଶିଲୋକ ରହନ୍ତି। ୧୦୦୦ ମାଇଲ ପଶ୍ଚିମରେ ଅଛି ସୋଲାଲ ସହର। ଦକ୍ଷିଣରେ ଭାରତୀୟ ସାଗର। ରାସ୍ତାଘାଟ ସବୁ ପରିଷ୍କାର। କୋଠାବାଡ଼ି ସବୁ ନୂଆ।

ଆମେ ବିମାନଘାଟିରୁ ୪୦କିଲୋମିଟର ଦୂରରେ ବିଶାଳ ହୋଟେଲ ଆଲବୁସ୍ତାନ ପାଲେସରେ ରହିଲୁ। ଏହା ସମଗ୍ର ମଧ୍ୟ ପ୍ରାଚ୍ୟରେ ପ୍ରଧାନ ହୋଟେଲ ବୋଲି ବିଖ୍ୟାତ। ସମୁଦ୍ରକୂଳରେ ପ୍ରକାଣ୍ଡ ହୋଟେଲ। ନ ଦେଖିଲେ ବିଶ୍ୱାସ କରିହେବନି। ଚାରିଆଡ଼େ ମାର୍ବଲ ଏବଂ ଅନେକ କାରୁକାର୍ଯ୍ୟ ସୁବର୍ଣ୍ଣମଣ୍ଡିତ। କିଛିବର୍ଷ ତଳେ ଗଲ୍ଫ ରାଜ୍ୟଗୁଡ଼ିକର ଏକ ସମ୍ମିଳନୀ ଲାଗି ଏହି ହୋଟେଲର ନିର୍ମାଣ ଆରମ୍ଭ

ହୋଇଥିଲା। ତା'ପରେ ଏହା ହୋଟେଲରେ ପରିଣତ ହେଲା। ପ୍ରଚୁର ଅର୍ଥ ବିନିମୟରେ ଏହା ତିଆରି ହୋଇଛି।

ଓମାନର ପ୍ରଧାନ ଶିଳ୍ପ ହେଲା ତେଲ। ଏଠାରେ ଟ୍ୟାକ୍ସ ଦେବାକୁ ପଡ଼େନି। ସରକାର ସବୁପ୍ରକାର ସୁବିଧା କରିଥାନ୍ତି। ଶହଶହ ବର୍ଷତଳେ ଭାରତର ପଶ୍ଚିମର କଚ୍ଛ ଅଞ୍ଚଳରୁ ଅନେକ ବ୍ୟବସାୟୀ ଏଠାକୁ ଆସିଥିଲେ। ବର୍ତ୍ତମାନ ଭାରତୀୟଙ୍କ ସଂଖ୍ୟା ବହୁତ। ହୋଟେଲର ସୁଇମିଙ୍ଗ ପୁଲ୍‌ରେ ଜଣେ 'ମିଷ୍ଟର ଦେ' ବଙ୍ଗାଳୀ ଭଦ୍ରଲୋକଙ୍କ ସହ ସାକ୍ଷାତ ହେଲା। ଏଠାରେ ସେ ୧୨ବର୍ଷ ହେଲା ରହୁଛନ୍ତି। ଓମାନ ସରକାର ଲାଗି ସେ ଚାଟାର୍ଡ ଆକାଉଣ୍ଟାଣ୍ଟ୍ ହିସାବରେ କାମ କରୁଛନ୍ତି।

ସେ କହିଲେ, ପଶ୍ଚିମ ପ୍ରଦେଶ ଗୁଜରାଟ, ମହାରାଷ୍ଟ୍ର ଏବଂ ବିଶେଷତଃ କେରଳରୁ ବହୁସଂଖ୍ୟାରେ ସାଧାରଣ ଅପାଠୁଆ ଲୋକେ ଏଠାରେ ମଜୁରିଆ ହିସାବରେ କାମକରି ଯେଭଳି ଅର୍ଥ ସଂଗ୍ରହ କରିଛନ୍ତି, ଭାରତରେ ରହିଲେ ତାହା କଳ୍ପନାତୀତ ହୋଇଥାନ୍ତା। ତାଙ୍କ ସେକ୍ରେଟାରୀ ଜଣେ କେରଳୀ ମାଟ୍ରିକ୍ୟୁଲେଟ। ଗୋଟିଏ ଚିଠି ଟାଇପ କରିବାକୁ କହିଲେ ହଜାରେ ଭୁଲ୍। ତାଙ୍କର ମାସିକ ଦରମା ଭାରତୀୟ ଟଙ୍କାରେ ୩୨,୦୦୦। ତା'ଛଡ଼ା ପ୍ରତିବର୍ଷ ଥରେ କେରଳ ଯିବାକୁ ବାଟଖର୍ଚ୍ଚ ମିଳେ।

ମିଷ୍ଟର ଦେ କହିଚାଲିଲେ, ଭାରତରେ ପୂର୍ବାଞ୍ଚଳ ଯଥା- ବଙ୍ଗଳା, ବିହାର ଏବଂ ଓଡ଼ିଶା ସବିବେଳେ ପଛୁଆ ରହିଥିବେ, ଆମର ସେତିକି ସାହସ ନାହିଁ ଯେଭଳି ପଶ୍ଚିମାଞ୍ଚଳର ଭାରତୀୟମାନଙ୍କର ଅଛି। ଆମେ ସେହି ଦୁଃଖଦୈନ୍ୟ ଭିତରେ ମାଟିକାମୁଡ଼ି ପଡ଼ିଥିବା...।

ମସ୍କାଟରେ ପାହାଡ଼ ସବୁ ରହିଛି। ଅତୀତରେ ଜଳଦସ୍ୟୁମାନେ ଏହି ପାହାଡ଼ ଅଞ୍ଚଳରେ ଲୁଚି ରହିପାରୁଥିଲେ। ସ୍ଥାନୀୟ ସମ୍ବାଦପତ୍ରରେ ଭାରତ ତଥା ପାକିସ୍ତାନ ସମ୍ବାଦ ଏତେ ବାହାରୁଛି ଦେଖି ଭାରତରେ ପହଞ୍ଚିଲା ପରି ଲାଗିଲା। ଗୋଟିଏ ବଡ଼ କମ୍ପ୍ୟୁଟର ସମ୍ମିଳନୀରେ ଭାଷଣ ୨ଦିନ ଦେଇ ଦୁବାଇ ଏବଂ ଲଣ୍ଡନ ଦେଇ ପୁଣି କାଲିଫର୍ଣ୍ଣିଆ ପ୍ରତ୍ୟାବର୍ତ୍ତନ କରିବାକୁ ହବ।

■

ଜୋହାନ୍ସବର୍ଗ-ସାଉଥ ଆଫ୍ରିକା-୧୯୯୪

ଆଫ୍ରିକା ମହାଦେଶକୁ ଏହା ପ୍ରଥମ ଗସ୍ତ । ବିଶେଷତଃ ଦକ୍ଷିଣ ଆଫ୍ରିକା ଦେଶରେ ପ୍ରଥମ ପଦାର୍ପଣ । ଆଫ୍ରିକା ମହାଦେଶର ଦକ୍ଷିଣତମ ରାଷ୍ଟ୍ର । ଲୋକସଂଖ୍ୟା ମାତ୍ର ସାଢ଼େ ୩କୋଟି । ଏହି ସାଉଥ୍ ଆଫ୍ରିକା ହେଲା ରାଷ୍ଟ୍ରପତି ନେଲସନ୍ ମାଣ୍ଡେଲାଙ୍କ ଦେଶ । ପୂର୍ବ ଶାସକବର୍ଗଙ୍କ ବର୍ଣ୍ଣ ବୈଷମ୍ୟ (Apartheid) ନୀତି ଯୋଗୁଁ ଏ ଦେଶ ପୃଥିବୀର ପ୍ରାୟ ବଡ଼ ବଡ଼ ଦେଶମାନଙ୍କଦ୍ୱାରା ବାସନ୍ଦ ହୋଇଥିଲା ଏବଂ ଆନ୍ତର୍ଜାତିକ ସ୍ତରରେ ଘୃଣିତ ହୋଇଥିଲା ।

ରାଷ୍ଟ୍ରପତି ନେଲସନ୍ ମାଣ୍ଡେଲା ଦୀର୍ଘ ୨୭ବର୍ଷ ଧରି ଜେଲଭୁକ୍ତ ହୋଇଥିଲେ ପୂର୍ବ ଶାସକମାନଙ୍କ ଦ୍ୱାରା । ବର୍ଣ୍ଣବୈଷମ୍ୟ ନୀତି ଏପରି ଭୟଙ୍କର ହୋଇଯାଇଥିଲା ଯେ କଳା ଲୋକମାନେ ଏକା ବସ୍‌ରେ ଗୋରାଙ୍କ ସଙ୍ଗେ ଯାଇପାରିବେନି, ଏକା ରେଷ୍ଟୋରାଁରେ ଖାଇପାରିବେନି, ଏକା ସ୍କୁଲ, କଲେଜରେ ପଢ଼ିପାରିବେନି, ଏକା ଅଫିସ କିମ୍ବା କାରଖାନାରେ କାମ କରି ପାରିବେନି, ଅଥଚ ଏ ଦେଶରେ କଳା ଲୋକମାନେ ଶତକଡ଼ା ୮୦ଭାଗରୁ ଊର୍ଦ୍ଧ୍ୱ ।

ଏହି ଦେଶର ସମ୍ପର୍କ ଆମ ଭାରତବର୍ଷ ସହ ବହୁକାଳରୁ ରହି ଆସିଛି । ଗତ ଶତାବ୍ଦୀର ଶେଷ ଭାଗରେ ମହାତ୍ମା ଗାନ୍ଧୀ ଜଣେ ବିଲାତ ଫେରନ୍ତା ଓ ପଢୁଆ ଓକିଲ ହିସାବରେ ଏଠାର ଡର୍ବାନ ସହରରେ ପହଞ୍ଚିଲେ । ରେଳରେ ପ୍ରଥମ ଶ୍ରେଣୀରେ ଟିକଟ୍ କାଟିଥିଲେ ହେଁ ତାଙ୍କୁ ଗୋରା ଟି.ଟି.ଆଇ ଜବରଦସ୍ତ ରେଳରୁ ବାହାର କରି ଦେଇଥିଲେ । ସାରା ରାତି ଡର୍ବାନ ଷ୍ଟେସନରେ ଶୀତରେ ଥରି ଥରି ଯୁବକ ଗାନ୍ଧୀ ଇଂରେଜମାନଙ୍କର ବର୍ଣ୍ଣବୈଷମ୍ୟ ନୀତି ବିରୋଧରେ ଆନ୍ଦୋଳନ କରିବାର ପ୍ରତିଜ୍ଞା କରିଥିଲେ ।

ଦୀର୍ଘ ୧୭ବର୍ଷ ଏହି ଦେଶରେ ଗାନ୍ଧୀ ଥିଲେ । ଡରବାନ ସହର ପାଖରେ ତାଙ୍କର ଫାର୍ମ ଫିନିକ୍ସ ଅଦ୍ୟାବଧି ରହିଛି । ସେ ଏହିଠାରେ ଅବସ୍ଥାନ କାଳରେ ଭାରତୀୟମାନଙ୍କୁ ଏକଜୁଟ୍ କରାଇ ଗୋରା ଶାସକମାନଙ୍କ ବିରୋଧରେ ସ୍ୱର ଉତ୍ତୋଳନ

କରିବାର ଉଦ୍ଦୀପନା ଦେଇଥିଲେ। ଏବେ ସେଇ ସହର ଡର୍ବାନରେ ୧୦ଲକ୍ଷରୁ ଅଧିକ ଭାରତୀୟ ବସବାସ କରୁଛନ୍ତି। ଯେଉଁ ରେଳ ଷ୍ଟେସନରେ ଗାନ୍ଧିଜୀଙ୍କୁ ଅପମାନିତ କରାଯାଇଥିଲା, ସେହିଠାରେ ତାଙ୍କର ପ୍ରତିକୃତି ପୂଜା ପାଉଛି।

ଲଣ୍ଡନରୁ ଜୋହାନ୍‌ସବର୍ଗ ନିରବଚ୍ଛିନ୍ନଭାବେ ଉଡ଼ିଲେ ପ୍ରାୟ ୧୧ ଘଣ୍ଟା ଲାଗେ। ଅଗଷ୍ଟମାସ, ଶୀତ ଦିନ ସରି ଆସୁଛି। ବସନ୍ତ ଆଗତ ପ୍ରାୟ। ଦକ୍ଷିଣ ଗୋଲାର୍ଦ୍ଧ ହେତୁ ଅଷ୍ଟ୍ରେଲିଆ, ବ୍ରାଜିଲ ପରି ଏଠାରେ ଋତୁ ଆମଠାରୁ ଓଲଟା। ଜୋହାନ୍‌ସବର୍ଗ ସର୍ବବୃହତ୍ ସହର ନିକଟରେ ପ୍ରିଟୋରିଆ ରାଜଧାନୀ।

ସ୍ଥାନୀୟ ସହକର୍ମୀ ଆମକୁ ଗାଡ଼ିରେ ନେଇ ପ୍ରିଟୋରିଆ ପାର୍ଲାମେଣ୍ଟ, ନେଲସନ୍ ମାଣ୍ଡେଲାଙ୍କ ଅଫିସ, ଯେଉଁଠାରେ ୩ମାସ ତଳେ ତାଙ୍କୁ ରାଷ୍ଟ୍ରପତି ପଦରେ ଅଳଙ୍କୃତ କରାଯାଇଥିଲା, ଇତ୍ୟାଦି ସ୍ଥାନ ବୁଲାଇ ଦେଖାଇଲେ। ରାଜ୍ୟଟି ସୌନ୍ଦର୍ଯ୍ୟରେ ଭରା। ୯ଟି ପ୍ରଦେଶରେ ସମୁଦାୟ ରାଷ୍ଟ୍ରଟି ବିଭକ୍ତ। ଉତ୍ତର ପଶ୍ଚିମରେ ନାମ୍ବିଆଦେଶ ପାଖରେ କାଲାହାରୀ ମରୁଭୂମି। ଦକ୍ଷିଣରେ ସମୁଦ୍ର। କେପ୍ ଟାଉନ୍ ସମୁଦ୍ର କୂଳରେ ଅତୀବ ରମଣୀୟ ସହର। ପାହାଡ଼ଘେରା, ଏଠାରେ ଅତୀତରେ ଡଚ ଇଷ୍ଟ ଇଣ୍ଡିଆ କମ୍ପାନୀ ତରଫରୁ ମସଲା ବାଣିଜ୍ୟ ହେଉଥିଲା (Spice Trade)। ଅନେକ ଭାରତୀୟ ଏବଂ ମାଲେସିଆ ଲୋକମାନେ ଏହିଠାରେ ବସବାସ କରିଥାନ୍ତି।

ଅତୀତରେ ଇଂରେଜମାନେ ଏଠାରେ ରାଜତ୍ୱ କରୁଥିଲେ, ତା'ପରେ ଡଚ (ହଲାଣ୍ଡର ସାଇବମାନେ) ଲୋକେ ବାଣିଜ୍ୟ ଲାଗି ଆସି ଏଠାରେ ରାଜତ୍ୱ କଲେ। ଇଂରେଜମାନଙ୍କ ସହ ତାଙ୍କର ଯୁଦ୍ଧ ମଧ୍ୟ ହେଲା। ଗୋରାମାନଙ୍କ ମଧ୍ୟରେ ସର୍ବାଧିକ ହଲାଣ୍ଡ ତଥା ଜର୍ମାନୀର ଲୋକେ ଏଠାର କଳାମାନଙ୍କୁ ହୀନ ଚକ୍ଷୁରେ ଦେଖି, ଅତ୍ୟାଚାର କରି, ସେମାନଙ୍କର ଧନ ସମ୍ପଦ ଲୁଟି, ଗୋରାମାନେ ଧନୀ ହୋଇ ପ୍ରାଧାନ୍ୟ ବିସ୍ତାର କରି ଚାଲିଲେ।

ମାଣ୍ଡେଲା ଯୁବକ ଅବସ୍ଥାରେ ଆଫ୍ରିକାନ୍ ନ୍ୟାସନାଲ କଂଗ୍ରେସ (ANC) ଦଳରୁ ଏଭଳି ଅତ୍ୟାଚାରକୁ ଘୋର ନିନ୍ଦା କଲେ। ତାଙ୍କୁ ୨୭ବର୍ଷ କାଳ ଜେଲ ଭୋଗିବାକୁ ହେଲା। ଏହିବର୍ଷ ନିର୍ବାଚନ ହେଲା, ଆଗର ରାଷ୍ଟ୍ରପତି ଏଫ୍‌ଡବ୍ଲ୍ୟୁଡି କ୍ଲାର୍କ ପୂର୍ବତନ ସରକାର ଭାଙ୍ଗି ନୂଆ ନିର୍ବାଚନ (ଇତିହାସରେ ପ୍ରଥମ) ଘୋଷଣା କଲେ। ମାଣ୍ଡେଲାଙ୍କ ଦଳ ସଂଖ୍ୟାଗରିଷ୍ଠ ଭୋଟ ପାଇ ନିର୍ବାଚିତ ହେଲେ ଏବଂ ସେ ରାଷ୍ଟ୍ରପତି ତଥା ଦେଶର ନେତାରୂପେ ଘୋଷିତ ହେଲେ।

ସହର ଖୁବ୍ ଆଧୁନିକ, ରାସ୍ତା ଘାଟ ଆମେରିକାର ରାସ୍ତା ପରି, ଅନୁନ୍ନତ ଦେଶ ନୁହଁ। ଆମ ରହଣି କାଳରେ INDEXPO ବୋଲି ସମ୍ମିଳନୀରେ ଭାରତୀୟ

ତିଆରି ଜିନିଷପତ୍ରର ପ୍ରଦର୍ଶନୀ ହେବାର ବିଜ୍ଞାପନ ଖବରକାଗଜରେ ଦେଖିଲୁ । ଏଠାରେ ଭାରତୀୟମାନେ ତିନି-ଚାରି ଜେନେରେସନ୍ ରହିଲେଣି । ଆମର କନଫରେନ୍‌ସରେ କେତେଜଣ ଡର୍ବାନର ଭାରତୀୟଙ୍କ ସହ ସାକ୍ଷାତ ହେଲା । ସେମାନେ ତୃତୀୟ କି ଚତୁର୍ଥ ଜେନେରେସନ୍‌ର ପିଲା ବୋଲି କହିଲେ । ଏତେକାଳ ରହିବା ପରେ ମଧ୍ୟ ମାତୃଭାଷା ତାମିଲ, ନ ହେଲେ ଗୁଜରାଟୀ କହୁଛନ୍ତି । ଆପଣ ଡର୍ବାନ୍ ଆସନ୍ତୁ, ଆମେ ଖୁବ୍ ବୁଲେଇବୁ, ଭାରତୀୟମାନଙ୍କ ସମାଜକୁ ଆପଣ ଦେଖିଥାନ୍ତେ ବୋଲି କହିଲେ ।

ମୋର ସମୟ ସ୍ୱଳ୍ପ, ତେଣୁ ଯିବାକୁ ବେଳ ନ ଥିଲା, ୨ଦନ ଲାଗି ।

ପାଖରେ ଏକ ଜୀବଜନ୍ତୁଙ୍କ ଜଙ୍ଗଲରେ ଗୋଟିଏ ଅତ୍ୟାଧୁନିକ ହୋଟେଲରେ ରହି ଖୋଲା ଗାଡ଼ିରେ ଜୀବଜନ୍ତୁ ଦେଖିବାର ସୁଯୋଗ ମିଳିଲା । ଏକ ଅଭୂତପୂର୍ବ ଅଭିଜ୍ଞତା, ପୋଷାଜନ୍ତୁ ନୁହନ୍ତି, ତଥାପି ଅତି ନିକଟରୁ ସିଂହ, ଚିତା, ରାଇନୋସରସ ଇତ୍ୟାଦି ଦେଖିବାକୁ ମିଳିଲା । ୫ ଦିନର ରହଣି ପରେ ଦକ୍ଷିଣ ଆଫ୍ରିକାକୁ ବିଦାୟ ଦେଲୁ ।

■

ଏସିଆର ଚାରୋଟି ଦେଶ-୧୯୯୫

ସେପ୍ଟେମ୍ବର ମାସ ଆରମ୍ଭରେ ଆମେ ୮ଦିନ ଲାଗି ଏସିଆର ଚାରୋଟି ଦେଶ ଗସ୍ତରେ ଯାଇଥିଲୁ। ତାହାର ସଂକ୍ଷିପ୍ତ ସମୀକ୍ଷା।

ହଂକଂ: ଏସିଆ ମହାଦେଶର ପ୍ରଧାନ ବାଣିଜ୍ୟ କେନ୍ଦ୍ର ହଂକଂ। ଏବେକୁ ସିଙ୍ଗାପୁର ପ୍ରତିଯୋଗିତାରେ ଆଗେଇ ଗଲାଣି। ୧୯୯୭ ମସିହାରେ ଚୀନ ରାଜ୍ୟର ଅନ୍ତର୍ଭୁକ୍ତ ହେବ। ସେଥିଲାଗି ନାନା ପ୍ରକାର ଆଶଙ୍କା ଦେଖାଯାଉଛି। କିଛି ବର୍ଷ ତଳେ ଅନେକ ଲୋକ ସମ୍ପତ୍ତିବାଡ଼ି ବିକ୍ରିକରି ଦେଶ ଛାଡ଼ି ଆମେରିକା, କାନାଡ଼ା ତଥା ଅଷ୍ଟ୍ରେଲିଆ ଦେଶକୁ ପଳାଇଥିଲେ।

ଚୀନର କମ୍ୟୁନିଷ୍ଟ ଶାସକମାନଙ୍କ ହାତରେ କେତେ ପରିମାଣରେ ସ୍ୱାଧୀନ ହୋଇ ବ୍ୟବସାୟ ଚାଲି ପାରିବ, ଏହି ଭୟ ସ୍ଥାନୀୟ ଶିଳ୍ପପତି ତଥା ନାଗରିକମାନଙ୍କ ମନରେ ରହିଛି। ଚୀନ୍ ସରକାର ବାରମ୍ବାର ଆଶ୍ୱାସନା ଦେଉଛନ୍ତି ଯେ ହଂକଂ ସ୍ୱାତନ୍ତ୍ର୍ୟ ଉପରେ ସେମାନେ ଆଞ୍ଚ ଆଣିବେନି। ଆମେ ଆମର ସ୍ଥାନୀୟ ବନ୍ଧୁମାନଙ୍କୁ ପ୍ରଶ୍ନ କଲାରୁ ଅନେକେ କହିଲେ ସେମାନେ ଏ ବାବଦରେ ବ୍ୟସ୍ତ ନୁହନ୍ତି। ଅଥଚ ଅନ୍ୟାନ୍ୟ କେତେ ଜଣ କହିଲେ ଅର୍ଥନୈତିକ ପରିସ୍ଥିତି ଖରାପ ହୋଇପାରେ, ବିଶେଷତଃ ଚୀନରୁ ବହୁ ସଂଖ୍ୟାରେ ବେକାର ଲୋକ ଆସି ହଂକଂରେ କାମଧନ୍ଦା ଖୋଜିବେ, ତେଣୁ ସ୍ଥାନୀୟ ଶ୍ରମିକ ସମସ୍ୟା ଗୁରୁତର ପରିସ୍ଥିତିରେ ପହଞ୍ଚିବ। ହଂକଂର ଲୋକେ ମେନଲ୍ୟାଣ୍ଡର ଲୋକଙ୍କୁ ସେତେ ପସନ୍ଦ କରୁନାହାନ୍ତି।

ହଂକଂ ପ୍ରକାଣ୍ଡ ସହର କାଉଲୁନ ପଟେ ପ୍ରଧାନ ବିମାନ ବନ୍ଦର, ପାଣି ଭିତରେ ସୁଡ଼ଙ୍ଗ ରାସ୍ତା ପାରିହେଲେ ହଂକଂ ଦ୍ୱୀପ। ସେଠାରେ ପ୍ରଧାନ ଅଫିସ ତଥା ହୋଟେଲମାନ ଅଛି। ଅନେକ ଭାରତୀୟ ଏଠାରେ ବାସିନ୍ଦା। ଶିଳ୍ପ ତଥା ବାଣିଜ୍ୟ ପ୍ରତିଷ୍ଠାନରେ ସେମାନଙ୍କର ନାଁ ରହିଛି। ଭାରତରେ ଷ୍ଟାର ଟେଲିଭିଜନ ଷ୍ଟେସନର ମୁଖ୍ୟ ସରବରାହ ଏହି ସହରରୁ ହୋଇଥାଏ। ସ୍ଥାନୀୟ କମ୍ପ୍ୟୁଟର ପତ୍ରିକା ତଥା ଦୈନିକ ସମ୍ବାଦପତ୍ର ସାଉଥ ଚାଇନା ମର୍ଣ୍ଣିଂ ପୋଷ୍ଟରେ ଇଣ୍ଟରଭ୍ୟୁ ଦେଲାବେଳେ ଦେଖିଲି ଯେ

ରିପୋର୍ଟରମାନେ ଇଂଲଣ୍ଡ ଲୋକ। ବ୍ରିଟିଶ ଅଧୀନସ୍ଥ ଥିବାରୁ ଅନେକ ସଂଖ୍ୟାରେ ବିଲାତି ଲୋକ ଏଠାରେ ବସବାସ କରି ଆସୁଛନ୍ତି।

ମାଲେସିଆ (କ୍ୱାଲାଲାମ୍‌ପୁର): ହଂକଂରୁ କ୍ୟାଥେ ପାସଫିକ୍ ଉଡ଼ାଜାହାଜରେ ବସି ପ୍ରାୟ ସାଢ଼େ ୩ଘଣ୍ଟା ପରେ ମାଲେସିଆ ଦେଶର ରାଜଧାନୀ ତଥା ମୁଖ୍ୟ ସହର କ୍ୱାଲାଲମ୍‌ପୁରରେ ପହଞ୍ଚିଲୁ। ଯେଉଁ ଗାଡ଼ି ଆମକୁ ନେବାକୁ ଆସିଥିଲା, ତା'ର ଚାଳକ ଭାରତୀୟ; ଅଥଚ ସେ ଏ ଦେଶର ୩ପୁରୁଷ ରହିଲେଣି। ଶତକଡ଼ା ୯ଭାଗ ଲୋକ ଭାରତର, ବିଶେଷତଃ ତାମିଲନାଡ଼ି ପ୍ରଦେଶରୁ।

ଏ ଦେଶରେ ୩ଟି ସରକାରୀ ଭାଷା ମାଳୟ, ଚାଇନିଜ୍ ଏବଂ ତାମିଲ। ହୋଟେଲରେ ଟେଲିଭିଜନ ଲଗାଇଲେ ଗୋଟିଏ ଚାନେଲରେ କେବଳ ତାମିଲ ଭାଷାରେ ପ୍ରୋଗ୍ରାମ ଆସୁଛି। ମାଲେସିଆରେ ଇସ୍‌ଲାମ୍ ଧର୍ମର ସର୍ବାଧିକ ଲୋକ, ଆରବ ଦେଶ ପରି ଏଠାରେ ସ୍ତ୍ରୀଲୋକମାନେ ବୁର୍ଖା ବ୍ୟବହାର କରନ୍ତି ନାହିଁ। ଝିଅମାନେ ଚାକିରି କରନ୍ତି ଏବଂ କର୍ମକ୍ଷେତ୍ରରେ ଏମାନଙ୍କୁ ସମାନ ଅଧିକାର ଦିଆଯାଇଥାଏ।

ସହରରେ ଅନେକ ଭାରତୀୟ ରେସ୍ତୋରାଁ। କେତେ ଜାଗାରେ କଦଳୀପତ୍ରରେ ଦକ୍ଷିଣ ଭାରତୀୟ ଖାଦ୍ୟ ମିଳିଥାଏ। ମାଲେସିଆର ପ୍ରଧାନମନ୍ତ୍ରୀ ଡକ୍ଟର ମହାଥୀର୍ ମହମ୍ମଦ ଦେଶର ବିକାଶ ପାଇଁ ବହୁତ ଯୋଜନା କାର୍ଯ୍ୟକାରୀ କରାଉଛନ୍ତି। ଅର୍ଥନୈତିକ ବିକାଶ ଚାରିଆଡ଼େ। କ୍ୱାଲାଲମ୍‌ପୁରରେ ପୃଥିବୀର ସର୍ବୋଚ୍ଚ ଅଫିସ କୋଠା ତିଆରି ଚାଲିଛି। ଏସିଆର ଦ୍ରୁତଗାମୀ ଅର୍ଥନୈତିକ ବିକାଶଶୀଳ ଦେଶରୁ ମାଲେସିଆ ଅନ୍ୟତମ। ନିକଟରେ ଭାରତର ପ୍ରଧାନମନ୍ତ୍ରୀ ଏହି ଦେଶ ଗସ୍ତରେ ଆସିଥିଲେ। ଶହ ଶହ ଭାରତୀୟ ଇଞ୍ଜିନିୟର ତଥା କମ୍ପ୍ୟୁଟର ବୈଜ୍ଞାନିକ ଏଠାରେ କାର୍ଯ୍ୟ କରୁଛନ୍ତି।

ସିଙ୍ଗାପୁର: ମାଲେସିଆର ଠିକ୍ ଦକ୍ଷିଣକୁ ସିଙ୍ଗାପୁର। ଅତ୍ୟାଧୁନିକ ସହର। ଅତୀତରେ ସିଙ୍ଗାପୁର ମାଲେସିଆ ଦେଶର ଅନ୍ତର୍ଭୁକ୍ତ ଥିଲା। ବର୍ତ୍ତମାନ ଏହା ସ୍ୱାଧୀନ ଦେଶ। ଆକାରରେ ଖୁବ୍ ଛୋଟ, ମାତ୍ର ପୃଥିବୀରେ ବିକାଶଶୀଳ ବାଣିଜ୍ୟ କେନ୍ଦ୍ର ହିସାବରେ ସିଙ୍ଗାପୁର ଅଦ୍ୱିତୀୟ। ପ୍ରଧାନ ବିମାନ ବନ୍ଦର ଚାଙ୍ଗୀ ବୋଧହୁଏ ପୃଥିବୀରେ ସର୍ବାଧୁନିକ।

ସହରଟି ପରିଷ୍କାର ଏବଂ ଚାରିଆଡ଼େ ଶୃଙ୍ଖଳାପୂର୍ଣ୍ଣ। ଏଠିକାର ସରକାରଙ୍କର ଭାରି ଟାଣୁଆ ନିୟମକାନୁନ୍। ନିଶାଯୁକ୍ତ ଡ୍ରଗ୍ ଯଦି କାହାପାଖରେ ଧରାପଡ଼ିବ, ତେବେ ସିଧା ମୃତ୍ୟୁଦଣ୍ଡ। ଚାରିଆଡ଼ ନିରାପଦ। ଆମେରିକା ତଥା ୟୁରୋପର ବଡ଼ ବଡ଼ କମ୍ପାନୀମାନେ ସମଗ୍ର ଏସିଆ ମହାଦେଶର ବାଣିଜ୍ୟ ପାଇଁ ସିଙ୍ଗାପୁରରେ ପ୍ରଧାନ ଅଫିସ ବସାଇଛନ୍ତି।

କେତେକ ସ୍ଥାନୀୟ ସହକର୍ମୀ ଆମକୁ ଲିଟିଲ୍ ଇଣ୍ଡିଆ ଅଞ୍ଚଳରୁ ବୁଲାଇ ନେଲେ। ଶହ ଶହ ଭାରତୀୟମାନଙ୍କ ଦୋକାନ ବଜାର ଏହିଠାରେ। ରବିବାର ଦିନ ହଜାର ହଜାର ଭାରତୀୟ ଏଠାରେ ଭିଡ଼ ଜମାଇଥାନ୍ତି। ଏବେକୁ ଭାରତରୁ ବହୁ ସଂଖ୍ୟାରେ ଟୁରିଷ୍ଟମାନେ ଆସୁଛନ୍ତି। କଲିକତାରୁ ଏବଂ ମାଡ୍ରାସରୁ ମାତ୍ର ୩-୪ ଘଣ୍ଟା ଉଡ଼ାଜାହାଜ ବାଟ। ସ୍ଥାନୀୟ ହୋଟେଲରେ Times of India ଦୈନିକ ସମ୍ବାଦପତ୍ର ମଧ୍ୟ ମିଳୁଛି। ଟେଲିଭିଜନରେ ଭାରତ ସମ୍ବାଦ ବହୁତ। ଏଠାର ସରକାର ଭାରତ ସହ ଅନେକ ଜଏଣ୍ଟ ପ୍ରୋଜେକ୍ଟ ଆରମ୍ଭ କରିଛନ୍ତି। ବାଙ୍ଗାଲୋରଠାରେ ସଫ୍ଟୱେର ପାର୍କ ସିଙ୍ଗାପୁର ସରକାରଙ୍କ ସହାୟତାରେ ଗଢ଼ାଯାଇଛି।

ଥାଇଲାଣ୍ଡ (ବ୍ୟାଙ୍କକ୍): ସିଙ୍ଗାପୁର ଏଆରଲାଇନ୍‌ସରେ ପ୍ରାୟ ୨ ଘଣ୍ଟା ଉଡ଼ିଲେ ଥାଇଲାଣ୍ଡ ଦେଶ, ଠିକ୍ ମାଲେସିଆର ଉପରକୁ। ପାଖରେ ବର୍ମା (ମିଆଁମାର) ଦେଶ। ତାକୁ ଡେଇଁଲେ ଭାରତ। ବ୍ୟାଙ୍କକ ଅତି ପ୍ରକାଣ୍ଡ ସହର। ଏଠାର ଟ୍ରାଫିକ୍ ମଧ୍ୟ ଭାରତର ଦିଲ୍ଲୀ ଓ ବମ୍ବେଠାରୁ ଖରାପ। ସହରରେ ଗାଡ଼ି ସଂଖ୍ୟା ଅତ୍ୟଧିକ ବଢୁଥିବାବେଳେ ରାସ୍ତାଘାଟ ବଢୁ ନାହିଁ। ତେଣୁ ଅସମ୍ଭବ ଭିଡ଼। ଗାଡ଼ିରୁ ନିର୍ଗତ କାର୍ବନ୍ ମନକସାଇଡ୍ ଗ୍ୟାସ୍ ବାୟୁମଣ୍ଡଳକୁ ଦୂଷିତ କରୁଛି।

ଏ ଦେଶ ଏସିଆର ଅନ୍ୟାନ୍ୟ ଦେଶମାନଙ୍କ ତୁଳନାରେ ଅଧିକ ସମସ୍ୟାବହୁଳ। ଏମାନଙ୍କ ଭାଷାକୁ ଥାଇ ଭାଷା କୁହାଯାଏ। ସଂସ୍କୃତ ଭାଷାରୁ ଏହାର ଉତ୍ପତ୍ତି। ହିନ୍ଦୁ ଧର୍ମର ପ୍ରଭାବ ଚାରିଆଡ଼େ। ହନୁମାନ, ବ୍ରହ୍ମା, ରାମ, ଅଯୋଧ୍ୟା ଇତ୍ୟାଦି ଶବ୍ଦ ଚାରିଆଡ଼େ ପ୍ରଚଳିତ ଓ ନଜରରେ ପଡ଼େ। ହିନ୍ଦୁ ମନ୍ଦିର ଢାଞ୍ଚାରେ ଏଠାର ମନ୍ଦିରମାନ।

ସହରରେ ବୁଲିଲାବେଳେ ଦେଖିଲୁ ହାତୀର ପ୍ରସ୍ତର ମୂର୍ତ୍ତିରେ ଲୋକେ ମାଲ୍ୟାର୍ପଣ କରି ମୁଣ୍ଡିଆ ମାରୁଛନ୍ତି। ଏମାନଙ୍କର ବ୍ରହ୍ମା ମୂର୍ତ୍ତିରେ ଚାରୋଟି ମୁଣ୍ଡ। ଚିନ୍ତାଧାରାରେ ଭାରତୀୟ ସଂସ୍କୃତି ପରିଲକ୍ଷିତ ହୋଇଥାଏ। ଧାନଚାଷ ଏଠାରେ ଭଲ ହୁଏ। ଅତୀତରେ ଓଡ଼ିଆମାନେ ଏଠାକୁ ଆସିଥିବା ନିଶ୍ଚିତ, କାରଣ କେତେକ ଖାଦ୍ୟ ପଦାର୍ଥରେ ଓଡ଼ିଶାର ସ୍ୱାତନ୍ତ୍ର୍ୟ ଦେଖିବାକୁ ମିଳିଥାଏ।

ମାତ୍ର ୨ ଦିନର ରହଣି। କାର୍ଯ୍ୟ ସମାପ୍ତ କରି ପୁନରାୟ ଏୟାରପୋର୍ଟ, ସେଠାରୁ ହଂକଂ ଦେଇ ଦୀର୍ଘ ୧୫ ଘଣ୍ଟା ଉଡ଼ିବା ପରେ ସାନଫ୍ରାନ୍‌ସିସ୍କୋରେ ପହଞ୍ଚିବାକୁ ହେବ।

■

ପ୍ୟାରିସ୍-୧୯୯୭

ଓଡ଼ିଶାରେ ୧୦ ଦିନର ସଂକ୍ଷିପ୍ତ ରହଣି ପରେ ଦିଲ୍ଲୀ ଆସିବାକୁ ହେଲା। ସେଠାରୁ ୧୦ଘଣ୍ଟା ନିରବଚ୍ଛିନ୍ନ ଭାବେ ଉଡ଼ିବା ପରେ ଲଣ୍ଡନରେ ବିମାନ ଓହ୍ଲାଇଲା। ଲଣ୍ଡନରେ ୪ ଦିନର କାମ। ଦିଲ୍ଲୀରେ ୪୦ ଡିଗ୍ରୀ ସେଲ୍‌ସିୟସ ତାପ ପରେ ଲଣ୍ଡନରେ ମାତ୍ର ୧୦ ଡିଗ୍ରୀ ଥଣ୍ଡା ପାଗ କହିଲେ ଚଳେ। ତା' ସାଙ୍ଗକୁ ଝିପିଝିପି ବର୍ଷା ଲାଗି ରହିଛି।

ଲଣ୍ଡନ କାମ ସମାପ୍ତ କରି ପ୍ୟାରିସ୍ ଆସିବାକୁ ହେଲା। ଲଣ୍ଡନରେ ଆଜିକାଲି ପହଞ୍ଚିଲେ ବମ୍ବେରେ ପହଞ୍ଚିଲା ପରି ବୋଧହୁଏ। ସେଇଭଳି ବସ ଯାତାୟତ କରୁଛି। ଆଗର ପରିଷ୍କାର ପରିଚ୍ଛିନ୍ନତା ଊଣା ପଡ଼ିଗଲାଣି। ଯୁଆଡ଼େ ଚାହିଁଲେ ଭାରତ ଓ ପାକିସ୍ତାନ ଲୋକ ଭର୍ତ୍ତି। ଭାରତୀୟ ରେସ୍ତୋରାଁ ଶହଶହ ସଂଖ୍ୟାରେ। ସେମାନଙ୍କର ନାମ ସବୁ କୋହିନୂର, ତାଜମହଲ, ବମ୍ବେ ପ୍ୟାଲେସ ଛଡ଼ା ଆଖିଦୃଷ୍ଟିଆ ନାଁ: ଯଥା-ପ୍ୟାସେଜ ଟୁ ଇଣ୍ଡିଆ, ଲାଷ୍ଟ ଡେଜ୍ ଅଫ ରାଜ, ଗାନ୍ଧୀ, ଏ ଟେଷ୍ଟ ଅଫ ଇଣ୍ଡିଆ।

ବିମାନଘାଟିରେ ଦେଖିଲେ ସଫାକରିବା କାମଠାରୁ ଆରମ୍ଭ କରି ଦୋକାନ ବଜାରରେ ଭାରତୀୟମାନେ ବସି କାମ କରୁଛନ୍ତି। ଲଣ୍ଡନରୁ ଅନତିଦୂରରେ ସାଉଥହଲ ଜାଗାଟି ପଞ୍ଜାବ ପ୍ରଦେଶର ଯେକୌଣସି ଜାଗା ସହ ତୁଳନା କରାଯାଇପାରେ। ଏଠାରେ ଶିଖ୍ ସଂପ୍ରଦାୟର ଲୋକ ବହୁତ ବେଶି। ଲଣ୍ଡନରେ ୫ଦିନ କାର୍ଯ୍ୟବ୍ୟସ୍ତ ରହିବାକୁ ହେଲା। କମ୍ପ୍ୟୁଟର ସଫ୍ଟୱେରରେ ସେମିନାର ଥିଲା ଏବଂ ସେଥିରେ ଭାଷଣ କାର୍ଯ୍ୟକ୍ରମ ସମାପ୍ତ ହେଲା। ତା'ପରେ ପ୍ୟାରିସ୍।

ପ୍ୟାରିସ୍ ଫ୍ରାନ୍‌ସ ଦେଶର ରାଜଧାନୀ। ଅତି ସୁନ୍ଦର ସହର। ଚିତ୍ରକଳାରେ ଏ ସହର ପୃଥିବୀରେ ଅଦ୍ୱିତୀୟ। ମଝିରେ ବୋହି ଯାଉଛି ସିଏନ୍ ନଦୀ, ପାର୍ଶ୍ୱରେ ବିଖ୍ୟାତ ଆଇଫେଲ ଟାୱାର। ଲିଫ୍‌ଟରେ ଉପରକୁ ଗଲେ ସମଗ୍ର ପ୍ୟାରିସ୍ ସହରର ସୌନ୍ଦର୍ଯ୍ୟ ଆଖିରେ ପଡ଼େ।

ନିକଟରେ ଟୁଇଲେରିସ୍ ଗାର୍ଡେନ୍, ବିରାଟ ଉଦ୍ୟାନ, ତା' ପାର୍ଶ୍ୱରେ ଲୁଭ୍ର

(Louvre) ପ୍ରାସାଦ, ଯେଉଁଥିରେ ବିଶ୍ୱବିଖ୍ୟାତ ମ୍ୟୁଜିୟମ ରହିଛି। ରବିବାର ଦିନ ବିନା ପଇସାରେ ଲୁଭ୍ର ଦେଖିହୁଏ।

ପ୍ୟାରିସ୍‌ର ଅପେରା ହାଉସ ପାଖରେ ଗ୍ରାଣ୍ଡ ଇଣ୍ଟର-କଣ୍ଟିନେଣ୍ଟାଲ ହୋଟେଲରେ ଅବସ୍ଥାନ କରାଗଲା। ଅତି ମହରଗ ଏ ସହର। ହୋଟେଲରେ ସ୍ୱତନ୍ତ୍ର ରେଟରେ ଆମକୁ ପଡ଼ିଲା ଦିନକୁ ୧୮୦୦ ଭାରତୀୟ ଟଙ୍କା।

ଲୁଭ୍ର ମ୍ୟୁଜିୟମ ଅତି ଉଚ୍ଚକୋଟୀର। ଏଥିରେ ପୁରାତନ ଚିତ୍ରକଳା (Painting) ସବୁ ପ୍ରଦର୍ଶିତ ହୋଇଥାଏ। ତା'ଛଡ଼ା ଅତୀତର ଗ୍ରୀକ୍, ଇଜିପ୍ଟ ସଭ୍ୟତାର **Sculpture** (ପ୍ରସ୍ତର ମୂର୍ତ୍ତି) ମଧ୍ୟ ବହୁ ସଂଖ୍ୟାରେ ଥାଏ। ପଞ୍ଚଦଶ ତଥା ଷଷ୍ଠଦଶ ଶତାବ୍ଦୀର ଇଟାଲୀୟ ଶିଳ୍ପୀ ଲିଓନାର୍ଡୋ ଡା ଭିନ୍‌ସିଙ୍କର ଅମର ଚିତ୍ର 'ମୋନାଲିସା' ଏହିଠାରେ ପ୍ରଦର୍ଶିତ ହୋଇଆସୁଛି। ଭାବିଲେ ଆଶ୍ଚର୍ଯ୍ୟ ଲାଗେ-୪୫୦ ବର୍ଷ ତଳର ଅଙ୍କାଯାଇଥିବା ଏହି ଛବିଟି ଏତେ ବର୍ଷ ପରେ କିପରି ନୂଆ ପରି ରହିପାରିଛି।

ଏହି 'ମୋନାଲିସା' ଛବି ଉପରେ ଅନେକ କାହାଣୀ ପର୍ଯ୍ୟବସିତ ହୋଇଆସିଛି। ସେ କାଳର ରାଜାଙ୍କ ପାଖରେ ମୋନାଲିସା ଅତି ଦୁଃଖରେ ରହୁଥିଲା। ତାର ଈଷତ୍ ହସକୁ କେହି କେହି କହନ୍ତି ଯେ ତାହା ନିଷ୍ଠୁର ପୃଥିବୀ ପ୍ରତି ତାଚ୍ଛଲ୍ୟର ଏକ ହସ। ମୋନାଲିସାର ହସ ଅନେକ କବି, ଲେଖକମାନଙ୍କର ଲେଖନୀରେ ସ୍ଥାନ ପାଇ ଆସୁଛି।

ଏଥର ଲୁଭ୍ର ବୁଲିଲାବେଳେ ଅନ୍ୟାନ୍ୟ ବିଖ୍ୟାତ ପେଣ୍ଟରମାନଙ୍କ ପେଣ୍ଟିଂରେ ଅନେକ ସମୟ ଅତିବାହିତ ହେଲା। ଏହି ଚିତ୍ରମାନଙ୍କ ମାଧ୍ୟମରେ ଅତୀତର ଇତିହାସ ଲିପିବଦ୍ଧ ହୋଇରହିଛି। ଏକ ବିଶାଳକାୟ ଚିତ୍ରରେ ନେପୋଲିୟନଙ୍କର ସିଂହାସନ ଆରୋହଣ (Coronation) କଥା ଦେଖାଯାଇଛି। ଏହାକୁ ଫରାସୀ ଚିତ୍ରଶିଳ୍ପୀ ଲୁଭସ ଡେଭିଡ୍ ୧୮୦୪ରୁ ୧୮୦୭ ମଧ୍ୟରେ ଆଙ୍କିଥିଲେ।

ଫ୍ରାନ୍‌ସରେ ବିଦ୍ରୋହ ପରେ ଗଣବିଜୟ ଉପରେ ଏକ ବିଖ୍ୟାତ ଚିତ୍ର ଦେଖିଲୁ। ଏହା ୧୮୩୦ ମସିହାରେ ଶିଳ୍ପୀ ଦେଲାକ୍ରୁଆ ଆଙ୍କିଥିଲେ। ଏଠାରେ ଉଲ୍ଲେଖଯୋଗ୍ୟ ଯେ ପ୍ରତିଟି ଚିତ୍ର ଅତି ମୂଲ୍ୟବାନ ଏବଂ ବିକ୍ରି କଲେ ଗୋଟିକର ଦାମ୍ କୋଟି କୋଟି ଟଙ୍କା ହେବ।

ପ୍ୟାରିସ୍ ସହରର ସୌନ୍ଦର୍ଯ୍ୟ ହେଉଛି ସହରର ଚଉଡ଼ା ରାସ୍ତା (ବୁଲୋଭାର୍ଡ, ଏକ ଫରାସୀ ଶବ୍ଦ) ଚାରିପାଖେ ପାଣିର ଫାଉଣ୍ଟେନ, ସୁନ୍ଦର ସୁନ୍ଦର ବଗିଚା ଏବଂ ପ୍ରକାଣ୍ଡ ଗମ୍ବୁଜ ଥିବା ପ୍ରାସାଦମାଳା। Arc de Triumph (ବିଜୟ ତୋରଣ) ଠାରେ ନୋପୋଲିୟନ ବିଜୟ ଘୋଷଣା କରିଥିଲେ। ଏହିଠାରେ ୧୨ଟି ରାସ୍ତା ଆସି ମିଶିଛି।

ପାଖରେ ପ୍ୟାରିସ୍‌ର ବିଖ୍ୟାତ ସାଞ୍ଜ ଏଲିଜେ (Champs Elysses), ପ୍ୟାରିସରେ ସଂଗୀତ, ଚିତ୍ରକଳା ଇତ୍ୟାଦିରେ ଅନେକ କାର୍ଯ୍ୟକ୍ରମ ଚାଲିଥାଏ।

ରାସ୍ତାରେ ଡେରି ପର୍ଯ୍ୟନ୍ତ ଲୋକେ ଦଳଦଳ ହୋଇ ବୁଲୁଥାନ୍ତି। ସୋରବୋନ ବିଶ୍ୱବିଦ୍ୟାଳୟ ପାଖ ସେଣ୍ଟ ଜର୍ମେ (Saint Germain) ବୁଲୋଭାର୍ଡରେ କବି, ଚିତ୍ରଶିଳ୍ପୀମାନଙ୍କର ଭିଡ଼ ଅନବରତ ଲାଗି ରହିଥାଏ। କବି ଲିଓ ଟଲଷ୍ଟୟ କହିଥିଲେ "I still live in Paris and I cannot imagine ever becoming disinterested in this city or the life I lead there ever losing its charm" (ମୁଁ କେବେ କଳ୍ପନା କରିପାରୁନି ଯେ ଏ ସହର ପ୍ରତି ମୁଁ କେବେ ବୀତସ୍ପୃହ ହେବି କିମ୍ବା ମୋ ଜୀବନ କେବେ ନୀରସ ହେବ)।

ରାତ୍ରିରେ ସହରଟି ଆଲୋକରେ ଭରପୂର ହୋଇଉଠେ। ସିଏନ ନଦୀରେ ଅନେକ ବୋଟ୍ ଆଲୋକିତ ହୋଇ ଜ୍ୟୋସ୍ନାବିହାର କରନ୍ତି। ରେସ୍ତୋରାଁଗୁଡ଼ିକରେ ଭିଡ଼ ଜମିଉଠେ। କାରଣ ଫରାସୀ ଖାଦ୍ୟର ସ୍ୱାତନ୍ତ୍ର୍ୟ ସମସ୍ତଙ୍କୁ ଆକୃଷ୍ଟ କରିଥାଏ।

ଭାଷା ଦୃଷ୍ଟିରୁ ଏଠାରେ ଟିକିଏ ଅସୁବିଧା ହୋଇଥାଏ; ମାତ୍ର ଫରାସୀ ଲୋକେ ଖୁବ୍ ମେଳାପୀ। ଆମେରିକାର ବିଖ୍ୟାତ କବି ଜନ୍ ଷ୍ଟାଇନବ୍ୟାକ କହିଥିଲେ- "No other city in the world has been better loved nor better celebrated. The wanderer has just but arrived, when he feels the embrace of the city, which is so much more than a city". (ପ୍ୟାରିସ୍ ପରେ ପୃଥିବୀରେ କୌଣସି ସହରକୁ ଲୋକେ ଏତେ ପରିମାଣରେ ଭଲ ପାଉନାହାନ୍ତି। ଏଠାରେ ପହଞ୍ଚିଲାମାତ୍ରେ ଲାଗେ ସହର ତମକୁ ଆଲିଙ୍ଗନ କରି ସ୍ୱାଗତ ଜଣାଉଛି।)

ଏଠାରେ ୪ଟି କର୍ମବହୁଳ ଦିବସ ପରେ ଆଗରେ ଅଛି ୧୨ଘଣ୍ଟାର ଉଡ଼ାଜାହାଜ ରାସ୍ତା କାଲିଫର୍ଣ୍ଣିଆକୁ।

■

ଫିନ୍‌ଲ୍ୟାଣ୍ଡ-୧୯୯୨

ଇଉରୋପର ଉତ୍ତରରେ ପ୍ରାୟ ଅଲଗା ହୋଇ ଝୁଲିପଡ଼ିଥିବା ପରି ସ୍ଥଳଭାଗରେ ତିନୋଟି ସ୍କାଣ୍ଡିନେଭିଆ ଦେଶର ଅବସ୍ଥିତି-ନରୱେ, ସୁଇଡେନ ଏବଂ ଫିନ୍‌ଲ୍ୟାଣ୍ଡ ଏଥିମଧ୍ୟରୁ ଫିନ୍‌ଲ୍ୟାଣ୍ଡ ପୂର୍ବତଟକୁ ରୁଷିଆକୁ ଲାଗିଛି । ଦକ୍ଷିଣ ଏବଂ ପଶ୍ଚିମପଟେ (Baltic Sea) ସମୁଦ୍ର । ସୁଇଡେନ ଓ ଫିନ୍‌ଲ୍ୟାଣ୍ଡ ଭିତରେ ଯେଉଁ ସମୁଦ୍ର ତାକୁ ଗଲ୍‌ଫ ଅଫ ବୋଥାନିଆ ବୋଲି କହନ୍ତି । ଫିନ୍‌ଲ୍ୟାଣ୍ଡର ଠିକ୍ ତଳକୁ ଗଲ୍‌ଫ ଅଫ ଫିନ୍‌ଲ୍ୟାଣ୍ଡ ସମୁଦ୍ରରେ ମାତ୍ର ୩୦ ମାଇଲ ଗଲେ ପୂର୍ବତନ ସୋଭିଏତ ଦେଶର ଅଂଶ ଏଷ୍ଟୋନିଆ (Estonia) । ତା' ତଳକୁ ଲାଟଭିଆ (Latvia) ଏବଂ ଲିଥୁଆନିଆ (Lithiuania) । ଏହି ତିନୋଟି ବର୍ତ୍ତମାନ ସ୍ୱତନ୍ତ୍ର ଦେଶ ହୋଇଯାଇଛନ୍ତି । ରୁଷିଆରୁ ବାହାରି ଯାଇ ଦ୍ୱିତୀୟ ମହାଯୁଦ୍ଧ ପରେ ରୁଷିଆ ଏହି ତିନିଦେଶକୁ ବଳପୂର୍ବକ ଦଖଲ କରିଥିଲା ।

ଫିନ୍‌ଲ୍ୟାଣ୍ଡରେ ମାତ୍ର ୨ଦିନର ରହଣି । ରାଜଧାନୀ ହେଲସିଙ୍କି (Helsinki) ଦେଶର ଦକ୍ଷିଣ ପାର୍ଶ୍ୱରେ ସମୁଦ୍ର କୂଳରେ । ଉତ୍ତର ପଶ୍ଚିମରେ ସୁଇଡେନ ଦେଶର ସୀମାରେଖା । ଉତ୍ତରକୁ ନରୱେ ଦେଶର ସାମାନ୍ୟ ଅଞ୍ଚଳର ସୀମା ପୂର୍ବରେ ରୁଷିଆ ସହ ପ୍ରକାଣ୍ଡ ସୀମାରେଖା ଫିନ୍‌ଲ୍ୟାଣ୍ଡରୁ ବାହାରି ରୁଷିଆରେ ପ୍ରବେଶ କରେ । କାରଲିଆ ନାମକ ଜାଗା ଖୁବ୍ ଅନୁନ୍ନତ କହିଲେ ଚଳେ । ମାତ୍ର ୨୦୦ ମାଇଲ ସୀମାରେଖାଠାରୁ ଦୂରରେ ରୁଷିଆର ପୂର୍ବତନ ସହର ଲେଲିନଗ୍ରାଡ୍ ଯାହାର ନାମ ପରିବର୍ତ୍ତନ କରାଯାଇ ରଖାଯାଇଛି 'ସେଣ୍ଟ ପିଟର୍ସବର୍ଗ' ।

ଫିନ୍‌ଲ୍ୟାଣ୍ଡରେ ଏହା ପ୍ରଥମ ପଦାର୍ପଣ । ଲୋକମାନେ ଖୁବ୍ ଶାନ୍ତିପ୍ରିୟ । ପହଞ୍ଚିଲେ ଲାଗେ ଅତି ଧୀରସ୍ଥିର ଏବଂ ଭଦ୍ର ସମାଜ । ଲୋକସଂଖ୍ୟା ମାତ୍ର ୫୦ଲକ୍ଷ । ଦେଶ କିନ୍ତୁ ବେଶ୍ ବଡ଼ । ବର୍ଗ କିଲୋମିଟର ପିଛା ହାରାହାରି ଲୋକସଂଖ୍ୟା ମାତ୍ର ୧୬ । ଦୁଇଟି ଜାତୀୟ ଭାଷା, ଫିନ୍ନିସ (Finish) ପ୍ରାୟ ଶତକଡ଼ା ୯୪ ଭାଗ କୁହନ୍ତି । ବାକି ଶତକଡ଼ା ଛ' ଭାଗ ଦୁଉଡ଼ିସ ଭାଷା କହନ୍ତି । ସମସ୍ତେ ଖ୍ରୀଷ୍ଟିଆନ ଧର୍ମାବଲମ୍ବୀ ।

ଫିନ୍‌ଲ୍ୟାଣ୍ଡ ଦେଶଟି ହ୍ରଦରେ ଭରା । ପ୍ରାୟ ଲକ୍ଷେ ଅଠାଅଶୀ ହଜାର ଛୋଟବଡ଼

ହ୍ରଦ। ସମୁଦାୟ ଦେଶର ଶତକଡ଼ା ୮ଭାଗ ଚାଷ ଜମି ରୂପେ ବ୍ୟବହୃତ ହୁଏ। ବାଲି ଏବଂ ଓଟ୍‌ସ (ବାଜରା) ପ୍ରଧାନ ଫସଲ। ଜଙ୍ଗଲ ସମ୍ପଦ ଫିନ୍‌ଲ୍ୟାଣ୍ଡର ମୁଖ୍ୟ କହିଲେ ଚଳେ। ସମୁଦାୟ ଦେଶର ତିନିଭାଗରୁ ଦୁଇଭାଗ ଜଙ୍ଗଲରେ ଭରା। ପାଇନ ଗଛ ଚାରିଆଡ଼େ।

ସୁଇଡେନ ପରି ଫିନ୍‌ଲ୍ୟାଣ୍ଡର ଜୀବନଧାରଣର ମାନ (Standard of Living) ପୃଥିବୀର ସର୍ବୋଚ୍ଚ କହିଲେ ଚଳେ। ଅବଶ୍ୟ ବର୍ତ୍ତମାନ ଅର୍ଥନୈତିକ ସଂକଟ ଚାରିଆଡେ ଫିନ୍‌ଲ୍ୟାଣ୍ଡରେ ବେକାରି ବୃଦ୍ଧି ପାଇଛି। ଦୁଇଦିନର ରହଣିକାଳରେ ଅନେକ ସ୍ଥାନୀୟ ଲୋକଙ୍କ ସହ କଥାବାର୍ତ୍ତା ହେବାର ସୁଯୋଗ ମିଳିଲା। ଫିନ୍‌ଲ୍ୟାଣ୍ଡ ବହୁ ଶତାବ୍ଦୀ ଧରି ସୁଇଡେନ ଦେଶର ଅଂଶ ଥିଲା। ୧୮୦୯ରୁ ୧୯୧୭ ପର୍ଯ୍ୟନ୍ତ ରୁଷିଆ ରାଜତ୍ୱ କଲା। (ରୁଷିଆର ବିପ୍ଳବ ଏହି ଶତାବ୍ଦୀ) ଏବଂ ଲେଲିନଙ୍କ ଅଭ୍ୟୁଦୟ ସମୟରେ ଫିନ୍‌ଲ୍ୟାଣ୍ଡରେ ଗୃହଯୁଦ୍ଧ ହେଲା ଏବଂ ରୁଷିଆଠାରୁ ୧୯୧୭ରେ ସ୍ୱାଧୀନତା ହାସଲ କରି ଗଣତନ୍ତ୍ର ରୂପେ ଘୋଷିତ ହେଲା।

ହେଲସିଙ୍କିରେ ବୁଲିଲେ ରୁଷିଆର ପ୍ରଭାବ ଖୁବ୍ ଦେଖିବାକୁ ମିଳେ। ଚର୍ଚ୍ଚ, କୋଠାବାଡ଼ି ଇତ୍ୟାଦି ରୁଷିଆର ଗଠନ ଢାଞ୍ଚାରେ। ବର୍ତ୍ତମାନ ରୁଷିଆର ଘୋର ଅର୍ଥନୈତିକ ଅଧଃପତନ ହେବାରୁ ବହୁତ ଲୋକ ଫିନ୍‌ଲ୍ୟାଣ୍ଡ ଆସୁଛନ୍ତି ଏବଂ ନାନପ୍ରକାର ଅବୈଧ କାର୍ଯ୍ୟରେ ଲିପ୍ତ ରହୁଛନ୍ତି ବୋଲି ସ୍ଥାନୀୟ ବନ୍ଧୁମାନେ ମନ୍ତବ୍ୟ ଦେଲେ।

ପ୍ରତିଦିନ ବଡ଼ବଡ଼ ଫେରି ଜାହାଜରେ ଲୋକେ ସୁଇଡେନର ଷ୍ଟକ୍‌ହୋମକୁ ଯିବାଆସିବା କରନ୍ତି। ସମୁଦ୍ରରେ ପ୍ରାୟ ୧୫ଘଣ୍ଟା ଲାଗେ। ପୃଥିବୀର ବଡ଼ ବଡ଼ (Luxury Liner) ଜାହାଜ ସବୁ ଏହିଠାରେ ତିଆରି ହୋଇଥାଏ। ଖୁବ୍ କମ୍ ଭାରତୀୟ ଏଠାରେ। କାରଣ ଦେଶରେ କଡ଼ା ନିୟମ ବାହାର ଲୋକଙ୍କୁ ଆଣିବାରେ। ହେଲସିଙ୍କିରେ ୨୦୦ରୁ ୩୦୦ ଭାରତୀୟ। ଦୁଇଟି ଭାରତୀୟ ରେଷ୍ଟୋରାଁ। ଦୁଇଦିନର ସଂକ୍ଷିପ୍ତ ରହଣି ପରେ ପ୍ୟାରିସ୍ ଦେଇ କାଲିଫର୍ଣ୍ଣିଆ ଫେରିବାକୁ ହେବ।

■

ଗ୍ରୀସ୍-ଏଥେନ୍ସ

ସ୍ଥାନୀୟ ବନ୍ଧୁ ଜର୍ଜ ଆମକୁ ଗାଡ଼ିରେ ଏଥେନ୍ସ ସହରର ଦକ୍ଷିଣତମ ପ୍ରାନ୍ତ, ସମୁଦ୍ର କୂଳର ପୋସାଇଡନ୍ ଟେମ୍ପଲ (Poseidon Temple) ଦେଖାଇବାକୁ ନେଇଥିଲେ। ପ୍ରାୟ ଦେଢ଼ଘଣ୍ଟାର ରାସ୍ତା, ସମୁଦ୍ର କୂଳେ କୂଳେ ପାହାଡ଼ିଆ ରାସ୍ତା, ଆମେ ଯାହାକୁ ଘାଟି ରାସ୍ତା ବୋଲି କହୁ।

ସମୁଦ୍ର (ଭୂ-ମଧ୍ୟ ସାଗର) ଦିଗନ୍ତ ବିସ୍ତାରୀ ଲମ୍ବିଛି। ଘନ ନୀଳ ଜଳରାଶି। ମଝିରେ ମଝିରେ ଦ୍ୱୀପ ସବୁଜିମାରେ ଭରିଛି। ଅପୂର୍ବ ସୁନ୍ଦର ଦୃଶ୍ୟ। ପୋସାଇଡନ୍ ଟେମ୍ପଲ ବୋଧହୁଏ ଦୁଇହଜାର ବର୍ଷର ପୁରୁଣା। ଏହା ସମୁଦ୍ର ଦେବତାଙ୍କ ଲାଗି ତିଆରି ହୋଇଥିଲା। ଅନେକ ଅଂଶ ଭାଙ୍ଗିରୁଜି ଯାଇଛି। ଆକ୍ରୋପଲିସ୍‌ର କାରୁକାର୍ଯ୍ୟ ସହ ଅନେକ ସାମଞ୍ଜସ୍ୟ। ପୂର୍ବକୁ ଚାହିଁ ରହିଛି ମନ୍ଦିର। ସକାଳର ସୂର୍ଯ୍ୟୋଦୟ ବେଳେ କିରଣ ମନ୍ଦିର ଭିତରେ ପ୍ରବେଶ କରିବ। ମନେପଡ଼ିଲା ଆମର ସୂର୍ଯ୍ୟମନ୍ଦିର କୋଣାର୍କର କଥା। ଗ୍ରୀକ୍ ମନ୍ଦିର ଅନୁସାରେ ଏତେଟା ପ୍ରାଚୀନ ନହେଲେ ମଧ୍ୟ କୋଣାର୍କର କାରୀଗରମାନେ ସେହିପରି ସୂର୍ଯ୍ୟ ଦେବତାଙ୍କ ଉପଲକ୍ଷେ ମନ୍ଦିର ଗଢ଼ିଥିଲେ ଏବଂ ସୂର୍ଯ୍ୟଙ୍କର ପ୍ରଥମ କିରଣ ମନ୍ଦିର ଭିତର ସିଂହାସନରେ ପଡୁଥିଲା। ଅଲଗା ସମୟ ଅଲଗା ଦେଶ, ଅଥଚ ଚିନ୍ତାଧାରା ଏକା।

ଗ୍ରୀସ୍ ଦେଶ ଅନେକ ପୁରୁଣା। ଏହାର ଇତିହାସ ତଥା ପ୍ରାଚୀନ ସଭ୍ୟତା ଅତ୍ୟାଧୁନିକ ଥିଲା। ଦେଶର ଗଠନ ମଧ୍ୟ ଅଦ୍ଭୁତ। ପ୍ରଧାନ ସ୍ଥଳଭାଗ (Main Land) ଉତ୍ତରକୁ ଲମ୍ବିଛି। ପଡ଼ୋଶୀ ଦେଶ ତୁର୍କୀ, ଆଲବାନିଆ, ୟୁଗୋସ୍ଲାଭିଆ ଇତ୍ୟାଦି। ୩ ପାଖ ସମୁଦ୍ର, ପ୍ରାୟ ଛୋଟ ବଡ଼ ହୋଇ ତିନି ହଜାର ଦ୍ୱୀପ। ସର୍ବ ବୃହତ୍ ଦ୍ୱୀପ ହେଲା କ୍ରୀଟ୍ ଦ୍ୱୀପ (Crete Island)। ଆମ ବନ୍ଧୁ ଜର୍ଜ ଏହି ଦ୍ୱୀପରେ ଜନ୍ମ ହୋଇଥିଲେ। ତାଙ୍କ ବାପା, ମା' ସେଇଠାରେ ହିଁ ରୁହନ୍ତି।

ଗ୍ରୀକର ଲୋକମାନେ ଖୁବ୍ ବନ୍ଧୁପ୍ରିୟ ଏବଂ ମେଳାପୀ। ଅତିଥି ସତ୍କାର କରିବାରେ ବେଶ୍ ଧୁରନ୍ଧର। ଜର୍ଜବାବୁ ଆମର ଖୁବ୍ ଚର୍ଚ୍ଚା କଲେ। ୨ ଦିନ ତଳେ

ଆମେ ପହଞ୍ଚିଲୁ ତୁର୍କୀ ଦେଶର ସହର ଇସ୍ତାନବୁଲ୍‌ରେ। ଏକ ଭାଷଣ ଦେବାର କାର୍ଯ୍ୟକ୍ରମ ଥିଲା। ଆମେରିକାର ଗ୍ରୀସ୍ ରାଷ୍ଟ୍ରଦୂତ ଏହି ପ୍ରୋଗ୍ରାମ ଉଦ୍‌ଘାଟନ କଲେ।

ଗ୍ରୀସ୍‌ର ପଇସାକୁ ଡ୍ରାକ୍‌ମା (Drachma) ବୋଲି କୁହନ୍ତି। ଆମ ଟଙ୍କାରେ ଏକ ଭାରତୀୟ ଟଙ୍କା ୭ଗ୍ରୀକ୍ ଟଙ୍କା ସହ ସମାନ। ଦେଶର ଲୋକସଂଖ୍ୟା ମାତ୍ର ୧.୨ କୋଟି। ନିକଟରେ ଗ୍ରୀସ୍ ଇଉରୋପୀୟ ଇଉନିଅନରେ ଯୋଗଦାନ କରିଛି। ଲୋକମାନେ ନାମଗୁଡ଼ିକ ଖୁବ୍ ଲମ୍ବା। ବହୁବର୍ଷ ଧରି ପ୍ରଧାନମନ୍ତ୍ରୀ ପାପାଡୋପୁଲସ୍ ଏବେ ବାର୍ଦ୍ଧକ୍ୟ ଓ ବେକାରି ଯୋଗୁଁ ଗାଦି ଛାଡ଼ିଛନ୍ତି। ୟାଙ୍କ ଭାଷା ଗ୍ରୀକ୍, ସେଥିରୁ ଅନେକ ଶବ୍ଦ ଆମେ ବ୍ୟବହାର କରୁ, ଯଥା ଆଲ୍‌ଫା, ବିଟା ଗାମା। ଗ୍ରୀସ୍‌ରେ ୨ଦିନ ରହି ଦକ୍ଷିଣ ଆଫ୍ରିକାର ଜୋହାନସ୍‌ବର୍ଗ ଯିବାକୁ ଅଛି।

■

|| ପାଞ୍ଚ ||

ସମାଜ ଓ ଜୀବନ ଦର୍ଶନ

ଆମର ଧର୍ମ

ଭାରତବର୍ଷ ଛାଡ଼ି ପ୍ରଥମେ ବିଦେଶରେ ପହଞ୍ଚିଲା ପରେ ବିଦେଶୀମାନଙ୍କର ସାଧାରଣ ପ୍ରଶ୍ନ ହେଲା "ତମେ କୋଉ ଚର୍ଚ୍ଚକୁ ଯାଅ ?"

ଆମେ ତରତର ହୋଇ କହିପକାଉ, ଆମେ ଚର୍ଚ୍ଚକୁ ଯାଉନା, କାରଣ ଆମେ ଖ୍ରୀଷ୍ଟିଆନ ନୋହୁଁ।

ଅନେକ ବିଦେଶୀ ହଠାତ୍ ହୃଦୟଙ୍ଗମ କରି ପାରନ୍ତିନି ଯେ, ଖ୍ରୀଷ୍ଟିଆନଙ୍କ ଛଡ଼ା ଆଉ କ'ଣ ଧର୍ମ ଥାଇପାରେ।

ତା'ପରେ ପ୍ରଶ୍ନ ହୁଏ ଆମର ଧର୍ମ କ'ଣ ?

ଆମେ କହୁ ହିନ୍ଦୁଧର୍ମ ବୋଲି।

ପୁଣି ପ୍ରଶ୍ନବାଚୀ- 'ତମର ଧର୍ମପ୍ରବର୍ତ୍ତକ ବା ଧର୍ମଦୂତ (Prophet) କିଏ ?'

ଏଇଠାରେ ସାଧାରଣତଃ କଲେଜରୁ (ସାଧାରଣତଃ ବିଜ୍ଞାନ, ଇଂଜିନିୟରିଂ ବା ଡାକ୍ତରୀ ଛାତ୍ର) ଆସିଥିବା ଉଦୀୟମାନ ଭାରତୀୟ ହିନ୍ଦୁ ଯୁବକର ବୁଦ୍ଧି ବଣା ହୋଇଥାଏ। ମନରେ ପ୍ରଶ୍ନ ହୁଏ, 'ଏଇ ଲୋକଟିକୁ କେମିତି ବୁଝାଇବି ଯେ ଆମର ପ୍ରଫେଟ ବୋଲି ସେମିତି ଜଣେ କେହି ନାହାନ୍ତି, ଯେମିତି ଯିଶୁଖ୍ରୀଷ୍ଟ କିମ୍ବା ମହମ୍ମଦ ମୋଜେସ କିମ୍ବା ବୁଦ୍ଧ।'

କହିବାକୁ ଚେଷ୍ଟାକଲେ ପୁଣି ପ୍ରଶ୍ନବାଣ ହୁଏ, 'ତମ ଧର୍ମରେ ଏକାଧିକ ପ୍ରଫେଟ ତା'ହେଲେ ?

କଦବା କେହି ବିଦେଶୀ ତା'ର ସ୍ୱଳ୍ପ ଜ୍ଞାନରୁ କହିପକାଏ 'ହିନ୍ଦୁମାନେ ପୁନର୍ଜନ୍ମରେ ବିଶ୍ୱାସ କରନ୍ତି, ଗାଈକୁ ପବିତ୍ର ବୋଲି ମାନନ୍ତି, ଇତ୍ୟାଦି।'

ଏହିଭଳି ଉପରଠାଉରିଆ କଥୋପକଥନ ବେଳେ ଏତିକି ମନରେ ସାବ୍ୟସ୍ତ ହୁଏ ଯେ' ଆମେ ଭାରତର ପାଠପଢୁଆ ଉଦୀୟମାନ ଯୁବକ ନିଜର ଧର୍ମ ବାବଦରେ ସମ୍ପୂର୍ଣ୍ଣ ଅଜ୍ଞ। ଆମେ ସରଳ ଭାଷାରେ ଜଣେ ଅନ୍ୟଧର୍ମୀବାଲାକୁ ନିଜ ଧର୍ମର ସଂଜ୍ଞା ବୁଝାଇବାରେ ଅସମର୍ଥ। ଭାରତୀୟ ଝିଅବୋହୂଙ୍କ ମୁଣ୍ଡରେ ସିନ୍ଦୂର ଟୋପା ଦେଖିଲେ

ସାନ ସାଇବ ପିଲେ 'କାହିଁକି ରକ୍ତ ଲାଗିଛି' ବୋଲି ପଚାରନ୍ତି। ନତୁବା ବଡ଼ମାନେ କହନ୍ତି, ଏହା କ'ଣ ତମ ଧର୍ମ ଦୃଷ୍ଟିରୁ ଲଗାଇଛ।'

ମୂଳକଥା ହେଲା ଭାରତରେ ବାଲ୍ୟକାଳରୁ ଆରମ୍ଭ କରି ସ୍କୁଲ, କଲେଜ ପାଠ ମଧ୍ୟରେ ଧର୍ମ ବାବଦରେ କୌଣସି ଶିକ୍ଷା ନାହିଁ, ଯାହା ଟିକିଏ ଶିଖିବା କଥା ତାହା ଘରୁ। ସେଥିରେ ଆନୁଷ୍ଠାନିକ ବିଧିବିଧାନ (ritual) ଉପରେ ଗୁରୁତ୍ୱ ଅଧିକ ମନ୍ଦିର ଯିବା ଉଚିତ୍, ପରୀକ୍ଷା ପୂର୍ବରୁ ମୁଣ୍ଡିଆ ମାରି ସ୍ୱାର୍ଥପର ଭାବେ କାକୁତିମିନତି କଲେ କାଳେ ଭଲ ଫଳ ମିଳିବ ଇତ୍ୟାଦି ଆନୁଷ୍ଠାନିକ ବିଧିବିଧାନରେ କିଛି ଭୁଲ୍ ନାହିଁ, ମାତ୍ର ଧର୍ମ ବାବଦରେ ମୌଳିକ ଜ୍ଞାନ ମଧ୍ୟ ଦରକାର।

ଯେହେତୁ ବିଦେଶରେ ଭାରତୀୟ ଯୁବକ ବା ଯୁବତୀ ଉପଲବ୍ଧି କରନ୍ତି ଯେ ନିଜ ଧର୍ମ ବାବଦରେ ଆମେ କେତେ ପରିମାଣରେ ଅଜ୍ଞ ନିଜର ଧର୍ମ ଉପରେ ଜ୍ଞାନ ଆହରଣର ପିପାସା ବଢ଼ିଯାଏ। ସାଧାରଣ ଭାରତୀୟ ବୁଦ୍ଧିଜୀବୀଙ୍କ ଘରେ ହିନ୍ଦୁଧର୍ମର ଅନେକ ବହି ଦେଖିବାକୁ ମିଳେ। ବେଦାନ୍ତ, ଉପନିଷଦ ବ୍ୟାଖ୍ୟା ଶୁଣିବା ଲାଗି ଅନେକ ବ୍ୟାକୁଳ ହୁଅନ୍ତି।

ଆମେରିକାରେ ଭାରତର ବେଦାନ୍ତ, ଉପନିଷଦ ଉପରେ ଶିକ୍ଷା ପାଇବା ପାଇଁ 'ବେଦାନ୍ତ ସୋସାଇଟି' ସବୁ ଗଠିତ ହୋଇଛି। ସ୍ୱାମୀ ଚିନ୍ମୟାନନ୍ଦଙ୍କ ପରି ଶାସ୍ତ୍ରବିତ୍ ପ୍ରତିବର୍ଷ ଆସନ୍ତି ଏବଂ ଭଗବଦ୍‌ଗୀତାଠାରୁ ଆରମ୍ଭ କରି ଶଙ୍କରାଚାର୍ଯ୍ୟଙ୍କ ଆଦିପଞ୍ଚକମ୍, ତତ୍ତ୍ୱବୋଧ ଇତ୍ୟାଦି ମହାବାଣୀର ବ୍ୟାଖ୍ୟା କରିଥାନ୍ତି। ଏହା ଶୁଣିବାକୁ ଅନେକ ଭାରତୀୟ ତଥା ଆମେରିକୀୟ ଆଗ୍ରହର ସହକାରେ ଆସୁଛନ୍ତି।

ଏ ବର୍ଷର ଓଡ଼ିଶା ସୋସାଇଟିର ବାର୍ଷିକ ଅଧିବେଶନ କାଲିଫର୍ଣ୍ଣିଆର ବିଶ୍ୱବିଖ୍ୟାତ ଷ୍ଟାନଫୋର୍ଡ ବିଶ୍ୱବିଦ୍ୟାଳୟରେ ଯେତେବେଳେ ଉଦ୍‌ଘାଟିତ ହେଲା, ସର୍ବ ପ୍ରଥମେ ଶ୍ରୀମତୀ ଶ୍ୱେତପଦ୍ମା ଦାଶ ଈଶୋପନିଷଦର ଆବାହନ- "ଓଁ ପୂର୍ଣ୍ଣମଦଃ, ପୂର୍ଣ୍ଣମିଦଂ, ପୂର୍ଣ୍ଣାତ୍ ପୂର୍ଣ୍ଣମୁଦଚ୍ୟତେ, ପୂର୍ଣ୍ଣସ୍ୟ, ପୂର୍ଣ୍ଣାମାଦାୟ, ପୂର୍ଣ୍ଣମେବାବଶିଷ୍ୟତେ" ଆରମ୍ଭ କରିଥିଲେ। ସନ୍ଧ୍ୟାର ସାଂସ୍କୃତିକ କାର୍ଯ୍ୟକ୍ରମର ପ୍ରାରମ୍ଭରେ ସମବେତ କଣ୍ଠରେ ଶଙ୍କରାଚାର୍ଯ୍ୟଙ୍କର ନିର୍ବାଣ ଷଟକମ୍ ଗାନ କରାଯାଇଥିଲା- "ମନୋବୁଦ୍ଧିରହଙ୍କାର ଚିତ୍ତାନୀନାହଂ..."। ଏହି ଅଧିବେଶନକୁ ଓଡ଼ିଶାର ସ୍ୱାମୀ ନିଜାନନ୍ଦ ସରସ୍ୱତୀ ମଧ୍ୟ ଆସିଥିଲେ। ଅଧିବେଶନ ପରେ ସ୍ୱାମୀ ନିଜାନନ୍ଦ କିଛି ସପ୍ତାହ ଧରି ବେଦାନ୍ତ ବ୍ୟାଖ୍ୟା କରିଥିଲେ। ଲସ୍‌ଏଞ୍ଜେଲସ ଏବଂ ସାନଫ୍ରାନ୍‌ସିସ୍କୋରେ ଓଡ଼ିଆ ପରିବାରଙ୍କ ସମ୍ମୁଖରେ ସେ ଓଡ଼ିଆରେ ହିନ୍ଦୁଧର୍ମର ମର୍ମ ବୁଝାଇଥିଲେ।

ବର୍ତ୍ତମାନ ଇଟାଲୀରୁ ପୋପ୍ ଜନ୍ ପଲ୍ ଆମେରିକା ଗସ୍ତରେ ଆସିଛନ୍ତି। ହଜାର

ହଜାର ସଂଖ୍ୟାରେ ଲୋକେ ତାଙ୍କୁ ଦେଖୁଛନ୍ତି, ତାଙ୍କ କଥା ଶୁଣୁଛନ୍ତି। ଆମ ଦେଶରେ ଧର୍ମ ପ୍ରତି ଆଗ୍ରହ ସ୍ୱତଃ କମିଗଲା ପରି ଲାଗୁଛି। ବିଧିବିଧାନ ଛଡ଼ା, ଧର୍ମଚର୍ଚ୍ଚା ସ୍କୁଲ, କଲେଜରେ ହେବା ବିଧେୟ। ନ ହେଲେ ହିନ୍ଦୁମାନଙ୍କର ସ୍ୱରୂପ ବା ନିଜତ୍ୱ (identity) ହେବ କି ?

ଭାରତୀୟ ସଂସ୍କୃତି

ଆମ ନିଜ ଅଭିଜ୍ଞତାରୁ ହେଉ କିମ୍ବା ଅନ୍ୟାନ୍ୟ ବନ୍ଧୁମାନଙ୍କ ଅଭିଜ୍ଞତାରୁ ହେଉ ଏହା ସତ୍ୟ ଯେ ଆମେମାନେ ଭାରତ ଛାଡ଼ି ବାହାରେ ରହିବା ପରଠାରୁ ବେଶି 'ଭାରତୀୟ' ହୋଇଯାଇଛୁ। ଅର୍ଥାତ୍ ଭାରତର ସଂସ୍କୃତି, ଐତିହ୍ୟ ଏବଂ ମୂଲ୍ୟବୋଧ ଉପରେ ଆମେ ବହୁତ କଥା ଏହି ବିଦେଶରେ ଥାଇ ଶିଖିଛୁ ଏବଂ ଶିଖୁଛୁ। ଏହାର କାରଣ ବୋଧହୁଏ, ଦେଶରୁ ଦୂରେଇ ରହିବାଦ୍ୱାରା ଅନ୍ୟାନ୍ୟ ଦେଶର ଲୋକଙ୍କ ସହ ନିଜକୁ ସାମିଲ୍ କରିବାପାଇଁ ନିଜର ଅଜ୍ଞତାକୁ ଦୂର କରିବାର ଆବଶ୍ୟକତା ପଡ଼ିଲା, କେତୋଟି ଉଦାହରଣ ଦ୍ୱାରା ଏହାକୁ ବିଶ୍ଳେଷଣ କରାଯିବ।

ପ୍ରତି ରବିବାର ସକାଳେ ଏଠାରେ ଚିନ୍ମୟ ମିଶନ୍ (ସ୍ୱାମୀ ଚିନ୍ମୟାନନ୍ଦଙ୍କ ସଂସ୍ଥା) ଆନୁକୂଲ୍ୟରେ ପିଲାମାନଙ୍କୁ (ବାଲ୍ ବିହାର) ଭାରତର ସଂସ୍କୃତି ଶିକ୍ଷା ଦିଆଯାଏ। ଆମର ପୌରାଣିକ ଚରିତ୍ରମାନଙ୍କ କଥା, ସଂସ୍କୃତ ଶ୍ଲୋକ ଇତ୍ୟାଦି ଶିଖା ଯାଇଥାଏ। ୫-୬ ବର୍ଷରୁ ୧୬ ବର୍ଷ ପର୍ଯ୍ୟନ୍ତ ପିଲା ଏଥିରେ ଯୋଗ ଦେଇଥାନ୍ତି।

ପିଲାମାନଙ୍କ କ୍ଲାସ୍ ବେଳେ ବାପ, ମା'ମାନେ ସ୍ୱାମୀ ତେଜୋମୟାନନ୍ଦ (ଚିନ୍ମୟାନନ୍ଦଙ୍କ ଶିଷ୍ୟ)ଙ୍କ ଠାରୁ ଶଙ୍କରାଚାର୍ଯ୍ୟଙ୍କର ବିବେକ ଚୂଡ଼ାମଣିର ବ୍ୟାଖ୍ୟା ଶୁଣିଥାନ୍ତି। ସ୍ୱାମୀ ତେଜୋମାୟାନନ୍ଦ ଶ୍ଲୋକ ଆବୃତ୍ତି କରିବା ସଙ୍ଗେ ସଙ୍ଗେ ତା'ର ମର୍ମ ବୁଝାନ୍ତି। ତାଙ୍କର ବର୍ଣ୍ଣନାଶୈଳୀ ତଥା ସାଧାରଣ ଜୀବନରେ ବେଦାନ୍ତର ପ୍ରୟୋଗ ଏତେ ହୃଦୟସ୍ପର୍ଶୀ ଯେ ଗୋଟିଏ ଘଣ୍ଟା କେମିତି ଚାଲିଯାଏ ଜଣାପଡ଼େନି। ପ୍ରାୟ ୭୦ରୁ ୮୦ ଜଣ ଭାରତୀୟ ଥାନ୍ତି। ଅଳ୍ପକେତେକ ଆମେରିକୀୟ ମଧ୍ୟ ଶୁଣୁଥାନ୍ତି।

ଏହା ସରିଲାପରେ ପିଲାମାନେ ବିଭିନ୍ନ ଭାରତୀୟ ଭାଷା କ୍ଲାସକୁ ଯାଆନ୍ତି, ତାମିଲ୍, ତେଲୁଗୁ, ହିନ୍ଦୀ, କନ୍ନଡ଼ ଇତ୍ୟାଦି ଭାଷା ଶିକ୍ଷା ଦିଆଯାଇଥାଏ। ଆମେ ଗତ ଜାନୁଆରୀ ମାସରୁ ଏକ 'ଓଡ଼ିଆ' ଭାଷା କ୍ଲାସ ଆରମ୍ଭ କରିଛୁ। ଶ୍ରୀମତୀ ଶ୍ୱେତପଦ୍ମା ଦାଶ ଏହି କ୍ଲାସ ପଢ଼ାନ୍ତି। ବର୍ତ୍ତମାନ ଛାତ୍ରସଂଖ୍ୟା ୧୧, ଓଡ଼ିଆ ଭାଷା ଲେଖିବା ଏବଂ କହିବା ଉପରେ ଏଥିରେ ଗୁରୁତ୍ୱ ଦିଆଯାଉଛି।

କାଲିଫର୍ଣ୍ଣିଆକୁ ନିକଟରେ ସ୍ୱାମୀ ଚିନ୍ମୟାନନ୍ଦ ଆସି ବେଦାନ୍ତ ଉପରେ ଭାଷଣ

ଦେଇଥିଲେ। ଗତ ମାର୍ଚ୍ଚ ମାସରେ ସ୍ୱାମୀ ତେଜୋମୟାନନ୍ଦ ୫ଦିନକାଳ ଗୀତା ଯଜ୍ଞ କରି ଗୀତାରୁ ଚତୁର୍ଦ୍ଦଶ ଅଧ୍ୟାୟ ବ୍ୟାଖ୍ୟା କରିଥିଲେ। ଏହା ତ ଗଲା ବେଦାନ୍ତ ତଥା ଗୀତା ଶିକ୍ଷା।

କଳା ଏବଂ ସଂସ୍କୃତିରେ ମଧ୍ୟ ଭାରତୀୟ କାର୍ଯ୍ୟକ୍ରମ ସବୁବେଳେ ଚାଲିଥାଏ। ନିକଟରେ ଶାମ୍ ବେନେଗଲ୍‌ଙ୍କ ନିର୍ଦ୍ଦେଶନାରେ ଚଳଚ୍ଚିତ୍ରଅ 'ଅନ୍ତର୍ନାଦ' (Inner Voice) ଦେଖିଲୁ। ଆମ୍ଭକୁ ଜଣା ବି ନ ଥିଲା ଯେ ୪୦ବର୍ଷ ତଳେ ମହାରାଷ୍ଟ୍ରରେ ଶ୍ରୀ ପାଣ୍ଡୁରଙ୍ଗ ଶାସ୍ତ୍ରୀଙ୍କ ଅଧ୍ୟକ୍ଷତାରେ 'ସ୍ୱାଧ୍ୟାୟ' ଅଭିଯାନ ଆରମ୍ଭ ହୋଇଥିଲା। ଭକ୍ତିଦ୍ୱାରା କେବଳ ସାଧାରଣ ମଣିଷର ଚରିତ୍ର କାହିଁକି, ପୂରା ସମାଜର ଚରିତ୍ର ମଧ୍ୟ ବଦଳାଯାଇପାରିବ। କାଲିଫର୍ଣ୍ଣିଆରେ ପ୍ରତି ମାସରେ କେଉଁଠାରେ ଭାରତନାଟ୍ୟମ୍, ଓଡ଼ିଶୀ, କଥକ ଇତ୍ୟାଦି ନୃତ୍ୟକଳା ପ୍ରଦର୍ଶିତ ହୋଇଥାଏ। ନିକଟରେ ବିଖ୍ୟାତ ସୀତାର ବାଦକ ଶ୍ରୀ ରବିଶଙ୍କର ଏହି କାଲିଫର୍ଣ୍ଣିଆରେ ଶେଷ ଜୀବନ କଟାଇବେ ବୋଲି ସ୍ଥିର କରି ସାନ୍‌ଡ଼ିଏଗୋ ସହରରେ ଘର କରୁଛନ୍ତି। ଆମର ଅତି ନିକଟରେ ଓସ୍ତାଦ୍ ଅଲୀ ଆକବର୍ ଖାଁ ଅନେକ ବର୍ଷ ଧରି ରହୁଛନ୍ତି। ଅଲୀ ଆକବର୍ କଲେଜ୍ ଅଫ୍ ମିଉଜିକ୍ ଏହିଠାରେ ଅବସ୍ଥିତ। ଆଲ୍ଲାରଖାଁଙ୍କ ପୁଅ ଜାକିର ହୁସେନ୍ (ବିଖ୍ୟାତ ତବଲାବାଦକ) ମଧ୍ୟ ଏହିଠାରେ ସପରିବାରେ ରହୁଛନ୍ତି। ଏମାନଙ୍କ ଛଡ଼ା ଆହୁରି କେତେ କଳାକାର ଏଠି ଅଛନ୍ତି।

ଆଜିଠାରୁ ଠିକ୍ ଶହେବର୍ଷ ତଳେ ୧୮୯୩ ମସିହା ସେପ୍ଟେମ୍ବର ମାସରେ ଚିକାଗୋଠାରେ ଆନ୍ତର୍ଜାତିକ ଧର୍ମ କଂଗ୍ରେସ (International Congress of Religion) ଅଧିବେଶନକୁ ହିନ୍ଦୁଧର୍ମର ଦୂତ ହିସାବରେ ଆସିଥିଲେ ସ୍ୱାମୀ ବିବେକାନନ୍ଦ। ତାଙ୍କର ଭାଷଣ ସର୍ବଶେଷରେ ଥିଲା। ଅଥଚ ସେ ତାଙ୍କର ପ୍ରଜ୍ଞାରେ ସମସ୍ତଙ୍କୁ ଏଭଳି ଅଭିଭୂତ କଲେ ଯେ ତହିଁଆରଦିନ ନିଉୟର୍କ ହେରାଲ୍‌ଡ଼ ଲେଖିଲେ "ସମସ୍ତ ଅଧିବେଶନରେ ବିବେକାନନ୍ଦ ସର୍ବୋଚ୍ଚ ଜ୍ଞାନୀ, ଏଥିରେ ସନ୍ଦେହ ନାହିଁ। ତାହା ଶୁଣିଲାପରେ ଆମର ଲଜ୍ଜା କରିବାର କଥା ଯେ, ଆମେ ଭାରତ ଭଳି ଦେଶକୁ ଖ୍ରୀଷ୍ଟିୟାନ ଧର୍ମ ପ୍ରଚାର ଲାଗି ମିଶନାରୀଙ୍କୁ ପଠାଉଛୁ।" ଏହିବର୍ଷ ଶତବାର୍ଷିକୀ ପାଳିତ ହେବ। ଏଥିନିମନ୍ତେ ୱାଶିଂଟନ୍ ଡିସିରେ ବିରାଟ ଅଧିବେଶନର ଆୟୋଜନ କରାଯାଉଛି। ଭାରତର ପ୍ରଧାନମନ୍ତ୍ରୀଙ୍କ ସମେତ ସ୍ୱାମୀ ଚିନ୍ମୟାନନ୍ଦ, ମହର୍ଷି ମହେଶଯୋଗୀ ଇତ୍ୟାଦି ଆସିବାର ଯୋଜନା ହେଉଛି।

ଆମେରିକାରେ **Pluralism** ଉପରେ ଗୁରୁତ୍ୱ ଦିଆଯାଉଛି। ଅର୍ଥାତ୍ ନିଜର ଧର୍ମ, ସଂସ୍କୃତିକୁ ବଜାୟ ରଖ, ତା' ସାଙ୍ଗକୁ ଆମେରିକାରେ ନିଜ ନିଜ କର୍ତ୍ତବ୍ୟ କର। ଇଉରୋପ କିମ୍ବା ଅନ୍ୟାନ୍ୟ କୌଣସି ଦେଶରେ ସର୍ବଧର୍ମପ୍ରତି ଏଭଳି ସହନଶୀଳତା ବିରଳ। ଭାରତରେ ମଧ୍ୟ ସର୍ବଧର୍ମ ପାଇଁ ସହନଶୀତଳାର ସମୟ ଆସିଛି। ■

ଟେଲିଭିଜନ ଓ ସମାଜ

ଭାରତ ଭଳି ଜନବହୁଳ ଦେଶ ଲାଗି ଟେଲିଭିଜନକୁ ଏକ ଶକ୍ତିଶାଳୀ ମାଧ୍ୟମ ରୂପେ ବ୍ୟବହାର କରିବା ଅତି ଗୁରୁତ୍ୱପୂର୍ଣ୍ଣ। ଗତ ୫ବର୍ଷ ଭିତରେ ଭାରତରେ ଟେଲିଭିଜନ ସେଟ୍‌ମାନଙ୍କର ସଂଖ୍ୟା ବହୁଳଭାବେ ବଢ଼ୁଛି।

ବିଦେଶରୁ ଟେଲିଭିଜନର ଆବଶ୍ୟକ ଯନ୍ତ୍ରପାତି ଆମଦାନୀ ପାଇଁ ସରକାର ସୁବିଧା କଲେ। ଅନେକ ବେସରକାରୀ ବ୍ୟାବସାୟିକ ସଂସ୍ଥା (Private Enterprises) ଏହାର ସୁଯୋଗ ନେଇ ଜାପାନ ତଥା କୋରିଆରୁ ଯନ୍ତ୍ରପାତି ଆଣି ଭାରତରେ ତାକୁ ଏକାଠି ଫିଟ୍ କରି ଟେଲିଭିଜନ ସେଟ୍ ତିଆରିରେ ଲାଗିପଡ଼ିଲେ। ପ୍ରତିଯୋଗିତା ବଢ଼ିବାରୁ ପ୍ରତି ସେଟ୍ ପିଛା ଦରଦାମ୍ କମିବାକୁ ଲାଗିଲା।

ଫଳତଃ ମଧ୍ୟବିତ୍ତ ପରିବାର ମଧ୍ୟ ଟେଲିଭିଜନ କିଣିବାକୁ ସମର୍ଥ ହୋଇପାରୁଛନ୍ତି। ମଣିଷର ଶରୀର ଥାଇ ମସ୍ତିଷ୍କ ବା ବ୍ରେନ୍ ନ ଥିବା ଯାହା, ଟେଲିଭିଜନ ଯନ୍ତ୍ରଟି ଥାଇ ଆବଶ୍ୟକ ପ୍ରୋଗ୍ରାମ ନ ଥିବା ସେଇଆ, ଅର୍ଥାତ୍ ଖାଲି ସେଟ୍‌ଟିଏ କିଣିଲେ କ'ଣ ହେବ ? ଟି.ଭି ଷ୍ଟେସନରୁ ପ୍ରୋଗ୍ରାମ ସବୁକୁ ଆଣ୍ଟେନା (Antenna) ମାଧ୍ୟମରେ ଅକ୍ତିଆର କରି ଦେଖିପାରିଲେ, ଲୋକେ ଟିଭି ଭଳି ମାଧ୍ୟମକୁ ହୃଦୟଙ୍ଗମ କରିପାରିବେ। ଏଥିଲାଗି ଭାରତ ତଥା ବୈଦେଶିକ ଉପଗ୍ରହ (Satellite) ବିଶେଷ ସୁବିଧା କରିଛନ୍ତି। ଦୂର ଦୂରାନ୍ତକୁ ପ୍ରୋଗ୍ରାମ ସରବରାହ ହୋଇପାରୁଛି।

ଭାରତର ଟିଭି ଷ୍ଟେସନ ଗୋଟିଏ, ତାହା ପୁଣି ସରକାରୀ ସଂସ୍ଥା ଦୂରଦର୍ଶନ। ଏହାକୁ ସ୍ୱୟଂଚାଳିତ କରାଇବାର ଯୋଜନାକୁ ଏପର୍ଯ୍ୟନ୍ତ ସରକାର ଗ୍ରହଣ କରି ନାହାନ୍ତି। ଅନ୍ୟାନ୍ୟ ବେସରକାରୀ ସଂସ୍ଥା ଟିଭି ପ୍ରୋଗ୍ରାମକୁ ନିଜ ଷ୍ଟେସନ ଦ୍ୱାରା ସରବରାହ କରିବାର ଚିନ୍ତା ବୋଧହୁଏ କରାଯାଇ ନ ଥିବା ଭଳି ମନେ ହେଉଛି।

ଆମେରିକାରେ ଟିଭିର ପ୍ରାରମ୍ଭ ୧୯୫୦ ଦଶନ୍ଧିରେ ହୋଇଥିଲା, ୧୯୬୦ ଦଶନ୍ଧିରେ କଳାଧଳା (Black and White) ଟିଭି ଛାଡ଼ି ରଙ୍ଗିନ ଟିଭିକୁ ଲୋକେ ଦେଖିବାକୁ ଆରମ୍ଭ କଲେ। ତେଣୁ ଏ ଦେଶରେ ଟିଭିର ପ୍ରଚଳନ ଗତ ୩୫ ବର୍ଷ ଧରି ଚାଲିଆସୁଛି।

ପ୍ରାରମ୍ଭରେ ଏଠି ମଧ୍ୟ ବର୍ତ୍ତମାନର ଭାରତପରି ଟିଭି ପ୍ରତି ଲୋକଙ୍କର ବହୁତ ଉତ୍କଣ୍ଠା ବା ଆଗ୍ରହ ଥିଲା। ପ୍ରଥମତଃ ନିଜ ଘରେ ବସି ଦେଶବିଦେଶର କଥା ଏବଂ ଚଳଚ୍ଚିତ୍ର ଇତ୍ୟାଦି ଉପଭୋଗ କରିବାର ସୁବିଧାରେ ଲୋକେ ବିହ୍ୱଳ ହୋଇପଡ଼ିଲେ। ସିନେମା ହଲରେ ଭିଡ଼ କମିଲା, ଚଳଚ୍ଚିତ୍ର ନିର୍ମାତାମାନଙ୍କର ଭାଲେଣି ପଡ଼ିଗଲା। ସମ୍ପ୍ରତି ଭାରତରେ ସେଇ ଅବସ୍ଥା ଉପୁଜିଛି। ହଠାତ୍ ଚଳଚ୍ଚିତ୍ର ଅଭିନେତା ତଥା ଅଭିନେତ୍ରୀଙ୍କ ବ୍ୟତୀତ ଟିଭି ଶୋ'ରେ ଅଭିନେତା, ଅଭିନେତ୍ରୀମାନେ ରାତାରାତି ଲୋକପ୍ରିୟତା ଶିଡ଼ିରେ ଉପରକୁ ଉଠିଗଲେ।

ବର୍ତ୍ତମାନ ଭାରତରେ ହମଲୋଗ୍, ୟହି ହେ ଜିନ୍ଦେଗୀ, ବିଶେଷତଃ ନିକଟରେ ଅତି ସଫଳକାମୀ ଶୋ ରଜନୀ ଲୋକପ୍ରିୟ ହୋଇଛି। ରଜନୀର ପ୍ରିୟା ତେନ୍ଦୁଲକର ବର୍ତ୍ତମାନ ଭାରତର ସହରୀ ଘରମାନଙ୍କରେ ବେଶ୍ ସୁପରିଚିତା। ଆମେରିକାରେ ଠିକ୍ ଏହିଭଳି ସାମାଜିକ ଘଟଣାବଳୀ ଉପରେ ଆଧାରିତ ଶୋ'ଗୁଡ଼ିକ (ଯାହାକୁ **Soap Opera** ବୋଲି କୁହାଯାଏ) ମଧ୍ୟ ଗୃହିଣୀମାନଙ୍କ ଭିତରେ ବେଶ୍ ଆଦୃତ।

ଟିଭିର ଅପକାରିତା ଉପରେ ଭାରତରେ ନାନା ଆଲୋଚନା ହେଉଛି। ପିଲାଏ ପାଠଶାଠ ଛାଡ଼ି ଟିଭି ଦେଖିବାରୁ ପଢ଼ାପଢ଼ିରେ ବ୍ୟାଘାତ ଘଟୁଛି। କ୍ରିକେଟ୍, ଫୁଟବଲ ଖେଳ ଆସିଲେ ଲୋକେ କାମଧନ୍ଦା ଛାଡ଼ିଦେଇ ଦେଖିବାକୁ ବସିଯାଉଛନ୍ତି। ଆମେରିକାରେ ୩୫ବର୍ଷ ଭିତରେ ଟେଲିଭିଜନ ଯୁଗୋପଯୋଗୀ କରିବାରେ କଣ ପଦକ୍ଷେପ ନିଆଯାଇଛି ତାହା ବିଚାର କରାଯାଉ।

ପୃଥିବୀର ସବୁ ଦେଶ ତୁଳନାରେ ଆମେରିକାରେ ସବୁଠାରୁ ବେଶି ଟିଭିସେଟ୍ ଏବଂ ପ୍ରାୟ ପ୍ରତି ପରିବାରରେ ଅତ୍ୟନ୍ତ ଗୋଟିଏ ନତୁବା ଗୋଟିକରୁ ଅଧିକ ଟିଭି ଅଛି କହିଲେ ଭୁଲ ହେବନାହିଁ। ଏଠାରେ ଇଚ୍ଛା କଲେ ୨୦ରୁ ୬୦ ପର୍ଯ୍ୟନ୍ତ ଭିନ୍ନ ଭିନ୍ନ ଟିଭି ଷ୍ଟେସନ ଦେଖିହେବ (ଭାରତରେ ଦୂରଦର୍ଶନ ପରି ୨୦ ରୁ ୬୦ଟି ଷ୍ଟେସନ ରହିଲେ ଯେମିତି ଭଲ ହୁଅନ୍ତା)। ଦିନରେ ଚବିଶ ଘଣ୍ଟା ପ୍ରୋଗ୍ରାମ ଚାଲୁଥାଏ।

ପ୍ରଥମରୁ ୩ଟି ମୁଖ୍ୟ ଷ୍ଟେସନ ଏଥିରେ ପ୍ରତିଯୋଗିତା କରିଆସିଛନ୍ତି। ୩ଟି ଯାକ ବେସରକାରୀ ସରବରାହ ସଂସ୍ଥା। ଆମେରିକାରେ ଦୂରଦର୍ଶନ ଭଳି ସରକାରୀ ସଂସ୍ଥା ନାହିଁ କିମ୍ବା ଆକାଶବାଣୀ ଭଳି ସରକାରୀ ପରିଚାଳିତ ରେଡିଓ ଷ୍ଟେସନ ମଧ୍ୟ ନାହିଁ। ମୁଖ୍ୟ ୩ଟି ଟିଭି ଷ୍ଟେସନ ହେଲେ **ABC (American Broadcasting Corporation), NBC(National Broadcasting Corporation) and CBC(Columbia Broadcasting Corporation)** ଏମାନଙ୍କ ବ୍ୟତୀତ

PBC (Public Boardcasting Corporation) ବୋଲି ସଂସ୍ଥା ଦ୍ୱାରା ଶିକ୍ଷଣୀୟ ତଥା ଶିଶୁମାନଙ୍କ ଲାଗି ପ୍ରୋଗ୍ରାମ ଦିଆଯାଇଥାଏ।

ଗତ ଚାରି ପାଞ୍ଚବର୍ଷ ହେବ ଉପରୋକ୍ତ ଚାରିଟି ଷ୍ଟେସନକୁ ଛାଡ଼ିଦେଲେ ଅନେକ ନିର୍ଦ୍ଦିଷ୍ଟ ପ୍ରୋଗ୍ରାମ Specialized ସଂସ୍ଥାମାନେ ପ୍ରତିଯୋଗିତାରେ ଯୋଗ ଦେଇଛନ୍ତି; ମାତ୍ର ୨୪ଘଣ୍ଟା ସମ୍ବାଦ ପାଇଁ CNN(Central Network News), ସଂଗୀତ MTV, Music TV, ପାଣିପାଗ ପାଇଁ (Weather Channel), କ୍ରୀଡ଼ା ପାଇଁ SPN (Sports Network), ଚଳଚ୍ଚିତ୍ର ପାଇଁ (Movie Channel), ଶିଶୁମାନଙ୍କ ପାଇଁ (Disney Channel) ଇତ୍ୟାଦି ଶକ୍ତିଶାଳୀ ଆଣ୍ଟେନା ବା କେବୁଲ ଦ୍ୱାରା ଏହି ସବୁ ସ୍ୱତନ୍ତ୍ର ଚାନେଲ ଦେଖିହେଉଛି।

ଟେଲିଭିଜନର ପ୍ରଥମ ପର୍ଯ୍ୟାୟରେ ହିଂସାକାଣ୍ଡ ଥିବା ଶୋ ବହୁଳ ଭାବେ ଦେଖାହେଉଥିଲା, ତା'ର କୁପ୍ରଭାବ ପିଲାଙ୍କ ଉପରେ ପଡ଼ିବାରୁ ଅନେକ ଦଳ ପ୍ରତିବାଦ କଲେ। କେଉଁ ପ୍ରକାରର ପ୍ରୋଗ୍ରାମ ଦ୍ୱାରା ସମାଜର ଉପକାର ହେବ, ତାହାକୁ କେହି ଲକ୍ଷ୍ୟ ନ କରି ଲାଭଖୋର ହୋଇ ଶୋ' ତିଆରି କରିବା କ୍ଷତିକାରକ। ଦୂରଦର୍ଶନ ଭଳି ସଂସ୍ଥା ସରକାରଙ୍କ ଦ୍ୱାରା ପରିଚାଳିତ ହେଉଥିବାରୁ କଟକଣା କରିବା ସହଜ, ଅଥଚ ସରକାରୀ କଳର ସ୍ତୁତି ଗାନରେ ମଧ୍ୟ ଲିପ୍ତ ରହିବା ଠିକ୍ ନୁହେଁ।

ଆମେରିକା, ଇଂଲଣ୍ଡ, ଜର୍ମାନୀ, ଫ୍ରାନ୍‌ସ, ଜାପାନ ଇତ୍ୟାଦି ଦେଶଗୁଡ଼ିକରେ, ବେସରକାରୀ ଟେଲିଭିଜନ ସରବରାହ ସଂସ୍ଥାକୁ ସୁଯୋଗ ଦିଆଯାଇଛି। ମନୋରଞ୍ଜନ ସାଙ୍ଗକୁ କିପରି ଅନ୍ୟାନ୍ୟ ଶିକ୍ଷାଉପଯୋଗୀ ଶୋ' ଲୋକମାନଙ୍କ ପାଖରେ ପହଞ୍ଚାଇ ଦିଆଯିବ, ତାରି ଉପରେ ଅନେକ ଅଭିଜ୍ଞତା ହାସଲ କରାଯାଇଛି। ଭାରତର ଯୋଜନାକାରୀମାନେ ସେହିସବୁ ବିଦେଶୀ ଅଭିଜ୍ଞତାକୁ ଅନୁଧ୍ୟାନ କରିବା ଉଚିତ।

ଗାଁ ଗଣ୍ଡାର ଲୋକମାନେ ଉପାଦେୟ କାର୍ଯ୍ୟକ୍ରମ ଦେଖି ଓ ଶିଖି ତାଙ୍କ ଜ୍ଞାନର ପରିସର ବଢ଼ାଇ ତାକୁ କିପରି କାମରେ ଲଗାଇପାରିବେ ତାହାହିଁ ଦୂରଦର୍ଶନର ଆଉଗୋଟିଏ ପ୍ରଧାନ ଲକ୍ଷ୍ୟ ହେବା ଉଚିତ। ଏହି ଶକ୍ତିଶାଳୀ ମାଧ୍ୟମକୁ ସମାଜର ସବୁଶ୍ରେଣୀର ଲୋକଙ୍କର ପ୍ରକୃତ ଉପକାର ଦିଗରେ ବିନିଯୋଗ କରାଯାଇପାରିଲେ ଉଦ୍ଦେଶ୍ୟ ସାଧିତ ହେବ।

■

ଧୂମପାନ ଏବଂ ମଦ୍ୟପାନ

ଧୂମପାନ ଓ ମଦ୍ୟପାନ ପରି ବଦଭ୍ୟାସ ଭାରତ ତଥା ଓଡ଼ିଶାରେ ଗତ କିଛି ବର୍ଷ ହେବ ବେଶ୍ ବୃଦ୍ଧିପାଇଛି। ଅନେକ ଲୋକ ଭାବନ୍ତି ଯେ ପାଶ୍ଚାତ୍ୟ ସଭ୍ୟତାରେ ଏଇ ବଦଭ୍ୟାସ ସବୁର ମାତ୍ରା ବହୁତ ଅଧିକ। ପ୍ରଥମତଃ ଲୋକଙ୍କ ପାଖେ କିଣିବା ପାଇଁ ପଇସା ଅଛି, ଦ୍ୱିତୀୟତଃ ଆମେରିକା, ଇଂଲଣ୍ଡ, ଜର୍ମାନୀ ଇତ୍ୟାଦି ପାଶ୍ଚାତ୍ୟ ଦେଶଗୁଡ଼ିକରେ ସାଧାରଣ ବଜାରଘାଟରେ ମଦ୍ୟ ସୁବିଧାରେ କିଣିବାକୁ ମିଳିଥାଏ। ଏହାର କାରଣ ବାର୍ ଚୋରା ନୁହଁ। ତା'ହେଲେ ଆମେରିକାରେ ସର୍ବସାଧାରଣ ସକାଳୁ ସନ୍ଧ୍ୟା ପର୍ଯ୍ୟନ୍ତ କ'ଣ ମଦନିଶାରେ ମାତାଲ ହୋଇ ରହିଥାନ୍ତି ?

ଏହାର ଅସଲ ସତ୍ୟ ଭିନ୍ନ ପ୍ରକାର।

ପ୍ରଥମେ ଧୂମପାନ କଥା ଦେଖାଯାଉ, ଶରୀର ପ୍ରତି ଧୂମପାନର ଅପକାରିତା ଉପରେ ବହୁଳ ପ୍ରଚାର ଫଳରେ ଏହାର ମାତ୍ରା ଅଭୂତପୂର୍ବ ଭାବରେ କମିଯାଇଛି। ବର୍ତ୍ତମାନ ଆମେରିକାରେ ବଜାର, ଷ୍ଟେସନ, ବିମାନଘାଟି ଇତ୍ୟାଦିରେ ବୁଲିଲାବେଳେ ଧୂମପାନ ନ କରିବା ଲୋକଙ୍କ ସଂଖ୍ୟା ବେଶି ପରି ମନେ ହେଉଛି।

ଉଡ଼ାଜାହାଜରେ 'ଧୂମପାନ ନିଷେଧ'ର ସିଟ୍‌ଗୁଡ଼ିକର ସଂଖ୍ୟା ବହୁତ ଅଧିକ। ଉଡ଼ାଜାହାଜର ଶେଷ ଭାଗକୁ ଶତକଡ଼ା ୧୫ରୁ ୨୦ଟି ସିଟ୍ ଧୂମପାନ ପାଇଁ ନିର୍ଦ୍ଦିଷ୍ଟ। ବସ୍ କି ଟ୍ରେନରେ ଧୂମପାନ ନିଷେଧ କରାଯାଇଛି। ଏକ ଉଡ଼ାଜାହାଜ କମ୍ପାନୀ ମିଉଜ୍ ଏୟାର (Muse Air) ତାଙ୍କ ପ୍ଲେନଗୁଡ଼ିକରେ ସମ୍ପୂର୍ଣ୍ଣଭାବେ ଧୂମପାନ ବନ୍ଦ କରାଇ ଲୋକପ୍ରିୟତା ହାସଲ କରିଛନ୍ତି।

ବଡ଼ ବଡ଼ କମ୍ପାନୀମାନଙ୍କରେ ମିଟିଂ କିମ୍ବା କ୍ଲାସ ରୁମ୍‌ରେ କେହି ସିଗାରେଟ ଟାଣିପାରିବେ ନାହିଁ। ଯେଉଁ ଅଫିସଗୁଡ଼ିକରେ ସିଗାରେଟ ଟାଣିବା ଲୋକ ବସନ୍ତି ସେମାନେ ଏଠାରେ ଧୂମପାନ ହୁଏ ବୋଲି ସାଇନ୍ ବୋର୍ଡ଼ ମାରିବାକୁ ବାଧ୍ୟ। କାରଣ ଗବେଷଣାରୁ ଦେଖାଯାଇଛି ଯେ ନିଜେ ସିଗାରେଟ୍ ନ ଟାଣିଲେ ମଧ୍ୟ, ସିଗାରେଟ ଟାଣୁଥିବା ଲୋକଙ୍କ ପାଖରେ ବସିଲେ ଧୂଆଁ ନିଜ ଶରୀର ଭିତରକୁ ଯାଇ କ୍ଷତି

କରାଇବ। ତେଣୁ ନିଜେ ସିଗାରେଟ ନ ଟାଣିଲେ ଯେ ସମ୍ପୂର୍ଣ୍ଣ ତ୍ରାହି ମିଳିବ ତାହା ସତ୍ୟ ନୁହଁ।

ଯେଉଁ ଦେଶଗୁଡ଼ିକରେ ଜୀବନଯାତ୍ରାର ଚାପ ବେଶି, ସେଇଠି ସିଗାରେଟ ବେଶି ଲୋକ ଟାଣନ୍ତି। ମେକ୍‌ସିକୋ, ଜାପାନ, ଫ୍ରାନ୍‌ସ, ଓଡ଼ିଶା ଇତ୍ୟାଦି ଦେଶରେ ଏହା ଦେଖିବାକୁ ମିଳିଥାଏ। ଆମେରିକାର ନିଉୟର୍କ, ଚିକାଗୋ ଇତ୍ୟାଦି ବଡ଼ ସହରମାନଙ୍କରେ ଅନ୍ୟାନ୍ୟ ଜାଗା ଅପେକ୍ଷା ଧୂମପାନର ମାତ୍ରା ଅଧିକ।

ଭାରତରେ ଧୂମପାନ ଏକ ବଡ଼ଲୋକି ଆଦବକାଇଦା ରୂପେ ଗ୍ରହଣ କରାଯାଏ। ଏହାର ଅପକାରିତା ବାବଦରେ ଜନସାଧାରଣ ଅବଗତ ନୁହନ୍ତି କିମ୍ବା ବିଶେଷ ଗୁରୁତ୍ୱ ଦେଇନଥାନ୍ତି। କର୍କଟ ରୋଗ ସହ ଏହାର ସମ୍ପର୍କ ନିଶ୍ଚିତ ଭାବେ ଅଛି ବୋଲି ବୈଜ୍ଞାନିକମାନେ ଘୋଷଣା କଲେଣି। ଭାରତରେ ଏହାର ପ୍ରଭାବକୁ କମାଇବାରେ ସରକାର ଦୃଢ଼ ପଦକ୍ଷେପ ନେବା ଉଚିତ।

ଦ୍ୱିତୀୟରେ ମଦ୍ୟପାନ କଥା ଦେଖାଯାଉ। ଭାରତରେ ମଦ୍ୟପାନ କହିଲେ ବୁଝାଏ କ୍ଷଣିକପାଇଁ ମଣିଷ ସବୁଚିନ୍ତାରୁ ଅନେକ ଦୂରେଇ ଯାଇ ଏକ କାଳ୍ପନିକ ସ୍ୱପ୍ନରାଇଜରେ ବୁଲିବ। ଏହି ନିଶାରେ ଅନେକ ଜଘନ୍ୟ କାର୍ଯ୍ୟ କରିପକାନ୍ତି ମଧ୍ୟ।

ଥରେ ଏହା ଅଭ୍ୟାସରେ ପଡ଼ିଲେ ମଣିଷ ଏହାର ଦାସ ହୋଇଯାଏ। କ୍ରମଶଃ ଏହାର ମାତ୍ରା ବୃଦ୍ଧି ହୁଏ। କିଣିବାକୁ ପଇସା ଅଣ୍ଟେନାହିଁ। ତେଣିକି ଧାର, କରଜରେ ମଣିଷ ବୁଡ଼ିଯାଏ। ପରିବାର ତଳିତଳାନ୍ତ ହୋଇଯାଏ, ଅକାଳ ମୃତ୍ୟୁ ମଧ୍ୟ ଆସେ।

ଏପରି ଲୋକ ମଧ୍ୟ ଆମେରିକାରେ ଅଛନ୍ତି। ଏମାନଙ୍କୁ Alcoholic (ଅଭ୍ୟାସଗତ ମଦ୍ୟପ) ବୋଲି କୁହାଯାଏ ଏବଂ ଏହା ଏକ ରୋଗ। ଏହି ରୋଗର ନିରାକରଣ ପାଇଁ ଆମେରିକାର ଅନେକ ଅନୁଷ୍ଠାନ ଅଛି। ଆଲକହଲିକ୍ ଆନନିମସ୍ (Alcoholic Anonymous) ନାମକ ଏକ ଅନୁଷ୍ଠାନ ଦ୍ୱାରା ହଜାର ହଜାର ଲୋକଙ୍କ ନିଶା ବ୍ୟାଧିକୁ ଦୂରକରାଯାଇ ପାରୁଛି। ଆମେରିକାରେ ଏଭଳି ଲୋକଙ୍କ ସଂଖ୍ୟା ମଧ୍ୟ ଦ୍ରୁତଗତିରେ କମିଚାଲିଛି।

ସାମାଜିକ ମଦ୍ୟପାନ ଏଠାରେ ସାଧାରଣ କହିଲେ ଚଳେ। ରାଷ୍ଟ୍ରପତି ରେଗାନ୍ ଅନ୍ୟରାଷ୍ଟ୍ର ନେତାଙ୍କୁ ସାନ୍ଧ୍ୟ ଭୋଜିରେ ଆପ୍ୟାୟିତ କଲାବେଳେ ଫରାସୀ Wine ଦେଉଥାନ୍ତି। ଏପରି Wineରେ ଆଲ୍‌କହଲର ମାତ୍ରା ଶତକଡ଼ା ୬ରୁ ୧୦ଭାଗ, ଅଥଚ ହୁଇସ୍କି, ରମ୍, ଜିନ୍ ଇତ୍ୟାଦି କଡ଼ା ମଦରେ ଆଲକହଲର ମାତ୍ରା ଶତକଡ଼ା ୬୦ରୁ ୮୦। ଆମେରିକାରେ କଡ଼ା ମଦର ବିକ୍ରି ଗତ କିଛିବର୍ଷ ହେଲା କମି ଚାଲିଛି ଏବଂ Wineର ବିକ୍ରି ବୃଦ୍ଧି ପାଇଛି।

ମଦନିଶା ଥାଇ ଗାଡ଼ି ଚଳାଇବା ଘୋର ଅପରାଧ। ପୋଲିସ ଧରିଲେ ଜୋରିମାନା ଓ ଜେଲ। ଗାଡ଼ି ଚଳାଇବାର ଲାଇସେନ୍‌ସ ବାଜ୍ୟାପ୍ତ କରାଯାଇଥାଏ। ପୋଲିସଙ୍କ ପାଖେ ନିଃଶ୍ୱାସ ପରୀକ୍ଷାର ଯନ୍ତ୍ର (Breath Test) ଥାଏ ଏବଂ ସେଥିରେ ଶରୀରରେ ଆଲକହଲର ମାତ୍ରା ମାପି ଦିଆଯାଏ। ମାତ୍ରାଧିକ ହେଲେ ଦଣ୍ଡବିଧାନ କରାହୁଏ। ଆମ ଦେଶ ଭଳି ଲାଞ୍ଚ ଇତ୍ୟାଦି ଦେଇ ଖସିଯିବାର ତିଳେମାତ୍ର ସମ୍ଭାବନା ନ ଥାଏ।

ଉପରୋକ୍ତ ଆଲୋଚନାରୁ ଏହା ସ୍ପଷ୍ଟ ଯେ ଆମେରିକାରେ ଲୋକେ ଅହରହ ମଦ୍ୟପାନ କରନ୍ତି ନାହିଁ। ଯେଉଁମାନେ କରନ୍ତି, ସେମାନଙ୍କ ପାଇଁ ଚିକିତ୍ସାର ବନ୍ଦୋବସ୍ତ ରହିଛି। ଭାରତବର୍ଷରେ ମଦ୍ୟପାନକୁ ସମାଜରେ ଘୃଣାଚକ୍ଷୁରେ ଦେଖାଯାଉଥିଲା, ଅଥଚ ବର୍ତ୍ତମାନ ମଦ୍ୟପାନରେ ବିଭୋର ହେବାକୁ ଏକ ଆଦବକାଇଦା ବୋଲି ବିଚାର କରାଯାଉଛି। କଲେଜରେ ପିଲାଏ ଏହା ପିଇବାକୁ ମର୍ଯ୍ୟାଦା ବୋଲି ଭାବୁଛନ୍ତି। ପାଶ୍ଚାତ୍ୟ ସଭ୍ୟତାରେ ଏପରି ବଦଭ୍ୟାସ କମୁଥିବା ବେଳେ ଆମ ଦେଶରେ ଏହାର ବୃଦ୍ଧି ଅତ୍ୟନ୍ତ କ୍ଷୋଭର ବିଷୟ। ଭାରତ ଭଳି ବିକାଶୋନ୍ମୁଖୀ ରାଷ୍ଟ୍ରରେ ଏହି ବଦଭ୍ୟାସ ଯେ ଅର୍ଥନୀତିକୁ ବିପର୍ଯ୍ୟସ୍ତ କରିଦେବ, ଏଥିରେ ସନ୍ଦେହ ନାହିଁ। ତେଣୁ ଏ ଦେଶର ଜନସାଧାରଣ, ବିଶେଷତଃ ଯୁବସମାଜ ଏଥିରୁ ଦୂରେଇ ରହିବା ଉଚିତ।

■

ଦୀପକ ଚୋପ୍ରା

ମନୁଷ୍ୟ ଜୀବନରେ ସୁଖ ଦୁଃଖ ଲାଗିରହିଛି । ପ୍ରାୟ ସମସ୍ତେ ସୁଖରେ ଆତ୍ମହରା ହୋଇଯାଆନ୍ତି ଏବଂ ଦୁଃଖରେ ମ୍ରିୟମାଣ ହୋଇ ଭାଙ୍ଗିପଡ଼ନ୍ତି କାହିଁକି ? ସମସ୍ତ ପ୍ରତିକୂଳ ପରିବେଶରେ ଭାରସାମ୍ୟ ନ ହରାଇ ଆମେ କିପରି ସ୍ଥିର ଚିତ୍ତରେ ତା'ର ସମାଧାନ କରିପାରିବା ? ଭାରତ ବର୍ଷରେ ଏହି ସବୁ ପ୍ରଶ୍ନର ଉତ୍ତର ହଜାର ହଜାର ବର୍ଷ ତଳେ ଆମର ପୂର୍ବ ପୁରୁଷମାନେ ଲେଖି ଯାଇଛନ୍ତି । ବିଂଶ ଶତାବ୍ଦୀର ଶେଷ ଦଶକରେ ଏହାର ଆଲୋଚନା ବୃଦ୍ଧି ପାଉଛି ବିଦେଶରେ ।

ଆମେରିକାରେ ଜଣେ ଭାରତୀୟ ଡାକ୍ତର ଦୀପକ ଚୋପ୍ରା ଏବେ ଖୁବ୍ ନାଁ କରିଛନ୍ତି । ତାଙ୍କର ଅନେକ ପୁସ୍ତକ ବହୁତ ଲୋକପ୍ରିୟତା ହାସଲ କରିଛି । ପ୍ରଧାନ ପୁସ୍ତକର ନାଁ ହେଲା "Ageless Body, Timeless Mind" । ଡାକ୍ତର ଚୋପ୍ରାଙ୍କ କହିବା କଥା ହେଲା ଯେ ମଣିଷର ଶରୀର ସହ ମନ ଏବଂ ଆତ୍ମାର ସଂଯୋଗକୁ ନ ବୁଝିଲେ ସୁଖ ଶାନ୍ତିରେ ରହିବା ଅସମ୍ଭବ । ଡାକ୍ତରୀ ବିଦ୍ୟା ମଣିଷର ଅଙ୍ଗପ୍ରତ୍ୟଙ୍ଗକୁ ସ୍ୱତନ୍ତ୍ର ଭାବେ ଚିକିତ୍ସା କରିବା ସଙ୍ଗେ ସଙ୍ଗେ ସ୍ଥୁଳ ଶରୀର ସହ ମନ ଓ ଆତ୍ମାର ସୂକ୍ଷ୍ମତାକୁ ନ ଯୋଡ଼ିଲେ, ଚିକିତ୍ସା ଅସମ୍ପୂର୍ଣ୍ଣ କହିବାକୁ ହେବ । ହୃଦ୍‌ଯନ୍ତ୍ର କ୍ରିୟା ଉପରେ ଅତ୍ୟାଧୁନିକ ଚିକିତ୍ସା ହେଉଛି । ମଣିଷ ହୃଦୟ ଉପରେ ଅସ୍ତ୍ରୋପଚାର କରାଯାଉଛି । ଦରକାର ପଡ଼ିଲେ ଅନ୍ୟଜଣଙ୍କ ହୃଦୟକୁ ଆଣି ଯୋଡ଼ିଦିଆଯାଇ ନୂତନ ଜୀବନ ସଂଚାର କରାଯାଉଛି । ଅଥଚ, ଏତେ ଅତ୍ୟାଧୁନିକ ଚିକିତ୍ସା ଥିଲାବେଳେ, ହୃଦ୍‌ଯନ୍ତ୍ର ସମସ୍ୟା ଗତ ୫୦ ବର୍ଷ ଭିତରେ ଅତ୍ୟଧିକ ବୃଦ୍ଧି ପାଇଛି ।

ମଣିଷର ମାନସିକ ସୁସ୍ଥତା ନ ଥିଲେ ଶରୀର ବିଭିନ୍ନ ଅଙ୍ଗ ପ୍ରତ୍ୟଙ୍ଗରେ ତା'ର ପ୍ରଭାବ ପରିଲକ୍ଷିତ ହୋଇଥାଏ । ଦୀପକ ଚୋପ୍ରା ତାଙ୍କ ବହିରେ ଆମ ବେଦାନ୍ତ ଦର୍ଶନ କଥା ବର୍ଣ୍ଣନା କରି ଚିହ୍ନସତ୍ତା ଉପଲବ୍ଧି କରିବାକୁ ପରାମର୍ଶ ଦେଇଛନ୍ତି । ଭଗବାନ ଶ୍ରୀକୃଷ୍ଣ ଭଗବଦ୍ ଗୀତାରେ କହିଛନ୍ତି "ଦେହିନୋଽସ୍ମିନ୍‌ଯଥା ଦେହେ କୌମାରଂ

ଯୌବନଂ ଜରା ତଥା ଦେହାନ୍ତରପ୍ରାପ୍ତିଃ ଧୀରସ୍ତତ୍ର ନ ମୁହ୍ୟତି, ମାତ୍ରାସ୍ପର୍ଶାସ୍ତୁ କୌନ୍ତେୟ ଶୀତୋଷ୍ଣ ସୁଖଦୁଃଖଦାଃ ଆଗମାପାୟିନୋଽନିତ୍ୟାସ୍ତାଂସ୍ତିତିକ୍ଷସ୍ୱ ଭାରତ।"

ଶରୀର ପଞ୍ଚେନ୍ଦ୍ରିୟ ସହ ମନକୁ ଷଷ୍ଠ ଇନ୍ଦ୍ରିୟ ରୂପେ ଧରିଲେ, ଏମାନେ ନାନା ବସ୍ତୁର ସଂସ୍ପର୍ଶରେ ଆସିଥାନ୍ତି। ସେଥିରୁ ସୁଖ, ଦୁଃଖ, ଶୀତ, ଉଷ୍ଣ, ମାନ, ଅପମାନର ଭାବନାର ସୂତ୍ରପାତ ହୁଏ। ଅଥଚ ଏସବୁର ଆରମ୍ଭ ଏବଂ ଅନ୍ତ ରହିଛି। ଅଥଚ ଷଷ୍ଠେନ୍ଦ୍ରିୟର ଉପରେ ଥିବା ଆତ୍ମନ୍ ବା ବ୍ରହ୍ମନ୍ ଏସବୁ ବିଶେଷଣର ବାହାରେ। ଏହାକୁ ହୃଦୟଙ୍ଗମ କଲେ, ସବୁ ପରିସ୍ଥିତିରେ ମନୁଷ୍ୟ ତା'ର ସ୍ଥିରଚିତ୍ତରେ ମୁକାବିଲା କରିବାର କ୍ଷମତା ପାଇପାରିବେ। ସ୍ଥିତପ୍ରଜ୍ଞ ଲକ୍ଷଣ ବର୍ଣ୍ଣନା କରିବାକୁ ଯାଇ ଭଗବାନ ଗୀତାରେ କହିଛନ୍ତି-

ଦୁଃଖେଷ୍ୱନୁଦ୍‌ବିଗ୍ନମନାଃ ସୁଖେଷୁ ବିଗତସ୍ପୃହଃ
ବୀତରାଗଭୟକ୍ରୋଧଃ ସ୍ଥିତଧୀର୍ମୁନିରୁଚ୍ୟତେ।

ଆମର ଧାରଣା ଯେ ସାଧାରଣ ମଣିଷ ପାଇଁ ଏ ପ୍ରକାର ଗୁଣପ୍ରାପ୍ତି ଅସମ୍ଭବ। କେବଳ ମୁନିଋଷିମାନେ ଏହା କରିବାକୁ ସମର୍ଥ। କିନ୍ତୁ ତାହା ସତ୍ୟ ନୁହେଁ। ଭଗବାନଙ୍କ ସୃଷ୍ଟିରେ ସମସ୍ତଙ୍କ ପାଖେ ଏହା କରିବାର କ୍ଷମତା ରହିଛି। ସେଥିଲାଗି ଆତ୍ମନିଷ୍ଠ ହୋଇ ଭଗବତ୍ ପ୍ରେମ ତଥା ଚିରନ୍ତନ ସତ୍ୟକୁ ହୃଦୟଙ୍ଗମ କରିବା ଆବଶ୍ୟକ। ମଣିଷର ନିଜ ମନ ଉପରେ ଅକ୍ତିଆର ନ ରହିଲେ ସେ ନାନା କୁକର୍ମ କରିବାକୁ ଆଗେଇଯାଏ। ଅଥଚ ଏହାର ହିସାବ ନିକାଶ କିଏ ଜଣେ କରୁଛି। ଏଜନ୍ମର ସୁକୃତ ପରଜନ୍ମରେ ପୁଣ୍ୟରେ ସୁଧମୂଳ ସହିତ ମିଳିଥାଏ, ଏହା ଗ୍ରନ୍ଥବାକ୍ୟ ନୁହେଁ ନିରାଟ ସତ୍ୟ। ଅଷ୍ଟ୍ରିଆରେ ବିଖ୍ୟାତ ସଙ୍ଗୀତଜ୍ଞ ମୋଜାର୍ଟ ୨ବର୍ଷରେ କ୍ଲାସିକାଲ ସଂଗୀତ ଆରମ୍ଭ କଲେ, ୫ବର୍ଷ ବେଳକୁ କ୍ଲାଷ୍ଟ ଅପେରା ଲେଖିଲେ, ୭ବର୍ଷ ବେଳକୁ ତାଙ୍କ ରଚିତ ଅପେରା ପ୍ରଦର୍ଶିତ ହେଲା। ଏହା ପୂର୍ବଜନ୍ମର ସୁକୃତ ନୁହେଁ ତ ଆଉ କ'ଣ ?

ଦୀପକ ଚୋପ୍ରା ତାଙ୍କ ପୁସ୍ତକ ତଥା ଭାଷଣରେ କହିଛନ୍ତି ଯେ ମନକୁ ଧ୍ୟାନ ମାଧ୍ୟମରେ ସ୍ଥିର ରଖିଲେ ଶରୀର ସୁସ୍ଥ ରହିବ। ଅନେକ ହୃଦ୍‌ରୋଗୀ କେବଳ ମନୋବଳ ତଥା ସାଧନା ବଳରେ ଭଲ ହୋଇପାରୁଛନ୍ତି। ଅଥଚ ସବୁବେଳେ ସମସ୍ତଙ୍କ ଉପରେ ରାଗ, ଅଭିମାନ ତଥା ଈର୍ଷା, ଦ୍ୱେଷ ଭିତରେ ଛନ୍ଦି ହୋଇ ରହୁଥିବା ଲୋକେ ଶାରୀରିକ ସୁସ୍ଥତା ଅନୁଭବ କରନ୍ତି ନାହିଁ।

ସମସ୍ତଙ୍କୁ ଭଲ ପାଇବା, ସମସ୍ତଙ୍କର ମଙ୍ଗଳ କାମନା କରିବା, ତଥା ପରର ଉପକାର କରି କ୍ଷଣଭଙ୍ଗୁର ଜୀବନକୁ ସାର୍ଥକ କରିବାର ପ୍ରୟାସ ହିଁ ମାନସିକ ଏବଂ ଶାରୀରିକ ଶାନ୍ତି ଆଣିଥାଏ। ମହାତ୍ମା ଗାନ୍ଧୀ ମଧ୍ୟ ତାଙ୍କ ଜୀବନ କାଳରେ ଏଇୟା

କହିଥିଲେ। ଏଥିଲାଗି ଖାଦ୍ୟପେୟରେ ଏବଂ ବ୍ୟବହାରରେ ସଂଯମ ଆବଶ୍ୟକ, ରାତିରେ ମଦ୍ୟପାନ କରି ସକାଳୁ ମନ୍ଦିର ଯାଇ ପୂଜା କଲେ ତା'ର କିଛି ଉପକାର ହୁଏ ନାହିଁ।

ଆମେରିକାରେ ଚିନ୍ମୟ ମିଶନ ତଥା ବେଦାନ୍ତ ସୋସାଇଟି ମାଧ୍ୟମରେ ଧର୍ମଚର୍ଚ୍ଚା ତଥା ଜୀବନ ଚର୍ଚ୍ଚା ବୃଦ୍ଧି ପାଉଛି। ହଜାର ହଜାର ଭାରତୀୟ ଏଥିରୁ ଉପକାର ପାଉଛନ୍ତି। ଅଥଚ ଆମ ଦେଶରେ ଏସବୁ କ୍ଷୟ ହୋଇଯାଉଛି। ଆଜିକାଲିର ରାଜନୈତିକ ପରିସ୍ଥିତିରେ ନୈତିକ ମୂଲ୍ୟବୋଧ ଲୋପ ପାଉଥିବାବେଳେ, ସାଧାରଣ ନାଗରିକମାନେ ଏହାକୁ ହୃଦୟଙ୍ଗମ କଲେ ରାଜନୈତିକ ବିଶୋଧନ ସମ୍ଭବ ହେବ।

ବିଜ୍ଞାନରେ ଅତ୍ୟାଧୁନିକ ଗବେଷଣା ଯେଉଁଠି ଚାଲିଛି, ସେଠାରେ ଆଧ୍ୟାତ୍ମିକତାର ମୂଲ୍ୟବୋଧ ବୃଦ୍ଧି ପାଉଛି। ଆମେ ସମସ୍ତେ ଗୀତାର ଅର୍ଜ୍ଜୁନଙ୍କ ପରି ମୋହଗ୍ରସ୍ତ ହୋଇ ବାଟବଣା ହେଉଛୁ। ତେଣୁ ଭଗବାନଙ୍କ ଅମର ବାଣୀ ହିଁ ଆମର ପାଥେୟ।

ସେଦିନ ଲଣ୍ଡନ ସହରର ସବୱେ (ମାଟିତଳ) ଟ୍ରେନ୍ ଷ୍ଟେସନରେ ଅପେକ୍ଷା କଲାବେଳେ ଦେଖିଲୁ ସାମ୍ନା କାନ୍ଥରେ ପ୍ରକାଣ୍ଡ ପୋଷ୍ଟର। ଲେଖାହୋଇଛି ନୂଆ କୋର୍ସ ସ୍ଥାନୀୟ କଲେଜରେ। ମୁଁ କିଏ ଏହାର ଉତ୍ତର ଭାରତୀୟ ବେଦାନ୍ତ ଦର୍ଶନରେ ବର୍ଣ୍ଣନା କରାଯାଇଛି। ଅଦ୍ୱୈତ ବେଦାନ୍ତର ମୂଳମନ୍ତ୍ର ଉପରେ ମନୁଷ୍ୟ ଏବଂ ସଚ୍ଚିଦାନନ୍ଦ ବ୍ରହ୍ମର ଏକାକାର ରୂପ ଏହି କୋର୍ସରେ ପଢ଼ାଯିବ। ଭାରତବର୍ଷରୁ ହଜାର ହଜାର ମାଇଲ୍ ଦୂର ଇଂଲଣ୍ଡ ଦେଶରେ ତଥା ଆମେରିକାରେ ବେଦାନ୍ତ ଦର୍ଶନ ଚର୍ଚ୍ଚା ବୃଦ୍ଧି ପାଉଛି। ଅଥଚ ଆମେ ଦେଶରେ ନୈତିକତା ମୂଲ୍ୟବୋଧ ଏପରି ହ୍ରାସ ପାଇଲାଣି ଯେ ଖବର ଦେଖିଲେ ଖାଲି ଦୁର୍ନୀତି, ଦୁରାଚାର ଏଇଆ ଆଖିରେ ପଡୁଛି। ପୂର୍ବତନ ମନ୍ତ୍ରୀ ସୁଖରାମଙ୍କ ଘରୁ ୩ କୋଟି ଟଙ୍କା ସିବିଆଇ ପାଇଲେ। ଏଭଳି ଅଧଃପତନ ପଛରେ ଗୋଟିଏ କାରଣ। ସାଧାରଣ ଜୀବନରେ ଆଧ୍ୟାତ୍ମିକତା ତଥା ନୈତିକତା ନ ଥିଲେ ମନୁଷ୍ୟର ମାନସିକ ତଥା ଚାରିତ୍ରିକ ସ୍ଖଳନ ଅବଶ୍ୟମ୍ଭାବୀ।

ଯେତେବେଳେ ଭଗବତ୍ ଗୀତାର ଦ୍ୱିତୀୟ ଅଧ୍ୟାୟରେ ଅର୍ଜ୍ଜୁନ ପଚାରୁଛନ୍ତି ହେ ଭଗବାନ୍, ମତେ ସ୍ଥିତପ୍ରଜ୍ଞ ଲକ୍ଷଣ ବାବଦରେ ସମ୍ୟକ୍ ଜ୍ଞାନ ଦିଅନ୍ତୁ। ସ୍ଥିତପ୍ରଜ୍ଞ ମାନେ **Person of Steady Wisdom**। ଭଗବାନ ଶ୍ରୀକୃଷ୍ଣ ଦ୍ୱିତୀୟ ଅଧ୍ୟାୟରେ ଶେଷ ୧୮ଟି ଶ୍ଳୋକରେ ସ୍ଥିତପ୍ରଜ୍ଞ ଲକ୍ଷଣ ବର୍ଣ୍ଣନା କରିଛନ୍ତି। ଉଦାହରଣ ସ୍ୱରୂପ ସେ କହିଛନ୍ତି-

'ଧ୍ୟାୟତୋ ବିଷୟାନ୍ ପୁଂସଃ
ସଙ୍ଗସ୍ତେଷୂପଜାୟତେ।

ସଙ୍ଗାସଞ୍ଜାୟତେ କାମଃ

କାମାତ୍ କ୍ରୋଧୋଽଭିଜାୟତେ ।

କ୍ରୋଧାଭବତି ସମ୍ମୋହଃ

ସମ୍ମୋହାତ୍ ସ୍ମୃତିବିଭ୍ରମଃ

ସ୍ମୃତିଭ୍ରଂଶାଦ୍ ବୁଦ୍ଧିନାଶୋ

ବୁଦ୍ଧି ନାଶାତ୍ ପ୍ରଣଶ୍ୟତି ।

ମନୁଷ୍ୟ ଯେତେବେଳେ କୌଣସି ବିଷୟ (Object) ଉପରେ ଚିନ୍ତା ବା ଧ୍ୟାନ କରେ (ଏହା ଅଲଗା ରକମର ଧ୍ୟାନ), ସେଥିରୁ ସଙ୍ଗ ବା attachmentର ଉତ୍ପତ୍ତି ହୁଏ । ଅର୍ଥାତ୍ ମୁଁ ଗୋଟିଏ ନାଲି ରଙ୍ଗର ହିରୋହୋଣ୍ଡା ମୋଟର ସାଇକେଲଦ୍ୱାରା ଆକୃଷ୍ଟ ହୋଇ ଅହରହ ଧ୍ୟାନ କଲି (ମୋର ହିରୋହୋଣ୍ଡା ଦରକାର, ଆହା କି ସୁନ୍ଦର ସେ ହିରୋହଣ୍ଡା, କେଡ଼େ ଜୋରରେ ସେ ଯାଉଛି ଇତ୍ୟାଦି) ସେଇ ଅହରହ ଧ୍ୟାନରୁ ଆରମ୍ଭ ହେଲା attachment, (desire) ଜାତ ହେଲା, ମୋର ହିରୋହୋଣ୍ଡା ଅତ୍ୟନ୍ତ ଜରୁରୀ ଭାବେ ଦରକାର, ନ ହେଲେ ଜୀବନ ମୂଲ୍ୟହୀନ । ଯଦି ଏ ପ୍ରକାର କାମନା ସାମ୍ନାରେ କିଛି ବାଧା ଆସେ (ମାନେ ପଇସାର ଅଭାବ ହିରୋହୋଣ୍ଡା କିଣିବା ପାଇଁ) ତେବେ କ୍ରୋଧ ଆରମ୍ଭ ହୋଇଯାଏ ନିଜ ଉପରେ ତଥା ଅନ୍ୟମାନଙ୍କ ଉପରେ ।

ଥରେ କ୍ରୋଧ ଆରମ୍ଭ ହେଲେ ମଣିଷ ସାଧାରଣ ବିଚାରଶକ୍ତି ହରାଏ । ସମ୍ମୋହ ମାନେ delusion । ସମ୍ମୋହରୁ ସ୍ମୃତି ବିଭ୍ରମ ହୁଏ । ଅତୀତର ଭଲ ଶିକ୍ଷା ସବୁ ଆମେ ହଠାତ୍ ପାଶୋରି ଯାଉ । ତଦ୍ୱାରା ବୁଦ୍ଧି ନାଶ ହୁଏ । ବୁଦ୍ଧି ନାଶ ହେଲେ ମଣିଷର ସର୍ବନାଶ ହୁଏ ।

ବିଷୟର ମୋହ ଅତ୍ୟଧିକ ହେଲେ ମନୁଷ୍ୟ କୁକର୍ମ କରି ପକାଏ । ହିରୋହୋଣ୍ଡାଟିଏ ଚୋରି କରିବାର ଚିନ୍ତା ମନକୁ ଗ୍ରାସ କରେ କିମ୍ବା ଅନ୍ୟକାହାଠାରୁ ଟଙ୍କା ଚୋରି କରି ହିରୋହୋଣ୍ଡାର ସ୍ୱାଦ ଉପଲବ୍ଧି କରିବାକୁ ମନ ଧାଏଁ ।

ଏହିଭଳି ପ୍ରତିଟି ଭଗବତ୍ ବାକ୍ୟ ପଢ଼ିଲେ ସାଧାରଣ ମନୁଷ୍ୟର ଚରିତ୍ର ତଥା ମାନସିକ ସ୍ୱାସ୍ଥ୍ୟ ଉପରେ ସମ୍ୟକ୍ ଜ୍ଞାନ ଆସେ । ମନ୍ତ୍ରୀ ସୁଖରାମଙ୍କର ଅର୍ଥଲୋଭ ଏତେ ଅଧିକ ହେଲା ଯେ ସେ କୋଟି କୋଟି ଟଙ୍କା ତୋଷରପାତ କରିବାକୁ ପାଶ୍ଚାତ୍‌ପଦ ହେଲେ ନାହିଁ । ଜଣେ ନିଜକୁ ସ୍ୱାମୀ ବୋଲାଉଥିବା ଚନ୍ଦ୍ରସ୍ୱାମୀ ମଧ୍ୟ ନାନା ପ୍ରକାର କୁକର୍ମରେ ଲିପ୍ତ ଥିବାରୁ ଜେଲ୍ ଭୋଗିଛନ୍ତି ।

ଏପ୍ରକାର ଲୋଭ, ଦୁର୍ନୀତି ସବୁ କ୍ଷଣସ୍ଥାୟୀ । ମଣିଷ ନିଜର ଜୀବନକୁ ସମୀକ୍ଷା

କରି ଦେଖିବା ଉଚିତ ଯେ ସେ ସତ୍‌ମାର୍ଗରେ ଜୀବନକୁ ପରିଚାଳିତ କରୁଛି କି ନା। ଅନ୍ୟକୁ ଠକି ଅର୍ଥ ଉପାର୍ଜନ କରିବା କେବଳ ନିଜକୁ ପ୍ରତାରଣା କରିବା ସହ ସମାନ।

ଆମରି ସମାଜରେ ଅନେକ ସାଧାରଣ ଲୋକ ସ୍ଥିତପ୍ରଜ୍ଞ ଲକ୍ଷଣ ଦେଖାଇଥାନ୍ତି। ସରଳ ଜୀବନ ଯାପନ କରି ପରୋପକାର କରି ସେମାନେ ଏକ ଉଚ୍ଚସ୍ତରର ଜୀବନ ନିର୍ବାହ କରିଥାନ୍ତି। ମହାତ୍ମା ଗାନ୍ଧୀ ମଧ୍ୟ ତାଙ୍କ ଜୀବଦ୍ଦଶାରେ ଏ ପ୍ରକାର ଉଦାହାରଣ ଦେଖାଇଥିଲେ। ଓଡ଼ିଶାର ସହର ଏବଂ ବିଶେଷତଃ ଗାଁ ଗଣ୍ଡାରେ ଏଭଳି ଅନେକ ଲୋକ ଆମେ ଦେଖିବାକୁ ପାଉ।

ବିହାୟ କାମାନ୍ ଯଃ ସର୍ବାନ୍
  ପୁମାଂଶ୍ଚରତି ନିସ୍ପୃହଃ।
ନିର୍ମମୋ ନିରହଙ୍କାରଃ
  ସ ଶାନ୍ତିମଧିଗଚ୍ଛତି।

ଅହଂକାର ଶୂନ୍ୟତା **(egolessness)** ସମସ୍ତଙ୍କର ମୁଖ୍ୟ କାମ୍ୟ ହେବା ଉଚିତ। ଆମ ସମସ୍ତଙ୍କୁ ଏହି **'ମୁଁ ତ୍ୱ' (Me-ness)** ଖାଉଛି। ନିଜର **ego**କୁ ଟିକିଏ ଏଡ଼ାଇଲେ ଆମେ ଜୀବନକୁ ଅଲଗା ରୂପରେଖ ଦେବାରେ ସମର୍ଥ ହୋଇପାରନ୍ତେ।

ଆମେ ଭାରତବର୍ଷର ଐତିହ୍ୟ ତଥା ନୈତିକ ମୂଲ୍ୟବୋଧ ଉପରେ ଭାଷଣ ଦେବାରେ ଆଗୁଆ। ଅଥଚ ଦୈନନ୍ଦିନ ଜୀବନରେ ତାକୁ ଅଭ୍ୟାସରେ ପରିଣତ କରାଇବାରେ ପଛୁଆ। ସେଦିନ ଲଣ୍ଡନରେ ଷ୍ଟେସନରେ ଠିଆ ହୋଇ ପୋଷ୍ଟର ଦେଖିଲାବେଳେ ଏହି ଚିନ୍ତା ମନରେ ଆସୁଥିଲା ଯେ ଏକ ପାଖରେ ସାଇବମାନେ ଅଦ୍ୱୈତ ବେଦାନ୍ତ ଶିକ୍ଷା ପାଉଥିବା ବେଳେ, ସେହି ସହରରେ ଆମର ପୂର୍ବତନ ମନ୍ତ୍ରୀ ସୁଖରାମ ବସିଛନ୍ତି। ଭାରତବର୍ଷ ଫେରିବାକୁ ସିବିଆଇ ତାଙ୍କୁ ସମନ ଜାରି କରିଛନ୍ତି। କି ପ୍ରକାର ବିରୋଧାଭାଷ !

ଭାରତର ଅଧଃପତନ ବନ୍ଦ କରିବାର ଗୋଟିଏ ମାତ୍ର ଉପାୟ ହେଲା ଆଧାତ୍ମିକତା ଏବଂ ନୈତିକତା। "ଶୃଣ୍ୱନ୍ତୁ ସର୍ବେ ଅମୃତସ୍ୟ ପୁତ୍ରାଃ"।

■

ସ୍ୱାମୀ ଚିନ୍ମୟାନନ୍ଦ

ଭାରତବର୍ଷରେ ଯେଉଁ ମହାଜ୍ଞାନୀ ପଣ୍ଡିତମାନେ ବେଦ ଉପନିଷଦ୍ ରଚନା କରିଯାଇଛନ୍ତି ତାକୁ ସର୍ବସାଧାରଣ ବୁଝିବା ଏବଂ ହୃଦୟଙ୍ଗମ କରିବାର ସୁବିଧା ନାହିଁ। ସୁବିଧା ଥିଲେ ସ୍ପୃହା ନାହିଁ। ଆମର ସ୍କୁଲ, କଲେଜର ପାଠ୍ୟକ୍ରମରେ ଶାସ୍ତ୍ର ଚର୍ଚ୍ଚା ନାହିଁ। ସଂସ୍କୃତ ଭାଷା ଯାହା କିଛି ବର୍ଷ ସ୍କୁଲରେ ପଢ଼ାଯାଏ। ପିଲାଙ୍କୁ କ୍ଲିଷ୍ଟ ଲାଗେ ଏବଂ ଘୋଷା ଘୋଷି କରି ଭଲ ନମ୍ବର ରଖିବା ମୂଳ ଉଦ୍ଦେଶ୍ୟ ହୋଇଥାଏ।

ଅଥଚ ଆମର ଉପନିଷଦ (ବେଦାନ୍ତ)ରେ ଯାହାସବୁ କୁହାଯାଇଛି ତାହାକୁ ଦୈନନ୍ଦିନ ଜୀବନରେ ସମସ୍ତେ ଉପଯୋଗ କରିପାରିବେ। ଏହା ଧର୍ମ ନୁହେଁ, ବରଂ ଜୀବନ ବିଜ୍ଞାନ ବୋଲି ଏହାକୁ କୁହାଯାଇଛି। ମଣିଷ ମାତ୍ରେ ଜାତି ଧର୍ମ ନିର୍ବିଶେଷରେ ବେଦାନ୍ତର ସାରମର୍ମ ବୁଝିଲେ, ପରମ ଶାନ୍ତିରେ ଜୀବନ ନିର୍ବାହ କରିପାରିବେ।

ପୂଜ୍ୟ ଗୁରୁଦେବ ସ୍ୱାମୀ ଚିନ୍ମୟାନନ୍ଦ ରସାୟନ ବିଜ୍ଞାନରେ ଗ୍ରାଜୁଏଟ ହେଲା ପରେ ହିମାଳୟ ଗଲେ। କେତେ ଜଣ ପଣ୍ଡିତଙ୍କୁ ସାକ୍ଷାତ କରି ଧର୍ମ ନାଁରେ କିପରି ଭ୍ରାନ୍ତି ସୃଷ୍ଟି କରୁଛନ୍ତି ବୋଲି ସମ୍ବାଦ ପତ୍ରରେ ଲେଖିବାକୁ ସ୍ଥିର କରିଥିଲେ। ମାତ୍ର ସେଠାରେ ସ୍ୱାମୀ ତପୋବନ ମହାରାଜଙ୍କ ସଂସ୍ପର୍ଶରେ ଆସି ନିଜେ ଦୀର୍ଘ ୧୨ବର୍ଷ ଶାସ୍ତ୍ର ଅଧ୍ୟୟନରେ ଲାଗିଗଲେ।

ତାଙ୍କର ଗୋଟିଏ ଉଦ୍ଦେଶ୍ୟ ଥିଲା ଯେ ଇଂରାଜୀ ଭାଷାରେ ଅନୁବାଦ କରି ଏହି ବେଦାନ୍ତକୁ ଲୋକଙ୍କ ପାଖରେ ପହଞ୍ଚାଇବେ। ଦୀର୍ଘ ୫୦ବର୍ଷ କାଳ ସେ ନିରବଚ୍ଛିନ୍ନ ଭାବେ ତାଙ୍କ କର୍ତ୍ତବ୍ୟରେ ଲାଗିଲେ। ଅନେକ ଉପନିଷଦକୁ ସେ ଇଂରାଜୀରେ ଅନୁବାଦ କଲେ। ଶଙ୍କରାଚାର୍ଯ୍ୟଙ୍କର ଆତ୍ମବୋଧ, ବିବେକ ଚୂଡ଼ାମଣି, ତତ୍ତ୍ୱବୋଧ ଇତ୍ୟାଦିକୁ ଇଂରାଜୀରେ ତର୍ଜମା କରି ଲେଖିଲେ।

ଭଗବତ୍ ଗୀତାକୁ ମଧ୍ୟ ଇଂରାଜୀରେ ବାଖ୍ୟା କଲେ। ତାଙ୍କର ନେତୃତ୍ୱରେ ସାରା ପୃଥିବୀରେ ଆନ୍ତର୍ଜାତିକ ଚିନ୍ମୟମିଶନ ଗଢ଼ିଉଠିଲା। ବମ୍ବେରେ ମୁଖ୍ୟ ଅଫିସ

ଏବଂ ସାଧନାଳୟ। ହିମାଚଳ ପ୍ରଦେଶରେ ସିନ୍ଧବାରୀରେ ମଧ୍ୟ ବିରାଟ ଆଶ୍ରମ, ତା'ଛଡ଼ା ପୃଥିବୀର ଚାରିଆଡ଼େ।

ସେ ଦିନରାତି ଦେଶ ବିଦେଶ ବୁଲି ଗୀତାଜ୍ଞାନ ଯଜ୍ଞଠାରୁ ଆରମ୍ଭ କରି ବେଦାନ୍ତ କ୍ଲାସ ଦେଇଚାଲିଲେ। ଅଷ୍ଟ୍ରେଲିଆ, ହଂକଂ, ସିଙ୍ଗାପୁରଠାରୁ ମଧ୍ୟ ପ୍ରାଚ୍ୟର ଦେଶ ସମେତ ସାରା ଇଉରୋପ ଏବଂ ବିଶେଷତଃ ଆମେରିକାରେ ତାଙ୍କର ସେଣ୍ଟରମାନ ଗଢ଼ିଉଠିଛି। ଏ ସବୁର ମୂଳ ଉଦ୍ଦେଶ୍ୟ ହେଲା କିପରି ବେଦାନ୍ତର ଶିକ୍ଷାକୁ ଲୋକମାନେ ଦୈନନ୍ଦିନ ଜୀବନରେ ଉପଯୋଗ କରିପାରିବେ।

ଗତ ୧୯୯୩ ଅଗଷ୍ଟ ପ୍ରାରମ୍ଭରେ ତାଙ୍କର ମହାପ୍ରୟାଣ ଘଟିଲା ଆମେରିକାର୍ ସାନ୍ ଡିଏଗୋ ସହରରେ।

ତାଙ୍କ ପରେ ତାଙ୍କ ପ୍ରଧାନ ଶିଷ୍ୟ ସ୍ୱାମୀ ତେଜୋମୟାନନ୍ଦ ନେତୃତ୍ୱ ନେଲେ। ସ୍ୱାମୀ ତେଜୋମୟାନନ୍ଦ ଆମମାନଙ୍କ ପାଖରେ କାଲିଫର୍ଣ୍ଣିଆରେ ଦୀର୍ଘ ୪ ବର୍ଷ ଅବସ୍ଥାନ କରି ବିଭିନ୍ନ କ୍ଲାସ ଦେଇଥିଲେ। ଏବେ ମଧ୍ୟ ପ୍ରତି ବର୍ଷ ୩-୪ ଥର ସେ ଆମେରିକା ଗସ୍ତରେ ଆସି ବେଦାନ୍ତ କ୍ଲାସ ଦେଇଥାନ୍ତି। ସେ ନିଜେ ଫିଜିକ୍ସର ଛାତ୍ର। ତାଙ୍କର ବମ୍ବେ ଫେରିବା ପରେ ବର୍ତ୍ତମାନର ସ୍ଥାନୀୟ ଆଚାର୍ଯ୍ୟ ହେଲେ ସ୍ୱାମୀ ଚିଦାନନ୍ଦ। ସେ ନିଜେ ଆଇ.ଆଇ.ଟି. (ମାଡ୍ରାସ)ରୁ ଇଲେକ୍ଟ୍ରିକାଲ ଇଞ୍ଜିନିୟର। ଅତି ଜ୍ଞାନୀ ଏବଂ ନମ୍ରତାର ପ୍ରତୀକ।

ବେଦାନ୍ତର ମୁଖ୍ୟ ମନ୍ତ୍ର ହେଲା ଅହଂଭାବକୁ ଦୂରକରି ନିଜର ଶରୀର, ମନ ଏବଂ ବୁଦ୍ଧିର ଉପରସ୍ତରକୁ ଯାଇ ଏକ ଆନନ୍ଦ ସ୍ୱରୂପ ବ୍ରହ୍ମକୁ ଆବିଷ୍କାର କରିବା (**Blissful Self**)। ଶଙ୍କରାଚାର୍ଯ୍ୟ ତାଙ୍କ ନିର୍ବାଣ ଶତକମ୍‌ରେ ଯାହାକୁ ବର୍ଣ୍ଣନା କରିଛନ୍ତି 'ଚିଦାନନ୍ଦ ରୂପଃ ଶିବୋଽହଂ'। ସଂସାରରେ ସବୁ ଦୁଃଖର କାରଣ ମୂଳରେ ଅଛି ଆମର ଅହଂଭାବ। ମୋ ଘର, ମୋ ସଂସାର, ମୋ ବନ୍ଧୁବାନ୍ଧବ, ମୋ ଶରୀର, ମୋ ମନ ସବୁଥିରେ 'ମୁଁ ତ୍ୱ'ର ପ୍ରଗାଢ଼ ପ୍ରଭାବ। ଆମେ ଏତେ ପରିମାଣରେ ନିଜର ଦେହ ଓ ମନସହ ଜଡ଼ିତ ଯେ, ସେଥିରୁ ନିଜକୁ ଦୂରେଇ ନେବା କଷ୍ଟକର ଚିନ୍ତାଧାରା। ଯେତେବେଳେ ମହାଭାରତରେ ଅର୍ଜ୍ଜୁନ ବିଷାଦ ଯୁକ୍ତ ହେଲେ, ଶ୍ରୀକୃଷ୍ଣ ତାଙ୍କ ସମସ୍ୟାର ସମାଧାନ କଲେ କିପରି ? କୌଣସି ବାହ୍ୟ ପରିବର୍ତ୍ତନ ନଆଣି, ଅର୍ଜ୍ଜୁନଙ୍କୁ କହିଲେ, ଯାହାକୁ ସମସ୍ୟା ବୋଲି କହୁଛ ତାହା ତମ ମନରେ ଏକ ଭ୍ରାନ୍ତି ମାତ୍ର। ନିଜର ଅଜ୍ଞତାକୁ ନିଜେ ଦୂର କଲେ ଦେଖିବ ସମସ୍ୟା କିଛି ନାହିଁ।

ସେଭଳି ଅନେକ ସମସ୍ୟା ସମୟରେ ମନରେ ଅନେକ କଥା କଳ୍ପନା

କରି ଅନ୍ୟମାନଙ୍କ ସହ ଭୁଲ ବୁଝାମଣା ଏବଂ ତିକ୍ତ ମନୋଭାବ ସୃଷ୍ଟି କରିଥାଉଁ। ବହୁ ସମୟରେ ସମସ୍ୟାର ମୂଳକାରଣ ଆମେ ନିଜେ। ଅଥଚ ନିଜର ଅହଂକାର (Ego) ଯୋଗୁଁ ଆମେ ତଥ୍ୟ ମାନିବାକୁ ପ୍ରସ୍ତୁତ ନୋହୁଁ। ସମସ୍ତଙ୍କ ଭିତରେ ଅଖଣ୍ଡ ଆନନ୍ଦର ବାରିଧାରା ପ୍ରବାହିତ ହେଉଛି, ଅଥଚ ତାକୁ ଆମେ ଆବିଷ୍କାର କରି ଶିଖିନୁ ଏବଂ ନାନା ପ୍ରକାର ଦୁଃଖ ଏବଂ ମନସ୍ତାପରେ ଧନ୍ଦି ହେଉଛୁ।

ଦତ୍ତାତ୍ରେୟଙ୍କ ୨୪ ଗୁରୁ

ଶ୍ରୀମଦ୍ ଭାଗବତମ୍‌ରେ ଯଦୁରାଜା ଅବଧୂତ ଦତ୍ତାତ୍ରେୟଙ୍କୁ ପ୍ରଶ୍ନ କଲେ, "ଆପଣଙ୍କ ଅଧ୍ୟାତ୍ମିକ ଚେତନା ଆପଣଙ୍କ ମୁଖ ଏବଂ ଶରୀରକୁ ଉଜ୍ଜ୍ୱଳିତ କରୁଛି। ଏହାର ଗୂଢ଼ରହସ୍ୟ କ'ଣ ? ଦତ୍ତାତ୍ରେୟଙ୍କ ଉତ୍ତରକୁ "ଅବଧୂତ ଗୀତା" ରୂପେ ପ୍ରକାଶ କରାଯାଇଛି। ତାଙ୍କର ଉତ୍ତର ଥିଲା, "ଆତ୍ମଜ୍ଞାନ ମୋର ଗୁରୁ, କିନ୍ତୁ ତାଙ୍କ ଛଡ଼ା ମୋର ୨୪ଜଣ ଅନ୍ୟ ଗୁରୁ ଅଛନ୍ତି। ସେମାନେ ବ୍ୟକ୍ତିବିଶେଷ ଏବଂ ପଦାର୍ଥ ମଧ୍ୟ- ଏହି ଚବିଶ ଗୁରୁଙ୍କ କଥା ଶୁଣନ୍ତୁ। ୨୪ ଜଣ ଗୁରୁ ହେଲେ, ପୃଥିବୀ, ବାୟୁ, ଜଳ, ଅଗ୍ନି, ଆକାଶ, ଚନ୍ଦ୍ର, ସୂର୍ଯ୍ୟ, କପୋତ, ଅଜଗର, ସିନ୍ଧୁ, ପତଙ୍ଗ, ମଧୁକୃତ, ଗଜ, ମଧୁହାଃ, ହରୀଣ, ମୀନ, ପିଙ୍ଗଳା, କୁରୁର, ଅର୍ଭକ (ଶିଶୁ), କୁମାରୀ, ସର୍ପ, ଶରକୃତ, ଉର୍ଣ୍ଣନାଭୀ, ସୁପେଶକୃତ।

୧. ପୃଥିବୀ- ପୃଥିବୀଠାରୁ ମୁଁ ଶିଖିଲି ଧୈର୍ଯ୍ୟ ଏବଂ ପରୋପକାର।

୨. ବାୟୁ- ଚାରିଆଡ଼େ ବୁଲେ, ଅଥଚ କାହା ସଙ୍ଗେ ଜଡ଼ିତ ନୁହେଁ।

୩. ଜଳ- ସମସ୍ତ ତୃଷାର୍ତ୍ତଙ୍କୁ ଆନନ୍ଦ ଦିଏ, ପବିତ୍ରତା ଶିଖିଲି।

୪. ଅଗ୍ନି- ସର୍ବଦା ଉର୍ଦ୍ଧ୍ୱଗାମୀ, ତେଜସ୍ୱ, ମୁଁ ଶିଖିଲି ଆତ୍ମଜ୍ଞାନରେ ତେଜସ୍ୱୀ ହେବାକୁ।

୫. ଆକାଶ- ସର୍ବବ୍ୟାପୀ, ବିଶାଳ ହୃଦୟତା ଶିଖିଲି।

୬. ଚନ୍ଦ୍ରମା- ଜଣାପଡ଼େ ବଢୁଛି କି କମୁଛି, କିନ୍ତୁ ସର୍ବଦା ଏକାକାର। ସେହିପରି ଶରୀର କ୍ଷୀଣ ହେଲେ ବି ଆତ୍ମଜ୍ଞାନ ସର୍ବଦା ଏକ।

୭. ସୂର୍ଯ୍ୟ- ବିଭିନ୍ନ ଜଳପାତ୍ରରେ ସୂର୍ଯ୍ୟର ପ୍ରତିବିମ୍ବ ଅଲଗା ଦିଶେ, ସେହିଭଳି ବ୍ରହ୍ମନ୍ ଏକ, କିନ୍ତୁ ବିଭିନ୍ନ ବ୍ୟକ୍ତିବିଶେଷରେ ଏହାର ପ୍ରତିଫଳନ ଅଲଗା। ଆମେ ସମସ୍ତେ ଏକ ଆତ୍ମା, ଏହା ମୁଁ ସୂର୍ଯ୍ୟଠାରୁ ଶିଖିଲି।

୮. କପୋତଃ- ଏକଦା ଦେଖିଲି ଜାଲ ଭିତରେ କପୋତ ଶିଶୁ ପଡ଼ିଯିବାରୁ ମା' କପୋତୀ ମଧ୍ୟ ଡେଇଁ ପଡ଼ିଲା ଜାଲକୁ। ଅତ୍ୟଧିକ ବନ୍ଧନ ମୁଁ ଶିଖିଲି "ଅତିସ୍ନେହ ନ କର୍ତ୍ତବ୍ୟଃ" ଅତ୍ୟଧିକ ବନ୍ଧନ ହିଁ ଦୁଃଖର କାରଣ।

୯. ଅଜଗର- ଗୋଟିଏ ଜାଗାରେ ପଡ଼ିଥାଏ ଯାହା ମିଳେ ଖାଇଦେଇ ନିଶ୍ଚଳ ଥାଏ, ଏଥିରୁ ଶିଖିଲି ଖାଦ୍ୟପ୍ରତି ଅତ୍ୟଧିକ ମନୋନିବେଶ ଭଲ ନୁହେଁ।

୧୦. ସିନ୍ଧୁ- ଯେତେ ନଦୀ ପାଣି ମିଶିଲେ ମଧ୍ୟ ସମୁଦ୍ର ଅଚଳ। ମହାଜ୍ଞାନୀ ସେଭଳି ପାର୍ଥିବ ଜିନିଷରେ ଅବିଚଳିତ ନ ହୋଇ ଆତ୍ମଜ୍ଞାନରେ ସନ୍ତୋଷ ଲାଭ କରିଥାଏ।

୧୧. ପତଙ୍ଗ-ଆଲୋକ କିମ୍ବା ଅଗ୍ନିକୁ ଯାଇ ପ୍ରାଣ ହରାଏ। ଅବଧୂତ କହିଲେ ମୁଁ ଶିଖିଲି ନିଜର ଇନ୍ଦ୍ରିୟକୁ ସଂଯମ କରିବାକୁ।

୧୨. ମଧୁହାଃ- ଅହରହ ମହୁ ସଂଗ୍ରହ କରିବାରେ ଲାଗିଥାଏ। ଶିକାରୀ ଆସି ମହୁ ନେଇଯାଏ। ତେଣୁ ଆଜୀବନ ସମ୍ପତ୍ତି ଠୁଳ ନ କରିବା ମୁଁ ଶିଖିଲି।

୧୩. ଗଜ- ହସ୍ତିନୀର ସଙ୍ଗଲାଭ ଆଶାରେ ଗାଡ଼ରେ ପଡ଼ିଯାଏ। ତେଣୁ ଏଭଳି ଆକର୍ଷଣରୁ ଦୂରେଇ ରହିବା ଶିଖିଲି।

୧୪. ମଧୁକୃତ- ପ୍ରତିଟି ଫୁଲରୁ ମଧୁ ସଂଗ୍ରହ କରି ନିଜର କ୍ଷୁଧା ମେଣ୍ଟାଏ। ଏଥିରୁ ଶିଖିଲି କାହାକୁ ଅଯଥା ବୋଝ ନହୋଇ ବିଭିନ୍ନ ଘରୁ କିଛି କିଛି ଭିକ୍ଷା ନେଇ ନିଜର କ୍ଷୁଧା ମେଣ୍ଟାଇବାକୁ।

୧୫. ହରିଣ- ସଙ୍ଗୀତର ମଧୁର ମୂର୍ଚ୍ଛନାରେ ମୋହିତ ହୋଇଥିବା ସମୟରେ ଶିକାରୀର ଶରରେ ମୃତ୍ୟୁଲାଭ କରେ। ଏଥିରୁ ଶିକ୍ଷା ହେଲା ଯେ ଆକର୍ଷଣୀୟ ତଥା ନିମ୍ନସ୍ତରୀୟ ସଙ୍ଗୀତରୁ ଦୂରେଇ ରହିବା।

୧୬. ମୀନ- ଖାଦ୍ୟ ଲାଳସାରେ ବନିଶୀ ଖାଡ଼ିରେ ମୁହଁ ଲଗାଇ ମୃତ୍ୟୁ ଲାଭକରେ। ଖାଦ୍ୟଲାଳସା ବହୁତ କ୍ଷତିକାରକ, ଏହି ଶିକ୍ଷା ମୀନଠାରୁ ଶିଖିଲି।

୧୭. ପିଙ୍ଗଳା- ଆଶା ହିଁ ପରମଂ ଦୁଃଖଂ। ନୈରାଶ୍ୟଂ ପରମମ୍ ସୁଖଂ। ତେଣୁ ମିଥ୍ୟା ଆଶା ତ୍ୟାଗକଲେ ପରମ ସୁଖ ମିଳେ।

୧୮. କୁରୁର- ଛୋଟ ମାଂସଟିଏ ଚଞ୍ଚୁରେ ରଖି ଉଡ଼ିଲାବେଳେ ଅନ୍ୟ ପକ୍ଷୀମାନେ ତାକୁ ଆକ୍ରମଣ କରିଥାନ୍ତି। ଏଥିରୁ ଶିକ୍ଷା ମିଳିଲା ଯେ ଇନ୍ଦ୍ରିୟ ସୁଖରେ ହିଁ ଦୁଃଖ ଥାଏ। ସେଥିରୁ ନିବୃତ୍ତ ହେଲେ ଆନନ୍ଦପ୍ରାପ୍ତି ସମ୍ଭବ ହୁଏ।

୧୯. ଅର୍ଭକ- ଛୋଟ ଶିଶୁ ସର୍ବଦା ହର୍ଷୋତ୍‌ମୁଖ, ଆନନ୍ଦମୟ। ଏହି ଶିକ୍ଷା ଶିଶୁଠାରୁ ପାଇଲି।

୨୦. କୁମାରୀ- ଧାନକ୍ଷେତରେ କାମକଲାବେଳେ ହାତ ଚୁଡ଼ି ଶବ୍ଦ କରିବାରୁ ଗୋଟିଏ ପରେ ଗୋଟିଏ ଚୁଡ଼ି ବାହାର କରି ଗୋଟିଏ ଚୁଡ଼ି ହାତରେ ରଖିଲା, ଶବ୍ଦ ବନ୍ଦ ହେଲା, ଶିକ୍ଷା ମିଳିଲା, ତିନ୍ ମେ କ୍ରାନ୍ତି, ଦୋ ମେ ଭ୍ରାନ୍ତି, ଏକ ମେ ଶାନ୍ତି, ଏକାନ୍ତରେ ରହି ନୀରବତା ହିଁ ଶାନ୍ତି ଦେବ।

୨୧. ସର୍ପ- ନିଜେ ଗର୍ତ୍ତ କରେ ନାହିଁ, ଅନ୍ୟ ଗର୍ତ୍ତରେ ବସବାସ କରିଥାଏ । ତେଣୁ ସନ୍ନ୍ୟାସୀ ନିଜେ ଘର ନକରି କୌଣସି ମନ୍ଦିର କିମ୍ବା ଗୁମ୍ଫାରେ ବସବାସ କରିବା ମୁଁ ଶିଖିଲି ।

୨୨. ଶରକୃତ- ଏକାଗ୍ରତା ଶିକ୍ଷା ମିଳିଲା ।

୨୩. ଊର୍ଣ୍ଣନାଭା- ବୁଢ଼ିଆଣୀ ନିଜେ ଜାଲ ତିଆରି କରେ ଏବଂ ନିଜେ ସେଥିରେ ବନ୍ଧା ହୋଇଯାଏ । ଆମେ ନିଜ ନିଜର ଚିନ୍ତା ଜାଲରେ ନିଜେ ବାନ୍ଧି ହୋଇଯାଉ, ତେଣୁ କେବଳ ବ୍ରହ୍ମଚିନ୍ତନ ହିଁ ସର୍ବଦା ବିଧେୟ ।

୨୪. ସୁପେଶକୃତ୍- ଆଉ ଗୋଟିଏ କୀଟକୁ ଦଂଶନ କରିଥାଏ । ପରେ ସେହି କୀଟ ହିଁ ସୁପେଶକୃତରେ ପରିଣତ ହୁଏ । ଏଥିରୁ ଶିକ୍ଷା ମିଳିଲା ନିଜ ଉପରେ ସର୍ବଦା ମନୋନିବେଶ ନକରି ଭଗବତ୍ ଚିନ୍ତା କଲେ ମୋକ୍ଷପ୍ରାପ୍ତି ହେବ ।

■

ଭାଷଣ

ଖୁବ୍ କମ୍ ସମୟରେ ସାରଗର୍ଭକ ଭାଷଣଟିଏ ଦେବା ଏକ ସ୍ୱତନ୍ତ୍ର ଦକ୍ଷତା, ଖୁବ୍ କମ୍ ଲୋକ ଏହା କାରିପାରିଥାନ୍ତି। ଆମେରିକାରେ ଆବ୍ରାହମ ଲିଙ୍କନଙ୍କର ଗେଟିଜ୍‌ବର୍ଗ ଭାଷଣ କିମ୍ବା ଜନ୍ କେନେଡ଼ିଙ୍କର କ୍ୟୁବା ମିଜାଇଲ କ୍ରାଇସିସ୍ ପରେ ଦେଇଥିବା ଦୀକ୍ଷାନ୍ତ ଭାଷଣ ଖୁବ୍ ବିରଳ କହିଲେ ଚଳେ, ଅଳ୍ପକେ ତାଙ୍କ କଥା ସାରା ଦେଶବାସୀଙ୍କୁ ପ୍ରଭାବିତ କରିପାରିଥିଲା। ସ୍ୱାମୀ ବିବେକାନନ୍ଦ ୧୮୯୩ରେ ଚିକାଗୋରେ ଯେଉଁ ଭାଷଣ ଦେଇଥିଲେ ତାହା ଲିଖିତ ଭାବେ ଗୋଟିଏ ପୃଷ୍ଠାରୁ କମ୍। ଅଥଚ, ଆଜିକାଲି ଆମ ଭାରତବର୍ଷର ନେତୃବର୍ଗ କିମ୍ବା ଅନ୍ୟାନ୍ୟ ବକ୍ତାମାନେ ବହୁତ ଗୁଡ଼ାଏ କଥା କହିବାକୁ ପସନ୍ଦ କରିଥାନ୍ତି। ତାହା ଲୋକେ ଶୁଣନ୍ତୁ ବା ନ ଶୁଣନ୍ତୁ। ଆମ ଓଡ଼ିଶାର ଜଣେ ପୁରାତନ ନେତା (ଏବେ ଆଉ ନାହାନ୍ତି) ମଧ୍ୟ ଗୁଡ଼ାଏ ଭାଷଣ ଦେବାକୁ ଭଲ ପାଉଥିଲେ। ଥରେ ଗୋଟିଏ ସ୍କୁଲର କୌଣସି ବାର୍ଷିକ ଉତ୍ସବରେ ସେ ଏତେ କହିଲେ ଯେ, ଧୀରେ ଧୀରେ ଲୋକେ ଉଠିକି ଯିବାକୁ ଆରମ୍ଭ କଲେ। ସର୍ବଶେଷରେ ନେତା ଦେଖିଲେ ମାତ୍ର ଜଣେ ଲୋକ ବସି ତାଙ୍କ ଭାଷଣ ମନଦେଇ ଶୁଣିଛି। ସେ ବିବ୍ରତ ନହୋଇ କହିଲେ "ମୁଁ କହୁଥିବି, ଆଉ ତୁମେ ଶୁଣୁଥିବ, ଅନ୍ୟମାନେ ଯାଆନ୍ତୁ ପଛେ"। ଲୋକଟି ବଡ଼ପାଟିରେ କହିଲେ, "ଆଜ୍ଞା, ଆପଣଙ୍କ କଥା ସରିଲେ, ଦରିଟିକୁ ଗୁଡ଼ାଇକି ନେବା ମୋର କାମ, ସେଇଥିଲାଗି ଏଇଠି ଅପେକ୍ଷା କରିଛି"।

ଅନେକ ସମୟରେ ଲାଗେ ବକ୍ତାଙ୍କୁ ନିଜ କଥା ନିଜେ ଶୁଣିବାକୁ ଭଲ ଲାଗୁଛି। ଶ୍ରୋତାଙ୍କୁ କର୍ଣ୍ଣକଟୁ ହେଲେ ମଧ୍ୟ ବକ୍ତାଙ୍କର ସେଥିପ୍ରତି ଚିନ୍ତା ନାହିଁ। ୨ବର୍ଷ ତଳେ ଆମେ ଇଉନାଇଟେଡ୍ ନେସନର ଶ୍ରୀ ଶଶୀ ଥରୁର୍‌ଙ୍କୁ ଶୁଣିବାର ସୁଯୋଗ ପାଇଥିଲୁ। ଯଦିଓ ସେ ତାଙ୍କ ନିଜ ଲିଖିତ ଭାଷଣ ପଢୁଥିଲେ। ତା' ମଧ୍ୟରେ ସେ ଏତେ ସାରଗର୍ଭକ ମନ୍ତବ୍ୟ ତଥା ମଜା ମଜା କଥା କହି ଲୋକଙ୍କୁ ହସାଉଥିଲେ ଯେ, ପଇଁଚାଳିଶ ମିନିଟ୍‌ର ଭାଷଣ ଲାଗିଲା ଯେମିତି ଦଶ ମିନିଟର। ଭଲ ଭାଷଣର ଷ୍ଟ୍ରକ୍‌ଚର ହେଲା, ପ୍ରଥମେ କ'ଣ କହିବ ତା'ର ସାରାଂଶ ସଂକ୍ଷିପ୍ତରେ କହିବ, ଦ୍ୱିତୀୟରେ ପୂରା ଭାଷଣଟି

ଦେବ, ତୃତୀୟରେ କ'ଣ କହିଲ ତା'ର ସାରମର୍ମକୁ ଆଉଥରେ ପଏଣ୍ଟ ଦେଇ ଏକ ମିନିଟ୍‌ରେ ସମାପ୍ତ କରିବ। ଯିଏ ଶୁଣୁଛି, ତା'ର ମନକୁ ନ ଛୁଇଁଲେ ସେ ସେହିଠାରେ ବସିଲେ ମଧ୍ୟ ମନ ଇତସ୍ତତଃ ବୁଲୁଥିବ, ପରେ ପଚାରିଲେ ସେ ଉତ୍ତରଦେବ କେଜାଣି କ'ଣ କହିଲେ, କିନ୍ତୁ ବହୁତ କହିଲେ। ଅନେକ ମିଟିଂରେ ସମୟ ଯଦି ୧୦ ମିନିଟ୍ ଦିଆଯାଇଥିବ, ବକ୍ତାଙ୍କ ମୁହଁ ଶୁଖିଯାଏ ଏବଂ ସେ ବ୍ୟସ୍ତ ହୁଅନ୍ତି, ଏତେ କମ ସମୟରେ ଏତେ କଥା କେମିତି କହିବି। ଅନେକଙ୍କର ଅହଂକାରରେ ଆଘାତ ଆସେ ଏବଂ ସେମାନେ ବଡ଼ ବିବ୍ରତ ହୋଇଥାନ୍ତି। ବର୍ତ୍ତମାନ ଆମ ଶାସ୍ତ୍ରକୁ ଯାଆନ୍ତୁ। କଠୋପନିଷଦରେ ନଚିକେତା ଯମରାଜଙ୍କୁ ମୃତ୍ୟୁର ସଂଜ୍ଞା କ'ଣ ବୋଲି ପଚାରିବାରେ, କେତେ ସଂକ୍ଷିପ୍ତରେ ତା'ର ଉତ୍ତର ଦିଆଯାଇଛି ଦେଖିଲେ ଆଶ୍ଚର୍ଯ୍ୟ ଲାଗେ, ଅବଶ୍ୟ ଏହାକୁ କଥୋପକଥନ କୁହାଯାଇପାରେ। ମାତ୍ର ଅଳ୍ପରେ ବହୁତ କଥା କହିବା ଏକ ଗହନ ଶୈଳୀ।

ଧର୍ମବକ, ଯୁଧିଷ୍ଠିରଙ୍କୁ ପ୍ରଶ୍ନ କରିଛି କିମାଶ୍ଚର୍ଯ୍ୟମ୍, ମାନେ ପୃଥିବୀରେ ସବୁଠାରୁ ଆଶ୍ଚର୍ଯ୍ୟ ଜିନିଷ କ'ଣ ? ଉତ୍ତରରେ ଯୁଧିଷ୍ଠିର କହିଲେ, "ଅହନ୍ୟହନି ଭୁତାନି ଗଚ୍ଛନ୍ତି ଯମ ମନ୍ଦିରମ୍, ଶେଷାଃ ସ୍ଥିରତ୍ୱଂ ଇଚ୍ଛନ୍ତି, କିମାଶ୍ଚର୍ଯ୍ୟଃ ମତଃ ପରମ୍"। ଅର୍ଥାତ୍ ପ୍ରତିଦିନ ଅନେକ ଲୋକ ଯମପୁରକୁ ଯାଆନ୍ତି, ସବୁଠାରୁ ଆଶ୍ଚର୍ଯ୍ୟ ଜିନିଷ ହେଲା, ବାକି ସମସ୍ତେ ଭାବନ୍ତି ସେମାନେ ଅମର। ଆମେରିକାରେ ଇଂରାଜୀରେ ଗୋଟିଏ ଗୋଟିଏ ବାକ୍ୟରେ ଅନେକ କଥା କୁହାଯାଇଥାଏ, ଯଥା **'Success has many parents, but failure is an orphan'** କୌଣସି ଗୋଟିଏ କାମ ଭଲଫଳ ଲାଭ କଲେ, ଅନେକ ଦାବି କରିଥାନ୍ତି ଯେ ସେମାନେ ସେହି କାମ କରିଛନ୍ତି, ଅଥଚ ବିଫଳ କାମରେ ଦାୟୀ ହେବାକୁ ସମସ୍ତେ ନାରାଜ। "ନାଇଁ ଆଜ୍ଞା, ସେଥିରେ ମୋର କିଛି ଭୁଲ୍ ନ ଥିଲା" ଅନ୍ୟମାନଙ୍କୁ ଆଙ୍ଗୁଠି ଦେଖାଇବାରେ ଆଗଭର ହୋଇ ପଡ଼ନ୍ତି। ଯେଉଁମାନେ ହୃଦୟର ଭାଷାରେ ସତ୍ୟକୁ ପ୍ରକାଶ କରନ୍ତି, ତାହା ଶୁଣିବାକୁ ଭଲ ଲାଗେ। ନେତାମାନେ ନିର୍ବାଚନ ଆଗରୁ ଫମ୍ପା ଆୱାଜ ଦେଇ ଗୁଡ଼ାଏ ପ୍ରତିଜ୍ଞା କରିପକାନ୍ତି। ଲୋକେ ବି ଅଭ୍ୟସ୍ତ ହୋଇଗଲେଣି ଏବଂ କେହି ସେ କଥା ଉପରେ ଗୁରୁତ୍ୱ ଦେଇନଥାନ୍ତି। ଆଜିର ଭାରତର ଆଧ୍ୟାତ୍ମିକ ନେତା ଶ୍ରୀ ଶ୍ରୀ ରବିଶଙ୍କର ଖୁବ୍ କମ୍ କଥା କହନ୍ତି। ତାଙ୍କ ପ୍ରବଚନରେ ଅନର୍ଗଳ ଗୀତ ବୋଲା କି ଚିତ୍କାର ନଥାଏ। ଖୁବ୍ ନରମଗଳାରେ ସେ ଚିରନ୍ତନ ସତ୍ୟକୁ ଏଭଳି ପ୍ରକାଶ କରିଥାନ୍ତି ଯେ, ତାହା ହୃଦୟ ଏବଂ ମନକୁ ଛୁଇଁଥାଏ। ଅନେକ ଲୋକ ତାଙ୍କୁ ପ୍ରଥମଥର ଶୁଣିଲା ପରେ ମନ୍ତବ୍ୟ ଦେଇଥାନ୍ତି, "ଯେମିତି କିଛି ଭଲ ଭାଷଣ ସେ ଦିଅନ୍ତି ନାହିଁ"। ତାଙ୍କର

ନାରଦ ଭକ୍ତିସୂତ୍ର ବା ଅଷ୍ଟବକ୍ର ଗୀତା ବା ପାତଞ୍ଜଳି ଯୋଗସୂତ୍ରର ବ୍ୟାଖ୍ୟା ଥରେ ଶୁଣିଲେ ମନରେ ଗଭୀର ଆଲୋକପାତ କରିଥାଏ।

ଭଲ ବକ୍ତା ଯେତିକି କହନ୍ତି, ତା'ର ଶହେଗୁଣ ଜ୍ଞାନର ଭଣ୍ଡାର ତାଙ୍କ ପାଖେ ଥିବା ଉଚିତ। ବହୁତ ଜାଣିବା ବାଲା ଅଳ୍ପ କୁହନ୍ତି, ଅଥଚ ଅଳ୍ପ ଜାଣିବା ବାଲା ବହୁତ କହିଲେ ଶ୍ରୋତା ଜାଣିପାରନ୍ତି ଯେ ସେଥିରେ ଗଭୀରତା ନଥାଏ। ସେଇଥିଲାଗି ଇଂରାଜୀରେ କଥା ଅଛି, ' Brevity is the soul of wisdom' ମାନେ ସ୍ୱଳ୍ପରେ କହିବା ପ୍ରକୃତ ଜ୍ଞାନର ପରିମାପକ।

■

ଧ୍ୟାନର ମାହାତ୍ମ୍ୟ

ପ୍ରାର୍ଥନା ଏବଂ ଧ୍ୟାନ ମଧ୍ୟରେ ପାର୍ଥକ୍ୟ କ'ଣ ? ପ୍ରାର୍ଥନା କଲାବେଳେ ଆମେ କଥା କହୁ ଏବଂ ଭଗବାନ ଶୁଣନ୍ତି; ଅଥଚ ଧ୍ୟାନ ସମୟରେ ଆମେ ନୀରବ ରହି ମୌନତା ମାଧ୍ୟମରେ ଭଗବାନଙ୍କୁ ଉପଲବ୍ଧି କରିଥାଉ । ପ୍ରାର୍ଥନା କରିବାକୁ ଗଲା ମାତ୍ରେ ଆମେ ଲମ୍ବା ଲିଷ୍ଟ ଦେବା ଆରମ୍ଭ କରିଦେଉ, ଆମ ଦେହ ଭଲ କର । ପିଲାର ପରୀକ୍ଷାରେ ଭଲ ହେଉ । ଚାକିରିରେ ପଦୋନ୍ନତି ଶୀଘ୍ର କରିଦିଅ ଇତ୍ୟାଦି । ଆମ ଇଚ୍ଛା, ଭଗବାନ ସବୁ କଥା ଛାଡ଼ି ଆଗ ଆମ ତାଲିକାର ସବୁକାମ କରିଦିଅନ୍ତୁ । ଧ୍ୟାନ ବେଳେ ଆମେ ନୀରବ । ନୀରବତା ଆମର ଅନ୍ତଃକରଣର ପ୍ରଧାନ ଅଂଶ । ମନ୍ ଧାତୁରୁ ଆସିଛି ମନ, ମୁନି, ମୌନ ଇତ୍ୟାଦି ସମସ୍ତ ଶବ୍ଦ । ମୌନତ୍ୱ ମଧ୍ୟରେ ଭଗବତ୍ ସତ୍ତା ଉପଲବ୍ଧି କରିହୁଏ । ସେଇଥିଲାଗି ମୁନିଋଷିମାନେ ହିମାଳୟ ଯାଇ ଧ୍ୟାନମଗ୍ନ ଅବସ୍ଥାରେ ସମାଧିସ୍ଥ ହୋଇପାରୁଥିଲେ । ପ୍ରାର୍ଥନାର ବହୁ ଉପକାରିତା ଅଛି । ପ୍ରାର୍ଥନା ମାଧ୍ୟମରେ ଆମେ ଶରଣାଗତ ହେଉ । ଭଗବାନ ଗୀତାରେ ସବୁ ପ୍ରକାର ବର୍ଣ୍ଣନା ଏବଂ ନିର୍ଦ୍ଦେଶ ଦେବା ପରେ କହିଲେ, 'ସର୍ବ ଧର୍ମାନ୍ ପରିତ୍ୟଜ୍ୟ ମାମେକଂ ଶରଣଂ ବ୍ରଜ ।' ସବୁକଥା ଛାଡ଼ି ମୋ ପାଖରେ ଶରଣ ନିଅ । ମୁଁ ସବୁ କଥା ବୁଝିବି; କିନ୍ତୁ ପ୍ରାର୍ଥନା ପାଇଁ ହୃଦୟ ଭିତରୁ ଆକୁଳତା ଆସିବା ଉଚିତ । ଦିନଯାକ କୁକର୍ମ କରିସାରିଲା ପରେ ସଂଧ୍ୟାବେଳେ ମନ୍ଦିର ଯାଇ ନଡ଼ିଆ ଭାଙ୍ଗିଲେ କିଛି ଲାଭ ହେବ ନାହିଁ । ପ୍ରଥମେ ଆତ୍ମଶୁଦ୍ଧି କରିବା ଆବଶ୍ୟକ । 'ସତ୍ୟଂ ବଦ, ଧର୍ମଂ ଚର' ତୈତ୍ତିରୀୟ ଉପନିଷଦ୍‌ର ବାଣୀ ଅନୁସାରେ ସତ୍ୟ କହିବା, ଅପରକୁ ଭଲ ପାଇବା, ନିଷ୍ଠାର ସହ କର୍ତ୍ତବ୍ୟ ପାଳନ କରିବା ଆତ୍ମଶୁଦ୍ଧିର ଲକ୍ଷଣ । ଅଫିସ୍‌ରୁ ଟଙ୍କା ତୋଷରପାତ କରିବା ଅନ୍ୟମାନଙ୍କୁ ପ୍ରତାରଣା କରି ଧାର୍ମିକ ହେବାକୁ ଚେଷ୍ଟା କଲେ ଭଗବାନ ଜାଣି ପାରିବେ ।

ଗୀତାର ତୃତୀୟ ଅଧ୍ୟାୟରେ ଭଗବାନ ଶ୍ରୀକୃଷ୍ଣ କର୍ମଯୋଗରେ ବୁଝାଇଛନ୍ତି । ସର୍ବଶେଷରେ ପ୍ରଶ୍ନୋତ୍ତର ସମୟରେ ଅର୍ଜୁନ ପଚାରିଲେ- ମଣିଷ ଜାଣି ବୁଝିକରି ମଧ୍ୟ କୁକର୍ମ ବା ପାପ କାହିଁକି କରେ ? ନିଜର ଇଚ୍ଛା ନଥିଲେ ମଧ୍ୟ କୁକର୍ମ କାହିଁକି କରିଥାଏ ? 'ଅଥ କେନଂ ପ୍ରୟୋକ୍ତୋୟଂ, ପାପଂ ଚରତି ପୁରୁଷଃ, ଅନିଚ୍ଛନ୍ନପି ବୃଷ୍ଣେୟ, ବଳାଦିବ ନିୟୋଜିତଃ ।' ଭଗବାନ ଉତ୍ତରରେ ୭ଟି ଶ୍ଳୋକ କହି ତୃତୀୟ ଅଧ୍ୟାୟ ସମାପ୍ତ କରିଛନ୍ତି । ସେ କହିଛନ୍ତି, କାମ ଏବଂ କ୍ରୋଧ ଏହାର ପ୍ରଧାନ କାରଣ ।

“କାମ ଏଷ, କ୍ରୋଧ ଏଷ, ରଜୋଗୁଣ ସମୁଦ୍‌ଭବଃ,
ମହାଶନୋ, ମହାପାପ୍ମା, ବିଦ୍ଧ୍ୟେନମିହ ବୈରିଣମ୍।”

ରଜୋଗୁଣରୁ ଆସେ କାମ (କାମନା) ଏବଂ କ୍ରୋଧ। ସ୍ୱାମୀ ଚିନ୍ମୟାନନ୍ଦ ପାପ ବା **SIN** କୁ ଇଂରାଜୀରେ କହିଥିଲେ **Self Insulting action**; ଅର୍ଥାତ୍ ଆମେ ନିଜକୁ ଅପମାନିତ କରିବା ଲାଗି ପାପ କରିଥାଉଁ। ଯେତେବେଳେ ରାଗ, ଦ୍ୱେଷ ରୂପକ ନକାରାତ୍ମକ ଭାବ ମନକୁ ଆଚ୍ଛନ୍ନ କରେ ଆମେ କୁକର୍ମ କରିଥାଉ। ଭଗବାନ ଦ୍ୱିତୀୟ ଅଧ୍ୟାୟରେ ସେହିଭଳି ସ୍ଥିତପ୍ରଜ୍ଞ ଲକ୍ଷଣ ବୁଝାଇବା ଅବସରରେ କାମ, କ୍ରୋଧର ଉତ୍ପତ୍ତି ବର୍ଣ୍ଣନା କରିଛନ୍ତି।

“ଧ୍ୟାୟତୋ ବିଷୟାନ୍ ପୁଂସଃ, ସଙ୍ଗସ୍ତେ ଉପଜାୟତେ
ସଂଗାତ୍ ସଂଜାୟତେ କାମଃ, କାମାତ୍ କ୍ରୋଧ ଭିଜାୟତେ।
କ୍ରୋଧାତ୍ ଭବତି ସମ୍ମୋହଃ, ସମ୍ମୋହାତ ସ୍ମୃତି ବିଭ୍ରମଃ,
ସ୍ମୃତିଭ୍ରଂଶାତ୍ ବୁଦ୍ଧିନାଶୋ, ବୁଦ୍ଧିନାଶାତ୍ ପ୍ରଣଶ୍ୟତି।”

ମନୁଷ୍ୟ ଯେତେବେଳେ ବାହ୍ୟ ଜିନିଷ ଉପରେ ଧ୍ୟାନ କରିବା ଆରମ୍ଭ କରେ, ତାହା ସଂଗତ୍ୱ ଆଣେ ଏବଂ ସେଥିରୁ ଜାତ ହୁଏ କାମନା ବା ପାଇବାର ଆଶା। କାମନାରୁ ଆସେ କ୍ରୋଧ। ଭଲ ଶାଢ଼ିଟିଏ ଦେଖିଲାମାତ୍ରେ ମନ ହୁଏ କେମିତି ଶାଢ଼ିଟି ମୋର ହୁଅନ୍ତା କି ! କିଣିବାକୁ ମନ ହମ ହମ ହୁଏ; ଅଥଚ ସ୍ୱାମୀ କହିଲେ ଟଙ୍କା ନାହିଁ, ଏବେ ପରା ଶାଢ଼ି କିଣା ହୋଇଥିଲା ? ସେଥିରୁ ଆରମ୍ଭ ହେଲା କ୍ରୋଧ। କ୍ରୋଧରୁ ସମ୍ମୋହ। ପୁଣି ରାଗରେ ଜର୍ଜରିତ ହୋଇ ବଚନ ଉପରେ ସଂଯମ ରହେନାହିଁ। ଯାହା ମନକୁ ଆସିଲା ଗାଳିବର୍ଷଣ ଆରମ୍ଭ ହୋଇଯାଏ। ଏଭଳି କରି ମନୁଷ୍ୟର ବୁଦ୍ଧିନାଶ ହୁଏ। ଭଗବାନ କୃଷ୍ଣ ଅର୍ଜୁନଙ୍କୁ କହିବା ଅବସରରେ ଆମ ସମସ୍ତଙ୍କୁ ଠିକ୍ ଚିହ୍ନି ପାରିଛନ୍ତି। ଆମେ ସମସ୍ତେ ହେଲେ ଗୋଟିଏ ଗୋଟିଏ ଅର୍ଜୁନ।

ମନୁଷ୍ୟ ଧ୍ୟାନ କଲେ ମୌନତ୍ୱ ମଧ୍ୟରେ ଭଗବାନଙ୍କ ସତ୍ତା ଉପଲବ୍ଧି କରିପାରେ। ଅବଶ୍ୟ ଏଥିଲାଗି ବର୍ଷ ବର୍ଷର ସାଧନା ଆବଶ୍ୟକ, ବାହାରେ ଅଛି ମହାକାଶ, ଆମ ଅନ୍ତର ମଧ୍ୟରେ ଅଛି ଆଉ ଏକ ଆକାଶ ଚିଦାକାଶ। ମୌନତା ଚିଦାକାଶର ଭାଷା, ଧ୍ୟାନ ଅଭ୍ୟାସକଲେ ଆପେ ଆସିଥାଏ ବାକ୍ ସଂଯମ୍, ମନ ଆଉ କ୍ରୋଧର ଶିକାର ହୁଏନାହିଁ, ପ୍ରକୃତ ଯୋଗୀଋଷି ଯଥା ଶ୍ରୀଶ୍ରୀ ରବିଶଙ୍କରଙ୍କ ମୁଖମଣ୍ଡଳରେ ଥାଏ ଶାନ୍ତ, ସମାହିତ, ପ୍ରଶାନ୍ତି, ବଚନ ମଧୁର ଏବଂ ମୁହଁରେଥାଏ ପ୍ରାକୃତିକ ହସ। ଏହା ହିଁ ଧ୍ୟାନଯୋଗୀଙ୍କର ଲକ୍ଷଣ।

■

ହସ୍ତାମଲକ

ବ୍ରାହ୍ମଣ ପରିବାରଟିଏ। ପିଲାଛୁଆ ହେଉନଥିଲେ। ତେଣୁ ସ୍ୱାମୀ ସ୍ତ୍ରୀ ଖୁବ୍ ଭଗବାନଙ୍କୁ ଡାକିଲେ ଏକ ସନ୍ତାନ ଆଶାରେ। ଭଗବାନ ପ୍ରସନ୍ନ ହୋଇ ଆଶୀର୍ବାଦ କଲେ। ପୁତ୍ର ସନ୍ତାନ ହେଲା। ମାତ୍ର ପିଲାଟି ବଢ଼ିବା ସମୟରେ କଥାବାର୍ତ୍ତା କଲା ନାହିଁ। ନିଜ ବୟସର ସାଙ୍ଗସାଥୀଙ୍କ ସହ ମିଶିବାକୁ ମଧ୍ୟ ପସନ୍ଦ କଲାନି। ବାପା, ମା' ବଡ଼ ବିବ୍ରତ ହେଲେ ଏବଂ ଭାବିଲେ ନିଶ୍ଚୟ ପିଲାର ମାନସିକ ଡିଫେକ୍ଟ ରହିଛି। ସେ କାଳରେ (ପ୍ରାୟ ନବମ ଶତାବ୍ଦୀର ପ୍ରଥମ ଭାଗରେ) ଡାକ୍ତର କିମ୍ବା ଏଭଳି ରୋଗର ଚିକିତ୍ସା ବୋଲି କିଛି ନଥିଲା। ତାଙ୍କ ଗାଁର ଲୋକେ ଦିନେ ବାପା, ମା'ଙ୍କୁ ପରାମର୍ଶ ଦେଇ କହିଲେ ଯେ କିଛିଦିନ ପରେ ତାଙ୍କ ତାଙ୍କ ଗାଁ ବାଟେ ଜଣେ ଖୁବ୍ ସାଧୁପୁରୁଷ ଆସିବେ ଏବଂ ବାପା, ମା' ତାଙ୍କ ପିଲାର ସମସ୍ୟା ଏହି ସନ୍ଥଙ୍କୁ କୁହନ୍ତୁ।

ସତକୁ ସତ କିଛିଦିନ ପରେ ଶ୍ରୀ ଶଙ୍କରାଚାର୍ଯ୍ୟ ମହାଶୟ ସେଇ ଗାଁକୁ ଆସିଲେ। ତାଙ୍କର ଅବସ୍ଥାନ କାଳରେ ବ୍ରାହ୍ମଣ ଦମ୍ପତି ପିଲାଟିକୁ ଆଣି ତାଙ୍କ ସହ ସାକ୍ଷାତ କଲେ। ପିଲାକୁ ସେତେବେଳକୁ ୧୦ ବର୍ଷ ବୟସ। ସମସ୍ୟା କଥା ବଡ଼ ଆତୁରହୋଇ ବର୍ଣ୍ଣନା କଲେ ବାପା, ମା'। ଏସବୁ ଶୁଣି ଶଙ୍କରାଚାର୍ଯ୍ୟ ପ୍ରଶ୍ନ କଲେ ସଂସ୍କୃତରେ (ସେହି ଭାଷାରେ ହିଁ କଥୋପକଥନ ହେଉଥିଲା ସେ ସମୟର ଭାରତରେ)

କସ୍ତ୍ୱମ୍ ଶିଶୋ ତସ୍ୟ କୁତୋସି ଗନ୍ତା,
କିଂ ନାମ ତେ, ତ୍ୱଂ କୁତୋ ଆଗତୋସି ?
ଏତନ୍ମୟ ତ୍ୱଂ ବଦ ଚାର୍ଭକତ୍ୱଂ।
ମତ୍ ପ୍ରୀତୟେ ପ୍ରୀତି ବିବର୍ଦ୍ଧନୋସି।।

ହେ ଶିଶୁ, କିଏ ତୁମେ ? କେଉଁଠୁ ତୁମେ ଆସିଲ ଏବଂ କୁଆଡ଼େ ଯାଉଛ ? ତୁମ ନାମ କ'ଣ ? ମତେ ସବୁ ବିସ୍ତାର କରି କୁହ ଏବଂ ଆନନ୍ଦିତ କରାଅ।

ଆମର ସାଧାରଣ କଥୋପକଥନଠାରୁ ଏହା କେତେ ପୃଥକ୍, ପାଠକମାନେ ଅନୁମାନ କରନ୍ତୁ। ପିଲାଟି ଶ୍ରୀ ଶଙ୍କରାଚାର୍ଯ୍ୟ ଆଦିଗୁରୁଙ୍କୁ ଚାହିଁଲା। ଗୁରୁଙ୍କ ବୟସ ମଧ

ସେଇ ୧୮ ରୁ ୨୦ ବର୍ଷ ଭିତରେ ହୋଇଥିବ, କାରଣ ଆଦି ଶଙ୍କରାଚାର୍ଯ୍ୟ ୭୮୮ ଖ୍ରୀଷ୍ଟାବ୍ଦରେ ଜନ୍ମ ହୋଇଥିଲେ। ଆପଣ ଅନୁମାନ କରନ୍ତୁ- ପିଲାଟି ଜୀବନରେ ଥରେ ହେଲେ ପାଟି ଫିଟାଇନି। ଆଦିଗୁରୁଙ୍କ ପ୍ରଶ୍ନରେ ପିଲାର ପାଟି ଫିଟିଛି ପ୍ରଥମ ଥର ଲାଗି। ମାତ୍ର ସେ ଆମମାନଙ୍କ ପରି ଉତ୍ତର ଦେଇନି। ମୋର ନାଁ ଏଇଆ, ମୋର ଗାଁ ଏଇଠି, ମୋ ଉଚ୍ଚତା ଏତିକି। ନାଁ, ପିଲା ପ୍ରଥମଥର ଲାଗି କଥା କହିଲା।

ନାହମ୍ ମନୁଷ୍ୟୋ ନଚ ଦେବ ଯକ୍ଷୋ
ନ ବ୍ରାହ୍ମଣ, କ୍ଷତ୍ରିୟ, ବୈଶ୍ୟ ଶୁଦ୍ରଃ
ନ ବ୍ରହ୍ମଚାରୀ ନ ଗୃହୀ ନ ବନସ୍ଥଃ
ଭିକ୍ଷୁଃ ନ ଚାହମ୍ ନିଜ ବୋଧରୂପଃ।।

ହେ ମହାଶୟ, ମୁଁ ମନୁଷ୍ୟ ନୁହଁ, କି ଦେବତା ନୁହଁ, କି ଯକ୍ଷ ବା ଗନ୍ଧର୍ବ ନୁହଁ। ମୁଁ ବ୍ରାହ୍ମଣ, କ୍ଷତ୍ରିୟ, ବୈଶ୍ୟ କିମ୍ବା ଶୁଦ୍ର ନୁହଁ। ମୁଁ ବ୍ରହ୍ମଚାରୀ ନୁହଁ, କି ଗୃହସ୍ଥ ନୁହଁ, ମୁଁ ସନ୍ନ୍ୟାସୀ ମଧ୍ୟ ନୁହଁ। ମୁଁ ହେଉଛି ସେଇ ସତ୍-ଚିତ୍- ଆନନ୍ଦ ଆତ୍ମା। ମୋର ପରିଚୟ ହେଲା ଏଇଆ।

ପିଲାଟି ସେତିକିରେ ରହିଲାନି। ପ୍ରାୟ ଆହୁରି ୧୨ଟି ପଂକ୍ତିରେ ସେ ନିଜ ସ୍ୱରୂପ କଥା ବର୍ଣ୍ଣନା କଲା। ଧନ୍ୟ ସେ ଶିଶୁ, ଧନ୍ୟ ସେ ଉତ୍ତର। ଶ୍ରୀ ଶଙ୍କରାଚାର୍ଯ୍ୟ ଏସବୁ ଶୁଣି ପିତା, ମାତାଙ୍କୁ କହିଲେ, ଏ ପିଲା ଆପଣଙ୍କର ନୁହଁ। ବର୍ତ୍ତମାନ ମୁଁ ଏହାକୁ ସାଙ୍ଗରେ ନେଉଛି। ତେଣୁ ଆଦି ଶଙ୍କରଙ୍କ ପ୍ରଧାନ ଚାରିଜଣ ଶିଷ୍ୟ ମଧ୍ୟରେ ଏହି ପିଲା 'ହସ୍ତାମଳକ' ନାମରେ ଖ୍ୟାତିଲାଭ କଲା। ଉପରୋକ୍ତ କଥୋପକଥନ ଶ୍ରୀ ଶଙ୍କରାଚାର୍ଯ୍ୟଙ୍କ ରଚିତ 'ହସ୍ତାମଳକ ସ୍ତୋତ୍ର' ରୂପେ ବିଖ୍ୟାତ।

ହସ୍ତାମଳକ ମାନେ ହାତରେ ଅଁଳା କୋଳିଟିଏ ରଖିଲେ ଯେପରି ମନରେ କୌଣସି ଦ୍ୱନ୍ଦ୍ୱ ରହିବନି ଯେ ଏଇ ପଦାର୍ଥଟି କ'ଣ? ସେହିଭଳି ଯିଏ ସ୍ପଷ୍ଟ ଭାବରେ ଆତ୍ମାର ସ୍ୱରୂପ ସଚ୍ଚିଦାନନ୍ଦ ବ୍ରହ୍ମନକୁ ଉପଲବ୍ଧି କରିପାରୁଛି ତାର ନାଁ ହେଲା ହସ୍ତାମଳକ। 'ତତ୍‌ଦ୍ରଷ୍ଟୁମ୍ ସ୍ୱରୂପେ ଅବସ୍ଥାନଂ' ବୋଲି ପାତଞ୍ଜଳି କହିଛନ୍ତି, ଯିଏ ପ୍ରକୃତ ସଂଜ୍ଞାକୁ ବୁଝିଛି ସେ ନିଜେ ଆତ୍ମସ୍ଥିତି ହୋଇ ସ୍ୱରୂପରେ ଅବସ୍ଥାନ କରି ଆନନ୍ଦ ପ୍ରାପ୍ତି କରିପାରିବ। ଭାରତର ଯୋଗଜନ୍ମା ଏବଂ ଜ୍ଞାନୀ ପୁରୁଷ ମଧ୍ୟରୁ ହସ୍ତାମଳକ ଅନ୍ୟତମ।

■

ଅକ୍ଷରଧାମ ମନ୍ଦିର

ଗତ ଡିସେମ୍ବର ମାସରେ ଦିଲ୍ଲୀରେ ୪ ଦିନ ରହଣି କାଳରେ ଆମେ ନଏଡ଼ା ପାଖରେ ନବନିର୍ମିତ ମନ୍ଦିର ଅକ୍ଷରଧାମ ଦେଖିବାର ସୁଯୋଗ ପାଇଥିଲୁ। ଏହା ଥିଲା ଏକ ସ୍ୱତନ୍ତ୍ର ଅଭିଜ୍ଞତା। ଆମ ମତରେ ପ୍ରତ୍ୟେକ ଭାରତୀୟ ଏହି ମନ୍ଦିର ଦେଖିବା ଉଚିତ। ଗୁଜରାଟରୁ ଆରମ୍ଭ ହୋଇଥିବା ସ୍ୱାମୀ ନାରାୟଣ ସଂସ୍ଥା ତରଫରୁ ଏହି ମନ୍ଦିର ଅନେକ ବର୍ଷର ଅକ୍ଳାନ୍ତ ପରିଶ୍ରମରେ ତିଆରି ହୋଇଛି। ହଜାର ହଜାର ସ୍ୱେଚ୍ଛାସେବୀଙ୍କ ଶ୍ରମଦାନରେ ଏହା ସମ୍ଭବ ହୋଇପାରିଛି। ଏଭଳି ହିନ୍ଦୁମନ୍ଦିର ପୃଥିବୀ ତଥା ଭାରତରେ ଅଦ୍ୱିତୀୟ କହିଲେ ଭୁଲ୍ ହେବନାହିଁ।

ସ୍ୱାମୀ ନାରାୟଣ ସଂସ୍ଥା ତରଫରୁ ଭାରତରେ ଗାନ୍ଧିନଗର (ଅହମଦାବାଦ ପାଖ) ରେ ମନ୍ଦିର ଛଡ଼ା, ଆମେରିକାର ଚିକାଗୋ ସହର ତଥା ଇଂଲଣ୍ଡର ଲଣ୍ଡନରେ ମଧ୍ୟ ମନ୍ଦିର ଅଛି। ଆମେ ଚିକାଗୋ ଏବଂ ଲଣ୍ଡନର ମନ୍ଦିର ଦେଖିଥିଲୁ। ଦିଲ୍ଲୀର ମନ୍ଦିର ସର୍ବବୃହତ୍। ସମୁଦାୟ ମନ୍ଦିର ଭ୍ରମଣ ଲାଗି ଅନ୍ତତଃ ୪ଘଣ୍ଟା ସମୟ ଆବଶ୍ୟକ। ପ୍ରଥମେ ପରିକ୍ରମା ଭିତରକୁ ପ୍ରବେଶ କଲାପରେ ଏକ ସ୍ୱତନ୍ତ୍ର ଟୁର୍ ପ୍ରାୟ ଅଢ଼େଇଘଣ୍ଟାର। ପ୍ରାଚୀନ ଭାରତରେ ଗୁରୁକୁଳର ପ୍ରଥା କିପରି ଥିଲା,ଭାରତର ଶିକ୍ଷା, ସଂସ୍କୃତି ତଥା ଆଧ୍ୟାତ୍ମିକ ଚିନ୍ତାଧାରାର ପ୍ରଗତି ଉପରେ ଇଲେକ୍ଟ୍ରନିକ ମୂର୍ତ୍ତି (କଥା କହୁଥିବା) ଦ୍ୱାରା ଆକର୍ଷଣୀୟ କରାଯାଇଛି। ତା'ପରେ ଏକ ବୋଟ୍‌ରେ ବସି ପ୍ରାଚୀନ ଭାରତର ଐତିହ୍ୟ ଉପରେ ଟୁର୍‌ର ବନ୍ଦୋବସ୍ତ କରାଯାଇଛି, ଆମେରିକାର ଡିସ୍‌ନୀ ୱାର୍ଲଡ୍‌ର ଢାଞ୍ଚାରେ। ତକ୍ଷଶୀଳା ବିଶ୍ୱବିଦ୍ୟାଳୟ, ଚରକ, ଶୁଶ୍ରୁତ, ଆୟୁର୍ବେଦ, ଜ୍ୟୋତିର୍ବିଦ୍ୟା, ବିଜ୍ଞାନ, ଅର୍ଥନୀତି, ଯନ୍ତ୍ରପାତିର ଉଦ୍‌ଭବ, ସମସ୍ତ ଇତିହାସକୁ ବୁଝାଯାଇଛି ଏବଂ ଚଳମାନ ମୂର୍ତ୍ତି ଦ୍ୱାରା ଜୀବନ୍ତ କରାଯାଇଛି। ନଦେଖିଲେ ବୁଝାଇହେବନି। ଏହା କେତେ ଶିକ୍ଷଣୀୟ। ଜଣେ ବିଖ୍ୟାତ ଇଉରୋପୀୟ ଲେଖକ କହିଥିଲେ- ଯେତେବେଳେ ଇଉରୋପର ଲୋକେ ବର୍ବର ହୋଇ ଚାରିଆଡ଼େ ବୁଲୁଥିଲେ, ଭାରତବର୍ଷରେ ଲୋକେ ଜୀବନ ଚର୍ଚ୍ଚା କରି ଉପନିଷଦ ଲେଖୁଥିଲେ। ଅକ୍ଷରଧାମ ମନ୍ଦିର ଏକ ହିନ୍ଦୁଧର୍ମର ତଥା ପ୍ରାଚୀନ

ଭାରତବର୍ଷର ମ୍ୟୁଜିୟମ କହିଲେ ଅତ୍ୟୁକ୍ତି ହେବନାହିଁ। ବୋଟ୍ ଭ୍ରମଣ ପରେ ଏକ ପ୍ରକାଣ୍ଡ ସିନେମା ସ୍କ୍ରିନ୍‌ରେ (ଆଇ-ମାକ୍ସ-ଥିଏଟର) ସ୍ୱାମୀ ନାରାୟଣ ସଂସ୍ଥାର ସଂଗଠକଙ୍କ ଜୀବନୀ ଦର୍ଶାଯାଇଛି। ବାଳକ ନୀଳକଣ୍ଠ କିପରି ଅଳ୍ପ ବୟସରେ ହିମାଳୟ ପାଖର ଗାଁରୁ ଘର ଛାଡ଼ି ପାଦରେ ଚାଲି ଚାଲି ସାରା ଭାରତବର୍ଷ ବୁଲିବା କଥା ଦେଖାଯାଇଛି। ଏହାଥିଲା ସପ୍ତଦଶ ଏବଂ ଅଷ୍ଟଦଶ ଶତାବ୍ଦୀର କଥା। ସର୍ବଶେଷରେ ସେ ଗୁଜରାଟରେ ଆଶ୍ରମ କରି ଜନସାଧାରଣଙ୍କୁ ଯୋଗ ଶିକ୍ଷା, ଧ୍ୟାନ ଇତ୍ୟାଦି ଦେଲେ ଏବଂ ଜନସାଧାରଣଙ୍କ ସେବାକାର୍ଯ୍ୟରେ ଲାଗିଲେ। ଯାହା ମନେପଡୁଛି, ଓଡ଼ିଶାର ୧୯୯୯ର ପ୍ରଳୟଙ୍କରୀ ବାତ୍ୟା ପରେ ଏହି ସଂସ୍ଥା ଓଡ଼ିଶାରେ ଅନେକ ସେବାକାର୍ଯ୍ୟ କରିଥିଲା।

ଅକ୍ଷରଧାମର ପ୍ରଧାନ ମନ୍ଦିର ଅତୀବ ଦର୍ଶନୀୟ। ମୁଖଶାଳା ପାଖରୁ ମନ୍ଦିରର ପ୍ରଧାନ ସ୍ଥାନରେ କେବଳ ତାଙ୍କ ଗୁରୁଙ୍କର ମୂର୍ତ୍ତି ଏବଂ ଫଟୋଚିତ୍ର ରହିଛି। ଜଣେ କିଏ କହିଲେ ଯେ ମନ୍ଦିରର କାରୁକାର୍ଯ୍ୟ ପାଇଁ ଅନେକ ଓଡ଼ିଶାର କାରିଗର ଦାୟୀ। କାରଣ ଆମେ ଦେଖିଲୁ ମନ୍ଦିରର ବେଢ଼ାର ମୂର୍ତ୍ତି ସବୁ ଠିକ୍ ଆମ ପୁରୀ ଏବଂ କୋଣାର୍କ ମନ୍ଦିରର ନାଟ୍ୟମଣ୍ଡପ ମୂର୍ତ୍ତି ପରି, ହାତୀମାନେ ମଧ୍ୟ ଠିକ୍ ଓଡ଼ିଶା ମନ୍ଦିର ଶୈଳୀରେ ଗଠିତ।

ମନ୍ଦିର ଅତ୍ୟଧିକ ପରିଷ୍କାର ପରିଚ୍ଛନ୍ନ। ଟିକିଏ କୋଉଠି ମଇଳା ନାହିଁ। ସ୍ୱେଚ୍ଛାସେବୀମାନେ ପ୍ରତିସ୍ଥାନରେ ଠିଆ ହୋଇ ଦର୍ଶକମାନଙ୍କୁ ସାହାଯ୍ୟ କରୁଛନ୍ତି। କାହାକୁ ପଇସା ଦେବା ଦରକାର ନାହିଁ କି ପୁରୀ ପଣ୍ଡାଙ୍କ ଭଳି ଆଚରଣ ନାହିଁ। ପରିବେଶ ଶାନ୍ତ ଏବଂ ଚାରିଆଡ଼େ ନୀରବତା ଅବଲମ୍ବନ କରାଯାଇଛି। ସଂଧ୍ୟାରେ ନାନାପ୍ରକାର ରଙ୍ଗିନ ଆଲୁଅରେ କୃତ୍ରିମ ୱାଟର ଫାଉଣ୍ଟେନ ବା ଜଳପ୍ରପାତର ଦୃଶ୍ୟ ଅତି ଚମତ୍କାର।

ଆମେ ଦିଲ୍ଲୀରେ ରହୁଥିବା ଅନେକ ବନ୍ଧୁଙ୍କୁ ଏହି ମନ୍ଦିର ବିଷୟରେ କହିଲୁ। ଅନେକେ ଜାଣି ନ ଥିଲେ ଯେ ଏଭଳି ଏକ ସୁନ୍ଦର ଦର୍ଶନୀୟ ମନ୍ଦିର ଏତେ ନିକଟରେ ଅଛି ବୋଲି। ଅକ୍ଷରଧାମ ମନ୍ଦିର ପ୍ରାୟ ଦେଢ଼ବର୍ଷତଳେ ଜନସାଧାରଣଙ୍କ ଲାଗି ଉନ୍ମୁକ୍ତ ହୋଇଥିଲା।

■

ସାତ୍ତ୍ୱିକ ସୁଖ

ବେଦାନ୍ତରେ ପଞ୍ଚେନ୍ଦ୍ରିୟଙ୍କୁ 'ଇନ୍ଦ୍ରିୟାଣି' ବୋଲି କୁହାଯାଇଛି । ଶବ୍ଦ-ସ୍ପର୍ଶ-ରୂପ-ରସ-ଗନ୍ଧ ହେଲା ପାଞ୍ଚଟି ବିଷୟ ଏବଂ ଇନ୍ଦ୍ରିୟାଣି ଏହି ପାଞ୍ଚଟି ବିଷୟ ପ୍ରତି ଆସକ୍ତି ଦେଖାଇଥାନ୍ତି । ଇନ୍ଦ୍ରିୟମାନଙ୍କୁ ଆୟତ୍ତରେ ନରଖିଲେ ଆମେ ସର୍ବଦା ଅସୁବିଧା ଭୋଗ କରିଥାଉ । ଶ୍ରୀ ଶଙ୍କର ବିବେକ ଚୂଡ଼ାମଣିରେ କହିଛନ୍ତି-

ଶବ୍ଦାଦିଭିଃ ପଞ୍ଚଭିରେବ ପଞ୍ଚ ।
ପଞ୍ଚତ୍ୱମାପଃ ସ୍ୱଗୁଣେନ୍ ବଦ୍ଧାଃ
କୁରଙ୍ଗ ମାତଙ୍ଗ ପତଙ୍ଗ ମୀନ । ଭୃଙ୍ଗା ନରଃ ପଞ୍ଚଭିରଞ୍ଚିତଃ କିମ୍ ।

ନିଜ ନିଜ ପ୍ରକୃତି ଅନୁଯାୟୀ ଶବ୍ଦ-ସ୍ପର୍ଶ-ରୂପ-ରସାଦି ପାଞ୍ଚଟି ବିଷୟରୁ ଗୋଟିଏ ଗୋଟିଏ ବିଷୟରେ ଅତି ଆସକ୍ତ ହୋଇ ହରିଣ (କୁରଙ୍ଗ), ହାତୀ(ମାତଙ୍ଗ), ପତଙ୍ଗ, ମାଛ ଏବଂ ଭ୍ରମର ଏଇ ପାଞ୍ଚୋଟି ଯାକ ଜୀବ ମୃତ୍ୟୁ ମୁଖରେ ନିଶ୍ଚିତ ରୂପେ ପଡ଼ନ୍ତି । ସାଧାରଣତଃ ହରିଣର କର୍ଣ୍ଣ ଶବ୍ଦ ଶୁଣିବାରେ ଅତି ଆସକ୍ତ । ହାତୀର ସ୍ପର୍ଶଜ୍ଞାନ ଅତି ପ୍ରଖର, ପତଙ୍ଗର ଦର୍ଶନେନ୍ଦ୍ରିୟ ଅତି ପ୍ରଖର, ତେଣୁ ସେ ଜ୍ୱଳନ୍ତ ନିଆଁରେ ପଡ଼ି ପ୍ରାଣ ହରାଏ । ମାଛର ରସନା (ସବୁକିଛି ଖାଇଯିବାରେ ଲୋଲୁପ) ତାକୁ ମୃତ୍ୟୁ ମୁଖରେ ପକାଏ । ଭ୍ରମରର ଘ୍ରାଣେନ୍ଦ୍ରିୟ ପୁଷ୍ପରସ ଗ୍ରହଣରେ ଅତି ଆସକ୍ତ । ସୂର୍ଯ୍ୟାସ୍ତ ପରେ ଫୁଲ ବନ୍ଦ ହୋଇଗଲେ ଭ୍ରମର ଭିତରେ ରହି ପ୍ରାଣ ହରାଏ । ଶ୍ରୀ ଶଙ୍କର କହନ୍ତି-ମାନବ ପାଞ୍ଚୋଟିଯାକ ବିଷୟରେ ମଜ୍ଜିଯାଇଥିବାରୁ କିପରି ବା ରକ୍ଷା ପାଇବ ?

ଆମ ଜୀବନରେ ଇନ୍ଦ୍ରିୟଭୋଗ ଏକ ପ୍ରଧାନ ବିପଦର କାରଣ । ଖାଇବା ସମୟରେ ସ୍ୱାଦୁ ଉପରେ ଗୁରୁତ୍ୱ ଦେଇ ଆମେ ହାନିକାରକ ପଦାର୍ଥ ଖାଉ ଏବଂ ଅତ୍ୟଧିକ ପରିମାଣରେ ଖାଇଥାଉ । ଓଡ଼ିଶାରେ ଆମର ଖାଦ୍ୟ ଉପରେ ଗୁରୁତ୍ୱ ଅତ୍ୟଧିକ । ଅତି ପରିମାଣରେ ଖାଇବାକୁ ବାଧ୍ୟ କରିବା, ଭଲ ପାଇବା ତଥା ଆତିଥ୍ୟର ଲକ୍ଷଣ ବୋଲି ବିଚାର କରାଯାଇଥାଏ । ଯିଏ ଖାଉଛି ସେ ମଧ୍ୟ ଆଶାକରେ ତାକୁ ଅଧିକ ଖାଅ ବୋଲି ଅନ୍ୟମାନେ କୁହନ୍ତୁ । ପରେ ପେଟ ଖରାପ ଏବଂ ଦେହଖରାପ ହେଲେ

ମଧ୍ୟ ଆମେ ବାରମ୍ବାର ସେହି ଅଭ୍ୟାସକୁ ଫେରିଆସୁ। ଭଗବାନ ଗୀତାର ଦ୍ୱିତୀୟ ଅଧ୍ୟାୟରେ କହିଛନ୍ତି- ଇନ୍ଦ୍ରିୟାଣାଂ ହି ଚରତାଂ, ଯନ୍ମନୋନୁ ବିଧିୟତେ। ତଦସ୍ୟ ହରତି ପ୍ରଜ୍ଞା ବାୟୁର୍ଣ୍ଣାବମ୍ଭିବାୟସି। ଅର୍ଥାତ୍ ପାଲଟଣା ଡଙ୍ଗା ଯେପରି ପବନରେ ମନଇଚ୍ଛା ପାଣିରେ ଚାଲେ ଦିଶାହୀନ ଅବସ୍ଥାରେ, ସେଭଳି ଇନ୍ଦ୍ରିୟମାନେ ବିନା ଆୟତ୍ତରେ ଆମକୁ ମନଇଚ୍ଛା ଟାଣନ୍ତି। ମନ ଏଭଳି ଇନ୍ଦ୍ରିୟଭୋଗ ଝଡ଼ରେ ଜୀବନକୁ ବିପଦସଙ୍କୁଳ କରିଥାଏ। କେବଳ ଖାଇବା ନୁହଁ, ସ୍ପର୍ଶ, ରୂପ, ଗନ୍ଧ ଇତ୍ୟାଦି ସମସ୍ତ ଇନ୍ଦ୍ରିୟମାନଙ୍କୁ ଆୟତ୍ତରେ ରଖିବା ବିଧେୟ। ଗୀତାର ଷଷ୍ଠ ଅଧ୍ୟାୟରେ ଭଗବାନ କହିଛନ୍ତି, "ଯୁକ୍ତାହାର ବିହାରସ୍ୟ ଯୁକ୍ତଚେଷ୍ଟସ୍ୟ କର୍ମସୁ, ଯୁକ୍ତ ସ୍ୱପ୍ନାବବୋଧସ୍ୟ ଯୋଗୋ ଭବତି ଦୁଃଖହାଃ" ସବୁ ବିଷୟରେ ସୀମାବଦ୍ଧ (Moderation) ହୋଇ ଚଳିବା ଉଚିତ। ଆହାର, ବିହାର, ନିଦ୍ରା ଇଦ୍ୟାଦି କ୍ଷେତ୍ରରେ ସାବଧାନ ରହିବାକୁ ଭଗବାନ ନିର୍ଦ୍ଦେଶ ଦେଇଛନ୍ତି। ତଦ୍ୱାରା ଶାନ୍ତି ଏବଂ ଆନନ୍ଦପ୍ରାପ୍ତି ହୋଇପାରିବ। ପୁଣି ଉଦାହରଣ ଦେଇ ଭଗବାନ କୁହନ୍ତି, କଇଁଛ ଯେପରି ବିପଦବେଳେ ଟାଣୁଆ ଖୋଳ ଭିତରେ ଅଙ୍ଗପ୍ରତ୍ୟଙ୍ଗକୁ ବନ୍ଦକରି ରଖିଥାଏ ହାତୀର ପାଦ ପଡ଼ିଲେ ମଧ୍ୟ କଇଁଛର ଖୋଳ ତାକୁ ନିରାପଦରେ ରଖିପାରେ ଠିକ୍ ସେହିଭଳି ପ୍ରଜ୍ଞା ପୁରୁଷ ନିଜର ଇନ୍ଦ୍ରିୟମାନଙ୍କୁ ଆୟତ୍ତରେ ରଖିବା ଉଚିତ। 'ଯଦା ସଂହରତେ ଚାୟଂ କୁର୍ମୋଙ୍ଗାନୀବ ସର୍ବଶଃ। ଇନ୍ଦ୍ରିୟାଣିନ୍ଦ୍ରିୟାର୍ଥେଭ୍ୟଃ ତସ୍ୟ ପ୍ରଜ୍ଞା ପ୍ରତିଷ୍ଠିତା'।

ତା'ହେଲେ ପ୍ରଶ୍ନହେଲା, ଆମେ 'ଖାଅ, ପିଅ, ମଉଜକର' (eat, drink be merry) ର ପ୍ରଥାରେ ରହିବାନି? ଜୀବନ ଏକପ୍ରକାର ଶୁଷ୍କ ଏବଂ ରସହୀନ ହୋଇଯିବ ନାହିଁ? ଭଗବାନ ଉତ୍ତରରେ କହିଛନ୍ତି ଅଷ୍ଟାଦଶ ଅଧ୍ୟାୟରେ ଏସବୁ ଖାଦ୍ୟ, ମଦ୍ୟ, ଭୋଗ ଇତ୍ୟାଦିର ସୁଖ କ୍ଷଣିକ ମାତ୍ର। ଆଜି ଅଛି, କାଲି ନାହିଁ। ଏଥିରୁ ଚିରନ୍ତନ ଆନନ୍ଦ ପ୍ରାପ୍ତି ଅସମ୍ଭବ। ସାତ୍ତ୍ୱିକ ସୁଖ ବା ଆନନ୍ଦ ମିଳିବ ଇନ୍ଦ୍ରିୟଭୋଗକୁ ଆୟତ୍ତ କଲେ। 'ଯତ୍ତଦଗ୍ରେ ବିଷମିବ ପରିଣାମଃ ଅମୃତୋପମମ୍। ତତ୍ ସୁଖଂ ସାତ୍ତ୍ୱିକ ପ୍ରୋକ୍ତଂ ଆତ୍ମବୁଦ୍ଧି ପ୍ରସାଦମ୍'। ଯେଉଁ ଆନନ୍ଦ ପ୍ରଥମେ ବିଷଭଳି ଲାଗେ: ମାତ୍ର ପରେ ଅମୃତ ହୋଇଯାଏ ତାହାହେଲା ସାତ୍ତ୍ୱିକ ସୁଖ। ଆତ୍ମସଂଶୁଦ୍ଧି ଏବଂ ସଂଯମରେ ପ୍ରସାଦମିଳେ। ଭୋଗରୁ ଆସେ ରୋଗ। ଆତ୍ମସଂଯମ ଏବଂ ଆତ୍ମନିରୀକ୍ଷଣରେ ଯେଉଁ ପ୍ରେମାନନ୍ଦ ମିଳେ ତାହାର ପଟାନ୍ତର ନାହିଁ। ଭଗବାନ କୃଷ୍ଣଙ୍କ ମୁଖନିଃସୃତ ବାଣୀକୁ ଅହରହ ବିଚାର କରିବା ଆମର ଲକ୍ଷ୍ୟ ହେବା ଉଚିତ।

■

ଓଡ଼ିଶାରେ ଶ୍ରୀଶ୍ରୀ ରବିଶଙ୍କର

ଏ ଚିଠି ଓଡ଼ିଶାରୁ ଲେଖାଯାଉଛି। ଆମର ସ୍ୱଳ୍ପ ରହଣି କାଳରେ ବିଶ୍ୱବିଖ୍ୟାତ ଆଧ୍ୟାତ୍ମିକ ଗୁରୁ ଏବଂ ଆର୍ଟ ଅଫ୍ ଲିଭିଙ୍ଗ୍‌ର ପ୍ରତିଷ୍ଠାତା ପରମପୂଜ୍ୟ ଶ୍ରୀଶ୍ରୀ ରବିଶଙ୍କର ଓଡ଼ିଶା ଗସ୍ତରେ ୪ଦିନ ପାଇଁ ଆସିଥିଲେ। ଡିସେମ୍ବର ୯ ତାରିଖରେ ଭୁବନେଶ୍ୱରସ୍ଥିତ ଜନତା ପଡ଼ିଆରେ ପ୍ରାୟ ଏକଲକ୍ଷ ଲୋକ ତାଙ୍କର ସତ୍‌ସଙ୍ଗ ଲାଭ କରିବାର ସୁଯୋଗ ପାଇଥିଲେ, ଆମେ ମଧ୍ୟ ସେହିଠାରେ ଉପସ୍ଥିତ ଥିଲୁ। ଏକ ବିଶାଳ ମଞ୍ଚରେ ୧୫୦୦ରୁ ଊର୍ଦ୍ଧ୍ୱ ଗାୟକ, ବାଦକ ଏବଂ ନୃତ୍ୟଶିଳ୍ପୀ, ସଂଗୀତ ଏବଂ ନୃତ୍ୟ ମାଧ୍ୟମରେ ତାଙ୍କୁ ସ୍ୱାଗତ କଲେ। ଏହିବର୍ଷ ଆର୍ଟ ଅଫ୍ ଲିଭିଙ୍ଗ୍‌ର ରୌପ୍ୟ ଜୟନ୍ତୀ ଏବଂ ଗୁରୁଜୀ ଚାରିଆଡ଼େ ଏହି ଜୟନ୍ତୀ ପାଳନ ଅବକାଶରେ ଧ୍ୟାନ ଶିବିରରେ ଜନତାଙ୍କୁ ଯୋଗ ଏବଂ ଧ୍ୟାନ ଶିଖାଉଛନ୍ତି। ମୁକ୍ତେଶ୍ୱର ମନ୍ଦିରର ବିଖ୍ୟାତ ତୋରଣକୁ ସ୍ୱଳ୍ପ ସମୟ ମଧ୍ୟରେ ଓଡ଼ିଶାର କାରିଗରମାନେ ତିଆରି କରିଥିଲେ। ଓଡ଼ିଶାର ନୃତ୍ୟ, ଗୀତ, କଳାର ଉପସ୍ଥାପନା କରାଗଲା। ସମଗ୍ର ଦେଶ ତଥା ବିଦେଶରେ ଏହି କାର୍ଯ୍ୟକ୍ରମକୁ ଟେଲିଭିଜନ ମାଧ୍ୟମରେ ପ୍ରସାର କରାଗଲା।

ପ୍ରଥମେ ପଞ୍ଚ ମହାଭୂତକୁ ସଂଗୀତ ତଥା ନୃତ୍ୟ ମାଧ୍ୟମରେ ପରିବେଷଣ କରାଗଲା। ଓଡ଼ିଶା ନୃତ୍ୟ ଏକାଡ଼େମୀ ତରଫରୁ ଗୁରୁ ଗଙ୍ଗାଧର ପ୍ରଧାନଙ୍କ ନିର୍ଦ୍ଦେଶରେ ଦଶବତାର ନୃତ୍ୟ ପରିବେଷଣ କରାଗଲା। ଶ୍ରୀ ଶ୍ରୀ ରବିଶଙ୍କର ତାଙ୍କର ମନ୍ତବ୍ୟରେ କହିଥିଲେ, ମାତ୍ର ଦେଢ଼ମାସ ଭିତରେ ଏ ପ୍ରକାର ଆୟୋଜନ ଓଡ଼ିଶାବାସୀଙ୍କର ସୃଜନଶୀଳତାର ପରିଚୟ ଦିଏ। ସେ କହିଲେ ଜୀବନ ମଧ୍ୟ ଏକ ନୃତ୍ୟ। ଜୀବନକୁ ପୂର୍ଣ୍ଣାଙ୍ଗ କରିବାକୁ ହେଲେ ନୃତ୍ୟ, ଗୀତ, ଯୋଗ, ସେବା ଏ ସବୁର ଆବଶ୍ୟକତା ରହିଛି। ଏହି ସହରରେ ଦୁଇହଜାର ବର୍ଷ ତଳେ କଳିଙ୍ଗ ଯୁଦ୍ଧ ହେଲା। ପ୍ରଥମେ ଜୟ, ପରେ ପରାଜୟ, ତା'ପରେ ପୁନରାୟ ଜୟ ହୋଇଥିଲା, ଅର୍ଥାତ୍ ଅଶୋକ ବିଜୟ ପାଇ ମଧ୍ୟ ପରାଜିତ ହେଲେ। ବୁଦ୍ଧ ଧର୍ମ ଗ୍ରହଣ କରି ସେ ଜନତାର ସେବାରେ ଲାଗି ପୁଣି ବିଜୟ ପାଇଲେ। ତା'ପରେ ସୁରମଣି ରଘୁନାଥ ପାଣିଗ୍ରାହୀ ଏବଂ ସିକନ୍ଦର ଆଲାମ୍ ଗୀତ ଗାଇଲେ। ମଞ୍ଚରେ ସବୁ ଧର୍ମର ନେତୃବର୍ଗ ଉପସ୍ଥିତ ଥିଲେ। ମୁସଲମାନ ସମ୍ପ୍ରଦାୟର ମୁଖ୍ୟ ମୌଲବୀ, ଖ୍ରୀଷ୍ଟିଆନଙ୍କର ମୁଖ୍ୟ, ବୁଦ୍ଧ, ଜୈନ ତଥା ହିନ୍ଦୁ ଧର୍ମର ଆଚାର୍ଯ୍ୟମାନଙ୍କୁ

ନିମନ୍ତ୍ରିତ କରାଯାଇଥିଲା । ଶ୍ରୀ ଶ୍ରୀ ରବିଶଙ୍କର ସମଗ୍ର ମାନବଧର୍ମର ଐକତ୍ୱ ଉପରେ ଗୁରୁତ୍ୱ ଦେବାର ସମୟ ଆସିଛି ବୋଲି କହିଲେ । ଡିସେମ୍ବର ୧୦, ୧୧ ଏବଂ ୧୨ ତିନିଦିନ ଧରି ଧ୍ୟାନ ଶିବିର ଚାଲିଲା । ପ୍ରାୟ ୨୦ ହଜାରରୁ ଊର୍ଦ୍ଧ୍ୱ ଲୋକ ୫୦୦ଟଙ୍କାର ଟିକଟ କରି ଏହି ଶିବିରରେ ଯୋଗଦାନ କରିଥିଲେ । ପଶ୍ଚିମ ଓଡ଼ିଶାର କଳାହାଣ୍ଡି ରାଉରକେଲା, ସମ୍ବଲପୁର ଇତ୍ୟାଦି ଜାଗାରୁ ଶହଶହ ଲୋକ ଆସିଥିଲେ । ଗୁରୁଜୀଙ୍କର ମିଷ୍ଟଭାଷା ଏବଂ ପ୍ରଶ୍ନୋତ୍ତର ଲୋକଙ୍କୁ ଅନେକ ଶିକ୍ଷା ଦେଲା । ଦେଶରେ ଲୋକଙ୍କର ଆତ୍ମଶୁଦ୍ଧି ଏବଂ ଧ୍ୟାନ ମାଧ୍ୟମରେ ମାନସିକ ବିକାଶ ହେଲେ ଏକ ଦିବ୍ୟ ଜୀବନ ଗଠନ ହୋଇପାରିବ । ମାତ୍ର ୩ଦିନ ଭିତରେ ଗୁରୁଜୀ ନାନା ଶିକ୍ଷାନୁଷ୍ଠାନ, ପୁରୀ, କୋଣାର୍କ ପାଖରେ ଆଶ୍ରମ ଇତ୍ୟାଦି ପରିଦର୍ଶନ କଲେ । ଓଡ଼ିଶାରେ ୩୦୦ ଏକର ଜମିରେ ଏକ ବିଶ୍ୱବିଦ୍ୟାଳୟ ପ୍ରତିଷ୍ଠାର ଚୁକ୍ତିପତ୍ର ମୁଖ୍ୟମନ୍ତ୍ରୀଙ୍କ ସହ ସ୍ୱାକ୍ଷରିତ ହେଲା ।

ଜଣେ ପଚାରିଲା, ଗୁରୁଜୀ ମୁଁ କେମିତି ମୋ ଉପର ହାକିମକୁ ଖୁସି କରିବି? ଉତ୍ତରରେ ଗୁରୁଜୀ କହିଲେ, ଖୋସାମତି ଯିଏ କରେ, ଅନ୍ୟ ଲୋକ ତାହା ଜାଣିପାରେ । ଏ ସବୁ ଦରକାର ନାହିଁ । ବରଂ ନିଜ କାମ ନିଷ୍ଠାର ସହ କଲେ ସବୁ ଠିକ୍ ହୋଇଯିବ । ଓଡ଼ିଶାର ଗାଁ ଗଣ୍ଡା ଏବଂ ସହରରୁ ମଦ ଦୋକାନ ହଟାଇବା ଉଚିତ ବୋଲି ସେ ଗୁରୁତ୍ୱ ଦେଲେ ।

ଆମେ ଆର୍ଟ ଅଫ୍ ଲିଭିଙ୍ଗର ଶିକ୍ଷାରେ ପ୍ରାୟ ଗତ ୫ବର୍ଷ ହେବ ପ୍ରତ୍ୟହ ସୁଦର୍ଶନ କ୍ରିୟା କରିଆସୁଛୁ । ଆମ ଭଳି ପୃଥିବୀରେ ପ୍ରାୟ କୋଟିଏ ଲୋକ ୧୫୦ଟି ଦେଶରେ ଏହି କ୍ରିୟା କରି ମାନସିକ ଶାନ୍ତି, ଆନନ୍ଦ ସଂଗେ ଶାରୀରିକ ସୁସ୍ଥତା ଅନୁଭବ କରୁଛନ୍ତି । ଗତବର୍ଷ ଆମେ ବିଶ୍ୱ ବିଖ୍ୟାତ ଷ୍ଟାନ୍‌ଫୋର୍ଡ ବିଶ୍ୱବିଦ୍ୟାଳୟରେ ଗୁରୁଜୀଙ୍କୁ ପ୍ରଥମେ ଭେଟିଥିଲୁ । ସେଦିନ ସନ୍ଧ୍ୟାରେ ଶ୍ରୀ ଶ୍ରୀଙ୍କ ସଭାରେ ଜଣେ ନୋବେଲ ବିଜେତା ମାଇରନ୍ ସୋଲ୍‌ସ (ଅର୍ଥନୀତିରେ ନୋବେଲ) ସଭାପତିତ୍ୱ କରି ଗୁରୁଜୀଙ୍କ ଅବଦାନ ପୃଥିବୀରେ ଅଦ୍ୱିତୀୟ ବୋଲି କହିଥିଲେ । ଆମକୁ ସୋଲ୍‌ସ ସାହାବ କହିଲେ ଯେ ଗତ ୨ବର୍ଷ ଧରି ନିଜେ ପ୍ରତ୍ୟହ ସୁଦର୍ଶନ କ୍ରିୟା କରିଆସୁଛନ୍ତି । ଭାରତର ଜଣେ ଆଧ୍ୟାତ୍ମିକ ଗୁରୁ ସାରା ପୃଥିବୀରେ ଏଭଳି ପ୍ରଭାବ ପକାଇବା କେବେ ଇତିହାସରେ ଶୁଣାଯାଇନଥିଲା । ଏବର୍ଷର ନୋବେଲ ଶାନ୍ତି ପୁରସ୍କାରର ପ୍ରଥମ ୩ଜଣ ମଧ୍ୟରେ ଶ୍ରୀଶ୍ରୀଙ୍କର ନାମ ଥିଲା । ତାଙ୍କ ମୈତ୍ରୀ, ସଦ୍‌ଭାବ ଏବଂ ବିଶ୍ୱବ୍ୟାପୀ ସେବା କାର୍ଯ୍ୟ ଯୋଗୁ ସେ ଭବିଷ୍ୟତରେ ନୋବେଲ ଶାନ୍ତି ପୁରସ୍କାର ନିଶ୍ଚିତଭାବେ ପାଇବେ । ଆମେରିକାର ରାଷ୍ଟ୍ରପତିଙ୍କଠାରୁ ଆରମ୍ଭ କରି ଇଂଲଣ୍ଡର ଟୋନି ବ୍ଲେୟାରଙ୍କ ପର୍ଯ୍ୟନ୍ତ ସମସ୍ତେ ଶ୍ରୀ ଶ୍ରୀ ରବିଶଙ୍କରଙ୍କ ସହ ସାକ୍ଷାତ କରିଛନ୍ତି । ଓଡ଼ିଶା ତାଙ୍କୁ ୪ ଦିନ ଲାଗି ପାଇ ଧନ୍ୟ ହୋଇଛି ।

■

ଏକନାଥ୍ ଈଶ୍ୱରନ୍

୧୯୫୯ ମସିହାରେ ଭାରତରେ ଇଂରାଜୀ ଅଧ୍ୟାପକ ହିସାବରେ କାମ କରୁଥିବା ସମୟରେ ପ୍ରଫେସର ଏକନାଥ୍ ଈଶ୍ୱରନ୍ ଫୁଲବ୍ରାଇଟ୍ ବୃତ୍ତି ପାଇ ଆମେରିକା ଆସିଥିଲେ । କାଲିଫର୍ଣ୍ଣିଆର ବର୍କଲେ ବିଶ୍ୱବିଦ୍ୟାଳୟରେ ସେ ଅଧ୍ୟାପକ ରୂପେ ଯୋଗଦେଲେ । ସେହି ସମୟରେ ବ୍ଲୁ ମାଉଣ୍ଟେନ୍ ସେଣ୍ଟର ଅଫ୍ ମେଡିଟେସନ ନାମରେ ଏକ ଅନୁଷ୍ଠାନ ଗଠନ କରି ସେ ଭାରତୀୟ ସଂସ୍କୃତି ତଥା ବେଦାନ୍ତ ଚର୍ଚ୍ଚା ସହିତ ମାନସିକ ଶାନ୍ତି ପାଇଁ ଧ୍ୟାନ ଶିକ୍ଷା ମଧ୍ୟ ଦେଲେ । ଏବେ ଏକନାଥ୍ ଈଶ୍ୱରନ୍‌ଙ୍କୁ ବୟସ ୮୦ ଉପରେ । ସେ ଆଉ ପଢ଼ାଉ ନାହାନ୍ତି । ସାନ୍‌ଫ୍ରାନ୍‌ସିସ୍କୋଠାରୁ ପ୍ରାୟ ୫୦ ମାଇଲ ଉତ୍ତରରେ ଏକ ଛୋଟ ଶାନ୍ତ ସହରରେ ସେ ସସ୍ତ୍ରୀକ ଅବସର ଜୀବନ କଟାଉଛନ୍ତି ।

ତାଙ୍କ ବିଷୟରେ ଲେଖିବାର ଉଦ୍ଦେଶ୍ୟ ହେଲା, ସେ ଜଣେ ଅତି ଜ୍ଞାନୀ ତଥା ପଣ୍ଡିତ ଏବଂ ଲେଖକ, ତାଙ୍କର ଅନେକ ପୁସ୍ତକ ନୀଳଗିରି ପ୍ରେସ ତରଫରୁ ପ୍ରକାଶିତ ହୋଇଛି । ଆମେ ଏକ ବହି ପଢ଼ିଲୁ ନାଁ ହେଲା, "Dialog with death a journey towards consciousness" (ମୃତ୍ୟୁ ସହ ବାର୍ତ୍ତାଳାପ), ବହିଟିର ପ୍ରଥମରୁ ଈଶ୍ୱରନ୍ କୁହନ୍ତି ଯେ, ଏହା ମୃତ୍ୟୁ ଉପରେ ଆଧାରିତ ନୁହେଁ, ବରଂ ଜୀବନ କିପରି ସୁଖରେ କଟାଇହେବ, ତା' ଉପରେ ଉଦ୍ଦିଷ୍ଟ । ସମସ୍ତ ବହିଟି କଠୋପନିଷଦର ନଚିକେତା ଏବଂ ଯମରାଜଙ୍କ କଥୋପକଥନ ଉପରେ ଆଧାରିତ । ନଚିକେତା ୧୪ ବର୍ଷ ବୟସର ବାଳକ ଥିଲାବେଳେ ତାଙ୍କ ବାପା ଯଜ୍ଞ କରୁଥିଲେ, ସେତେବେଳେ ନିଜ ଅହଂ ପ୍ରଦର୍ଶନ କରିବାକୁ ଯାଇ, ସେ କହିପକାଇଲେ ଯେ ତାଙ୍କର ସମସ୍ତ ସମ୍ପତ୍ତି ଯେ ଯଜ୍ଞରେ ଦାନ କରିବାକୁ ଚାହାନ୍ତି । ଚଉଦ ବର୍ଷ ବାଳକ ନଚିକେତା ତତ୍‌କ୍ଷଣାତ୍ ବାପାଙ୍କୁ ପ୍ରଶ୍ନ କଲା, "ତେବେ ମତେ କାହାକୁ ଦେବ, ବାପା, ଟିକିଏ ବିରକ୍ତ ହେଲେ ମଧ୍ୟ ନୀରବ ରହିଲେ, ଦ୍ୱିତୀୟ ଥର ଏବଂ ତୃତୀୟ ଥର ଚିଡ଼େଇବା ଲାଗି ପୁଅ ତାଙ୍କୁ ପଚାରିବାରେ ସେ ରାଗିକରି କହିଲେ, "ତତେ ଯମକୁ ଦେବି", ଏଥିରେ ବାଳକ ନଚିକେତା ଚିନ୍ତାମଗ୍ନ ହେଲା ଏବଂ ଭାବିଲା, ଯମରାଜ ଯଦି ମୃତ୍ୟୁ ରାଜ୍ୟର ରାଜା,

ତେବେ ମୃତ୍ୟୁ ପରେ କ'ଣ ହୁଏ। କୁଆଡ଼େ ସମସ୍ତେ ଯାଆନ୍ତି, ଏ ଜୀବନର ଅର୍ଥ କଣ ? ଏସବୁ ପ୍ରଶ୍ନ ମନରେ ଆସିବାରୁ, ବାଳକ ନଚିକେତା ଯମଙ୍କ ପାଖକୁ ଗଲା, ସେଠାରେ ୩ଦିନ ନ ଖାଇ ନ ପିଇ, ଯମଙ୍କ ଅପେକ୍ଷାରେ ବସି ରହିଲା। ଯମରାଜ ଆସି ଅତିଥି ନ ଖାଇଥିବାରୁ ବ୍ୟସ୍ତ ହୋଇ ୩ଟି ବର ଯାଚିଲେ। ନଚିକେତା ପ୍ରଥମ ବର ମାଗିଲା ଯେ ତାଙ୍କ ବାପାଙ୍କ ରାଗ କେମିତି କମିଯାଉ। ଯମ କହିଲେ, ତଥାସ୍ତୁ , ଦ୍ୱିତୀୟ ବର ମାଗିଲେ, "ମୋ ଦେଶରେ ଦୁଃଖ ଏବଂ କଷ୍ଟ କମିଯାଉ", ତାକୁ ମଧ୍ୟ ଯମରାଜ ତଥାସ୍ତୁ ବୋଲି କହିଲେ। ତୃତୀୟ ବରରେ ନଚିକେତା "ମୃତ୍ୟୁ ଅର୍ଥ କ'ଣ, ବିଶେଷତଃ ଏ ଜୀବନ ମାନେ କଣ ?" ବୋଲି ପ୍ରଶ୍ନ କଲା। ଯମରାଜ ନାନା ପ୍ରଲୋଭନ ଦେଖାଇଲେ ପରୀକ୍ଷା କରିବା ଲାଗି ଯେ ଏ ୧୪ ବର୍ଷର ବାଳକ ଏତେ ବଡ଼ ପ୍ରଶ୍ନର ଉତ୍ତର ପାଇଁ ମାନସିକ ପ୍ରସ୍ତୁତି କରି ରହିଛି, ଯେତେବେଳେ ସେ ଦେଖିଲେ ଯେ, ନଚିକେତା ଅସାଧାରଣ ବାଳକ, ତାକୁ ଜୀବନର ସଂଜ୍ଞା ଦେଲେ, ପୂରା କଠୋପନିଷଦରେ ଜୀବନର ସଂଜ୍ଞା ଏବଂ ମନୁଷ୍ୟର ଶରୀର, ମନ, ବୁଦ୍ଧି ପରେ ଯେଉଁ ସଚ୍ଚିଦାନନ୍ଦ ବ୍ରହ୍ମନ୍ ସମଗ୍ର ବ୍ରହ୍ମାଣ୍ଡକୁ ପରିଚାଳିତ କରୁଛନ୍ତି, ତାଙ୍କୁ ପ୍ରାପ୍ତ କରିବାରେ ମୋକ୍ଷ ପ୍ରାପ୍ତି କଥା ବୁଝାଇଲେ।

ଇଶ୍ୱରନ୍‌ଙ୍କ ଲେଖା ଅତି ଚମତ୍କାର, ବହି ଆରମ୍ଭ କଲେ ପୂରା ନ ପଢ଼ି ରହି ହବନି। ଏ ବହି ଛଡ଼ା ସେ ଭଗବଦ ଗୀତା, ଉପରେ ମଧ୍ୟ ଏକାଧିକ ବହି ଲେଖିଛନ୍ତି। ସେ ନିଜେ ପ୍ରାକ୍ଟିସ୍ କରି ଧ୍ୟାନ ମାର୍ଗରେ ବହୁ ବର୍ଷ ବିତାଇଥିବାରେ ନିଜର ଅଭିଜ୍ଞତାରୁ ଅନେକ କଥା ଲେଖିଛନ୍ତି। ଏଭଳି ଜଣେ ପଣ୍ଡିତ, ଗୁଣୀ, ଜ୍ଞାନୀ କେରଳ ପ୍ରଦେଶରୁ ଆସି ଆମେରିକାରେ ଖୁବ୍ ପ୍ରସିଦ୍ଧି ଲାଭ କରିପାରିଛନ୍ତି।

■

ଡା. କବି ପ୍ରସାଦ ମିଶ୍ର

ନିକଟରେ ଜଣେ ଓଡ଼ିଆ ତଥା ଓଡ଼ିଆ ସାହିତ୍ୟ ତଥା ସଂସ୍କୃତିପ୍ରେମୀ ବିଚକ୍ଷଣ ହୃଦ୍‌ରୋଗ ବିଶେଷଜ୍ଞ ଡାକ୍ତର କବି ପ୍ରସାଦ ମିଶ୍ରଙ୍କ ସହ ଦୁଇଟି ସନ୍ଧ୍ୟା 'ସତ୍‌ସଙ୍ଗ'ର ସୁଯୋଗ ମିଳିଥିଲା । କବି ବାବୁଙ୍କ ନାଁ ଏବଂ ଖ୍ୟାତି ଆମେ ବହୁ ଲୋକଙ୍କ ମୁଖରୁ ଶୁଣିଥିଲେ ହେଁ ସାକ୍ଷାତ୍‌ରେ ସୁଯୋଗ ମିଳି ନ ଥିଲା ଆଗରୁ । ମାଡ୍ରାସର ଆପୋଲୋ ହସ୍ପିଟାଲରେ ପ୍ରାୟ ୨୦ ବର୍ଷ ଧରି ଖ୍ୟାତି ଅର୍ଜିଥିବା ଏହି ଡାକ୍ତରଙ୍କର ସାହିତ୍ୟ ଜ୍ଞାନ, ବିଶେଷରେ ଭଞ୍ଜ ସାହିତ୍ୟ ପ୍ରେମ ଦେଖି ଆମେ ମୁଗ୍ଧ ହେଲୁ । କାଲିଫର୍ଣ୍ଣିଆର ଅଳ୍ପ କେତେକ ପରିବାର ପ୍ରଥମ ସନ୍ଧ୍ୟାରେ ଏକାଠି ହେଲୁ । କବିବାବୁ ସେଦିନ ସପ୍ତଦଶ ଶତାବ୍ଦୀରେ ଉତ୍ତର ପ୍ରଦେଶର ସନ୍ଥ ତୁଳସୀ ଦାସଙ୍କର ରଚିତ ରାମଚରିତ ମାନସ ସହ ସମସାମୟିକ କବି ସମ୍ରାଟ ଉପେନ୍ଦ୍ର ଭଞ୍ଜଙ୍କର ବୈଦେହୀଶ ବିଳାସର ଏକ ତୁଳନାତ୍ମକ ରୂପରେଖ ଦେଲେ । ଏହି ଆଲୋଚନାରେ ସାହିତ୍ୟ ଉପରେ ଗୁରୁତ୍ୱ ଦିଆ ନ ଯାଇ କବି ଦ୍ୱୟଙ୍କର ଆଧ୍ୟାତ୍ମିକ ଭାବ ଏବଂ ବର୍ଣ୍ଣନା ଚାତୁରୀ କଥା କହିବାକୁ ବର୍ଣ୍ଣନା କଲେ ।

ପ୍ରାୟ ଦେଢ଼ଘଣ୍ଟା ଭିତରେ କବିବାବୁ ଉପେନ୍ଦ୍ର ଭଞ୍ଜଙ୍କ ସାହିତ୍ୟରେ ରାମ, ସୀତାଙ୍କ ପ୍ରତି ଅଗାଢ଼ ଭକ୍ତି ଏବଂ ଆତ୍ମ ସମର୍ପଣ କଥା ବର୍ଣ୍ଣନା କରି ଚାଲିଲେ । ତାଙ୍କର ଅଗାଧ ସ୍ମରଣଶକ୍ତି । ବୈଦେହୀଶ ବିଳାସର ଅନେକ ପଙ୍‌କ୍ତି ସେ ବୋଲି ଶବ୍ଦାବଳୀର ବ୍ୟବହାର ତଥା ଭାବପ୍ରକାଶ ଉପରେ ଆମମାନଙ୍କୁ ଯାହା ସବୁ କହିଲେ, ତାହା ଅନେକ ଓଡ଼ିଆଙ୍କ ପାଇଁ ଏକ ନୂତନ ଅଭିଜ୍ଞତା ଥିଲା । ମାଡ୍ରାସ ସହରରେ କିଭଳି ଭାବେ ଜଗନ୍ନାଥ ମନ୍ଦିର ତୋଳାଯାଉଛି ସେ କଥା ମଧ୍ୟ କହିଲେ । ଭଗବାନଙ୍କ ଅଦ୍ଭୁତ ଲୀଳା (miracle) ଉପରେ ସେ 'ବାଇଶି ପାହାଚ' ନାମରେ ବହି ଲେଖିଛନ୍ତି । କେତୋଟି ଉଦାହରଣ ଦେଲେ । ତାଙ୍କର ରଚିତ ପ୍ରଥମ ଓଡ଼ିଆ ପୁସ୍ତକ 'ହୃଦ୍‌ରୋଗ' ଉପରେ ଆମକୁ ଉପହାର ଦେଲେ । ଏହା କିଛି ବର୍ଷ ତଳେ ରାଧାନାଥ ରଥଙ୍କ ଉତ୍ସାହରେ ସତ୍ୟବାଦୀ ପ୍ରେସ୍‌ରୁ ପ୍ରକାଶିତ ହୋଇଥିଲା ।

ସେଦିନ ସନ୍ଧ୍ୟାରେ ମନ ପୂରିଲାନି ପୁଣି ଅନୁରୋଧ କରାଗଲା। ଆଉ ଏକ ସନ୍ଧ୍ୟା ଆଲୋଚନା ଆମ ବାସଭବନରେ କରିବା ଲାଗି, କବିବାବୁ ଅତ୍ୟନ୍ତ ବନ୍ଧୁପ୍ରେମୀ ତଥା ଅମାୟିକ। ସଙ୍ଗେ ସଙ୍ଗେ ରାଜି ହେଲେ। ପୁଣି ସାହିତ୍ୟ, ସଂସ୍କୃତି ତଥା ଆଧ୍ୟାତ୍ମିକ ଚେତନା ପ୍ରେମୀମାନେ ଆସି ପହଞ୍ଚିଗଲେ। ସେଦିନ କବିବାବୁ ଜଗନ୍ନାଥ ସଂସ୍କୃତି ଉପରେ କହିଲେ, ଆଧ୍ୟାତ୍ମିକ ଚେତନା କିଭଳି ଉପେନ୍ଦ୍ର ଭଞ୍ଜଙ୍କ ଲେଖନୀରେ ପ୍ରସ୍ଫୁଟିତ ହୋଇଛି ତାହା ବୋଲି ଶୁଣାଇଲେ। ତା' ସାଙ୍ଗକୁ ସ୍ୱାମୀ ଶଙ୍କରାଚାର୍ଯ୍ୟଙ୍କ ମୋହ ମୁଦ୍‌ଗର୍, ମନୀଷା ପଞ୍ଚକମ୍ ତଥା ରମଣ ମହର୍ଷିଙ୍କ ଅନେକ ଶିକ୍ଷା ଉପରେ ଆଲୋଚନା ଚାଲିଲା। ଆତ୍ମସମର୍ପଣ ତଥା ଅହଂଭାବର ଶୂନ୍ୟତା **(egolessness)** ଉପରେ କବିବାବୁ ବଡ଼ ସୁନ୍ଦର ବ୍ୟାଖ୍ୟା କଲେ। ତାଙ୍କର ସଂସ୍କୃତ ଜ୍ଞାନ, ଓଡ଼ିଆ ଜ୍ଞାନ, ବିଶେଷତଃ ଆଧ୍ୟାତ୍ମିକ ଭାବ ଏବଂ ନମ୍ରତା ଆମକୁ ମୁଗ୍ଧ କଲା। ବାସ୍ତବିକ ଏହା ଆମ ଲାଗି ଥିଲା 'ସତ୍‌ସଙ୍ଗ'। ସତ୍ ଲୋକ ବା ଭଲ ମଣିଷର ସଂସ୍ପର୍ଶରେ ଆସି ଉଚ୍ଚ ଚିନ୍ତାରେ ଭାଗ ନେଲେ ନିଜର ଚିତ୍ତ ଶୁଦ୍ଧି ହୁଏ।

ଜଣେ ଡାକ୍ତରୀ ପାଠ ପଢ଼ି, ଏଭଳି ଓଡ଼ିଆ ଭାଷାପ୍ରେମୀ ହେବା ଆମେ ଦେଖି ନଥିଲୁ। ସେ କହିଲେ ତାଙ୍କର ରାଉରକେଲା ଅବସ୍ଥାନ ବେଳେ ଭଞ୍ଜ ସାହିତ୍ୟ ଉପରେ ନାନା ଆଲୋଚନା ଚାଲୁଥିଲା। କବିବାବୁ ପ୍ରାୟ ପ୍ରତିବର୍ଷ ଆମେରିକା ଆସନ୍ତି ବୋଲି କହିଲେ, ସେ ୧୯୬୮ ମସିହାରୁ ୪ ବର୍ଷ ଏଠାରେ ଥିଲେ। ହୃଦରୋଗ ଉପରେ କନ୍‌ଫରେନ୍ସ ଲାଗି ସେ ଆମେରିକା ଆସନ୍ତି, ଏହି ବର୍ଷ ନଭେମ୍ବରରେ ଫ୍ଲୋରିଡ଼ାଠାରେ ତୁଳସୀ ଦାସଙ୍କର ରାମଚରିତ ମାନସ ଉପରେ ଏକ ସମ୍ମିଳନୀରେ କହିବା ଲାଗି ସେ ନିମନ୍ତ୍ରିତ ହୋଇଛନ୍ତି।

■

ବିଜ୍ଞାନ ଏବଂ ଆଧ୍ୟାତ୍ମିକତା

ଆଧ୍ୟାତ୍ମିକତା (ସ୍ପିରିଚୁଆଲିଟି) ଏବଂ ଧର୍ମ (ରିଲିଜିଅନ୍) ଭିତରେ ପ୍ରାର୍ଥକ୍ୟ ଏହି ଯେ ଧର୍ମକୁ ପ୍ୟାକେଜ୍‌ଡ ସ୍ପିରିଚୁଆଲିଟି କମ୍ବା 'ଆବଦ୍ଧ ଆଧ୍ୟାତ୍ମିକତା' ବୋଲି କୁହାଯାଇପାରେ। ଶ୍ରୀ ଶ୍ରୀ ରବିଶଙ୍କର କହନ୍ତି ଯେ ଆଧ୍ୟାତ୍ମିକତା ଯଦି କଦଳୀର ଭିତର, ଧର୍ମ ହେଲା କଦଳୀର ଚୋପା ସଦୃଶ, ଆମେ ସବୁ ଅନ୍ତର୍ନିହିତ ଧର୍ମକୁ (ଆଧ୍ୟାତ୍ମିକତା) ନ ବୁଝି ଚୋପାକୁ (ଧର୍ମ) ଧରି ପରସ୍ପର ଭିତରେ ବାଡ଼ିଆପିଟାରେ ଲାଗିଛୁ।

ତେବେ ପ୍ରଶ୍ନ ହେଲା ବିଜ୍ଞାନ ଏବଂ ଆଧ୍ୟାତ୍ମିକତା କ'ଣ ବିଭିନ୍ନାଭିମୁଖୀ? ସାଧାରଣତଃ ବୈଜ୍ଞାନିକମାନେ ଆଧ୍ୟାତ୍ମିକତା କିମ୍ବା ଧର୍ମ ଉପରେ ଏତେଟା ଗୁରୁତ୍ୱ ଦେଇ ନ ଥାନ୍ତି। ସେମାନଙ୍କ ମତରେ ବିନା ପ୍ରମାଣରେ କୌଣସି ସତ୍ୟ ପ୍ରତିଷ୍ଠା ଅସମ୍ଭବ। ବିଜ୍ଞାନ ବହିର୍ଜଗତର ଅନୁସନ୍ଧାନରେ ବ୍ୟସ୍ତ ଥିବା ବେଳେ ଆଧ୍ୟାତ୍ମିକ ବିଜ୍ଞାନ (ସ୍ପିରିଚୁଆଲ୍ ସାଇନ୍ସ) ଅନ୍ତର୍ଜଗତ ଉପରେ ଗଭୀର ଆଲୋକପାତ କରିଥାଏ। ବିଜ୍ଞାନ କହେ ସମସ୍ତ ପଦାର୍ଥର ସୃଷ୍ଟି ଅଣୁ, ପରମାଣୁ (ଆଟମ୍) ଉପରେ ଆଧାରିତ। ଆଧ୍ୟାତ୍ମିକତା କହେ ଆତ୍ମନ୍ ବା ବ୍ରହ୍ମନ୍ ସମସ୍ତ ସୃଷ୍ଟିର ନିୟନ୍ତା।

ଯେଉଁଦିନ ଉପରବେଳା ଆଇଜାକ୍ ନିଉଟନ୍‌ଙ୍କ ମୁଣ୍ଡରେ ନାସପାତି ପଡ଼ିଲା ଏବଂ ସେ ତା ଉପରେ ଗଭୀର ଚିନ୍ତା କରି ମାଧ୍ୟାକର୍ଷଣ ଶକ୍ତି ଉପରେ ଗବେଷଣା କଲେ, ତା' ପୂର୍ବରୁ କ'ଣ ଏହି ଶକ୍ତି ନ ଥିଲା? ନିଉଟନ୍ କେବଳ ଏକ ପ୍ରାକୃତିକ ପର୍ଯ୍ୟବେକ୍ଷଣକୁ ଅଙ୍କ ମାଧ୍ୟମରେ ବୁଝାଇପାରିଲେ। ବିଂଶ ଶତାବ୍ଦୀର ପ୍ରାରମ୍ଭରେ ୧୯୦୫ ମସିହାରେ ଜର୍ମାନୀର ବିଶିଷ୍ଟ ବୈଜ୍ଞାନିକ ଆଲବର୍ଟ ଆଇନ୍‌ଷ୍ଟାଇନ୍, ନିଉଟନ୍‌ଙ୍କ ନିୟମାବଳୀକୁ ଓଲଟ ପାଲଟ କରିଦେଲେ। ସେ କହିଲେ ଯେ ସମୟ ଏବଂ ମହାକାଶ ସ୍ଥିର ବା ଅପରିବର୍ତ୍ତନୀୟ ନୁହଁ। ସମୟ ମନର ଏକ କଳ୍ପନା ମାତ୍ର। ଭାରତୀୟ ବେଦାନ୍ତ ହଜାର ବର୍ଷ ତଳେ ଏହି କଥା କହିଥିଲା ଯେ ଏ ସମସ୍ତ ସୃଷ୍ଟି, ଦୃଶ୍ୟମାନ ଜଗତ କେବଳ ମାୟା ବା (ଇଲ୍ୟୁଜନ୍)। ଆଧୁନିକ ପଦାର୍ଥ ବିଜ୍ଞାନ ଇଲେକ୍‌ଟ୍ରନ୍‌କୁ ଶକ୍ତି ବା ଏନର୍ଜି ସ୍ପନ୍ଦନ (ଭାଇବ୍ରେସନ୍) ବୋଲି ବର୍ଣ୍ଣନା କରିଛି।

ଏହା ଚଳମାନ କି ସ୍ଥିର କହିବା କଷ୍ଟ। ବିଂଶ ଶତାବ୍ଦୀର ଆଉ ଜଣେ ନୋବେଲ ବିଜେତା ରବର୍ଟ ଓପନ୍‌ହାଇମର କହିଲେ, "ଇଲେକ୍‌ଟ୍ରନ୍ ଚଳ କି ଅଚଳ କହିବା କଷ୍ଟ, ଏହା କେଉଁ ପରିଧିରେ ଘୂରିବୁଲେ କହିବା ସହଜ ନୁହେଁ"। ଆମର ଈଶା ଉପନିଷଦ୍‌ରେ କୁହାଯାଇଛି-

"ତଦେଜତି, ତନ୍ନୈଜତି। ତଦ୍‌ଦୂରେ, ତଦ୍ୱନ୍ତିକେ
ତଦନ୍ତରସ୍ୟ ସର୍ବସ୍ୟ, ତଦୁ ସର୍ବସ୍ୟସଃ ବାହ୍ୟତଃ।"

"ବ୍ରହ୍ମନ୍ ଚଳମାନ (ଏଜତି), ଏହା ଅଚଳମାନ୍, ବ୍ରହ୍ମନ୍ ଦୂରରେ ଥାଏ। ପୁଣି ନିକଟରେ ଥାଏ। ଏହା ସମସ୍ତଙ୍କ ଭିତରେ ଏବଂ ସମସ୍ତଙ୍କ ବାହାରେ।" ବିଜ୍ଞାନ ଏବଂ ଆଧ୍ୟାତ୍ମିକତା ଏକାଭଳି କଥା କହିଛନ୍ତି। ଆଇନ୍‌ଷ୍ଟାଇନ୍ ସବୁବେଳେ କହୁଥିଲେ, "God does not play dice with the Universe" ଭଗବାନ ମନଇଚ୍ଛା ବ୍ରହ୍ମାଣ୍ଡ ତିଆରି କରି ନାହାନ୍ତି। ଏହା ଲକ୍ଷ୍ୟହୀନ କିମ୍ବା ଆକସ୍ମିକ ନୁହେଁ। ଏ ସମସ୍ତ ସୃଷ୍ଟି ପଛରେ ଏକ ଅତି ସୁନ୍ଦର ଆଦେଶ ବା ଶୃଙ୍ଖଳା ରହିଛି। ନ ହେଲେ କାହିଁକି ଆମେ ଖବରକାଗଜରେ ଦେଖୁନାହେଁ ଯେ ଗ୍ରହମାନେ ବୁଲିଲାବେଳେ ଆକ୍ସିଡେଣ୍ଟ ବା ଦୁର୍ଘଟଣା ହେଉଛି। କୋଟି କୋଟି ବର୍ଷରୁ ଚନ୍ଦ୍ର, ସୂର୍ଯ୍ୟ, ଗ୍ରହ, ଉପଗ୍ରହ ନିଜ ନିଜର ପଥରେ ଚାଲିଛନ୍ତି କିମ୍ବା ରହିଛନ୍ତି। ଏହା କାହାର ଡିଜାଇନ୍? କିଏ ଏହାର ନକ୍ସା (ବ୍ଲୁପ୍ରିଣ୍ଟ) ତିଆରି କରିଥିଲା? ସମସ୍ତ ପଛରେ ଏକ ସତ୍ୟ ନିହିତ, ଯାହାକୁ ବେଦାନ୍ତ ଆତ୍ମନ୍ କିମ୍ବା ବ୍ରହ୍ମନ୍ ବୋଲି ଆଖ୍ୟା ଦେଇଛି। ସାଧାରଣ ଭାବେ ଆମେ ତାକୁ ଈଶ୍ୱର କିମ୍ବା ଭଗବାନ ବୋଲି କହିଥାଉ।

ଆଇନ୍‌ଷ୍ଟାଇନ୍ ଏହି ସତ୍ୟର ଅନୁସନ୍ଧାନରେ ଶେଷ ପର୍ଯ୍ୟନ୍ତ ଲାଗିଥିଲେ। ୧୯୦୫ରେ ତାଙ୍କର ଆପେକ୍ଷିକ ତତ୍ତ୍ୱ (ରିଲେଟିଭିଟି ଥିଓରି) ପ୍ରକାଶ ହେବା ପରେ, ସେ ଖୋଜି ବୁଲୁଥିଲେ ୟୁନିଫାଏଡ୍ ଥିଓରି କିମ୍ବା 'ଏକ ସତ୍ୟ'। ବେଦାନ୍ତ କହିଛି "ଏକଂ ସତ୍ ବିପ୍ରା ବହୁଧା ବଦନ୍ତି" (ସତ୍ୟ ଏକ, ପଣ୍ଡିତମାନେ ତାକୁ ଅନେକ ରୂପ ଦେଇଥାନ୍ତି), ତେଣୁ ଶିବ, ବିଷ୍ଣୁ, ବ୍ରହ୍ମା, ଗଣେଶ, ହନୁମାନ ସମସ୍ତେ ଏହି ଏକ ସତ୍ୟର ବିବିଧ ରୂପ।

ଯେପରି ମାଧ୍ୟାକର୍ଷଣ ଶକ୍ତି (ଯାହାକୁ 'g' କୁହାଯାଏ)। ପଥର କିମ୍ବା ଲୁଗା ଗଣ୍ଠିଲିକୁ ଏକା ଉଚ୍ଚତାରୁ ତଳକୁ ନିକ୍ଷେପ କଲେ, ଦୁହେଁ ଏକ ସମୟରେ ମାଟିରେ ପହଞ୍ଚିବେ। ଅଥଚ ଆମେ ଭାବିବା, ପଥର ଯେହେତୁ ଓଜନିଆ ଏହା ଆଗେ ଆସି ପହଞ୍ଚେ, ଅର୍ଥାତ୍ ମାଧ୍ୟାକର୍ଷଣ ଶକ୍ତି ସମସ୍ତ ପଦାର୍ଥ ପାଇଁ ସମାନ, ଯଦି 'g' କୁ god ବା ଭଗବାନଙ୍କ ସହ ତୁଳନା କରାଯାଏ, ତେବେ ଆମେ ଭାବିବା ଯେ ଭଗବାନ

ସାଧୁ, ସନ୍ଥ ଲୋକଙ୍କୁ ପାପୀ ଲୋକଠାରୁ ବେଶି ଭଲ ପାଉଥିବେ। ଏହା କିନ୍ତୁ ସତ୍ୟ ନୁହେଁ। ଭଗବାନ ସମସ୍ତଙ୍କୁ ସମାନ ଆଖିରେ ଦେଖିଥାନ୍ତି। ତାଙ୍କର ପାତର ଅନ୍ତର ନ ଥାଏ। ସ୍ୱାମୀ ଚିନ୍ମୟାନନ୍ଦ କହୁଥିଲେ, "ଆମେ ସମସ୍ତେ ଏକ ବୃତ୍ତର ପରିଧିରେ ଠିଆ ହୋଇଛେ, କେନ୍ଦ୍ରରେ ଅଛନ୍ତି ଭଗବାନ, ଅର୍ଥାତ୍ ଆମେ ସମସ୍ତେ ଭଗବାନଙ୍କଠାରୁ ସମଦୂରତ୍ୱ। ତେବେ କିଛି ଲୋକ କାହିଁକି ଏତେ ଭଗବତ୍ ପ୍ରେମ ଦେଖାଇଥାନ୍ତି, ଲାଗେ ସତେ ଯେମିତି ସେମାନେ ଭଗବାନଙ୍କ ଅତି ପ୍ରିୟ, ଆଉ କିଛି ଲୋକ ସର୍ବଦା କଷ୍ଟ ଭୋଗନ୍ତି।"

ସ୍ୱାମୀ ଚିନ୍ମୟାନନ୍ଦ କହିଲେ "ଫରକ୍ ହେଲା ଯେ, ଆମ ମଧ୍ୟରୁ କେତେକ ପରିଧିରେ ଠିଆ ହୋଇ ଭଗବାନଙ୍କ ଆଡ଼କୁ ମୁହଁ କରିଛନ୍ତି। ଆଉ କିଛି ଲୋକ ବାହାରକୁ ଚାହିଁ ଭଗବାନଙ୍କ ଆଡ଼କୁ ପିଠି ଦେଖାଇ ଠିଆ ହୋଇଛନ୍ତି।" ଅର୍ଥାତ୍ ରାମକୃଷ୍ଣ ପରମହଂସ, ବିବେକାନନ୍ଦଙ୍କ ଭଳି ସନ୍ଥ ପୁରୁଷ ଭଗବାନଙ୍କ କଥା ଅହରହ ଚିନ୍ତା କରି ନିକଟରେ ପହଞ୍ଚି ପାରିଛନ୍ତି। ଆମେ ସମସ୍ତେ ବାହ୍ୟ ଜଗତରେ ବ୍ୟସ୍ତ। କ୍ଲବ ଯିବା, ମଦ୍ୟପାନ କରିବା, ବିଳାସ ବ୍ୟସନରେ ବ୍ୟସ୍ତ ରହିବା, ନାନା ପ୍ରକାର ବ୍ୟଭୀଚାର, ଅନ୍ୟାୟ, ହିଂସା, ଦ୍ୱେଷରେ ରହି କଷ୍ଟ ଭୋଗ କରିବା ହିଁ ସାର ହେଉଛି। ବିଜ୍ଞାନ ଆମକୁ ଅନେକ ସୁବିଧା ଦେଇଛି। ବିଜ୍ଞାନର ଅଗ୍ରଗତି ଯୋଗୁଁ ଆମେ ସଂସାରରେ ନାନା ସୁବିଧା ପାଇପାରିଛୁ। ଗରମ ହେଲେ ଶୀତତାପ ନିୟନ୍ତ୍ରିତ ଯନ୍ତ୍ରରେ ଆରାମ ପାଇପାରୁଛୁ। ଉଡ଼ାଜାହାଜରେ ଉଡ଼ିପାରୁଛୁ। ମୋଟରଗାଡ଼ିରେ ଶୀଘ୍ର ଯିବା ଆସିବା କରିପାରୁଛୁ। ବସ୍ତୁଗତ ସୁଖ (ମେଟିରିଆଲ୍ କମ୍ଫର୍ଟ) ମିଳୁଛି ବିଜ୍ଞାନ ଯୋଗୁଁ।

ମାତ୍ର ଆନନ୍ଦ (ବ୍ଲିସ୍) କିମ୍ବା ସୁଖ ମିଳୁଛି କି? ବିରାଟ ଅଟ୍ଟାଳିକାରେ ଆରାମରେ ରହି, ପ୍ରଚୁର ଧନସମ୍ପତ୍ତିର ମାଲିକ ପାଖରେ ବହୁ ସମୟରେ 'ସୁଖ' ବୋଲି ଜିନିଷ ସବୁଠାରୁ ବିରଳ ବସ୍ତୁ; କାରଣ ସୁଖ ବାହ୍ୟଜଗତରୁ ପ୍ରାପ୍ତ ହୋଇ ନ ଥାଏ। ଗୋଟିଏ ଭଲ ବାସ୍ନା ଫୁଲକୁ ନାକ ପାଖରେ ରଖି ଆମେ ଆଖି ବନ୍ଦ କରି କହୁ "ଆହା, କି ସୁନ୍ଦର ବାସ୍ନା"। ଏକ ଭଲ ଖାଦ୍ୟ ପାଟିରେ ପକାଇଲା ମାତ୍ରେ ଆଖି ବନ୍ଦ ହୋଇଯାଏ 'କି ବଢ଼ିଆ ଲାଗୁଛି'। ଆନନ୍ଦ ମିଳିଲା ବେଳେ ଆଖି କାହିଁକି ସ୍ୱାଭାବିକ ବନ୍ଦ ହୋଇଯାଏ? କାରଣ ସୁଖ ଭିତରୁ ଆସେ। ଆମ ଅନ୍ତର ଭିତରେ ଏପରି ଏକ ସୁଖର ଉତ୍ସ ପ୍ରବାହିତ ହେଉଛି। ଏହା ହିଁ ଆତ୍ମନ ବା ବ୍ରହ୍ମନ।

ବିଜ୍ଞାନର ପରମାଣୁର କେନ୍ଦ୍ରରେ ଥାଏ ପଜିଟିଭ୍ ଚାର୍ଜ ଏବଂ ବୃତ୍ତର (ବାହାରେ) ଥାଏ ନେଗେଟିଭ୍ ଚାର୍ଜ। ସେହିଭଳି ଆମ ସମସ୍ତଙ୍କ ଭିତରେ ଅଛି

ଆନନ୍ଦର ଉତ୍ସ (ଫାଉଣ୍ଡେସନ୍ ଅଫ୍ ହାପିନେସ୍) ବାହାରେ ଅଛି ରାଗ, ଦ୍ୱେଷ, ଈର୍ଷା (ନେଗେଟିଭ୍ ଚାର୍ଜ)। ବାହ୍ୟ ଜଗତରୁ ଅନ୍ତର୍ଜଗତକୁ ପ୍ରବେଶ କରି ଆନନ୍ଦର ଉତ୍ସକୁ ଆବିଷ୍କାର କରିବା ସମସ୍ତଙ୍କର ଜୀବନର ମୂଳ ଲକ୍ଷ୍ୟ ହେବା ଉଚିତ।

ବିଜ୍ଞାନ ଏବଂ ଆଧ୍ୟାତ୍ମିକତା ବିରୋଧୀ ନୁହନ୍ତି। ସର୍ବଶେଷରେ ଉଭୟ ଏକାଭିମୁଖୀ। ଆଧ୍ୟାତ୍ମିକତା ବିନା ବିଜ୍ଞାନ ପଙ୍ଗୁ ବା ଅସମ୍ପୂର୍ଣ୍ଣ। ବିଜ୍ଞାନ ବିନା ଆଧ୍ୟାତ୍ମିକତା କୁସଂସ୍କାର ଏବଂ ମତବାଦୀ। ଉଭୟ ଅନୁପୂରକ।

■

ପରମହଂସ ଯୋଗାନନ୍ଦ

ପରମହଂସ ଯୋଗାନନ୍ଦ ବଙ୍ଗଳାରେ ଜନ୍ମ ହୋଇଥିଲେ ଅଷ୍ଟାଦଶ ଶତାବ୍ଦୀର ଶେଷ ଭାଗରେ। ତାଙ୍କର ଗୁରୁ ଥିଲେ ଶ୍ରୀ ଯୁକ୍ତେଶ୍ୱର, ଯିଏ ଶେଷ ଜୀବନ ପୁରୀରେ କଟାଇ ଦେହତ୍ୟାଗ କରିଥିଲେ। ଯୋଗାନନ୍ଦ ୧୯୨୦ ମସିହାରେ ଆମେରିକା ଆସିଲେ। ତା' ପୂର୍ବରୁ ଯୋଗଦା ସତ୍‌ସଙ୍ଗ ସୋସାଇଟି ଗଠନ କରିଥିଲେ। ପିଲାମାନଙ୍କ ସ୍କୁଲରେ ବାଲ୍ୟକାଳୁ ଯୋଗ ତଥା ବେଦାନ୍ତ ଦର୍ଶନ ପଢ଼ାଇବା ଆରମ୍ଭ କରିଥିଲେ। ୧୯୨୦ରୁ ୧୯୫୨ ପର୍ଯ୍ୟନ୍ତ ଦୀର୍ଘ ୩୨ ବର୍ଷ ସେ ଆମେରିକାର ଲସ୍ ଏଞ୍ଜଲସ୍ ସହରରେ ଅବସ୍ଥାନ କରିଥିଲେ। ସେହି ସମୟ ଭିତରେ ସେ ସେଲ୍ଫ ରିଆଲାଇଜେସନ୍ ଫେଲୋସିପ୍ (ଏସ୍‌ଆର୍‌ଏଫ୍) ନାମକ ସଂସ୍ଥା ଗଠନ କରି ଭାରତୀୟ ବେଦାନ୍ତ ଶିକ୍ଷା ଦେଲେ।

୧୯୩୫ରେ ଭାରତ ଭ୍ରମଣ କଲାବେଳେ ଅହମ୍ମଦାବାଦର ସାବରମତି ଆଶ୍ରମରେ ଗାନ୍ଧିଜୀଙ୍କୁ କ୍ରିୟାଯୋଗ ଶିକ୍ଷା ଦେଇଥିଲେ। ୧୯୫୨ରେ କହିଲେ, ଆସନ୍ତା ଅମୁକ ଦିନ ମୁଁ ବୋନାଭେଞ୍ଚର ହୋଟେଲରେ ଶେଷ ବକ୍ତୃତା ଦେବି ଏବଂ ଦେହତ୍ୟାଗ କରିବି। ପ୍ରାୟ ପାଞ୍ଚଶହ ଲୋକଙ୍କ ସଭା ହେଲା। ଭାରତର ନୂତନ ରାଷ୍ଟ୍ରଦୂତ ଆମେରିକାକୁ ନୂଆ ଆସିଥାନ୍ତି ଶ୍ରୀ ବି.ଆର୍. ସେନ୍। ତାଙ୍କୁ ସମ୍ବର୍ଦ୍ଧନା ଦେବା ଲାଗି ଏ ସଭା ଆୟୋଜିତ ହୋଇଥିଲା। ପରମହଂସ ଯୋଗାନନ୍ଦ ସେହିଠାରେ ଶେଷ ପ୍ରବଚନ ଦେଲେ ଏବଂ ଉପରକୁ ଚାହିଁ ଓଁ ଶବ୍ଦ ଉଚ୍ଚାରଣ କରି ସମସ୍ତଙ୍କ ସାମ୍ନାରେ ମରଦେହ ତ୍ୟାଗ କଲେ। ତା'ପରେ ତାଙ୍କ ମରଶରୀରକୁ ଲସ୍‌ଏଞ୍ଜେଲସ୍‌ର ମୋର୍ଗରେ ପ୍ରାୟ ୨୦ ଦିନ ପର୍ଯ୍ୟନ୍ତ ରଖାଯାଇଥିବା ରେକର୍ଡରେ ଲେଖାଯାଇଛି। କୌଣସି ରାସାୟନିକ ଦ୍ରବ୍ୟର ପ୍ରଲେପ ନ ଦେଇ ତାଙ୍କ ଶରୀରକୁ ଦର୍ଶକମାନଙ୍କ ପାଇଁ ରଖାଗଲା। ୨୦ ଦିନ ପରେ ତାଙ୍କ ଶରୀର ଜୀବନ୍ତ ଲାଗୁଥିଲା ଏବଂ ସେଥିରୁ ପୁଷ୍ପଗନ୍ଧ ବାହାରୁଥିଲା। ସତେ ଯେମିତି ସେ ବଞ୍ଚିଛନ୍ତି। ଆମେରିକାର ସାଇବମାନେ ଆଶ୍ଚର୍ଯ୍ୟ ହୋଇ ସେ କଥା ରେକର୍ଡରେ ଲେଖିଛନ୍ତି।

ପରମହଂସ ଯୋଗାନନ୍ଦଙ୍କ ଆତ୍ମଜୀବନୀ ହେଲା ଅଟବାଇଓଗ୍ରାଫି ଅଫ୍ ଏ ଯୋଗୀ ଏ ବହିଟି ସମସ୍ତଙ୍କର ପଢ଼ିବା ଉଚିତ। ଅଦ୍ଭୁତ କଥା ସବୁ ବର୍ଣ୍ଣନା କରାଯାଇଛି। ଯୋଗାନନ୍ଦ ପୂର୍ବଜନ୍ମରେ ଜଣେ ଆର୍କିଟେକ୍ଟ ଥିଲେ ଏବଂ ଲଣ୍ଡନର ଅନେକ ପ୍ରାସାଦର ନକ୍ସା କରିଥିବା କଥା ସେ ମନେ ରଖିଥିଲେ। ପ୍ରଥମ ଥର ଲଣ୍ଡନ ଭ୍ରମଣ ସମୟରେ ସେହି ସେହି ପ୍ରାସାଦକୁ ସେ ଆପେ ଗଲେ। ଆଗରୁ ଯେମିତି ବର୍ଣ୍ଣନା କରିଥିଲେ କୋଠାଗୁଡ଼ିକ ଦେଖିଲାବେଳକୁ ସେହିଭଳି।

ତାଙ୍କର ଗଠିତ ଏସ୍ଆର୍ଏଫ୍ ଅଦ୍ୟାବଧି ଲସ୍ଏଞ୍ଜେଲସ୍ ଏବଂ ସାନ୍ଡିଏଗୋ ସହରରେ ବିଦ୍ୟମାନ। ବହୁ ପାଶ୍ଚାତ୍ୟ ଲୋକ ତାଙ୍କର ଶିଷ୍ୟ। ତାଙ୍କର ରଚିତ ଅନେକ ପୁସ୍ତକ ବେଦାନ୍ତ ଏବଂ ମାନବର ଜୀବନଦର୍ଶନ ଉପରେ ଆଧାରିତ। ତାଙ୍କର କ୍ରିୟା ଯୋଗକୁ ଅନୁସରଣ କଲେ ଜୀବନରେ ଶାନ୍ତି ଏବଂ ଆନନ୍ଦ ପ୍ରାପ୍ତି ସମ୍ଭବ। ସେ ସର୍ବଦା କହୁଥିଲେ ଆତ୍ମସଂଯମ ଏବଂ ଧ୍ୟାନ ହିଁ ଜୀବନକୁ ସୁଖମୟ କରିବ। ସପ୍ତାହରେ ଗୋଟିଏ ଦିନ ଉପାସ କରି କେବଳ ଫଳରସ ପିଇବା ଉଚିତ। ସକାରାତ୍ମକ ଚିନ୍ତାର ଶକ୍ତି ଉପରେ ସେ ବହୁତ ଉଦାହରଣ ଦେଇଛନ୍ତି। ସବୁବେଳେ 'ମୋ ଦେହ ଖରାପ, ମୋର କିଛି ହବ ନାହିଁ, ମୁଁ ନିଶ୍ଚୟ ବିଫଳ ହେବି' ଇତ୍ୟାଦି ଚିନ୍ତା ନ କରି ସକାରାତ୍ମକ ଚିନ୍ତା କଲେ ସୁଫଳ ନିଶ୍ଚୟ ମିଳିବ। ଏହା ଶହଶହ ଉଦାହରଣ ମାଧ୍ୟମରେ ସେ ପ୍ରତିପାଦିତ କରିଥିଲେ। ସପ୍ତାହରେ ଦିନେ ନୀରବତା ଅବଲମ୍ବନ କରିବାରେ ସେ ଗୁରୁତ୍ୱ ଦେଉଥିଲେ। ଗାନ୍ଧିଜୀଙ୍କର ମୌନତା ମଧ୍ୟ ଏହି ଶିକ୍ଷାରୁ ଆସିଥିଲା। ପାଟି ବନ୍ଦ ହେଲେ ମନ ଆପେ ଆପେ ବାହ୍ୟଜଗତରୁ ଅନ୍ତର୍ଜଗତ ମଧ୍ୟରେ ନିମଗ୍ନ ରହେ ଏବଂ ଏକ ଅଦ୍ଭୁତ ଶାନ୍ତି ଆଣିଦିଏ। ଧ୍ୟାନ ଏବଂ ମୌନ ଆମ ଜୀବନରେ ନିହାତି ଆବଶ୍ୟକ ବୋଲି ସେ ବାରମ୍ବାର କହୁଥିଲେ। ଆମେରିକାରେ ଅବସ୍ଥାନ କାଳରେ ବହୁତ ଉଚ୍ଚପଦବୀ ଏବଂ ଧନୀ ଲୋକମାନେ ଯୋଗାନନ୍ଦଙ୍କ ଶିକ୍ଷା ଲାଭ କରି ଉପକୃତ ହୋଇଥିଲେ।

■

ଭକ୍ତି ସଂଗୀତ

ଓଡ଼ିଶାର ନୃତ୍ୟ ଓଡ଼ିଶୀ ବର୍ତ୍ତମାନ ସର୍ବଜନ ବିଦିତ । ଗତ ୫୦ ବର୍ଷ ଭିତରେ ଓଡ଼ିଶା ବାହାରେ ଓଡ଼ିଶୀ ନାଚର ଲୋକପ୍ରିୟତା ଖୁବ୍ ବଢ଼ିଛି । ସ୍ୱର୍ଗତ ଗୁରୁ କେଳୁଚରଣ ମହାପାତ୍ରଙ୍କ ନେତୃତ୍ୱ ଏବଂ ଶିକ୍ଷା ମାଧ୍ୟମରେ ବହୁ ସୁପ୍ରତିଷ୍ଠିତ କଳାକାର ବାହାରିଛନ୍ତି । କିନ୍ତୁ ଓଡ଼ିଶାର ସ୍ୱତନ୍ତ୍ର 'ସଙ୍ଗୀତ' ସେଭଳି ଓଡ଼ିଶା ବାହାରେ ପ୍ରସାର ଲାଭ କରିପାରିନି । ଓଡ଼ିଶାର ସ୍ୱତନ୍ତ୍ର ସଙ୍ଗୀତ କହିଲେ ଛାନ୍ଦ, ଚମ୍ପୂ, ଓଡ଼ିଶୀ ଗୀତକୁ ବୁଝାଯାଏ । ପ୍ରାୟ ଓଡ଼ିଶୀ ଗୀତର ପ୍ରଧାନ ବିଷୟ ହେଲା ରାଧାକୃଷ୍ଣଙ୍କ ରାସଲୀଳା ।

ରାଧା କହିଲେ କ'ଣ ବୁଝାଏ ? ରାଧାକୁ ଓଲଟା କରି କହିଲେ 'ଧାରା', ଧାରାମାନେ ପ୍ରବାହ (stream), ତେଣୁ ନଦୀ ସ୍ରୋତର ଓଲଟା ଦିଗରେ ଗଲେ ମୂଳ ବା ଉତ୍ପତ୍ତିସ୍ଥଳରେ ପହଞ୍ଚି ହେବ । ସେହିଭଳି ସମସ୍ତ ବ୍ରହ୍ମାଣ୍ଡର ଉତ୍ପତ୍ତିସ୍ଥଳ ହେଲେ ଭଗବାନ ଶ୍ରୀକୃଷ୍ଣ । ରାଧା ଅର୍ଥ ଯେ ଅହରହ ଭଗବାନ କୃଷ୍ଣଙ୍କ ପାଖରେ ପହଞ୍ଚିବାକୁ ବ୍ୟଗ୍ର । ଆମେ ପାର୍ଥିବ ଆଖିରେ ରାଧାକୃଷ୍ଣଙ୍କ ପ୍ରେମକୁ ଯେପରି ଦେଖୁ, ପ୍ରକୃତରେ ଏହା ସେଭଳି ପ୍ରେମ ନୁହେଁ । ଏହା ଭଗବାନଙ୍କୁ ପାଇବାର ବ୍ୟାକୁଳତା ବା ଭଗବତ୍ ପ୍ରେମ । ସେହିଭଳି ମୀରାବାଈଙ୍କ କୃଷ୍ଣପ୍ରେମ ଥିଲା । ଷୋଳସହସ୍ର ଗୋପୀ କହିଲେ କ'ଣ ବୁଝାଯାଏ ? ଆମେ ସମସ୍ତେ ପ୍ରତିଦିନ ଷୋଳହଜାର ଚିନ୍ତା ବା ଭାବନା ମନରେ ଆଣିଥାଉ । ସେଥିଲାଗି ଷୋଳସହସ୍ର ଗୋପୀ । କାହିଁକି କୋଡ଼ିଏ ହଜାର ହେଲାନି ? ଏହି ସଂଖ୍ୟାର ତାତ୍ପର୍ଯ୍ୟ ହେଲା ପ୍ରତିଟି ଗୋପୀ ଗୋଟିଏ ଗୋଟିଏ ଭଗବତ୍ ଚିନ୍ତନ(divine thought) । ସଂସ୍କୃତରେ ଗୋଟିଏ ଶବ୍ଦ ହେଲା ମୁମୁକ୍ଷୁତ୍ୱଂ । ଅର୍ଥାତ୍ ଭଗବାନଙ୍କୁ ପାଇବାର ଅତ୍ୟନ୍ତିକ ବ୍ୟାକୁଳତା ହୃଦୟ ଭିତରୁ, ଉପରଠାଉରିଆ ଭାବେ ନୁହେଁ । ରାଧା ଥିଲେ ମୁମୁକ୍ଷୁ ।

ଓଡ଼ିଶାର ସ୍ୱତନ୍ତ୍ର ସଙ୍ଗୀତରେ ଭଗବତ୍ ପ୍ରେମ ଭରି ରହିଛି । "ମୋହନ, ହେ ମୋହନ, ପ୍ରୀତିରେ ନାହିଁ କାରଣ", "ସଙ୍ଗିନୀରେ, ରାସ ରଙ୍ଗିନୀରେ", "ବୋଲ ବୋଲ ସଜନୀରେ, ସତେ କି ଆସିବେ ଫେରି", "ସରିବ କି ଏ ନିଶୀ ଗୋ, ନାଗର ମୋହନ ବିନା" । ସ୍ୱର୍ଗତ ବାଳକୃଷ୍ଣ ଦାଶଙ୍କ କଣ୍ଠରୁ ଓଡ଼ିଶାର ସ୍ୱନାମଧନ୍ୟ କବି ଯଥା ବଳଦେବ ରଥ, ଗୋପାଳକୃଷ୍ଣ, ଦୀନକୃଷ୍ଣଙ୍କ ରଚନାର ମାଧୁର୍ଯ୍ୟ ଆଜି କାହିଁ ? ଓଡ଼ିଶାର ସ୍ୱତନ୍ତ୍ର ସଙ୍ଗୀତର ଭାଷା ଏବଂ ଭାବର ଗଭୀରତା ଉପଲବ୍ଧି କରିବାର ସମୟ ଆସିଛି ।

ଆଜିକାଲି ଜଗନ୍ନାଥଙ୍କୁ ଅତ୍ୟଧିକ ବ୍ୟବହାର କରି କାଳିଆ ଗୀତ ସବୁ ଶୁଣିଲେ ମନରେ ସେଭଳି ଭକ୍ତିଭାବ ଆସୁନି କାହିଁକି ?

ଜଗନ୍ନାଥ ଆମର ବେଦାନ୍ତରେ ବର୍ଣ୍ଣିତ 'ବ୍ରହ୍ମନ୍'ର ପ୍ରକୃତ ପ୍ରତୀକ। ଯେଭଳି ମନୁଷ୍ୟ ଶରୀର ସୀମିତ, କିନ୍ତୁ ତନ୍ମଧ୍ୟରେ ବିରାଜମାନ କରୁଛି ଏହି ସତ୍, ଚିତ୍, ଆନନ୍ଦମୟ ବ୍ରହ୍ମନ୍, ଯାହା ଅନନ୍ତ। ବ୍ରହ୍ମନ୍‌ର ଆଦି ନାହିଁ, ତେଣୁ ସେ ଅନାଦି। ଜଗନ୍ନାଥଙ୍କ ମୁଣ୍ଡ ଉପର ଏକ ସମାନ୍ତରାଳ ରେଖା, ଯାହା ଅନନ୍ତ ବା infinityର ପ୍ରତୀକ। ଆଖି ଅଛି ଅଥଚ ଆଖିପତା ନାହିଁ। ତେଣୁ ସେ ଚିର ଜାଗ୍ରତ, ନାକ ଅଛି, ରନ୍ଧ୍ର ନାହିଁ, ପାଟି ଅଛି କିନ୍ତୁ ଗୋଟିଏ ଗାର, ଅର୍ଥାତ୍ ସଦା ନୀରବ। ବାହୁ ଅଛି, ହାତ ନାହିଁ, ଯିଏ ଏହାକୁ ନିର୍ମାଣ କରିଥିଲା, ତାଙ୍କୁ ଦିଆଯାଇଥିଲା design specification ବ୍ରହ୍ମନଙ୍କର। ଏପରି ଏକ ମୂର୍ତ୍ତି ତିଆରି କର, ଯହିଁରେ ଆଦି, ଅନ୍ତ କିଛି ନ ଥିବ, ଯିଏ ସର୍ବବ୍ୟାପୀ, "ଈଶାବାସ୍ୟମିଦଂ ସର୍ବଂ ଯତ୍ କିଞ୍ଚିତ୍ ଜଗତ୍ୟାଂ ଜଗତ" ଧନ୍ୟ ସେ ଇଞ୍ଜିନିୟରମାନେ। ଯିଏ ଏଭଳି କଷ୍ଟ specification ନେଇ ଜଗନ୍ନାଥଙ୍କ ମୂର୍ତ୍ତି ଗଢ଼ିଥିଲେ। ସେ ମଧ୍ୟ ସାର୍ବଜନୀନ, ବ୍ରହ୍ମା, ବିଷ୍ଣୁ, ଶିବ, ରାମ, କୃଷ୍ଣ, ହନୁମାନ ସମସ୍ତେ ହେଲେ ଜଗନ୍ନାଥ।

ଶ୍ରୀଚୈତନ୍ୟ ଦେବ ଆସିଥିଲେ ତାଙ୍କୁ ଦେଖିବାକୁ, ଗୁରୁ ନାନକ ମଧ୍ୟ ପଞ୍ଜାବରୁ ଆସିଥିଲେ। କେନୋପନିଷଦରେ ପ୍ରଥମ ପ୍ରଶ୍ନ ଥିଲା "କେନେଷିତଃ ପତତି ପ୍ରେଷିତଂ ମନଃ ?" କାହାର ନିର୍ଦ୍ଦେଶରେ ମନ କାମ କରୁଛି ? କାହାର ନିର୍ଦ୍ଦେଶରେ ଆଖି ଦେଖୁଛି ? କାହାର ନିର୍ଦ୍ଦେଶରେ କାନ ଶୁଣୁଛି ଏବଂ ପାଟିରୁ କଥା ବାହାରୁଛି ? ଏହା ମେଡ଼ିକାଲ ପ୍ରଶ୍ନ ନୁହେଁ। ଇଏନ୍‌ଟି ଡିପାର୍ଟମେଣ୍ଟ ପାଇଁ ଏ ପ୍ରଶ୍ନ ନୁହେଁ। ଯଥା ଆଖି କେମିତି ଦେଖୁଛି କିମ୍ବା କାନ କିପରି ଶୁଣୁଛି। ପ୍ରଶ୍ନ ହେଉଛି କାହାର ନିର୍ଦ୍ଦେଶନାରେ ଇନ୍ଦ୍ରିୟମାନେ ସକ୍ରିୟ ହୋଇ ନିଜ ନିଜର କାମ ସମ୍ପାଦନ କରୁଛନ୍ତି ? ଉତ୍ତରରେ ସେ କହିଲେ କେନୋପନିଷଦ୍‌ରେ-

"ଶ୍ରୋତ୍ରସ୍ୟ ଶ୍ରୋତ୍ରଂ, ମନସ ମନୋୟତ୍। ବାଚୋ ହି ବାଚୋ ସଉ ପ୍ରାଣସ୍ୟ ପ୍ରାଣଃ। ଚକ୍ଷୁଶ୍ଚ ଚକ୍ଷୁଃ ଅତିମୁଚ୍ୟଧୀରା। ପ୍ରେତ୍ୟାସ୍ମାନ ଲୋକା ଅମୃତା ଭବନ୍ତି"। ଅର୍ଥାତ୍ ଚକ୍ଷୁ, କାନ, ମନ ଇତ୍ୟାଦି ପ୍ରାଣ ଏକ ଏଭଳି ଶକ୍ତି (ବ୍ରହ୍ମନ)ର ଯାହାର ନିର୍ଦ୍ଦେଶରେ ଏ ଚାଲିଛି ଏବଂ ଇନ୍ଦ୍ରିୟାଦି ସକ୍ରିୟ ଏହାକୁ ଆଖି ଦେଖିପାରିବନି। ଭାଷା ବର୍ଣ୍ଣନା କରି ପାରିବନି। କେବଳ ଅନୁଭବେନ୍ଦ୍ରିୟ ହୋଇ ଉପଲବ୍ଧି କରିହେବ।

ଓଡ଼ିଶା ଆମର ଭଗବାନ ପ୍ରେମରେ ସମୃଦ୍ଧ ରାଜ୍ୟ, ସମୟ ଆସିଛି ଆମର ଭକ୍ତିଗୀତ ହଜାର ହଜାର ବର୍ଷ ଆଧ୍ୟାତ୍ମିକତାକୁ ହୃଦୟଙ୍ଗମ କରିବାକୁ।

■

ସଂସାରବୃକ୍ଷ

ଶ୍ରୀ ଶଙ୍କରାଚାର୍ଯ୍ୟ (ଆଦି ଶଙ୍କର) ପ୍ରାୟ ୧୩୦୦ ବର୍ଷ ତଳେ କେରଳ ପ୍ରଦେଶରେ ଜନ୍ମ ହୋଇଥିଲେ। ତାଙ୍କର ଆୟୁଷ ଥିଲା ମାତ୍ର ୩୨ ବର୍ଷ। ଏତିକି ସ୍ୱଳ୍ପ ଜୀବନକାଳ ମଧ୍ୟରେ ସେ ଅନେକ ଗ୍ରନ୍ଥ ସଂସ୍କୃତରେ ରଚନା କଲେ। ତାଙ୍କ ମୁଖରୁ ଅହରହ କବିତା ନିଃସୃତ ହେଉଥିଲା। ଗଙ୍ଗାନଦୀ ଦେଖି ସେ ରଚନା କଲେ ଗଙ୍ଗାସ୍ତୋତଂ। ଜଗନ୍ନାଥଙ୍କୁ ଦେଖି ସେ ଗାଇଲେ "କଦାଚିତ୍ କାଳିନ୍ଦୀ ତଟବିପିନ ସଙ୍ଗୀ..."। ତାଙ୍କର ଅମୃତ ଲେଖନୀରେ ଅଦ୍ୱୈତ ବେଦାନ୍ତର ସଂଜ୍ଞା ତଥା ରୂପରେଖ ହିନ୍ଦୁମାନଙ୍କର ଆଧ୍ୟାତ୍ମବାଦକୁ ପୁନର୍ଜୀବନ ଦେଇଥିଲା। ସେହି ଲେଖନୀ ମଧ୍ୟରୁ ଏକ ଅଦ୍ଭୁତ ଗ୍ରନ୍ଥ ଥିଲା 'ବିବେକ ଚୂଡ଼ାମଣୀ'। ଏଥିରେ ୫୮୧ଟି ଶ୍ଳୋକରେ ମନୁଷ୍ୟ ଜୀବନର ମୌଳିକ ଦର୍ଶନକୁ ବର୍ଣ୍ଣନା କରାଯାଇଛି। ସେଥିରୁ ଗୋଟିଏ ଶ୍ଳୋକ ନମ୍ବର ୧୪୫। ଏଥିରେ ସଂସାରକୁ ଏକ ବୃକ୍ଷ ସହ ତୁଳନା କରାଯାଇଛି।

"ବୀଜଂ ସଂସ୍କୃତି ଭୂମିଜସ୍ୟ ତୁ ତମୋ ଦେହାତ୍ମଧୀରଙ୍କୁରଃ
ରାଗଃ ପଲ୍ଲବଂ ଅମ୍ବୁ କର୍ମ ତୁ ବପୁଃ ସ୍କନ୍ଦୋଽସବଃ ଶାଖିକାଃ।
ଅଗ୍ରାଣୀନ୍ଦ୍ରିୟସଂହାତିଶ୍ଚ ବିଷୟାଃ ପୁଷ୍ପାଣି ଦୁଃଖଂ ଫଳଂ
ନାନା କର୍ମ ସମୁଦ୍‌ଭବଂ ବହୁବିଧଂ ଭୋକ୍ତାତ୍ର ଜୀବଃ ଶଗଃ।"

ସଂସାରକୁ ବୃକ୍ଷ ରୂପେ ଭଗବଦ୍ ଗୀତାର ପଞ୍ଚଦଶ ଅଧ୍ୟାୟରେ ଭଗବାନ ବର୍ଣ୍ଣନା କରିଛନ୍ତି ମଧ୍ୟ। "ଊର୍ଦ୍ଧ୍ୱମୂଳଂ ଅଧଃ ଶାଖଂ, ଅଶ୍ୱତ୍‌ଥମ୍ ପ୍ରାହୁରଅବ୍ୟୟମ୍।" ଉପରୋକ୍ତ ଶ୍ଳୋକରେ ଶ୍ରୀ ଶଙ୍କରାଚାର୍ଯ୍ୟ କହୁଛନ୍ତି ଯେ ସଂସାର ବୃକ୍ଷର ବୀଜ ହେଲା ତମସା କିମ୍ବା ଅଜ୍ଞତା। ସଂସାରରୂପକ ମାୟାର ପ୍ରାରମ୍ଭ ଅଜ୍ଞାନରୁ ଜାତ ହୋଇଥାଏ। ଅଙ୍କୁର ହେଲା ଦେହାତ୍ମଭାବ ଅର୍ଥାତ୍ ଏହି ଶରୀରକୁ ଆତ୍ମା ବୋଲି ବିଚାର କରିବା ଅଜ୍ଞତାର ପରିଚାୟକ। ଅହଂ ଦେହଃ।

ସଂସାର ବୃକ୍ଷର ପଲ୍ଲବ ବା ପତ୍ର ହେଲା ରାଗଃ, ରାଗ ମାନେ ଲଙ୍କାମରିଚ ନୁହଁ। ଏହାର ଅର୍ଥ ଆସକ୍ତି। ଯେପରି ରାଗ, ଦ୍ୱେଷ ଇତ୍ୟାଦି ଭାବନା। ଗଛର ଜଳ ବା ଅମ୍ବୁ ହେଲା ଆମର କାମନାସିକ୍ତ କର୍ମ ବା କାର୍ଯ୍ୟକଳାପ। ଅର୍ଥାତ୍ ଶଙ୍କରାଚାର୍ଯ୍ୟ କହୁଛନ୍ତି ନିଷ୍କାମ କର୍ମ କର। ପାଣି ନ ଦେଲେ ମାୟା ସଂସାର ରୂପକ ଗଛ ବଢ଼ି

ପାରିବନି। ଗଛର ଗଣ୍ଡି ହେଲା ଆମ ଶରୀର। ବାସନାସିକ୍ତ କର୍ମରେ ଆମର ସ୍ଥୂଳ ଶରୀର ଶକ୍ତିଶାଳୀ ହୁଏ। ଶାଖା ପ୍ରଶାଖା ହେଲେ ଆମର ପ୍ରାଣବାୟୁ, ପଞ୍ଚପ୍ରାଣ ବାୟୁ ଯଥା- ପ୍ରାଣ, ଅପାନ, ସମାନ, ବ୍ୟାନ ଏବଂ ଉଦାନ। ଶରୀର ଭିତରେ ପଞ୍ଚପ୍ରାଣ ଆମକୁ ଚଳତ୍‌ଶକ୍ତି ଯୋଗାଉଛି। ସେଥିରୁ ଦେହକୁ ଚାଲିବାର ଇନ୍ଧନ ମିଳୁଛି। ସେମାନେ ବନ୍ଦ ହେଲେ ଶରୀର ଶବ ହୋଇଯାଏ। ଶାଖା ପ୍ରଶାଖାର ଅଗ୍ରଭାଗରେ ଫୁଲକଢ଼ିମାନେ ହେଲେ ଇନ୍ଦ୍ରିୟ ସଂହତି। ଆମର ପଞ୍ଚେନ୍ଦ୍ରିୟ। ଆଖି ଦେଖୁଛି, କାନ ଶୁଣୁଛି, ନାକ ଆଘ୍ରାଣ କରୁଛି। ଜିହ୍ୱା ଚାଖୁଛି ଏବଂ ଚର୍ମେନ୍ଦ୍ରିୟ ସ୍ପର୍ଶ କରିପାରୁଛି। ଗଛର ଫୁଲ କିଏ ? ଫୁଲ ହେଲା ବିଷୟଃ। ଇଂରାଜୀରେ କହିଲେ, Objects, Emotions, Thoughts (OET) ବସ୍ତୁ, ମାନସିକ ଆବେଗ ଏବଂ ଭାବନା। ଇନ୍ଦ୍ରିୟମାନଙ୍କ ଦ୍ୱାରା ବାହ୍ୟଜଗତ ସହ ଆମେ ଯୋଗାଯୋଗ କରିପାରୁଛେ।

ଗଛର ଫଳ କିଏ ? ଫଳଂ ଦୁଃଖଂ। ଆମର ଲଗାମଛଡ଼ା ମନ ନାନା ପ୍ରକାର ବାସନାଦୀପ୍ତ କର୍ମରେ ଲିପ୍ତ ରହି ସର୍ବଶେଷରେ ଦୁଃଖ ହିଁ ଆଣିଥାଏ। ମନ କହେ, ମୋର ଏ ଜିନିଷ ଦରକାର। ନ ମିଳିଲେ ରାଗ, ଦୁଃଖ, ମିଳିଲେ ମଧ୍ୟ କିଛିଦିନ ପରେ ମନ ସେଥିରୁ ଛାଡ଼ିଯାଏ ଏବଂ ଅନ୍ୟ ଜିନିଷ ପଛରେ ଧାଏଁ। ରାଧାନାଥ ରାୟ ଲେଖିଥିଲେ- "ସୁଖ ରୂପେ ଯାହା ଜନନେତ୍ରେ ଦିଶେ। ହାତୁ ଆସେ ପଡ଼ିବା ପାଇଁ ସେ, ବସ୍ତୁ ନୁହଁଇ ସେ ଅଟଇଟି ଧୂମ, ଅନ୍ୟ ନାମ ତା'ର ଆକାଶ କୁସୁମ।" ଏହି ଫଳକୁ ଭୋଗ କରୁଛି କିଏ ? ଆମେ ସମସ୍ତେ ଜୀବ, ଠିକ୍ ଯେମିତି ପକ୍ଷୀଟିଏ ଫଳ ଖାଇ ଗଛରେ ଆଶ୍ରା ନେଇଥାଏ, ଆମର ବ୍ୟକ୍ତିତ୍ୱ (individuality) ଗୋଟିଏ ଶରୀରକୁ ଛାଡ଼ି ଅନ୍ୟ ଶରୀରରେ ଆଶ୍ରା ନେଲାଭଳି। ଶ୍ରୀ ଶଙ୍କରାଚାର୍ଯ୍ୟ କହନ୍ତି ଯେ ଆମ ଭିତରେ ଯେଉଁ ସତ୍-ଚିତ୍ ଆନନ୍ଦ ରୂପକ ବ୍ରହ୍ମନ୍ ବିରାଜମାନ, ତାକୁ ଅନୁଭବେନ୍ଦ୍ରିୟ ଦ୍ୱାରା ଉପଲବ୍ଧି କଲେ ଅନ୍ତରଭିତରୁ ଆନନ୍ଦର ଉଚ୍ଛ୍ୱାସ ମିଳିବ। ତେଣୁ ମାୟାରୂପକ ସଂସାରରେ ଅହଂବୃତ୍ତି ବା ବ୍ୟକ୍ତିକୈନ୍ଦ୍ରିକ କର୍ମବାସନାରେ ଲିପ୍ତ ହୋଇ କେବଳ ଦୁଃଖପ୍ରାପ୍ତି ହିଁ ସାର। ପ୍ରଥମରୁ ଏହା ଅଜ୍ଞାନ ବୀଜରୁ ଜାତ ବୋଲି ସେ କହିଲେ। ଜ୍ଞାନ ଅର୍ଥ ବିଶ୍ୱବିଦ୍ୟାଳୟ ଡିଗ୍ରୀ ନୁହେଁ। ଆମର ବହୁତ ପ୍ରଫେସର ପିଏଚ୍‌ଡି ଡିଗ୍ରୀଧାରୀ ଥାଇପାରନ୍ତି। କିନ୍ତୁ ସେମାନେ ମଧ୍ୟ ମୂର୍ଖ ଆଧ୍ୟାତ୍ମିକ ଜ୍ଞାନରେ। ବହୁ କ୍ଷେତ୍ରରେ ସେମାନଙ୍କର ଡିଗ୍ରୀଜନିତ ଅହଂଭାବ ଅତ୍ୟଧିକ।

ଶ୍ରୀ ଶଙ୍କରଙ୍କ ସଂସାରବୃକ୍ଷ ଶ୍ଲୋକରେ କେତେ ନିଗୂଢ଼ ତଥ୍ୟ ବର୍ଣ୍ଣନା କରାଯାଇଛି ଏହା ଉପରୋକ୍ତ ଉଦାହରଣରୁ ସ୍ପଷ୍ଟ।

■

ଅଷ୍ଟବକ୍ର ଗୀତା

ଋଷି ଅଷ୍ଟବକ୍ରଙ୍କ ଜନ୍ମବୃତ୍ତାନ୍ତ ଅତି ବିଚିତ୍ର। ଯେତେବେଳେ ସେ ମା' ପେଟରେ ଥିଲେ ତାଙ୍କ ପିତା ବେଦ ଉଚ୍ଚାରଣ କରିବା ଅବସରରେ ଭୁଲ୍ ଉଚ୍ଚାରଣ ଶୁଣି ପୁଅ ବାପାଙ୍କୁ କହିଲା। ଏଥିରେ ବାପା ରାଗିଗଲେ ଏବଂ ଅଭିଶାପ ଦେଲେ ଯେ ସେ ଆଠଟି ବକ୍ର ନେଇ ଜନ୍ମ ହେଉ। ସିଏ ହେଲେ ଅଷ୍ଟବକ୍ର ଋଷି, ମହାଜ୍ଞାନୀ। ଯେତେବେଳେ ଜନକ ମହାରାଜ ଜଣେ ଉପଯୁକ୍ତ ଗୁରୁଙ୍କ ସନ୍ଧାନରେ ଥିଲେ ତାଙ୍କ ଉପଦେଷ୍ଟାମାନେ ଅଷ୍ଟବକ୍ର ଋଷିଙ୍କ ନାମ ସୁପାରିସ କଲେ। ଗୁରୁ ଅଷ୍ଟବକ୍ର ଏବଂ ଶିଷ୍ୟ ଜନକ ମହାରାଜଙ୍କ କଥୋପକଥନ ଅଷ୍ଟବକ୍ର ଗୀତା ନାମରେ ପ୍ରସିଦ୍ଧ। ପଣ୍ଡିତ ଶ୍ରୀ ଶ୍ରୀ ରବିଶଙ୍କରଙ୍କ ଭାଷାରେ ଏଭଳି କଥୋପକଥନ ପୃଥିବୀପୃଷ୍ଠରେ ସର୍ବଶ୍ରେଷ୍ଠ କହିଲେ ଭୁଲ ହେବ ନାହିଁ। ପରବର୍ତ୍ତୀ କାଳରେ ଋଷି ଅଷ୍ଟବକ୍ର ତାଙ୍କ ପିତାଙ୍କୁ ବନ୍ଦୀ ଅବସ୍ଥାରୁ ଉଦ୍ଧାର କରିଥିଲେ। ପିତାଙ୍କ ଆଶୀର୍ବାଦରୁ ସେ ସୁମଙ୍ଗା ନଦୀରେ ସ୍ନାନ କରି ସୁସ୍ଥ ଶରୀର ଲାଭ କରିଥିଲେ।

ଜନକ ମହାରାଜ ପ୍ରଶ୍ନ କଲେ, "କଥଂ ଜ୍ଞାନଂ ଅବାପ୍ନୋତି, କଥଂ ମୁକ୍ତିଂ ଭବିଷ୍ୟତି, ବୈରାଗ୍ୟଂ ଚ କଥଂ ପ୍ରାପ୍ତି, ଏତତ୍ ବୃହି ମମ ପ୍ରଭୋ"। ଅର୍ଥାତ୍, ହେ ପ୍ରଭୁ, ମତେ ବିସ୍ତାର କରି କୁହ, ମନୁଷ୍ୟକୁ ଜ୍ଞାନ କିପରି ମିଳିବ (ଆତ୍ମଜ୍ଞାନ), ମୁକ୍ତି କିପରି ଲାଭ କରାଯାଇପାରିବ ଏବଂ ବୈରାଗ୍ୟ କିପରି ପ୍ରାପ୍ତି ହେବ। ପ୍ରଥମ ଅଧ୍ୟାୟରେ ଅଷ୍ଟବକ୍ର ଋଷି ଏହି ପ୍ରଶ୍ନର ଉତ୍ତର ୧୯ଟି ଶ୍ଳୋକରେ ଦେଇଛନ୍ତି। ପ୍ରଥମ ଶ୍ଳୋକରେ ଋଷି ଅଷ୍ଟବକ୍ର କହିଛନ୍ତି, "ମୁକ୍ତିଂ ଇଚ୍ଛସି ଚେତ୍ତାତ, ବିଷୟାନ୍ ବିଷବତ୍ ତ୍ୟଜ। କ୍ଷମାର୍ଜବ ଦୟାତୋଷଃ ସତ୍ୟଂ ପିୟୁଷ ବତ୍ ଭଜ"। ଅର୍ଥାତ୍, ହେ ପୁତ୍ର, ମୁକ୍ତି ପାଇବାକୁ ହେଲେ ଦୁଇଟି ବାଟ। ପ୍ରଥମେ ଇନ୍ଦ୍ରିୟାଣିକୁ (ଇନ୍ଦ୍ରିୟ ଦ୍ୱାରା ଆସକ୍ତି) ବିଷ ଭଳି ତ୍ୟାଗ କର। ଦ୍ୱିତୀୟରେ ଅମୃତ ଭଳି ଏହି ପାଞ୍ଚୋଟି ଜିନିଷକୁ ଦୈନନ୍ଦିନ ଜୀବନରେ ପ୍ରୟୋଗ କର- କ୍ଷମା, ଆର୍ଜବ, ଦୟା, ତୋଷ (ସନ୍ତୋଷ) ଏବଂ ସତ୍ୟ। ଏହାକୁ ବେଦାନ୍ତରେ ନିଡିଧ୍ୟାସନ ବୋଲି କୁହାଯାଇଛି।

ଆମର ଇନ୍ଦ୍ରିୟମାନେ (ରୂପ, ରସ, ଗନ୍ଧ, ସ୍ପର୍ଶ, ଶ୍ରୋତ୍ର) ଆମକୁ ନାନା ଦିଗରେ ଟାଣନ୍ତି । ମନ ସେଇଆଡ଼କୁ ମାଡ଼ିଚାଲେ । ଯାହା ଖାଇବା କଥା ନୁହେଁ, ଆମେ ଖାଇବାରେ ଲାଗିଯାଉ । ଯାହା ଦେଖିଲେ କ୍ଷତିକାରକ, ତାକୁ ଆମେ ଦେଖିଥାଉଁ । ଏଭଳି ବିଷୟାସକ୍ତି ମଣିଷକୁ ନିମ୍ନଗାମୀ କରିଥାଏ । ଅଷ୍ଟବକ୍ର ଋଷି କହିଲେ ଏହି ବିଷୟମାନଙ୍କ ପ୍ରତି ଆସକ୍ତିକୁ ବିଷଭଳି ତ୍ୟାଗ କର । କ୍ଷମା, ଆର୍ଜବ, ଦୟା, ସତ୍ୟ ଇତ୍ୟାଦି ସୁଗୁଣକୁ ଅମୃତ ଭଳି ପାନ କର ।

ଅଷ୍ଟବକ୍ର ଗୀତା ଅଦ୍ୱୈତ ବେଦାନ୍ତର ମୂଳମନ୍ତ୍ରକୁ ଉପସ୍ଥାପିତ କରିଛି । ଉପନିଷଦ୍ ଭଳି ଏହା ଗୁରୁ, ଶିଷ୍ୟ ବାକ୍ୟାଳାପ, ଏଥିରେ ଋଷି ଅଷ୍ଟବକ୍ର ବେଦାନ୍ତ ଦର୍ଶନକୁ ସିଧାସଳଖ ଉପସ୍ଥାପିତ କରିଛନ୍ତି । ବନ୍ଧନ ଆସେ ମନୁଷ୍ୟର ଅଜ୍ଞାନରୁ । "ମୁଁ ଏହି ଶରୀର କିମ୍ବା ମନ କିମ୍ବା ବୁଦ୍ଧି" ଏହି ଧାରଣା ମନୁଷ୍ୟକୁ ବନ୍ଧନ ଦେଇଥାଏ । ଶଙ୍କରାଚାର୍ଯ୍ୟଙ୍କ ନିର୍ବାଣଷ୍ଟକମ୍‌ରେ "ମନୋ ବୁଦ୍ଧି ହଂକାର ଚତ୍ତାନିନାହଂ ନ ଚ ଶ୍ରୋତ୍ର ଜିହ୍ୱେ ନ ଚ ଘ୍ରାଣ ନେତ୍ରେ, ନ ଚ ବ୍ୟୋମ ଭୂମି, ନ ତେଜୋ ନା ବାୟୁ, ଚିଦାନନ୍ଦ ରୂପଃ ଶିବୋହଂ ଶିବୋହଂ- ବର୍ଣ୍ଣନା କରାଯାଇଛି । ମୁଁର ପ୍ରକୃତ ସଂଜ୍ଞା ହେଲା, ସତ୍, ଚିତ୍, ଆନନ୍ଦ ହେଉଛି ପ୍ରକୃତ ମୁଁ । ଯେତେବେଳେ ଏହି ସଂଜ୍ଞାକୁ ମୁଁ ଭୁଲି ଯାଉଛି- ସେତେବେଳେ ହିଁ ଦୁଃଖ ।

କାଲିଫର୍ଣ୍ଣିଆରେ ଏକ ସପ୍ତାହ ଧରି ସକାଳ ୬.୩୦ରୁ ୭.୩୦ ଚିନ୍ମୟ ମିଶନ ତରଫରୁ ଜ୍ଞାନଯଜ୍ଞରେ ଅଷ୍ଟବକ୍ର ଗୀତା ବ୍ୟାଖ୍ୟାନ ହେଲା । ମାତ୍ର ପ୍ରଥମ ଅଧ୍ୟାୟର ୨୦ଟି ଶ୍ଳୋକ ପାଞ୍ଚ ଦିନ ଲାଗିଲା ବର୍ଣ୍ଣନା କରିବାକୁ । ଏହାର ଅଧ୍ୟୟନ ଏବଂ ମନନରେ ଅନେକ ଆନନ୍ଦ ପ୍ରାପ୍ତି ହେଲା । ସଂସାର ଭିତରେ ଥାଇ ବୈରାଗ୍ୟ ପାଇବା ବଡ଼ କଥା । ନିଜର ସମସ୍ତ କର୍ତ୍ତବ୍ୟ ମଧ୍ୟରେ ସେଇ ସତ୍-ଚିତ୍ ଆନନ୍ଦଙ୍କୁ ଉପଲବ୍ଧି କଲେ ମନରେ ଅପାର ଆନନ୍ଦ ପ୍ରାପ୍ତି ସମ୍ଭବ । ରାଜା ଜନକ ଋଷି ଅଷ୍ଟବକ୍ରଙ୍କଠାରୁ ଏପରି ବ୍ରହ୍ମଜ୍ଞାନ ଲାଭ କରି ଧନ୍ୟ ହେଲେ । ଆମେ ସମସ୍ତେ ଏହାର ମର୍ମକୁ ଉପଲବ୍ଧି କରିପାରିଲେ ଜୀବନକୁ ଆନନ୍ଦମୟ କରିପାରିବା ।

■

|| ଛଅ ||

ଆନ୍ତର୍ଜାତିକ ଘଟଣାବଳୀ

୧୯୮୫ର ଆମେରିକା, ଏକ ଦୃଷ୍ଟିପାତ

ଆଉ ଗୋଟିଏ ବର୍ଷ ବିତିଗଲା । ଭାରତ ତଥା ପୃଥିବୀ ପାଇଁ ୧୯୮୫ ନାନା ସୁଖ ଦୁଃଖ ଘଟଣାବଳୀରେ ପରିପୂର୍ଣ୍ଣ । ଭାରତର ରାଜନୈତିକ ଦିଗ୍‌ବଳୟରେ ରାଜୀବ ଗାନ୍ଧୀଙ୍କ ଅଭ୍ୟୁଦୟ ବିଶେଷ ଗୁରୁତ୍ୱପୂର୍ଣ୍ଣ । ରାଜୀବ ଡିସେମ୍ବର ମାସରେ ବମ୍ବେଠାରେ କଂଗ୍ରେସ ଶତବାର୍ଷିକ ଉତ୍ସବ ଉଦ୍‌ଘାଟନ କଲାବେଳେ ସମସ୍ତେ ହୃଦୟଙ୍ଗମ କଲେ ଯେ କଂଗ୍ରେସ ପାଇଁ ୧୦୦ବର୍ଷ, ରାଜୀବଙ୍କ ପାଇଁ ୧ବର୍ଷ ।

୧୯୮୫ରେ ରାଜୀବଙ୍କ ପଞ୍ଜାବ ଓ ଆସାମ ସମସ୍ୟାର ସମାଧାନ ଭାରତ ପାଇଁ ଖୁବ୍ ଗୁରୁତ୍ୱପୂର୍ଣ୍ଣ । ଦେଶର ସଂହତି ପାଇଁ ଏହା ଏକ ବଳିଷ୍ଠ ପଦକ୍ଷେପ । ଲଙ୍ଗୋୱାଲଙ୍କ ସହ ରାଜିନାମା ସ୍ୱାକ୍ଷର ଏବଂ ତା'ପରେ ଲଙ୍ଗୋୱାଲଙ୍କ ହତ୍ୟା ବଡ଼ କରୁଣ । ପଞ୍ଜାବ ତଥା ଆସାମରେ ଏ.ଜି.ପି.ର ବିଜୟ କଂଗ୍ରେସ ପାଇଁ ଶୁଭ ନ ହେଲେ ମଧ୍ୟ ଦେଶ ପାଇଁ ହିତକର ବୋଲି ସମସ୍ତେ ଉପଲବ୍ଧି କରୁଛନ୍ତି ।

ଆମେରିକାରେ ୧୯୮୫ଟି ମଧ୍ୟ ବେଶ୍ ଘଟଣାବହୁଳ । ନଭେମ୍ବର ମାସରେ ଜେନିଭାଠାରେ ରାଷ୍ଟ୍ରପତି ରେଗାନ୍ ଓ ରୁଷିଆର ନେତା ଗୋର୍ବାଚୋଭଙ୍କ ମଧ୍ୟରେ ନିରସ୍ତ୍ରୀକରଣ ଆଲୋଚନା ବିଶ୍ୱଶାନ୍ତି ପାଇଁ ଏକ ଗୁରୁତ୍ୱପୂର୍ଣ୍ଣ ପଦକ୍ଷେପ । ଅବଶ୍ୟ ଏହି ଆଲୋଚନାର ଫଳାଫଳ ସେତେ ସନ୍ତୋଷଜନକ ହୋଇ ନ ଥିଲା । କିନ୍ତୁ ଏଭଳି କଥାବାର୍ତ୍ତା ଭବିଷ୍ୟତରେ ଚାଲୁ ରହିବାର ଯୋଜନା ହିଁ ଦୁଇମହାଶକ୍ତିଙ୍କ ପାଇଁ ହିତକର ।

ମଧ୍ୟପ୍ରାଚ୍ୟରେ ସନ୍ତ୍ରାସବାଦୀମାନେ ନିରୀହ ଆମେରିକାନ୍‌ମାନଙ୍କୁ ହାଇଜାକ୍ କରି ଭୟଭୀତ କରାଇଲେ । ଇଟାଲୀର ଜାହାଜ ଆଚିଲୋ ଲୌରୋରେ ଏକ ହୁଇଲ ଚେୟାରରେ ଆମେରିକାନ୍ 'କ୍ଲିଂହଫର'ଙ୍କୁ ପାଲେଷ୍ଟାଇନ୍ ସନ୍ତ୍ରାସବାଦୀମାନେ ଯେପରି ନିର୍ମମଭାବେ ହତ୍ୟା କରି ତାଙ୍କ ମୃତ ଶରୀରକୁ ସମୁଦ୍ରକୁ ଗଡ଼ାଇ ଦେଲେ, ସେଥିରେ ଜନସାଧାରଣ ଉତ୍‌କ୍ଷିପ୍ତ ହୋଇଉଠିଥିଲେ । ତେଣୁ ସେଇ ଦୁର୍ବୃତ୍ତମାନଙ୍କୁ ଯେତେବେଳେ ଉଡ଼ାଜାହାଜରେ ଇଜିପ୍ଟରୁ ନିଆଯାଉଥିଲା, ଆମେରିକାର ଯୁଦ୍ଧ ଉଡ଼ାଜାହାଜ ତାକୁ ଜବରଦସ୍ତ ଇଟାଲୀରେ ଓହ୍ଲାଇ ପକାଇଥିଲେ । ଚାହିଁଥିଲେ ସେମାନେ ଇଜିପ୍ଟର

ପ୍ଲେନକୁ ଖୁସିରେ ଧ୍ୱଂସ କରିପାରି ଥାନ୍ତେ, ମାତ୍ର ତାହା କରିଥିଲେ ଯୁଦ୍ଧ ଲାଗି ଯାଇଥାନ୍ତା।

ଦକ୍ଷିଣ ଆଫ୍ରିକାର ବର୍ଣ୍ଣବିଦ୍ୱେଷକୁ ସମର୍ଥନ କରୁଥିବା ସରକାରଙ୍କର ବିପକ୍ଷରେ ଆନ୍ଦୋଳନ ତେଜି ଉଠିଲା। ଆମେରିକାରେ ମଧ୍ୟ ଜନମତ ପ୍ରକାଶ ପାଇଲା ଯେ ଆମେରିକାର କମ୍ପାନୀମାନେ ଦକ୍ଷିଣ ଆଫ୍ରିକାରୁ ଓହରି ଆସନ୍ତୁ। ଅନେକ ବର୍ଷଧରି ବନ୍ଦୀ ଥିବା ନେଲସନ ମାଣ୍ଡେଲାଙ୍କୁ ସରକାର ମୁକ୍ତି ଦେଲେ।

ଅନେକ ପ୍ରାକୃତିକ ବିପର୍ଯ୍ୟୟ ୧୯୮୫କୁ ବିଷାଦପୂର୍ଣ୍ଣ କରିପକାଇଲା। ମେକ୍‌ସିକୋ ସିଟିର ଭୂମିକମ୍ପରେ ହଜାର ହଜାର ଲୋକ ଜୀବନ୍ତ ସମାଧି ପାଇଲେ। ଦକ୍ଷିଣ ଆମେରିକାର କଲମ୍ବିଆ ଦେଶରେ ଉତପ୍ତ ଲାଭା (ଆଗ୍ନେୟଗିରି ବିସ୍ଫୋରଣରୁ ନିର୍ଗତ) ହଠାତ୍ ୫୦ଫୁଟ ଉଚ୍ଚର ଏବଂ ଘଣ୍ଟାକୁ ୩୦ମାଇଲ ବେଗରେ ଆସି କେତୋଟି ଗାଁକୁ ନିଶ୍ଚିହ୍ନ କରିପକାଇଲା।

ଉଡ଼ାଜାହାଜ ଦୁର୍ଘଟଣାରେ ମଧ୍ୟ ୧୯୮୫ ରେକର୍ଡ ସୃଷ୍ଟି କଲା। କନିଷ୍କ (ଏଆର ଇଣ୍ଡିଆ) ଦୁର୍ଘଟଣାରେ ୩୨୯ ଲୋକ ସମୁଦ୍ରରେ ଲୀନ ହୋଇଗଲେ। ଜାପାନରେ ଏକ ଜମ୍ବୋ ଜେଟ୍ ଦୁର୍ଘଟଣାରେ ୫୦୦ରୁ ଊର୍ଦ୍ଧ୍ୱ ଯାତ୍ରୀ ପ୍ରାଣ ହରାଇଲେ। ସମୁଦାୟ ୧୫୦୦ରୁ ବେଶି ଲୋକ ପ୍ଲେନ୍ ଦୁର୍ଘଟଣାରେ ପ୍ରାଣ ହରାଇଲେ।

ମିଳିତ ଜାତିସଂଘରେ ୪୦ତମ ଜୟନ୍ତୀ ନିଉୟର୍କରେ ପାଳିତ ହେଲା। ଆମେରିକାରେ **Festival of India** (ଭାରତ ଉତ୍ସବ) ଜୁନ୍ ମାସରେ ଆରମ୍ଭ ହୋଇ ୧୯୮୬ ଶେଷ ପର୍ଯ୍ୟନ୍ତ ଚାଲୁ ରହିବ। ରାଜୀବଙ୍କ ନେତୃତ୍ୱରେ **South Asia Regional Conference (SAARC)** ବାଂଲାଦେଶର ଢାକାଠାରେ ଅନୁଷ୍ଠିତ ହେଲା।

ମୋଟାମୋଟି ଭାବେ ଦେଖିଲେ ୧୯୮୫ ବର୍ଷଟି ପୃଥିବୀର ଅନେକ ଦେଶ ପାଇଁ ଶୁଭଙ୍କର ନ ହେଲେ ମଧ୍ୟ ଭାରତ ପାଇଁ ମଙ୍ଗଳମୟ ଥିଲା। ଭାରତର ପ୍ରଧାନମନ୍ତ୍ରୀ କଂଗ୍ରେସ ଅଧିବେଶନରେ କହିଥିଲେ ଯେ କଂଗ୍ରେସ ନେତାମାନେ ଦେଶପାଇଁ ନୂତନ ଦିଗ୍‌ଦର୍ଶନ ଆଣିବାର ସମୟ ଆସିଛି। ଦେଶରୁ ଦୁର୍ନୀତି ଲୋପ ହୋଇ ଜନସାଧାରଣଙ୍କ ସେବାରେ ନେତାମାନେ ନିଜକୁ ନିୟୋଜିତ କଲେ ଦେଶ ଏକବିଂଶ ଶତାବ୍ଦୀ ପାଇଁ ପ୍ରସ୍ତୁତ ହୋଇପାରିବ।

୧୯୮୫ ଭାରତ ପାଇଁ ଏହି ନୂତନ ଦିଗ୍‌ଦର୍ଶନର ଦ୍ୱାର ଉନ୍ମୁକ୍ତ କଲାବୋଲି ବିଚାର କରିବାକୁ ହେବ। ଏହା ବାସ୍ତବରେ ରୂପାୟିତ ହେବ ନା କେବଳ ଭାଷଣରେ ରହିଯିବ ତାହା ଲକ୍ଷ୍ୟ କରିବାର କଥା। ତା' ନ ହେଲେ କେବଳ ବଚନସର୍ବସ୍ୱ ବୋଲି ଧରିନେବାକୁ ସମସ୍ତେ ବାଧ୍ୟ ହେବେ।

■

ଭିଏତନାମ୍-ଏକ ଐତିହାସିକ ସମୀକ୍ଷା

ଆମେରିକାର ପୂର୍ବତନ ରାଷ୍ଟ୍ରପତି ଲିଣ୍ଡନ ଜନସନଙ୍କ ସମୟରେ ଭିଏତନାମ ଯୁଦ୍ଧ ଭୟଙ୍କର ଆକାର ଧାରଣ କରିଥିଲା। ୧୯୬୮ ବେଳର କଥା; ମୁଁ ରାଉରକେଲାରେ ଇଞ୍ଜିନିୟରିଂ ଛାତ୍ର ସେତେବେଳେ। ଭିଏତନାମ ଭାରତରୁ, ବିଶେଷତଃ ପୂର୍ବ ଭାରତ (ଓଡ଼ିଶା, ବଙ୍ଗଳା)ରୁ, ବେଶି ଦୂର ନୁହେଁ। ନାଗାଲାଣ୍ଡ ପରେ ବର୍ମା, ଥାଇଲାଣ୍ଡ ଏବଂ କାମ୍ବୋଡ଼ିଆ ଦେଶ ଡେଇଁଲେ ଭିଏତନାମ ଦେଶ। ଉଡ଼ାଜାହାଜରେ କଲିକତାରୁ ମାତ୍ର ୩/୪ଘଣ୍ଟାର ବାଟ। କିନ୍ତୁ ଛାତ୍ରାବସ୍ଥାରେ ଆମେମାନେ ଭିଏତନାମ ଯୁଦ୍ଧରେ ଘନଘଟା ତଥା ଗୁରୁତ୍ୱ ଏତେ ଉପଲବ୍ଧି କରୁ ନଥିଲୁ। ଭିଏତନାମା ସହ ଆମେରିକା ଏତେ ଜଡ଼ିତ ଥିଲା ଯେ, ଏହା ଭାରତଠାରୁ ବହୁ ଦୂରରେ ଘଟନା ପରି ବୋଧ ହେଉଥିଲା।

କିଛି ବର୍ଷ ତଳେ ମୋର ଜଣେ କାଲିଫର୍ଣ୍ଣିଆର ସାଇବ ବନ୍ଧୁ, ଯିଏକି ଭିଏତନାମ ଯୁଦ୍ଧରେ ଉଡ଼ାଜାହାଜ ପାଇଲଟ ଥିଲେ, ମତେ କହିଥିଲେ, "ଭିଏତନାମ ଛାଡ଼ିବା ମୋ ପାଇଁ ଆଠବର୍ଷ ହେଲାଣି, ଅଥଚ ଏବେ ମଧ୍ୟ ଯୁଦ୍ଧର ଚିତ୍ର ମନେପଡ଼ିଲେ ମାନସିକ ଅସ୍ଥିରତା ବର୍ଣ୍ଣନା କରିବା କଷ୍ଟ। ପ୍ରତିଦିନ ଉଡ଼ାଜାହାଜ ନେଇ ଫେରିବା ପରେ ଦେଖେ ମୋର କିଏ ନା କିଏ ଜଣା ବନ୍ଧୁଙ୍କ ଉଡ଼ାଜାହାଜ ଶତ୍ରୁପକ୍ଷ ଗୁଳିରେ ଧ୍ୱଂସ ହୋଇଯାଇଛି, ସେମାନଙ୍କ ମୃତ ଶରୀର ଦେଖି ଦେହ ଭୟରେ ଶିହରି ଉଠୁଥିଲା। ମୁଁ ଭାବୁଥିଲି, କିଏ କହିବ, ଆସନ୍ତାକାଲି ମୋର ଏଇ ଅବସ୍ଥା ନ ହେବ...। ଏ ସବୁ ପରେ ଯେତେବେଳେ ନିଜ ଦେଶ ଆମେରିକାକୁ ଫେରିଲି, ଏଠାର ଲୋକେ ଆମକୁ ଫୁଲମାଳ ଦେବା ଦୂରେ ଥାଉ, ଆମକୁ ଘୃଣା ଚକ୍ଷୁରେ ଦେଖିଲେ, ସତେ ଯେମିତି ଆମ ନିଜ ଦେଶରେ ମଧ୍ୟ ଅବାଞ୍ଛିତ। ଅନେକ ଥର ଭାବିଲି, ଏଭଳି ଜୀବନ ନେଇ ବଞ୍ଚିବାରେ କି ଲାଭ? ଆତ୍ମସମ୍ମାନ ବୋଲି ଜିନିଷ ଆମର ନ ଥିଲା।"

ଅଳ୍ପରେ କହିଲେ, ବନ୍ଧୁଙ୍କ ଏହି ବର୍ଣ୍ଣନା ସମ୍ପୂର୍ଣ୍ଣ ଆମେରିକାର ଭିଏତନାମ ସମସ୍ୟାର ଏକ ପ୍ରତିବିମ୍ବ।

ଆଜିକୁ ଦଶବର୍ଷ ତଳେ, ୧୯୭୫ ମସିହା ଏପ୍ରିଲ୍ ୩୦ ତାରିଖରେ ଦକ୍ଷିଣ ଭିଏତନାମର ରାଜଧାନୀ ସାଇଗନ ସହର ଉତ୍ତର ଭିଏତନାମର କମ୍ୟୁନିଷ୍ଟ ଶାସକଙ୍କଦ୍ୱାରା ଅଧିକୃତ ହେଲା। ତା'ର ଦୁଇ ବର୍ଷ ଆଗରୁ ଆମେରିକା ତା'ର ସୈନବାହିନୀଙ୍କୁ ଦକ୍ଷିଣ ଭିଏତାନମରୁ ଫେରାଇଆଣିଥିଲା। ୧୯୭୩ରେ ପ୍ୟାରିସରେ ହେନେରି କିସିଞ୍ଜରଙ୍କ ନେତୃତ୍ୱରେ ଏହି ପ୍ରସ୍ତାବ ଗୃହୀତ ହେଲା। ସେଥିଲାଗି କିସିଞ୍ଜରଙ୍କୁ ନୋବେଲ ଶାନ୍ତି ପୁରସ୍କାର ମଧ୍ୟ ମିଳିଥିଲା।

ମାତ୍ର ୨ବର୍ଷ ପରେ କମ୍ୟୁନିଷ୍ଟମାନେ ଦକ୍ଷିଣ ଭିଏତନାମକୁ ଅକ୍ତିଆର କଲେ, ଯାହାକୁ ରୋକିବା ଲାଗି ଆମେରିକା ୧୬ବର୍ଷ କାଳ ଭିଏତନାମ ଯୁଦ୍ଧରେ ଭାଗୀଦାର ହେଲା। ୧୬ବର୍ଷ ଭିତରେ ଦକ୍ଷିଣ ଭିଏତନାମର ଅଢ଼େଇଲକ୍ଷ ସୈନ୍ୟ ମଲେ। ଆମେରିକାର ୫୮,୦୦୦ ଯୱାନ ମରିଥିଲେ ଏବଂ ୩ଲକ୍ଷ ଆହତ ହେଲେ। ଆମେରିକାର ସମୁଦାୟ ଖର୍ଚ୍ଚ ପ୍ରାୟ ୨ ଲକ୍ଷ କୋଟି ଟଙ୍କା ଥିଲା। ସାଇନଗର ପତନ ପରେ ତାର ନୂଆ ନାଁ ହେଲା ହୋ ଚି ମିନି ସହର। ବର୍ତ୍ତମାନ ଉଭୟ ଭିଏତନାମ ଗୋଟିଏ ଦେଶ, ଯାହାର ଶାସକ ହେଲେ ଅତୀତର ହୋ ଚି ମିନିଙ୍କ ନେତୃତ୍ୱରେ କମ୍ୟୁନିଷ୍ଟ ଶାସକ।

ଏଠାରେ ପ୍ରଶ୍ନ ହେଲା, କାହିଁକି ଆମେରିକା ହଜାର ହଜାର ମାଇଲ ଦୂରରେ ଏକ ଛୋଟ ଦେଶ ଭିଏତନାମ ସମସ୍ୟାରେ ମୁଣ୍ଡ ପୂରାଇଲା ?

୧୯୫୭ ମସିହାରେ ଆମେରିକାର ରାଷ୍ଟ୍ରପତି ଥିଲେ ଆଇଜେନ ହାୱାର। ସେ ଦ୍ୱିତୀୟ ବିଶ୍ୱ ଯୁଦ୍ଧରେ ଆମେରିକା ସୈନ୍ୟବାହିନୀର ଜେନେରାଲ ଥିଲେ। ମହାଯୁଦ୍ଧ ପରେ ଆମେରିକା ସର୍ବଶକ୍ତିଶାଳୀ ଦେଶ ରୂପେ ଗଣାଗଲା ଏବଂ ଏଠାର ଶାସକମାନେ ପୃଥିବୀରେ ଗଣତନ୍ତ୍ର ଶାସନ (Democracy)ର ପୃଷ୍ଟପୋଷକ ହେବାର ଦାୟିତ୍ୱ ତାଙ୍କର ବୋଲି ବିଚାରିଲେ। ଅର୍ଥାତ୍ କମ୍ୟୁନିଷ୍ଟ ରାଜତ୍ୱର ବିସ୍ତାରକୁ ରୋକିବା ଏମାନଙ୍କର କର୍ତ୍ତବ୍ୟ ବୋଲି ଧରିନେଲେ।

ତେଣୁ ଉତ୍ତର ଭିଏତନାମର କମ୍ୟୁନିଷ୍ଟମାନେ ଯେତେବେଳେ ଦକ୍ଷିଣ ଭିଏତନାମକୁ ଅଧିକାର କରିବା ଉଚିତ୍ ବୋଲି ମନେକଲେ, ଦକ୍ଷିଣ ଭିଏତନାମର ଶାସକମାନେ ପରୋକ୍ଷରେ ଆମେରିକାର ସାହାଯ୍ୟ ଲୋଡ଼ିଲେ। ଯଦି ଆମେରିକା ଏହାକୁ ବନ୍ଦ ନ କରେ, ତେବେ ଦକ୍ଷିଣପୂର୍ବ ଏସିଆର ଦେଶମାନେ ଗୋଟିକ ପରେ ଗୋଟିଏ କମ୍ୟୁନିଷ୍ଟ ଦେଶ ହୋଇଯିବେ (Domino Theory)। ଫଳତଃ ରୁଷିଆ ଓ ଚୀନ ସମେତ ଆହୁରି ଏକ ବଡ଼ ଅଞ୍ଚଳ କମ୍ୟୁନିଷ୍ଟ ଅଞ୍ଚଳରେ ପରିଣତ ହେବ। ଏଠାରେ ଉଲ୍ଲେଖନୀୟ ଯେ, ଦ୍ୱିତୀୟ ବିଶ୍ୱ ଯୁଦ୍ଧ ପରେ ଆମେରିକାର ସାମରିକ ବାହିନୀ କୋରିଆ ଯୁଦ୍ଧରେ ମଧ୍ୟ ସହାୟତା କରିଥିଲେ।

ଆଇଜେନ ହାୱାର ପ୍ରଥମେ ଅଳ୍ପ କିଛି ସୈନ୍ୟବାହିନୀ ପଠାଇଲେ ଶାନ୍ତିରକ୍ଷା ନାଁରେ। ତା'ପରେ ୧୯୬୦ ମସିହାରେ ନିର୍ବାଚନ ହେଲା ଏବଂ ଜନ୍ କେନେଡ଼ି ରାଷ୍ଟ୍ରପତି ହେଲେ। ସେତେବେଳକୁ ଦକ୍ଷିଣ ଭିଏତନାମର ଗରିଲା ଯୁଦ୍ଧ ଛୋଟ ଆକାରର ଥିଲା। ୧୯୬୩ରେ କେନେଡ଼ି ହଠାତ୍ ଆତତାୟୀର ଗୁଳିରେ ପ୍ରାଣ ହରାଇଲେ। ତେଣୁ ଉପରାଷ୍ଟ୍ରପତି ଜନସନ ରାଷ୍ଟ୍ରପତି ଦାୟିତ୍ୱ ନେଲେ।

୧୯୬୪ ସାଲି ନିର୍ବାଚନରେ ଜନସନ ରାଷ୍ଟ୍ରପତି ରୂପେ ନିର୍ବାଚିତ ହେଲେ। ତାଙ୍କ ପ୍ରତିରକ୍ଷା ସେକ୍ରେଟାରୀ (Secretary of State) ରବର୍ଟ ମାକନାମାରା ପୁନରାୟ ରହିଲେ। ଭିଏତନାମରେ ଆମେରିକା ଉପସ୍ଥିତି ଏହିଠାରୁ ବୃଦ୍ଧିପାଇଲା। ସୈନ୍ୟସଂଖ୍ୟା ୫୦ ହଜାରରୁ ୨ଲକ୍ଷକୁ ବଢ଼ାଗଲା।

୧୯୬୫ ମସିହାଠାରୁ ଆମେରିକାର ଯୁଦ୍ଧ ଉଡ଼ାଜାହାଜ ଉତ୍ତର ଭିଏତନାମର ଗାଁ ଗଣ୍ଡା ଉପରେ ବୋମା ବର୍ଷଣ କରିବା ଆରମ୍ଭ କଲେ। ପ୍ରଥମରୁ ଶାନ୍ତିରକ୍ଷା ପାଇଁ ପଠାଯାଇଥିବା ସୈନ୍ୟବାହିନୀ ପ୍ରତ୍ୟକ୍ଷ ଯୁଦ୍ଧରେ ଅବତୀର୍ଣ୍ଣ ହେଲେ। ରବର୍ଟ ମାକନାମାରା କହିଲେ, "We do commit the U.S. to preventing the fall of South Vietnam to Communism". (ଦକ୍ଷିଣ ଭିଏତନାକୁ କମ୍ୟୁନିଷ୍ଟମାନଙ୍କ କବଳରୁ ରକ୍ଷା କରିବା ପାଇଁ ଯୁକ୍ତରାଷ୍ଟ୍ର ଆମେରିକା ସଂକଳ୍ପବଦ୍ଧ)।

୧୯୬୫ରୁ ୧୯୭୦ ପର୍ଯ୍ୟନ୍ତ ଆମେରିକା ଆଭ୍ୟନ୍ତରୀଣ ଅସନ୍ତୋଷ ପ୍ରକାଶ ପାଇଲା। ବିଶ୍ୱବିଦ୍ୟାଳୟମାନଙ୍କରେ ଯୁଦ୍ଧ ବିରୋଧୀ ସ୍ଲୋଗାନ ଦିଆଗଲା। କାହିଁକି ଆମେରିକା ଦୂରଦୂରାନ୍ତର ଏକ ଦେଶରେ ବୋମାବର୍ଷଣ କରି ନିରୀହ ଲୋକଙ୍କୁ ନିହତ କରୁଛି ଏବଂ ଆମେରିକାର ତରୁଣ ସୈନ୍ୟମାନେ (ହାରାହାରି ବୟସ ୧୯) ଏହି ଅବାନ୍ତର ଯୁଦ୍ଧରେ ପ୍ରାଣ ହରାଉଛନ୍ତି ବୋଲି ଚାରିଆଡୁ ପ୍ରଶ୍ନ ଉଠିଲା।

୧୯୬୮ ମସିହାରେ ଜନସନ ଘୋଷଣା କଲେ ଯେ ସେ ଆଉଥରେ ରାଷ୍ଟ୍ରପତି ପଦପାଇଁ ଲଢ଼ିବେ ନାହିଁ। ଅଥଚ ଯଦି ଭିଏତନାମରେ ମୁଣ୍ଡ ପୂରାଇ ନ ଥାନ୍ତେ, ଜନସନ ଆଉ ୪ ବର୍ଷ ପାଇଁ ରାଷ୍ଟ୍ରପତି ହୋଇପାରିଥାନ୍ତେ। ପରୋକ୍ଷରେ ଆମେରିକା ବୈଦେଶିକ ନୀତି ନିଜ ଦେଶବାସୀଙ୍କ ସମର୍ଥନ ପାଇଲା ନାହିଁ ବୋଲି ସେ ସ୍ୱୀକାର କଲେ।

୧୯୬୮ରେ ନିକସନ ରାଷ୍ଟ୍ରପତି ହେଲେ ଏବଂ ଘୋଷଣା କଲେ ଯେ, "I am not going to be the first President who loses a war" । ଅଥଚ ଲୋକ ସମର୍ଥନର ଘୋର ଅଭାବରୁ ଯୁଦ୍ଧକୁ ଅନିର୍ଦ୍ଦିଷ୍ଟକାଳ ପର୍ଯ୍ୟନ୍ତ ଚାଲୁ ରଖିବା ନିକ୍ସନଙ୍କ ପକ୍ଷରେ ସମ୍ଭବ ନ ଥିଲା। ହେନେରୀ କିସିଞ୍ଜରଙ୍କ ସାହାଯ୍ୟରେ

ଭିଏତନାମରେ ଶାନ୍ତି ପ୍ରତିଷ୍ଠା କରି ଆମେରିକାର ସୈନ୍ୟବାହିନୀ (ପ୍ରାୟ ୫ଲକ୍ଷ)ଙ୍କୁ ଦେଶକୁ ଫେରାଇବାରେ ଯୋଜନା କଲେ। ଯଦିଓ ଯୁଦ୍ଧବିଦ୍ୟା ଦୃଷ୍ଟିରୁ ଆମେରିକା ବିଜୟର ଡିଣ୍ଡିମ ପିଟିଲା, ସମସ୍ତେ ଏହା ଆମେରିକାର ବିରାଟ ପରାଜୟ ବୋଲି ଏକମତ ହେଲେ।

ଆମେରିକା ପାଇଁ ଭିଏତନାମ ଯୁଦ୍ଧର ଅବସାନ ଘଟିଲା ୧୯୭୩ରେ। ଠିକ୍ ୨ବର୍ଷ ପରେ ଯାହା ହେବାର ଥିଲା ହେଲା। କମ୍ୟୁନିଷ୍ଟମାନେ ଦକ୍ଷିଣ ଭିଏତନାମକୁ ଦଖଲ କଲେ, ଭିଏତନାମ ଆଗପରି ସେଇ ଗରିବ ଦେଶ ହୋଇ ରହିଲା। ସାତଲକ୍ଷ ରିଫ୍ୟୁଜି ଆମେରିକାକୁ ଚାଲିଆସିଲେ। ଭିଏତନାମ ଯୁଦ୍ଧ କେବଳ ଆମେରିକା ଓ ଏସିଆରେ ସୀମିତ ନ ରହି ସାରା ବିଶ୍ୱରେ ବିସ୍ତୃତ ହେଲା। ମୁଦ୍ରାସ୍ଫୀତି ବଢ଼ିଲା। ୧୯୭୨ରେ **(Oil Crisis)** ତୈଳ ସଂକଟ ଦ୍ୱାରା ପୃଥିବୀର ତୈଳ ଆମଦାନୀ କରୁଥିବା ଦେଶମାନେ (ଭାରତ ସମେତ) ବିଶେଷ ଅସୁବିଧାରେ ପଡ଼ିଲେ। ପୃଥିବୀର ଅର୍ଥନୈତିକ ମାନଦଣ୍ଡ ଏଇ ଭିଏତନାମ ଯୁଦ୍ଧଦ୍ୱାରା ଦୋହଲିଗଲା।

ଆମେରିକାବାସୀଙ୍କ ପାଇଁ ଭିଏତନାମ ଯୁଦ୍ଧର ଅନୁଭୂତି ବୈପ୍ଳବିକ ପରିବର୍ତ୍ତନ ଆଣିଲା। ସାମାଜିକ, ନୈତିକ ତଥା ରାଜନୈତିକ କ୍ଷେତ୍ରରେ ଆତ୍ମନିରୀକ୍ଷଣ ପର୍ଯ୍ୟାୟ ଆରମ୍ଭ ହେଲା। ଏଥିରୁ ଶିକ୍ଷାଲାଭ ହେଲା ଯେ, ଯଦି କୌଣସି ଦେଶ ନିଜର ରାଜନୈତିକ ସ୍ଥିତି ଉପରେ ଗୁରୁତ୍ୱ ନ ଦିଏ, କୌଣସି ବାହ୍ୟଶକ୍ତି ତାକୁ ସାହାଯ୍ୟ କରିପାରିବେ ନାହିଁ। ବର୍ତ୍ତମାନ ରେଗାନ୍ ସରକାର ଏହା ହୃଦୟଙ୍ଗମ କରିବାକୁ ସମସ୍ତେ ଆହ୍ୱାନ କରୁଛନ୍ତି।

■

ଚ୍ୟାଲେଞ୍ଜର ଦୁର୍ଘଟଣା

ଗତ ଜାନୁୟାରୀ ୨୮ ତାରିଖ ସକାଳେ ଫ୍ଲୋରିଡାର କେପ କାନାଭେରାଲସ୍ଥିତ କେନେଡି ସ୍ପେସ ସେଣ୍ଟରରୁ ଆମେରିକାର ମହାକାଶ ଯାନ ଚ୍ୟାଲେଞ୍ଜର (Challenger) ଯାତ୍ରା ଆରମ୍ଭ କଲା। ଏଥିରେ ସାତଜଣ ମହାକାଶ ଯାତ୍ରୀ ବିଭିନ୍ନ ଗବେଷଣା ତଥା ପର୍ଯ୍ୟବେକ୍ଷଣ ପାଇଁ ଯାଉଥିଲେ। ସାତଜଣଙ୍କ ମଧ୍ୟରୁ ୫ଜଣ ପୁରୁଷ ଏବଂ ୨ଜଣ ମହିଳା।

ପ୍ରଥମ ଥର ଲାଗି ଜଣେ ସ୍କୁଲ ଶିକ୍ଷୟିତ୍ରୀ କ୍ରିଷ୍ଟା ମାକଲିଫ ମହାକାଶରୁ ପୃଥିବୀକୁ ନିରୀକ୍ଷଣ କରିବାର ଅନୁଭୂତି ପାଇଁ ଯାଉଥିଲେ। ମହାକାଶରେ ପରିକ୍ରମା କରିବା ଅବସ୍ଥାରେ ସେ ଟେଲିଭିଜନ ମାଧ୍ୟମରେ ଆମେରିକାର ସ୍କୁଲ ପିଲାଙ୍କୁ ନିଜର ଅଭିଜ୍ଞତା ବର୍ଣ୍ଣନା କରବାର ପ୍ରୋଗ୍ରାମ କରାଯାଇଥିଲା। ଅନ୍ୟ ମହିଳା ଜଣକ ଥିଲେ ଜୁଡି ରେସନିକ୍; ଯିଏ ଇଲେକ୍‌ଟ୍ରିକାଲ ଇଞ୍ଜିନିୟରିଂରେ ଡକ୍ଟରେଟ୍ କରିଥିଲେ।

ପୁରୁଷ ମହାକାଶ ଯାତ୍ରୀଙ୍କ ମଧ୍ୟରେ ଅଭିଜ୍ଞ ପାଇଲଟ୍ ତଥା ଜଣେ କୃଷ୍ଣକାୟ ବୈଜ୍ଞାନିକ (MITରୁ ଫିଜିକ୍‌ସରେ ଡକ୍ଟରେଟ) ଥିଲେ।

ମହାକାଶ ଯାନ ଚ୍ୟାଲେଞ୍ଜର ପୃଥିବୀପୃଷ୍ଠ ଛାଡ଼ିବାର ମାତ୍ର ୨ ମିନିଟ୍ ପରେ ଘଣ୍ଟାକୁ ଦୁଇହଜାର ମାଇଲ ବେଗରେ ଯାଉଥିବା ଅବସ୍ଥାରେ ହଠାତ୍ ଆକାଶରେ ବିସ୍ଫୋରଣ ଯୋଗୁ ଜଳିଗଲା। ଏକ ବିରାଟ ନିଆଁପିଣ୍ଡୁଳା ପୃଥିବୀର ୧୦ ମାଇଲ ଉପରୁ ସମୁଦ୍ର ବକ୍ଷକୁ ଖସିବାକୁ ଲାଗିଲା। ମାତ୍ର କେତୋଟି ମିନିଟ୍ ପରେ ସବୁ ଶାନ୍ତ, ନୀରବ ହୋଇଗଲା। ଚ୍ୟାଲେଞ୍ଜର ଖଣ୍ଡବିଖଣ୍ଡ ହୋଇ ମହାକାଶ ଯାତ୍ରୀଙ୍କ ସମେତ ସମୁଦ୍ର ବକ୍ଷରେ ଲୀନ ହୋଇଗଲା।

ଏ ସମସ୍ତ ଘଟଣା କୋଟି କୋଟି ଲୋକ ଟେଲିଭିଜନରେ ଦେଖୁଥିଲେ। ଫ୍ଲୋରିଡାର କେନେଡି ସ୍ପେସ ସେଣ୍ଟରଠାରେ ମଧ୍ୟ ଶହଶହ ଲୋକ ସ୍ୱଚକ୍ଷୁରେ ମହାକାଶ ଯାତ୍ରାର ଆରମ୍ଭ ଦେଖିବାକୁ ଏକତ୍ର ହୋଇଥିଲେ। ସେମାନଙ୍କ ଭିତରେ ୭ଜଣ ଯାତ୍ରୀଙ୍କ ଆତ୍ମୀୟ, ବନ୍ଧୁବାନ୍ଧବ ସମସ୍ତେ ଥିଲେ।

ଶିକ୍ଷୟିତ୍ରୀ କ୍ରିଷ୍ଟା ମାକଲିଫ ସୁଦୂର ନିଉହ୍ୟାମ୍ପସାୟାର ପ୍ରଦେଶର କଙ୍କର୍ଡ (Concord) ସହରର ବାସିନ୍ଦା। ସେଠାରୁ ତାଙ୍କ ସ୍ୱାମୀ, ପୁଅ, ଝିଅ, ବାପ, ମା'ଙ୍କ ଛଡ଼ା ତାଙ୍କର କ୍ଲାସ (ତୃତୀୟ ଶ୍ରେଣୀ)ର ସମସ୍ତ ଛାତ୍ରଛାତ୍ରୀ ମଧ୍ୟ ଆସିଥିଲେ। ସମଗ୍ର ଆମେରିକାରୁ ଏଗାର ହଜାର ଶିକ୍ଷକ ଓ ଶିକ୍ଷୟିତ୍ରୀ ମହାକାଶକୁ ଯିବାକୁ ଦରଖାସ୍ତ ଦେଇଥିଲେ। ତାଙ୍କ ମଧ୍ୟରୁ ମାକଲିଫଙ୍କୁ ବଛାଯାଇଥିଲା। ସେଥିଲାଗି କିଛି ମାସ ତଳେ ରାଷ୍ଟ୍ରପତି ରେଗାନ୍ ତାଙ୍କୁ ହ୍ୱାଇଟ ହାଉସକୁ ନିମନ୍ତ୍ରଣ କରି ସମ୍ବର୍ଦ୍ଧନା ଜଣାଇଥିଲେ।

ପ୍ରଥମେ ଏହି ଆତ୍ମୀୟମାନେ ଗର୍ବର ସହିତ ମହାକାଶଯାନ ଉପରକୁ ଉଠିବା ବେଳେ କରତାଳି ବୃଷ୍ଟି କରି ଉତ୍‌ଫୁଲ୍ଲ ହୋଇଉଠିଥିଲେ। ପର ମୁହୂର୍ତ୍ତରେ ବିସ୍ଫୋରଣ ହେବା ମାତ୍ରକେ ହଠାତ୍ ସେମାନେ ବୁଝିପାରିଲେନି କ'ଣ ହେଲା ବୋଲି। ଯେତେବେଳେ NASA(National Aeronautics and Space Administration) ତରଫରୁ ମାଇକରେ ଘୋଷଣା କରାଗଲା ଯେ, ଚ୍ୟାଲେଞ୍ଜର ଯାନରେ ବିସ୍ଫୋରଣ ଘଟିଛି ବୋଲି, ସେତେବେଳେ ସେଠାରେ ଥିବା ଲୋକମାନଙ୍କ ଅବସ୍ଥା ଅସମ୍ଭାଳ ହେଲା। ସମସ୍ତଙ୍କ କରୁଣ ଆର୍ତ୍ତନାଦରେ ଗଗନପବନ କମ୍ପି ଉଠିଥିଲା। ସେହି ସମୟରେ ଯେକୌଣସି ଲୋକ ଟେଲିଭିଜନ ଦେଖି ନ କାନ୍ଦି ରହିପାରିଲେ ନାହିଁ।

ରାଷ୍ଟ୍ରପତି ରେଗାନ୍ ମଧ୍ୟ ତାଙ୍କ ବାସଭବନକୁ ଏହି ଦୃଶ୍ୟ ଦେଖି ହତବାକ ହୋଇଗଲେ। ସେଦିନ ସନ୍ଧ୍ୟାରେ ସମଗ୍ର ଦେଶକୁ ତାଙ୍କର ବାର୍ଷିକ (State of the Union Address) ଉଦ୍‌ବୋଧନ ଦେବାର କାର୍ଯ୍ୟକ୍ରମକୁ ତୁରନ୍ତ ବାତିଲ କରିଦେଲେ। ଏହି ସାତଜଣ ଯାତ୍ରୀଙ୍କ ପାଇଁ ସାରା ଆମେରିକାରେ ଶୋକର ଛାୟା ଖେଳିଗଲା। ୭ ଦିନ ଲାଗି ସବୁ ସରକାର ତଥା ବେସରକାରୀ ଅନୁଷ୍ଠାନରେ ଜାତୀୟ ପତାକାକୁ ଅର୍ଦ୍ଧନମିତ କରିବାକୁ ନିର୍ଦ୍ଦେଶ ଦିଆଗଲା।

ମହାକାଶକୁ ଯାତ୍ରୀ ପଠାଇବା ଏହା ପ୍ରଥମ ନୁହେଁ। ଏହା ପୂର୍ବରୁ ୨୧ଥର ଏପରି ଯାତ୍ରା ସଫଳ ହୋଇଥିଲା। ଚ୍ୟାଲେଞ୍ଜର ଏବଂ କଲମ୍ବିଆ-ଦୁଇଟି ଯାନ, ଯିଏ ପୃଥିବୀ ପୃଷ୍ଠରୁ ମହାକାଶକୁ ଯାଇ ଦିନଦିନ ଧରି ପୃଥିବୀ ଚାରିପାଖେ ପରିକ୍ରମା କରି ନାନା ପ୍ରକାର ବୈଜ୍ଞାନିକ ଗବେଷଣାରେ ସାହାଯ୍ୟ କରିଛି। ଏପରି ଯାତ୍ରା ଦ୍ୱାରା ମହାକାଶରୁ ନାନା ତଥ୍ୟ ପାଇ ମାନବସମାଜ ଉପକୃତ ହୋଇଛି।

ଏଠାରେ ଉଲ୍ଲେଖଯୋଗ୍ୟ ଯେ, ଆସନ୍ତା ସେପ୍ଟେମ୍ବର ମାସରେ ଚ୍ୟାଲେଞ୍ଜରର ଯାତ୍ରା କାର୍ଯ୍ୟକ୍ରମରେ ଏକ ଭାରତୀୟ ଉପଗ୍ରହ (Satellite) ଇନସାଟକୁ ମହାକାଶକୁ ଛଡ଼ାଯିବାର କଥା, ମାତ୍ର ଏହି ଦୁର୍ଘଟଣା ଯୋଗୁ ବର୍ତ୍ତମାନ ଭବିଷ୍ୟତର କାର୍ଯ୍ୟକ୍ରମରେ

ବିଳମ୍ବ ଘଟିବ ନିଶ୍ଚୟ। ବିସ୍ଫୋରଣର କାରଣ ଆଗ ବୁଝିବାକୁ ହେବ, ତା'ପରେ ଏଭଳି ବିପଦ ପାଇଁ ଉପଯୁକ୍ତ ନିରାପତ୍ତାର ବ୍ୟବସ୍ଥା ନ ହେବା ପର୍ଯ୍ୟନ୍ତ ମହାକାଶ ଯାନ ପଠାଯାଇ ପାରିବ ନାହିଁ।

ଆମେରିକାର ମହାକାଶ ଯାନଗୁଡ଼ିକ ଅତୀତରେ ଏତେ ସଫଳ ଯାତ୍ରା କରୁଥିଲେ ଯେ, ସାଧାରଣ ଲୋକେ ଏଭଳି ଦୁର୍ଘଟଣା ବାବଦରେ କଳ୍ପନା ସୁଦ୍ଧା କରି ନ ଥିଲେ। ମହାକାଶକୁ ପ୍ରେରିତ ସମୁଦାୟ ୫୬ଟି ଯାନ ଭିତରେ ଏହି ଦୁର୍ଘଟଣା ପ୍ରଥମ। ମାତ୍ର ସପ୍ତାହକ ପୂର୍ବେ ଭୟେଜର (Voyager) ବିନା ଯାତ୍ରୀବାହୀ ଯାନ ପୃଥିବୀରୁ ଛଡ଼ାଯିବାର ନ'ବର୍ଷ ପରେ ୟୁରାନ୍‌ସ ଗ୍ରହ ପାଖରେ ପହଞ୍ଚି ନୂଆ ଫଟୋଚିତ୍ର ପଠାଇଥିଲା। ଏଥିରୁ ୟୁରାନ୍‌ସ ଗ୍ରହର ନୂଆ ଚନ୍ଦ୍ର (ଉପଗ୍ରହ) ଆବିଷ୍କାର କରାଯାଇ ପାରିଛି।

ଚ୍ୟାଲେଞ୍ଜର ଦୁର୍ଘଟଣା ମହାକାଶ ଯାତ୍ରାକୁ ବିଳମ୍ବ କରାଇବ। କିନ୍ତୁ ମହାକାଶରେ ନୂତନ ତଥ୍ୟ ସଂଗ୍ରହ ଅଭିଯାନ ଅବ୍ୟାହତ ରହିବ ବୋଲି ରାଷ୍ଟ୍ରପତି ତଥା ଜନସାଧାରଣ ଦୃଢ଼ ମତ ପୋଷଣ କରିଛନ୍ତି।

■

ଅର୍ଥନୈତିକ ସମସ୍ୟା

ଗତ ଦୁଇବର୍ଷ ଭିତରେ ଆମେରିକାର ଅର୍ଥନୀତିର କେତେକ ସମସ୍ୟା ଦେଖାଦେଇଛି। ରପ୍ତାନୀ କମ୍ ଏବଂ ଆମଦାନୀ ବେଶି ହେଉଥିବାରୁ ବାଣିଜ୍ୟରେ ନିଅଣ୍ଟ **Trade Deficit** ବୃଦ୍ଧି ପାଇବାରେ ଲାଗିଛି। ଏଥିଲାଗି ମୁଖ୍ୟତଃ ଜାପାନ ଦାୟୀ। ଜାପାନ ଛଡ଼ା କୋରିଆ, ତାଇୱାନ ଇତ୍ୟାଦି ଦେଶ ଆମେରିକା ବଜାରରେ ତାଙ୍କ ଦେଶରେ ନିର୍ମିତ ଜିନିଷ ବିକ୍ରି କରୁଛନ୍ତି।

ଦ୍ୱିତୀୟ ମହାଯୁଦ୍ଧ ପରେ ୧୯୪୦ଦଶନ୍ଧିର ଶେଷ ଭାଗରେ ଏବଂ ୧୯୫୦ ଦଶନ୍ଧିର ପ୍ରାରମ୍ଭରେ ଜର୍ମାନୀ ଓ ଜାପାନର ଶିଳ୍ପାନୁଷ୍ଠାନଗୁଡ଼ିକର ମେରୁଦଣ୍ଡ ଭାଙ୍ଗି ଯାଇଥିଲା। ଆମେରିକାରେ ଶିଳ୍ପର ଚାହିଦା ଚାରିଆଡ଼େ ବଢ଼ିବାରେ ଲାଗିଲା, ଯାହା କିଛି ଆମେରିକାରେ ତିଆରି ହେଲା, ତା'ପାଇଁ ବଜାରର ଅଭାବ ରହିଲା ନାହିଁ। ପ୍ରତିଯୋଗିତା ମଧ୍ୟ କମ୍ ଥିଲା। କ୍ରମେ ଆମେରିକାର ଲୋକେ ବେଶି ବେଶି ପଇସା ରୋଜଗାର କରିବାକୁ ଲାଗିଲେ। ଜଣେ କେବଳ ୱେଲ୍‌ଡ଼ିଂ କାମ କରି ଘଣ୍ଟାକୁ ୧୫ରୁ ୨୦ ଡଲାର ପର୍ଯ୍ୟନ୍ତ ଆୟ କଲେ। ଦୁଇଟି ପ୍ରଧାନ ଶିଳ୍ପ, ଷ୍ଟିଲ୍ ଏବଂ ମୋଟରଗାଡ଼ିର କମ୍ପାନୀମାନେ ପ୍ରଚୁର ଲାଭ କରିବାରେ ଲାଗିଲେ।

ଏଭଳି ଲାଭ ପାଇ ସମସ୍ତେ ମନରେ ଧାରଣା କରିନେଲେ ଯେ ଆମେରିକା ଜିନିଷର ଚାହିଦା ସର୍ବଦା ଏପରି ରହିବ। ଜାପାନରେ ତିଆରି ଜିନିଷକୁ ଅନେକ ହୀନଚକ୍ଷୁରେ ଦେଖୁଥିଲେ। ସେମାନେ କେବଳ କପି କରିବା ଶିଖନ୍ତି ବୋଲି (ଜାପାନୀ ଦରଜୀ କୋଟ୍ ସିଲାଇବେଳେ ଚିରିଯାଇଥିବା ଅଂଶକୁ ଦେଖି ଅବିକଳ ନକଲ କରିବାର କାହାଣୀ) ସମସ୍ତେ ଥଟ୍ଟା ପରିହାସ କରିବାକୁ ଲାଗିଲେ।

ଆମେରିକାର ୩ଟି ଗାଡ଼ି କମ୍ପାନୀ ଜେନେରାଲ ମୋଟରସ୍, ଫୋର୍ଡ, କ୍ରାଇସଲର ଆମେରିକାର ବଜାର ତଥା ଇଉରୋପ ତଥା ଅନ୍ୟ ଦେଶମାନଙ୍କରେ ଆଧିପତ୍ୟ ବିସ୍ତାର କରି ଚାଲିଥିଲେ। ସେତେବେଳେ ଫରେନ ଗାଡ଼ି କହିଲେ

ଆମେରିକା ବାସିନ୍ଦାମାନେ ଜର୍ମାନୀର ମର୍ସେଡିଜ, ସ୍ୱିଡେନର ଭଲଭୋ କିମ୍ବା ଫ୍ରାନ୍ସର ପିଉଜୋ ଗାଡ଼ିକୁ ବୁଝୁଥିଲେ।

୧୯୭୦ ଦଶନ୍ଧିରେ ତୈଳ ସଂକଟ ଆରମ୍ଭ ହେଲା। ହଠାତ୍ ପେଟ୍ରୋଲ ଦର ବଢ଼ିବାରେ ଲାଗିଲା। ଗ୍ୟାଲେନ୍ ପିଛା ୩୦ରୁ ୩୫ ପଇସା ଥିବା ସ୍ଥଳେ ତାହା ବଢ଼ି ବଢ଼ି ଏକ ଡଲାରକୁ ଟପିଲା। ସମସ୍ତେ କମ୍ ପେଟ୍ରୋଲ ଖର୍ଚ୍ଚ କରୁଥିବା ଗାଡ଼ି କିଣିବାକୁ ଚାହିଁଲେ। ମାତ୍ର ଆମେରିକାର ୩ଟି ଗାଡ଼ି କମ୍ପାନୀ ଏକଥା ଆଗରୁ ଯୋଜନା ନ କରିଥିବାରୁ ଚାହିଦା ମୁତାବକ ଗାଡ଼ି ବଜାରକୁ ଆଣିପାରିଲେ ନାହିଁ। ସେଇ ସମୟରେ ଜାପାନର ଟୟୋଟା, ଡାଟସନ୍, ହୋଣ୍ଡା ଇତ୍ୟାଦି କମ୍ପାନୀମାନଙ୍କର ଗାଡ଼ିର ବିକ୍ରି ଦ୍ରୁତଗତିରେ ବଢ଼ିବାକୁ ଲାଗିଲା। ଦେଖୁ ଦେଖୁ ଆମେରିକାର ଗାଡ଼ି କମ୍ପାନୀମାନେ ପ୍ରମାଦ ଗଣିଲେ।

ଜାପାନ୍ ତିଆରି ଗାଡ଼ିର ନିର୍ମାଣ ପ୍ରଣାଳୀ ଏତେ ଉଚ୍ଚକୋଟୀର ଯେ ସେଥିରେ ଖରାପ ହେବାର ରେକର୍ଡ଼ ଖୁବ୍ କମ୍। ଲୋକେ ପଇସା ଖର୍ଚ୍ଚ କରି ଭଲ ଜିନିଷ କିଣିବାକୁ ଚାହାନ୍ତି। ଯେହେତୁ ଆମେରିକା ଖୋଲା ବ୍ୟବସାୟ Free Enterprise ର ପକ୍ଷପାତୀ, ଏଥିରେ କଟକଣା ଜାରି କରିବାର ପ୍ରଶ୍ନ ଉଠିଲା ନାହିଁ। ତେଣୁ ଲୋକମାନେ ଯାହା ପସନ୍ଦ କଲେ, ତାହା କିଣିଲେ।

ଥରେ ଜାପାନ୍ ଗାଡ଼ିର ସୁଖ ପାଇଲା ପରେ ପେଟ୍ରୋଲ୍ ଦର ବର୍ତ୍ତମାନ କମିଲା ପରେ ମଧ୍ୟ ଲୋକମାନେ ଆମେରିକା ଗାଡ଼ି କିଣିବାକୁ ଆଗଭର ହେଉ ନାହାନ୍ତି। ଜାପାନ ଆମେରିକା ସହ ସୁସମ୍ପର୍କ ରଖିବା ଲାଗି କୋଟା Quota ଅନୁସାରେ ସୀମିତ ସଂଖ୍ୟାରେ ଗାଡ଼ି ରପ୍ତାନୀ କଲେ ମଧ୍ୟ ଏ ଦେଶର ଡେଫିସିଟ କମୁନି, ବରଂ ବଢୁଛି।

ଇଏ ଗଲା ମୋଟରଗାଡ଼ି କଥା। ଷ୍ଟିଲ୍ କମ୍ପାନୀମାନଙ୍କ ଅବସ୍ଥା ଆହୁରି ଖରାପ। ଜାପାନ, କୋରିଆରେ ତିଆରି ଷ୍ଟିଲ୍‌ର ଦାମ ପୃଥିବୀ ବଜାରରେ (ଆମ ଭାରତଠାରୁ ମଧ୍ୟ) ଅନ୍ୟ ଦେଶ ତୁଳନାରେ ଖୁବ୍ କମ୍ ଏବଂ ଏହା ଉଚ୍ଚମାନର ହୋଇଥିବାରୁ ସମସ୍ତେ ତାକୁ କିଣିବାକୁ ଆଗଭର ହେଲେ। ଆମେରିକାର ପୁରୁଣା ଷ୍ଟିଲ କମ୍ପାନୀମାନଙ୍କର ବାର ବାଜିବାକୁ ଆରମ୍ଭ କଲା। ଅନେକେ ଶହ ଶହ ଶ୍ରମିକଙ୍କୁ ଛଟାଇ କଲେ। ଏଠାରେ ଷ୍ଟିଲ୍ କମ୍ପାନୀର ପ୍ରଣାଳୀ ପୁରାତନ ଏବଂ ଜାପାନର ଅତ୍ୟାଧୁନିକ ପଦ୍ଧତିରେ ତଥା କମ୍ ଖର୍ଚ୍ଚରେ ନିର୍ମିତ ଷ୍ଟିଲ୍ ସହ ସମକକ୍ଷ ହୋଇପାରିଲା ନାହିଁ।

ମୋଟରଗାଡ଼ି ଅଭିଜ୍ଞତା ପରେ ଆମେରିକାନ୍ ଶିକ୍ଷାନୁଷ୍ଠାନ, ତଥା ରାଜନୀତିଜ୍ଞମାନେ ବୁଝିଲେଣି ଯେ ଆଗଭଳି ଆମେରିକାର ଏକଚାଟିଆ ବ୍ୟବସାୟ

ଆଉ ଚଳିବନି। ଆମେରିକାର ତିଆରି ଜିନିଷ ସହ ଅନ୍ୟ ଦେଶର ତିଆରି ଜିନିଷର ପ୍ରତିଦ୍ୱନ୍ଦ୍ୱିତା ବୃଦ୍ଧି ପାଇଛି। ଯଦି ଗୁଣାତ୍ମକ ବିକାଶ ନ ହୁଏ, ତେବେ ଏଠାରେ ତିଆରି ଜିନିଷ ବାହାରେ କାହିଁକି, ନିଜ ଦେଶରେ ମଧ୍ୟ ବିକ୍ରି ହେବା ସମ୍ଭବ ହେବ ନାହିଁ। ଥରେ ଚାହିଦା କମିଲେ ଲୋକ ଛଟେଇ ବୃଦ୍ଧି ପାଇବ, ବେକାରୀ ବଢ଼ିବ, ଜୀବନ ଧାରଣର ମାନ ତଳକୁ ଖସିବ। ସେ ଅବସ୍ଥା ଏଠାରେ ଅବଶ୍ୟ ଆସିନାହିଁ। କାରଣ ଖାଦ୍ୟଦ୍ରବ୍ୟ, କମ୍ପ୍ୟୁଟର ଯନ୍ତ୍ରପାତି, ଉଡ଼ାଜାହାଜ ଇତ୍ୟାଦି ଶିଳ୍ପରେ ଆମେରିକା ଅଗ୍ରଣୀ ହୋଇରହିଛି। ତଥାପି ଆନ୍ତର୍ଜାତିକ ପ୍ରତିଯୋଗିତା ପ୍ରତି ସଚେତନ ନ ହେଲେ ଆମେରିକା ସର୍ବଶକ୍ତିମାନ ଦେଶ ହୋଇ ରହିପାରିବ ନାହିଁ- ଏକଥା ଲୋକେ ଅଳ୍ପ ବହୁତେ ହୃଦୟଙ୍ଗମ କଲେଣି। ପ୍ରେସିଡେଣ୍ଟ ରେଗାନ୍ କଥା କଥାକେ ଯୁଦ୍ଧର ହୁଙ୍କାର ଦେଉଥିବାବେଳେ, ବୁଦ୍ଧିଜୀବୀମାନେ ଦେଶର ଅର୍ଥନୈତିକ ଦୁରବସ୍ଥା ଉପରେ ଟିକିଏ ମନୋନିବେଶ କରିବାକୁ ରେଗାନ୍‌ଙ୍କୁ ଆହ୍ୱାନ ଦେଇ ଚାଲିଛନ୍ତି।

■

ଦରଦାମ ବୃଦ୍ଧି ଓ ଆମେରିକା

ନିକଟରେ ଅନେକ ବ୍ୟବହାର୍ଯ୍ୟ ଜିନିଷପତ୍ରର ଦରଦାମ ବୃଦ୍ଧି ନେଇ ଭାରତରେ ନାନା ଅସନ୍ତୋଷ ପ୍ରକାଶ ପାଇଛି। ସାଧାରଣ ମଧ୍ୟବିତ୍ତ ପରିବାର ବିଶେଷଭାବେ କଷ୍ଟଲାଭ କରୁଛନ୍ତି। ଆମେରିକାରେ ଜୀବନଧାରଣର ମାନ ଭାରତ ଅପେକ୍ଷା ଉନ୍ନତ, ତଥାପି ଏଠାରେ ଦରଦାମ ବୃଦ୍ଧି ହୁଏ କି ନାହିଁ ସେଇ ବାବଦରେ ସଂକ୍ଷିପ୍ତ ଆଲୋଚନା କରାଯାଉ।

ରେଗାନ୍‌ଙ୍କ ଅମଳରେ ଆମେରିକାର ମୁଦ୍ରାସ୍ଫୀତି ଶତକଡ଼ା ୩.୫ରେ ରହିଛି। ମୋଟାମୋଟି ଦେଖିଲେ ଅନେକ ଜିନିଷର ଦରଦାମ କମିଛି, ବିଶେଷତଃ ପେଟ୍ରୋଲ ଦର। ୧୯୭୪ ମସିହାରେ ଯେତେବେଳେ ସାରା ପୃଥିବୀରେ ତୈଳ ସଂକଟ (Oil Crisis) ଦେଖାଗଲା ସମସ୍ତେ ଭାବିଲେ ଆରବ ଦେଶମାନେ ପୃଥିବୀର ଅର୍ଥନୀତିକୁ ନିୟନ୍ତ୍ରଣ କରିବେ; କାରଣ ସବୁଠାରୁ ବେଶି ତୈଳ ସେଇ ଦେଶରେ ମହଜୁଦ ଥିଲା। ଆରବ ରାଷ୍ଟ୍ରମାନେ ଓପେକ୍ (OPEC) ସଂସ୍ଥା ମାଧ୍ୟମରେ ବ୍ୟାରେଲ ପିଛା ଦରଦାମ ବଢ଼ାଇବାରେ ଲାଗିଲେ। ତେଲ ଆମଦାନୀ କରୁଥିବା ରାଷ୍ଟ୍ରମାନେ ବିଶେଷଭାବେ କ୍ଷତିଗ୍ରସ୍ତ ହେଲେ। ଭାରତ ମଧ୍ୟ ବିଦେଶରୁ ତୈଳ କିଣିବାରେ ଅଧିକ ବୈଦେଶିକ ମୁଦ୍ରା ଖର୍ଚ୍ଚ କରିବାକୁ ବାଧ୍ୟ ହେଲେ।

ଆମେରିକା ସରକାର ପେଟ୍ରୋଲ ଖର୍ଚ୍ଚ କମାଇବାର ଆହ୍ୱାନ ଦେଲେ। ଲୋକେ କମ୍ ଗାଡ଼ି ଚଳାଇଲେ। ଜାପାନରୁ ଆସୁଥିବା ଛୋଟ ଗାଡ଼ିର ଚାହିଦା ବଢ଼ିବାରେ ଲାଗିଲା। ରାସ୍ତାରେ ଗାଡ଼ିର ଗତି ଘଣ୍ଟାକୁ ୫୫ମାଇଲରେ ସ୍ଥିର ହେଲା; କାରଣ ୫୫ ମାଇଲ ଗତିରେ ସବୁଠାରୁ କମ୍ ପେଟ୍ରୋଲ ଖର୍ଚ୍ଚ ହୁଏ।

ମାତ୍ର ୧୦ବର୍ଷ ଭିତରେ ଅନେକ ପରିବର୍ତ୍ତନ ଘଟିଥିଲା। ହଠାତ୍ ପେଟ୍ରୋଲ ଖର୍ଚ୍ଚ ଏତେ ପରିମାଣରେ କମିଗଲା ଯେ, ଆରବ ଦେଶମାନେ ତାଙ୍କର ପ୍ରଡକ୍‌ସନ କମାଇବାକୁ ବାଧ୍ୟ ହେଲେ। ପ୍ରଥମେ ଦରଦାମ ନ ବଢ଼ି କିଛି ମାସ ରହିଲା, ଇତିମଧ୍ୟରେ OPEC ବାହାରର ତୈଳ ରପ୍ତାନୀ କରୁଥିବା ଦେଶ ଯଥା ଇଂଲଣ୍ଡ, ମେକ୍‌ସିକୋ,

ଭେନେଜୁଏଲା ଇତ୍ୟାଦି ପୃଥିବୀ ବଜାରରେ ସେମାନଙ୍କ ତୈଳ ବିକ୍ରି କରିବା ଲାଗି ଦରଦାମ କମାଇବାରେ ଲାଗିଲେ। ଫଳତଃ OPEC ରାଷ୍ଟ୍ରମାନେ ତୈଳର ଦର ନିୟନ୍ତ୍ରଣ କରିବାରେ ବିଫଳ।

ମାତ୍ର କିଛିମାସ ତଳେ ପେଟ୍ରୋଲ ଗ୍ୟାଲେନ (୩.୫ ଲିଟର) ପିଛା (ଏଠିକାର ଟଙ୍କାରେ ଟ ୧.୩୦ ଥିବା ସ୍ଥଳେ), ଚଳିତ ମାସରେ ତାହା କମି କମି ମାତ୍ର ୭୦ ପଇସାରେ ପହଞ୍ଚିଲାଣି। **Free Market** (ଖୋଲା ବଜାର) **System**ରେ ଚାହିଦା ଅନୁସାରେ ଦରଦାମ ସ୍ଥିରୀକୃତ ହେଉଛି। ସରକାର ଟ୍ୟାକ୍ସ ବସାଇ ଦରଦାମକୁ କୃତ୍ରିମ ଉପାୟରେ ବଢ଼ାଇ ନାହାନ୍ତି।

ଅଥଚ ଆମ ଦେଶରେ ପେଟ୍ରୋଲ ଦର କମିବା ପରିବର୍ତ୍ତେ ବଢ଼ିଲା କିପରି ? ଭାରତ ବିଦେଶରୁ ତୈଳ କିଣିବାରେ ୧୫୦ କୋଟିରୁ ଊର୍ଦ୍ଧ୍ୱ ଟଙ୍କା ବଞ୍ଚାଇ ପାରିବା ବେଳେ, ସାଧାରଣ ଲୋକଙ୍କୁ ଅଧିକ ଦର ମାଗିବା ବଡ଼ କ୍ଷୋଭର ବିଷୟ। ଏତଦ୍ଦ୍ୱାରା ବସ୍‌ଭଡ଼ା ବୃଦ୍ଧି ଲୋକଙ୍କୁ ବେଶି ବାଧିବ।

ଆମେରିକାରେ ଉଡ଼ାଜାହାଜ ଭଡ଼ା ଏତେ କମିଗଲାଣି ଯେ ଅନେକ ସମୟରେ ଗୋଟିଏ ଜାଗାରୁ ଆଉ ଏକ ଜାଗାକୁ ଉଡ଼ାଜାହାଜରେ ଯିବା ହିଁ ସବୁଠାରୁ ଶସ୍ତା। ମୋଟରଗାଡ଼ି କିମ୍ବା ବସ, ଟ୍ରେନରେ ଖର୍ଚ୍ଚ ବେଶି। ଅଥଚ ଭାରତୀୟ ଏଆର ଲାଇନ୍ (**Indian Airlines**) ଭଡ଼ା ସବୁ ଶତକଡ଼ା ୬ ଭାଗ ଅଧିକ ବଢ଼ାଇବାର ଯୋଜନା କରୁଛନ୍ତି। ବାୟୁ ଦୂତ ଭଳି ଅନେକ ପ୍ରାଇଭେଟ୍ ସଂସ୍ଥାକୁ ପ୍ରତିଦ୍ୱନ୍ଦ୍ୱିତା ପାଇଁ ଛାଡ଼ିଲେ ଯାଇ ଦରଦାମ କମିବ ଏବଂ ସର୍ଭିସରେ ଉନ୍ନତି ହେବ। ସାଧାରଣ ଜନତା ଉପକାର ପାଇପାରିବେ।

■

ଅଲମ୍ପିକ କ୍ରୀଡ଼ା-କୋରିଆ (୧୯୮୮)

ଦକ୍ଷିଣ କୋରିଆର ସିଓଲ ସହରରେ ୨୪ତମ ଅଲମ୍ପିକ୍ କ୍ରୀଡ଼ା ପ୍ରତିଯୋଗିତା ସମ୍ପୂର୍ଣ୍ଣ ହୋଇଯାଇଛି । ଏହି ଅଲମ୍ପିକରେ ସମୁଦାୟ ୧୬୧ ଦେଶରୁ ପ୍ରାୟ ୧୩,୦୦୦ କ୍ରୀଡ଼ାବିତ୍ ଯୋଗଦେଇ ନୂତନ ରେକର୍ଡ଼ ସୃଷ୍ଟି କରିଥିଲେ । ପ୍ରତି ୪ବର୍ଷରେ ପୃଥିବୀର ସର୍ବୋଚ୍ଚ କ୍ରୀଡ଼ା ପ୍ରତିଯୋଗିତା ଅଲମ୍ପିକ୍ ଅନୁଷ୍ଠିତ ହୋଇଥାଏ ।

୧୯୮୪ ମସିହାରେ ଆମେରିକାର ଲସ ଏଞ୍ଜେଲସ ସହରରେ ଅଲମ୍ପିକ୍ ହୋଇଥିଲା, ମାତ୍ର ସୋଭିଏତ ରୁଷିଆ ଏଥିରେ ଯୋଗ ଦେଇନଥିଲା । ୧୯୮୦ ମସିହାରେ ରୁଷିଆର ମସ୍କୋ ସହରରେ ଅଲିମ୍ପିକ୍ ହୋଇଥିଲା ମାତ୍ର ଯୁକ୍ତରାଷ୍ଟ୍ର ଆମେରିକା ଏଥିରେ ଯୋଗଦାନ କରିନଥିଲା । ଦୀର୍ଘ ୧୨ ବର୍ଷର ବ୍ୟବଧାନ ପରେ କୋରିଆର ସିଓଲଠାରେ ଆମେରିକା, ରୁଷିଆ ଏବଂ ପୂର୍ବଜର୍ମାନୀର ସମସ୍ତ କ୍ରୀଡ଼ାବିତ୍ ଏକତ୍ର ହୋଇ ପ୍ରତିଯୋଗିତାରେ ଭାଗ ନେଲେ ।

ଦୀର୍ଘ ୧୫ ଦିନ ଧରି ଅଲମ୍ପିକ୍ ପ୍ରତିଯୋଗିତା ଖୁବ୍ ଜାକଜମକରେ ଚାଲିଲା । ସୋଭିଏତ୍ ରୁଷିଆ ସର୍ବୋଚ୍ଚ ସଂଖ୍ୟାରେ ମେଡ଼ାଲ ପାଇଲା ।

ତିନିପ୍ରକାର ମେଡ଼ାଲ ଦିଆଯାଇଥାଏ-ସ୍ୱର୍ଣ୍ଣ, ରୌପ୍ୟ ଏବଂ ବ୍ରୋଞ୍ଜ । ସୋଭିଏତ୍ ରୁଷିଆ ୫୩ଟି ସ୍ୱର୍ଣ୍ଣପଦକ ସମେତ ୧୩୧ ମେଡ଼ାଲ ହାସଲକରି ସର୍ବଶ୍ରେଷ୍ଠ ସ୍ଥାନ ହାସଲ କଲା । ତା'ପରେ ପୂର୍ବଜର୍ମାନୀ ୧୦୨ଟି ପଦକ ହାସଲକଲା । ଯୁକ୍ତରାଷ୍ଟ୍ର ଆମେରିକା ସମୁଦାୟ ୯୩ଟି ପଦକ ଲାଭକରି ତୃତୀୟ ସ୍ଥାନରେ ରହିଲା ।

ଆମେରିକାରୁ ପ୍ରାୟ ୬୦୦ ପ୍ରତିଯୋଗୀ ପ୍ରତିଯୋଗିତାରେ ଯୋଗଦେବାକୁ ଯାଇଥିଲେ । ସନ୍ତରଣ, ଟ୍ରାକ୍ ଏବଂ ଫିଲଡ଼୍, ବେସ୍‌ବଲ, ଡାଇଭିଂ ଇତ୍ୟାଦି ବିଭାଗରେ ଆମେରିକା ଅନେକ ସ୍ୱର୍ଣ୍ଣପଦକ ହାସଲ କଲା । ୧୦୦ ମିଟର ଦୌଡ଼ରେ କାନାଡ଼ାର ଶ୍ରୀ ବେନଜନସନ୍ ୯ଦଶମିକ ୬୯ ସେକେଣ୍ଡରେ ପ୍ରଥମସ୍ଥାନ ଅଧିକାର କରି ସ୍ୱର୍ଣ୍ଣପଦକ ପାଇବା ସଂଗେ ସଂଗେ ନୂତନ ବିଶ୍ୱରେକର୍ଡ଼ ପ୍ରତିଷ୍ଠା କଲେ । ଦୁର୍ଭାଗ୍ୟବଶତଃ ତାଙ୍କୁ ସ୍ୱର୍ଣ୍ଣପଦକ ହରାଇବାକୁ ହେଲା, କାରଣ ଏକପ୍ରକାର ଔଷଧ (ଷ୍ଟେରଏଡ୍) ଖାଇଥିବାରୁ ଅଲିମ୍ପିକ୍ କମିଟି ତାଙ୍କୁ ଡିସ୍‌କ୍ୱାଲିଫାଇ କଲେ ।

କୌଣସି ଡ୍ରଗ୍ ବା ଔଷଧ ଖାଇ ଶରୀରର ମସଲକୁ ଉତ୍ତେଜିତ କରିବା ଅଲିମ୍ପିକ୍‌ର ନିୟମବହିର୍ଭୂତ। ବେନଜନସନଙ୍କୁ ତାଙ୍କର ସ୍ୱର୍ଣ୍ଣପଦକ ଫେରାଇବାକୁ ହେଲା। ଆମେରିକାର କାର୍ଲଲୁଇସ ଏହି ସ୍ୱର୍ଣ୍ଣପଦକ ପାଇଲେ। ବେନ୍‌ଜନସନଙ୍କ କହିବା କଥା ଯେ, ସେ ଏଭଳି ଔଷଧ ଜାଣିକରି ଖାଇନଥିଲେ। ତାଙ୍କର କୋଚ୍ ଏବଂ ଡାକ୍ତର ତାଙ୍କୁ ନଜଣାଇ ଏଭଳି ଔଷଧ ଦେଇଥିଲେ। କାନାଡ଼ା ତଥା ସମଗ୍ର ବିଶ୍ୱରେ ଏ ଘଟଣା ଚାଞ୍ଚଲ୍ୟ ସୃଷ୍ଟି କରିଛି।

ଭାରତବର୍ଷର ଅଲିମ୍ପିକ୍ ଟିମ୍ ଓଡ଼ିଶାର ଶ୍ରୀ କାମାକ୍ଷାପ୍ରସାଦ ସିଂହଦେଓଙ୍କ ନେତୃତ୍ୱରେ କୋରିଆ ଯାଇଥିଲେ। ପ୍ରାୟ ୬୦ଜଣ କ୍ରୀଡ଼ାବିତ୍ ଟିମ୍‌ରେ ଥିଲେ। ମାତ୍ର ସେମାନଙ୍କୁ ଶୂନ୍ୟହସ୍ତରେ ଭାରତକୁ ଫେରିବାକୁ ହେଲା। ୧୯୮୪ ଅଲମ୍ପିକରେ ମଧ୍ୟ ଏକା ଅବସ୍ଥା ହୋଇଥିଲା। ସାମାନ୍ୟ ବ୍ରୋଞ୍ଜ ମେଡ଼ାଲ ପାଇବା ତ ଦୂରର କଥା, କୌଣସି ବିଭାଗରେ ଭାରତର ଖେଳାଳି କ୍ୱାଲିଫାଇ କରିପାରି ନଥିଲେ। ୪୦୦ ମିଟର ଦୌଡ଼ରେ ୩୫ଜଣ ହିଟ୍‌ରେ ଭାଗନେଇଥିଲେ। ଭାରତର ପି.ଟି.ଉଷାଙ୍କ ପୋଜିସନ୍ ଥିଲା ୩୧। ସେ ଫାଇନାଲକୁ ଉତ୍ତୀର୍ଣ୍ଣ ହେବାର ବହୁତ ଆଗରୁ ବଞ୍ଚିତା ହେଲେ।

୮୦କୋଟି ଲୋକର ଦେଶ ଭାରତ ଗୋଟିଏ ମେଡାଲ ହାସଲ ନକରିବା ଘୋର ଦୁଃଖ ଏବଂ ଲଜ୍ଜାର ବିଷୟ। ପାକିସ୍ତାନ ଅନ୍ତତଃ ଗୋଟିଏ ବ୍ରୋଞ୍ଜ ପଦକ ଲାଭକଲା। ଅନାମଧେୟ ଦେଶ, ଯଥା ସୁରିନାମ୍ ଏଥର ସ୍ୱର୍ଣ୍ଣପଦକ ଲାଭକରି ଗୌରବାନ୍ୱିତ ହେଲା। ଭାରତର ସମ୍ମାନନୀୟ ପତ୍ରିକା 'ଇଣ୍ଡିଆ ଟୁଡେ'ରେ ଭାରତର ଅଲିମ୍ପିକ ବିପର୍ଯ୍ୟୟ ଉପରେ ବହୁତ କାରଣ ଦର୍ଶାଯାଇଛି। ସରକାରୀ କଳରେ ଅବ୍ୟବସ୍ଥା ତଥା ଆଭ୍ୟନ୍ତରୀଣ କଳିଯୋଗୁ ପ୍ରକୃତ ଟ୍ରେନିଂ ଦିଆଯାଇ ପାରୁନି ଏବଂ ଠିକ୍ ଲୋକମାନେ ପ୍ରତିଯୋଗିତାକୁ ଯାଇପାରୁ ନାହାଁନ୍ତି।

ପି.ଟି.ଉଷାଙ୍କ ଏସିଆଡ଼ର କୃତିତ୍ୱରେ ଆମେ ବହୁତ ଭାସିଯାଇ ତାଙ୍କୁ ସବୁ ପ୍ରତିଯୋଗିତାକୁ ପଠାଇ କ୍ଲାନ୍ତ କରିଦେଉଛୁ। ଅଲିମ୍ପିକରେ ଭାଗନେଇ ଦେଶର ସୁନାମ ତଥା ସମ୍ମାନପ୍ରତି ଯଥେଷ୍ଟ ଗୁରୁତ୍ୱ ସରକାର କିମ୍ବା ଜନସାଧାରଣ ଦେଉନାହାନ୍ତି। କୋରିଆର ଲୋକେ ଯୁଦ୍ଧରେ ତଳିତଳାନ୍ତ ହୋଇ ମାତ୍ର ୩୦ବର୍ଷ ମଧ୍ୟରେ ଏତେବଡ଼ ପ୍ରତିଯୋଗିତାର ପୁରୋଧା ହୋଇପାରିଲେ ଏବଂ ଦେଶ ପାଇଁ ଗର୍ବ କଲେ। ଅଥଚ ଭାରତରେ ସେହିପରି ଜାତୀୟତା ଲାଭର ଅଭାବ ରହୁଛି।

ଦୂରଦର୍ଶନ ଦ୍ୱାରା ଏଥର ଅଲିମ୍ପିକ୍ ଅନେକ ଭାରତୀୟ ଦେଖିଥିବେ। ଆନ୍ତର୍ଜାତିକ ପ୍ରତିଯୋଗିତାରେ ଭାରତର ସୁନାମ ପାଇଁ ଜନସାଧାରଣ ଏବଂ ସରକାର ଚିନ୍ତା କରିବାର ବେଳ ଆସିଛି। ■

ଜର୍ଜ ବୁଶ୍-୧୯୮୮

ଆମେରିକାରେ ୧୯୮୮ ନିର୍ବାଚନରେ ରିପବ୍ଲିକାନ ଦଳର ନେତା ତଥା ପୂର୍ବତନ ଉପରାଷ୍ଟ୍ରପତି ଶ୍ରୀ ଜର୍ଜ ବୁଶ୍ ତାଙ୍କର ପ୍ରତିଦ୍ୱନ୍ଦ୍ୱୀ ଡେମୋକ୍ରାଟିକ୍ ଦଳର ନେତା ଶ୍ରୀ ମାଇକେଲ ଡୁକାସିକଙ୍କୁ ପରାସ୍ତକରି ୪୧ତମ ରାଷ୍ଟ୍ରପତି ରୂପେ ନିର୍ବାଚିତ ହେଲେ। ଏଥିପୂର୍ବରୁ ଗତ ୮ବର୍ଷ ଧରି ତାଙ୍କରି ଦଳର ନେତା ରୋନାଲଡ୍ ରେଗାନ୍ ରାଷ୍ଟ୍ରପତି ରହିଥିଲେ। ରେଗାନ୍ ବିଦାୟ ନେବା ସମୟରେ ତାଙ୍କର ଲୋକପ୍ରିୟତା ଅତି ଉପରେ ଥିଲା।

ରେଗାନ୍ ୧୯୮୦ ମସିହାରେ ରାଷ୍ଟ୍ରପତି ହେଲାବେଳକୁ ଆମେରିକାର ସ୍ୱାଭିମାନ ନିମ୍ନସ୍ତରରେ ପହଞ୍ଚିଥିଲା। ଏତେବଡ଼ ଶକ୍ତିଶାଳୀ ତଥା ଧନୀ ଦେଶ ହୋଇ ମଧ୍ୟ ଇରାନ୍‌ର ଖୋମିନୀ ଶାସନ ସାମ୍ନାରେ ଆମେରିକା ଅପମାନିତ ହୋଇଥିଲା। ସେଇ ଘଡ଼ିସନ୍ଧି ମୁହୂର୍ତ୍ତରେ ଆମେରିକୀୟମାନେ ଚାହୁଁଥିଲେ ଏପରି ଜଣେ ନେତା ଯିଏ କି ଦୃଢ଼ତାର ସହ ଆମେରିକାର ଶକ୍ତିକୁ ପୁନଃପ୍ରତିଷ୍ଠା କରିପାରିବ।

ରେଗାନ୍ ତାହା ହିଁ କଲେ। ସେ ଆଖିବୁଜି ପ୍ରତିରକ୍ଷା ଉପରେ ଟଙ୍କା ଖର୍ଚ୍ଚ କଲେ। ଗ୍ରାନାଡା ଏବଂ ଲିବ୍ୟାକୁ ଆକ୍ରମଣ କରି ବିଜୟ ଘୋଷଣା କଲେ। ଏହା ଦ୍ୱାରା ଇଉରୋପୀୟ ବନ୍ଧୁଦେଶମାନଙ୍କ ମଧ୍ୟରେ ଆମେରିକାର ସମ୍ମାନ ବୃଦ୍ଧି ପାଇଲା ଏବଂ ରେଗାନ୍‌ଙ୍କ ନେତୃତ୍ୱ ଉପରେ ବିଶ୍ୱାସ ବଢ଼ିଲା। ୧୯୮୧ରେ ସେ ଗୁଳିମାଡ଼ରୁ ବଞ୍ଚିଲେ ଏବଂ ଲୋକମାନଙ୍କ ମଧ୍ୟରେ ଆହୁରି ସହାନୁଭୂତି ବଢ଼ିଲା।

ତାଙ୍କର ଦ୍ୱିତୀୟ ୪ବର୍ଷ ଶାସନରେ ନାନାପ୍ରକାର ତ୍ରୁଟି ବାହାରକୁ ଜଣାପଡ଼ିଲା। ସେ ନିଜେ ବିଶେଷ ପରିଶ୍ରମ କରିବାକୁ ପସନ୍ଦ କରୁନଥିଲେ। ଯେତେବେଳେ ସମୟ ପାଉଥିଲେ, ଛୁଟି କଟାଇବାକୁ ତାଙ୍କ ନିଜ ପ୍ରଦେଶ କାଲିଫର୍ଣ୍ଣିଆ ଚାଲିଯାଉଥିଲେ। ତାଙ୍କର ଅନୁଚରବର୍ଗ ବେଳେବେଳେ ମନମୁଖି ଶାସନ ଚଳାଇଲେ।

ବିଦେଶରେ ଆମେରିକାର ମିଲିଟାରୀ ଶକ୍ତିର ପରାକାଷ୍ଠା ଦେଖାଉଥିବା ସ୍ଥଳେ, ରେଗାନ୍ ସରକାର ଆଭ୍ୟନ୍ତରୀଣ ଅର୍ଥନୈତିକ ବିକାଶ କ୍ଷେତ୍ରରେ ଅବହେଳା ପ୍ରଦର୍ଶନ

କଲେ। ଫଳତଃ ଆମେରିକାର ନିଅଣ୍ଟିଆ ବଜେଟ ତଥା ନିଅଣ୍ଟିଆ ବାଣିଜ୍ୟ ବିରାଟ ସମସ୍ୟା ରୂପେ ଦେଖାଦେଲା। ଆମେରିକା ଏକ ଋଣଦାତା ଦେଶ (debtor nation)ରୁ କ୍ରମଶଃ ଋଣଗ୍ରହୀତା ଦେଶ borrower nation ଭାବେ ଗଣାଗଲା। ଅର୍ଥନୈତିକ ବିକାଶ କ୍ଷେତ୍ରରେ ଜାପାନ ସହ ତାଳଦେଇ ନପାରି ଏପରି ଅବସ୍ଥା ଉପୁଜିଲା।

ରେଗାନ ତ ଗଲେ, ଜର୍ଜ ବୁଶ୍‌ଙ୍କ ପାଇଁ ବିରାଟ ସମସ୍ୟା ଛାଡ଼ିଦେଲେ। ବୁଶ୍ ଏବଂ ରେଗାନ୍‌ଙ୍କ ମଧ୍ୟରେ ଅନେକ ତଫାତ। ବୁଶ୍ କଠୋର ପରିଶ୍ରମୀ। ସେ ୧୨ରୁ ୧୪ଘଣ୍ଟା ଅଫିସ କାମ କରନ୍ତି ଏବଂ ତାଙ୍କ ଷ୍ଟାଫମାନଙ୍କୁ ସେଭଳି ପରିଶ୍ରମ କରିବାକୁ ପରାମର୍ଶ ଦିଅନ୍ତି। ତାଙ୍କ ସମୟରେ (Clean Government) ନିର୍ମଳ ଶାସନ ଉପରେ ଅତୀବ ଗୁରୁତ୍ୱ ଦିଆଯିବା କଥା କହିଛନ୍ତି ଯେପରିକି ଇରାନ କଣ୍ଟ୍ରା ଭଳି ଅବସ୍ଥା ଉପୁଜିବନି।

ରେଗାନ୍ କହୁଥିଲେ, Government is not a solution to our problem, Government is the problem." (ସରକାର ଆମ ସମସ୍ୟାର ସମାଧାନ ନୁହେଁ, ସରକାର ନିଜେ ସମସ୍ୟା)। ତେଣୁ ସେ ପ୍ରାଇଭେଟ୍ ସଂସ୍ଥା ଉପରେ ଗୁରୁତ୍ୱ ବେଶି ଦେଲେ।

ଜର୍ଜ ବୁଶ୍ କୁହନ୍ତି, "I do not hate government" (ମୁଁ ସରକାରୀକଳ ବିରୋଧୀ ନୁହଁ)। ଉପଯୁକ୍ତ ନେତୃତ୍ୱଦ୍ୱାରା ସରକାର ନାନା ସମସ୍ୟାର ସମାଧାନ କରିପାରିବ।

ଜର୍ଜ ଏବଂ ବାର୍ବାରା ବୁଶ୍ ଏକ ଖୋଲା ହ୍ୱାଇଟ୍ ହାଉସ ଚଳାଇବେ ବୋଲି କହିଛନ୍ତି। White Houseକୁ People's House (ଜନତାର ଘର) ବୋଲି କହି ସେ ସାଧାରଣଲୋକଙ୍କ ସାହାଯ୍ୟ ଲୋଡ଼ୁଛନ୍ତି।

ରେଗାନ୍ ଦମ୍ପତି ଧନୀ ଶ୍ରେଣୀର ଥିଲେ ଏବଂ ସେମାନଙ୍କ ସାଙ୍ଗମାନେ ସବୁ ଅତି ଧନୀ। ମଧ୍ୟବିତ୍ତ ଲୋକଙ୍କର କଥା ବୁଝିବାକୁ ତାଙ୍କର ସ୍ପୃହା ନଥିଲା। ନିଜ ପାରିବାରିକ ଜୀବନରେ ସେମାନେ ପିଲାମାନଙ୍କ ସହ ସୁସମ୍ପର୍କ ରଖି ନଥିଲେ। ରେଗାନ୍‌ଙ୍କ ପୁଅ ବିଭାଘରକୁ ସେମାନେ ଯାଇନଥିଲେ। ରେଗାନ୍‌ଙ୍କ ପ୍ରଥମ ପତ୍ନୀଙ୍କ ଝିଅ ସହ ନାନ୍‌ସିଙ୍କର ମୋଟେ ପଡୁନଥିଲା।

ବୁଶ୍ ଦମ୍ପତି ସେ ଦୃଷ୍ଟିରୁ ଖୁବ୍ ଅଲଗା। ସେମାନଙ୍କର ୫ଟି ପିଲା। ୪ଟି ପୁଅ, ଗୋଟିଏ ଝିଅ। ସମସ୍ତେ ବାହା ହୋଇଛନ୍ତି ଏବଂ ତାଙ୍କର ନାତି ନାତୁଣୀ ଅନେକ। ବର୍ତ୍ତମାନ ସମ୍ପୂର୍ଣ୍ଣ ପରିବାର ହ୍ୱାଇଟ୍ ହାଉସରେ ରହୁଛନ୍ତି। ବାର୍ବାରା ବୁଶ୍‌ଙ୍କର ଗୋଟିଏ

ସନ୍ତାନ ଲିଉକୋମିଆ ରୋଗରେ ପଡ଼ି ୪ବର୍ଷ ବୟସରେ ମରିଯାଇଥିଲେ । ସେହିଦିନଠାରୁ ବାର୍ବାରା ପିଲାମାନଙ୍କର ରୋଗ ତଥା ସେବା ଶୁଶ୍ରୂଷା ଉପରେ ବହୁତ କାମ କରିଛନ୍ତି ।

ବୁଶ୍ ସରକାର ଏକ "**Gentler & Kinder Nation**" (ଏକ ସମ୍ବେଦନଶୀଳ ଦେଶ) ଗଢ଼ିବାରେ ଆହ୍ୱାନ କରିଛନ୍ତି । ଶିକ୍ଷା, ସ୍ୱାସ୍ଥ୍ୟ, ଦୁଃସାଧ୍ୟ ରୋଗ ଉପରେ ଗବେଷଣା ଇତ୍ୟାଦି ବିଭାଗଗୁଡ଼ିକ ଉପରେ ଅତ୍ୟଧିକ ଗୁରୁତ୍ୱ ଦିଆଯିବ ବୋଲି କହିଛନ୍ତି । ଆମେରିକାର ଗରିବ ତଥା ବାସହୀନ ଲୋକଙ୍କ ପାଇଁ ଉପଯୁକ୍ତ ପ୍ରତିକାର ନେବାକଥା ବୁଶ୍ କହିଛନ୍ତି ।

ରେଗାନ୍ ଏସବୁ କଥା ଭାବୁନଥିଲେ । ସେ ଅଭିନେତା, ଅଭିନୟ ଦ୍ୱାରା ସମସ୍ତଙ୍କୁ ଭୁଲେଇ ପାରିଥିଲେ । କିନ୍ତୁ ଆସନ୍ତା ବର୍ଷମାନଙ୍କରେ ତାଙ୍କଦ୍ୱାରା କୃତ ସମସ୍ୟାକୁ ଅନୁଧ୍ୟାନ କଲାପରେ ରାଜନୈତିକ ପଣ୍ଡିତମାନେ କହିବେ ତାଙ୍କର ଆଠବର୍ଷର ଶାସନ ଆମେରିକା ଦେଶକୁ କେତେ ପରିମାଣରେ ଆଗକୁ କିମ୍ବା ପଛକୁ ନେଇଛି ।

ଜର୍ଜବୁଶ୍ ଉପଯୁକ୍ତ ଲୋକଙ୍କୁ କ୍ୟାବିନେଟରେ ନେଇଛନ୍ତି । ତାଙ୍କର ପ୍ରଧାନ ସମସ୍ୟା ହେଲା ଆମେରିକାର ଅର୍ଥନୈତିକ ମାନଦଣ୍ଡକୁ ସୁଦୃଢ଼ କରବା । ଏଥିରେ କେତେଦୂର ସେ ସଫଳ ହେବେ, ଦେଖିବା କଥା ।

■

ଫିଲିପିନ୍‌ସରେ ଗଣତନ୍ତ୍ରର ବିଜୟ

ଆମେରିକାରେ ଫିଲିପାଇନସ୍ ଦେଶକୁ ଫିଲିପିନ୍‌ସ ବୋଲି ଉଚ୍ଚାରଣ କରାଯାଏ। ଦକ୍ଷିଣପୂର୍ବ ଏସିଆର ଦ୍ୱୀପପୁଞ୍ଜର ଏହି ଦେଶର ଗତ ମାସରେ ଏକ ଗୁରୁତ୍ୱପୂର୍ଣ୍ଣ ପରିବର୍ତ୍ତନ ହୋଇଛି। ୫୩ବର୍ଷ ବୟସ୍କା ଜଣେ ମହିଳା କୋରାଜୋନ୍‌ଆକିନୋ ବିଗତ ୨୦ବର୍ଷର ଏକଛତ୍ରବାଦୀ ଶାସକ ଫର୍ଡ଼ିନାଣ୍ଡ ମାର୍କୋସଙ୍କୁ ରାଷ୍ଟ୍ରପତି ପଦରୁ ବିତାଡ଼ିତ କରି ନିଜେ ସାଧାରଣ ଜନତାର ବିପୁଳ ସମର୍ଥନରେ ନୂତନ ରାଷ୍ଟ୍ରପତି ରୂପେ ଅଧିଷ୍ଠିତା ହୋଇଛନ୍ତି।

ଯେଉଁ ନାଟକୀୟ ଭଙ୍ଗୀରେ ଏଭଳି ଶାସନ ପରିବର୍ତ୍ତନ ହେଲ, ତାହା ସମଗ୍ର ପୃଥିବୀକୁ ଚକିତ କରିଦେଇଛି। ଆମେରିକାରେ ଏହି ସମ୍ବାଦ ଅତି ଟିକିନିଖି ଭାବେ ଟେଲିଭିଜନ ମାଧ୍ୟମରେ ପ୍ରସାରିତ ହେଲା। ମାର୍କୋସଙ୍କୁ ଗାଦିଚ୍ୟୁତ କରିବାରେ ଆମେରିକା ସରକାରଙ୍କ ସମର୍ଥନ ତଥା ସହାୟତା ଅତୀବ ଗୁରୁତ୍ୱପୂର୍ଣ୍ଣ ଭୂମିକା ଗ୍ରହଣ କରିଥିଲା।

ପ୍ରଥମ ପ୍ରଶ୍ନ ହେଲା, ଆମେରିକା ସରକାରଙ୍କର ଫିଲିପିନ୍‌ସର ଆଭ୍ୟନ୍ତରୀଣ ସମସ୍ୟା ପ୍ରତି ଆଗ୍ରହ କାହିଁକି ? ଫିଲିପିନ୍‌ସ ଦ୍ୱୀପପୁଞ୍ଜ ବହୁ କାଳ ଧରି ସ୍ପେନ ଦେଶ ଦ୍ୱାରା ଅଧିକୃତ ହୋଇ ରହିଥିଲା। ସେଇଥିଲାଗି ଫିଲିପିନ୍‌ସର ମୁଖ୍ୟ ଭାଷା ତାଗାଲୋଗ୍‌ର ସ୍ପାନିସ୍ ଭାଷା ସବୁ ବହୁ ସାମଞ୍ଜସ୍ୟ। ପରେ ଆମେରିକାର କଲୋନୀ ହୋଇ ଫିଲିପିନ୍‌ସ ଦ୍ୱୀପପୁଞ୍ଜ କିଛିବର୍ଷ ରହିବା ପରେ ଦ୍ୱିତୀୟ ମହାଯୁଦ୍ଧପରେ ୧୯୪୬ରେ ସ୍ୱାଧୀନ ଦେଶ ହେଲା।

ଆମେରିକାର ଦୁଇଟି ଗୁରୁତ୍ୱପୂର୍ଣ୍ଣ ନୌବାହିନୀ ଘାଟି Naval Base ରାଜଧାନୀ ମାନିଲା ସହରଠାରୁ ୫୦ମାଇଲ ଦୂରରେ ଅବସ୍ଥିତ। ସେହିଠାରେ ହଜାର ହଜାର ଆମେରିକୀୟ ନାଗରିକ ନୌବାହିନୀରେ କାମ କରନ୍ତି। ଦ୍ୱିତୀୟ ମହାଯୁଦ୍ଧ ତଥା ଭିଏତ୍‌ନାମ ଯୁଦ୍ଧ ସମୟରୁ ଆମେରିକୀୟ ସୈନସାମନ୍ତଙ୍କ ଉପସ୍ଥିତି ଫିଲିପିନ୍‌ସରେ ରହିଆସିଛି। ସାଧାରଣ ଜୀବନଯାପନ କ୍ଷେତ୍ରରେ ଆମେରିକୀୟ ସଂସ୍କୃତିର ପ୍ରଭାବ ବେଶି। ଇଂରାଜୀ ଭାଷା ପ୍ରାୟ ସମସ୍ତେ କହନ୍ତି ଏବଂ ଏହା ସରକାରୀ ଭାଷାରୂପେ ବ୍ୟବହୃତ ହୁଏ।

ମାର୍କୋସ ୨୦ ବର୍ଷ ତଳେ ରାଷ୍ଟ୍ରପତି ହେବା ପରେ ଏକଚ୍ଛତ୍ରବାଦୀ ଶାସନ କରିଆସିଛନ୍ତି। ନିଜେ ସମ୍ବିଧାନ ବଦଳାଇ ସେ କିପରି ଆଜୀବନ ଗାଦିରେ ରହିବେ, ତାର ବ୍ୟବସ୍ଥା କରିଥିଲେ। ଅତୀତରେ ନାମକୁ ମାତ୍ର ନିର୍ବାଚନ କରାଇ, ସେ କଳେବଳେ କୌଶଳେ ନିଜକୁ ବିଜେତା ରୂପେ ଘୋଷଣା କରି ଆସିଥିଲେ।

ଫିଲିପିନ୍‌ସର ସମସ୍ତ ବ୍ୟବସାୟ, ଟେଲିଭିଜନ, ରେଡ଼ିଓ, ସମ୍ବାଦପତ୍ରକୁ ନିଜେ ମାର୍କୋସ କିମ୍ବା ତାଙ୍କର ବନ୍ଧୁ ତଥା ଆତ୍ମୀୟମାନେ ନିୟନ୍ତ୍ରଣ କରିଆସୁଥିଲେ। ପ୍ରତିବର୍ଷ ଆମେରିକାଠାରୁ କୋଟି କୋଟି ଡଲାର ସାହାଯ୍ୟାର୍ଥେ ଆଣି ସେଥିରୁ ନିଜେ ମାରିନେଇ ଆମେରିକାର ବଡ଼ ବଡ଼ ସହରରେ ଦାମିକା ଜମିବାଡ଼ି ତଥା କୋଠା କିଣୁଥିଲେ। କେବଳ ନିଉୟର୍କ ସହରରେ ମାର୍କୋସ ପ୍ରାୟ ୬୦୦ରୁ ହଜାରେ କୋଟି ଟଙ୍କାର ସମ୍ପତ୍ତିବାଡ଼ି ରଖିଛନ୍ତି।

ଏଣେ ସାଧାରଣ ଲୋକଙ୍କ ଅବସ୍ଥା ଦିନୁଦିନ ଖରାପ ହେବାକୁ ଲାଗିଲା। ମୁଦ୍ରାସ୍ଫୀତି ବଢ଼ିଲା ଏବଂ ବେକାରି ମଧ୍ୟ ଅତ୍ୟଧିକ ହେଲା। ଯେ କେହି ମାର୍କୋସଙ୍କ ବିରୋଧରେ ସ୍ୱର ଉତ୍ତୋଳନ କଲେ, ତାଙ୍କୁ ନିଭୃତରେ ମାରି ଦିଆଯାଉଥିଲା। ଫିଲିପିନ୍‌ସରେ ଅତ୍ୟାଚାର ସୀମାତୀତ ହେବାକୁ ଲାଗିଲା। ଜନସାଧାରଣ ଏଥିରେ ଉତ୍ତ୍ୟକ୍ତ ହେବାକୁ ଆରମ୍ଭ କଲେ। ଦେଶର ଅର୍ଥନୈତିକ ଅବସ୍ଥା କ୍ରମାଗତ ତଳକୁ ଖସିବାରେ ଲାଗିଲା।

ତିନିବର୍ଷ ତଳେ ମାର୍କୋସଙ୍କ ବିରୋଧୀ ନେତା ବେନିଜୋ ଆକିନୋ (ଯାହାଙ୍କୁ ବର୍ଷ ବର୍ଷ ଧରି ବନ୍ଦୀ ରଖାଯିବା ପରେ, ୩ବର୍ଷ ଆଗରୁ ଆମେରିକା ଚିକିତ୍ସା ପାଇଁ ଛଡ଼ା ଯାଇଥିଲା।) ଆମେରିକାରୁ ଫେରି ମାନିଲାରେ ପହଞ୍ଚିଲା ମାତ୍ରେ ଗୁଳିଦ୍ୱାରା ଆହତ ହେଲେ। ଅନୁସନ୍ଧାନରୁ ଜଣାଗଲା ଯେ ଏହି ହତ୍ୟା ପଛରେ ମାର୍କୋସ ଏବଂ ତାଙ୍କ ଅନୁଗତମାନଙ୍କର ହାତ ଅଛି।

କିନ୍ତୁ ହତ୍ୟାର ଅନୁସନ୍ଧାନ ପାଇଁ ଯେଉଁ କମିଶନ ବସିଲା, ସେଥିରେ ସମସ୍ତଙ୍କୁ ନିର୍ଦ୍ଦୋଷ ବୋଲି ଘୋଷଣା କରାଗଲା। ଏହି ଘଟଣା ହିଁ ମାର୍କୋସଙ୍କ ପତନର ପର୍ଯ୍ୟାୟ ଆରମ୍ଭ କଲା। ବର୍ତ୍ତମାନର ନୂତନ ରାଷ୍ଟ୍ରପତି କୋରାଜୋନ୍ ଆକିନୋ ହେଉଛନ୍ତି ଏହି ଜନପ୍ରିୟ ନିହତ ନେତା ବେନିଜୋ ଆକିନୋଙ୍କ ପତ୍ନୀ।

ଗତ ଅକ୍‌ଟୋବର ମାସରେ ଆମେରିକା ସରକାରଙ୍କ ଚାପରେ ମାର୍କୋସ ନିର୍ବାଚନ କରିବାକୁ ଘୋଷଣା କଲେ। ସେ ଭାବିଥିଲେ ଆଗଥର ଭଳି, ଯେନ ତେନ ପ୍ରକାରେଣ ନିଜକୁ ବିଜୟୀ କରିଦେଲେ ଗଲା। ଆମେରିକା ସରକାର ତାଙ୍କ ପଛରେ ଆଉ ଲାଗିବେନି। ସମସ୍ତ ବିରୋଧୀଦଳ ଏକାଠି ହୋଇ କୋରାଜୋନ୍

ଆକିନୋଙ୍କୁ ପ୍ରାର୍ଥୀରୂପେ ଠିଆ କରାଇଲେ। ପାଞ୍ଚଟି ପିଲାଙ୍କ ଜନନୀ କୋରାଜୋନ୍ ଆକିନୋ କେବେ ଭାବି ନଥିଲେ ଯେ ସେ ମହାପରାକ୍ରମୀ, ଅତ୍ୟାଚାରୀ ମାର୍କୋସଙ୍କୁ ହରାଇ ଦିନେ ରାଷ୍ଟ୍ରପତି ପଦରେ ଭୂଷିତା ହେବେ।

ଫେବୃୟାରୀ ୭ତାରିଖ ଦିନ ନିର୍ବାଚନ ହେଲା। ଆମେରିକାରୁ ଏକ ସିନେଟର ଦଳ ନିର୍ବାଚନ ଠିକ୍ ରୂପେ ହେଉଛି କି ନା ତଦାରଖ କରିବାକୁ ଯାଇଥିଲେ। ସେମାନେ ଦେଖିଲେ ଯେ ଏ ନିର୍ବାଚନ ଗଣତାନ୍ତ୍ରିକ ପଦ୍ଧତିରେ ମୋଟେ ହେଉ ନାହିଁ। ହଜାର ହଜାର ଭୋଟରଙ୍କ ନାଁ କାଟି ଦିଆଯାଇଛି। ମିଛ ନାଁରେ ବହୁ ଭୋଟର ଏକାଧିକବାର ଭୋଟ ଦେଇଛନ୍ତି। ନିର୍ବାଚନର ଫଳାଫଳ ଘୋଷଣା ପାଇଁ ମାର୍କୋସ ନିଜେ ଏକ ଇଲେକ୍‌ସନ କମିଶନ (ତାଙ୍କ ନିଜ ଲୋକ) ବସାଇଲେ। ଅପରପକ୍ଷରେ ଜନତା ତରଫରୁ ଆଉ ଏକ ଅନୁଷ୍ଠାନ ସ୍ୱତନ୍ତ୍ର ଭାବେ ଭୋଟ ଗଣତିରେ ଭାଗ ନେଲେ। କମିଶନ ମାର୍କୋସଙ୍କୁ ବିଜୟୀ ଘୋଷଣା କରୁଥିବା ବେଳେ, ନିରପେକ୍ଷ ଗୋଷ୍ଠୀ ଆକିନୋଙ୍କୁ ପ୍ରକୃତ ବିଜେତା ରୂପେ ଘୋଷଣା କଲେ।

ଏହିପରି ଦ୍ୱନ୍ଦ୍ୱ ଭିତରେ ମାର୍କୋସ ଗାଦି ନଛାଡ଼ିବାକୁ ଦୃଢ଼ପରିକର ହୋଇ ରହିଲେ। ହଠାତ୍ ଘଟଣାର ମୋଡ଼ ପରିବର୍ତ୍ତନ ହେବାକୁ ଲାଗିଲା। ରେଗାନ୍ ସରକାର ଆକିନୋଙ୍କ ବିପୁଳ ଜନସମର୍ଥନ ଦେଖିବାକୁ ପାଇଲେ। ସାମରିକ ବାହିନୀର ଜେନେରାଲ ଏବଂ ପ୍ରତିରକ୍ଷା ମନ୍ତ୍ରୀ ଉଭୟ ମାର୍କୋସଙ୍କୁ ବିନା ରକ୍ତପାତରେ ଗାଦି ଛାଡ଼ିବାକୁ ଚାପ ପକାଇଲେ। ଶେଷ ମୁହୂର୍ତ୍ତ ପର୍ଯ୍ୟନ୍ତ ମାର୍କୋସ ଏଥିରେ ମୁଣ୍ଡ ନୁଆଁଉ ନଥିଲେ ମଧ୍ୟ, ଅନୁଭବ କଲେ ଯେ ତାଙ୍କ ପ୍ରତି ଲୋକଙ୍କ ସମର୍ଥନ ଆଉ ନାହିଁ। ଶେଷରେ ରାଷ୍ଟ୍ରପତି ରୂପେ ଶପଥ ନେଇସାରି ସେ ନିଜର ପିଲାଛୁଆ ତଥା କେତେ ଜଣ ବନ୍ଧୁ ଓ ସହକର୍ମୀଙ୍କୁ ଧରି ଫିଲିପିନ୍‌ସ ଛାଡ଼ିବାକୁ ବାଧ୍ୟ ହେଲେ। ବର୍ତ୍ତମାନ ସେ ନିର୍ବାସିତ।

କୋରି ଆକିନୋ ନୂତନ ରାଷ୍ଟ୍ରପତି ହେଲେ। ଫିଲିପିନ୍‌ସରେ ସ୍ୱାଧୀନତାର ନୂତନ ଉଦ୍ଦୀପନା ଚାରିଆଡ଼େ ବ୍ୟାପିଗଲା। ଏହାକୁ ଜନଜାଗରଣ ବା **(Peoples Movement)** ବୋଲି ଆଖ୍ୟା ଦିଆଗଲା। ପୃଥିବୀରୁ ଆଉ ଜଣେ ସ୍ୱାର୍ଥପର, ଅତ୍ୟାଚାରୀ ଏକଛତ୍ରବାଦୀ ଶାସକ ତଡ଼ା ଖାଇଲେ। ଗଣତନ୍ତ୍ରର ବିଜୟ ହେଲା ବିନା ରକ୍ତପାତରେ।

■

ଜାପାନ୍‌ର ଶିକ୍ଷାପଦ୍ଧତି

ତିନିବର୍ଷ ତଳେ ଜାପାନର ପ୍ରଧାନମନ୍ତ୍ରୀ ଏବଂ ଆମେରିକାର ରାଷ୍ଟ୍ରପତି ଉଭୟ ଦେଶର ସ୍କୁଲ ଶିକ୍ଷାପଦ୍ଧତିକୁ ଟିକିନିଖି ଅନୁଧ୍ୟାନ କରିବା ଲାଗି ରାଜି ହୋଇଥିଲେ। ନିକଟରେ ଜାପାନର ଶିକ୍ଷାପଦ୍ଧତି ଉପରେ ୧୨୬ ପୃଷ୍ଠାର ଏକ ରିପୋର୍ଟ ପ୍ରକାଶିତ ହୋଇଛି। ଆମେରିକୀୟ ଶିକ୍ଷା ଉପରେ ୭୮ ପୃଷ୍ଠା ସମ୍ବଳିତ ରିପୋର୍ଟ ମଧ୍ୟ ପ୍ରକାଶ କରାଯାଇଛି। ଜାପାନର ସ୍କୁଲ ଶିକ୍ଷା ଅନୁଧ୍ୟାନ କରିବା ଅବସରରେ ଆମେରିକାର ବୁଦ୍ଧିଜୀବୀ ମହଲ ଅନେକ ଗୁରୁତ୍ୱପୂର୍ଣ୍ଣ ତଥ୍ୟ ଆବିଷ୍କାର କରିଛନ୍ତି।

ଜାପାନରେ ନିରକ୍ଷରତା ନାହିଁ କହିଲେ ଚଳେ। ଶତକଡ଼ା ୯୦ଭାଗ ସ୍କୁଲ ପିଲା ହାଇସ୍କୁଲ ପାସ୍ କରିଥାନ୍ତି। ଆନ୍ତର୍ଜାତିକ ଗଣିତ ଏବଂ ବିଜ୍ଞାନ ପରୀକ୍ଷାରେ ଜାପାନୀ ଛାତ୍ରମାନେ ପ୍ରାୟ ନିରବଚ୍ଛିନ୍ନ ଭାବେ ଆମେରିକୀୟ ଛାତ୍ରଙ୍କଠାରୁ ଉତ୍କୃଷ୍ଟ ଫଳାଫଳ ଦେଖାଇଥାନ୍ତି। ଏହାର କାରଣ କଣ ? ଆମେରିକା ଭଳି ଜାପାନରେ ବିଭିନ୍ନ ଭାଷାଭାଷୀ କିମ୍ବା ବିଭିନ୍ନ ପ୍ରକାରର ସ୍କୁଲ ଶିକ୍ଷା ନାହିଁ। ସମଗ୍ର ଦେଶରେ ଗୋଟିଏ ଭାଷା ଏବଂ ଗୋଟିଏ ସ୍କୁଲ ପ୍ରଣାଳୀ। ଏହାଛଡ଼ା ଆହୁରି କେତୋଟି ସ୍ୱତନ୍ତ୍ର କାରଣ ଯୋଗୁ ଜାପାନୀ ଛାତ୍ର ଛାତ୍ରୀମାନେ ସ୍କୁଲ ସମୟରୁ ଉଚ୍ଚକୋଟୀର ଫଳାଫଳ ଦେଖାଇଥାନ୍ତି।

ଜାପାନରେ ଶତକଡ଼ା ୯୦ରୁ ଊର୍ଦ୍ଧ୍ୱ ପିଲା ୩/୪ ବର୍ଷ ବୟସରୁ ସ୍କୁଲ ପଢ଼ା ଆରମ୍ଭ କରନ୍ତି। ସେଥିରେ ଭାଷାରେ ନିପୁଣତା ତଥା ଗ୍ରୁପରେ କାମ କରିବା ଛଡ଼ା ଗୁରୁଜନମାନଙ୍କ ପ୍ରତି ସମ୍ମାନ ତଥା ସ୍କୁଲ ଅନୁଷ୍ଠାନ ପ୍ରତି ସମ୍ମାନ ପ୍ରଦର୍ଶନର ଶିକ୍ଷା ପାଇଥାନ୍ତି। ଜାପାନୀ ମାଆମାନେ ତାଙ୍କ ପିଲାଙ୍କ ପଢ଼ାରେ ଖୁବ୍ ଆଗ୍ରହ ନେଇ ଘଣ୍ଟା ଘଣ୍ଟା ଧରି ପ୍ରତିଦିନ ପିଲାଙ୍କ ପଢ଼ା ତଦାରଖ କରନ୍ତି। ସ୍କୁଲର ଶିକ୍ଷକ ଶିକ୍ଷୟିତ୍ରୀଙ୍କ ସହ ସର୍ବଦା ପରାମର୍ଶ କରନ୍ତି। ଘରେ ନିୟମିତ ପଢ଼ା ଅଭ୍ୟାସ ଏବଂ ସ୍କୁଲର ପଢ଼ାକୁ ଘରେ ଦୋହରାଇବା ଉପରେ ଗୁରୁତ୍ୱ ଦିଅନ୍ତି। ଜାପାନରେ ଅନେକ ସ୍କୁଲ ପିଲା ସ୍କୁଲ ଛୁଟି ପରେ ମଧ୍ୟ ସ୍ୱତନ୍ତ୍ର କ୍ଲାସରେ ଯୋଗଦିଅନ୍ତି। ଏଭଳି କ୍ଲାସ ସବୁ ପିତାମାତାମାନଙ୍କ

ତତ୍ତ୍ୱାବଧାନ ତଥା ସାହାଯ୍ୟରେ ପରିଚାଳିତ ହୋଇଥାଏ। ପ୍ରତି କ୍ଲାସରେ ୪୦ରୁ କମ୍ ପିଲା ଥାନ୍ତି ଏବଂ ଶିକ୍ଷକମାନେ ପ୍ରତିଟି ପିଲାଙ୍କ ପଢ଼ାସହ ସମ୍ପୃକ୍ତ ଥାନ୍ତି।

ଜାପାନର ସ୍କୁଲ ପିଲାଏ ବର୍ଷରେ ୧୯୫ ଦିନ ସ୍କୁଲ ଯାନ୍ତି ଅଥଚ ଆମେରିକାର ପିଲାଏ ମାତ୍ର ୧୮୦ଦିନ ସ୍କୁଲକୁ ଯାଇଥାନ୍ତି। ଯେହେତୁ ଜାପାନରେ ଶୃଙ୍ଖଳା ଏବଂ ସଦାଚରଣ ଉପରେ ଅଧିକ ଗୁରୁତ୍ୱ ଦିଆଯାଏ। ଗୋଟିଏ ଜାପାନୀ ଛାତ୍ର ଆମେରିକା ଛାତ୍ରଠାରୁ ଏକ ତୃତୀୟାଂଶ ଅଧିକା ସମୟ ସ୍କୁଲ ଶିକ୍ଷା ଅଧ୍ୟୟନରେ କାଟିଥାଏ।

ଜାପାନରେ ଶିକ୍ଷକ, ଶିକ୍ଷୟିତ୍ରୀମାନଙ୍କୁ ସମାଜରେ ଅତି ଉଚ୍ଚାସନ ଦିଆଯାଏ। ଦରମା ଦୃଷ୍ଟିରୁ ଏମାନେ ପ୍ରାଇଭେଟ କମ୍ପାନୀର ଦରମା ଭଳି ଉଚ୍ଚ ବେତନ ପାଇଥାନ୍ତି। ତେଣୁ ମେଧାବୀ ଛାତ୍ରମାନେ ଶିକ୍ଷକ ଜୀବିକାକୁ ଆନନ୍ଦରେ ଗ୍ରହଣ କରନ୍ତି। ପ୍ରତ୍ୟେକ ଶିକ୍ଷକ ଚାକିରି ପାଇଁ ୫ଟିରୁ ଊର୍ଦ୍ଧ୍ୱ ଦରଖାସ୍ତ ମିଳିଥାଏ।

ଜାପାନର ଶିକ୍ଷାପ୍ରଣାଳୀରେ ଦୁର୍ବଳତା କେବଳ ବିଶ୍ୱବିଦ୍ୟାଳୟ ସ୍ତରରେ ଦେଖାଦେଇଥାଏ (ଆମେରିକା ତୁଳନାରେ)। ହାଇସ୍କୁଲର କଠିନ ପରୀକ୍ଷାରେ ପାସ୍ କରିବା ପରେ ବିଶ୍ୱବିଦ୍ୟାଳୟରେ ପ୍ରବେଶ କଲା ମାତ୍ରେ, ପ୍ରତ୍ୟେକ ଛାତ୍ରଛାତ୍ରୀ ନିଶ୍ଚିତ ଭାବେ ପାସ୍ କରି ଭଲ ଚାକିରି ପାଇବେ, ଏ କଥା ଜାଣିଥାନ୍ତି। ଅବଶ୍ୟ ଭଲ ବିଶ୍ୱବିଦ୍ୟାଳୟରେ ପ୍ରବେଶ କରିବା ଅତୀବ କଷ୍ଟକର ବ୍ୟାପାର। ସେଥିଲାଗି ହାଇସ୍କୁଲ ଛାତ୍ରଙ୍କ ମଧ୍ୟରେ ପ୍ରତିଦ୍ୱନ୍ଦ୍ୱିତା ଅତି ପ୍ରବଳ ଏବଂ ବିଫଳ ହେଲେ ଅନେକ ହତୋତ୍ସାହ ହୋଇ ଆତ୍ମହତ୍ୟା କରିଥାନ୍ତି।

କେତେକ ଗବେଷକ ମତ ଦେଇଛନ୍ତି ଯେ ଜାପାନର ଶିକ୍ଷା ପ୍ରଣାଳୀରେ ଘୋଷିକରି ମନେ ରଖିବା ଉପରେ ବେଶି ଗୁରୁତ୍ୱ ଦିଆଯାଉଥିବାରୁ, ସୃଜନଶକ୍ତି ବାଧାପ୍ରାପ୍ତ ହୋଇଥାଏ। ଆମେରିକୀୟ ଛାତ୍ରମାନେ ସ୍ୱତନ୍ତ୍ର ଚିନ୍ତାଧାରା ଏବଂ ସୃଜନଶକ୍ତି ହେତୁ ଉଚ୍ଚଶିକ୍ଷା ତଥା ଗବେଷଣା କ୍ଷେତ୍ରରେ ଭଲ କରିଥାନ୍ତି। ସେଇଥିଯୋଗୁ ନୋବେଲ ପୁରସ୍କାର ପ୍ରାୟ ଆମେରିକା ତଥା ୟୁରୋପୀୟ ବୈଜ୍ଞାନିକ ଏବଂ ଲେଖକଙ୍କୁ ହିଁ ମିଳିଥାଏ। କମ୍ପ୍ୟୁଟର ଶିକ୍ଷାରେ ଜାପାନର ସ୍କୁଲ ଛାତ୍ରଛାତ୍ରୀ ଆମେରିକୀୟ ଛାତ୍ରଛାତ୍ରୀଙ୍କଠାରୁ ପଛରେ।

ଜାପାନରେ ଏ ସବୁ ଦୁର୍ବଳତାକୁ ଦୂର କରିବା ଲାଗି ଯୋଜନା ପ୍ରସ୍ତୁତ ହୋଇ ସାରିଲାଣି। ଆଉ କିଛିବର୍ଷ ପରେ ଜାପାନୀ ଛାତ୍ରଛାତ୍ରୀ ବୋଧହୁଏ ପୃଥିବୀରେ ଶିକ୍ଷା ମାନରେ ଅଦ୍ୱିତୀୟ ହେବେ, ଏହା ନିଃସନ୍ଦେହ। କାରଣ କଠିନ ପରିଶ୍ରମ ଏବଂ ପ୍ରତିଦ୍ୱନ୍ଦ୍ୱିତାରେ ବିଜୟ ହାସଲ କରିବାରେ ଜାପାନ ଦେଶ ପାରଙ୍ଗମ। ଆମେରିକାର ଶିକ୍ଷାବିତ୍‌ମାନେ କିପରି ସ୍କୁଲ ଶିକ୍ଷାମାନର ଉନ୍ନତି କରିବେ ଏବଂ

ଜାପାନ ପ୍ରଣାଳୀରୁ କିଛି ଉପଯୋଗ କରିପାରିବେ, ସେଥିଲାଗି ଉଦ୍ୟମ କରିବାର ଯୋଜନା କରୁଛନ୍ତି।

ଆମ ଭାରତବର୍ଷରେ ଶିକ୍ଷା ପଦ୍ଧତିର ମୌଳିକ ପରିବର୍ତ୍ତନ ପାଇଁ ଯେଉଁମାନେ ଚିନ୍ତା କରୁଛନ୍ତି, ସେମାନେ ଜାପାନ ଆମେରିକାର ଶିକ୍ଷାପଦ୍ଧତିର ତୁଳନାତ୍ମକ ବିଚାରକୁ ଅନୁଧ୍ୟାନ କରି ସେଥିରୁ କିଛି ଶିଖିବା ବିଧେୟ ହେବ।

୧୯୮୮ ରାଷ୍ଟ୍ରପତି ନିର୍ବାଚନ

ଏ ବର୍ଷ ଆମେରିକାରେ ନିର୍ବାଚନ। ଆଠବର୍ଷ ତଳେ ୧୯୮୦ ମସିହାରେ ଜିମି କାର୍ଟରଙ୍କୁ ପରାସ୍ତ କରି ରିପବ୍ଲିକାନ ଦଳର ପ୍ରାର୍ଥୀ ରେନାଲ୍‌ଡ଼ ରେଗାନ ପ୍ରେସିଡେଣ୍ଟ ହୋଇଥିଲେ। ଆମ ଦେଶ ପରି ପାରିବାରିକ ଶାସନ ଏଠି ନାହିଁ।

ଆମ ଦେଶରେ ପାର୍ଲାମେଣ୍ଟରୁ ମେମ୍ବରଙ୍କୁ ଯଦି ମୁଖ୍ୟମନ୍ତ୍ରୀ କରି ପଠାଯାଏ, ତେବେ ତାଙ୍କ ନିର୍ବାଚନମଣ୍ଡଳୀରୁ ତାଙ୍କ ସ୍ତ୍ରୀ କିମ୍ବା ତାଙ୍କ ପୁଅ କିମ୍ବା ଝିଅଙ୍କୁ ପ୍ରାର୍ଥୀ କରାଯିବା ଉଦାହରଣ ଅନେକ ରହିଛି। ରାମଚନ୍ଦ୍ରନ୍‌ଙ୍କ ମୃତ୍ୟୁ ପରେ ତାଙ୍କ ସ୍ତ୍ରୀଙ୍କୁ ତାମିଲନାଡ଼ିରେ ମୁଖ୍ୟମନ୍ତ୍ରୀ କରାଯିବା, ଓଡ଼ିଶାକୁ ମୁଖ୍ୟମନ୍ତ୍ରୀ ହୋଇ ଆସିବା ପରେ, ତାଙ୍କ ସ୍ଥାନରେ ତାଙ୍କ ପତ୍ନୀଙ୍କୁ ପାର୍ଲାମେଣ୍ଟ ପ୍ରାର୍ଥୀ ହେବା ଲାଗି ଟିକେଟ ଦେବା ଇତ୍ୟାଦି। କଂଗ୍ରେସ ଛଡ଼ା ବିରୋଧୀ ଦଳରେ ମଧ୍ୟ ଏଭଳି ପାରିବାରିକ ଡୋର।

ଆମେରିକାର ଦଳୀୟ ପ୍ରାର୍ଥୀ ନିର୍ବାଚନ ଏକ ଖୋଲା କାରବାର। ବର୍ତ୍ତମାନଠାରୁ ଅଗଷ୍ଟ ମାସ ପର୍ଯ୍ୟନ୍ତ ଉଭୟ ଡେମୋକ୍ରାଟିକ୍ ଦଳ ଏବଂ ରିପବ୍ଲିକାନ୍ ଦଳ ସେମାନଙ୍କ ପ୍ରାର୍ଥୀ ନିର୍ବାଚନ ଦ୍ୱାରା ସ୍ଥିର କରିବେ। ରିପବ୍ଲିକାନ୍ ଦଳ ଭିତରୁ ବର୍ତ୍ତମାନର ଉପରାଷ୍ଟ୍ରପତି ଜର୍ଜ ବୁଶ୍ ଏବଂ ସିନେଟର ଲିଡ଼ର ରବର୍ଟ ଡୋଲ ମୁଖ୍ୟତଃ ଲଢୁଛନ୍ତି। ତାଙ୍କ ଛଡ଼ା ଆହୁରି ୩ଜଣ ପ୍ରାର୍ଥୀ ମଧ୍ୟ ନିର୍ବାଚନରେ ଭାଗ ନେଉଛନ୍ତି।

ସର୍ବପ୍ରଥମେ ଆଇଓଆ ପ୍ରଦେଶରେ ନିର୍ବାଚନରେ ଲୋକେ ଡୋଲ ସାହାବଙ୍କୁ ଅଧିକ ଭୋଟ ଦେଲେ ବୁସ୍‌ଙ୍କ ଅପେକ୍ଷା। ତପ୍ପରେ ନିଉ ହାମ୍ପସାୟାର ପ୍ରଦେଶର ଲୋକେ ବୁଶ୍ ସାହାବଙ୍କୁ ଅଧିକ ଭୋଟ ଦେଲେ ଡୋଲଙ୍କ ଅପେକ୍ଷା। ସେହିପରି ଡେମୋକ୍ରାଟ ଦଳରୁ ଡୁକାକିସ୍, ରୋପହାର୍ଟ, ଜାକସନ, ଗାରି ହାର୍ଟ, ଇତ୍ୟାଦି ୭ଜଣ ଲଢୁଛନ୍ତି। ଅଗଷ୍ଟ ମାସରେ ଉଭୟ ଦଳର କନଭେନସନ ହେବ ଏବଂ ରାଷ୍ଟ୍ରପତି ପଦ ପାଇଁ ପ୍ରାର୍ଥୀ ସ୍ଥିରୀକୃତ ହେବ। ସେତେବେଳେକୁ ଜନସାଧାରଣଙ୍କ ମନ୍ତବ୍ୟ ମଧ୍ୟ ଜଣାପଡ଼ିଥିବ ଏହି ପ୍ରାଇମେରୀ ନିର୍ବାଚନରୁ।

ଆମ ଦେଶର ପ୍ରାର୍ଥୀ ଟିକଟ କିପରି ଦିଆଯାଏ ଏବଂ ଆମେରିକାର ଗଣତନ୍ତ୍ରରେ

ତାହା କିପରି ନିରପେକ୍ଷ ଭାବେ ଜନସାଧାରଣଙ୍କ ଦ୍ୱାରା ନିର୍ଦ୍ଧାରିତ ହୁଏ, ତାହାର ଏକ ତୁଳନାତ୍ମକ ମନ୍ତବ୍ୟ India Today ପତ୍ରିକାର ସମ୍ପାଦକୀୟ ଲେଖାରେ ଫେବୃୟାରୀ ମାସରେ ପ୍ରକାଶିତ ହୋଇଛି।

ଏ ଦେଶରେ ପ୍ରେସ୍‌ର ଭୂମିକା ଅତି ଗୁରୁତ୍ୱପୂର୍ଣ୍ଣ। ମାୟାମୀ ହେରାଲଡ଼ ନାମକ ସମ୍ବାଦପତ୍ର ଜରିଆରେ ଗତ ବର୍ଷ ଗ୍ୟାରି ହାର୍ଟଙ୍କ ଜୀବନର କିୟଦାଂଶ ଉଦ୍ଧୃତ ହେବାରୁ ତାଙ୍କର ରାଷ୍ଟ୍ରପତି ହେବାର ଆଶା ପାଣିଫୋଟକା ପରି ଉଭେଇଗଲା। ଆମ ଦେଶ ପରି ସରକାରଙ୍କୁ ସମାଲୋଚନା କରୁଥିବା ସମ୍ବାଦପତ୍ର ଉପରେ ଆକ୍ରମଣ ହେଉ ନାହିଁ କିମ୍ବା Indian Express ଭଳି ସମ୍ବାଦପତ୍ରକୁ ସରକାରଙ୍କ ତରଫରୁ କ୍ରମାଗତ ହଇରାଣ କରାଯାଉ ନାହିଁ।

ଆସନ୍ତା ନଭେମ୍ବର ମାସରେ ରାଷ୍ଟ୍ରପତି ନିର୍ବାଚନ ହେବ। ସର୍ବସାଧାରଣ ଏଠାରେ ରାଷ୍ଟ୍ରପତିଙ୍କୁ ନିର୍ବାଚିତ କରିଥାନ୍ତି। ଆମେରିକୀୟ ଗଣତନ୍ତ୍ରରେ ରାଷ୍ଟ୍ରପତି ସର୍ବୋଚ୍ଚ ଶାସକ। ଏଭଳି ଗଣତନ୍ତ୍ର ଜର୍ମାନୀ, ଜାପାନ ଭଳି ଦେଶରେ ପ୍ରଚଳିତ।

ଆଠ ବର୍ଷ ରିପବ୍ଲିକାନ୍ ଶାସନ ପରେ ଡେମୋକ୍ରାଟ ଦଳ ନିର୍ବାଚନରେ ଜିତିବା କଥା। ଅତୀତରେ ଏପରି ପରିବର୍ତ୍ତନ ସାଧାରଣତଃ ହୋଇ ଆସିଛି। କିନ୍ତୁ ଏ ବର୍ଷ ଡେମୋକ୍ରାଟ ଦଳ ପକ୍ଷରୁ ସେଭଳି ଶକ୍ତିଶାଳୀ ନେତା କେହି ଥିଲା ପରି ଜଣାପଡୁ ନାହାନ୍ତି। ଆଉ କିଛି ମାସ ମଧ୍ୟରେ ଏହା ସମ୍ପୂର୍ଣ୍ଣ ଓଲଟପାଲଟ ହୋଇଯାଇପାରେ।

ନିର୍ବାଚନର ପ୍ରଧାନ ବିଚାର୍ଯ୍ୟ ବିଷୟ ହେଲା- ନିଅଣ୍ଟିଆ ବାଣିଜ୍ୟ (Trade Deficit), ଆମେରିକାର ଶିଳ୍ପ କ୍ଷେତ୍ରରେ ପ୍ରାଧାନ୍ୟ (Industrial Leadership) ଜାପାନ ତୁଳନାରେ କମିବା, ରୁଷିଆ ସହ ନିରସ୍ତ୍ରୀକରଣ ଚୁକ୍ତି, ମଧ୍ୟଆମେରିକାରେ ଏକଛତ୍ରବାଦ ତଥା କମ୍ୟୁନିଷ୍ଟ ଶାସନର ବିରୋଧ। ଆମେରିକାର ବେକାରି ତଥା ଦାରିଦ୍ର୍ୟ ନିରାକରଣ।

ମୁଦ୍ରାସ୍ଫୀତି ରେଗାନଙ୍କ ଅମଳରେ କମି ଶୂନ୍ ପାଖାପାଖି ରହିଛି। ବେକାରି ମଧ୍ୟ କମି ଶତକଡ଼ା ୫ପାଖାପାଖି ରହିଛି। କିନ୍ତୁ ଆମେରିକାରୁ ଉତ୍ପାଦିତ ଅନେକ ଜିନିଷର ବିକ୍ରୀ କମିଥିବାରୁ ରପ୍ତାନି ତୁଳନାରେ ଆମଦାନୀର ଭାଗ ବୃଦ୍ଧି ପାଇଥିବାରୁ ନିଅଣ୍ଟ ବାଣିଜ୍ୟ ଅବସ୍ଥା ସୃଷ୍ଟି ହୋଇଛି। ଏହି ନିଅଣ୍ଟକୁ ପୂରଣ କରିବାକୁ ସରକାର ଟଙ୍କା ଧାର କରୁଛନ୍ତି ଏବଂ ଭବିଷ୍ୟତରେ ଏହାକୁ ଶୁଝିବାକୁ ହେବ ଅତ୍ୟଧିକ ସୁଧରେ। ଉପରକୁ ସବୁ ଭଲ ଦିଶୁଥିଲେ ହେଁ ଅର୍ଥନୈତିକ ମାନଦଣ୍ଡ ଦୁର୍ବଳ ହେବା ଆରମ୍ଭ କରିଛି ଏବଂ ପରିଣାମ ସ୍ୱରୂପ ନିଉୟର୍କର ଷ୍ଟକ୍ ମାର୍କେଟର ଅଧଃପତନ ଘଟିଲା। ଚାରିଆଡ଼େ ଆତଙ୍କ ଖେଳିଗଲା।

ନିର୍ବାଚନର ପ୍ରାର୍ଥୀମାନେ ଏହି ସବୁ ସମସ୍ୟାର ସମାଧାନ ପାଇଁ କେଉଁ ପନ୍ଥା ନିର୍ଦ୍ଧାରଣ କରିବେ, ତାହାର ମୂଲ୍ୟାଙ୍କନ କରିବେ ସର୍ବସାଧାରଣ। ଯେଉଁ ପ୍ରାର୍ଥୀ ଲୋକଙ୍କ ଆଗରେ ପ୍ରକୃତ ଆସ୍ଥାଭାଜନ ହେବ, ସେ ନିର୍ବାଚନରେ ଜିତିବ। ଏଥିରେ ଦଙ୍ଗା ନାହିଁ କି ଗାଁ ଗଣ୍ଡାରେ ଲୋକଙ୍କୁ ଭୂଡେଇବାକୁ ଟଙ୍କା ବାଣ୍ଟିବାର ଆବଶ୍ୟକତା ନାହିଁ।

ଟେଲିଭିଜନରେ ପ୍ରତି ଦଳର ପ୍ରାର୍ଥୀମାନଙ୍କ ଭିତରେ ଡିବେଟ ହେଉଛି। ସର୍ବସାଧାରଣଙ୍କ ସମ୍ମୁଖରେ ବିଭିନ୍ନ ବାଦ ପ୍ରତିବାଦ ଉପସ୍ଥାପିତ କରାଯାଉଛି। ଆସନ୍ତା ମାସଗୁଡ଼ିକରେ ନିର୍ବାଚନର ବାତାବରଣ ସରଗରମ ହେବ ଏବଂ ଆସନ୍ତା ୪ବର୍ଷର ଶାସନ ଦାୟିତ୍ୱ କାହା ଉପରେ ନ୍ୟସ୍ତ କରାଯିବ, ଦେଖିବା କଥା।

■

ସନ୍ତ୍ରାସବାଦୀ ଏବଂ ପାନାମ୍ ଜୁମ୍ବୋ ଜେଟ୍

ସେପ୍ଟେମ୍ବର ୫ତାରିଖ ରାତି ଅଧରେ ପାନ୍ ଆମେରିକାର ଜୁମ୍ବୋ ଜେଟ ପ୍ରାୟ ୩୫୦ ଲୋକଙ୍କୁ ନେଇ ବମ୍ବେର ସାହାର ବିମାନଘାଟିରୁ ଯାତ୍ରା ଆରମ୍ଭ କଲା। ମାତ୍ର ଦେଢ଼ଘଣ୍ଟା ପରେ ପ୍ରଥମେ ରହଣି କରାଚୀ ବିମାନ ବନ୍ଦରରେ। ନୂଆ ଯାତ୍ରୀଙ୍କୁ ଧରି ଘଣ୍ଟାକ ପରେ କରାଚୀରୁ ଜର୍ମାନୀର ଫ୍ରାଙ୍କଫୁଟ୍ ସହର ଆସିବା କଥା। ସେଠାରେ କିଛି ସମୟ ଅବସ୍ଥାନ ପରେ ଲମ୍ବା ରାସ୍ତା ନିଉୟର୍କ ଅଭିମୁଖେ। ମାତ୍ର କରାଚୀଠାରେ ଯେଉଁ କରୁଣ କାହାଣୀ ଘଟିଲା ତାହା ଶୁଣି ସାରା ବିଶ୍ୱ ଦୁଃଖରେ ମ୍ରିୟମାଣ ହୋଇଗଲା।

୪ଜଣ ପାଲେଷ୍ଟାଇନ୍‌ର ସନ୍ତ୍ରାସବାଦୀ (ଯାହା ଏପର୍ଯ୍ୟନ୍ତ ଅନୁମାନ କରାଯାଇଛି) ଅଗଷ୍ଟ ୧୭ତାରିଖରୁ ପାକିସ୍ତାନ ଆସି ସେଠାର ତାଜମହଲ ହୋଟେଲରେ ଅବସ୍ଥାନ କରୁଥିଲେ। ପଇସାପତ୍ର ଦେଇ ବିମାନଘାଟିର ସ୍ୱତନ୍ତ୍ର ପ୍ରତିରକ୍ଷା ବାହିନୀର ପୋଷାକ ଅନୁଯାୟୀ ନୂଆ ପୋଷାକ ଦରଜୀଠାରୁ ସିଲାଇ କରାଇନେଲେ। ତା'ପରେ ଜଣେ ପାକିସ୍ତାନୀଠାରୁ ଏକ ଭ୍ୟାନ ଭଡ଼ାରେ ନେଇ ତାକୁ ଏପରି ଭାବେ ରଙ୍ଗ କରିଦେଲେ ଯେ ଯିଏ କହିବ ଏହା ବିମାନଘାଟିର ଏକ ସ୍ୱତନ୍ତ୍ର ଭ୍ୟାନ। ୬ତାରିଖ ବଡ଼ି ଭୋର ୫ଟା ସମୟରେ ସେମାନେ ବିମାନଘାଟିର ସୁରକ୍ଷାବାହିନୀଙ୍କ ଆଖିରେ ଧୂଳିଦେଇ ପାନାମ ଜେଟ୍ ପାଖରେ ପହଞ୍ଚି ଗଲେ। ସାଙ୍ଗରେ ଥିଲା ମେଶିନ୍ ଗନ୍ ତଥା ହାତ ବୋମା। ଉଡ଼ାଜାହାଜଟି ବିରାଟ ଏକ କୋଠା ପରି ଠିଆ ହୋଇ ରହିଥିଲା। ଯାତ୍ରୀମାନେ ନିଜ ନିଜ ସ୍ଥାନରେ ବସିଥିଲେ। ନିଦ ସେମାନଙ୍କୁ ଘାରୁଥିଲା। ଏହି ୪ଜଣ ସନ୍ତ୍ରାସବାଦୀ ସେଥିରେ ପଶି ଏହା ହାଇଜାକ୍ ହେଲା ବୋଲି ଘୋଷଣା କଲେ। ଉଡ଼ାଜାହାଜରେ ଅଧିକାଂଶ ଭାରତୀୟ ଲୋକ; ଯେଉଁମାନେ ଭାରତ ବୁଲିସାରି ଆମେରିକା ପ୍ରତ୍ୟାବର୍ତ୍ତନ କରୁଥିଲେ।

ପ୍ରଥମରୁ ପାଇଲଟ ଏବଂ ତାଙ୍କ ସହକର୍ମୀମାନେ ଗୁପ୍ତବାଟରେ ଉଡ଼ାଜାହାଜରୁ ଖସି ବାହାରିଗଲେ। କାରଣ ସେମାନେ ରହିଥିଲେ ଉଡ଼ାଜାହାଜ ଉଡ଼ାଇବାକୁ ବାଧ୍ୟ ହୋଇଥାନ୍ତେ। ଉଡ଼ାଇବା ଅବସ୍ଥାରେ ଦୁର୍ଘଟଣା ଘଟିଲେ ଗୋଟିଏ ମଧ୍ୟ କେହି ବଞ୍ଚି ନଥାନ୍ତେ।

ପ୍ରଥମରୁ ଜଣେ ଭାରତୀୟ ଶ୍ରୀ ରାଜେଶ କୁମାର (କାଲିଫର୍ଣ୍ଣିଆ)ଙ୍କୁ ଗୁଳିକରି ମାରି ଦିଆଗଲା ଏବଂ ତାଙ୍କ ମରଶରୀରକୁ ପ୍ଲେନରୁ ବାହାରକୁ ପକାଇ ଦିଆଗଲା। ତାପରେ କିଛିଘଣ୍ଟା ଅତିବାହିତ ହେବାପରେ ପ୍ଲେନର ଜେନେରେଟର ଦୁର୍ବଳ ହେବାରୁ ଆଲୁଅ ଲିଭିବାକୁ ଆରମ୍ଭ ହେଲା।

କାଳେ କିଏ ବାହାରୁ ତାଙ୍କୁ ଆକ୍ରମଣ କରିବ ବୋଲି ଛାନିଆ ହୋଇ ସନ୍ତ୍ରାସବାଦୀମାନେ ମନଇଚ୍ଛା ଗୁଳି ଚଳାଇବା ଆରମ୍ଭ କରିଦେଲେ। ଆଖି ପିଛୁଳାକେ ୧୭ଟି ନିରୀହ ଯାତ୍ରୀ ପ୍ରାଣ ହରାଇଲେ। ଶତାଧିକ ଆହତ ହେଲେ। ଜଣେ ସାହସୀ ଆମେରିକାନ ଦ୍ରୁତଗତିରେ ଏକ କବାଟ ଖୋଲିଦେବାରୁ ବହୁଯାତ୍ରୀ ସେଥିରେ ବାହାରକୁ ଚାଲିଆସି ପାରିଲେ।

ଏ ସନ୍ତ୍ରାସବାଦୀମାନେ କାହିଁକି ଏପରି କଲେ ? ପାଲେଷ୍ଟାଇନର ଲୋକମାନଙ୍କ ଦେଶ ନାହିଁ। ଏମାନେ ବିଶ୍ୱ ଦରବାରରେ ନିଜର ଦାବି ଉପସ୍ଥାପନ କରିବାକୁ ଯାଇ ଏଭଳି ନିରୀହ ଯାତ୍ରୀଙ୍କ ପ୍ରାଣନେବାରେ କ'ଣ ଯେ ପ୍ରମାଣ କଲେ, ତାହା କେହି ବୁଝିପାରୁ ନାହାନ୍ତି। ଆମେରିକା ସରକାର ପ୍ରଥମେ ଭାବୁଥିଲେ ଯେ ଏଭଳି କାଣ୍ଡପଛରେ ଲିବିୟା ଦେଶର ହାତ ଥାଇପାରେ।

ସେହି ଦିନ ହରାରେ ସହରରେ (ଆଫ୍ରିକାରେ) ପ୍ରଧାନମନ୍ତ୍ରୀ ରାଜୀବ ଗାନ୍ଧୀ ତଥା ପାକିସ୍ତାନ ରାଷ୍ଟ୍ରପତି ଜିଆ-ଉଲ୍-ହକ୍ ଲିବିୟାର ମୁଅମର ଗଡ଼ାଫିଙ୍କ ସହ ସ୍ୱତନ୍ତ୍ର ଆଲୋଚନା କରିଥିଲେ। ଗଡ଼ାଫି ଘୋଷଣା କଲେ ଯେ ଏ ସନ୍ତ୍ରାସବାଦୀଙ୍କ ସହ ତାଙ୍କ ଦେଶର କୌଣସି ସମ୍ପର୍କ ନାହିଁ।

ଆମେରିକାର ନାଗରିକମାନେ ଆନ୍ତର୍ଜାତିକ ସନ୍ତ୍ରାସବାଦୀଙ୍କ କାର୍ଯ୍ୟକଳାପ ନେଇ ଆତଙ୍କିତ ହୋଇ ଏହି ବର୍ଷ ଇଉରୋପ ତଥା ମଧ୍ୟପ୍ରାଚ୍ୟକୁ ଯିବା ପ୍ରାୟ ବନ୍ଦ କରି ଦେଲେଣି। ଏଭଳି ବର୍ବରତା ବୃଦ୍ଧି ପାଇଲେ ବିଶ୍ୱଶାନ୍ତିରେ ଘୋର ବାଧା ସୃଷ୍ଟି ହେବ ଏବଂ ଝିମିଟି ଖେଳରୁ ମହାଭାରତ ଯୁଦ୍ଧ ହେଲା ପରି ବିଶ୍ୱଯୁଦ୍ଧ ଲାଗିଯିବା ମଧ୍ୟ ବିଚିତ୍ର ନୁହେଁ।

ଯେଉଁ ପରିବାର ସବୁ ଏହି ପାନାମ ଉଡାଜାହାଜରେ ଆସୁଥିଲେ, ତାଙ୍କର ଜ୍ଞାତିକୁଟୁମ୍ବ ଏ ଘଟଣା ଶୁଣି ବିବ୍ରତ ହୋଇପଡ଼ିଲେ। ଆମେରିକାର ରେଡ଼ିଓ, ଟେଲିଭିଜନ ତଥା ସମ୍ବାଦପତ୍ରରେ ଏ ବିବରଣୀ ପଢ଼ିଲେ ଯେ କେହି ଅତ୍ୟନ୍ତ ବ୍ୟଥିତ ହୋଇପଡ଼ିବ। ଶେଷକୁ ୪ଜଣ ସନ୍ତ୍ରାସବାଦୀଙ୍କ ମଧ୍ୟରୁ ଜଣେ ନିହତ ହେଲେ ଏବଂ ବାକି ତକ ବନ୍ଦୀହୋଇ ପାକିସ୍ତାନ ଜେଲରେ ଅଛନ୍ତି। ପାକିସ୍ତାନର ନିରାପତ୍ତା ବିଭାଗର ଅବହେଳା ଉପରେ ବିଶେଷ ଆଲୋଚନା ମଧ୍ୟ ଚାଲିଛି। ପାକିସ୍ତାନର ପାନାମ ଉଡ଼ାଜାହାଜ ଘଟଣା ସମସ୍ତଙ୍କୁ ବିବ୍ରତ କରିଛି। ■

ଇରାକ୍-କୁଏତ ସମସ୍ୟା

ସମଗ୍ର ପୃଥିବୀ ବର୍ତ୍ତମାନ ଏକ ସଂକଟମୟ ପରିସ୍ଥିତିରେ ଗତି କରୁଛି। ଯୁଆଡ଼େ ଚାହିଁଲେ, ଯାହାକୁ ପଚାରିଲେ, କେମିତି ଏକ ହତାଶଭାବ ପ୍ରକାଶିତ ହେଉଛି। ପ୍ରଥମତଃ ମଧ୍ୟପ୍ରାଚ୍ୟରେ ଇରାକ୍ ଦେଶର ନେତା ସଦ୍ଦାମ ହୁସେନ୍ ହଠାତ୍ ଅଗଷ୍ଟ ମାସରେ ପଡ଼ୋଶୀ ରାଷ୍ଟ୍ର କୁଏତ୍‌କୁ ଆକ୍ରମଣ କଲେ। ଗତ ୮ବର୍ଷ ଧରି ଇରାକ୍ ଇରାନ୍ ଯୁଦ୍ଧ ଫଳରେ ଇରାକ୍‌ର ଆର୍ଥିକ ଦୁରବସ୍ଥା ଚରମ ସ୍ଥାନରେ ପହଞ୍ଚିଲା କହିଲେ ଭୁଲ ହେବନି।

ଇରାକ୍ ଅନ୍ୟାନ୍ୟ ତୈଳଦ୍ୱାରା ଧନୀରାଷ୍ଟ୍ର ଯଥା କୁଏତ୍ ଏବଂ ସାଉଦୀ ଆରବକୁ ଆର୍ଥିକ ସାହାଯ୍ୟ ମାଗିଲା। ସାହାଯ୍ୟ ତ ନୁହେଁ, ଆରବମାନେ ଏକା ପରିବାରର ଲୋକ ହୋଇଥିବାରୁ ଧର୍ମାନୁଯାୟୀ ଅନେକ ଜିନିଷ ପରସ୍ପର ଭିତରେ ବାଣ୍ଟିବା ଉଚିତ ବୋଲି କୁଏତ୍ ମତ ପ୍ରକାଶ କଲା। ସେଥିମଧ୍ୟରୁ ଆକ୍‌ନି କିମ୍ବା ତୈଳ ଦ୍ୱାରା ଅର୍ଜିତ ଅର୍ଥକୁ ମଧ୍ୟ ବାଣ୍ଟିବା ଉଚିତ। ଇରାକ୍‌ର ଏ ପ୍ରକାର ଦାବିକୁ କୁଏତ୍ କିମ୍ବା ସାଉଦୀ ଆରବ ଶୁଣିଲେନି। ଫଳରେ ସଦ୍ଦାମ୍ ହୁସେନ୍ କୁଏତ୍‌କୁ ଆକ୍ରମଣ କରିବାକୁ ସ୍ଥିର କଲେ।

ଇରାକ୍‌ର ଲୋକସଂଖ୍ୟା ମାତ୍ର ୨କୋଟି। ସେଥିରୁ ୧୦ ଲକ୍ଷ ଲୋକ ସୈନ୍ୟ। କୁଏତ୍ କିମ୍ବା ସାଉଦୀ ଆରବର ସୈନ୍ୟବାହିନୀ ଇରାକ୍ ତୁଳନାରେ ସଂଖ୍ୟା ଲଘୁ। ଇରାକ୍ ଗତ ୮ବର୍ଷର ଯୁଦ୍ଧ ଭିତରେ ରୁଷିଆ, ଜର୍ମାନୀ ଏବଂ ଆମେରିକାଠାରୁ ନାନାପ୍ରକାର ସାମରିକ ଅସ୍ତ୍ର ଶସ୍ତ୍ର ମହଜୁଦ କରିପାରିଛି।

ସଦ୍ଦାମ ହୁସେନ୍ ନିଜେ ଜଣେ ଏକଚ୍ଛତ୍ରବାଦୀ ଶାସକ। ଦରକାର ହେଲେ ନିଜର ପରିବାରର ସଦସ୍ୟ ତଥା ଅନ୍ୟାନ୍ୟଙ୍କୁ ସେ ଅତୀତରେ ହତ୍ୟା କରି ବାଟରୁ ହଟାଇଛନ୍ତି। ଇରାନ୍ ଯୁଦ୍ଧ ବେଳେ ନିଜର କୁର୍ଦ୍ଦିସ୍ଥାନର ୧ହଜାର ନିରସ୍ତ୍ର ସ୍ତ୍ରୀ ଏବଂ ପିଲାଙ୍କୁ ବିଷାକ୍ତ ଗ୍ୟାସ ଦ୍ୱାରା ମାରିଥିଲେ ବୋଲି ସମ୍ବାଦ ତଥା ଟେଲିଭିଜନରେ ପ୍ରକାଶ ପାଇଥିଲା। କୁଏତ୍ ଭିତରକୁ ସୈନ୍ୟବାହିନୀ ପଠାଇ ଦେଶକୁ ଅକ୍ତିଆର କରି ସେଠାକାର ଏକଚ୍ଛତ୍ରବାଦୀ ଶାସକ ଏମିର୍‌ଙ୍କୁ ସେ ବିତାଡ଼ିତ କଲେ।

ସମଗ୍ର ପୃଥିବୀ ହତବାକ୍ ହୋଇ ଏ ପ୍ରକାର ଆକ୍ରମଣକୁ ନିନ୍ଦା କରିବାକୁ

ଆରମ୍ଭ କଲା। ଇରାକ୍‌ର ସୈନ୍ୟମାନେ, କ୍ରମଶଃ କୁଏତ୍‌କୁ ଧ୍ୱଂସ କରିବାକୁ ଲାଗିଲେ। କୁଏତ୍‌ର ଲୋକେ ହଜାର ହଜାର ସଂଖ୍ୟାରେ ପଡ଼ୋଶୀ ରାଷ୍ଟ୍ର ସାଉଦୀ ଆରବ, ଜୋର୍ଡ଼ାନ ଇତ୍ୟାଦି ଦେଶକୁ ରିଫ୍ୟୁଜି ହିସାବରେ ପଳାଇ ଗଲେ।

ଇରାକ୍‌ର ଏତାଦୃଶ କାର୍ଯ୍ୟରେ କ୍ଷୁବ୍ଧ ହୋଇ ଆମେରିକା ଏବଂ ତା'ର ବନ୍ଧୁରାଷ୍ଟ୍ରମାନେ ଜାତିସଂଘ ମାଧ୍ୟମରେ ଇରାକ୍‌କୁ ନିନ୍ଦା କଲେ। ଆମେରିକା ସୈନ୍ୟବାହିନୀ ନେଇ ସାଉଦୀ ଆରବରେ ମୁତୟନ କଲା। ସମୁଦ୍ରରେ ବ୍ଲକେଜ୍ ପାଇଁ ଯୁଦ୍ଧ ଜାହାଜ ସବୁ ତୟାରି ଆରମ୍ଭ କରିଦେଲେ।

ଫ୍ରାନ୍‌ସ ଇଂଲଣ୍ଡ, ଜାପାନ ସୈନ୍ୟମାନଙ୍କୁ ପଠାଇଲେ। ଏପରିକି ରୁଷିଆ ଅତୀତରେ ଇରାକ୍‌ର ସମର୍ଥନ ଦେଇଥିଲେ ମଧ୍ୟ, ଏଥରକ ଆମେରିକା ସହ ସାମିଲ ହୋଇ ଇରାକ୍‌ର କାର୍ଯ୍ୟକୁ ନିନ୍ଦା କଲା। ଇରାକ୍ ଦେଶକୁ ବାହାରୁ ଜିନିଷପତ୍ର ରପ୍ତାନି ବନ୍ଦ କରି ଦିଆଗଲାଣି। ବର୍ତ୍ତମାନ ଛକାପଂଝା ଖେଳ ଚାଲୁରହିଛି। ଇଆଡ଼େ ପୃଥିବୀ ବଜାରରେ ପେଟ୍ରୋଲିୟମ ତଥା କ୍ରୁଡ୍ ଅଏଲର ଦାମ ହୁହୁ ହୋଇ ବଢିଚାଲିଛି।

ଆମ ଭାରତବର୍ଷର ଯୋଜନା ଅନୁସାରେ ତେଲ ବ୍ୟାରେଲ ପିଛା ୧୮ଡଲାର (୩୨୦ଟଙ୍କା) ହିସାବରେ ଟଙ୍କା ବ୍ୟୟ ବରାଦ ହୋଇଥିଲା। ଯଦି ଏହା ୩୦ ଡଲାରରେ ପହଞ୍ଚିବ, ତେବେ ୪୦୦୦ କୋଟି ଟଙ୍କା ଅଧିକ ଦରକାର। ଯଦି ୪୦ ଡଲାର (ବ୍ୟାରେଲ ପିଛା) ହେବ, ତେବେ ଆହୁରି ଆର୍ଥିକ ଅବସ୍ଥା ସାଂଘାତିକ ହେବ। ଗତ ସପ୍ତାହରେ ବ୍ୟାରେଲ ପିଛା ୪୦ ଡଲାର ଦାମରେ ତୈଳ ବିକ୍ରି ହୋଇଥିଲା। ଭାରତ ପରି ବିକାଶଶୀଳ ଦେଶ ପାଇଁ ବର୍ତ୍ତମାନର ପରିସ୍ଥିତି ଅତିବଡ଼ ସମସ୍ୟା ସୃଷ୍ଟି କରିବ; ବୋଝ ଉପରେ ନଳିତା ବିଡ଼ା ପରି।

ଆମେରିକାର ପେଟ୍ରୋଲ ଦାମ ବଢ଼ିବାରେ ଲାଗିଛି। ଗ୍ୟାଲନ୍ (୩.୫ ଲିଟର) ପିଛା ପେଟ୍ରୋଲ ୧.୩୦ ଡଲାର ପ୍ରାୟ ୨୩ଟଙ୍କା। କେବଳ ଇଣ୍ଡୋନେସିଆକୁ ଛାଡ଼ିଦେଲେ ପୃଥିବୀରେ ଏହା ସବୁଠାରୁ କମ୍ ଦାମ୍। ଇଂଲଣ୍ଡରେ ତେଲ ଦାମ ଆମେରିକା ଦାମର ଅନ୍ତତଃ ଦୁଇଗୁଣ, ଇଉରୋପରେ ଆହୁରି ବେଶି।

ଆମେରିକାରେ ଲୋକେ ବ୍ୟସ୍ତ ହେବାକୁ ଆରମ୍ଭ କଲେଣି। ଇରାକ୍ ସହ ଏ ପ୍ରକାର ଛକାପଂଝା କେତେ ଦିନ ଚାଲିବ ଆଉ ? ଆମେରିକା କହୁଛି ଇରାକ୍ କୁଏତ୍ ଛାଡୁ, ଇରାକ କିନ୍ତୁ ଛାଡ଼ିବାକୁ ନାରାଜ। ଆସନ୍ତା ମାସେ କି ଦୁଇମାସ ମଧ୍ୟରେ ଶାନ୍ତିପୂର୍ଣ୍ଣ ସମାଧାନ ନହେଲେ ଯୁଦ୍ଧ ନିଶ୍ଚୟ ହେବ ଏବଂ ଏତଦ୍ଦ୍ୱାରା ଅସଂଖ୍ୟ ଜୀବନହାନି ଘଟିବ। ଭଗବାନ ସହାୟ ହୁଅନ୍ତୁ।

■

ମଧ୍ୟପ୍ରାଚ୍ୟ ଯୁଦ୍ଧ

୧୯୯୧ର ପ୍ରଥମ ଦୁଇମାସ ଉଡାଜାହାଜରେ ଯିବା ଆସିବା ପ୍ରାୟ ବନ୍ଦ ହୋଇ ଯାଇଥିଲା କହିଲେ ଚଳେ। ଆମର ଫେବୃୟାରୀ ମାସରେ ଜର୍ମାନୀର ବର୍ଲିନ ସହରରେ ଏକ ଭାଷଣ ଦେବାର ନିମନ୍ତ୍ରଣ ଥିଲା। ମାତ୍ର ଶେଷ ମୁହୂର୍ତ୍ତରେ ଏହାକୁ ବାତିଲ କରି ଦିଆଗଲା ଆତଙ୍କବାଦୀମାନେ ଯାତ୍ରୀବାହୀ ଉଡ଼ାଜାହାଜକୁ ଆକ୍ରମଣ କରିବା ଭୟରେ। ଇଉରୋପ ତଥା ଆମେରିକାର ବିମାନଘାଟିମାନଙ୍କରେ କଡ଼ାକଡ଼ି ସୁରକ୍ଷା ବ୍ୟବସ୍ଥା ହେଲା। ଯୁଦ୍ଧର ଅବସାନ ପରେ ମାର୍ଚ୍ଚ ପ୍ରଥମ ସପ୍ତାହରୁ ପୁନରାୟ ଯାତ୍ରା ଆରମ୍ଭ ହେଲା। ଏପ୍ରିଲ ମାସରେ ବେଲଜିୟମର ରାଜଧାନୀ ବ୍ରସେଲ୍ସ କାମରେ ଯିବାକୁ ପଡ଼ିଲା।

ଇଉରୋପରେ କଥାବାର୍ତ୍ତାରୁ ଜଣାଗଲା ଯେ, ଅନେକ ବ୍ୟବସାୟ ବର୍ଷର ପ୍ରଥମ ଦୁଇମାସ ମାନ୍ଦା ପଡ଼ିଯାଇଥିଲା। ଯୁଦ୍ଧ ସମୟରେ ବ୍ୟବସାୟ ସଂସ୍ଥା ତଥା ସାଧାରଣ ନାଗରିକମାନେ ଅତି ସାବଧାନ ହୋଇଥାନ୍ତି। ଯୁଦ୍ଧଜନିତ ଖର୍ଚ୍ଚ ଯୋଗୁ ନିଅଣ୍ଟ ଅବସ୍ଥା ସୃଷ୍ଟି ହେବା ଭୟରେ କିଣାବିକା ଏକରକମ ବନ୍ଦ ହୋଇଯାଏ। ଏହାର ବଡ଼ କାରଣ ହେଲା, ଯୁଦ୍ଧର ଭବିଷ୍ୟତ ଫଳାଫଳ କହିବା କଷ୍ଟ ଏବଂ କେତେଦିନ ଯୁଦ୍ଧ ଚାଲିବ କହି ହୁଏନି।

ଅନେକ ସମ୍ବାଦପତ୍ର ତଥା ମଧ୍ୟପ୍ରାଚ୍ୟ ଏକ୍ସପର୍ଟମାନେ ଭାବିଥିଲେ ଯେ ସଦ୍ଦାମ ହୁସେନଙ୍କ ପାଖରେ ଯୁଦ୍ଧ ଲାଗି ସବୁ ପ୍ରକାର ଆଧୁନିକ ମାରଣାସ୍ତ୍ର ଏବଂ ବହୁ ସଂଖ୍ୟାରେ ସୈନ୍ୟ ସାମନ୍ତ ରହିଛନ୍ତି। ତାଙ୍କର ସୈନ୍ୟମାନେ ଜୀବନ ହାରି ଦେବେ ପଛେ କେବେ ଆତ୍ମସମର୍ପଣ କରିବେନି।

ସଦ୍ଦାମ ନିଜେ ୧୯୭୨ ମସିହାରୁ ଏ ପର୍ଯ୍ୟନ୍ତ ଅନ୍ୟଦେଶ ଗସ୍ତ କରି ନାହାନ୍ତି। ତାଙ୍କ ଚାରିପାଖେ ଯେଉଁ ଖୋସାମଦକାରୀମାନେ ଘେରି ରହିଥିଲେ ସେମାନେ ତାଙ୍କୁ କହିଲେ ଯେ, ପ୍ରଥମତଃ ଆମେରିକା କେବେ ଯୁଦ୍ଧ କରିପାରିବନି। କାରଣ ଭିଏତନାମ ଯୁଦ୍ଧପରେ ଆମେରିକାବାସୀ ତାଙ୍କ ପ୍ରେସିଡେଣ୍ଟଙ୍କୁ ଯୁଦ୍ଧ କରିବା ସପକ୍ଷରେ କେବେ

ସମର୍ଥନ କରିବେନି। ଦ୍ୱିତିୟରେ ଯଦି ଆମେରିକା ଯୁଦ୍ଧ କରେ, ତେବେ ସଦ୍ଦାମଙ୍କ ଦୁର୍ଦ୍ଧର୍ଷ ସୈନ୍ୟବାହିନୀ ସେମାନଙ୍କୁ ପରାସ୍ତ କରିଦେବେ।

ଆଠବର୍ଷର ଇରାନ-ଇରାକ ଯୁଦ୍ଧରେ ସଦ୍ଦାମ ତାଙ୍କ ବଳର ପରାକାଷ୍ଠା ଦେଖାଇଥିଲେ। ସେ ନିଜେ ଜଣେ ନିର୍ଦ୍ଦୟ ଏବଂ ଅହଂକାରୀ ବ୍ୟକ୍ତି। ଅତୀତରେ ନିଜର କେତେ ଆତ୍ମୀୟଙ୍କୁ ସେ ଜୀବନରୁ ମାରିଛନ୍ତି। ତାଙ୍କ ସହ ମତଭେଦ ମାନେ ମୃତ୍ୟୁ। ଥରେ ଇରାନ-ଇରାକ ଯୁଦ୍ଧ ବେଳେ ତାଙ୍କର ସ୍ୱାସ୍ଥ୍ୟମନ୍ତ୍ରୀ ତାଙ୍କୁ ପରାମର୍ଶ ଦେଲେ ଯେ ସେ କିଛି ଦିନ ଛୁଟି ନେବା ଉଚିତ। ଏତିକି କଥାରେ ସେ ଉତ୍କ୍ଷିପ୍ତ ହୋଇ ପାଖ ରୁମ୍‌କୁ ସ୍ୱାସ୍ଥ୍ୟମନ୍ତ୍ରୀଙ୍କୁ ଡାକିଲେ ଏବଂ ନିଜ ପିସ୍ତଲରୁ ଗୁଳି କରି ତାଙ୍କୁ ମାରିଦେଲେ। ଏଭଳି ଅନେକ ଭୟଙ୍କର ଘଟଣାବଳୀରେ ସେ ସଂପୃକ୍ତ। ଆମରି ରାମାୟଣ ଓ ମହାଭାରତରେ ଯେଭଳି ଅତିଦର୍ପେ ହତ ଲଙ୍କା, ସେଇଭଳି ନିଜର ଅଭିମାନ ଏବଂ ଦର୍ପରେ ସଦ୍ଦାମ ଅନ୍ଧ ହୋଇ ଯାଇଥିଲେ। ଯାହାଙ୍କୁ ସାହସ କରି କେହି ପଦେ କଥା କହୁନଥିଲେ, ତାଙ୍କ ଉପରେ ପୁଣି ଯୁଦ୍ଧ କରିବାକୁ କାହାର ସାହସ ହେବ ?

ସଦ୍ଦାମଙ୍କର ଆଉ ଗୋଟିଏ କଳ୍ପନା ଥିଲା ସେ ଇସ୍ରାଏଲ ଉପରେ ଆକ୍ରମଣ କରିବେ, ତଦ୍ଦ୍ୱାରା ଆରବ ଦେଶର ଲୋକେ ଖୁସି ହେବେ। ଉତ୍ତରରେ ଯଦି ଇସ୍ରାଏଲ ଆକ୍ରମଣ କରେ, ତା'ହେଲେ ଆରବୀୟ ଦେଶ ସମୂହ ଆମେରିକା ଗୋଷ୍ଠୀରୁ ବାହାରି ଯିବେ ଏବଂ ଇରାକକୁ ସମର୍ଥନ କରିବେ। ମାତ୍ର ତାଙ୍କର ଏ ସ୍ୱପ୍ନ ସଫଳ ହେଲା ନାହିଁ। ଆମେରିକା ରାଷ୍ଟ୍ରପତି ଜର୍ଜ ବୁଶଙ୍କ ଅନୁରୋଧରେ ଇସ୍ରାଏଲ ଇରାକର କ୍ଷେପଣାସ୍ତ୍ର ପ୍ରୟୋଗକୁ ନୀରବରେ ବରଦାସ୍ତ କଲା, ଆମେରିକା ତଥା ମିଳିତ ବାହିନୀଙ୍କର ଅତ୍ୟାଧୁନିକ ଅସ୍ତ୍ରଶସ୍ତ୍ର ସାମ୍ନାରେ ଇରାକ ରୁଷିଆ ଦେଇଥିବା ମାନ୍ଧାତା ଅମଳର କ୍ଷେପଣାସ୍ତ୍ର ମୋଟେ କାଟୁ କଲାନି।

ମିଳିତବାହିନୀ ଇରାକର ବିଭିନ୍ନ ଅଞ୍ଚଳ ବିଶେଷତଃ ବାଗଦାଦ ସହରକୁ ଧ୍ୱସ୍ତବିଧ୍ୱସ୍ତ କରିଦେଲେ। ଅବଶ୍ୟ ସେମାନେ ସାଧାରଣ ଜନବସତି ଅଞ୍ଚଳ ଉପରେ ବୋମା ପକାଉ ନଥିଲେ। ଯୁଦ୍ଧରେ କେତେ ଯେ ସୈନ୍ୟସାମନ୍ତ ତଥା ନାଗରିକ ମଲେ ତା'ର କଳନା ନାହିଁ, ସେଇଟି ସବୁଠାରୁ ଦୁଃଖ। ଗୋଟିଏ ଲୋକ, ସଦ୍ଦାମ ହୁସେନଙ୍କ ଜିଦ୍‌ଖୋର ମନୋବୃତ୍ତିରୁ ତାଙ୍କରି ଦେଶ ହିଁ କଷ୍ଟ ଭୋଗିଲା। ଏଭଳି ହିଟ୍‌ଲର ଜର୍ମାନୀର ଅବସ୍ଥା କରିଥିଲେ ଏହି ଶତାବ୍ଦୀରେ।

୨୧ଟି ଦେଶର ସୈନ୍ୟବାହିନୀଙ୍କୁ ନେତୃତ୍ୱ ଦେଇ ଯେଉଁ ବୈଦ୍ୟୁତିକ ବେଗରେ ଯୁଦ୍ଧ ସମାପ୍ତି ହେଲା ସେଥିଲାଗି ଆମେରିକାର ଜେନେରାଲ ନର୍ମାନ ସ୍ୱାର୍ଜକୋଫଙ୍କୁ

ଚାରିଆଡ୍ରୁ ଭୂୟସୀ ପ୍ରଶଂସା ମିଳିଲା । ସେ ଯୁଦ୍ଧ ପରେ ଏବେ ଅବସର ଗ୍ରହଣ କରି ଆମେରିକା ଫେରି ଆସିଛନ୍ତି ।

ଯୁଦ୍ଧ ମାନବ ସଭ୍ୟତା ତଥା ପୃଥିବୀ ପାଇଁ ଆଦୌ ହିତକର ନୁହେଁ । କିନ୍ତୁ ଆବହମାନ କାଳରୁ ଏହା ଚାଲିଆସୁଛି । ମହାଭାରତରେ ମଧ୍ୟ ସମସ୍ତ ବିକଳ୍ପ ପନ୍ଥା ବିଫଳ ହେବାରୁ ମହାଯୁଦ୍ଧ ହୋଇଥିଲା । ଯୁଦ୍ଧର ଅନ୍ତେ ପରିଣାମ ଯେ ହିତକର ଏହା କହିବା ବାହୁଲ୍ୟ । ସେହି ଇରାକରେ ଅଦ୍ୟାବଧି ସଦ୍ଦାମ ବିରାଜମାନ । ଲକ୍ଷ ଲକ୍ଷ କୁର୍ଦ୍ଦୀସ୍ଥାନର ଲୋକେ ପ୍ରାଣ ବିକଳରେ ଦେଶ ଛାଡ଼ି ପଡ଼ୋଶୀ ରାଜ୍ୟ ଇରାକ ତଥା ତୁର୍କୀ ଚାଲିଯାଉଛନ୍ତି । ସଦ୍ଦାମଙ୍କ ଅତ୍ୟାଚାର ଚାଲୁ ରହିଛି ।

ଆମେରିକା କୁଏତର ମୁକ୍ତି ପାଇଁ ସଂଗ୍ରାମ ଆରମ୍ଭ କରିଥିଲା । କୁଏତ ମୁକ୍ତି ପରେ ଯୁଦ୍ଧ ବନ୍ଦ କରି ପୂର୍ବ ପ୍ରତିଶ୍ରୁତି ବଜାୟ ରଖିଲା । ମାତ୍ର ସଦ୍ଦାମଙ୍କର ପରିବର୍ତ୍ତନ କାହିଁ ? ସାରା ପୃଥିବୀ ଆଶା କରୁଛି ଯେ ଇରାକରେ ଗଣ ଆନ୍ଦୋଳନ ହୋଇ ସଦ୍ଦାମଙ୍କୁ ହଟାଯାଉ ଏବଂ ଗଣତାନ୍ତ୍ରିକ ପଦ୍ଧତିରେ ଦେଶକୁ ଶାସନ କରାଯାଉ । ଭବିଷ୍ୟତର ଘଟଣାବଳୀରୁ ଏହା କେତେଦୂର ସମ୍ଭବ ତାହା ଜଣାଯିବ ।

■

ଇଉରୋପ-୧୯୯୨

୧୯୫୭ ମସିହା ୬ଟି ଇଉରୋପୀୟ ରାଷ୍ଟ୍ର ରୋମ୍ ରାଜିନାମା (Treaty of Rome) ମାଧ୍ୟମରେ ଏକ କମନ ମାର୍କେଟ ସୃଷ୍ଟିକରିବା ଲାଗି ଏକମତ ହୋଇଥିଲେ। ଏହି ୬ଟି ରାଷ୍ଟ୍ର ଥିଲେ ଫ୍ରାନ୍ସ, ପଶ୍ଚିମଜର୍ମାନୀ, ବେଲ୍‌ଜିୟମ୍, ଇଟାଲୀ, ନେଦରଲ୍ୟାଣ୍ଡ ଏବଂ ଲକ୍‌ସମବର୍ଗ। କିଛିବର୍ଷ ପରେ ଆଉ ୬ଟି ରାଷ୍ଟ୍ର ଏଥିରେ ଯୋଗଦେଲେ- ଇଂଲଣ୍ଡ, ଆୟାରଲାଣ୍ଡ, ସ୍ପେନ, ପର୍ତ୍ତୁଗାଲ, ଡେନମାର୍କ ଏବଂ ଗ୍ରୀସ। ତେଣୁ ବର୍ତ୍ତମାନ ଇଉରୋପୀୟ କମନ ମାର୍କେଟ ୧୨ଟି ରାଷ୍ଟ୍ରକୁ ନେଇ ଗଠିତ। ଗତ ୧୯୮୫ ମସିହାରେ ଏହି ୧୨ଟି ରାଷ୍ଟ୍ର "Single Market Goal" (ଗୋଟିଏ ମାର୍କେଟର ଲକ୍ଷ୍ୟ)ର ଯୋଜନା ସୁପାରିସ କଲେ ଏବଂ ଏହା ୧୯୯୨ ମସିହାରେ କାର୍ଯ୍ୟକାରୀ କରିବା ଲାଗି ଅଗ୍ରସର ହେଲେ।

ଏ ପ୍ରକାର Market Goalର ଅର୍ଥ କ'ଣ? ସାଧାରଣ ଭାବେ କହିଲେ ୧୨ଟି ଯାକ ଦେଶକୁ ଯଦି ମିଶାଇ ଗୋଟିଏ ବଡ଼ ଦେଶ ବୋଲି କଳ୍ପନା କରାଯାଏ, ଯେଉଁଭଳି ଭାବେ ବାଣିଜ୍ୟ ବେପାର ହୋଇପାରିବ ତାହା ଏହି ଯୋଜନାର ଲକ୍ଷ୍ୟ। ଅର୍ଥାତ୍ ଯେକୌଣସି ଜିନିଷ ଗୋଟିଏ ଦେଶରେ ତିଆରି ହୋଇ ଅନ୍ୟ ୧୧ଟି ଯାକ ଦେଶରେ ବିନା କଟକଣାରେ ବିକ୍ରି ହୋଇପାରିବ।

ବର୍ତ୍ତମାନ ଫ୍ରାନ୍ସରେ ତିଆରି କାର୍ ଜର୍ମାନୀରେ ବିକ୍ରି କରିବାକୁ ହେଲେ ପ୍ରାୟ ୭୦ଟି ଫର୍ମ ପୂରଣ କରିବାକୁ ପଡୁଛି। ୧୯୯୨ ପରେ ମାତ୍ର ଗୋଟିଏ ଫର୍ମ ପୂରଣ କରିବା ଦରକାର ହେବ। ଏହାଦ୍ୱାରା ଜିନିଷପତ୍ରର ରପ୍ତାନୀ ଆମଦାନୀ ବାବଦ ଖର୍ଚ୍ଚ ଶତକଡ଼ା ୭ଭାଗ କମିଯିବ।

ଡାକ୍ତର, ଓକିଲ, ଶିକ୍ଷକ, ଆକାଉଣ୍ଟାଣ୍ଟ, ଇଂଜିନିଅରମାନେ ୧୨ଟି ଦେଶରୁ ଯେ କୌଣସି ଦେଶରେ ଅବୈଧରେ କାର୍ଯ୍ୟ କରିପାରିବେ। ଛାତ୍ରମାନେ ଗୋଟିଏ ଦେଶର ବିଶ୍ୱବିଦ୍ୟାଳୟରେ କିଛିଦିନ ପଢ଼ି ଅନ୍ୟ ଦେଶର ବିଶ୍ୱବିଦ୍ୟାଳୟକୁ ଟ୍ରାନ୍ସଫର ନେଇପାରିବେ ଏବଂ ଏହାଦ୍ୱାରା ସେମାନଙ୍କର ପଢ଼ିଥିବା ପାଠ ଆଉଥରେ

ଦୋହରାଇବାକୁ ପଡ଼ିବ ନାହିଁ। କପିରାଇଟ ପ୍ୟାଟେଣ୍ଟ ତଥା ଟ୍ରେଡମାର୍କ ପ୍ରତିଦେଶରେ କାର୍ଯ୍ୟକାରୀ ହେବ।

ଏପ୍ରକାର ପଦକ୍ଷେପ ଇଉରୋପୀୟ ଇତିହାସରେ ପ୍ରଥମ। ୧୯୯୨ରେ ଯୁକ୍ତରାଷ୍ଟ୍ର ଆମେରିକା ଏବଂ ଜାପାନ ଛଡ଼ା ଇଉରୋପୀୟ କମନ ମାର୍କେଟ ପୃଥିବୀରେ ତୃତୀୟ ବୃହତ ବଜାର ହେବ। ଏତତ୍ ଦ୍ୱାରା ପ୍ରତିଯୋଗିତା ବଢ଼ିବ, ମୁଦ୍ରାସ୍ଫୀତି କମିବ, ଋଣ ଉପରେ ସୁଧର ପରିମାଣ କମିବ, ୩୦ କୋଟି ଡଲାରର ଅର୍ଥନୈତିକ ବିକାଶ ହେବ। ୫୦ଲକ୍ଷ ନୂଆ କାମ ସୃଷ୍ଟି ହେବ ଏବଂ ୧୨ଟି ଯାକ ଦେଶର GNP(Gross National Product) ବୃଦ୍ଧି ପାଇବ।

ବ୍ରିଟିଶ ଅର୍ଥନୀତିଜ୍ଞ ଆଣ୍ଟୋନୀ ଭେନେବ୍ଲନଙ୍କ ଭାଷାରେ "Europes trading position in the world will certainly be imporved. Real economic benefits will be achieved through greater competition within Europe and the larger European Companies will benefit in the International scene through the economies of Scale. Real benefits are available, though there will undoubtedly be political problems." (ପୃଥିବୀରେ ଇଉରୋପୀୟ ବାଣିଜ୍ୟରେ ବିଶେଷ ବିକାଶ ହେବ। ଇଉରୋପ ଭିତରେ ପ୍ରତିଯୋଗିତା ବୃଦ୍ଧିପାଇବା ହେତୁ ଅର୍ଥନୈତିକ କ୍ଷେତ୍ରରେ ଲାଭ ହେବ ଏବଂ ବଡ଼ ବଡ଼ ଇଉରୋପୀୟ କମ୍ପାନୀମାନେ ପୃଥିବୀ ବଜାରରେ ବ୍ୟବସାୟ କରିବାଲାଗି ବିଶେଷ ସୁବିଧା ପାଇବେ। ଏସବୁ ସତ୍ତ୍ୱେ, କେତେକ ରାଜନୈତିକ ଅସୁବିଧା ନିଶ୍ଚୟ ହେବ।)

ଇଂଲଣ୍ଡର ପ୍ରଧାନମନ୍ତ୍ରୀ ମାର୍ଗାରେଟ ଥାଚର କେତେକ ପ୍ରକାର ବିରୋଧ କରୁଛନ୍ତି। ଉଦାହରଣ ସ୍ୱରୂପ-ଅନେକ ବିଶେଷଜ୍ଞ ମତ ଦେଇଛନ୍ତି ଯେ ୧୨ଟି ଦେଶ ମଧ୍ୟରେ ଗୋଟିଏ ମୁଦ୍ରା ପ୍ରଚଳନ (Common Currency) ହେବା ବିଧେୟ। ଅଥଚ ଥାଚର ଏହାର ବିରୋଧୀ; କାରଣ ତାଙ୍କର ମୁଦ୍ରା ପାଉଣ୍ଡ ଷ୍ଟର୍ଲିଂ ପୃଥିବୀ ବଜାରରେ ଅନ୍ୟାନ୍ୟ ଅନେକ ରାଷ୍ଟ୍ରର ମୁଦ୍ରାର ମୂଲ୍ୟ ନିୟନ୍ତ୍ରଣ କରୁଥିବାରୁ ଇଂଲଣ୍ଡର ଅର୍ଥନୈତିକ ବିକାଶ ସାଧନ ହେଉଛି। ଏ ପ୍ରକାର ସୁବିଧାକୁ ଛାଡ଼ିଦେବାକୁ ଥାଚର ଚାହୁଁନାହାନ୍ତି।

ପ୍ରତିଦେଶ ନିଜର ଐତିହ୍ୟ ଏବଂ ସଂସ୍କୃତିକୁ ନେଇ ଗର୍ବ କରିଥାଏ। ପ୍ରତିଦେଶର ପାସପୋର୍ଟ ବଦଳରେ ଗୋଟିଏ ପ୍ରକାର ପାସ୍‌ପୋର୍ଟ ୧୨ଟି ଦେଶର ପ୍ରଚଳନ କରିବାର ଯୋଜନାକୁ କେତେକ ଦେଶ ନାପସନ୍ଦ କରୁଛନ୍ତି।

ଆଉ ଗୋଟିଏ କ୍ଷେତ୍ରରେ ମଧ୍ୟ ମତଭେଦ ହେଉଛି VAT (Valu Added

Tax) କିମ୍ବା ସେଲ୍‌ସ ଟ୍ୟାକ୍‌ସ। ୧୯୯୨ରେ ଏହି ଟ୍ୟାକ୍ସକୁ ୪ରୁ ୯ପରସେଣ୍ଟ ଭିତରେ ନିର୍ଦ୍ଧାରଣ ପାଇଁ ପ୍ରସ୍ତାବ ହେଉଥିବା ସ୍ଥଳେ ଥାଚର ଏହାକୁ ବିରୋଧ କରୁଛନ୍ତି। କାରଣ ବର୍ତ୍ତମାନ ଇଂଲଣ୍ଡରେ କେତେକ ମାଦକଦ୍ରବ୍ୟ ଉପରେ ଶତକଡ଼ା ୩୦ ଭାଗ ଟ୍ୟାକ୍ସ ସେ ଲାଗୁ କରିଛନ୍ତି ଯାହାକି ଫ୍ରାନ୍‌ସରେ ମାତ୍ର ଶତକଡ଼ା ୪ ହିସାବରେ ଟ୍ୟାକ୍ସ ହେଉଛି।

ଏସବୁ ଅସୁବିଧାର ଦୂରୀକରଣ ପାଇଁ ଚେଷ୍ଟା ଚାଲିଛି। ବେଲଜିୟମର ବ୍ରସେଲସ ସହରରେ ୧୯୯୨ର ଇଉରୋପୀୟ ସମୂହ ବଜାରର ଯୋଜନା ହେଉଛି। ଯେଉଁମାନେ ଏହାର ଦାୟିତ୍ୱରେ ଅଛନ୍ତି ତାଙ୍କୁ ୟୁରୋକ୍ରାଟ୍ (Urocrat) ବୋଲି କୁହାଯାଉଛି। ଆମେରିକା ତଥା ଜାପାନର କମ୍ପାନୀମାନେ ପୃଥିବୀର ତୃତୀୟ ବୃହତ ବଜାରରେ ପ୍ରତିଯୋଗିତା ପାଇଁ ତତ୍ପର ହୋଇ ଉଠିଲେଣି।

■

୧୯୯୨ ରାଷ୍ଟ୍ରପତି ନିର୍ବାଚନ-ଆମେରିକା

୧୯୯୨ର ରାଷ୍ଟ୍ରପତି ନିର୍ବାଚନ ପାଖେଇ ଆସିଲା। ନଭେମ୍ବର ୩ରେ ନିର୍ବାଚନ ହେବ। ବର୍ତ୍ତମାନର ରାଷ୍ଟ୍ରପତି ଜର୍ଜବୁଶ ରିପବ୍ଲିକାନ ଦଳ ପକ୍ଷରୁ ପୁନର୍ବାର ଲଢୁଛନ୍ତି। ଡେମୋକ୍ରାଟିକ୍ ଦଳର ନେତାରୂପେ ବିଲ୍ କ୍ଲିଣ୍ଟନ୍‌ଙ୍କ ବୟସ ମାତ୍ର ୪୬, ବୁଶଙ୍କ ୬୯। କ୍ଲିଣ୍ଟନ ଗତ ୮ବର୍ଷ ଧରି ଆରକାନ୍‌ସାସ୍ ପ୍ରଦେଶର ଗଭର୍ଣ୍ଣର (ଆମର ମୁଖ୍ୟମନ୍ତ୍ରୀଙ୍କ ପରି) ଅଛନ୍ତି।

ଭାରତର ଗଣତାନ୍ତ୍ରିକ ଷ୍ଟାଇଲ୍ ଇଂଲଣ୍ଡର ଢାଞ୍ଚାରେ ଗଠିତ। ଆମର ଆଲଙ୍କାରିକ ପଦବୀ ବହୁତ। ଯେମିତି ବିଲାତରେ ବର୍ତ୍ତମାନ ମଧ୍ୟ ରାଣୀ (ନାମକୁ ହେଲେ ମଧ୍ୟ) ସର୍ବୋଚ୍ଚ ପଦବୀରେ ଭୂଷିତା ସେମିତି ଆମର ପ୍ରାଦେଶିକ ସ୍ତରରେ ଗୋଟିଏ ଗୋଟିଏ ଗଭର୍ଣ୍ଣର ବା ରାଜ୍ୟପାଳ ଅଛନ୍ତି, ଯାହାଙ୍କର କାମ ବିଶେଷ କିଛି ନାହିଁ। କେତେବେଳେ ମନ୍ତ୍ରୀମଣ୍ଡଳ ଭାଙ୍ଗିଲେ ଶାସନଭାର ତାଙ୍କ ହାତକୁ ଆସେ।

ଆମେରିକାରେ ଏଭଳି ବହୁସ୍ତର ନାହିଁ। ପ୍ରତି ପ୍ରଦେଶରେ ଜଣେ ଗଭର୍ଣ୍ଣର, ଯାହାଙ୍କ ହାତରେ ଶାସନଭାର ନ୍ୟସ୍ତ କରାଯାଇଛି। ସେମିତି ଦେଶର ମୁଖ୍ୟ ଶାସକ ହେଲେ ପ୍ରେସିଡେଣ୍ଟ ବା ରାଷ୍ଟ୍ରପତି ସେ ଲୋକଙ୍କ ଦ୍ୱାରା ସିଧା ନିର୍ବାଚିତ ହୁଅନ୍ତି।

୧୯୮୦ରେ ଡେମୋକ୍ରାଟିକ ଦଳ ଜିମ କାର୍ଟରଙ୍କ ଅଧ୍ୟକ୍ଷତାରେ ଶାସନ କାଳ ସମାପ୍ତ କଲେ। କାର୍ଟରଙ୍କୁ ହରାଇ ରୋନାଲ୍‌ଡ୍ ରେଗାନ ପ୍ରେସିଡେ଼ଣ୍ଟ ହେଲେ। ସେ ୮ବର୍ଷ ଗାଦିରେ ରହିଲେ। ତାଙ୍କ ଶାସନକାଳରେ ଆମେରିକାରେ ନିଅଣ୍ଟିଆ Balance of Payment ବୃଦ୍ଧି ପାଇବାରେ ଲାଗିଲା। ଅର୍ଥାତ୍ ରପ୍ତାନୀ ଅପେକ୍ଷା ଆମଦାନୀ ବଢ଼ିବାରୁ ଡେଫିସିଟ୍ ବଢ଼ିଲା, ଦେଶର ଋଣଭାର ବଢ଼ିବାକୁ ଲାଗିଲା।

ରେଗାନ୍ ମହାଶୟ ଟ୍ୟାକ୍‌ସର ହାର କମାଇ ଲୋକମାନଙ୍କୁ ଖୁସି କରାଇଲେ। କିନ୍ତୁ ଖର୍ଚ୍ଚ କାଟ କରିବା ପରିବର୍ତ୍ତେ ସରକାର ଚଳାଇବାର ଖର୍ଚ୍ଚ ହୁହୁ ବଢ଼ିଲା। ୧୯୮୮ରେ ରେଗାନଙ୍କ ସମୟର ଉପରାଷ୍ଟ୍ରପତି ଜର୍ଜ ବୁଶ ରାଷ୍ଟ୍ରପତି ରୂପେ ନିର୍ବାଚିତ ହେଲେ ଏବଂ ରେଗାନ୍‌ଙ୍କ ନୀତିକୁ ଚାଲୁ ରଖିଲେ।

ଦୀର୍ଘ ୧୨ବର୍ଷର ଅର୍ଥନୈତିକ ବାଚାଳତାର ଫଳ ଏବେ ଭୋଗିବାକୁ ପଡୁଛି। ଆମେରିକାରେ ଅଭୂତପୂର୍ବ ଅର୍ଥନୈତିକ ରିସେସନ୍ (Recession) ଦେଖା ଦେଇଛି। ଚାରିଆଡ଼େ ଛଟେଇ ଚାଲିଛି। ବେକାରି ବୃଦ୍ଧି ପାଇବାରୁ ଜନସାଧାରଣ ବ୍ୟସ୍ତ ହେଲେଣି।

ଜର୍ଜ ବୁଶ୍ଙ୍କ ବୈଦେଶିକ ବ୍ୟାପାରନୀତି ବେଶି ଭଲଲାଗେ; କାରଣ ସେ ଚୀନରେ ରାଷ୍ଟ୍ରଦୂତ ଥିଲେ। ରେଗାନଙ୍କ ସମୟରେ ଉପରାଷ୍ଟ୍ରପତି ହିସାବରେ ସେ ବହୁ ଦେଶ ବିଦେଶ ବୁଲିଥିଲେ। ଆଗରୁ ଜାତିସଂଘରେ ଆମେରିକାର ପ୍ରତିନିଧି ଥିଲେ। ଗତବର୍ଷ ଇରାକ୍ ସହ ଯୁଦ୍ଧ କରାଇବା ପଛରେ ତାଙ୍କର ନେତୃତ୍ୱ ମୁଖ୍ୟ ଭୂମିକା ଗ୍ରହଣ କରିଥିଲା। ଯୁଦ୍ଧପରେ ତାଙ୍କର ଲୋକପ୍ରିୟତା ଖୁବ୍ ଅଧିକ ହୋଇଥିଲା।

କିନ୍ତୁ ଲୋକେ ସେ ସବୁ ପାଶୋରି ଗଲେଣି। ଯୁଦ୍ଧରେ ଜିତି କେବଳ କୁଏତକୁ ସଦ୍ଦାମ ହୁସେନଙ୍କ କବଳରୁ ମୁକ୍ତକରି ଦିଆଗଲା ସିନା, ମାତ୍ର ଇରାକ୍‌ରେ ସେଇ ସଦ୍ଦାମ ହୁସେନ ପୂର୍ବବତ୍ ରାଜତ୍ୱ ଜାରି ରଖିଛନ୍ତି। ଆମେରିକୀୟ ଲୋକେ ବର୍ତ୍ତମାନ ଦେଶର ଆଭ୍ୟନ୍ତରୀଣ ଅର୍ଥନୀତି ଉପରେ ବେଶି ଚିନ୍ତିତ। ବୁଶ୍ଙ୍କ ଲୋକପ୍ରିୟତା ବହୁତ କମି ଯାଇଛି। ଯାହା ଜଣାପଡୁଛି, ସେ ନିଶ୍ଚୟ ହାରିବେ।

ନିକଟରେ ଆମେରିକାର ବଡ଼ ବଡ଼ ଶିକ୍ଷାନୁଷ୍ଠାନର ସର୍ବୋଚ୍ଚ ନେତାମାନେ (ଅତୀତରେ ରିପବ୍ଲିକାନ୍ ଦଳର ସମର୍ଥନ) କ୍ଲିଣ୍ଟନଙ୍କୁ ସମର୍ଥନ ଜଣାଇଛନ୍ତି। ଆମେରିକାର ଯୁବ ନେତୃତ୍ୱର ଅବକାଶ ଆସିଛି। ଏଥିପୂର୍ବରୁ ସବୁ ନେତାମାନେ ଦ୍ୱିତୀୟ ମହାଯୁଦ୍ଧରେ ଭାଗ ନେଇଥିଲେ। କ୍ଲିଣ୍ଟନ ଏବଂ ତାଙ୍କ ସମସାମୟିକମାନେ ଦ୍ୱିତୀୟ ମହାଯୁଦ୍ଧବେଳେ ଜନ୍ମ ହୋଇଥିଲେ। ଦୀର୍ଘ ୧୨ବର୍ଷ ରିପବ୍ଲିକାନ୍ ଶାସନ ପରେ ସମସ୍ତେ ଡେମୋକ୍ରାଟିକ୍ ଦଳକୁ ଶାସନଭାର ଦେବାକୁ ଇଚ୍ଛା କରୁଛନ୍ତି।

■

୧୯୯୨-ଏକ ସମୀକ୍ଷା

ଏ ଚିଠି ଭାରତବର୍ଷର ରାଜଧାନୀ ନୂଆଦିଲ୍ଲୀ ସହରରୁ ଲେଖାଯାଉଛି । ୧୯୯୨ ସରିଲା । ବର୍ଷର ଶେଷ ମାସଟି ଭାରତ ପାଇଁ ଅତି ସଙ୍କଟମୟ ଥିଲା । ଡିସେମ୍ବର ୬ରେ କରସେବକମାନେ ଅଯୋଧ୍ୟାରେ ବାବ୍ରି ମସ୍‌ଜିଦ୍ ଭାଙ୍ଗି ଚୂର୍‌ମାର୍ କରିଦେଲେ । ସାଂପ୍ରଦାୟିକ ଦଙ୍ଗା ଅତି ସାଂଘାତିକ ସ୍ତରରେ ପହଞ୍ଚିବ ବୋଲି ସମସ୍ତେ ଡରୁଥିଲେ । ଭାଗ୍ୟବଶତଃ ପରିସ୍ଥିତି ଏଯାଏ ଅପେକ୍ଷାକୃତ ଶାନ୍ତ ଅଛି ବୋଲି କହିଲେ ଚଳେ । ବି.ଜେ.ପି. ଦଳର ଭାବମୂର୍ତ୍ତି ଅତ୍ୟନ୍ତ କ୍ଷୁଣ୍ଣ ହୋଇଛଇି । ଭବିଷ୍ୟତରେ କ'ଣ ହେବ କହିବା କଷ୍ଟ । ରାଜନୈତିକ ଫାଇଦା ଉଠାଇବା ପାଇଁ ସମସ୍ତେ ତତ୍ପର ଅଛନ୍ତି ।

ଆମେରିକାରେ ୧୯୯୨ର ମୁଖ୍ୟ ଘଟଣା ଥିଲା ରାଷ୍ଟ୍ରପତି ନିର୍ବାଚନ । ଦୀର୍ଘ ୧୨ବର୍ଷ ରିବପ୍ଲିକାନ୍ ଦଳ ଶାସନଗାଦିରେ ରହିବା ପରେ ଡେମୋକ୍ରାଟିକ୍ ଦଳର ନେତା ବିଲ୍ କ୍ଲିଣ୍ଟନ (୪୬ବର୍ଷ ବୟସ) ରାଷ୍ଟ୍ରପତି ରୂପେ ନିର୍ବାଚିତ ହେଲେ । ଜର୍ଜ ବୁଶ ଆଉ ୪ବର୍ଷ ଲାଗି ରାଷ୍ଟ୍ରପତି ହେବାର ଆଶା ରଖିଥିଲେ । ୧୯୯୧ମସିହାରେ ପ୍ରାରମ୍ଭରେ ଇରାକ ସହ ଯୁଦ୍ଧ କରି କୁଏତ୍‌ରୁ ହଟାଇବା ଦ୍ୱାରା ତାଙ୍କର ଜନପ୍ରିୟତା ଖୁବ୍ ବୃଦ୍ଧି ପାଇଥିଲା । ମାତ୍ର ଦେଶର ଆଭ୍ୟନ୍ତରୀଣ ସମସ୍ୟା ଯଥା ଅର୍ଥନୀତି, ବେକାରି, ସ୍ୱାସ୍ଥ୍ୟରକ୍ଷା ବ୍ୟବସ୍ଥା ନିମ୍ନଗାମୀ ହୋଇଥିବାରୁ ଲୋକେ ବ୍ୟତିବ୍ୟସ୍ତ ହୋଇପଡ଼ିଲେ ।

କ୍ଲିଣ୍ଟନ ତାଙ୍କର ପ୍ରତିଜ୍ଞା ଅନୁସାରେ ଡିସେମ୍ବର ୨୫ସୁଦ୍ଧା ସମ୍ପୂର୍ଣ୍ଣ କ୍ୟାବିନେଟ୍ ସଦସ୍ୟଙ୍କୁ ମନୋନୀତ କରିଛନ୍ତି । ଆମ ଦେଶ ଭଳି ଏଠାରେ ନିର୍ବାଚିତ ଲୋକେ ହିଁ ମନ୍ତ୍ରୀପଦକୁ ଆସିବେ ଏକଥା ନାହିଁ, ପ୍ରେସିଡେଣ୍ଟ ଯାହାଙ୍କୁ ଚାହିଁବେ ତାଙ୍କୁ କ୍ୟାବିନେଟକୁ ଆଣିପାରିବେ । ତେଣୁ ଯୋଗ୍ୟତା ଉପରେ ଗୁରୁତ୍ୱ ବେଶି ।

କ୍ଲିଣ୍ଟନ ତାଙ୍କ ରୋଡ୍‌ସ ସ୍କଲାର ସମୟର ସହପାଠୀ ରବର୍ଟ ରେସ୍‌ଙ୍କୁ ଲେବର ସେକ୍ରେଟାରୀ କଲେ । ଶ୍ରୀ ରେସ୍ ହାର୍ଭାର୍ଡ ବିଶ୍ୱବିଦ୍ୟାଳୟର ଅର୍ଥନୀତି ଅଧ୍ୟାପକ ଭାବେ ଖୁବ୍ ସୁନାମ ଅର୍ଜନ କରିଛନ୍ତି । ସେଇଭଳି କାଲିଫର୍ଣ୍ଣିଆର ବର୍କଲେ ବିଶ୍ୱବିଦ୍ୟାଳୟର ପ୍ରଫେସର ଶ୍ରୀମତୀ ଲରା ଟାଇସନଙ୍କୁ ଅର୍ଥନୀତି କମିଟିର ମୁଖ୍ୟ ଭାବେ ମନୋନୀତ କଲେ । ଲରା ଟାଇସନ ମାସାଚୁଟେସ ଇନ୍‌ଷ୍ଟିଚ୍ୟୁଟ ଅଫ ଟେକ୍ନୋଲୋଜିରୁ ଅର୍ଥନୀତିରେ ପିଏଚ୍.ଡି. କରି ଜଣେ ବିଚକ୍ଷଣ ଅର୍ଥନୀତିଜ୍ଞ ହିସାବରେ ନାଁ କରିଛନ୍ତି ।

■

ଦକ୍ଷିଣ ଆମେରିକା ରାଜନୀତି

ଦକ୍ଷିଣ ଆମେରିକାର ବ୍ରାଜିଲ ଏବଂ ଆର୍ଜେଣ୍ଟିନା ଭ୍ରମଣ ଅବସରରେ ପୃଥିବୀର ଏହି ଅଞ୍ଚଳର ଗଣତନ୍ତ୍ର ଉପରେ ମନ୍ତବ୍ୟ ପ୍ରକାଶ କରିବା ଆବଶ୍ୟକ। ନିକଟରେ ମଧ୍ୟ ଆମେରିକାର ପାନାମା, ଦକ୍ଷିଣ ଆମେରିକାର ବଲିଭିଆ ଏବଂ ଆର୍ଜେଣ୍ଟିନାର ନିର୍ବାଚନ ସମାପ୍ତ ହୋଇଛି।

ମେ' ମାସ ୯ତାରିଖରେ ପାନାମା ଦେଶର ନିର୍ବାଚନ ହେଲା। ସେଠାରେ ଏକଚ୍ଛତ୍ରବାଦ ଶାସନ। ସାମରିକ ଜେନେରାଲ ମାନୁଆଲ ନୋରାଏଗା ଗତ କିଛି ବର୍ଷ ହେବ ବନ୍ଧୁକ ଶାସନ ଚଳାଇଛନ୍ତି। ଗତବର୍ଷ ରେଗାନ ସରକାର ତାଙ୍କୁ ପାନାମାରୁ ହଟାଇବାକୁ ଚେଷ୍ଟା କରି ବିଫଳ ହୋଇଥିଲେ। ନୋରାଏଗା କୋଟି କୋଟି ଟଙ୍କା ଡ୍ରଗ ବ୍ୟବସାୟରୁ ରୋଜଗାର କରି ଧନୀ ହୋଇଛନ୍ତି, ଅଥଚ ପାନାମାର ସାଧାରଣ ଲୋକମାନଙ୍କର ହିତ ପାଇଁ କ୍ୱଚିତ ଦୃଷ୍ଟି ଦେଇଥାନ୍ତି।

ଏହି ଅବସରରେ ମେ'ମାସରେ ଲୋକଦେଖାଣିଆ ନିର୍ବାଚନ କରିବାକୁ ସେ ଘୋଷଣା କଲେ। ତାଙ୍କର ବଦ୍ଧମୂଳ ଧାରଣା ଥିଲା ଯେ ସେ ନିଶ୍ଚୟ ଜିତିବେ। ନିର୍ବାଚନର ଫଳ ଓଲଟା ହେଲା। ସର୍ବସାଧାରଣ ତାଙ୍କର ବିପକ୍ଷ ଦଳର ନେତାଙ୍କୁ ବହୁ ସଂଖ୍ୟାରେ ଭୋଟ ଦେଲେ। ଘଟଣାର ସତ୍ୟତା ଉପଲବ୍ଧି କରିବା ମାତ୍ରେ ନୋରାଏଗା ଗୁଣ୍ଡାଦଳ ପଠାଇ ଭୋଟ ରିଗିଂ ଆରମ୍ଭ କଲେ। ଭୋଟର ଫଳାଫଳ ମଧ୍ୟ ଦିବାଲୋକରେ ସମସ୍ତଙ୍କ ଆଗରେ ବଦଳାଇ ଦିଆଗଲା।

ଆମେରିକାର ପୂର୍ବତନ ରାଷ୍ଟ୍ରପତି ଜିମି କାର୍ଟର ପର୍ଯ୍ୟବେକ୍ଷକ ହିସାବରେ ପାନାମା ସିଟିରେ ଥିଲେ ଏବଂ ଏ ପ୍ରକାର ଦୁର୍ନୀତି ବିରୋଧରେ ମତପ୍ରକାଶ କଲେ। ନିର୍ବାଚନର ୨ ଦିନ ପରେ ବିରୋଧି ଦଳଙ୍କର ଏକ ସାଧାରଣ ସଭା ଚାଲିଥିବା ବେଳେ ନୋରାଏଗାଙ୍କ ଗୁଣ୍ଡାଦଳ ବିରୋଧୀ ଦଳର ନେତାଙ୍କ ଉପରେ ଆକ୍ରମଣ କରି ୨ଜଣ ଦେହରକ୍ଷୀଙ୍କୁ ମାରିଦେଲେ। ଜଣେ ନେତାଙ୍କୁ ଲହୁଲୁହାଣ କରିଦେଲେ। ପୃଥିବୀର ବଡ଼ ବଡ଼ ପତ୍ରପତ୍ରିକାର କଭର ପୃଷ୍ଠାରେ ଏହାର ଫଟୋଚିତ୍ର ପ୍ରକାଶ ପାଇଲା।

ଆମେରିକାର ରାଷ୍ଟ୍ରପତି ଜର୍ଜ ବୁଶ ପ୍ରାୟ ଦଶହଜାର ସୈନ୍ୟଙ୍କୁ ସେଠାକୁ ପଠାଇଲେ; କାରଣ ପାନାମା କେନାଲ ସୁରକ୍ଷା ବାବଦରେ ଆମେରିକାର ପ୍ରାୟ ୩୦ ହଜାର ଲୋକ ସେଠାରେ ବସବାସ କରୁଛନ୍ତି। ନୋରାଏଗାଙ୍କୁ ବହିଷ୍କାର କରିବା ଲାଗି ଚାରିଆଡ଼େ ଜନମତ ଘନେଇ ଆସିଲାଣି। ଇଏ ହେଲା ପାନାମାର ରାଜନୈତିକ ଅବସ୍ଥା।

ବଲିଭିଆରେ ନିର୍ବାଚନ ଶାନ୍ତିପୂର୍ଣ୍ଣ ଭାବରେ ସମାପ୍ତ ହୋଇଛି। ଏହି ଦେଶଟି ବ୍ରାଜିଲ ଓ ଆର୍ଜେଣ୍ଟିନା ସୀମାରେ ଅବସ୍ଥିତ। ନିକଟସ୍ଥ ପେରୁ ଏବଂ ଚିଲିରେ ରାଜନୈତିକ ଅସ୍ଥିରତା ଲାଗିରହିଛି। ଆର୍ଜେଣ୍ଟିନା ନିର୍ବାଚନରେ କାର୍ଲୋସ ମେନେମ ରାଷ୍ଟ୍ରପତି ରୂପେ ନିର୍ବାଚିତ ହୋଇଛନ୍ତି। ଅର୍ଥନୈତିକ ଅସ୍ଥିରତା ଏତେ ଚରମ ଅବସ୍ଥାରେ ପହଞ୍ଚିଲାଣି ଯେ, ପ୍ରତିଦିନ ତାଙ୍କ ଦେଶର ମୁଦ୍ରା ଅଷ୍ଟ୍ରାଲର ମୂଲ୍ୟ ପରିବର୍ତ୍ତନ ହେଉଛି।

ଆମେ ୩ଦିନ ରହଣି ମଧ୍ୟରେ ଦେଖିଲୁ ଡଲାର ପିଛା ଅଷ୍ଟ୍ରାଲ ୨୦୦ରୁ କମି ୧୫୦କୁ ଚାଲିଆସିଲା। ପାଖ ଦେଶମାନଙ୍କ ତୁଳନାରେ ଜିନିଷପତ୍ରର ଦରଦାମ ହଠାତ୍ ଏତେ ଶସ୍ତା ହୋଇଗଲା ଯେ, ପଡ଼ୋଶୀ ରାଷ୍ଟ୍ର ଉରୁଗୁଏରୁ ବସ୍‌ରେ ଲୋକେ ବୋଝେଇ ହୋଇ ଆର୍ଜେଣ୍ଟିନା ଆସିଲେ ଏବଂ ସାଧାରଣ ଘରକରଣା ଜିନିଷପତ୍ର ତଥା ଖାଦ୍ୟ ପଦାର୍ଥ କିଣିବାକୁ ଲାଗିଲେ।

ବ୍ରାଜିଲ ଲୋକଙ୍କୁ ମଧ୍ୟ ଆର୍ଜେଣ୍ଟିନାର ଦରଦାମ ଶସ୍ତା ଲାଗିଲା। ଅନ୍ୟ ଦେଶରେ ଗୋଟିଏ ରେସ୍ତୋରାଁରେ ସାନ୍ଧ୍ୟ ଭୋଜନ ବାବଦରେ ୨୦ରୁ ୩୦ ଡଲାର ଖର୍ଚ୍ଚ ହେଉଥିବା ସ୍ଥଳେ, ଆର୍ଜେଣ୍ଟିନାରେ ମାତ୍ର ୧ରୁ ୨ଡଲାର ଲାଗିଲା। ଆମେ ଗୋଟିଏ ଦିନରେ ୨ଥର ଖାଇବାରେ ମାତ୍ର ୩ଡଲାର (୪୮ ଭାରତୀୟ ଟଙ୍କା) ଖର୍ଚ୍ଚ କଲୁ। ଯୁକ୍ତରାଷ୍ଟ୍ର ଆମେରିକାରେ ପ୍ରାୟ ୨୦ ଡଲାର ଖର୍ଚ୍ଚ ହୋଇଥାନ୍ତା।

ଆର୍ଜେଣ୍ଟିନାର ଅର୍ଥନୈତିକ ଅସ୍ଥିରତା ହେତୁ ନୂଆ ରାଷ୍ଟ୍ରପତି ଶୀଘ୍ର ଦାୟିତ୍ୱ ନେଇ ଏହାକୁ ନିମନ୍ତ୍ରଣ କରନ୍ତୁ ବୋଲି ଲୋକମାନେ ଆହ୍ୱାନ ଦେଉଛନ୍ତି। ସମଗ୍ର ଦକ୍ଷିଣ ଆମେରିକାରେ ଦେଶମାନଙ୍କ ମଧ୍ୟରେ ଏକତା ନାହିଁ। ଇଉରୋପରେ ଯେପିର ୧୨ଟି ଦେଶ ଏକତ୍ର ବାଣିଜ୍ୟ କରିବା ଲାଗି ୧୯୯୨ରେ ଯୋଜନା କଲେଣି, ଦକ୍ଷିଣ ଆମେରିକାରେ ସେପିର ଉଦ୍ୟମ ହୋଇନି। ଦେଶ ଦେଶ ମଧ୍ୟରେ ବିଭାଜନ ଅନେକ।

ଆର୍ଜେଣ୍ଟିନାର ଲୋକମାନେ ନିଜକୁ ଅନ୍ୟମାନଙ୍କ ତୁଳନାରେ ଉପରେ ବୋଲି ଭାବନ୍ତି। ସ୍ପେନର ରାଜାରାଜୁଡ଼ା ଶାସନର ମନୋଭାବ ଏପର୍ଯ୍ୟନ୍ତ ରହିଯାଇଛି। ବ୍ରାଜିଲ

ସର୍ବବୃହତ୍ ଦେଶ ଏବଂ ଏମାନଙ୍କର ସମସ୍ୟା ଅତ୍ୟଧିକ। ପେରୁ, ଚିଲ୍ଲି, ଭେନେଜୁଏଲା, କଲମ୍ବିଆ ଇତ୍ୟାଦି ଦେଶରେ ରାଜନୈତିକ ତଥା ଅର୍ଥନୈତିକ ଅସ୍ଥିରତା ବହୁତ।

ଏହି ସବୁ ଦୃଷ୍ଟିରୁ ଭାରତର ଗଣତନ୍ତ୍ର ଯଥେଷ୍ଟ ଅଧିକ ଶକ୍ତିଶାଳୀ। ଆନ୍ତଃ ରାଜନୈତିକ ଅସ୍ଥିରତା ଏପର୍ଯ୍ୟନ୍ତ ଆସିନି। ମାତ୍ର ଦେଶ ଭିତରେ ବିଭାଜନ ତଥା ଜନସାଧାରଣଙ୍କ ହିତପାଇଁ ନେତାମାନେ ଦୃଷ୍ଟି ନଦେଲେ ଅସ୍ଥିରତା ଆସିବା ଅସମ୍ଭବ ନୁହେଁ। ଦକ୍ଷିଣ ଆମେରିକା ଦେଶମାନଙ୍କର ଲୋକସଂଖ୍ୟା ସମସ୍ୟା ଆମ ଦେଶଠାରୁ କମ୍। ଭାରତ ବାହାରେ ଭାରତୀୟମାନେ ଯେପରି ସୁନାମ ଅର୍ଜନ କରିପାରିଛନ୍ତି, ଏସବୁ ଦେଶରେ ସେପରି ନାହିଁ; କାରଣ ଇଂରାଜୀ ଭାଷା କହିବା ପ୍ରାୟ ବିରଳ।

■

ବେସ୍‌ବଲ୍

ଆମେରିକାର ଏକ ପ୍ରଧାନ ଖେଳର ନାଁ ହେଉଛି ବେସ୍‌ବଲ (Base Ball) ସାରାଦେଶରେ ଏହି ଖେଳର ଲୋକପ୍ରିୟତା ଅତ୍ୟଧିକ। ଏହି ଖେଳନେଇ ଲୋକେ ବେଶ୍ ଭାବପ୍ରବଣ ହୋଇଥାନ୍ତି। ସାଧାରଣ କଥୋପକଥନରେ ବୟସ୍କ ଲୋକମାନେ ସେମାନଙ୍କ ପିଲାଦିନର କିମ୍ବା କଲେଜ ସମୟର ବିଖ୍ୟାତ ଖେଳଓ୍ୱାର୍ଡମାନଙ୍କ ଉପରେ ଆଲୋଚନା କରିଥାନ୍ତି।

କିଛିଦିନ ତଳେ ପୁଅର ଅନୁରୋଧରେ ତା'ର ଦୂରରୁ ଆସିଥିବା ଜଣେ ସମବୟସ୍କ ସାଙ୍ଗକୁ ଧରି ସାନ୍‌ଫ୍ରାନ୍‌ସିସ୍କୋର ଏକ ବିରାଟ ଷ୍ଟାଡ଼ିୟମକୁ ବେସ୍‌ବଲ୍ ମ୍ୟାଚ୍ ଦେଖିବାକୁ ଯାଇଥିଲୁ। ସାନ୍‌ଫ୍ରାନ୍‌ସିସ୍କୋର "ଜାୟାଣ୍ଟସ୍" (Giants) ଟିମ୍ ଏବଂ ଲସ୍ ଏଞ୍ଜେଲସ୍ ସହରର "ଡଜରସ୍" (Dodgers) ଟିମ୍ ମଧ୍ୟରେ ପ୍ରତିଯୋଗିତା ହେଉଥିଲା। ଷ୍ଟାଡ଼ିୟମରେ ପ୍ରାୟ ୪୦ ହଜାର ଦେଖଣାହାରୀ ଉପସ୍ଥିତ ଥିଲେ।

ବେସ୍‌ବଲ୍‌ର କ୍ରିକେଟ୍ ଖେଳ ସହ ଅଳ୍ପ ସାମଞ୍ଜସ୍ୟ ଅଛି। ଏଥିରେ କ୍ରିକେଟ୍‌ର ବୋଲର ପରି ଜଣେ ବଲ ଖୁବ୍ ଦ୍ରୁତଗତିରେ ଫୋପାଡ଼ିଥାଏ। ତାକୁ ପିଚର କୁହାଯାଏ। ଯିଏ ବ୍ୟାଟିଂ କରୁଥାଏ ତାକୁ ବ୍ୟାଟର କୁହାଯାଏ। ବ୍ୟାଟ୍‌ର ପଛକୁ ଆମର ଉଇକେଟ୍ କିପର୍ ପରି ଯିଏ ବଲ ଧରିବାକୁ ଠିଆ ହୋଇଥାଏ ତାକୁ କ୍ୟାଚର କହନ୍ତି।

ବେସ୍‌ବଲ୍‌ରେ ୪ଟି ବେସ୍ ଥାଏ ଏବଂ ଏହା ଏକ ଚତୁର୍ଭୁଜ (ଡାଇମଣ୍ଡ)ର ୪ଟି କୋଣରେ ଅବସ୍ଥିତ। ବ୍ୟାଟରର ବେସ୍‌କୁ ହୋମ ବେସ୍ ବୋଲି କୁହାଯାଏ। ବାକି ୩ଟିକୁ ଯଥାକ୍ରମେ ପ୍ରଥମ ଦ୍ୱିତୀୟ ଏବଂ ତୃତୀୟ ବେସ୍ ବୋଲି କୁହାଯାଏ। ଏକ ପକ୍ଷର ଟିମ୍ ପିଚିଂ ସହ ଫିଲ୍‌ଡିଂ କରିଥାନ୍ତି। ଅପରପକ୍ଷ ଟିମ୍ ବ୍ୟାଟିଂ କରିଥାନ୍ତି। ସମୁଦାୟ ୯ଟି ଇନିଂସ୍ ଖେଳ ହୋଇଥାଏ। ଗୋଟିଏ ଟିମର ଇନିଂସ୍ ସରିଯାଏ ଏବଂ ଅପରପକ୍ଷର ଟିମ୍ ବ୍ୟାଟିଂ କରିବାକୁ ଆସନ୍ତି।

କ୍ରିକେଟ୍ ପରି ବେସ୍‌ବଲରେ ଉଇକେଟ ପରିକା ଜିନିଷ ନଥାଏ। ପିଚ୍‌ର ଏକ କାଳ୍ପନିକ ସ୍କୋୟାର (ଚତୁର୍ଭୁଜ) ମଧ୍ୟରୁ ଜଣେ ବଲ୍ ଫୋପାଡ଼ିଥାଏ ଏବଂ ବ୍ୟାଟର

ସେଇ ବଲକୁ ଅନ୍ୟଜଣେ ଦୂରକୁ ବ୍ୟାଟ୍‌ରେ ମାରିବାର ପ୍ରଚେଷ୍ଟା କରିଥାଏ। କ୍ରିକେଟ ବ୍ୟାଟ୍ ଭଳି ବେସ୍‌ବଲ୍ ବ୍ୟାଟ ଚେପେଟା ନହୋଇ ଗୋଲିଆ ଆକାରର (Cylindrical)। ତେଣୁ ବ୍ୟାଟର ଠିକ୍ ସ୍ଥାନରେ ବଲ୍‌କୁ ମାରିବା କିଛି ସହଜ କଥା ନୁହଁ।

ବ୍ୟାଟିଂ କରୁଥିବା ଦଳର ଉଦ୍ଦେଶ୍ୟ ଯେତେ ବେଶି ରନ୍ କରିବା। ଥରେ ପୂରା ୪ଟି ବେସ୍‌କୁ ବୁଲି ଆସିଲେ ଗୋଟିଏ ରନ୍ ହୁଏ। ପ୍ରତି ବେସ୍ ଭିତରେ ଦୂରତ୍ୱ ପ୍ରାୟ ୬୫ ଫୁଟ। କ୍ରିକେଟରେ ଛକା ପରି ଏଥିରେ ମଧ୍ୟ ବାଉଣ୍ଡାରି ଉପରେ ଉପରେ ବଲ ମାରପାରିଲେ ଗୋଟିଏ ରନ୍ ଆପେ ହୋଇଯାଏ। ଏହାକୁ "ହୋମ ରନ୍" କୁହାଯାଏ।

କ୍ରିକେଟ ଖେଳରେ ଯେମିତି ଶହଶହ ରନ୍ ହୋଇଥାଏ, ବେସ୍‌ବଲ୍‌ର ରନ୍ ସଂଖ୍ୟା ଖୁବ୍ କମ୍। ଗୋଟିଏ ମ୍ୟାଚରେ ୫ରୁ ୭ ରନ୍ ହେଲେ ବଡ଼ କଥା। ଆମେ ଯେଉଁ ମ୍ୟାଚ୍ ଦେଖିଲୁ ସେଥିରେ ଲସ୍ ଏଞ୍ଜେଲସ୍ ଦଳ ୧୧ ରନ୍ କରିବା ବେଳେ ସାନ୍‌ଫ୍ରାନ୍‌ସିସ୍କୋ ଦଳ ମାତ୍ର ୨ ରନ୍ କରିପାରିଥିଲେ।

କେତେକେ ମତ ଦେଇଥାନ୍ତି ଯେ ବେସ୍‌ବଲ୍ ଖେଳ ଦେଖିଲେ କ୍ରିକେଟ ଖେଳ ସହଜ ଲାଗେ। ମାତ୍ର ଏହା ଭୁଲ୍ ମନ୍ତବ୍ୟ। ଉଭୟ ଖେଳରେ ଦକ୍ଷତା ଏବଂ ବୁଦ୍ଧି ତଥା ଟିମ୍‌ୱାର୍କର ଆବଶ୍ୟକତା ରହିଛି। ଏହା ସତ ଯେ ବେଳେ ବେଳେ ବେସ୍‌ବଲ୍ ଖେଳ ଅନେକଙ୍କୁ ଖୁବ୍ ଧୀର ମନେ ହୋଇଥାଏ।

ଆମେରିକା ଛଡ଼ା କାନାଡ଼ା ଏବଂ ମେକ୍‌ସିକୋରେ ବେସ୍‌ବଲ ଖେଳ ହୋଇଥାଏ। ଜାପାନ୍‌ରେ ଗତ କିଛି ବର୍ଷ ହେବ ବେସ୍‌ବଲ୍‌ର ଲୋକପ୍ରିୟତା ବୃଦ୍ଧି ପାଇଛି। ପୃଥିବୀର ଆଉ କେଉଁଠି ଏହି ଖେଳ ନାହିଁ।

ଆମେରିକାରେ ଫୁଟବଲ୍‌କୁ ସକ୍କର (Soccer) ବୋଲି କୁହାଯାଇଥାଏ। ଏହା ପୃଥିବୀର ସର୍ବୋଚ୍ଚ ଲୋକପ୍ରିୟ ଖେଳ ହୋଇଥିବା ସ୍ଥଳେ ଆମେରିକାରେ ଏତେ ଲୋକପ୍ରିୟତା ହାସଲ କରିନି। ନିକଟ ଅତୀତରେ ପୃଥିବୀ କପ୍ ମ୍ୟାଚ୍‌ରେ ଆର୍ଜେଣ୍ଟିନା ଏବଂ ଜର୍ମାନୀ ମଧ୍ୟରେ ଫାଇନାଲ ଖେଳ ହୋଇଥିଲା ଏବଂ ଜର୍ମାନୀ ଆସନ୍ତା ୪ବର୍ଷ ଲାଗି ଚାମ୍ପିୟାନ ହେଲା। ଏସିଆ, ଇଉରୋପ, ଦକ୍ଷିଣ ଆମେରିକା, ଅଷ୍ଟ୍ରେଲିଆ ତଥା ଆଫ୍ରିକାର ପ୍ରାୟ ସମସ୍ତ ଦେଶରେ ଫୁଟବଲ ଅତି ଲୋକପ୍ରିୟ ଖେଳ। ଆମେରିକା ତଥା କାନାଡ଼ାରେ ଧୀରେ ଧୀରେ ଫୁଟବଲର ଲୋକପ୍ରିୟତା ବୃଦ୍ଧି ପାଉଛି।

■

ଶତାବ୍ଦୀ ସମୀକ୍ଷା

ଭାରତବର୍ଷ ଦୀର୍ଘ ଦୁଇଶହ ବର୍ଷ ବ୍ରିଟିଶ ଶାସନରୁ ସ୍ୱାଧୀନତା ହାସଲ କଲା। ମହାତ୍ମା ଗାନ୍ଧୀ ୧୯୦୦ ମସିହାରେ ୩୧ ବର୍ଷ ବୟସରେ ଯୁବକ ଓକିଲ ଥିଲେ। ଦକ୍ଷିଣ ଆଫ୍ରିକାରେ ଓକିଲାତି କରିବା ଅବସରରେ "ଅସହଯୋଗ ଆନ୍ଦୋଳନ" ପରୀକ୍ଷାମୂଳକ ଭାବେ ଆରମ୍ଭ କରିଥିଲେ। ତା'ପରେ ଦ୍ୱିତୀୟ ଦଶନ୍ଧିରେ ଭାରତ ପ୍ରତ୍ୟାବର୍ତ୍ତନ କଲାପରେ ଗାନ୍ଧୀ ବ୍ରିଟିଶ ଶାସନ ବିରୋଧରେ ଅସହଯୋଗ ଆନ୍ଦୋଳନ କରି ବିନା ରକ୍ତପାତରେ ଭାରତର ସ୍ୱାଧୀନତା ଆଣି ପାରିଲେ। ଏହି ବିଂଶ ଶତାବ୍ଦୀର ସର୍ବଶ୍ରେଷ୍ଠ ମନୁଷ୍ୟ ହିସାବରେ ସେ ଗଣାଯାଉଛନ୍ତି। ଭାରତ ୧୯୪୭ରେ ସ୍ୱାଧୀନତା ପାଇଲା, ମାତ୍ର ମହାତ୍ମା ଗାନ୍ଧୀ ଭାରତ-ପାକିସ୍ତାନ ବିଭାଜନରେ ଅତ୍ୟନ୍ତ କ୍ଷୁବ୍‌ଧ ହୋଇଥିଲେ। ତାଙ୍କର ଶିଷ୍ୟ ନେହେରୁ ଭାରତର ପ୍ରଥମ ପ୍ରଧାନମନ୍ତ୍ରୀ ହେଲେ। ନାମକୁ ଭାରତୀୟ ଥିଲେ ମଧ୍ୟ ନେହେରୁ ଜଣେ ବ୍ରିଟିଶ ଲୋକ କହିଲେ ଅତ୍ୟୁକ୍ତି ହେବ ନାହିଁ। ସ୍ୱାଧୀନ ଭାରତକୁ ସୋଭିଏତ୍ ଦେଶର ସମାଜବାଦ (Socialism) ଢାଞ୍ଚାରେ ଗଢ଼ିବାକୁ ଲାଗିଲେ। ଏହି ମଡେଲ ଅନୁସାରେ ପବ୍ଲିକ ସେକ୍‌ଟରକୁ ଦୃଢ଼ କରିବାକୁ ଯାଇ ପଞ୍ଚବାର୍ଷିକ ଯୋଜନା ମାଧ୍ୟମରେ ଶିଳ୍ପ ସଂସ୍ଥା ଗଢ଼ିଲେ। ଅଥଚ ସୋଭିଏତ୍ ମଡ଼େଲ ସାରା ପୃଥିବୀରେ ଅକାମୀ ହୋଇଗଲା। ଭାରତରେ ଏହି ପନ୍ଥା ଭଲ କାମ କଲା ନାହିଁ। ଦୁର୍ନୀତି ଏବଂ ଅଦକ୍ଷତା (inefficiency) ବଢ଼ି ଚାଲିଲା। ସ୍ୱାଧୀନତାର ୫୦ବର୍ଷ ପରେ ଏହି ନେହେରୁ-କଳ୍ପିତ ସଂସ୍ଥାମାନେ ରୁଗ୍‌ଣ ଶିଳ୍ପ ହୋଇ ପଡ଼ିଛନ୍ତି।

ବିଂଶ ଶତାବ୍ଦୀରେ ଆମେରିକାରେ "The great depression" ଦେଖାଗଲା ୧୯୩୦ ଦଶନ୍ଧିରେ, ବେକାରି ଅନାହାରରେ ଲୋକେ ହନ୍ତସନ୍ତ ହେଲେ। ଦ୍ୱିତୀୟ ମହାଯୁଦ୍ଧର ଭିଭୀଷିକା ପୃଥିବୀକୁ ଥରହର କଲା। ଜର୍ମାନୀର ହିଟ୍‌ଲର୍ ନାଜିମାନଙ୍କ ସହାୟତାରେ ଲକ୍ଷ ଲକ୍ଷ ଜିଉଙ୍କୁ ହତ୍ୟା କଲେ। ଇତିହାସରେ ଏହା ଏକ "କଳଙ୍କିତ ଅଧ୍ୟାୟ" ରୂପେ ଲିପିବଦ୍ଧ ହୋଇ ରହିବ। ଆମେରିକା, ବ୍ରିଟେନ ତଥା ନେଟୋ ମେଣ୍ଟଭୁକ୍ତ ଦେଶମାନେ ଯୁଦ୍ଧରେ ସକ୍ରିୟ ଅଂଶଗ୍ରହଣ କଲେ। ଏପଟେ ଜର୍ମାନୀ, ଜାପାନ, ଇଟାଲୀ

ମିଶିଲେ, ଆମେରିକା ୧୯୪୪ରେ ଜର୍ମାନୀକୁ ପରାସ୍ତ କଲା ଏବଂ ୧୯୪୫ରେ ଜାପାନର ନାଗାସାକି ଏବଂ ହିରୋଶିମା ସହରରେ ଆଣବିକ ବୋମା ନିକ୍ଷେପ କଲା। ପୃଥିବୀ ଆଣବିକ ଅସ୍ତ୍ର ଭୟାବହତା ହୃଦୟଙ୍ଗମ କରି ବିଶେଷ ଆତଙ୍କିତ ହେଲା, ୧୯୫୦ ଦଶନ୍ଧିରେ ଯୁଦ୍ଧ ସମାପ୍ତି ପରେ, ଆମେରିକା ଏବଂ ରୁଷିଆ ମଧ୍ୟରେ ଶୀତଳ ଯୁଦ୍ଧ (Cold war) ଅବ୍ୟାହତ ରହିଲା। ଏକ ପକ୍ଷରେ ଗଣତନ୍ତ୍ରବାଦ, ଅନ୍ୟପକ୍ଷରେ କମ୍ୟୁନିଷ୍ଟ ଶାସନର ଏକଛତ୍ରବାଦ ତଥା ସାମ୍ୟବାଦର ମନ୍ତ୍ରନାଦ, ରୁଷିଆ ତଥା ପୂର୍ବ ଇଉରୋପର ଦେଶମାନେ କମ୍ୟୁନିଷ୍ଟ ଶାସନ ଜାରି ରଖିଲେ।

୧୯୮୯ ମସିହାରେ ରୁଷିଆର ଗୋର୍ବାଚୋଭଙ୍କ ନେତୃତ୍ୱରେ ପୁରୁଣା ସୋଭିଏତ୍ ଦେଶର ପତନ ଘଟିଲା, ଯୁଦ୍ଧପରର ଦ୍ୱିଖଣ୍ଡିତ ଜର୍ମାନୀ ପୁନରାୟ ଏକରାଷ୍ଟ୍ର ହୋଇଗଲା, କେବଳ ଚୀନ, ଉତ୍ତରକୋରିଆକୁ ଛାଡ଼ିଲେ ପୃଥିବୀରେ କମ୍ୟୁନିଷ୍ଟ ଶାସନ ଲୋପ ପାଇଗଲା କହିଲେ ଚଳେ। ଆମେରିକା ଗଣତନ୍ତ୍ରବାଦର ପୁଲିସ ଭାବେ ନିଜକୁ ସାବ୍ୟସ୍ତ କରି ଭିଏତ୍‌ନାମ, କୋରିଆ ଇତ୍ୟାଦି ଦେଶରେ କମ୍ୟୁନିଷ୍ଟ ଶାସନ ବିରୋଧରେ ଯୁଦ୍ଧ କରି ବଦ୍‌ନାମ ହେଲା।

୧୯୬୯ ମସିହାରେ ପୃଥିବୀ ଇତିହାସରେ ଏକ ଅବିସ୍ମରଣୀୟ ଘଟଣା ଘଟିଲା, ପ୍ରଥମ ଥର ଲାଗି ମନୁଷ୍ୟ ଚନ୍ଦ୍ରପୃଷ୍ଠରେ ଅବତରଣ କଲା। ଯେଉଁ ଶତାବ୍ଦୀର ପ୍ରାରମ୍ଭରେ ଫୋନ୍ ଆରମ୍ଭ ହୋଇଥିଲା, ସେହି ଶତାବ୍ଦୀର ଶେଷ ଭାଗରେ ଇଣ୍ଟରନେଟ୍ ମାଧ୍ୟମରେ ପୃଥିବୀର ଲକ୍ଷ ଲକ୍ଷ ଲୋକ ଆଖି ପିଛୁଳାକେ ପରସ୍ପର ଭିତରେ ବାର୍ତ୍ତାଳାପ କରି ପାରୁଛନ୍ତି। ଏହି ଶତାବ୍ଦୀରେ ଉଡ଼ାଜାହାଜ ପ୍ରଚଳନ ଆରମ୍ଭ ହୋଇ ଜେଟ୍ ପ୍ଲେନ ଚାଲିଲା। ପୃଥିବୀର ବାଣିଜ୍ୟ କ୍ଷେତ୍ରରେ ତଥା ଆନ୍ତର୍ଜାତିକ ଚଳପ୍ରଚଳରେ ଅଭୂତପୂର୍ବ ଅଗ୍ରଗତି ହେଲା, ଯେଉଁଠି ପାଣି ଜାହାଜରେ ମହାଦେଶ ଯାତ୍ରା ମାସେ ଲାଗୁଥିଲା, ବର୍ତ୍ତମାନ ମାତ୍ର ୮-୧୦ ଘଣ୍ଟାରେ ତାହା ସମ୍ପୂର୍ଣ୍ଣ କରାଯାଇ ପାରୁଛି।

ଭାରତର ସ୍ୱାଧୀନତା ପ୍ରାପ୍ତିର ୫୦ବର୍ଷ ପୂରିଲା, କିନ୍ତି ଦାରିଦ୍ର୍ୟ, ଅନାହାର, ଜନସଂଖ୍ୟା ବୃଦ୍ଧି ଭାରତର ମୁଖ୍ୟ ସମସ୍ୟା ହୋଇ ରହିଲା, ନୈତିକ ସ୍ଖଳନ ରାଜନୈତିକ ସ୍ତରରେ ବୃଦ୍ଧି ପାଇଲା, ଜ୍ଞାନୀ, ପଣ୍ଡିତ ତଥା ଗାନ୍ଧୀଙ୍କ ଦ୍ୱାରା ଅନୁପ୍ରାଣିତ ନେତାଙ୍କ ସ୍ଥାନରେ ଆସିଲେ ଗୁଣ୍ଡା ଏବଂ ସ୍ୱାର୍ଥଲୋଭୀ ନେତାମାନେ, କାହିଁଗଲେ ଶ୍ରୀଅରବିନ୍ଦ, ମହାତ୍ମା ଗାନ୍ଧୀ, ବାଳଗଙ୍ଗାଧର ତିଳକ, ସୁଭାଷ ବୋଷ, ରାଧାକ୍ରିଷ୍ଣନ, ଏବେକୁ ଦେଖିବାକୁ ପଡ଼ିଲା ଲାଲୁ ଯାଦବ, ମାୟାବତୀ, ଜୟଲଳିତା ଏବଂ ରାଜନୈତିକ ଅନଭିଜ୍ଞା ଇଟାଲୀୟ ସୋନିଆ ଗାନ୍ଧୀ, ଭାରତର ରାଜନୈତିକ କ୍ଷେତ୍ରରେ କଂଗ୍ରେସର ଅବସାନ ହେଲା କହିଲେ ଚଳେ।

ଦକ୍ଷିଣ ଆଫ୍ରିକାରେ ଆପାରଥେଇଡ଼ (Apartheid ବର୍ଣ୍ଣବୈଷମ୍ୟ) ଶାସନ ପରେ ଆସିଲେ ନେଲସନ୍ ମାଣ୍ଡେଲା, ତାଙ୍କ ଦେଶରେ କଳା, ଗୋରା ବିଭେଦର ଅବସାନ ଘଟିଲା। ଭାରତ ଦୁଇ ଭାଗ ହୋଇ ପାକିସ୍ତାନ ଉଦ୍ଭବ ହୋଇଥିଲା, ୧୯୭୧ରେ ପୂର୍ବ ପାକିସ୍ତାନ ବିପ୍ଳବ କରି ଭାରତ ସହାୟତାରେ ନୂତନ ଦେଶ 'ବାଂଲାଦେଶ' ହେଲା, ଏପଟେ ପାକିସ୍ତାନରେ ଗଣତନ୍ତ୍ର ତିଷ୍ଠିବା କଷ୍ଟକର ବ୍ୟାପାର ହେଲା, ଜେନେରାଲମାନେ ଏକଚ୍ଛତ୍ରବାଦ ଶାସନ ଜାରି ରଖିଲେ। ଆମ ଓଡ଼ିଶା ସ୍ୱତନ୍ତ୍ର ହେଲା, ମାତ୍ର ଓଡ଼ିଶା ରାଜନୈତିକ ନେତୃତ୍ୱର ଅପାରଗତା ଯୋଗୁ ଅବହେଳିତ ହୋଇ ରହିଲା, ଏବେ ମଧ୍ୟ ଭାରତବର୍ଷରେ ଓଡ଼ିଶା ସର୍ବନିମ୍ନ ସ୍ଥାନରେ।

ବିଂଶ ଶତାବ୍ଦୀର ଶେଷ ଭାଗରେ ଆମେରିକା ତଥା ପାଶ୍ଚାତ୍ୟ ଦେଶରେ ଭାରତରୁ ଆରମ୍ଭ ହୋଇଥିବା ଆଧ୍ୟାତ୍ମିକ (Spiritual) ଜ୍ଞାନ ପ୍ରସାର ଲାଭ କରୁଛି। ମନୁଷ୍ୟର ମାନସିକ ଶାନ୍ତି ନ ରହିଲେ ବୈଷୟିକ ପ୍ରାଚୁର୍ଯ୍ୟ ଅର୍ଥହୀନ ହୋଇପଡ଼େ। ବିଜ୍ଞାନର ଅଗ୍ରଗତି ସଙ୍ଗେ, ଅଧ୍ୟାତ୍ମିକତାକୁ ହୃଦୟଙ୍ଗମ କରିବାର ଆବଶ୍ୟକତା ବୃଦ୍ଧି ପାଉଛି, ଅଥଚ ଆମରି ଦେଶରେ ଏହାକୁ ସମସ୍ତେ ପାଶୋରି ଦେଲେଣି। ନୈତିକ ସ୍ଖଳନ ହେଲେ ଶାନ୍ତିପ୍ରାପ୍ତି ଅସମ୍ଭବ। ଏକବିଂଶ ଶତାବ୍ଦୀ ଆଧ୍ୟାତ୍ମିକ ବିପ୍ଳବରୁ ଆରମ୍ଭ ହେଉ, ଏହାହିଁ କାମନା।

ସର୍ବେ ଭବନ୍ତୁ ସୁଖିନଃ,
ସର୍ବେସନ୍ତୁ ନିରାମୟାଃ,
ସର୍ବେ ଭଦ୍ରାଣି ପଶ୍ୟନ୍ତୁ,
ମା କଶ୍ଚିତ୍ ଦୁଃଖ ଭାଗ୍‌ଭବେତ୍:
ଓଁ ଶାନ୍ତିଃ, ଶାନ୍ତିଃ, ଶାନ୍ତିଃ

■

|| ସାତ ||

ପୃଥିବୀ ଭ୍ରମଣ
(ଦ୍ୱିତୀୟ ଭାଗ)

ଆମଷ୍ଟରଡାମ୍-ହଲାଣ୍ଡ

ଆମଷ୍ଟରଡାମ୍ ହଲାଣ୍ଡ ଦେଶର ରାଜଧାନୀ ତଥା ପ୍ରଧାନ ସହର। ଅକ୍ଟୋବର ଶେଷ ସପ୍ତାହ। ଶୀତଋତୁର ପ୍ରାରମ୍ଭ। ବର୍ଷା ଝିପି ଝିପି ଲାଗିରହିଛି। ସହରର ପ୍ରଧାନ ବିମାନଘାଟି ଶିଫଲ୍‌ଠାରୁ ସହର ମାତ୍ର ଅଧଘଣ୍ଟାର ବାଟ। ଚାରିଆଡ଼େ କେନାଲ ସବୁ ଲମ୍ବିଛି। ସନ୍ଧ୍ୟାରେ କେନାଲରେ ନୌକାବିହାର ପ୍ରଧାନ ଉପଭୋଗ୍ୟ ବିଳାସ।

ଆମଷ୍ଟରଡାମ୍ ସହରରେ ଅତୀତ ତଥା ବର୍ତ୍ତମାନ ଏକ ଅପୂର୍ବ ସମ୍ମିଶ୍ରଣ। ବହୁତ ପୁରୁଣା ବନ୍ଦର ତଥା ବାଣିଜ୍ୟ କେନ୍ଦ୍ର, ଅଥଚ ସଂପ୍ରତି ଇଉରୋପ ଏକତ୍ରୀକରଣର ଏକ ମୁଖ୍ୟ ସହର ହେଲା ଆମଷ୍ଟରଡାମ୍। ଦକ୍ଷିଣରେ ବେଲଜିୟମ ଦେଶ, ପୂର୍ବକୁ ପଶ୍ଚିମ ଜର୍ମାନୀ ତଥା ଉତ୍ତରକୁ ଡେନ୍‌ମାର୍କ ଦେଶ ଅବସ୍ଥିତ।

ହୋଟେଲରେ ଅବସ୍ଥାନ ସମୟରେ ଜନୈକ ଭାରତୀୟ ଶିଳ୍ପପତିଙ୍କ ସହ ସାକ୍ଷାତ ହୁଏ- ଶ୍ରୀ ପ୍ରେମଚାନ୍ଦ ଲଖୀଆନି। ସେ ମାଲେସିଆରେ ଭାରତୀୟ ପରିବାରରେ ଜନ୍ମହୋଇ ବଢ଼ିଥିଲେ। କିଛିବର୍ଷ ବମ୍ବେରେ ରହିବାପରେ ଇଂଲଣ୍ଡ ଆସିଲେ। ସେଠାରୁ ଗତ ୧୦ ବର୍ଷ ତଳେ ହଲାଣ୍ଡ ଆସିଲେ। ତାଙ୍କର ଖୁବ୍ ବଡ଼ ଆକାରର ଟେକ୍‌ସଟାଇଲ ବିଜିନେସ୍। ତାଙ୍କ ଭାଇଙ୍କର ଟେକ୍‌ସଟାଇଲ ଫ୍ୟାକ୍‌ଟ୍ରି ଇଂଲଣ୍ଡରେ ତଥା ମାଲେସିଆରେ ଅଛି। ସେ ହଲାଣ୍ଡ, ଜର୍ମାନୀ, ତଥା ପଶ୍ଚିମ ଇଉରୋପର ଅନ୍ୟାନ୍ୟ ଦେଶକୁ ଟେକ୍‌ସଟାଇଲ ହୋଲସେଲ୍ ଆକାରରେ ସପ୍ଲାଇ କରନ୍ତି। ଏଠାକାର ଅତ୍ୟଧିକ ଟ୍ୟାକ୍ସ ଉପରେ ସେ ଖୁବ୍ ସମାଲୋଚନା କରୁଥିଲେ। ସେଇଥିଲାଗି ସେ ବେଲଜିୟମକୁ ପ୍ରଧାନ କେନ୍ଦ୍ର କରିବାକୁ ସ୍ଥିର କରୁଛନ୍ତି।

ତାଙ୍କଠାରୁ ସ୍ଥାନୀୟ ଭାରତୀୟମାନଙ୍କ କଥା ଅନେକ ଜାଣିବାକୁ ମିଳିଲା। ଏଠାରେ ଲକ୍ଷାଧିକ ଭାରତୀୟ ତଥା ପାକିସ୍ତାନୀ ରହୁଛନ୍ତି। ଦକ୍ଷିଣ ଆମେରିକାର ଦେଶ ସୁରିନାମ ଅତୀତରେ ହଲାଣ୍ଡ ଅଧିକୃତ ଥିଲା। ସେଠାରୁ ମଧ୍ୟ ବହୁ ସଂଖ୍ୟାରେ ଭାରତୀୟ ଏଠାକୁ ଆସିଛନ୍ତି। ଆମଷ୍ଟରଡାମ୍‌ରେ ବହୁତ ଭାରତୀୟ ରେସ୍ତୋରାଁ ଅନେକ ଭାରତୀୟ ହୀରା ବ୍ୟବସାୟ କରି ଏଠାରେ ପ୍ରଚୁର ଅର୍ଥ ରୋଜଗାର କରୁଛନ୍ତି ବୋଲି ପ୍ରେମଚାନ୍ଦ

ଲଖୀଆନି କହିଲେ। ସ୍ୱତନ୍ତ୍ର ରେଡ଼ିଓ ଷ୍ଟେସନ୍‌ରେ କେବଳ ଭାରତୀୟ ପ୍ରୋଗ୍ରାମ୍ ଚାଲୁଛି। ସକାଳୁ ହୋଟେଲ୍‌ରେ ରେଡ଼ିଓ ବଜାଇଲେ କେବଳ ହିନ୍ଦୀ ଗୀତ ବାଜୁଛି।

ଆମଷ୍ଟରଡାମ୍‌ର ଦକ୍ଷିଣରେ ରଟରଡାମ୍। ଦକ୍ଷିଣ ପଶ୍ଚିମର ସମୁଦ୍ରକୂଳରେ ହେଗ୍ ସହର, ଯେଉଁଠାରେ ଆନ୍ତର୍ଜାତିକ କୋର୍ଟ (International Court) ଅବସ୍ଥିତ। ଟ୍ରେନରେ ଚାରିଆଡ଼କୁ ଯିବା ଭାରି ସୁବିଧା। ଟ୍ରେନ୍‌ରେ ଗଲାବେଳେ ହଲାଣ୍ଡର ଗ୍ରାମାଞ୍ଚଳ ଆଖିରେ ପଡ଼େ। ସବୁଜ କ୍ଷେତ ଏବଂ କେନାଲ୍ ସାଙ୍ଗକୁ ପବନକଳ (Wind Mill) ଚାରିଆଡ଼େ। ପବନଶକ୍ତି ବ୍ୟବହାର କରି ବିଦ୍ୟୁତ୍ ଶକ୍ତି ବାହାରକରିବା ଏଠାରେ ବହୁକାଳୁ ଚାଲିଆସୁଛି।

୧୯୯୦ ଅକ୍ଟୋବର ଶେଷଭାଗରେ ପୃଥିବୀର ଚାରିଆଡ଼େ ନାନା ଗମ୍ଭୀର ସମସ୍ୟା। ଇଉରୋପରେ ଠିକ୍ ବର୍ଷକତଳେ ଗୋର୍ବାଚୋଭଙ୍କ ନେତୃତ୍ୱରେ ଆରମ୍ଭ ହୋଇଥିବା ମୁକ୍ତିବାଦ କମ୍ୟୁନିଷ୍ଟ ଦେଶମାନଙ୍କରେ ଅହେତୁକ ଆଲୋଡନ ସୃଷ୍ଟି କରିଥିଲା। ଦୁଇ ଜର୍ମାନୀ ଏହି ମାସ ଅବସରରେ ମିଳିଗଲେ।

ଏସବୁ ନୂତନ ସୂର୍ଯ୍ୟୋଦୟକୁ କଳାମେଘ ପରି ଢାଙ୍କିଦେଇଛି ଇରାକ୍ ଏବଂ କୁଏତ୍‌ର ସମସ୍ୟା। ଆମେରିକା ୨ଲକ୍ଷ ସୈନ୍ୟ ମୁତୟନ କରିଛି। ଇଂଲଣ୍ଡ, ଫ୍ରାନ୍‌ସ ଇତ୍ୟାଦି ସହଯୋଗ କରୁଛନ୍ତି। କେତେବେଳେ ଯୁଦ୍ଧ ଲାଗିଯିବ କହି ହେଉ ନାହିଁ। ଇରାକ୍‌ର ଏକଛତ୍ରବାଦୀ ଶାସକ କୁଏତ୍‌କୁ ଅକ୍ତିଆର କରି ଚାଲିଛି।

ସେପଟେ ଆମଦେଶ ଭାରତ ଅବସ୍ଥା ଆହୁରି ତଦ୍ରୁପ। ଦରଦାମ ବଢ଼ିଚାଲିଛି। ଅଥଚ ରାଜନୀତିଜ୍ଞମାନେ ନିଜ ନିଜ ସ୍ୱାର୍ଥ ପଛରେ ଧାଇଛନ୍ତି। ଆମଦେଶ ପାଇଁ କେବଳ ଭଗବାନଙ୍କୁ ଡାକିବା ଛଡ଼ା ଆଉ କ'ଣ ଉପାୟ ?

ହଲାଣ୍ଡର ଆମଷ୍ଟରଡାମ୍ ସହରର ଏକ ମେଘାଚ୍ଛନ୍ନ ସକାଳ। ରେଡ଼ିଓରେ ହିନ୍ଦୀଗୀତ ଚାଲିଛି। ସ୍ଥାନୀୟ ଲୋକେ ନିଜ ନିଜ କର୍ମରେ ବ୍ୟସ୍ତ। ଏକ କନଫରେନ୍‌ସରେ ଭାଷଣ କାର୍ଯ୍ୟକ୍ରମ ସରି ଯାଇଛି। ଏଠାରୁ ୨ ଦିନ ପାଇଁ ଯିବାକୁ ହେବ ସୁଇଡେନ୍ ଦେଶର ସହର ଗୋଥେନବର୍ଗ। ସେଠାରେ କାମସାରି କାଲିଫର୍ଣ୍ଣିଆ ପ୍ରତ୍ୟାବର୍ତ୍ତନ।

■

ମେକ୍ସିକୋ ଏବଂ କଲମ୍ବିଆ

ବହୁବର୍ଷ ପରେ ମେକ୍ସିକୋ ଦେଶର ରାଜଧାନୀ ସର୍ବବୃହତ୍ ସହର ମେକ୍ସିକୋ ସିଟି ଆସିବାକୁ ହେଲା। ରହଣି ମାତ୍ର ଦୁଇ ଦିନ। ଅଫିସ କାମରେ ଅନେକ ଲୋକଙ୍କ ସହ ସାକ୍ଷାତ କରିବାକୁ ହେବ। ସାନ୍‌ଫ୍ରାନ୍‌ସିସ୍କୋରୁ ଚାରିଘଣ୍ଟା ଉଡ଼ିଲେ ମେକ୍ସିକୋ ସିଟିରେ ପହଞ୍ଚିବା କଥା। ଦୀର୍ଘ ୧୨ବର୍ଷ ତଳେ ଏ ସହରକୁ ଆସିଥିଲୁ।

ପ୍ରାୟ ୨କୋଟି ଲୋକଙ୍କ ବାସସ୍ଥଳୀ ଏ ସହର। ସମୁଦ୍ର ପତନଠାରୁ ୪ହଜାର ଫୁଟ ଉପରେ। ଅତ୍ୟଧିକ ଲୋକ ସଂଖ୍ୟା, ତଥା ମୋଟରଗାଡ଼ିରୁ ନିର୍ଗତ ଗ୍ୟାସ୍ ବାତାବରଣକୁ ଅତିମାତ୍ରାରେ ଦୂଷିତ କରିଛି।

ରାସ୍ତାକଡ଼ରେ ଅମ୍ଳଜାନ ଟ୍ୟାଙ୍କ ରହିଛି। ନିଃଶ୍ୱାସ ପ୍ରଶ୍ୱାସ ନେବାରେ ସହାୟତା କରିବ। ଗତ ଥର ବହୁତ ଐତିହାସିକ ସ୍ଥାନ ବୁଲାଯାଇଥିଲା। ଉତ୍ତରରେ ପ୍ରାୟ ୨୦ମାଇଲ ଦୂରରେ ପୃଥିବୀ ପ୍ରସିଦ୍ଧ ତିଓତିହୁଆକାନ୍ ପିରାମିଡ୍, ସହରର ମଧ୍ୟଭାଗରେ ଚାପୁଲତେପକ୍ ଗାଡ଼େନ୍ ଏବଂ ପାର୍କ, ଗୋଟିଏ ରାସ୍ତା ମହାତ୍ମା ଗାନ୍ଧୀଙ୍କ ନାମରେ ନାମିତ। ଏଥରକ ବୁଲିବାର ସୁଯୋଗ ନଥିଲା। ମେକ୍ସିକୋ ସିଟିରୁ ୧୦୦ କିଲୋମିଟର ଦୂର ଅତି ଚମତ୍କାର ସହର କୁଏରନାଭାକା (Cuernavaca) ଯିବାକୁ ପଡ଼ିଲା। ସେଠାରୁ ଆଉ ୩୦୦ କିଲୋମିଟର ଗଲେ ସମୁଦ୍ର କୂଳର ପ୍ରସିଦ୍ଧ ସହର ଆକାପୁଲ୍‌କୋ (Acapulco)। କୁଏରନାଭାକାର ଜଳବାୟୁ ନାତିଶୀତୋଷ୍ଣ। ତେଣୁ ରିଟାୟାର କରିଥିବା ଲୋକମାନେ ଚାରିଆଡୁ ଆସି ଏଠି ରହିବାକୁ ପସନ୍ଦ କରନ୍ତି। ୨୦ ବର୍ଷ ତଳେ ଜନସଂଖ୍ୟା ଏ ସହରର ଥିଲା ୨୦ ହଜାର, ବର୍ତ୍ତମାନ ଏହା ୧୦ ଲକ୍ଷରେ ପହଞ୍ଚିଲାଣି।

ମେକ୍ସିକୋ ଦେଶରେ ୩୧ଟି ପ୍ରଦେଶ। ଏଠାରେ ନାନା ସମସ୍ୟା ରହିଛି। କିନ୍ତୁ ଗତ କିଛି ବର୍ଷ ହେବ ଅର୍ଥନୈତିକ ତଥା ଶିଳ୍ପ କ୍ଷେତ୍ରରେ ଅଗ୍ରଗତି ହୋଇଛି। ନିକଟରେ ଆମେରିକାର ନର୍ଥଆମେରିକାନ୍ ଫ୍ରିଟ୍ରେଡ୍ ଏଗ୍ରିମେଣ୍ଟ NAFTA ଦ୍ୱାରା କାନାଡ଼ା, ଯୁକ୍ତରାଷ୍ଟ୍ର ଆମେରିକା ତଥା ମେକ୍ସିକୋ ଭିତରେ ବାଣିଜ୍ୟରେ ପ୍ରସାର ସୁବିଧାରେ ହୋଇପାରିବ।

୧୨ବର୍ଷ ତଳେ ଗୋଟିଏ ଡଲାର ପିଛା ମେକ୍ସିକୋ ଟଙ୍କା ପେସୋ ଥିଲା ୨୨। ଏବେକୁ ଏହା ୩,୧୫୦ ପେସୋ। ଆସନ୍ତା ଜାନୁୟାରୀ ମାସରୁ ଏଠାରେ ଟଙ୍କା ପରିବର୍ତ୍ତନ ହୋଇ ଏକ ସହସ୍ରାଂଶରେ ପରିଣତ ହେବ, ଅର୍ଥାତ୍ ବର୍ତ୍ତମାନର ୧୦୦୦ ପେସୋ ଜାନୁୟାରୀରୁ ଏକ ନୂଆ ପେସୋ ରୂପେ ଗଣାହେବ। ଦରଦାମ ବେଶ୍ ବଢ଼ିଛି ଏବଂ ମେକ୍ସିକୋ ସିଟି ଆଗପରି ଆଉ ଶସ୍ତା ନୁହଁ।

ଆମର ଦୁଇଦିନର ରହଣି ଭିତରେ ବର୍ଷା ୩/୪ ଥର ହେଲା। ଏଠାରେ ବର୍ଷର ଅଧିକାଂଶ ସମୟ ବର୍ଷା ହୋଇଥିଲା। ଅନେକ ଅଞ୍ଚଳରେ ବନ୍ୟା। ଗତ ୧୯୮୫ ଭୂମିକମ୍ପରେ ଏ ସହରର ଅନେକ କ୍ଷୟକ୍ଷତି ହୋଇଥିଲା। ସମସ୍ତେ ସ୍ପାନିସ୍ ଭାଷା କୁହନ୍ତି। ଏଠାରୁ ମେକ୍ସିକାନା ଉଡ଼ାଜାହାଜରେ ଦକ୍ଷିଣ ଆମେରିକାର କଲମ୍ବିଆ ଦେଶ ଯିବାକୁ ହେବ।

ମେକ୍ସିକୋ ସିଟିରୁ ଉଡ଼ାଜାହାଜରେ ୪ଘଣ୍ଟାପରେ ଦକ୍ଷିଣ ଆମେରିକାର କଲମ୍ବିଆ ଦେଶର ପ୍ରଧାନ ସହର ତଥା ରାଜଧାନୀ ବୋଗୋଟାରେ ପହଞ୍ଚିଲୁ। ଏ ଦେଶକୁ ଏହା ପ୍ରଥମ ଗସ୍ତ। ଆଗରୁ ଦକ୍ଷିଣ ଆମେରିକାର ବ୍ରାଜିଲ ଏବଂ ଆର୍ଜେଣ୍ଟିନା ଦେଶକୁ ଏକାଧିକବାର ଗସ୍ତ ହୋଇଛି।

କଲମ୍ବିଆ ଦେଶଟି ଦକ୍ଷିଣ ଆମେରିକା ମହାଦେଶର ଉତ୍ତର-ପଶ୍ଚିମ ଭାଗ। ପାନାମାକୁ ଦେଶ ଲାଗିଛି। ଅତୀତରେ ପାନାମା କଲମ୍ବିଆ ଦେଶର ଅର୍ନ୍ତଭୁକ୍ତ ଥିଲା। ପାନାମା କେନାଲ ତିଆରି ପରେ ଆମେରିକାର ପ୍ରଭାବରେ ପାନାମା ଦେଶ ଅଲଗା ହେଲା।

କଲମ୍ବିଆର ପଶ୍ଚିମ ପଟେ ପ୍ରଶାନ୍ତ ମହାସାଗର, ଉତ୍ତର ପୂର୍ବରେ ଆଟଲାଣ୍ଟିକ୍ (କାରିବିଆନ୍ ସମୁଦ୍ର)। ପୂର୍ବକୁ ଭେନେଜୁଏଲା ଦେଶ ଏବଂ ବ୍ରାଜିଲ। ଦକ୍ଷିଣକୁ ପେରୁ ଏବଂ ଇକ୍ୱାଡ଼ର ଦେଶ।

ଦେଶର ଲୋକସଂଖ୍ୟା ୩ କୋଟି। ପ୍ରଧାନ ସହର ବୋଗୋଟା, କାଲି ଏବଂ କାର୍ଟାଜେନା। ଆଣ୍ଡେସ୍ ପର୍ବତମାଳା ଏହି ଦେଶର ମଧ୍ୟଭାଗ ଏବଂ ପଶ୍ଚିମାର୍ଦ୍ଧରେ ଲମ୍ବିଛି। ପୂର୍ବକୁ ଏବଂ ଦକ୍ଷିଣକୁ ଆମାଜାନର ଘଞ୍ଚ ଜଙ୍ଗଲ। ଦେଶର ସୌନ୍ଦର୍ଯ୍ୟ କହିଲେ ନ ସରେ। ସବୁଆଡ଼େ ଖାଲି ପାହାଡ଼ ଏବଂ ସବୁଜିମା। ସବୁପ୍ରକାର ଫଳ ଏ ଦେଶରେ ମିଳେ-ଅମୃତଭଣ୍ଡା, ଆମ୍ବ, ପିଜୁଳି, କରମଙ୍ଗା ତଥା କମଳା, ଅଙ୍ଗୁର, ନାସପାତି ଇତ୍ୟାଦି।

ଏ ଦେଶର ଜଙ୍ଗଲ ସମ୍ପଦ ମଧ୍ୟ ବିଶ୍ୱବିଖ୍ୟାତ। କଲମ୍ବିଆର ସର୍ବବୃହତ୍ ସମସ୍ୟା ହେଲା ଡ୍ରଗ୍ସ ରପ୍ତାନୀ। ଘଞ୍ଚ ଅରଣ୍ୟ ଭିତରେ ଲୋକେ ଗଞ୍ଜେଇ, ମାରିଜୁଆନା ଇତ୍ୟାଦି ଗଛ ଚୋରାରେ ଲଗାଇ ପ୍ରଚୁର ଡ୍ରଗ ତିଆରି କରିଥାନ୍ତି। ଏଇଠାରୁ କୋଟି କୋଟି

ଟଙ୍କାର ଡ୍ରଗ୍ସ ଯୁକ୍ତରାଷ୍ଟ୍ର ଆମେରିକା ତଥା ଅନ୍ୟାନ୍ୟ ଦେଶକୁ ରପ୍ତାନୀ ହୋଇଥାଏ। ସରକାର ଯେତେ ଚେଷ୍ଟା କଲେ ମଧ୍ୟ ଡ୍ରଗ ମାଲିକଙ୍କୁ ବନ୍ଦ କରିପାରିନାହାନ୍ତି।

ଏଠାରେ ଅତୀତରେ ଖୁବ୍ ଉନ୍ନତ ସଂସ୍କୃତି ଗଢ଼ି ଉଠିଥିଲା। କଲମ୍ବସ୍‌ଙ୍କ ଆମେରିକା ଆବିଷ୍କାରର ଯଥେଷ୍ଟ ଆଗରୁ ଏଠାରେ ଇଙ୍କା ସମ୍ପ୍ରଦାୟର ସଭ୍ୟତା ବିସ୍ତାର ଲାଭ କରିଥିଲା। କଲମ୍ବସ୍‌ଙ୍କ ପରେ ସ୍ପେନ୍‌ର ଲୋକେ ଏଠାରେ କଲୋନୀ କରି ଏଠାର ମହାର୍ଘ ଧନସମ୍ପଦକୁ ଚୋରି କରି ସ୍ପେନ ନେଇଗଲେ।

ବୋଗୋଟାରେ ଏକ ସ୍ୱର୍ଣ୍ଣ ମିଉଜିୟମ ଦେଖିବାକୁ ଗଲୁ। ଇଙ୍କା ସମୟର ସୁନା ଗହଣା, ମୁକୁଟ ଇତ୍ୟାଦି ଦେଖିଲେ ମୁଗ୍ଧ ନହୋଇ ରହିହବନି। ଗୋଟିଏ ସୁନାର ସମ୍ପଦ ୫/୧୦ କିଲୋ ଓଜନର ହେବ। ସେଥିରେ ନାନା ପ୍ରକାର କାରୁକାର୍ଯ୍ୟ ହୋଇଛି।

ନିକଟ ଅତୀତରେ କଲମ୍ବିଆର ଉତ୍ତରରେ ଏକ ଲୁକ୍କାୟିତ ହସର (Lost City) ଆବିଷ୍କାର କରାଯାଇଛି। ଶହ ଶହ ବର୍ଷ ଧରି ଏ ସହର ଘନ ଜଙ୍ଗଲରେ ଆବୃତ ହୋଇ ଲୁଚିରହିଥିଲା। କଲମ୍ବିଆର ଆଦିମ ଅଧିବାସୀ (ଯାହାକୁ ଇଣ୍ଡିଆନ୍ କୁହନ୍ତି) ମାନେ ସ୍ପେନ୍ ଲୋକଙ୍କୁ ଲୁଚାଇବା ପାଇଁ ଏ ସହରକୁ ଜଙ୍ଗଲମୟ କରିଥିଲେ। ଏ ସହର ଆବିଷ୍କୃତ ହେବାପରେ ସେତେବେଳର ଆଧୁନିକ ସଭ୍ୟତା ଉପରେ ସମ୍ୟକ୍ ଧାରଣା କରିହେଉଛି।

ବୋଗୋଟା ସହରକୁ ଆଗରୁ ସାନ୍ତା ଫେ ଦି ବୋଗୋଟା ବୋଲି କୁହାଯାଉଥିଲା। ବିମାନଘାଟିରେ ପହଞ୍ଚିଲା ପରେ ସ୍ଥାନୀୟ ଅଫିସର, ମୁଖ୍ୟ ଅଫିସର ଏବଂ ତାଙ୍କ ଆସିଷ୍ଟାଣ୍ଟ ନେବାକୁ ଆସିଥିଲେ। ସେମାନଙ୍କ ସହ କିଛି ସମୟ କଟାଇବା ଭିତରେ ଦେଶ ତଥା ଏଠାରେ ଚାଲିଚଳଣ ଉପରେ ଅନେକ କଥା ଶିଖିବାର ସୁଯୋଗ ମିଳିଲା।

ବୋଗୋଟା ସହରଟି ୧୪୫୪ ମସିହାରେ ଆବିଷ୍କୃତ ହୋଇଥିଲା। ବର୍ତ୍ତମାନ ଏଠାରେ ଅଧିବାସୀଙ୍କ ସଂଖ୍ୟା ପ୍ରାୟ ୩୦ ଲକ୍ଷ। ସହରଟି କଲମ୍ବିଆର ମୁଖ୍ୟ ଅର୍ଥନୈତିକ ତଥା ରାଜନୈତିକ କେନ୍ଦ୍ର। ଏଠାରେ ଭାଷା ମଧ୍ୟ ସ୍ପାନିସ୍ କେବଳ ବ୍ରାଜିଲ ଦେଶକୁ ଛାଡ଼ି ସମଗ୍ର ଦକ୍ଷିଣ ଆମେରିକା ଏବଂ ମଧ୍ୟ ଆମେରିକା ଭାଷା ସ୍ପାନିସ୍।

ବ୍ରାଜିଲ ଲୋକେ ପର୍ତ୍ତୁଗୀଜ ଭାଷା କହନ୍ତି। କଲମ୍ବିଆ ଅଧିବାସୀ ଖ୍ରୀଷ୍ଟିଆନ୍ ଧର୍ମାବଲମ୍ବୀ କ୍ୟାଥଲିକ୍ ସମ୍ପ୍ରଦାୟର। ସ୍ପେନ ଦେଶର ପ୍ରଭାବ ଚାରିଆଡ଼େ। ଫୁଟବଲ ଏଠାକାର ପ୍ରଧାନ କ୍ରୀଡ଼ା।

ଏକ ବାର୍ଷିକ କମ୍ପ୍ୟୁଟର ଅଧିବେଶନରେ ଭାଷଣ କାର୍ଯ୍ୟକ୍ରମ ସମାପ୍ତ କରିବା ପରେ ସହରକୁ ବୁଲି ଦେଖିବା ସୁଯୋଗ ମିଳିଲା। ମାତ୍ର ଦୁଇଦିନର ରହଣି ପରେ ପୁଣି କାଲିଫର୍ଣ୍ଣିଆ ପ୍ରତ୍ୟାବର୍ତ୍ତନ କରିବାକୁ ହେବ।

■

ଲଣ୍ଡନ-୧୯୯୩

ଯେତେଥର ଲଣ୍ଡନ ଆସିଲେ ମଧ୍ୟ ଇତିହାସର ଏକ ପୁରୁଣା ପୃଷ୍ଠାକୁ ଦେଖିଲାପରି ଲାଗେ । ମନେହୁଏ ସତେ ଯେମିତି ବ୍ରିଟିଶ୍ ରାଜ୍ୟର କିୟଦଂଶ ରହିଯାଇଛି । ସେଇ ଆଦବ୍ କାଇଦା, ସେମିତି ଦାନ୍ତ ଚିପା କଥା, ସେମିତି ବାହାଦୁରିଆ ମନୋଭାବ, ଏସବୁ 'କର୍ପୂର ଯାଇଛି କନା ପଡ଼ିଥାଉ ପଛେ' ।

ଯେଉଁ ହୋଟେଲରେ ରହିବାର ଥିଲା, ତାହା ୧୫୫୦ ଖ୍ରୀଷ୍ଟାବ୍ଦରେ ତିଆରି ହୋଇଥିଲା ।

'ସରେ' କାଉଣ୍ଟିର୍ ଆଖପାଖରେ ଛୋଟ ଛୋଟ ଗାଁ ଲଣ୍ଡନଠାରୁ ୨୦ ମାଇଲ ପଶ୍ଚିମକୁ । ପାଖରେ କାସ୍‌ଲ । ଅନେକ ଦୂରରେ ଉଇମ୍ବେଲଡନ ଏବଂ ଏହି ସପ୍ତାହରୁ ଆରମ୍ଭ ହୋଇଛି ବିଶ୍ୱବିଖ୍ୟାତ ଟେନିସ୍ ମ୍ୟାଚ୍ । ସ୍କୁଲ ପଡ଼ିଆଗୁଡ଼ିକରେ ପିଲାସବୁ 'ରାଉଣ୍ଡର' ଖେଳୁଛନ୍ତି । ମନେପଡ଼ିଲା ପିଲାଦିନେ ଆଠଗଡ଼ ଖେଳପଡ଼ିଆରେ ଆମେ ମଧ୍ୟ 'ରାଉଣ୍ଡର' ଖେଳୁଥିଲୁ ।

ଆମ ଦେଶର ଜୀବନ ଯାତ୍ରାକୁ କେତେ ପରିମାଣରେ ବ୍ରିଟିଶ ସଂସ୍କୃତି ପ୍ରଭାବିତ କରିଥିଲା । କ୍ରିକେଟ କଥା କହିଲେ ନ ସରେ । ଗାଡ଼ିରେ ଗଲାବେଳେ ଆମେରିକୀୟ ବନ୍ଧୁ ପ୍ରଶ୍ନ କଲେ 'ଇଏ କି ଖେଳ'? ବିଲାତି ବନ୍ଧୁ ଉତ୍ତରରେ କହିଲେ 'ଏହା କେବଳ ଇଂଲଣ୍ଡର ଖେଳ ରାଉଣ୍ଡର । ମୁଁ ନୀରବ ରହିଲି । ମନ ଅତୀତର କେଉଁ ଅପରାହ୍ନକୁ ଧାଉଁ ଥିଲା ।

ଇଂଲଣ୍ଡବାଲା ଆମକୁ ୨୦୦ବର୍ଷ ଉପରେ ଚଳେଇଲେ । ସ୍ୱାଧୀନତା ପରର ଭାରତର ଘଟଣାବଳୀ ଦେଖିଲେ ଅନେକ ମତ ଦେବେ ଯେ ଇଂଲିଶ ରାଜତ୍ୱ ସମୟରେ ଶୃଙ୍ଖଳା ଭଲ ଥିଲା, ଅଥଚ ସେମାନେ ଯଦି ଭାରତ ନ ଯାଇଥାନ୍ତେ ଆମର ସାମାଜିକ, ଅର୍ଥନୈତିକ ତଥା ରାଜନୈତିକ ଅବସ୍ଥା କେଉଁସ୍ତରରେ ରହିଥାନ୍ତା, କଳ୍ପନା କରିବା କଷ୍ଟ । ଅନେକ କୁହନ୍ତି, ଆମେ ଆହୁରି ଉନ୍ନତ ସ୍ତରରେ ଥାନ୍ତେ । ଆଉ କେତେ କହିବେ

ଯେ ଦେଶର ଅରାଜକତା ବୃଦ୍ଧି ପାଇଥାନ୍ତା ଏବଂ ବିଭାଜନ ହୋଇ ଯାଇଥାନ୍ତା ସେମାନେ ଥିବାରୁ ବିଭାଜନ କୋଉ ନ ହେଲା କି ?

ପୃଥିବୀର ଅନେକ ଦେଶ ନିଜ ଚେଷ୍ଟା ତଥା ନିଷ୍ଠା ଯୋଗୁ ଇଂଲଣ୍ଡ, ଫ୍ରାନ୍‌ସ କିମ୍ବା ହଲାଣ୍ଡର ବିନା ସାହାଯ୍ୟରେ ଖୁବ୍ ଆଗେଇ ପାରିଛନ୍ତି । ଇଂଲଣ୍ଡବାଲା ଜାପାନ କିମ୍ବା ଚାଇନାକୁ ଦଖଲ କରି ନଥିଲେ ।

ଆମେ ଇଂରାଜୀ ଭାଷା ଭଲ ଶିଖିପାରିଲୁ । ସେମାନେ ରେଳ ଗାଡ଼ି ପ୍ରଚଳନ କଲେ । ଭାରତରେ ବ୍ୟୁରୋକ୍ରାସି ମଧ୍ୟ ଜୋରସୋରରେ ଛାଡ଼ିଦେଇ ଆସିଲେ । ସେମାନେ ଆସିବା ପରେ ଆମେ ତାକୁ ଧୋଇ ମାଜି ଆହୁରି ବଢ଼ାଇବାକୁ ଲାଗିଲୁ ।

ଏ ସବୁ ଚିନ୍ତା ମନରେ ଆସିଲା ପରେ ମଧ୍ୟ ଇଂଲଣ୍ଡ ସହ ଆମର ଏତେ ଶହ ବର୍ଷର ଯୋଗାଯୋଗର ରୋମାଞ୍ଚ ମନ୍ଦ ଲାଗେନି । ମନ ପୁଣି ଅତୀତରେ ଘୂରିବୁଲେ ।

ବସ୍‌କୁ ଲରୀ କହିବା, ମିଟିଂ ମଝିରେ ଟାଇମ ଫର ଟି ଆଣ୍ଡ ବିସ୍କିଟସ' ଇତ୍ୟାଦି ସାଧାରଣ ଭାଷା (ଯାହାକୁ ଆମେରିକାରେ କେହି କେବେ କୁହନ୍ତିନି) ସହ ଆମର ଅତୀତ ଜଡ଼ିତ, ଅଥଚ ବିଂଶ ଶତାବ୍ଦୀର ଶେଷ ୭ବର୍ଷରେ ଆମେ ପହଞ୍ଚି ସମୀକ୍ଷା କଲେ ଏହି ଶତାବ୍ଦୀରେ କେତେ ଯେ ପରିବର୍ତ୍ତନ ଘଟିଛି କଳ୍ପନା କରିହୁଏନା ।

ବର୍ତ୍ତମାନ ଇଂଲଣ୍ଡର ଆଧିପତ୍ୟ ଆଉ ନାହିଁ । ତାଙ୍କର ମୁଦ୍ରାସ୍ଫୀତି, ବେକାରୀ ଖୁବ୍ ବଢ଼ିଛି । ପୃଥିବୀରେ ବାଣିଜ୍ୟ, ତଥା ସାଇନ୍‌ସ ଟେକ୍ନୋଲୋଜିରେ ସେମାନେ ଆମେରିକା, ଜାପାନ, ଜର୍ମାନୀଠାରୁ ବହୁ ପଛରେ ।

"Made in England" ର ଆକର୍ଷଣ ଆଉ ନାହିଁ କହିଲେ ଚଳେ ଗାଡ଼ିଠାରୁ ଆରମ୍ଭ କରି ଲୁଗାପଟା ପର୍ଯ୍ୟନ୍ତ । ଲଣ୍ଡନରେ ବୁଲିଲାବେଳେ ନାନା ଜାଗାରେ ଲୋକମାନେ (ଧଳା ସାଇବ) ହାତ ପତେଇ ପଇସା ମାଗୁଥିବାର ଦୃଶ୍ୟ ଦେଖିବାକୁ ମିଳିଲା । ଅର୍ଥନୈତିକ ସମସ୍ୟା ବଢ଼ିଲେ ସାମାଜିକ ସମସ୍ୟା ମଧ୍ୟ ଉପୁଜିଥାଏ । ତେଣୁ ଧଳା ଲୋକମାନେ 'ବର୍ଣ୍ଣଭେଦ' (racial discrimation)କୁ ବାହାରକୁ ଆଣନ୍ତି । ଭାରତୀୟ, ପାକିସ୍ତାନୀ ଏବଂ କଳା ଲୋକମାନଙ୍କ ଉପରେ ବିନା କାରଣରେ ନାନା ପ୍ରକାର ଅତ୍ୟାଚାର ହେବା ମଧ୍ୟ ଦେଖାଯାଇଛି ।

ଲଣ୍ଡନ ଏବେକୁ ବମ୍ବେ ପରି ଲାଗୁଛି କିମ୍ବା ଅତୀତର, କଲିକତା ସେଇ ଦୋମହଲା ବସ । ବାଁ ପଟେ ଗାଡ଼ି ସବୁ, ଟ୍ରାଫିକ୍ ସର୍କଲ (ଆମର ଗୋଲେଇ ଛକ) । ଲଣ୍ଡନରୁ ବାହାରିଗଲେ ଇଂଲଣ୍ଡର ସୌନ୍ଦର୍ଯ୍ୟ ବେଶି ପରିଲକ୍ଷିତ ହୁଏ । 'ଇଂଲିଶ୍ କଣ୍ଟ୍ରିସାଇଡ' ରେ ଖରାଦିନେ (ଯାହା କି ଏଠାରେ ବିରଳ) ନାନା ପ୍ରକାର ସବୁଜିମା

ତଥା ରଙ୍ଗଭରା ଫୁଲ ସବୁ ଦେଖିଲେ ପିଲାଦିନର ପଢ଼ିଥିବା ଇଂରାଜୀ କବିତା ମନେ ପଡ଼େ।

ଇଂରାଜୀ ଏଠାରେ ନିଜ ଭାଷା ଯୋଗୁଁ ସାଇବମାନେ ଭାଷାକୁ ବର୍ଣ୍ଣାଢ଼୍ୟ କରି କହିଥାନ୍ତି। ଗୋଟିଏ ଦିନ ପୂରା ଖରାପାଗ ହେଲେ ଲୋକେ ବିହ୍ୱଳ ହୋଇ ବାରମ୍ବାର କହୁଥାନ୍ତି, ଆହାଃ, କେଡ଼େ ସୁନ୍ଦର ଦିନ। ପୁଣି ପିଲାଦିନର ପଢ଼ା ମନେପଡ଼େ, ଇଂଲଣ୍ଡରେ ସବୁବେଳେ ବର୍ଷା ଖରାପଡ଼ିଲେ ସମସ୍ତେ ବାହାରକୁ ଦଉଡ଼ନ୍ତି। ଇତିହାସର ଅନେକ ସ୍ରଷ୍ଟା ଇଂଲଣ୍ଡ।

■

ବ୍ରାଜିଲ-୧୯୮୯

ଏ ଚିଠିଟି ଦକ୍ଷିଣ ଆମେରିକାର ସର୍ବବୃହତ୍ ଦେଶ ବ୍ରାଜିଲର ମୁଖ୍ୟ ସହର ରିଓ ଡି ଜେନାଇରୋ (Rio de Janiero)ରୁ ଲେଖାଯାଉଛି । ଆଟଲାଣ୍ଟିକ୍ ମହାସାଗର କୂଳରେ ସହରଟି ପାହାଡ଼ ଏବଂ ଗଛପତ୍ରର ସବୁଜିମାରେ ଭରପୂର । ଏହି ସହରର ବେଳାଭୂମି ପୃଥିବୀ ପ୍ରସିଦ୍ଧ । କୋପାକାବାନା ଏବଂ ଇପାନେମା ବିଚ୍‌ରେ ହଜାର ହଜାର ଲୋକଙ୍କ ସମାବେଶ । ସମୁଦ୍ରର ଦୃଶ୍ୟ ଏତେ ସୁନ୍ଦର ଯେ ଏହା ଉପରେ କବିମାନେ ନାନା କବିତା ରଚନା କରିଛନ୍ତି ।

ଅନତିଦୂରରେ ସୁଗାର ଲୋଫ (Sugar Loaf) ପଥର (ଉଚ୍ଚତା ୩୯୬ ମିଟର) । ତା' ଉପରକୁ କେବଳ କାରରେ ଯିବାର ବନ୍ଦୋବସ୍ତ ରହିଛି । ତହିଁ ଉପରୁ ଗୁନାବେରା ବେ ତଥା ସମଗ୍ର ସହରର ଦୃଶ୍ୟ ବର୍ଣ୍ଣନାତୀତ । କୋର୍କୋଭାଡ଼ୋ ପାହାଡ଼ର ଶୀର୍ଷତମ ପ୍ରଦେଶରେ ଯିଶୁଖ୍ରୀଷ୍ଟ ସତେଯେମିତି ସହରଟିକୁ ଆଶୀର୍ବାଦ କରୁଛନ୍ତି ଏବଂ ରକ୍ଷା କରୁଛନ୍ତି ।

ଗତକାଲି କାରରେ ନିକଟତମ ତେଜୁକା ଜଙ୍ଗଲ ଭ୍ରମଣରେ ଯାଇଥିଲୁ । ପାହାଡ଼ ଉପରେ ଜଙ୍ଗଲ, ଆମାଜନ ନଦୀ ପାର୍ଶ୍ୱରେ (Rain Forest) । ତା' ଉପରେ ନାନା ଜଳପ୍ରପାତ । ଟିକିଏ ଆମର ଶିମିଳିପାଳ ଜଙ୍ଗଲ ଏବଂ ଜଳପ୍ରପାତ ସହ ସାମଞ୍ଜସ୍ୟ ଅଛି ।

ବ୍ରାଜିଲ ଦେଶଟିରେ ନାନାପ୍ରକାର ସମସ୍ୟା ରହିଛି । ଦୁଇବର୍ଷ ତଳେ ଆସିବା ସମୟରେ ବ୍ରାଜିଲର ମୁଦ୍ରା (କ୍ରୁଜେରୋ) ଡଲାର ପିଛା ୩ ଥିଲା । ବର୍ତ୍ତମାନ ଡଲାର ପିଛା ଏହା ୩୦୦ । ମୁଦ୍ରାସ୍ଫୀତି ଏଠାରେ ଅତ୍ୟଧିକ ।

ଯାଙ୍କର ନୂଆ ରାଷ୍ଟ୍ରପତି ଜଣେ ୪୨ ବର୍ଷ ବୟସର ଯୁବକ । ସେ ନିଜେ ପ୍ଲେନ ଚଳାନ୍ତି, ଫୁଟବଲ ଖେଳନ୍ତି, ଜଣେ ନିର୍ଭୀକ ଏବଂ ଟାଣୁଆ ବ୍ୟକ୍ତି । କିନ୍ତୁ ଦେଶ ଚଳାଇବାରେ ଅନଭିଜ୍ଞ ବୋଲି ସ୍ଥାନୀୟ ବନ୍ଧୁମାନେ କହୁଛନ୍ତି ।

ତାଙ୍କର ଅର୍ଥମନ୍ତ୍ରୀ ଜଣେ ୩୭ ବର୍ଷ ବୟସ୍କା ମହିଳା ଥିଲେ । ଆଗରୁ ଏହି ମହିଳାଙ୍କୁ କେହି ଜାଣି ନଥିଲେ । ତାଙ୍କର ମନ୍ତ୍ରୀ ହେବା ସମୟରେ ସମସ୍ତେ ଆଶ୍ଚର୍ଯ୍ୟ ହୋଇଥିଲେ । ୨ଦିନ ତଳେ ରାଷ୍ଟ୍ରପତି ଏହି ମହିଳାଙ୍କୁ ବାହାର କରି ଜଣେ ଅଭିଜ୍ଞ

ଅର୍ଥନୀତିଜ୍ଞଙ୍କୁ ଅର୍ଥମନ୍ତ୍ରୀ ରୂପେ ଅବସ୍ଥାପିତ କରିଛନ୍ତି। ଏହି ଭଦ୍ରବ୍ୟକ୍ତି ୱାଶିଂଟନରେ ଆନ୍ତର୍ଜାତିକ ମୁଦ୍ରାପାଣ୍ଠିରେ କାର୍ଯ୍ୟ କରିଥିଲେ।

ବ୍ରାଜିଲରେ ଗତ ଦୁଇବର୍ଷରେ କଳାବଜାର ବହୁ ପରିମାଣରେ କମିଛି; କାରଣ ଯୁବ ରାଷ୍ଟ୍ରପତି ଦେଶରୁ ବାହାରକୁ ପଇସା ବନ୍ଦ କରିଦେଲେ। ଏତଦ୍ଦ୍ୱାରା କଳାବଜାରୀମାନେ ବାହାରେ ପାଣ୍ଠି ଜମା କରିବାକୁ ସକ୍ଷମ ହେଲେ ନାହିଁ।

ଦେଶର ଅର୍ଥନୈତିକ ସାମ୍ୟ ନାହିଁ। ଧନୀମାନେ ଖୁବ୍ ଧନୀ ଏବଂ ଗରିବମାନେ ଖୁବ୍ ଗରିବ, ଆମଦେଶ ଭାରତ ପରି। ଅଥଚ ଆମଦେଶର ସମସ୍ୟା ବ୍ରାଜିଲଠାରୁ ଅନେକ ଗୁଣରେ ବେଶି ବୋଲି କହିବାକୁ ହେବ। ଆମଦେଶ ପରି ରାଜନୈତିକ ତଥା ପ୍ରାଦେଶିକ ଅସ୍ଥିରତା ଏଠି ନାହିଁ। ସମସ୍ତେ ପର୍ତ୍ତୁଗୀଜ ଭାଷା କହନ୍ତି, ଅଥଚ ଦେଶର ଭିନ୍ନ ଜାତୀୟ ଗୋଷ୍ଠୀଙ୍କର ସମାବେଶ।

ଉତ୍ତରକୁ ଗଲେ ବାହିଆ ପ୍ରଦେଶରେ କଳା ଲୋକମାନେ ରହନ୍ତି। ସେମାନେ ଆଫ୍ରିକାରୁ ଆସିଥିଲେ। ଦକ୍ଷିଣରେ ଜର୍ମାନ, ଇଟାଲୀୟ ଲୋକେ ବସତି ସ୍ଥାପନ କରିଥିଲେ। ପ୍ରଧାନ ସହର ସାଓପାଲୋରେ ପ୍ରାୟ ୧୦ଲକ୍ଷ ଜାପାନୀ ଲୋକେ ରହନ୍ତି। ବିଭିନ୍ନ ସଂପ୍ରଦାୟର ଲୋକଙ୍କ ମଧ୍ୟରେ ବାହାଘର ହୁଏ। ତେଣୁ ନୂଆ ଜେନେରେସନର ବ୍ରାଜିଲୀୟମାନେ ମିଶାମିଶି ଏବଂ ସମସ୍ତେ ଦେଶପାଇଁ ଗର୍ବିତ।

ଏମାନେ ଫୁଟବଲ୍ ଖେଳପାଇଁ ପ୍ରସିଦ୍ଧ। ବିଖ୍ୟାତ ଖେଳୁଆଡ଼ 'ପେଲେ'ଙ୍କ ଘର ଏହି ବ୍ରାଜିଲରେ। ରିଓରେ ସୁପ୍ରସିଦ୍ଧ ଷ୍ଟାଡ଼ିୟମ 'ମାରେକାନ୍ୟା' ଅବସ୍ଥିତ। ରାସ୍ତାଘାଟ ସମୁଦ୍ର କୂଳରେ ପିଲା, ଯୁବକ ଏବଂ ବୃଦ୍ଧ ସବୁ ସମୟରେ ଭଲିବଲ ଏବଂ ଫୁଟବଲ ଖେଳୁଥାନ୍ତି।

ଯଦିଓ ବ୍ରାଜିଲକୁ ଭାରତ ପରି **devloping nation** କୁହାଯାଏ ଏଠାର ରାସ୍ତାଘାଟ, ଟେଲିଫୋନ ବ୍ୟବସ୍ଥା ତଥା ସାଧାରଣ ଜୀବନର ମାନ ଭାରତଠାରୁ ଉନ୍ନତ। ଆମେରିକା ଏବଂ ଇଉରୋପ ସହ ବ୍ରାଜିଲର ପ୍ରଧାନ ବାଣିଜ୍ୟ ହୋଇଥାଏ। ଜର୍ମାନୀର ଭୋକସ୍‌ୱାଗନ ଗାଡ଼ି ଏଠାରେ ତିଆରି ହୋଇଥାଏ।

ଅଳ୍ପ ସମୟ ପରେ ଜଣେ ସହକର୍ମୀଙ୍କ ସହ ଉଡ଼ାଜାହାଜରେ ସାଓପୋଲୋ ସହରକୁ ଯିବାକୁ ହେବ। ସେଠାରେ କାମ ସାରି ସନ୍ଧ୍ୟାସୁଦ୍ଧା ଫେରିଲେ ଏହି ରିଓରେ କାଲି ଭାଷଣ କାର୍ଯ୍ୟକ୍ରମ ଅଛି।

ରିଓରେ ବର୍ଷରେ ୪ଦିନ 'କାର୍ଣ୍ଣିଭାଲ୍' ହୋଇଥାଏ। ଏହା ବିଶ୍ୱବିଖ୍ୟାତ ନାନା ପ୍ରକାର ଗୀତ ନାଟ୍ୟରେ ଭରପୂର। ଏହି କାର୍ଣ୍ଣିଭାଲ୍ ଦେଖିବାକୁ ବିଦେଶରୁ ହଜାର ହଜାର ଲୋକ ଆସିଥାଆନ୍ତି। ଫେବୃଆରୀ ମାସରେ କାର୍ଣ୍ଣିଭାଲ ବର୍ତ୍ତମାନ ମେ ମାସ, ତଥାପି ବିଦେଶୀ ପର୍ଯ୍ୟଟକ ବେଶ୍ ଆସି ଏ ସୁନ୍ଦର ସହରକୁ ଉପଭୋଗ କରୁଛନ୍ତି। ■

ଆବୁଧାବି

କାଲିଫର୍ଣ୍ଣିଆରୁ ଲଣ୍ଡନ ଏବଂ ଲଣ୍ଡନରୁ ଆବୁଧାବି, ସମୁଦାୟ ୨୦ଘଣ୍ଟା ଉଡ଼ିବାକୁ ପଡ଼ିଲା। ବ୍ରିଟିଶ ଏଆରୱେଜ୍‌ର ଉଡ଼ାଜାହାଜ ବାହାରେନ୍ ଦେଇ ଆବୁଧାବିରେ ପହଞ୍ଚୁ ପହଞ୍ଚୁ ରାତି ସାଢ଼େ ଏଗାର। ଭାରତରେ ପହଞ୍ଚିବାର ଅନୁଭୂତି ଏକାପ୍ରକାର। ବିମାନଘାଟିରେ ଅନେକ ଭାରତୀୟ (କେରଳୀ) ଦେଖିବାକୁ ମିଳନ୍ତି। ଦେଶରେ ପ୍ରବେଶ କରିବାକୁ ଭିସା ଦରକାର। ଆମର ଭିସା ତୟାର ହୋଇଥିଲା ଏବଂ ଜଣେ ଅଫିସର ଆମକୁ ସେଇଠାରେ ବଢ଼ାଇଦେଲେ।

ହୋଟେଲକୁ ଗାଡ଼ିରେ ଯିବାବେଳେ ଲାଗିଲା ଖୁବ୍ ଆଧୁନିକ ସହର ଆବୁଧାବି। ଇଉନାଇଟେଡ଼ ଆରବ ଏମିରେଟସ ୟୁ.ଏ.ଇ.ର ୭ଟି ଏମିରଟ ମଧ୍ୟରୁ ଆବୁଧାବି ଅନ୍ୟତମ ଏବଂ ୟୁ.ଏ.ଇ. ର ରାଜଧାନୀ ସମୁଦ୍ରକୂଳରେ ସହର ଅବସ୍ଥିତ। ଚାରିଆଡ଼ ଏତେ ସବୁଜ କେମିତି ବୋଲି ପ୍ରଶ୍ନ କଲାରୁ ସ୍ଥାନୀୟ ବନ୍ଧୁ କହିଲେ ମରୁଭୂମିରେ ସବୁଜିମା ପାଇଁ ବହୁତ ପଇସା ଖର୍ଚ୍ଚ ହେଉଛି।

ଆବୁଧାବିଠାରୁ ଦେଢ଼ଘଣ୍ଟା ରାସ୍ତା କାରରେ ଦୁବାଇ। ଦୁବାଇ ସମଗ୍ର ଗଲ୍‌ଫରେ ବଡ଼୍ ବାଣିଜ୍ୟକେନ୍ଦ୍ର ବର୍ତ୍ତମାନ। ଦୁବାଇ ତୁଳନାରେ ଆବୁଧାବି ଛୋଟ ସହର। ଲୋକସଂଖ୍ୟା ମାତ୍ର ୩/୪ ଲକ୍ଷ। ଶତକଡ଼ା ୪୦ ଭାଗ ଲୋକ ଦେଶ ବାହାରୁ। ହଜାର ହଜାର ଭାରତୀୟ ପାକିସ୍ତାନୀ ଏଠାରେ ଅବସ୍ଥାନ କରି ଚାକିରି କରନ୍ତି।

ଆବୁଧାବି ରାଜା (ଯାହାଙ୍କୁ ଏମିର ବୋଲି କହନ୍ତି) ଆମେରିକାର ନ୍ୟୁୟର୍କ ସହରର ଯୋଜନା ଉପରେ ମୁଗ୍ଧ ହୋଇ ତାଙ୍କ ସହରକୁ ସେଇଭଳି କରିବାର ଦେଖିଲୁ। ଖୁବ୍ ନମସ୍କୁମ୍ବୀ କୋଠାମାନ ଧାଡ଼ିହୋଇ ସମୁଦ୍ରକୂଳରେ ଠିଆ ହୋଇଛି। ରାସ୍ତା ସବୁ ଷ୍ଟ୍ରିଟ୍ କିମ୍ବା ଆଭେନ୍ୟୁ ପଶାପାଲି ପରି କୋ-ଅର୍ଡିନେଟ ଆକାରରେ ଲମ୍ବିଛି। ମାତ୍ର ଅଧଘଣ୍ଟା ଭିତରେ ସହରରୁ ଏକପଟୁ ଅନ୍ୟପଟ ପର୍ଯ୍ୟନ୍ତ ଯାଇହେବ। ଖରାଦିନେ ଅସମ୍ଭବ ଗରମ।

ହିଲଟନ ହୋଟେଲରେ ଆମର ଟେକ୍‌ନିକାଲ ସେମିନାର ହେବାର କଥା।

ସକାଳୁ ୨୦୦ରୁ ଊର୍ଦ୍ଧ୍ୱ କମ୍ପାନୀ, ସରକାର ତଥା ବ୍ୟାଙ୍କର ଏକ୍‌ଜିକ୍ୟୁଟିଭମାନେ ଆସି ପହଞ୍ଚିଲେ। ସେଥିରୁ ପ୍ରାୟ ଅଧାଅଧି ଦୁବାଇରୁ ଗାଡ଼ି ଚଳାଇ ଆସିଥିଲେ। ଅନେକ ଭାରତୀୟ ତଥା ପାକିସ୍ତାନୀ। ଜଣେ ଚିହ୍ନାଦେଲା ଯେ ସେ ଆନ୍ଧ୍ରର ଲୋକ; କିନ୍ତୁ ଓଡ଼ିଶାର ରାଉରକେଲାରେ ଘର।

ମିଟିଂ ସରୁ ସରୁ ଦିନ ଗୋଟାଏ। ତା'ପରେ ଅନ୍ୟ ଏକ ମିଟିଂ ସମାପ୍ତକରି ଆମେ ବସିଗଲୁ ବିଶ୍ୱକପ୍ କ୍ରିକେଟର ଫାଇନାଲ ଖେଳ (ଶ୍ରୀଲଙ୍କା ଏବଂ ଅଷ୍ଟ୍ରେଲିଆ) ଦେଖିବାକୁ। କିନ୍ତୁ ପୂରା ଦେଖି ହେଲାନି; କାରଣ କୁଏଟ ଏଆରଲାଇନ ଦେଇ କୁଏଟ୍ ଯିବାକୁ ହେବ। ସେ ଉଡ଼ାଜାହାଜ କାଟାର ଦେଶର ରାଜଧାନୀ ଦୋହା ହୋଇ କୁଏଟରେ ପହଞ୍ଚିଲା ରାତି ୯ଟାରେ।

■

ମଧ୍ୟପ୍ରାଚ୍ୟର କୁଏଟ

କୁଏଟ ଦେଶ କଥା ବହୁତ ଶୁଣା ଯାଇଥିଲା । ଇରାକର ଦକ୍ଷିଣକୁ ସମୁଦ୍ର କୂଳରେ କୁଏଟ ଦେଶ । କ୍ଷୁଦ୍ର ଆକାର; କିନ୍ତୁ ପେଟ୍ରୋଲିୟମ ତୈଳ ସମୁଦ୍ରରୁ ବାହାର କରି ଏ ଦେଶ ପ୍ରଚୁର ଧନୀ । ଅଳ୍ପ କେତେକ ରାଜକୀୟ ପରିବାର ଏହି ଅର୍ଥ ଦାୟିତ୍ୱରେ ଅଛନ୍ତି ।

ଇରାକ୍ ଏକା ଗଲ୍‌ଫରୁ ତୈଳ ବାହାର କରୁଥିବାରୁ କୁଏଟକୁ ପଇସା ମାଗିଲା । କୁଏଟ ମନାକରିବାରୁ ୧୯୯୦ ଅଗଷ୍ଟ ମାସରେ ଇରାକ୍‌ର ସୈନ୍ୟସାମନ୍ତ ଏ ଦେଶରେ ପ୍ରବେଶ କରି ଲୁଟ୍‌ତରାଜ ଆରମ୍ଭ କରିଦେଲେ । କୋଟି କୋଟି ଟଙ୍କାର ଜିନିଷପତ୍ର ବୋହିନେଲେ । ଏପରିକି କୁଏଟ ଏଆରଲାଇନ୍‌ସର ୨୨ଟି ଉଡ଼ାଜାହାଜ ମଧ୍ୟ ନେଇଗଲେ ।

୧୯୯୧ ଜାନୁୟାରୀ ମାସରେ ଆମେରିକା ସାହାଯ୍ୟରେ ଇରାକ ଉପରେ ଆକ୍ରମଣ ହେଲା ଏବଂ ଫଳତଃ କୁଏଟ ପୁନର୍ବାର ସ୍ୱାଧୀନତା ପାଇଲା ।

କୁଏଟ ବିମାନଘାଟିରେ ପହଞ୍ଚିଲା ମାତ୍ରକେ ଆମକୁ ଲାଗିଲା ଆମେ ଭାରତରେ ପହଞ୍ଚିଗଲୁ । ଯୁଆଡ଼େ ଚାହିଁବ ଚାରିଆଡ଼େ ଖାଲି ଭାରତୀୟ, ପ୍ରାୟ କେରଳ ଲୋକ । କେରଳରୁ ହଜାର ହଜାର ମହିଳା ଏଠାରେ ଧନୀ ପରିବାରରେ ମେଡ୍ ସର୍ଭାଣ୍ଟ ହିସାବରେ କାମ କରନ୍ତି । କୁଏଟ ସହର ଭିତରେ ଦେଖିଲୁ ଯୁଦ୍ଧର କିଛି ଚିହ୍ନ ଏପର୍ଯ୍ୟନ୍ତ ରହିଛି ।

ସେରାଟନ୍ ହୋଟେଲରେ ପହଞ୍ଚିଲୁ । ଟେଲିଭିଜନରେ ହିନ୍ଦୀ ଗୀତ ବାଜୁଛି ଏବଂ ହିନ୍ଦୀ ଚଳଚ୍ଚିତ୍ର ଚାଲିଛି । ସମଗ୍ର ଉପସାଗରରେ ଭାରତର ଟିଭି ପ୍ରୋଗ୍ରାମ ସରବରାହ ଚାଲୁରହିଛି ।

ତହିଁଆରଦିନ ସକାଳୁ ସେଠାରେ ଆମର ଭାଷଣ ପ୍ରୋଗ୍ରାମ ଥିଲା । ୩୦୦୦ରୁ ଊର୍ଦ୍ଧ୍ୱ ଲୋକ ଆସିଥିଲେ । ବେଶି ଭାରତୀୟ ସଫ୍ଟୱେର ଇଞ୍ଜିନିୟର ଆମର ସେମିନାରକୁ ଆସିଥିଲେ । କୁଏଟ ଏଆରଲାଇନସର ଜଣେ ଉଚ୍ଚପଦସ୍ଥ ଅଫିସରଙ୍କ ସହ ଆମର

ମଧ୍ୟାହ୍ନ ଭୋଜନ ଥିଲା। ସେ ଭଦ୍ର ଲୋକ ଆଜାନୁଲମ୍ବିତ ଧଳା ପୋଷାକ ପିନ୍ଧିଥିଲେ ଏବଂ ମୁଣ୍ଡରେ ଓଢ଼ଣା ପରି ହେଡ୍‌ଗିଅର। ବେଦୁଇନ୍‌ମାନଙ୍କ ବେଶ। ଭଦ୍ରଲୋକ ହାତରେ ମାଳଧରି ଇସ୍‌ଲାମ୍ ଧର୍ମାନୁସାରେ ପ୍ରାର୍ଥନା କରୁଥାନ୍ତି। ବିମାନଘାଟିରେ ପ୍ରାର୍ଥନା ଗୃହ ବୋଲି ସ୍ୱତନ୍ତ୍ର ସ୍ଥାନ ରହିଛି। ଭଦ୍ରଲୋକ ବର୍ଣ୍ଣନା କରୁଥିଲେ ୬ବର୍ଷ ତଳ ଯୁଦ୍ଧ କଥା। ତୈଳକୂପରେ ଇରାକୀମାନେ ନିଆଁ ଲଗାଇଦେବାରୁ କେମିତି କଳା ପାଉଁଶ ସମଗ୍ର ସହର ଉପରେ ବ୍ୟାପିଗଲା। ଦିନ ଦ୍ୱିପ୍ରହର ସମୟରେ ରାତିଅଧ ବୋଲି ଲୋକେ ଭାବିଲେ। ସୂର୍ଯ୍ୟକିରଣ ଦିନ ଦିନ ଧରି ଉଭାନ ହୋଇଗଲା।

କୁଏଟରେ ମାତ୍ର ଦିନଟିଏ ରହି ଗଲ୍‌ଫ ଏଆରରେ ବାହାରେନ ଦେଶ ଯିବାକୁ ହେବ। ମାତ୍ର ଏକ ଘଣ୍ଟାର ରାସ୍ତା।

■

ଇସ୍ତାନବୁଲ-ତୁର୍କୀ

ମଧ୍ୟ ପ୍ରାଚ୍ୟର ବାହାରେନ୍ ଦେଶରୁ ଗଲ୍‌ଫ ଏଆରଲାଇନ୍‌ସରେ ବସି ସାଢ଼େ ଚାରିଘଣ୍ଟା ଉଡ଼ିବା ପରେ ଭୂମଧ୍ୟସାଗର ପାରିହୋଇ ଆମେ ତୁର୍କୀ ଦେଶର ସର୍ବ ବୃହତ୍ ସହର ଇସ୍ତାନବୁଲରେ ପହଞ୍ଚିଲୁ। ଉଡ଼ାଜାହାଜରୁ ବାହାରିବା ମାତ୍ରେ ଜଣେ ଭଦ୍ର ମହିଳା ଆମ ପାଇଁ ଅପେକ୍ଷା କରିଥିଲେ ଏବଂ ଆମକୁ ଖୁବ୍ କମ୍ ସମୟ ମଧ୍ୟରେ ପାସପୋର୍ଟ ଏବଂ କଷ୍ଟମ୍ ଦେଇ ବାହାରକୁ ନେଇ ଆସିଲେ।

ଗାଡ଼ିରେ ଆମେ ସିରାଜାନ୍ ପ୍ୟାଲେସ୍ ହୋଟେଲ୍‌ରେ ପହଞ୍ଚିଲୁ। ଇସ୍ତାନ୍‌ବୁଲ୍ ପ୍ରକାଣ୍ଡ ସହର। ଲୋକସଂଖ୍ୟା ପ୍ରାୟ ଏକ କୋଟି ଉପରେ। ସହର ମଝିରେ ନଦୀ ଏବଂ ଏକ ପାର୍ଶ୍ୱରେ ମାରମୁରା ସାଗର (Sea of Marmura)। ଏ ସହରର ପ୍ରାଧାନ୍ୟ ହେଲା ଯେ ଏହା ଦୁଇଟି ମହାଦେଶର ସୀମାରେଖାରେ ଅବସ୍ଥିତ। ସହରର ଏକପାର୍ଶ୍ୱ ଇଉରୋପ ମହାଦେଶ, ଅପରପାର୍ଶ୍ୱ ଏସିଆ ମହାଦେଶରେ। ଅଥଚ ଗୋଟିଏ ବଡ଼ ବ୍ରିଜ୍ ଅତିକ୍ରମ କଲେ ଏକ ମହାଦେଶରୁ ଅନ୍ୟ ମହାଦେଶକୁ ଯାଇହେବ।

ଆମେ ଯେଉଁ ହୋଟେଲରେ ଥିଲୁ ତାହା ଅତୀତରେ ଏକ ରାଜାପ୍ରାସାଦ ଥିଲା। ଅଟୋମାନ୍ ସାମ୍ରାଜ୍ୟ ସମୟରେ ଏ ସହରରେ ଅନେକ ରାଜପ୍ରାସାଦ ଗଢ଼ି ଉଠିଥିଲା। ତୁର୍କୀ ଏକ ବିରାଟ ଦେଶ। ପୂର୍ବ ଏବଂ ପାଶ୍ଚାତ୍ୟର ସମନ୍ୱୟ ଦେଖିବାକୁ ମିଳେ। ପୂର୍ବାଞ୍ଚଳ ତୁର୍କୀ ଏସିଆ ମହାଦେଶରେ। ଏଠାରେ ମୁସଲମାନ ସଂପ୍ରଦାୟ ଲୋକ ସଂଖ୍ୟାଧିକ। ପଡ଼ୋଶୀ ରାଷ୍ଟ୍ର ହେଲେ ଇରାକ୍, ଇରାନ୍, ଉତ୍ତରକୁ ରୁଷିଆ ଏବଂ କୃଷ୍ଣ ସାଗର (Black Sea), ପଶ୍ଚିମ ପାର୍ଶ୍ୱରେ ପଡ଼ୋଶୀ ରାଷ୍ଟ୍ର ଗ୍ରୀସ, ବୁଲଗେରିଆ ଇତ୍ୟାଦି, ଦକ୍ଷିଣରେ ଭୂ-ମଧ୍ୟ ସାଗର ଏବଂ ସାଇପ୍ରସ ଦ୍ୱୀପ। ୧୯୭୨ରେ ତୁର୍କୀ ସାଇପ୍ରସ୍ ଦ୍ୱୀପ ଉପରେ ଆକ୍ରମଣ କରି କିଛି ଅଂଶ ଦଖଲ କରିଥିଲା। ଏବେ ମଧ୍ୟ ସାଇପ୍ରସର କିଛି ଭାଗ ତୁର୍କୀ ଅଧୀନରେ ରହିଛି।

ଏଠାରେ ଇସ୍‌ଲାମ୍ ଧର୍ମ ପ୍ରଧାନ। ସହରର ଚାରିଆଡ଼େ ବହୁତ ବଡ଼ ବଡ଼ ମସଜିଦ୍। ସହରରେ ମୁସଲମାନ ମହିଳାମାନଙ୍କର ପର୍ଦ୍ଦା ନାହିଁ। ସେମାନେ ଖୁବ୍

ଆଧୁନିକ ଏବଂ ବିଭିନ୍ନ କର୍ମ ସଂସ୍ଥାନରେ କାର୍ଯ୍ୟ କରନ୍ତି। ଆମ କମ୍ପାନୀର ମ୍ୟାନେଜିଂ ଡାଇରେକ୍ଟର ଜଣେ ଭଦ୍ର ମହିଳା। ତାଙ୍କ ସହ ଆଳାପ ହେଲାବେଳେ ସେ ବର୍ଣ୍ଣନା କଲେ କେମିତି ତାଙ୍କ ମା' ରାଜକପୁରଙ୍କ ଆୱାରା ସିନେମାକୁ ପ୍ରାୟ ୧୫ଥର ଦେଖିଛନ୍ତି ଏବଂ ପିଲାଦିନେ ସେ ନିଜେ ଆୱାରା ସିନେମାର ଗୀତ ବୋଲି ପକାଉଥିଲେ।

ତୁର୍କୀର ଲୋକସଂଖ୍ୟା ପ୍ରାୟ ୬କୋଟି। ରାଜଧାନୀ ଆଙ୍କାରା ସହର। ଏସିଆ ମହାଦେଶର ତୁର୍କୀରେ ବହୁତ ସମସ୍ୟା ରହିଛି- ନିରକ୍ଷରତା, ବେକାରି। ତୁର୍କୀରେ ଅନେକ ଗାଁ ଏବେ ମଧ୍ୟ ଅନୁନ୍ନତ ରହିଛି। ବିଜୁଳି ଶକ୍ତି ନାହିଁ। ପାଣି ପାଇପ୍‌ର ବ୍ୟବସ୍ଥା ନାହିଁ। ଦେଶରେ ଅର୍ଥନୈତିକ ସମସ୍ୟା ଅନେକ।

ଆମର ସ୍ଥାନୀୟ ବନ୍ଧୁ କହି ଚାଲିଥିଲେ-ଏଠାରେ ପ୍ରଦୂଷଣ (Pollution) ସମସ୍ୟା ଉତ୍କଟ। ତାଙ୍କର ଦୁଇବର୍ଷର ପିଲାଙ୍କୁ ଧରି ସେମାନେ କୁଆଡ଼େ ସହରକୁ ଯାଇ ପାରୁ ନାହାନ୍ତି। ସରକାରୀ କଳ ବଡ଼ ଧୀର। ପଡ଼ୋଶୀ ରାଷ୍ଟ୍ର ରୁଷିଆ, ଇରାକ୍‌ରୁ ଅନେକ ଲୋକ ତୁର୍କୀକୁ ପଳାଇ ଆସୁଛନ୍ତି। ତେଣୁ ତଜ୍ଜନିତ ସମସ୍ୟା, ବେକାରି ବଢ଼ିବାରେ ଲାଗିଛି। ଆମେ ଦିନକର ରହଣି ଭିତରେ ଜଣେ ପାକିସ୍ତାନୀ ବିଶ୍ୱବିଦ୍ୟାଳୟ ଛାତ୍ରଙ୍କୁ ଦେଖିଲୁ। ଜଣେ ମାତ୍ର ଭାରତୀୟ ଦେଖିଲୁ ଯିଏ ଏହି ଦେଶରେ ଜନ୍ମ ହୋଇଥିଲେ।

ଆମର ଭାଷଣ ପର୍ଯ୍ୟାୟରେ ୩୦୦ରୁ ଊର୍ଦ୍ଧ୍ୱ ବୈଜ୍ଞାନିକ ତଥା ମ୍ୟାନେଜମେଣ୍ଟ ଲୋକ ଯୋଗ ଦେଇଥିଲେ। କାର୍ଯ୍ୟକ୍ରମ ସମାପ୍ତ କରି ତୁର୍କୀସ୍ ଏଆରଲାଇନ୍‌ସରେ ଆମେ ଗ୍ରୀସ୍ ଦେଶର ଏଥେନ୍‌ସ ଅଭିମୁଖେ ଯାତ୍ରା କରିବାକୁ ଆରମ୍ଭ କଲୁ, ମାତ୍ର ଘଣ୍ଟାକର ଉଡ଼ାଜାହାଜ ବାଟ।

■

ମଧ୍ୟପ୍ରାଚ୍ୟ-ବାହାରେନ

ବାହାରେନ ଦେଶଟି ଆକାରରେ କ୍ଷୁଦ୍ର। ଇଉନାଇଟେଡ୍ ଆରବ ଏମିରେଟ୍ସ ୟୁଏଇର ଉପରକୁ। ପାଖରେ ଆଉ ଏକ କ୍ଷୁଦ୍ର ଦେଶ କ୍ୱାଟାର। ପଶ୍ଚିମକୁ ବିଶାଳଦେଶ ସାଉଦୀ ଆରବ। ବାହାରେନଠାରୁ ମାତ୍ର ଘଣ୍ଟାଏ ବାଟ ଡାହାରାନ୍ ସହର ସାଉଦୀ ଦେଶର। ବାହାରେନ୍ ଏକ ଅତ୍ୟାଧୁନିକ ଦେଶ। ତୈଳଜନିତ ଅର୍ଥନେଇ ଏ ଦେଶ ଖୁବ୍ ଧନୀ।

ଶତକଡ଼ା ୪୦ ଭାଗ ବିଦେଶୀ। ବହୁତ ଭାରତୀୟ। ନିକଟରେ ବିଶୃଙ୍ଖଳା ବୃଦ୍ଧି ପାଇଛି। ଆମେ ଯିବାର ୩ ଦିନ ଆଗରୁ ବୋମା ବିସ୍ଫୋରଣ ହୋଇ କିଛି ବଙ୍ଗଳାଦେଶର ଲୋକେ ମରିଥିଲେ। ଚାରିଆଡ଼େ କଟକଣା ଏବଂ ବହୁତ ପୁଲିସ ଚେକିଂ। ହୋଟେଲର ପ୍ରବେଶ ଦ୍ୱାରରେ ଗାଡ଼ି ଅଟକାଇ ଚେକିଂ ଚାଲିଥିଲା।

ବାହାରେନରେ ବହୁତ ବ୍ରିଟିଶ, ପ୍ରଫେସନାଲମାନେ ଚାରିଆଡ଼େ। ଜଣେ ଭଦ୍ରଲୋକ ବିଭାଷ ମହାନ୍ତି ଦେଖାହେଲେ। ତାଙ୍କ ସହ ୩ବର୍ଷ ତଳେ ବମ୍ବେରେ ଦେଖା ହୋଇଥିଲା। ଭାରତରୁ ଚାକିରି ଛାଡ଼ି ଏଠାରେ ସେ କାମ କରୁଛନ୍ତି ବୋଲି କହିଲେ। ଅନେକ ଭାରତୀୟ ବୈଜ୍ଞାନିକ, ଇଞ୍ଜିନିୟର, ଆକାଉଣ୍ଟାଣ୍ଟ, ଡାକ୍ତର ଏଠାରେ କାମ କରୁଛନ୍ତି। ଦରମା ବହୁତ, ଟ୍ୟାକ୍ସ ନାହିଁ। ତେଣୁ ଭାରତ ତୁଳନାରେ ଆୟ ଅଧିକ।

ଭାରତକୁ ମାତ୍ର ୨ଘଣ୍ଟାର ରାସ୍ତା। ଏଠାରେ ପ୍ରାୟ ହିନ୍ଦୀ ଭାଷା ବହୁତ କହୁଥାନ୍ତି। ବାହାରେନୀମାନେ ମଧ୍ୟ ହିନ୍ଦୀ ଚଳଚ୍ଚିତ୍ର ଦେଖି ଦେଖି ଭାଷା ଶିଖିଯାଇଛନ୍ତି। ଆମର ସେମିନାରରେ ୨୦୦ ଲୋକ ଆସିଥିଲେ। କମ୍ପ୍ୟୁଟର କ୍ଷେତ୍ରରେ ଅଗ୍ରଗତି କରିବାକୁ ଏଠାର ସରକାର ତଥା ବୈଷୟିକ ସଂସ୍ଥାମାନେ ତତ୍ପର।

ବାହାରେନ୍‌ର ଟଙ୍କା ହେଲା ଡିନାର। ଗୋଟିଏ ଡିନାର ଅଢ଼େଇ ଡଲାର ଅର୍ଥ ୯୦ଟଙ୍କା ସହ ସମାନ। ଦୁବାଇ, ସର୍ଜା ଇତ୍ୟାଦି ସ୍ଥାନରୁ ଲୋକେ ବରାବର ଯିବାଆସିବା କରୁଛାନ୍ତି। ଚାରିଆଡ଼େ ଆଧୁନିକ ମସଜିଦ୍, ଗଲ୍ଫ ଏଆର

ଉଡ଼ାଜାହାଜରେ ତୁର୍କୀର ଇସ୍ତାନବୁଲ୍ ଆସିବାବେଳେ ଏଆରହୋଷ୍ଟେସ ବଙ୍ଗଳା ଦେଶର ଝିଅ 'ସୁଲତାନ'। ସେ ଢାକାରୁ ୬ବର୍ଷ ହେଲା ଆସି ବାହାରେନ୍‌ରେ ରହି ଏଆରଲାଇନରେ କାମ କରୁଛି। ବାପ, ମା ତଥା ପରିବାରର ସମସ୍ତେ ଢାକାରେ। ସେଇଭଳି କରାଚୀ ଲାହୋର ଇତ୍ୟାଦି ବହୁତ ସହରର ପାକିସ୍ତାନୀମାନେ ଏଠାରେ କାମ କରନ୍ତି। କେରଳର ଲୋକେ ବେଶି ସଂଖ୍ୟାରେ ଅଛନ୍ତି ଯେ ଗଲ୍‌ଫରୁ ତ୍ରିଭେନ୍ଦ୍ରମ, କୋଚିନ ଇତ୍ୟାଦି ସହରକୁ ଦୈନନ୍ଦିନ ଫ୍ଲାଇଟ ଯାଏ।

■

ଫ୍ରାଙ୍କ୍‌ଫୁଟ-ଜର୍ମାନୀ

କାଲିଫର୍ଣ୍ଣିଆର ସାନଫ୍ରାନସିସ୍କୋ ସହରରୁ ବାହାରି ନିରବଚ୍ଛିନ୍ନ ଭାବେ ଜର୍ମାନୀର ଫ୍ରାଙ୍କଫୁଟ ସହର ଆସିବାକୁ ଉଡ଼ାଜାହଜରେ ପ୍ରାୟ ୧୧ ଘଣ୍ଟା ଲାଗିଲା। ଦୂରତ୍ୱ ପ୍ରାୟ ଛ'ହଜାର ମାଇଲ। ଉଡ଼ାଜାହାଜ ମେରୁ ରାସ୍ତା (Polar Route) ଦେଇ ଆସିଲା, ଅର୍ଥାତ୍ ଉତ୍ତର କାନାଡ଼ା ଦେଇ ଗ୍ରୀନଲ୍ୟାଣ୍ଡ, ଆଇସଲ୍ୟାଣ୍ଡ ଉପର ଦେଇ ନର୍ଥ ସି ଉପରେ ଉଡ଼ି ହଲାଣ୍ଡ ଉପରେ ଇଉରୋପ ପ୍ରବେଶ କଲା ଏବଂ ଦକ୍ଷିଣ ପଶ୍ଚିମ ଦିଗରେ ଆସି ଜର୍ମାନୀରେ ପହଞ୍ଚିଗଲା। କାଲିଫର୍ଣ୍ଣିଆଠାରୁ ସମୟର ବ୍ୟବଧାନ ଜର୍ମାନୀକୁ ୯ଘଣ୍ଟା। କାଲିଫର୍ଣ୍ଣିଆରେ ଦିନ ୧୨ଟା ବେଳେ, ଜର୍ମାନୀରେ ରାତି ୯ଟା (ଭାରତରେ ରାତି ସାଢ଼େ ଗୋଟାଏ)।

ଫ୍ରାଙ୍କଫୁଟ ବାଟ ଦେଇ ଅନେକ ଥର ଯିବାଆସିବା ହୋଇଛି। ମାତ୍ର ସହର ଭିତରକୁ ଗତ ୫ବର୍ଷ ପରେ ଆସିବା ହେଉଛି। ୧୯୮୨ରେ ୪ଦିନ ଲାଗି କାମରେ ଆସିବାକୁ ପଡ଼ିଥିଲା। ଏଥର ମାତ୍ର ୨ଦିନର କାମ। ସହର ଆହୁରି କୋଠାବାଡ଼ିରେ ବଢ଼ିଛି।

ଜର୍ମାନୀର ଅର୍ଥନୈତିକ କେନ୍ଦ୍ର ହେଲା ଫ୍ରାଙ୍କଫୁଟ। ସବୁ ବ୍ୟାଙ୍କ ଗୁଡ଼ିକର କାର୍ଯ୍ୟାଳୟ ଏହିଠାରେ। ନଭଶ୍ଚୁମ୍ବୀ ଅଟ୍ଟାଳିକାମାନ ବ୍ୟାଙ୍କଗୁଡ଼ିକର ସମ୍ପତ୍ତି। ମାଇନ ନଦୀ ବହି ଚାଲିଛି ସହର ମଝିରେ। ଅନତିଦୂରରେ 'ରାଇନ' (Rhine) ନଦୀ। ଗତଥର ଟ୍ରେନ ଧରି ଜଣେ ଓଡ଼ିଆ ବନ୍ଧୁଙ୍କ ସାଙ୍ଗରେ ୩ଘଣ୍ଟା ରାଇନ ନଦୀ ପାଖଦେଇ ଉପରକୁ କଲୋନ୍ ସହରକୁ ଯିବା ହୋଇଥିଲା।

ଜର୍ମାନୀ ଦେଶ ସମ୍ପ୍ରତି ପୃଥିବୀର ଶକ୍ତିଶାଳୀ ଅର୍ଥନୈତିକ ଶକ୍ତି ମଧ୍ୟରୁ ଅନ୍ୟତମ। ଜାପାନ ପରେ ଜର୍ମାନୀର ରପ୍ତାନୀ (Export) ଅର୍ଥନୀତି ଏ ଦେଶକୁ ସମୃଦ୍ଧ ତଥା ଧନୀ କରିଛି। ଲୋକସଂଖ୍ୟା ମାତ୍ର ଛଅକୋଟି। ଦୁଇଟି ମହାଯୁଦ୍ଧରେ ଦେଶର ଅବସ୍ଥା ସମ୍ପୂର୍ଣ୍ଣ ନଷ୍ଟ ହୋଇଥିଲା।

୧୯୪୯ ମସିହାରେ ଫେଡ଼େରାଲ ରିପବ୍ଲିକ୍ ଅଫ୍ ଜର୍ମାନୀ (Federal

Republic of Germany) କିମ୍ବା ପଶ୍ଚିମ ଜର୍ମାନୀ (West Germany) ଗଠିତ ହେଲା। ଦେଶର ମୁଖ୍ୟ ଶାସକ ହେଲେ ପ୍ରେସିଡେଣ୍ଟ। ଆଳଙ୍କାରିକ ମୁଖ୍ୟ ହେଲେ ଚାନସେଲର। ଆମ ଦେଶ ତଥା ଇଂଲଣ୍ଡ ପରି ଏହା ପାର୍ଲାମେଣ୍ଟଭିତ୍ତିକ ଗଣତନ୍ତ୍ର। ଅଧୁନା ଏଠାର ମୁଦ୍ରାସ୍ଫୀତି (Inflation) ପ୍ରାୟ ନାହିଁ। ଗତ କିଛିବର୍ଷ ହେବ ଏହା ଖୁବ ପାଖାପାଖି ରହିଛି। ଏପରି ଦରଦାମ ଦେଖିଲେ ଲାଗିବ ଏ ଦେଶର ଲୋକଙ୍କର କିଣିବା ଶକ୍ତି ଅତ୍ୟଧିକ। ଜର୍ମାନୀର ଲୋକେ କଠିନ ପରିଶ୍ରମୀ ଏବଂ ବିଭିନ୍ନ ପ୍ରକାର ଯନ୍ତ୍ରପାତି ରପ୍ତାନୀରେ ଜର୍ମାନୀ ଖୁବ୍ ଆଗୁଆ।

ଜର୍ମାନୀରେ ତିଆରି ହେଉଥିବା ମୋଟରକାର ମର୍ସିଡେଜ୍ ବେଞ୍ଜ୍, ପୋର୍ସେ ତଥା ବି.ଏମ.ଡବ୍ଲ୍ୟୁ ଆମେରିକାର ସୌଖୀନ କାର (Luxury Car) ମଧ୍ୟରୁ ଅନ୍ୟତମ। ଏହି କାରଗୁଡ଼ିକ ଆମେରିକାରେ ଅନ୍ୟାନ୍ୟ କାର ତୁଳନାରେ ଅଧିକ ଦାମରେ ବିକ୍ରି ହୁଏ।

ଜର୍ମାନୀରେ ୧୦ଟି ପ୍ରଦେଶ। ଉତ୍ତରରେ ସମତଳ ପ୍ରଦେଶ (Flat Land) ଏବଂ ମୁଖ୍ୟ ସହରଗୁଡ଼ିକ ହେଲା ହାମବୁର୍ଗ, ହାନୋଭର, ବ୍ରେମେନ। ପଶ୍ଚିମପଟେ ବେଲଜିୟମ ସୀମାରେ କଲୋନ, ଡୁସେଲଡର୍ଫ ଏବଂ ରାଜଧାନୀ ବନ; ମଧ୍ୟଭାଗରେ ଫ୍ରାଙ୍କଫୁଟ ଏବଂ ଦକ୍ଷିଣକୁ ଷ୍ଟୁର୍ଟଗାର୍ଟ। ଦକ୍ଷିଣ ପୂର୍ବରେ ବ୍ୟାଭାରିଆର ସୌନ୍ଦର୍ଯ୍ୟ ଅତି ମନୋରମ; ଖାଲି ପାହାଡ଼ ଓ ଉପତ୍ୟକାରେ ଭରା। ବର୍ଲିନ ସହର ପଶ୍ଚିମ ଜର୍ମାନୀଠାରୁ ଅଲଗା, ପୂର୍ବ ଜର୍ମାନୀର ମଧ୍ୟଭାଗରେ। ବର୍ଲିନ ସହର ଦୁଇଭାଗରେ ବିଭକ୍ତ। ଯୁଦ୍ଧ ପରେ ଆମେରିକାର ମଧ୍ୟସ୍ଥତାରେ ଏପରି ବିଭାଜନ ହୋଇଥିଲା। ସମସ୍ତେ ଜର୍ମାନ ଭାଷା କୁହନ୍ତି।

ଫ୍ରାଙ୍କଫୁଟ ସହରରେ ବୁଲିବା ଅବସରରେ ଅନେକ ଭାରତୀୟ ଆଖିରେ ପଡ଼ିଲେ। କାଇଜରଷ୍ଟ୍ରସେ ଉପରେ ଭାରତୀୟ ଜଳଖିଆ ଦୋକାନ ଦେଖିବାକୁ ମିଳିଲା। କିଛି ଦୂରରେ ବମ୍ବେ ପ୍ୟାଲେସ ରେଷ୍ଟୋରାଁ। ପଚାରିବାରୁ ଭାରତୀୟ ଦୋକାନୀ କହିଲେ ସହରରେ ଅନ୍ତତଃ ଦୁଇରୁ ତିନିହଜାର ଭାରତୀୟ ଅଛନ୍ତି। ମଝିରେ ଭାରତରୁ ଜର୍ମାନୀ ଆସି ରହିବାର ସୁଯୋଗ ଥିଲା। ଏବେକୁ କଟକଣା ବଢ଼ିଗଲାଣି।

ରାଉରକେଲା ଷ୍ଟିଲ୍ ପ୍ଲାଣ୍ଟ ଏହି ଜର୍ମାନୀମାନଙ୍କ ସହାୟତାରେ ଗଠିତ ହୋଇଥିଲା। ଅକ୍ଟୋବର ମାସରେ ଏଠାରେ ପ୍ରସିଦ୍ଧ ଅକ୍ଟୋବର ଫେଷ୍ଟ ଆରମ୍ଭ ହୁଏ। ବ୍ୟାଭାରିଆ ଅଞ୍ଚଳରେ ଲୋକେ ଖୁବ୍ ପାଳନ୍ତି। ମ୍ୟୁନିକ ସହର ଏହି ପର୍ବପାଇଁ ପ୍ରସିଦ୍ଧ।

ଜର୍ମାନୀ ଲୋକଙ୍କର ସାଂସ୍କୃତିକ କାର୍ଯ୍ୟକ୍ରମ ପ୍ରତି ଖୁବ୍ ଆଗ୍ରହ। ଏଠାର ସଂଗୀତ ପାଶ୍ଚାତ୍ୟ ସଭ୍ୟତାରେ ସୁପ୍ରସିଦ୍ଧ। ବେଥୋଭେନ୍ ପାଶ୍ଚାତ୍ୟ ଶାସ୍ତ୍ରୀୟ ସଂଗୀତର ଜଣେ

ମୁଖ୍ୟ ପୁରୋଧା ଥିଲେ। ବିଜ୍ଞାନ ତଥା ଇଞ୍ଜିନିଅରିଂରେ ଜର୍ମାନର ଅବଦାନ ଅତି ଗୁରୁତ୍ୱପୂର୍ଣ୍ଣ। ଏହି ବର୍ଷର ଫିଜିକ୍ସରେ ନୋବେଲ ପ୍ରାଇଜ ତଥା ଗତବର୍ଷର ନୋବେଲ ପ୍ରାଇଜ୍ ଦୁଇଜଣ ଜର୍ମାନ ବୈଜ୍ଞାନିକ ପାଇଛନ୍ତି। ଏ ବର୍ଷ ଡକ୍ଟର ବେଡନୋର୍ଜ ସୁପରକଣ୍ଡକ୍ଟିଭିଟି ପାଇଁ ଏବଂ ଗତବର୍ଷ ଡକ୍ଟର ବିନିଙ୍ଗ ସ୍କାନିଂ ଟନେଲ ମାଇକ୍ରୋସ୍କୋପ ପାଇଁ ନୋବେଲ ପୁରସ୍କାର ପାଇଛନ୍ତି। ଉଭୟେ (IBM) କମ୍ପାନୀର ଗବେଷକ।

■

ଦକ୍ଷିଣ ଆଫ୍ରିକା

ମଧ୍ୟପ୍ରାଚ୍ୟ ଏବଂ ତୁର୍କୀ ଓ ଗ୍ରୀସ ଦେଶରେ ୭ ଦିନ ଭ୍ରମଣ ପରେ ଏଥେନ୍‌ସରୁ ସୁଇଜରଲାଣ୍ଡର ଜୁରିକ୍ ସହରବାଟେ ଦୀର୍ଘ ୧୧ ଘଣ୍ଟା ଉଡ଼ିବାପରେ ଦକ୍ଷିଣଆଫ୍ରିକାର ସର୍ବବୃହତ୍ ସହର ଜୋହାନ୍ସବର୍ଗରେ ପହଞ୍ଚିଲୁ। ଉଡ଼ାଜାହାଜ ସୁଇଜରଲାଣ୍ଡରୁ ସିଧାସଳଖ ଦକ୍ଷିଣମୁହାଁ ଭୂମଧ୍ୟ ସାଗର ଉପର ଦେଇ ଇଜିପ୍ଟ ତଥା ଉତ୍ତର ଆଫ୍ରିକା ଦେଇ ସମୁଦାୟ ମହାଦେଶ ଉପରେ ଉଡ଼ିଉଡ଼ି ଦକ୍ଷିଣ ଆଫ୍ରିକାରେ ପହଞ୍ଚିଲା।

ଜୋହାନସ୍‌ବର୍ଗକୁ ୧୯୯୪ମସିହାରେ ପ୍ରଥମଥର ଲାଗି ଆସିଥିଲୁ। ଏହା ଦ୍ୱିତୀୟବାର। ଏ ଦେଶ ବିଶାଳ। ଦୀର୍ଘ ବହୁବର୍ଷ ବର୍ଣ୍ଣବୈଷମ୍ୟ ଶୃଙ୍ଖଳ Apartheid ରେ ରହିବାପରେ ଗତ କିଛିବର୍ଷ ହେବ ସମ୍ପୂର୍ଣ୍ଣ ମୁକ୍ତ ତଥା ସ୍ୱାଧୀନ ଦେଶ ହୋଇଛି। ନେଲସନ ମାଣ୍ଡେଲା ଦେଶର ରାଷ୍ଟ୍ରପତି ତଥା ମୁଖ୍ୟ ନେତା। ସେ ମଧ୍ୟ କୋଡ଼ିଏବର୍ଷ ଉପରେ ଗୋରା ଶାସକମାନଙ୍କ ଦ୍ୱାରା ଜେଲଦଣ୍ଡ ଭୋଗିଥିଲେ। ତାଙ୍କୁ ୭୭ ବର୍ଷ ବୟସ। ତାଙ୍କର ରଚିତ ପୁସ୍ତକ ନିଜର ଆତ୍ମକଥା ଏବେ ପୃଥିବୀରେ ଖୁବ୍ ବିକ୍ରି ହେଉଛି।

ଜୋହାନ୍‌ସ ବର୍ଗରୁ ମାତ୍ର ୪୫ ମିନିଟର ରାସ୍ତା ପ୍ରିଟୋରିଆ, ଦେଶର ରାଜଧାନୀ। ମାର୍ଚ୍ଚ ମାସ ଶେଷ ଭାଗରେ ଏଠାରେ ଶୀତଋତୁର ଆରମ୍ଭ। ପାଗ ଖୁବ୍ ଭଲ, ସମୟ ସ୍ୱଚ୍ଛ। ସ୍ଥାନୀୟ ବନ୍ଧୁ କହିଲେ ଆମକୁ ନେଇ ନିକଟରେ ଏକ ସୁନାଖଣି ଦେଖାଇବେ। ପୃଥିବୀର ସ୍ୱର୍ଣ୍ଣ ଆମଦାନୀର ଶତକଡ଼ା ୫୦ ଭାଗ ଏହି ଦକ୍ଷିଣ ଆଫ୍ରିକାରୁ ହୋଇଥାଏ।

ଯେଉଁ ଗୋଲ୍‌ଡ଼ ରିଫ୍ ଖଣି ଆମେ ଦେଖିବାକୁ ଗଲୁ ତାହା ୧୯୭୭ ମସିହାରୁ ବନ୍ଦ ହୋଇଯାଇଛି। କେବଳ ଟୁରିଷ୍ଟମାନଙ୍କୁ ଦେଖାଇବାଲାଗି ବ୍ୟବହୃତ ହେଉଛି। ଆମେ ମୁଣ୍ଡରେ ଟୋପି ଏବ ଟର୍ଚ୍ଚଲାଇଟ ଧରି ଏକ ଲିଫ୍ଟ ସାହାଯ୍ୟରେ ପ୍ରାୟ ୩୦୦ ମିଟର ପର୍ଯ୍ୟନ୍ତ ତଳକୁ ଗଲୁ, ଅବଶ୍ୟ ଏହି ଖଣି ଦୀର୍ଘ ୩୦୦୦ ମିଟର ପର୍ଯ୍ୟନ୍ତ ତଳକୁ ଲମ୍ବିଛି। ଅନ୍ଧାର ସୁଡ଼ଙ୍ଗ ଭିତରେ ଟର୍ଚ୍ଚ ଆଲୁଅ ଜାଳି ଆମକୁ ଜଣେ ରିଟାୟାର୍ଡ଼ ମାଇନିଂ ଅଫିସର ସୁନା କିପରି ଖଣିରୁ ବାହାରକରାଯାଏ ବର୍ଣ୍ଣନା କଲେ। ଏକଟନ ମାଟିରୁ

ମାତ୍ର ୪ଗ୍ରାମ ସୁନା ବାହାରେ। ବଡ଼ କଷ୍ଟକର ପ୍ରଣାଳୀ ଏବଂ ବ୍ୟୟସାପେକ୍ଷ। ବାହାରକୁ ଆସି ସୁନା ଇଟା କିପରି ତରଳ ସୁନାରୁ ଗଢ଼ାଯାଏ ଦେଖିଲୁ।

ଗୋଟିଏ ଦିନର କାର୍ଯ୍ୟ ସମାପ୍ତ କରି ସନ୍ଧ୍ୟାରେ ଉଡ଼ାଜାହାଜ ଧରି ୨ଘଣ୍ଟା ଉଡ଼ିଲୁ ଏବଂ ଅତି ସୁନ୍ଦର ସହର କେପ୍‌ଟାଉନରେ ପହଞ୍ଚିଲୁ। କେପ୍‌ଟାଉନ୍ ପାଖରେ କେପ୍ ଅଫ ଗୁଡ଼ହୋପ, ବିଶାଳ ବାଣିଜ୍ୟକେନ୍ଦ୍ର ଏବଂ ବନ୍ଦର। ଯେତେବେଳେ ସୁଏଜ କେନାଲ ନ ଥିଲା ଭାରତରୁ ଜାହାଜ ସବୁ ଇଉରୋପ ଯିବା ରାସ୍ତା ଏହି କେପ୍‌ଟାଉନ ବାଟେ ଥିଲା।

କେପ୍ ଟାଉନ ପାହାଡ଼ିଆ ସହର। ଅଙ୍କାବଙ୍କା ରାସ୍ତା। ସମୁଦ୍ର କୂଳରେ ସହର। ବିଶାଳ ପାହାଡ଼ ସହର ମଝିରେ, କେବୁଲ କାରରେ ଶୀର୍ଷ ପର୍ଯ୍ୟନ୍ତ ଯାଇହେବ। ସମୁଦ୍ରକୂଳର ଆବାହାଓ୍ୱା ଅନ୍ୟରକମର। ସମସ୍ତେ ଟିକିଏ ଆରାମପ୍ରିୟ। ନାନାପ୍ରକାର ବ୍ୟାଙ୍କ ତଥା ତୈଳ କମ୍ପାନୀଙ୍କର ମୁଖ୍ୟ କାର୍ଯ୍ୟାଳୟ ଏଠି। ଆମର ଅଧାଦିନ କାର୍ଯ୍ୟ ସରିଲାପରେ ଜଣେ ବନ୍ଧୁ କାରରେ ଆମକୁ ସହରଟି ବୁଲାଇଲେ। ହାଉଟ ବେ ପାଖରେ ଗାଡ଼ି ରଖି ଆମେ ଏକ ବଡ଼ ମୋଟର ବୋଟରେ ଏକ ଘଣ୍ଟା ଲାଗି ସମୁଦ୍ର ଭିତରକୁ ବୁଲିବାକୁ ଗଲୁ।

ଦକ୍ଷିଣ ଆଫ୍ରିକାରେ ଅନେକ ସମସ୍ୟା। ଧନୀ, ଗରିବ ଭିତରେ ପାର୍ଥକ୍ୟ ବହୁତ। ଗୋରାଶାସକମାନେ ଦେଶର ସମ୍ପଦକୁ ନିଜେ ଅକ୍ତିଆର କରି ବଡ଼ ବିଳାସରେ ରହିଆସିଛନ୍ତି। ଅଥଚ ଶତକଡ଼ା ୮୦ ଭାଗରୁ ଊର୍ଦ୍ଧ୍ୱ କଳା ଲୋକମାନଙ୍କ ଆର୍ଥିକ ଅବସ୍ଥା ଖୁବ୍ ଖରାପ। ଦେଶରୁ ବର୍ଣ୍ଣବୈଶମ୍ୟ ଦୂରହେଲେ ମଧ୍ୟ ଏତେବର୍ଷର ସମସ୍ୟା ହଠାତ୍ ସମାଧାନ ହେବା ସମ୍ଭବ ନୁହେଁ। ନିରକ୍ଷରତା କଳାମାନଙ୍କ ଭିତରେ ବହୁତ। ତେଣୁ ସେମାନେ କାମଧନ୍ଦା ନପାଇ ଚୋରି, ଡକାୟତି ଇତ୍ୟାଦି କରିବାରେ ବ୍ୟସ୍ତ। ଗୋରାମାନଙ୍କ ସୁଖ ସମୟ ସରିଆସିବାରୁ ଅନେକେ ଦେଶ ଛାଡ଼ି ଇଉରୋପ ଚାଲିଗଲେଣି।

ଭାରତୀୟମାନେ ଏ ଦେଶରେ ବହୁ ବର୍ଷରୁ ରହିଆସିଛନ୍ତି; ବିଶେଷତଃ ଗୁଜରାଟର ବ୍ୟବସାୟୀମାନେ। ମହାତ୍ମା ଗାନ୍ଧୀ ଏହି ଦେଶକୁ ଗତ ଶତାବ୍ଦୀର ଶେଷଆଡ଼କୁ ଆସି ବହୁ ବର୍ଷ ଡର୍‌ବାନ ସହରରେ ରହିଥିଲେ। ତାଙ୍କର ପୁଅ ତଥା ନାତିନାତୁଣୀ ସବୁ ଏହିଠାରେ ଜନ୍ମହେଲେ ଏବଂ ଅଦ୍ୟାବଧି ଅନେକ ଏଠାରେ ରହୁଛନ୍ତି। ଡରବାନ୍ ସହରରେ ସର୍ବାଧିକ ଭାରତୀୟ, ଏକ ଲକ୍ଷରୁ ଊର୍ଦ୍ଧ୍ୱ। ସେମାନଙ୍କର ହିନ୍ଦୁ ମନ୍ଦିର ମଧ୍ୟ ଅଛି। ସାଉଥ୍ ଆଫ୍ରିକାର କ୍ରିକେଟ ଟିମ୍ ଏବେର ବିଶ୍ୱକପ୍‌ରେ ଭାଗ ନେଇଥିଲେ। କ୍ରିକେଟ ଛଡ଼ା ଫୁଟବଲ, ରଗ୍‌ବି ଇତ୍ୟାଦି ପ୍ରିୟ ଖେଳ।

ଦେଶର ୧୧ଟି ପ୍ରଦେଶ ଦେଖିଲେ ଏ ଦେଶ ଆମେରିକା ତଥା ୟୁରୋପୀୟ ସହର ପରି ଆଧୁନିକ। ବର୍ତ୍ତମାନ ବଡ଼ ବଡ଼ ଆମେରିକାନ କମ୍ପାନୀ ଏଠାରେ ଅଫିସ ଖୋଲି ବ୍ୟବସାୟ ଆରମ୍ଭ କରିଛନ୍ତି। ଭିନ୍ନ ଭିନ୍ନ ସଂପ୍ରଦାୟର ନାଗରିକଙ୍କୁ ନେଇ ଦକ୍ଷିଣଆଫ୍ରିକା କିପରି ଭାରସାମ୍ୟ ରଖି ପ୍ରଗତି ପଥରେ ଆଗେଇବ, ତାହା ମୁଖ୍ୟ ଚର୍ଚ୍ଚାର ବିଷୟ ହୋଇଛି। ୩ ଦିନର ଅବସ୍ଥାନ ସରିଲାପରେ କେପ୍ ଟାଉନରୁ ପୁଣି ଜର୍ମାନୀର ଫ୍ରାଙ୍କଫୁଟ ଏବଂ ସେଠାରୁ କାଲିଫର୍ଣ୍ଣିଆ ପ୍ରତ୍ୟାବର୍ତ୍ତନ। ପ୍ରାୟ ୩୦ଘଣ୍ଟାର ବାଟ ଯିବାକୁ ହେବ।

■

ସୁଇଡେନ୍

ସୁଇଡେନ୍ ଦେଶର ସହର ଗୋଟେନ୍‌ବର୍ଗ । ଏହା ଏକ ସମୁଦ୍ର କୂଳର ସହର । ଗୋଟେନ୍‌ବର୍ଗ ସୁଇଡେନର ଦକ୍ଷିଣପଶ୍ଚିମରେ । ଡେନମାର୍କ ଦେଶର ସୀମାରେଖା ପାଖରେ ଅବସ୍ଥିତ । ପାଖରେ ଦକ୍ଷିଣ ସାଗର (North Sea) । ମଝିରେ ବହିଯାଇଛି ନଦୀ ଗୋଟା ଆଲମ । ସହରଟି ସୁଇଡେନର ସାଂସ୍କୃତିକ ରାଜଧାନୀ କହିଲେ ଚଳେ । ନାନାପ୍ରକାର ମ୍ୟୁଜିୟମ ଏବଂ ଥିଏଟରର ସମାବେଶ ଏଇଠାରେ ।

ଅକ୍ଟୋବର ଶେଷ ସପ୍ତାହରେ ଦିନ ୪ଟା ବେଳୁ ପ୍ରାୟ ବେଶ୍ ଥଣ୍ଡା ଆରମ୍ଭ ହେଲାଣି, ଅନ୍ଧକାର ଆସିଯାଉଛି । ଶୀତଦିନେ ରାତି ବଡ଼, ବିଶେଷତଃ ସୁଇଡେନର ଅବସ୍ଥିତି ଦକ୍ଷିଣରେ ହୋଇଥିବାରୁ ଏହା ବିଶେଷ ଭାବେ ଉପଲବ୍ଧି କରିହୁଏ । ୫ବର୍ଷ ତଳେ ସୁଇଡ଼େନ ଖରାଦିନେ ଆସିବା ଅବସରରେ ରାତ୍ରି ମାତ୍ର ୪/୫ଘଣ୍ଟା ଲାଗି ହୋଇଥିଲା । ରାତି ୧୧ଟା ପର୍ଯ୍ୟନ୍ତ ଦିନ ଥାଏ ଏବଂ ବଡ଼ି ଭୋର ୪ଟାରୁ ପୁଣି ଆଲୁଅ ଆସିଯାଏ । ସୁଇଡେନ ଆସିବା ପୂର୍ବରୁ ୩ଦିନ ହଲାଣ୍ଡରେ କଟାଗଲା ଆମଷ୍ଟର୍‌ଡାମ ସହରରେ । ଅତି ସୁନ୍ଦର ଜାଗା । ଦେଶର ଲୋକସଂଖ୍ୟା ପ୍ରାୟ ଦେଢ଼କୋଟି ମାତ୍ର । ସେଥିରେ ପ୍ରାୟ ଏକକୋଟି ବାଇସାଇକେଲ୍ ଥିବ । ଯୁଆଡ଼େ ଚାହିଁବ ଲୋକେ ସାଇକେଲରେ ଯାଉଛନ୍ତି ।

ହଲାଣ୍ଡ ଦେଶଟିର ନାଁ ହଲୋ ଲାଣ୍ଡ (Hollow Land)ରୁ ଆସିଛି । ଦେଶର ଚାରିଆଡ଼େ କେନାଲ ଭର୍ତ୍ତି । ମେ, ଜୁନ୍ ମାସରେ ଟ୍ୟୁଲିପ ଫୁଲରେ ସାରାଦେଶ ଚମକୁଥାଏ । ଲୋକମାନେ ବେଶ୍ ମେଳାପୀ ଏବଂ ପ୍ରାୟ ଇଂରାଜୀ ଭାଷା କହନ୍ତି । ହଲାଣ୍ଡର ନାମଜାଦା ଚିତ୍ରକର (Painter) ଭାନ୍ ଗୋଘ (Van Gogh) ଏବଂ ରେମ୍ବ୍ରାଣ୍ଡ (Rembrandt) ଏହି ସହରରେ ବାସ କରୁଥିଲେ । ଏମାନଙ୍କର ଭାଷା ଡଚ (Dutch) । ଅନେକ ଲୋକ ଜର୍ମାନ ଭାଷା ବୁଝିପାରନ୍ତି ଏବଂ କହିପାରନ୍ତି ।

ଆଜିକାଲି ଇଉରୋପ ଆସିଲେ ୧୯୯୨ର ଏକତ୍ରୀକରଣର ପ୍ରଭାବ ଉପଲବ୍ଧି କରିହେଉଛି । ହୋଟେଲରେ ଟେଲିଭିଜନ ଲଗାଇଲେ ଇଂରାଜୀ ଭାଷାରେ ଅନ୍ତତଃ

୪/୫ଟି ଚାନେଲ ଆସୁଛି। ହଲାଣ୍ଡରେ ବି/ବି.ସି ର ୨ଟି ସମ୍ବାଦ ଚାନେଲ ଦେଖିବାକୁ ମିଳିଲା, ୩ଟି ଜର୍ମାନ ଚାନେଲ, ୨ଟି ଫରାସୀ ଚାନେଲ ତଥା ସ୍ଥାନୀୟ ୩ଟି ଚାନେଲ। ଅଳ୍ପ କିଛିବର୍ଷ ତଳେ ଏହା ସମ୍ଭବ ହେଉ ନଥିଲା। ଯେଉଁ ଦେଶକୁ ଯିବ କେବଳ ସେହି ଦେଶର ଭାଷାରେ ଟେଲିଭିଜନ ଚାନେଲ ମିଳିବ।

୧୯୯୨ରେ ଇଉରୋପୀୟ କମନ ମାର୍କେଟର ୧୪ଟି ଦେଶକୁ ମିଶାଇ ପୃଥିବୀର ସର୍ବବୃହତ ବଜାରର ସୂତ୍ରପାତ ହେବ। ପୂର୍ବ ଇଉରୋପର ଦେଶମାନଙ୍କରେ ଖୋଲା ବଜାର (Free Market) ଆରମ୍ଭ ହୋଇଯିବାପରେ ଭବିଷ୍ୟତରେ ଆହୁରି ବାଣିଜ୍ୟ ବ୍ୟବସାୟ ବୃଦ୍ଧି ପାଇବ। ସୋଭିଏତ ରୁଷିଆ ମଧ୍ୟ ଇଉରୋପ ତଥା ଆମେରିକା ସହ ବ୍ୟବସାୟ କରିବାକୁ ଆଗ୍ରହ ପ୍ରକାଶ କଲାଣି।

ଏହି ପରିପ୍ରେକ୍ଷୀରେ ଭାରତବର୍ଷ କଥା ବିଚାର କଲେ ମନ ଦବିଯାଉଛି। ଆମ ଦେଶରେ ଜାତି, ଧର୍ମ, ପ୍ରଦେଶ, ଭାଷା ଇତ୍ୟାଦିକୁ ନେଇ ଅସନ୍ତୋଷ ବଢ଼ିଚାଲିଛି। ଏପଟେ ୨ ଜର୍ମାନୀ ୪୦ ବର୍ଷର ବିଭାଜନ ପରେ ଏକାଠି ହୋଇପାରିଲେ। ଅଥଚ ଆମଦେଶରେ ବିଭେଦ କମୁନାହିଁ, ବରଂ ବଢ଼ି ଚାଲିଛୁ। ଆମଷ୍ଟରଡାମରେ ଭାରତରୁ ଆସିଥିବା କେତେକ ବ୍ୟବସାୟୀ ସଂଘଙ୍କ ସହ ସଂକ୍ଷିପ୍ତ ଆଲୋଚନା ହେଲା। ସମସ୍ତେ କହି ଚାଲିଥିଲେ ଯେ ଦେଶର ପୁନରାୟ ନିର୍ବାଚନ ହେବ। ବିଶ୍ୱନାଥ ପ୍ରତାପସିଂହ କିମ୍ବା ରାଜୀବ ଗାନ୍ଧୀ କେହି ସଂଖ୍ୟା ଗରିଷ୍ଠତା ଲାଭ କରିବେ ନାହିଁ। ଦେଶରେ ହିନ୍ଦୁ ଧର୍ମର ଲହର ଚାଲିବ ଇତ୍ୟାଦି ଇତ୍ୟାଦି। ଅବଶ୍ୟ ଭିନ୍ନ ଲୋକଙ୍କର ଭିନ୍ନ ମତ।

ମାହାତ୍ମା ଗାନ୍ଧୀଙ୍କ ସ୍ୱପ୍ନର ଭାରତ, ଯେଉଁଠାରେ ଜାତିଧର୍ମ ନିର୍ବିଶେଷରେ ସମସ୍ତେ ଏକମନ ଏକ ପ୍ରାଣରେ ରହିବେ। ଆଜି କେମିତି ପରୀରାଇଜ ଗପ (Fairy Tale) ପରି ବୋଧ ହେଉଛି। ପୃଥିବୀର ଅନ୍ୟାନ୍ୟ ଦେଶରେ ସମତା (Homegenity) ବୃଦ୍ଧି ପାଉଥିବା ବେଳେ ଆମ ଦେଶରେ ଅସମତା ବଢ଼ିବାରେ ଲାଗିଛି। ଏଥିଲାଗି ପୃଥିବୀର ଅନ୍ୟାନ୍ୟ ଦେଶର ଲୋକେ ବିଶେଷ ଚିନ୍ତା କରୁନାହାନ୍ତି କି ଖାତିର ମଧ୍ୟ କରୁନାହାନ୍ତି। ଏହା ଆମ ଭାରତୀୟଙ୍କ ସମସ୍ୟା ଏବଂ ଆମକୁ ହିଁ ଏହାର ସମାଧାନ କରି ଆନ୍ତର୍ଜାତିକ ସ୍ତରରେ ଭାରତର ଏକ ଉଚ୍ଚମାନ ରଖିବାକୁ ପଡ଼ିବ।

■

ବ୍ରାଜିଲ-୧୯୯୧

ମେ ମାସ ୧୬ ତାରିଖ। ବ୍ରାଜିଲର ମନୋରମ ସହର ରିଓ ଡି ଜେନେଇରୋରେ ପହଞ୍ଚିବାକୁ ହେଲା। ଆଗରୁ ୧୯୮୭ ମସିହା ଅକ୍ଟୋବରରେ ଥରେ ଆସିବାକୁ ସୁଯୋଗ ମିଳିଥିଲା। ମେ' ମାସରେ ଶୀତ ଦିନ ଆରମ୍ଭ। ଦକ୍ଷିଣ ଗୋଲାର୍ଦ୍ଧର ଋତୁ ଉତ୍ତର ଗୋଲାର୍ଦ୍ଧଠାରୁ ଅଲଗା। ରିଓ ସହରର ସମୁଦ୍ର ବେଳାଭୂମି ପୃଥିବୀପ୍ରସିଦ୍ଧ; କୋପାକାବାନା ଏବଂ ଇପାନେମା।

ହଜାର ହଜାର ଲୋକ ସମୁଦ୍ର କୂଳରେ ଭିଡ଼ ଜମାନ୍ତି। ଗାଧୋଇବା ଛଡ଼ା ସମୁଦ୍ର ବେଳାଭୂମିରେ ନାନାପ୍ରକାର ଖେଳ ମଧ୍ୟ ଖେଳନ୍ତି। ପାଶ୍ଚାତ୍ୟ ସଙ୍ଗୀତଜ୍ଞମାନେ କୋପାକାବାନା ଏବଂ ଇପାନେମା ଉପରେ ନାନା ଗୀତ ଅତୀତରେ ଗାଇଛନ୍ତି। ଭିନିସିୟମ ଡି ମୋରାଏଜଙ୍କର ଗୀତ "**Girl from Ipanema**" (ଇପାନେମାର ତରୁଣୀ) କିଛି ବର୍ଷ ତଳେ ପୃଥିବୀ ବିଖ୍ୟାତ ହୋଇଥିଲା। ରିଓ ସହରର ବେଳାଭୂମି ଏବଂ ଚତୁର୍ଦ୍ଦିଗର ପାହାଡ଼ ଅତୀବ ସୁନ୍ଦର। ଏଭଳି ସହର ପ୍ରାୟ ପୃଥିବୀରେ ଅଦ୍ୱିତୀୟ କହିଲେ ଚଳେ।

୪ ଦିନର ରହଣି। ଏକ କନଫରେନ୍‌ସରେ ୨ଟି ଭାଷଣ ଦିଆଗଲା। ଭାଷଣକୁ ଏକାଦିକ୍ରମେ ପର୍ତ୍ତୁଗୀଜ ଭାଷାରେ ଅନୁବାଦ କରାଯାଉଥିଲା। ଏଠାରେ ୪୦୦ କିଲୋମିଟର ଦୂର ସର୍ବବୃହତ୍ ସହର ସାଓ ପାଲୋ (**Sao Paulo**) ଦିନକ ଲାଗି ଯିବାକୁ ହେଲା। ଲୋକସଂଖ୍ୟା ପ୍ରାୟ ଦେଢ଼କୋଟି। ନଭଶ୍ଚୁମ୍ବୀ ପ୍ରାସାଦମାନ ଦିଗନ୍ତବିସ୍ତାରୀ। ବ୍ରାଜିଲ ଦେଶର ବ୍ୟାବସାୟିକ କେନ୍ଦ୍ର ହେଲା ସାଓ ପାଲୋ, ଆମଦେଶର ବମ୍ବେ ପରି।

ସମୁଦାୟ ଦେଶର ଲୋକସଂଖ୍ୟା ୧୫କୋଟି। ୨୩ଟି ପ୍ରଦେଶ। ରିଓ ଡି ଜେନେଇରୋ ପ୍ରଦେଶର ରାଜଧାନୀ ହେଲା ରିଓ। ଏ ସହରର ଲୋକସଂଖ୍ୟା ଅର୍ଦ୍ଧକୋଟି (୫୦ଲକ୍ଷ)। ଦକ୍ଷିଣରେ ମାନାଓସ ପ୍ରଦେଶ। ଆମାଜନ ନଦୀ ସେହିଠାରୁ ବହିଚାଲିଛି ଦକ୍ଷିଣକୁ। ଆମାଜନ ଜଙ୍ଗଲ ମଧ୍ୟ ସେଇ ପ୍ରଦେଶରେ ଅତ୍ୟଧିକ। ଅମାଜନ

ଜଙ୍ଗଲ ନଷ୍ଟ ହେବା ଏକ ବିରାଟ ସମସ୍ୟା। ଏତଦ୍ୱାରା ସମଗ୍ର ଦକ୍ଷିଣ ଆମେରିକାର ଜଳବାୟୁ ପରିବର୍ତ୍ତନ ହେଉଛି ଏବଂ ଫସଲହାନି ଘଟୁଛି।

ବ୍ରାଜିଲରେ ବହୁତ ପ୍ରକାର ଲୋକ ବସବାସ କରିଥାନ୍ତି। ଜର୍ମାନ, ଇଟାଲିଆନ, ପର୍ତ୍ତୁଗୀଜ, ଆଫ୍ରିକୀୟ ତଥା ଜାପନିଜମାନେ ଅନେକ ଶତାବ୍ଦୀ ହେଲା ଏଠାକୁ ଆସି ରହିଲେଣି। ଭାରତୀୟ ଲୋକଟିଏ ଦେଖିବା ସ୍ୱପ୍ନ। ଏମାନଙ୍କ ଭାଷା ପର୍ତ୍ତୁଗୀଜ। ଇଂରାଜୀ ଖୁବ୍ କମ ଲୋକ ବୁଝନ୍ତି। ଆମ ଦେଶ ପରି ଅମୃତଭଣ୍ଡା, ପିଜୁଳି, ଆମ୍ବ, କଦଳୀ, କରମଙ୍ଗା ଇତ୍ୟାଦି ଫଳ ଏଠାରେ ମିଳେ। ଆଖୁ ଚାଷ ପ୍ରଚୁର। ବ୍ରାଜିଲ ରାସ୍ତାରେ ଚାଲିଲାବେଳେ ପଇସା ଦେଇ ଆଖୁରସ ପିଇହେବ।

ଏହା ଦକ୍ଷିଣ ଆମେରିକାର ସର୍ବବୃହତ୍ ଦେଶ। ଏଠାକାର ଲୋକ ବହୁତ ମାଂସ ଖାଆନ୍ତି, ବିଶେଷତଃ ଗାଈ (beef) ଏବଂ ଘୁଷୁରି (pork)। ଦେଶର ରାଜନୈତିକ ଅବସ୍ଥା ଅତି ଖରାପ। ଧନୀ ଏବଂ ଦରିଦ୍ରଙ୍କ ମଧ୍ୟରେ ପାର୍ଥକ୍ୟ ବହୁତ। ଭାରତ ପରି ଅନେକ ଭିକାରି ରାସ୍ତାଘାଟରେ। ଚୋରି, ଡକାୟତି ମଧ୍ୟ ଅତ୍ୟଧିକ।

ଆମ ଦେଶ ପରି ଏଠି ଫୁଟବଲ ସବୁଠାରୁ ଲୋକପ୍ରିୟ ଖେଳ। ବ୍ରାଜିଲର ଫୁଟବଲ ଏବଂ ଭଲିବଲ ଟିମ୍ ପୃଥିବୀପ୍ରସିଦ୍ଧ। ଲୋକମାନେ ଖୁବ୍ ମେଳାପୀ।

ଗତକାଲି ସାଁପାଲୋ ଗଲାବେଳେ ଜଣେ ବ୍ରାଜିଲୀୟ ବନ୍ଧୁ କହିଲେ, ଭାରତବର୍ଷ ଉପରେ ଆମର କିଛି ଜ୍ଞାନ ନାହିଁ। କେବଳ 'ଗାନ୍ଧୀ' ଏବଂ 'ପାସେଜ ଟୁ ଇଣ୍ଡିଆ' ସିନେମା ମାଧ୍ୟମରେ ଆମେ ଯାହାକିଛି ଜାଣିଛୁ। ଆମ କନଫରେନ୍ସରେ ଏକ ବ୍ରାଜିଲୀୟ ଝିଅର ନାମ 'ଇନ୍ଦିରା' ଦେଖି ଆମେ ଆଶ୍ଚର୍ଯ୍ୟ ହେଲୁ। ପଚାରି ବୁଝିଲୁ ଇନ୍ଦିରାର ବାପା କେବେ ଭାରତ ଯାଇନାହାନ୍ତି, ମାତ୍ର ଭାରତର ତତ୍କାଳୀନ ପ୍ରଧାନମନ୍ତ୍ରୀଙ୍କ ନାମରେ ତାଙ୍କ ଝିଅର ସେ ନାମକରଣ କରିଥିଲେ।

କାଲି ଦକ୍ଷିଣର ଆର୍ଜେଣ୍ଟିନା ଦେଶକୁ ୨ ଦିନ ପାଇଁ ଯିବାକୁ ହେବ।

■

ଆର୍ଜେଣ୍ଟିନା-୧୯୯୫

ଆର୍ଜେଣ୍ଟିନା ଆସିବା ଇଏ ହେଲା ଦ୍ୱିତୀୟ ଥର । ୬ବର୍ଷ ତଳେ ୧୯୮୯ ମସିହାରେ ପ୍ରଥମେ ଆର୍ଜେଣ୍ଟିନା ଗସ୍ତରେ ଆସିଥିଲୁ । ସେତେବେଳେ ଏହି ଦେଶରେ ନିର୍ବାଚନ ସରିଥାଏ । ପ୍ରଥମ ଥର ଲାଗି ଶ୍ରୀ କାର୍ଲୋସ ମେନେମ୍ ପ୍ରେସିଡେଣ୍ଟ ରୂପେ ନିର୍ବାଚିତ ହୋଇଥାନ୍ତି ।

ସେ ସମୟରେ ଅର୍ଥନୈତିକ ପରିସ୍ଥିତି ଏ ଦେଶର ଅତି ଗୁରୁତର ଅବସ୍ଥାରେ ପହଞ୍ଚି ଥିଲା । ମୁଦ୍ରାସ୍ଫୀତି ଅସମ୍ଭବ ଭାବେ ବୃଦ୍ଧି ପାଉଥିଲା । ପ୍ରତିଦିନ ଦରଦାମ ବଢ଼ିବାରେ ଲାଗିବାରୁ ଲୋକେ ଅତିଷ୍ଠ ହୋଇ ପଡ଼ିଲେ ଏବଂ ଦୋକାନ ବଜାରରେ ଲୁଟତରାଜ ଆରମ୍ଭ ହୋଇଗଲା ।

ବର୍ତ୍ତମାନ ୬ବର୍ଷପରେ ପୁନରାୟ ନିର୍ବାଚିତ ସମାପ୍ତ ହେଲା ଗତ ସପ୍ତାହରେ । ଦ୍ୱିତୀୟଥର ଲାଗି ଶ୍ରୀ କାର୍ଲୋସ ମେନେମ୍ ରାଷ୍ଟ୍ରପତି ରୂପେ ବହୁ ସଂଖ୍ୟାରେ ନିର୍ବାଚିତ ହୋଇଛନ୍ତି ।

ଗତ ୬ବର୍ଷ ମଧ୍ୟରେ ସେ ମୁଦ୍ରାସ୍ଫୀତିକୁ ରୋକିବାରେ ସମର୍ଥ ହୋଇଛନ୍ତି । ଏ ଦେଶର ମୁଦ୍ରାକୁ ଅଷ୍ଟ୍ରାଲ୍ କୁହାଯାଉଥିଲା । ତାହା ବଦଳି ଏବେ ପେସୋ ହୋଇଛି । ଗୋଟିଏ ପେସୋର ଦାମ ଗୋଟିଏ ଡଲାର ସହ ସମାନ । ଠିକ୍ ଆମ ଭାରତବର୍ଷପରି ଏଠାରେ ଅର୍ଥନୈତିକ ବିକାଶ ଲାଗି ବାହାରୁ ଅନେକ କମ୍ପାନୀଙ୍କୁ ଅର୍ଥ ବିନିଯୋଗ କରିବାକୁ ସୁଯୋଗ ଦିଆଯାଇଛି । ସରକାର ନିୟନ୍ତ୍ରଣରୁ ଅନେକ ଶିଳ୍ପ ତଥା ଯୋଜନାକୁ ବାହାରକରି ପ୍ରାଇଭେଟ ସଂସ୍ଥାକୁ ଦିଆଯାଉଛି ।

ଆମର ଟାଣୁଆ ଏବଂ ପାଠୁଆ ଅର୍ଥମନ୍ତ୍ରୀ ମନମୋହନ ସିଂହଙ୍କପରି ଏଠାରେ ଜଣେ ବିଦ୍ୱାନ ଅର୍ଥନିତିଜ୍ଞଙ୍କୁ ଦାୟିତ୍ୱ ଦିଆଯାଇଛି । ତାଙ୍କ ନାଁ ଶ୍ରୀ ଡୋମିଙ୍ଗୋ କାଭାଲୋ । ସେ ହାଭାର୍ଡ଼ ବିଶ୍ୱବିଦ୍ୟାଳୟର ଅର୍ଥନୀତିରେ ପିଏଚ.ଡି. ଡିଗ୍ରୀଧାରୀ । ସେ ମୌଳିକ ପରିବର୍ତ୍ତନ କରିବାରେ ଲାଗିଛନ୍ତି । ତେଣୁ କେବଳ ଅର୍ଥନୈତିକ ବିକାଶ ଏବଂ ସମତାକୁ ଆଉ କିଛିଦିନ ଚଳାଇବାଲାଗି ଜନସାଧାରଣ ପୁଣିଥରେ ରାଷ୍ଟ୍ରପତି ମେନେମ୍‌ଙ୍କୁ ନିର୍ବାଚିତ କରାଇଛନ୍ତି ।

ଦେଶଟି ଦକ୍ଷିଣ ଆମେରିକାର ପ୍ରାୟ ଦକ୍ଷିଣତମ ଦେଶ କହିଲେ ଚଳେ। ଲୋକ ସଂଖ୍ୟା ମାତ୍ର ୩ କୋଟି। ସେଥିରୁ ପ୍ରାୟ ଅଧା ଲୋକ କେବଳ ଗୋଟିଏ ସହର ତଥା ରାଜଧାନୀ ବୁଏନୋସ୍ ଏଆରେସ୍‌ରେ ଅବସ୍ଥାନ କରନ୍ତି। ନିକଟରେ ବହିଯାଇଛି ଲା ପ୍ଲାଟା ନଦୀ। ପ୍ରକାଣ୍ଡ ଚଉଡ଼ା। ନଦୀର ସେପାଖେ ପ୍ରାୟ ୧୦୦ମାଇଲ ଦୂରର ଉରୁଗୁଏ ଦେଶର ରାଜଧାନୀ ମଣ୍ଟେଭିଡେଓ। ଆର୍ଜେଣ୍ଟିନା ଉପରକୁ ଅଛି ବଲିଭିଆ ଦେଶ ଏବଂ ପାଖରେ ପ୍ରକାଣ୍ଡ ଦେଶ ବ୍ରାଜିଲ। ଏ ଦେଶରେ ଯେତେ ତଳକୁ (ଦକ୍ଷିଣ) ଯିବ ସେତେ ବେଶି ଥଣ୍ଡା, କାରଣ ଦକ୍ଷିଣମେରୁ ଆଡ଼କୁ ଗଲେ ଥଣ୍ଡା ବେଶି।

ଋତୁ ସବୁ ଓଲଟା। ଦକ୍ଷିଣ ଗୋଲାର୍ଦ୍ଧ ହେତୁ ଆମର ଖରାଦିନ ମାନେ ଏଠାରେ ଶୀତଦିନ। ଆମର ଶୀତଋତୁରେ ଏଠାରେ ଗ୍ରୀଷ୍ମ। ଉତ୍ତରାର୍ଦ୍ଧରେ କାନାଡ଼ା ଦେଶପରି ଏଠାରେ ମେପଲଲିଫ ଗଛ ବହୁତ। ବୁଏନ୍‌ସ ଏଆରସ୍‌ରେ ବରଫ ପଡ଼େ ନାହିଁ। ଜଳବାୟୁ ଖୁବ୍ ସୁନ୍ଦର। ଦେଶର ଅନେକ ଭାଗରେ ଲୋକସଂଖ୍ୟା କମ୍।

ଏଠାରେ ଲୋକେ ପ୍ରାୟ ଇଉରୋପୀୟ। ପ୍ରାୟ ଅଧା ଜନସଂଖ୍ୟା ଇଟାଲୀଦେଶର ଲୋକ, ବାକି ଅଧା ସ୍ପେନର। ସ୍ପେନର ରାଜା ଏଠାରେ କଲୋନୀ ସ୍ଥାପନ କରି ଏଠାର ସ୍ଥାୟୀ ବାସିନ୍ଦାଙ୍କୁ ବହୁ ଅତ୍ୟାଚାର କରିଥିଲେ। ଗତ ଶତାବ୍ଦୀର ପ୍ରଥମାର୍ଦ୍ଧରେ ସ୍ୱାଧୀନତା ଆନ୍ଦୋଳନ ହୋଇ ଆର୍ଜେଣ୍ଟିନା ପୃଥିବୀର ପ୍ରଥମ ଦଶଟି ଧନୀ ଦେଶ ମଧ୍ୟରେ ଗୋଟିଏ ଥିଲା। କିନ୍ତୁ ମିଲିଟାରୀ ଶାସକମାନେ ଏହି ଦେଶକୁ କଡ଼ା ଶାସନ ଦ୍ୱାରା ଚଳାଇଲେ। ମାତ୍ର ଅର୍ଥନୈତିକ କ୍ଷେତ୍ରରେ ଦେଶର ଅବସ୍ଥା ଗୁରୁତର ହେଲା। ଇତିହାସରେ ପ୍ରଥମଥର ଲାଗି ଆର୍ଜେଣ୍ଟିନାରେ ୩ଥର ଠିକ୍ ସମୟରେ ନିର୍ବାଚନ ହୋଇ ଗଣତାନ୍ତ୍ରିକ ପଦ୍ଧତିରେ ନେତା ବଛାଗଲା। ଜନସାଧାରଣ ବର୍ତ୍ତମାନ ନେତୃବୃନ୍ଦଙ୍କୁ ଆଉ ୫ବର୍ଷ ଶାସନ ଚଳାଇବାକୁ ସୁଯୋଗ ଦେଇଛନ୍ତି।

ଏମାନଙ୍କ ଭାଷା ହେଲା ସ୍ପାନିସ। ଇଂରାଜୀ ପ୍ରାୟ କମ୍ ବୁଝନ୍ତି। ସହରର ଚାରିଆଡ଼େ ପୁରାତନ ଢଙ୍ଗରେ ଗଢ଼ାଯାଇଥିବା କୋଠାବାଡ଼ି। ଦକ୍ଷିଣ ଆମେରିକାର ପ୍ୟାରିସ ବୋଲି ଏହାକୁ କୁହାଯାଇଥାଏ। ଲୋକେ ବେଶ୍ ମେଳାପୀ ଏବଂ ଶାନ୍ତିପ୍ରିୟ।

ଜଣେ ଭାରତୀୟଙ୍କ ସହ ସାକ୍ଷାତହେଲା, ନାମ ନରେନ୍ଦ୍ର ବାଲୀ। ପଚାରିବାରୁ ସେ କହିଲେ ତାଙ୍କ ବାପା ଭାରତରୁ ଇଂଲଣ୍ଡ ଆସି ଲଣ୍ଡନ ସ୍କୁଲ ଅଫ୍ ଇକନମିକ୍‌ସରୁ ପଢ଼ାସାରି ଏଠାକୁ ଚାକିରି କରିବାକୁ ଆସିଲେ। ସ୍ଥାନୀୟ ମହିଳାଙ୍କୁ ବିବାହ କଲେ। ନରେନ୍ଦ୍ରଙ୍କ ଜନ୍ମ ଏହି ଦେଶରେ। ତାଙ୍କ ବୟସ ୫୦ରୁ ଊର୍ଦ୍ଧ୍ୱ। ସେ ଜୀବନରେ

ଭାରତ କେବେ ଦେଖିନାହାନ୍ତି । ହିନ୍ଦୀ ଜାଣନ୍ତି ନାହିଁ । ପୂରା ସ୍ପାନିସ ଭାଷାରେ କଥା କୁହନ୍ତି । ଆମ୍ଭେ ତାଙ୍କୁ କହିଲୁ, ଆପଣ ଥରେ ଆପଣଙ୍କ ପିତୃରାଜ୍ୟ ଭାରତ ଦେଖନ୍ତୁ । ସେ କହିଲେ, ହଁ ନିଶ୍ଚୟ ଯିବାକୁ ହେବ ।

ସହରରେ ୨ ଦିନ କାର୍ଯ୍ୟ ସମାପ୍ତ ହେଲା । ଏଥରକ ଉଡ଼ାଜାହାଜରେ ରାତିଯାକ ଉଡ଼ିଲେ ଫ୍ଲୋରିଡ଼ା, ସେଠାରୁ ୬ଘଣ୍ଟା ପରେ କାଲିଫର୍ଣ୍ଣିଆରେ ପହଞ୍ଚିବାକୁ ହେବ ।

ଦକ୍ଷିଣ ଫ୍ରାନ୍ସ

ଫ୍ରାନ୍ସ ଦେଶର ଦକ୍ଷିଣରେ ଭୂମଧ୍ୟସାଗର ଦକ୍ଷିଣପୂର୍ବ ସମୁଦ୍ରକୂଳରେ ଥିବା ଅଞ୍ଚଳକୁ ଫ୍ରେଞ୍ଚ ରିଭିଏରା କୁହାଯାଏ। ଏହି ଅଞ୍ଚଳ ନାତିଶୀତୋଷ୍ଣ ଜଳବାୟୁ ତଥା ପ୍ରାକୃତିକ ସୌନ୍ଦର୍ଯ୍ୟ ପୃଥିବୀ ବିଖ୍ୟାତ। ଆମେ ଉଡ଼ାଜାହାଜରେ ଲଣ୍ଡନରୁ ସିଧା ନିସ୍ ସହରକୁ (ଇଂରାଜୀରେ NICE ବୋଲି କୁହାଯାଏ) ଉଡ଼ିଲୁ। ନିସ୍ ସହରର ଟିକିଏ ଦକ୍ଷିଣ ପଶ୍ଚିମକୁ ଅଛି ସୁବିଖ୍ୟାତ କାନ୍ (Cannes) ସହର। ପ୍ରତିବର୍ଷ ଏହି ସହରରେ ବିଶ୍ୱବିଖ୍ୟାତ ଚଳଚ୍ଚିତ୍ର ଉତ୍ସବ (Cannes Film Festival) ଅନୁଷ୍ଠିତ ହୋଇଥାଏ। ନିସ୍ ସହରର ଏକ ପାଖରେ ସମୁଦ୍ର ଏବଂ ଅପରପାର୍ଶ୍ୱରେ ପାହାଡ଼। ଆମେ ଏକ ବସରେ ବସି ନିସ୍‌ରୁ ୪୫ ମିନିଟ ରାସ୍ତା ପରେ ମୋନାକୋ (Monaco) ସହରରେ ପହଞ୍ଚିଲୁ। ମଣ୍ଟେ କାର୍ଲୋ (Mante Carlo) ଗୋଟିଏ ସ୍ୱତନ୍ତ୍ର ରାଜ୍ୟ, ତା'ର ସହର ମୋନାକୋ।

ସମୁଦାୟ ମଣ୍ଟେକାର୍ଲୋ ରାଜ୍ୟର ଲୋକସଂଖ୍ୟା ମାତ୍ର ୩୦,୦୦୦। ମୋନାକୋ ସହରଟି କ୍ଷୁଦ୍ରକାୟ; ମାତ୍ର ଅତୀବ ମନୋମୁଗ୍ଧକର। ଏକ ପ୍ରକାର ସ୍ୱର୍ଗୀୟ ସୌନ୍ଦର୍ଯ୍ୟ ଏଠାରେ ଦେଖିବାକୁ ମିଳେ। ଭୂମଧ୍ୟସାଗରର ଘନ ନୀଳ ଜଳରାଶି ଏକ ପାର୍ଶ୍ୱରେ ବିସ୍ତାରିତ, ଅପରପାର୍ଶ୍ୱରେ ପାହାଡ଼ ଉଚ୍ଚ ପ୍ରାଚୀର ପରି ଦଣ୍ଡାୟମାନ, ମଝିରେ ଅଳ୍ପ ଆୟତନରେ ଲମ୍ବା ହୋଇ ସହର ମୋନାକୋ। ଉପରକୁ ଉପରକୁ କୋଠା, ଗୀର୍ଜା, ଥାକ ଥାକ ହୋଇ ଥୁଆ ହୋଇଛି।

ସମୁଦ୍ରକୂଳର ବିଚ୍ ପ୍ଲାଜା ହୋଟେଲ୍‌ରେ ପହଞ୍ଚିଲା ବେଳକୁ ସନ୍ଧ୍ୟା ୬ ପାଖାପାଖି। ମାତ୍ର ଚତୁର୍ଦ୍ଦିଗ ସୂର୍ଯ୍ୟାଲୋକରେ ଉଦ୍ଭାସିତ। ହୋଟେଲର ଖର୍ଚ୍ଚ ଅସମ୍ଭବ। ଗୋଟିଏ ରାତି ରହଣି ମାତ୍ର ଦଶହଜାର ଟଙ୍କା।

ମୋନାକୋରେ ବିଶ୍ୱବିଖ୍ୟାତ କାସିନୋ (Casino) ମାନ ରହିଛି। ଏଥିରେ ଜୁଆଖେଳ ଚାଲିଥାଏ। କିଏ ମେସିନ୍ ସାମ୍ନାରେ ପଇସା ପକେଇ ଅଧିକ ପଇସା ପାଇବାର ସ୍ୱପ୍ନ ଦେଖୁଛି ତ କିଏ ତାସ ଧରି ଜୁଆଖେଳରେ ମଗ୍ନ। ହଜାର ହଜାର ଟୁରିଷ୍ଟ ଏଠାରେ ସଦାସର୍ବଦା ବୁଲୁଥାନ୍ତି।

ମୋନାକୋ ଦେଶ ସ୍ୱତନ୍ତ୍ର ହୋଇ ୫ଶହ ବର୍ଷ ହେଲା ରହିଆସିଛି। ଏହି ଶତାବ୍ଦୀର ପ୍ରାରମ୍ଭରେ ରାଜା ରେନିଏର ଦେଶକୁ ଅତ୍ୟାଧୁନିକ ରୂପରେଖ ଦେଲେ। ତାଙ୍କ ପୁଅ ଏବେ ରାଜା। ଦେଶର ପଇସା ଫ୍ରାନ୍‌ସର ଫ୍ରାଙ୍କ। ଫ୍ରାନ୍‌ସରୁ ଆସିଲେ କେହି ବାଟରେ ଚେକ୍ କରନ୍ତି ନାହିଁ। ଭାଷା ମଧ୍ୟ 'ଫରାସୀ'।

ଆମେ ରାଜପ୍ରାସାଦ ଭ୍ରମଣରେ ଗଲୁ। ଅନତିଦୂରରେ ଏକ **Oceanography** ମ୍ୟୁଜିୟମ୍‌ରେ ନାନାପ୍ରକାର ସମୁଦ୍ର ଜାତୀୟ ଜୀବଜନ୍ତୁଙ୍କର ତଥ୍ୟ ସଂଗୃହୀତ। ଏକ ଆକ୍ୱାରିୟମ୍‌ରେ ଭିନ୍ନ ଭିନ୍ନ ପ୍ରକାରର ମାଛ ଦେଖିବାକୁ ମିଳିଲା। ଆମେ ଦୀର୍ଘ ୬/୭ ଘଣ୍ଟାରେ ଚାଲି ଚାଲି ସହରର ମୁଖ୍ୟ ଦର୍ଶନୀୟ ସ୍ଥାନ ସବୁ ଦେଖିଲୁ। ପାହାଡ଼ିଆ ରାସ୍ତା, ଅଙ୍କାବଙ୍କା ସହରଟି ଚିତ୍ରରେ ଦେଖିଲା ଭଳିଆ। ଚାରିଆଡ଼, ଫୁଲ ବଗିଚା ତଥା ପାଣିର ଝରଣା। ସମୁଦ୍ର କୂଳରେ ହଜାର ହଜାର ଲୋକ ଲମ୍ବା ହୋଇ ସୂର୍ଯ୍ୟକିରଣ ଉପଭୋଗ କରୁଛନ୍ତି।

ମାତ୍ର ଦିନଟିଏ ରହଣି ପରେ ଫ୍ରାନ୍‌ସର ଠିକ୍ ମଧ୍ୟଭାଗରେ ଅବସ୍ଥିତ ସହର କ୍ଲେଆର-ମୋଁ (**clairmont**)କୁ ଆସିବାକୁ ହେଲା। ଦିନକର ମିଟିଂ ସମାପ୍ତ କରି ଇଂଲଣ୍ଡରେ ଗୋଟିଏ ଦିନର କାମ ଅଛି। ତା'ପରେ କାଲିଫର୍ଣ୍ଣିଆ ପ୍ରତ୍ୟାବର୍ତ୍ତନ; ମାତ୍ର ମଣ୍ଟେକାର୍ଲୋର 'ମୋନାକୋ ସହରର ସୌନ୍ଦର୍ଯ୍ୟ ମନରେ ସବୁଦିନ ଲାଗି ରହିବ।

■

ଫ୍ରାଙ୍କଫୁର୍ଟ-ଜର୍ମାନୀ-୧୯୯୬

ଜର୍ମାନୀ ବର୍ତ୍ତମାନ ବିରାଟ ଦେଶ। ମହାଯୁଦ୍ଧ ପୂର୍ବର ଜର୍ମାନୀ ଯୁଦ୍ଧପରେ ଦ୍ୱିଖଣ୍ଡିତ ହୋଇ ପୂର୍ବ ପଶ୍ଚିମ ଜର୍ମାନୀ ହୋଇଥିଲା। ୧୯୮୯ ମସିହାରେ କମ୍ୟୁନିଷ୍ଟ ସରକାରଙ୍କର ପତନ ପରେ ଦୁଇ ଜର୍ମାନୀ ମିଶିଗଲା। ରାଜଧାନୀ ବନ୍ ସହରୁ ଉଠି ପୁଣି ବର୍ଲିନକୁ ଚାଲିଯିବ କିଛି ବର୍ଷ ଭିତରେ।

ଆମେ ମାତ୍ର ୨ଦିନ ଲାଗି ବଡ଼ ସହର ଫ୍ରାଙ୍କଫୁର୍ଟରେ ପହଞ୍ଚିଲୁ। ଇଉରୋପର ମୁଖ୍ୟ ବିମାନଘାଟି ଫ୍ରାଙ୍କଫୁର୍ଟ ସହରର ମଝିରେ ମାଇନ୍ ନଦୀ, ପାଖରେ ରାଇନ୍ ନଦୀ। ଏହି ସହର ଜର୍ମାନୀର ଅର୍ଥନୈତିକ ରାଜଧାନୀ କହିଲେ ଚଳେ, ବଡ଼ ବଡ଼ ବ୍ୟାଙ୍କ ସବୁ ଏହିଠାରେ।

ପ୍ରଧାନ ଭାଷା ଜର୍ମାନ୍ କିନ୍ତୁ ସମସ୍ତେପ୍ରାୟ ଇଂରାଜୀ ବୁଝନ୍ତି। ଅନେକ ଭାରତୀୟ ଏହିଠାରେ ବସବାସ କରନ୍ତି। ଆମେ 'ବମ୍ବେ ପାଲେସ୍' ରେସ୍ତୋରାଁରେ ସାନ୍ଧ୍ୟ ଭୋଜନ କଲୁ। ପୂର୍ବଜର୍ମାନୀର ମିଶ୍ରଣ ପରେ ନାନାପ୍ରକାର ଅର୍ଥନୈତିକ ସମସ୍ୟା ଏଠାରେ। ଏମାନେ କଠିନ ପରିଶ୍ରମୀ ଏବଂ ଯନ୍ତ୍ରପାତି ତଥା କଳକାରଖାନା ଏଠାରେ ଖୁବ୍ ଆଧୁନିକ। ଫୁଟବଲ ପ୍ରେମୀ ସମସ୍ତେ। ସେଦିନ ସନ୍ଧ୍ୟାରେ ରୁମାନିଆ ସହ ଏକ ମ୍ୟାଚ ଯୋଗୁ ଚାରିଆଡ଼େ ଖୁବ୍ ଉତ୍ତେଜନା ଥିଲା।

ଜର୍ମାନୀର ଚାନସେଲର ଶ୍ରୀ ହେଲମେଟ୍ କୋହଲ୍ ବହୁବର୍ଷ ନେତାରୂପେ ରହିଲେଣି। ୧୯୯୮ରେ ତାଙ୍କ କାର୍ଯ୍ୟକାଳ ପୂରିବ। ସେ ତାଙ୍କର ଉତ୍ତରାଧିକାରୀ ରୂପେ କାହାକୁ ବାଛି ନାହାନ୍ତି। ଯଦି ପୁଣି ସେ ନିର୍ବାଚନ ଲଢ଼ନ୍ତି, ତେବେ ତାଙ୍କ ରାଜୁତିକାଳ ୨୦ବର୍ଷ ଟପିଯିବ, ସେଥିଲାଗି ବହୁ କଳ୍ପନା ଜଳ୍ପନା ଚାଲିଛି।

ଅକ୍ଟୋବର ଦ୍ୱିତୀୟ ସପ୍ତାହ। ପାଗ ଟିକିଏ ଥଣ୍ଡା ପଡ଼ି ଆସିଲାଣି। ସକାଳୁ ଖୁବ୍ କୁହୁଡ଼ି। ଗଛର ପତ୍ରମାନେ ରଙ୍ଗ ବଦଳେଇବାରୁ ଚାରିଆଡ଼ ରଙ୍ଗୀନ୍ ଦୃଶ୍ୟ। ସଂକ୍ଷିପ୍ତ ରହଣିପରେ ପୁଣି ୧୨ ଘଣ୍ଟାର ଉଡ଼ାଜାହାଜ ରାସ୍ତା ଆଗରେ।

■

ଗୋଟିଏ ପୃଥିବୀ, ଅନେକ ଦେଶ

ସାନ୍ତିଆଗୋ-ଚିଲୀ

ଦକ୍ଷିଣ ଆମେରିକାର ଶେଷଭାଗରେ ପଶ୍ଚିମକୁ ପ୍ରଶାନ୍ତ ମହାସାଗର କୂଳରେ ଏକ ଅଣଓସାରିଆ ହୋଇ ଲମ୍ବା ଦେଶ ହେଲା ଚିଲୀ (Chile)। ଦେଶର ଉତ୍ତର-ଦକ୍ଷିଣ ଲମ୍ବା ପ୍ରାୟ ୨୫୦୦ ମାଇଲ କିମ୍ବା ୪୦୦୦ କିଲୋମିଟର। ଚଉଡ଼ା ମାତ୍ର ୩୦୦ ମାଇଲ। ପୂର୍ବରେ ବିସ୍ତୃତ ଆଣ୍ଡେସ୍ ପର୍ବତମାଳା, ପଶ୍ଚିମକୁ ପ୍ରଶାନ୍ତ ମହାସାଗର। ସବାତଳକୁ ଗଲେ ଆଣ୍ଟାର୍କଟିକା। ପାଖ ଦେଶମାନେ ହେଲେ ଆର୍ଜେଣ୍ଟିନା, ବ୍ରାଜିଲ, ବଲିଭିଆ ଏବଂ ପେରୁ। ଅଳ୍ପଦିନ ତଳେ ଏହି ଚିଲୀ ଦେଶର ରାଜଧାନୀ ସାନ୍ତିଆଗୋ ଯିବାକୁ ହେଲା ମାତ୍ର ୨ଦିନଲାଗି। ଆମେରିକାର ଡଲାସ ସହରରୁ ପ୍ରାୟ ୧୦ ଘଣ୍ଟା ଉଡ଼ିଲା ପରେ ସାନ୍ତିଆଗୋ ସହରର ପର୍ବତମାଳା, ବେଳାଭୂମି ଏବଂ ଘନ ସବୁଜିମା ଉଡ଼ାଜାହାଜରୁ ଦେଖିବାକୁ ମିଳିଲା।

ଦକ୍ଷିଣ-ଗୋଲାର୍ଦ୍ଧର ଏହି ଦେଶ ସବୁଆଡୁ ବହୁଦୂରରେ। ଏକୁଟିଆ ହୋଇ ଲମ୍ବିଯାଇଛି ମହାଦେଶର ପଶ୍ଚିମପାର୍ଶ୍ୱରେ। ଲୋକମାନେ ସ୍ପାନିଶ୍ ଭାଷା କୁହନ୍ତି। ସ୍ପେନ୍‌ର ଲୋକେ ଏହିଠାରେ ଶତାଧିକ ବର୍ଷ ତଳେ ଆସି ରାଜତ୍ୱ ବିସ୍ତାର କରିଥିଲେ। ସମସ୍ତେ ପ୍ରାୟ କ୍ୟାଥଲିକ୍ ସଂପ୍ରଦାୟର ଖ୍ରୀଷ୍ଟିଆନ୍, ପୋପ୍ ଏମାନଙ୍କର ବଡ଼ ଗୁରୁ। ଦେଶଟିର ଲୋକସଂଖ୍ୟା ୧ କୋଟି ୪୦ ଲକ୍ଷ, ସେଥିରୁ ପ୍ରାୟ ୫୦ଲକ୍ଷ କେବଳ ରାଜଧାନୀ ସାନ୍ତିଆଗୋରେ ବସବାସ କରନ୍ତି। ଇଉରୋପୀୟ ଢାଞ୍ଚାରେ ସହରଟି। ରାସ୍ତାଘାଟ ପରିଷ୍କାର, ଅତ୍ୟାଧୁନିକ କୋଠାବାଡ଼ି, ସହରଟି ଉଦ୍ୟାନପରିକା।

ଆମେ ସକାଳ ୯ଟାରେ ପହଁଚିବା ମାତ୍ରେ ଆମର ସ୍ଥାନୀୟ କର୍ମଚାରୀ ଜଣେ ଆମକୁ ଗାଡ଼ିରେ ସହରକୁ ନେଲେ। ବାଟଯାକ ତାଙ୍କ ଦେଶ ଏବଂ ସେଠିକାର ଜୀବନ ଉପରେ ସେ ଗପିଚାଲିଥାନ୍ତି। ଲୋକମାନେ ଖୁବ୍ ମେଳାପୀ ଏବଂ ଅତିଥି ସତ୍କାର କରିବାରେ ଧୁରନ୍ଧର। ଚିଲୀ ଖଣିଜ ପଦାର୍ଥ ବହୁଳ ଦେଶ। ତମ୍ବା ସେଠାରୁ ପ୍ରଚୁର ପରିମାଣରେ ବାହାରେ। ପୃଥିବୀର ସମସ୍ତ ତମ୍ବାର ଶତକଡ଼ା ୩୦ ସେହିଠାରୁ ଆସେ।

ପାହାଡ଼ିଆ ରାସ୍ତାଘାଟ। ଅନେକ ବୈଷୟିକ ସଂସ୍ଥା ସହ ଆଲୋଚନା ହେଲା। ଆମେ କମ୍ପ୍ୟୁଟର ସଫ୍ଟୱେରରେ ବଡ଼ ଅଧିବେଶନରେ ଭାଷଣ ଦେଲୁ। ସେଠିକାର ବିଶ୍ୱବିଦ୍ୟାଳୟର ପ୍ରଫେସରମାନଙ୍କୁ ମଧ୍ୟ ଏକ ଭାଷଣ ଦେବାକୁ ହେଲା। ଏକ ସ୍ଥାନୀୟ ସମ୍ବାଦପତ୍ରରେ ଇଣ୍ଟରଭ୍ୟୁ ଦେଲୁ। ୧୮୭୦ ମସିହାରୁ ଦେଶଟି ସ୍ପାନିଶ୍ କଲୋନୀରୁ ମୁକ୍ତ ହୋଇ ସ୍ୱାଧୀନତା ଲାଭ କଲା। ତା'ପରେ ସ୍ୱାଧୀନ ଦେଶ ଭାବେ ରହିବା ପରେ ପୁଣି ଏକଚ୍ଛତ୍ରବାଦ ଆରମ୍ଭ ହେଲା। ଏହି ଶତାବ୍ଦୀରେ ମହାଯୁଦ୍ଧ ସମୟରେ ଚିଲୀ ନିରପେକ୍ଷତା ଅବଲମ୍ବନ କରିଥିଲା, ସୁଇଜରଲାଣ୍ଡ ଭଳି। ଏହି ବର୍ଷ ଆରମ୍ଭରେ ଆମେରିକାର ରାଷ୍ଟ୍ରପତି ସେ ଦେଶ ଭ୍ରମଣରେ ଯାଇଥିଲେ।

ମାତ୍ର ଦୁଇଦିନର କାର୍ଯ୍ୟଟି ସମାପ୍ତକରି ଆମେ ପୁଣି ସାରାରାତି ଉଡ଼ିବା ପରେ କାଲିଫର୍ଣ୍ଣିଆରେ ପହଞ୍ଚିଲୁ। ଏହା ଆଗରୁ ଆର୍ଜେଣ୍ଟିନା ତଥା ବ୍ରାଜିଲ ଏବଂ କଲମ୍ବିଆ ଦେଶ ଭ୍ରମଣ ପରେ ଦକ୍ଷିଣ ଆମେରିକା ମହାଦେଶର ଏହା ଥିଲା ଚତୁର୍ଥ ଦେଶ ଭ୍ରମଣ।

ସିଓଲ୍, ଦକ୍ଷିଣ-କୋରିଆ

ଅକ୍ଟୋବର ମାସରେ ଦକ୍ଷିଣ କୋରିଆର ରାଜଧାନୀ ସିଓଲ (Seoul) ଦୁଇଦିନ ଗସ୍ତରେ ଯାଇଥିଲୁ। ଜାପାନର ଉତ୍ତର-ପଶ୍ଚିମକୁ ବିଭାଜିତ କୋରିଆ ଦେଶର ଗଣତନ୍ତ୍ର ରାଷ୍ଟ୍ର ଦକ୍ଷିଣ କୋରିଆର ରାଜଧାନୀ ସିଓଲ ସହର। ଉତ୍ତର କୋରିଆରେ କମ୍ୟୁନିଷ୍ଟ ଶାସନ ଜାରି ରହିଛି। ସେମାନଙ୍କ ସହ ଆମେରିକାର ସହାୟତାରେ ୧୯୫୦ ଦଶନ୍ଧିରେ କୋରିଆ ଯୁଦ୍ଧ ହୋଇଥିଲା।

ଦକ୍ଷିଣ କୋରିଆ ଇଣ୍ଡଷ୍ଟ୍ରିଆଲ ରାଷ୍ଟ୍ର ହିସାବରେ ସୁଖ୍ୟାତି ଅର୍ଜନ କରିଛି। ଜାପାନ ପରେ କୋରିଆ ହିଁ ଏସିଆର ଅଗ୍ରଗାମୀ ଦେଶ ଗତ ୪ ଦଶନ୍ଧି ଧରି। ମାତ୍ର ଏବେ ଏସିଆର ଅର୍ଥନୈତିକ ସମସ୍ୟା ଦେଶକୁ ଖୁବ୍ ଅସୁବିଧାରେ ପକାଇଛି। ଗତ ୨ବର୍ଷ ଧରି ଦରଦାମ୍ ବୃଦ୍ଧି, ବେକାରି ତଥା ଅର୍ଥନୈତିକ ବିଶୃଙ୍ଖଳା ବୃଦ୍ଧି ପାଇବାରୁ ଆଗର ପ୍ରଗତି ହ୍ରାସ ପାଇଛି। ଆମେ ଅନେକ ସ୍ଥାନୀୟ ବନ୍ଧୁ ତଥା ସହକର୍ମୀଙ୍କ ଠାରୁ ସେଠାରେ ସମସ୍ୟା ବିଷୟରେ ଶୁଣିଲୁ। ସହରଟି ପ୍ରକାଣ୍ଡ, ଜନବହୁଳ ମଝିରେ ନଦୀ, ଦୁଇ ପାଖରେ କୋଠାବାଡ଼ି ଭରପୂର। ଯାନବାହନର ବହୁଳତା ଯୋଗୁଁ ଟ୍ରାଫିକ୍ ସମସ୍ୟା ଗୁରୁତର। ବଡ଼ ବଡ଼ ବୈଷୟିକ ସଂସ୍ଥା ଯଥା- ହ୍ୟୁଣ୍ଡାଇ, ସାମସଙ୍ଗ, ଲକିଗୋଲ୍ଡଷ୍ଟାର ଇତ୍ୟାଦି ଇଲେକ୍ଟ୍ରୋନିକ୍ ଯନ୍ତ୍ରପାତି, ମୋଟରଗାଡ଼ିଠାରୁ ଜାହାଜ ପର୍ଯ୍ୟନ୍ତ ତିଆରି କରି ସାରା ପୃଥିବୀକୁ ରପ୍ତାନୀ କରିଥାନ୍ତି। ସମସ୍ତେ ମାଂସାହାରୀ। ଆମେ ନିରାମିଷ

ଖାଦ୍ୟ ଖାଉଥିବାରୁ ଟିକିଏ ଅସୁବିଧା ହେଲା; କିନ୍ତୁ ଏକ ପ୍ରାଚୀନ ନିରାମିଷ ରେସ୍ତୋରାଁରେ ତଳେ ବସି ଶାଗ, କୋବି ଇତ୍ୟାଦି ଖାଇବାର ଅଭିଜ୍ଞତା ହେଲା। ସମସ୍ତେ ଇଂରାଜୀ ଶିଖିବାକୁ ଆଗ୍ରହୀ, ମାତ୍ର ପ୍ରଧାନ ଭାଷା କୋରିଆନ୍।

ଦୁଇଟି ଦିନ ସିଓଲୋ ସହରରେ କଟାଇ ଆମେ ଫେରିଲୁ।

ସିଡନୀ, ଅଷ୍ଟ୍ରେଲିଆ

କୋରିଆ ଯିବାର ଦୁଇ ସପ୍ତାହ ଆଗରୁ ଅଷ୍ଟ୍ରେଲିଆର ମୁଖ୍ୟ ସହର ସିଡନୀକୁ ଦୁଇଦିନ କାର୍ଯ୍ୟରେ ଆମେ ଯାଇଥିଲୁ। ୨୦୦୦ ମସିହାର ଅଲମ୍ପିକ୍ କ୍ରୀଡ଼ା ଲାଗି ଚାରିଆଡ଼େ ଆୟୋଜନ ଘମାଘୋଟ ଚାଲିଛି। ନୂଆ ରାସ୍ତାଘାଟ, ଟନେଲ ତଥା ଷ୍ଟାଡ଼ିୟମ ତୟାର ଚାଲୁ ରହିଛି। ଅତି ସୁନ୍ଦର ସହର ସିଡନୀ। ଆଗରୁ ବହୁବାର ଏଠାକୁ ଆସିଥିବା ହେତୁ ସବୁ ଚିହ୍ନା ପରିଚିତ ଲାଗେ। ଏବେ ଓଡ଼ିଆ ପରିବାରଙ୍କ ସଂଖ୍ୟା ବୃଦ୍ଧି ପାଇଛି। ଗୋଟିଏ ସନ୍ଧ୍ୟାରେ ସ୍ଥାନୀୟ ଓଡ଼ିଆ ଅରବିନ୍ଦ ମହାନ୍ତିଙ୍କ ଘରେ ଅନେକ ଓଡ଼ିଆ ପରିବାର ଏକାଠି ହୋଇଥିଲେ। ଏଠିକାର ଭାରତୀୟ ଦୂତାବାସରେ ଜଣେ ଓଡ଼ିଆ ଡିପ୍ଲୋମାଟ୍‌ଙ୍କ ସହ ସାକ୍ଷାତ ହେଲା।

କ୍ରିକେଟପ୍ରେମୀ ଏଦେଶ ଭାରତ ଭଳି। ଏସିଆର ଅନ୍ୟ ଦେଶ ତୁଳନାରେ ଏମାନଙ୍କର ଅର୍ଥନୈତିକ ଅବସ୍ଥା ଭଲ। ଅକ୍ଟୋବର ମାସରେ ବସନ୍ତ ଋତୁ। ଡିସେମ୍ବର ବେଳକୁ ଖରାଦିନ, ଆମ ଉତ୍ତର-ଗୋଲାର୍ଦ୍ଧରେ ଋତୁଠାରୁ ଠିକ୍ ଓଲଟା। ଇଂରାଜୀ ଏମାନଙ୍କ ଭାଷା, ବହୁ ସଂଖ୍ୟାରେ ଭାରତୀୟ ଅଛନ୍ତି। ସହର ପାଖରେ ସିଡନୀ ବେ ପାଖରେ ବିଶ୍ୱବିଖ୍ୟାତ ଅପେରା ହାଉସ। ଆସନ୍ତା ଅଲମ୍ପିକ୍ କ୍ରୀଡ଼ା ପାଇଁ ଏବେଠୁ ଲୋକେ ସିଡ୍‌ନୀ ଆସିବାକୁ ଯୋଜନା କଲେଣି।

■

ରୁଷିଆରେ ଚାରିଦିନ

ପ୍ରଥମଥର ଲାଗି ରୁଷିଆର ରାଜଧାନୀ ମସ୍କୋ ଯିବାକୁ ହେଲା ସେପ୍ଟେମ୍ବର ମାସରେ। ଆଗରୁ ତିନି ଦିନ ଭିତରେ ୪ଟି ଦେଶ ଭ୍ରମଣ (ପ୍ୟାରିସ, ନରୱେ, ସୁଇଡେନ୍, ଫିନଲାଣ୍ଡ) ପରେ ହେଲସିଙ୍କି ସହରରୁ ଦେଢ଼ଘଣ୍ଟା ଉଡ଼ାଜାହାଜ ଯାତ୍ରା ପରେ ଆମେ ମସ୍କୋର ବିମାନଘାଟିରେ ଅବତରଣ କଲୁ। ଆଗରୁ ଆମର ବନ୍ଧୁ ତଥା ସମ୍ପର୍କୀୟ କେତେକ ମସ୍କୋରେ ଏକାଧିବର୍ଷ ଅବସ୍ଥାନ କରିବା ସମୟରେ ସେଠାର କଥା ବର୍ଣ୍ଣନା କରିଥିଲେ। ମାତ୍ର ତାହା ଥିଲା ୧୯୮୯ ପୂର୍ବର କମ୍ୟୁନିଷ୍ଟ ସୋଭିଏତ୍ ରୁଷିଆ। ପିଲାଦିନରୁ ଆମେ ତା' ସହ ସଂପୃକ୍ତ। ସ୍ୱାଧୀନତା ପରର ଭାରତବର୍ଷର ତତ୍କାଳୀନ ପ୍ରଧାନମନ୍ତ୍ରୀ ନେହେରୁ ସୋଭିଏତ୍ ରୁଷିଆର ସୋସିଆଲିଷ୍ଟ ଢାଞ୍ଚାରେ ଭାରତକୁ ଗଢ଼ିବାକୁ ଚାହିଁଲେ। ତେଣୁ ପିଲାଦିନେ "ସୋଭିଏତ୍ ଦେଶ" ପତ୍ରିକାଠାରୁ ଆରମ୍ଭ ଭାଲେଣ୍ଟିନା ତେରେସ୍କୋଭା (ପ୍ରଥମ ମହିଳା ମହାକାଶଯାତ୍ରୀ)ଙ୍କର କଟକ ଆଗମନ କଥା ସବୁ ଦେଖିଥିଲୁ ଏବଂ ଶୁଣିଗଲୁ।

ଏବର ରୁଷିଆ ଅବସ୍ଥା କ'ଣ? ବିମାନଘାଟିରେ ପ୍ଲେନ୍‌ରୁ ଓହ୍ଲାଇଲା ମାତ୍ରେ ଆମର କମ୍ପାନୀର ରୁଷିଆସ୍ଥିତ ମାଲିକ ଆମକୁ ପ୍ଲେନ୍ ପାଖରୁ ଏକ ସ୍ୱତନ୍ତ୍ର ଗାଡ଼ିରେ ନେଇ ଭି.ଆଇ.ପି ଅଭିନନ୍ଦନ କକ୍ଷରେ ୫-୧୦ ମିନିଟ୍ ବସାଇଲେ। ତା'ପରେ ଆମେ ବାହାରକୁ ଆସି ସହର ଅଭିମୁଖେ ଯାତ୍ରାକଲୁ। ବନ୍ଧୁ କହିଲେ, "ସର୍ବସାଧାରଣଙ୍କୁ ଅତ୍ୟନ୍ତ ଦେଢ଼ଘଣ୍ଟାରୁ ଦୁଇଘଣ୍ଟା ଲାଗେ। କାଗଜପତ୍ର ତଦାରଖ କରାଇ କଷ୍ଟମସ୍‌ରୁ ବାହାରିବାକୁ"। ମୁଁ ଯେତେବେଳେ ପଚାରିଲି ମୋତେ ଏତେ ଶୀଘ୍ର କିପରି ନେଇଆସିଲ, ସେ ହସିଲେ ଏବଂ କହିଲେ, ଏଠାରେ ପଇସାପତ୍ର ଦେଇ ସବୁ ସୁବିଧା କରିହେବ। ଇଏ ହେଲା ନୂଆ ରୁଷିଆ ଦେଶ। ଦୁର୍ନୀତିରେ ଭରପୂର। ଅଳ୍ପ କିଛି ଲୋକଙ୍କ ହାତରେ ଅଜସ୍ର ପଇସା, ଅନ୍ୟ ସମସ୍ତେ ଦୁଃଖ, ଦାରିଦ୍ର୍ୟରେ ରହୁଛନ୍ତି। ଗଣତନ୍ତ୍ର ରାଷ୍ଟ୍ର ହୋଇ ସମସ୍ତେ ସ୍ୱାଧୀନତାକୁ ବ୍ୟବହାର କରିବାରେ ଅଭ୍ୟସ୍ତ ନୁହନ୍ତି। ଗତ ୭୦ବର୍ଷ ଧରି କମ୍ୟୁନିଷ୍ଟ ଶାସନରେ ସରକାର ସମସ୍ତ ଜୀବନଧାରାକୁ ନିୟନ୍ତ୍ରଣ

କରୁଥିଲେ। ସେଇ ଅବସ୍ଥାରୁ ହଠାତ୍ ମୁକ୍ତ ହୋଇ ରାଜନୈତିକ ତଥା ଅର୍ଥନୈତିକ ପରିଚାଳନା କରିବାରେ ଏପର୍ଯ୍ୟନ୍ତ ରୁଷିଆ ଅସମର୍ଥ ବୋଲି ପ୍ରମାଣ ରହିଛି। ବୋରିସ୍ ୟେଲସିନ୍ ଲୋକପ୍ରିୟତା ହରାଇଛନ୍ତି। ଦେଶରେ ରୁବଲ୍‌ର ଦର ହ୍ରାସ ହୋଇ ଏଭଳି ନିଅଣ୍ଟିଆ ଅବସ୍ଥା ଯେ, ଆମେ ୫୦ ଡଲାର ଭଙ୍ଗାଇବାକୁ କହିବାରୁ ବ୍ୟାଙ୍କବାଲା ମନାକଲେ। ରୁବଲ୍ ନାହିଁ, ଆମେ ମାତ୍ର ୨୦ ଡଲାର ଭଙ୍ଗାଇବାକୁ ସମର୍ଥ ହେଲୁ।

ବନ୍ଧୁ ଆମକୁ ନେଇ ମ୍ୟାରିଅଟ୍ ହୋଟେଲରେ ଛାଡ଼ିଦେଲେ। ରାତିକୁ ରହିବାକୁ ଖର୍ଚ୍ଚ ୨୭୦ ଡଲାର (ପ୍ରାୟ ୧୧,୫୦୦ଟଙ୍କା) ଆମେ ଚାଲି ଚାଲି ମୁଖ୍ୟ ରାସ୍ତାରେ ଗଲୁ କ୍ରେମଲିନ୍ ପର୍ଯ୍ୟନ୍ତ, ସେଠାରେ ଦେଖିଲୁ ଐତିହାସିକ ରେଡ୍ ସ୍କୋୟାର। ଦିନଟି ସୁନ୍ଦର ଖରାପାଗ, ଶହ ଶହ ଲୋକ ଚଲାବୁଲା କରୁଥାନ୍ତି। ତହିଁଆରଦିନ ରବିବାର, ଆମ ଲାଗି ଏକ ଗାଇଡ୍ ଏବଂ କାରର ବନ୍ଦୋବସ୍ତ କରାଯାଇଥିଲା। ସେ ଆମକୁ ନେଇ ଲେନିନ୍‌ଙ୍କ କବର ପ୍ରଥମେ ଦେଖାଇଲେ। ଦୀର୍ଘ ୭୫ ବର୍ଷ ପରେ ମଧ୍ୟ ଲେନିନ୍‌ଙ୍କ ମୃତ ଶରୀରକୁ ରଖାଯାଇଛି। ଲୋକେ ଦେଖୁଛନ୍ତି। ୧୯୧୭ରେ ବଲ୍‌ସେଭିକମାନଙ୍କ ତରଫରୁ ଯେଉଁ ବିପ୍ଳବ ହୋଇଥିଲା, ତାହାର ପୁରୋଧା ଥିଲେ ଲେନିନ୍। କାହିଁକି ବିପ୍ଳବ ହେଲା? ରୁଷିଆ ରାଜା ପରିବାରକୁ ଜାର (**Czar**) କୁହାଯାଉଥିଲା। ଶହ ଶହ ବର୍ଷ ଧରି ସେମାନେ ଏକଚ୍ଛତ୍ର ଶାସନ କରି ବଡ଼ ଅୟସରେ ଜୀବନ କାଟୁଥିଲେ। ଗରିବମାନଙ୍କୁ ଅତ୍ୟାଚାର କରି ସେମାନଙ୍କର ଲହୁଲୁହରେ ଧନୀ ହୋଇଥିଲେ ଜାର ବଂଶଧରମାନେ। ୧୯୧୭ରେ ବିପ୍ଳବ ହେଲା ଏବଂ ସାଧାରଣ ଲୋକେ ଜାର୍ ପରିବାରକୁ ହତ୍ୟା କଲେ। ଆମେ ଦେଖିଲୁ "ଆର୍ମରୀ ମିଉଜିୟମ" ଯେଉଁଠି ଜାର୍‌ମାନଙ୍କର ହୀରା, ନୀଳା ଖଚିତ ମୁକୁଟ, ସିଂହାସନ, ପୋଷାକ ଇତ୍ୟାଦି ସୁରକ୍ଷିତ ହୋଇ ରଖାଯାଇଛି। ତାକୁ ଦେଖିଲେ ସେମାନଙ୍କର ଧନସମ୍ପତ୍ତି ତଥା ବିଳାସର କଳନା କରିହେବ। କ୍ରେମଲିନ୍ ଭିତରକୁ ଯାଇ ୟେଲସିନଙ୍କ ଅଫିସ ତଥା ତାଙ୍କର ପାର୍ଲାମେଣ୍ଟ ଦେଖିଲୁ। ତା'ପରେ ଗଲୁ ସହର ଭ୍ରମଣରେ, ମସ୍କୋ ବିଶ୍ୱବିଦ୍ୟାଳୟ, ୱାର ମେମୋରିଆଲ୍ ଇତ୍ୟାଦି ଦେଖିଲୁ। ସୁନ୍ଦର ସହର, ମଝିରେ ମସ୍କୋ ନଈ, ଲୋକସଂଖ୍ୟା ପ୍ରାୟ ଏକକୋଟି, ଚଉଡ଼ା ରାସ୍ତା, ଟ୍ରାଫିକ୍ ଶୃଙ୍ଖଳିତ, ଚାରିଆଡ଼େ ପୁଲିସ ମାଳ ମାଳ, ପୂର୍ବର କମ୍ୟୁନିଷ୍ଟ ଶାସନ ବେଳର କଟକଣା ଏବେ ମଧ୍ୟ ପ୍ରତୀୟମାନ।

ସନ୍ଧ୍ୟାରେ ସ୍ଥାନୀୟ ବୋଲସୋୟୀ (**Bolshoi**) ଥିଏଟରରେ ବ୍ୟାଲେଟ୍ ନୃତ୍ୟ ପ୍ରୋଗ୍ରାମ ଦେଖିବାକୁ ଗଲୁ। ଅତି ଉଚ୍ଚକୋଟୀରର ଉପସ୍ଥାପନା, ପ୍ରାୟ ୨୦୦ବର୍ଷ ତଳର ସଙ୍ଗୀତରେ ଫରାସୀ କାହାଣୀ ଉପରେ ଆଧରିତ ବ୍ୟାଲେଟ୍ "ଜିଜେଲ୍"

ଦେଖିଲୁ । ଖୁବ୍ ମନୋମୁଗ୍ଧକର । କଳା, ସ୍ଥାପତ୍ୟ, ସଙ୍ଗୀତ, ନୃତ୍ୟରେ ରୁଷିଆର ସଂସ୍କୃତି ଋଦ୍ଧିମନ୍ତ । ଆମର କମ୍ପ୍ୟୁଟର ଉପରେ ସେମିନାର ତଥା ମିଟିଂରେ ଦେଖିଲୁ ଗଣିତ ତଥା କମ୍ପ୍ୟୁଟର ବିଜ୍ଞାନରେ ରୁଷିଆର ଲୋକେ ଖୁବ୍ ଦକ୍ଷ ।

ରାଜନୈତିକ ବିଶେଷତଃ ଅର୍ଥନୈତିକ ବିଶୃଙ୍ଖଳା ଯୋଗୁଁ ସମସ୍ତେ ଖୁବ୍ ଆତଙ୍କିତ । ଆମେ ୪ଦିନ ରହଣି ସମାପ୍ତ କରି ଲଣ୍ଡନ ବାଟେ ପୁଣି ସାନ୍ ଫ୍ରାନ୍‌ସିସ୍କୋ ପ୍ରତ୍ୟାବର୍ତ୍ତନ କଲୁ ।

■

କୋଷ୍ଟାରିକା

ଯୁକ୍ତରାଷ୍ଟ୍ର ଆମେରିକା ତଳକୁ ମେକ୍‌ସିକୋ ଦେଶ। ତା'ର ଦକ୍ଷିଣକୁ ଗଲେ ମଧ୍ୟ ଆମେରିକା (Central America), ନିକାରାଗୁଆ, ହଣ୍ଡୁରାସ୍, ଗୁଆଟାମେଲା, ଏକୁଏଡ଼ର, ପାନାମା ଦେଶ ସାଙ୍ଗକୁ କୋଷ୍ଟାରିକା, ସ୍ପାନିଶ୍ ଭାଷାରେ କୋଷ୍ଟରିକା ଅର୍ଥ ହେଲା (Rich Coast) ବା ଉର୍ବର ବେଳାଭୂମି। ପତଳା ଦେଶଟିଏ, ଏକ ପାଖରେ ପ୍ରଶାନ୍ତ ମହାସାଗର ଏବଂ ପୂର୍ବପାର୍ଶ୍ୱରେ ଆଟଲାଣ୍ଟିକ୍ ସାଗର। ଉପରକୁ ଏଲ୍ ସାଲଭାଡ଼ର ଏବଂ ଦକ୍ଷିଣକୁ ପାନାମା, ଯାହାକୁ ଡେଇଁଲେ ପାନାମା କେନାଲ ଏବଂ ତା'ପରେ ଦକ୍ଷିଣ ଆମେରିକା ମହାଦେଶର ପ୍ରାରମ୍ଭ।

ଏହି କୋଷ୍ଟାରିକାର ପ୍ରଧାନ ସହର ତଥା ରାଜଧାନୀ ସାନ୍ ହୋଜେ ସହରକୁ କାମରେ ୨ଦିନ ଲାଗି ଆସିବାକୁ ହେଲା। ଅତ୍ୟନ୍ତ ସୌନ୍ଦର୍ଯ୍ୟମୟ ଦେଶ, ଚାରିଆଡ଼େ ପାହାଡ଼ ଉପତ୍ୟକା ତଥା ସବୁଜିମା, ଜଳବାୟୁ ନାତିଶିତୋଷ୍ଣ ଏବଂ ଅତ୍ୟନ୍ତ ସୁଖଦାୟକ, ଲୋକସଂଖ୍ୟା ମାତ୍ର ୩୫ଲକ୍ଷ। କୋଷ୍ଟାରିକା ପ୍ରାୟ ଶହେବର୍ଷରୁ ଊର୍ଦ୍ଧ୍ୱ ସ୍ୱାଧୀନ ଗଣତନ୍ତ୍ର ଭାବରେ ତିଷ୍ଠିପାରିଛନ୍ତି। ଆଉ ଏକ ବଡ଼କଥା ହେଲା ଯେ, ଏ ଦେଶରେ ପ୍ରତିରକ୍ଷା ବିଭାଗ ନାହିଁ କି ସୈନ୍ୟ ସାମନ୍ତ ନାହାନ୍ତି। ଦେଶର ଅର୍ଥନୈତିକ ଅବସ୍ଥା ବେଶ୍ ଉନ୍ନତ।

ପୃଥିବୀର ଦ୍ୱିତୀୟ ବୃହତମ କଦଳୀ ଚାଷ ଏଠାରେ ହୋଇଥାଏ। ଯୁକ୍ତରାଷ୍ଟ୍ର ଆମେରିକା ତଥା ଇଉରୋପକୁ ପ୍ରଚୁର କଦଳୀ ରପ୍ତାନୀ ହୁଏ। ଚାରିଆଡ଼େ ଫୁଲଚାଷ ମଧ୍ୟ ପ୍ରଚୁର। ବାହାରକୁ ଫୁଲ ରପ୍ତାନୀ କରିବାରେ ଏହି ଦେଶ ସର୍ବୋତ୍ତମ। ଆଖୁ, ସପୁରୀ ତଥା ନାନା ଜାତୀୟ ଫଳ ଚାଷ ଏଠାରେ ଅତି ଉନ୍ନତ। ଆମେ ପିଜୁଳି, ଆମ୍ବ, ବରକୋଳି ସବୁ ଦେଖି ପିଲାଦିନର ଓଡ଼ିଶା ମନେପକାଇଲୁ। ଓଡ଼ିଶାରେ ଆଉ ସେସବୁ ସ୍ୱପ୍ନ ହେଲାଣି, ଜଙ୍ଗଲ ନଷ୍ଟ ତଥା ଜଳବାୟୁ ଅବକ୍ଷୟ ହେତୁ ଓଡ଼ିଶାରେ ଅହେତୁକ ଗରମ ହେଉଛି। ଅଥଚ, ସାଧାରଣ ଲୋକ ତଥା ଶାସନତନ୍ତ୍ର ଏ ବାବଦରେ କିଛି କରିବାକୁ ଅପାରଗ। "ଆପଣା ହାତ କର୍ମମାନ, ଆଗୁ ହୋଇବ ସାବଧାନ" ବାଣୀ ଏଠାରେ ପ୍ରଯୁଜ୍ୟ।

କୋଷ୍ଟାରିକାରେ ଆମେ ଦେଖିଲୁ, ଜଙ୍ଗଲ ସମ୍ପଦକୁ କିଭଳି ଭାବରେ ସୁରକ୍ଷିତ କରି ରଖାଯାଇଛି। ଏଠାରେ ପ୍ରଜାପତି ଫାର୍ମ ଅଛି ଅନେକ, ମାନେ ଶଁବାଳୁଆରୁ କୋକୁନ୍ ଦେଇ ପ୍ରଜାପତି ବାହାରିବା ପର୍ଯ୍ୟନ୍ତ ବୈଜ୍ଞାନିକ ପଦ୍ଧତିରେ ପର୍ଯ୍ୟବେକ୍ଷଣ କରାଯାଇଛି। ପ୍ରଜାପତିମାନେ ବିଭିନ୍ନ ରଙ୍ଗର ଏବଂ ଆକାରର। ତାକୁମଧ୍ୟ ଏମାନେ ବାହାର ଦେଶକୁ ବୈଜ୍ଞାନିକ ଗବେଷଣା ତଥା ମିଉଜିୟମକୁ ପଠାଉଛନ୍ତି। କେତେକ ସ୍ଥାନୀୟ ବନ୍ଧୁ ଆମକୁ ନେଇ ଏକ ଜ୍ୱଳନ୍ତ ଆଗ୍ନେୟଗିରି ଦେଖାଇଲେ। ଗତ ୧୯୯୫ ମସିହାରେ ଲାଭା ଉଦ୍‌ଗୀରଣ ହୋଇଥିଲା, ଏବେ ମଧ୍ୟ ସଲଫର ଗ୍ୟାସ ବାହାରୁଛି।

କୋଷ୍ଟାରିକାର ବେଳାଭୂମି ସବୁ ଅତି ସୁନ୍ଦର। ଆମେରିକା ତଥା ଇଉରୋପରୁ ବହୁତ ଲୋକ ଅବସରଲାଗି ଏହିଠାରେ ଥଇଥାନ ହୋଇଛନ୍ତି। ଲୋକମାନେ ଖୁବ୍ ଭଦ୍ର ଏବଂ ମେଳାପୀ, ଦେଶର ପୂର୍ବତନ ପ୍ରେସିଡେଣ୍ଟ ହୋଜେ ଫିଗଏସେସ ଆମ ଗହଣରେ ଉପସ୍ଥିତ ଥିଲେ ଏବଂ ତାଙ୍କ ସହ ଆଳାପ କରିବାର ସୁଯୋଗ ମିଳିଲା, ତାଙ୍କ ବାପା ମଧ୍ୟ ୫୦ବର୍ଷ ତଳେ ଦେଶର ରାଷ୍ଟ୍ରପତି ଥିଲେ ଏବଂ ଅନେକ ଉନ୍ନତିମୂଳକ କାର୍ଯ୍ୟ କରିଥିଲେ। ଏଠାରେ ରାଷ୍ଟ୍ରପତି ମାତ୍ର ୪ବର୍ଷ ରହିପାରିବେ। ହୋଟେଲରେ ଦେଖିଲି ସାଇବମାନେ କଦଳୀ ଚାଷ ତଥା ଫାର୍ମ ପରିଦର୍ଶନରେ ଯାଉଛନ୍ତି, ମତେ ଡାକିବାରୁ ମୁଁ କହିଲି କଦଳୀ ଗଛ ଆମେ ପିଲାଦିନୁ ଦେଖିଆସିଛୁ। ଏବଂ ସେଥିପାଇଁ ଟୁରରେ ଯିବାର ଆବଶ୍ୟକତା ନାହିଁ, ବଡ଼ ସହରରେ ବଢ଼ିଥିବା ସାଇବମାନେ କଦଳୀ ଗଛରେ ଫଳିଥିବା କେବେ ଦେଖିନାହାନ୍ତି। ତାଙ୍କଲାଗି ନୂଆ ଦୃଶ୍ୟ।

କୋଷ୍ଟାରିକା ମଧ୍ୟ ଆମେରିକାର ଏକ ଅତି ସୁନ୍ଦର ଦେଶ।

■

ଆମେରିକା ଚିଠି ଉନ୍ମୋଚିତ
ପ୍ରବାସୀ ଓଡ଼ିଆମାନେ ପ୍ରଗତି କାର୍ଯ୍ୟରେ ସରକାରଙ୍କୁ ସାହାଯ୍ୟ କରନ୍ତୁ: ମୁଖ୍ୟମନ୍ତ୍ରୀ

ଭୁବନେଶ୍ୱର, ତା ୧୫/୭ (ନି.ପ)- ମାତୃଭୂମି ଓଡ଼ିଶାର ସର୍ବାଙ୍ଗୀନ ଉନ୍ନତି ପାଇଁ ଯୁକ୍ତରାଷ୍ଟ୍ର ଆମେରିକା ତଥା ଅନ୍ୟାନ୍ୟ ସ୍ଥାନରେ ଥିବା ପ୍ରବାସୀ ଓଡ଼ିଆମାନେ ନିଷ୍ଠାପର ଭାବେ ସରକାରଙ୍କ ସହିତ ସହଯୋଗ କରିବାକୁ ମୁଖ୍ୟମନ୍ତ୍ରୀ ଶ୍ରୀ ଜାନକୀବଲ୍ଲଭ ପଟ୍ଟନାୟକ ଆହ୍ୱାନ ଦେଇଛନ୍ତି।

ଗତ ୧୩ ତାରିଖ ସନ୍ଧ୍ୟାରେ ସ୍ଥାନୀୟ ସହିଦ ନଗର କଲ୍ୟାଣ ମଣ୍ଡପ ଠାରେ ବିଶିଷ୍ଟ କମ୍ପ୍ୟୁଟର ବୈଜ୍ଞାନିକ ଶ୍ରୀ ଜ୍ଞାନରଞ୍ଜନ ଦାଶଙ୍କ ଲିଖିତ ଆମେରିକା ଚିଠି ପୁସ୍ତକରୁ ଆନୁଷ୍ଠାନିକ ଭାବେ ଉନ୍ମୋଚନ କରି ମୁଖ୍ୟମନ୍ତ୍ରୀ କହିଲେ ଯେ ଆମେରିକାରେ ଥିବା ଓଡ଼ିଆମାନେ ଓଡ଼ିଶାରେ ପୁଞ୍ଜି ବିନିଯୋଗ କରିବାକୁ ଆଗେଇ ଆସିଲେ ରାଜ୍ୟ ସରକାରଙ୍କ ପକ୍ଷରୁ ସେମାନଙ୍କୁ ସବୁ ପ୍ରକାର ସହଯୋଗ ମିଳିବ। ସରକାର ସେମାନଙ୍କ ପୁଞ୍ଜି ଲାଗି ଆବଶ୍ୟକ ନିରାପତ୍ତା ଯୋଗାଇଦେବେ। ଓଡ଼ିଶାରେ ଯଥେଷ୍ଟ ପ୍ରାକୃତିକ ସମ୍ପଦ ଓ ସମୃଦ୍ଧ ଲୋକଶକ୍ତି ରହିଥିବା ଦୃଷ୍ଟିରୁ ଓଡ଼ିଶାରେ ପୁଞ୍ଜି ବିନିଯୋଗର ଯଥାର୍ଥତା ସମ୍ପର୍କରେ ପ୍ରବାସୀ ଓଡ଼ିଆମାନେ ଉପଯୁକ୍ତ ବାତାବରଣ (ଲବିଂ) ସୃଷ୍ଟି କରିବାକୁ ଆଗଭର ହେବା ପାଇଁ ସେ ଆହ୍ୱାନ ଦେଇଥିଲେ।

ଆମେରିକା ଚିଠି ପୁସ୍ତକର ଲେଖକ ଶ୍ରୀ ଦାଶଙ୍କ ଉଦ୍ୟମରେ ଉଚ୍ଚ ପ୍ରଶଂସା କରି ମୁଖ୍ୟମନ୍ତ୍ରୀ କହିଲେ ଯେ ଜଣେ ଓଡ଼ିଆ ଦୀର୍ଘ ବର୍ଷ ଧରି ଆମେରିକାରେ ରହିବା ପରେ ମଧ୍ୟ ନିଜ ମାତୃଭାଷାରେ ନିରବଚ୍ଛିନ୍ନ ଭାବେ ଲେଖାଲେଖି କରିବା ପ୍ରଶଂସନୀୟ। ଏହି ପୁସ୍ତକର ଲେଖାଗୁଡ଼ିକ ସ୍ୱତଃସ୍ଫୂର୍ତ୍ତ ଏବଂ ଯାହା ତାଙ୍କର ଅନୁଭୂତିକୁ ଆସିଛି ତାକୁ ଖୁବ୍ ସରଳ ଭାଷାରେ ଛୋଟ ଛୋଟ ପ୍ରବନ୍ଧ ଆକାରରେ ପ୍ରକାଶ କରିଛନ୍ତି।

ପୁସ୍ତକ ଉନ୍ମୋଚନ ଅବସରରେ ସମ୍ମାନିତ ଅତିଥି ରୂପେ ଯୋଗ ଦେଇ ଉତ୍କଳ ବିଶ୍ୱବିଦ୍ୟାଳୟର କୁଳପତି ପ୍ରଫେସର ଗୌରକିଶୋର ଦାସ କହିଲେ ଯେ ପ୍ରଜ୍ଞା ପ୍ରକାଶନୀ ସଂସ୍ଥା ୨୬୦ ପୃଷ୍ଠାର ଏହି ପୁସ୍ତକ ପ୍ରକାଶ କରିଛନ୍ତି। ଓଡ଼ିଶାର ଯଶସ୍ୱୀ ଲେଖକ ଲେଖିକାମାନଙ୍କର ଉତ୍କୃଷ୍ଟ ଲେଖାଗୁଡ଼ିକୁ ଉତ୍କଳ ବିଶ୍ୱବିଦ୍ୟାଳୟ ପକ୍ଷରୁ ପ୍ରକାଶ କରାଯିବା ଲାଗି ଉଦ୍ୟମ ହେଉଛି। ପ୍ରବାସୀ ଓଡ଼ିଆ ସଂଗଠନ ଓ ଅନ୍ୟ ଆନ୍ତର୍ଜାତିକ ଅନୁଷ୍ଠାନ ଗୁଡ଼ିକ ସହ ଜ୍ଞାନରଂଜନଙ୍କର ଯେଉଁ ସମ୍ପର୍କ ରହିଚି ତାହାର ପ୍ରତିଫଳନ ଏହି ପୁସ୍ତକରେ ହୋଇଛି। ସାରା ବିଶ୍ୱ ସହିତ ଆମର ସମ୍ପର୍କ ବୃଦ୍ଧି ଦିଗରେ ଏହା ସହାୟକ ହେବ ବୋଲି ସେ ଆଶାପ୍ରକାଶ କରିଥିଲେ।

'ସମାଜ'ର ସହଯୋଗୀ ସଂପାଦିକା ଶ୍ରମତୀ ମନୋରମା ମହାପାତ୍ର ଉତ୍ସବରେ ପୌରୋହିତ୍ୟ କରି କହିଲେ ଯେ ୧୯୮୫ ମସିହାରୁ 'ସମାଜ'ରେ ପ୍ରକାଶ ପାଉଥିବା 'ଆମେରିକା ଚିଠି' ପୁସ୍ତକ ଆକାରରେ ପ୍ରକାଶିତ ହେବା ଏକ ସଫଳ ପ୍ରୟାସ। ସାତ ଭାଗରେ ଏହା ପ୍ରକାଶ କରାଯିବା ଏକ ପ୍ରଶଂସନୀୟ ଉଦ୍ୟମ। ଏହାର ପ୍ରଥମ ସଂସ୍କରଣ ମୁଖ୍ୟମନ୍ତ୍ରୀଙ୍କ ଦ୍ୱାରା ଉନ୍ମୋଚିତ ହୋଇଥିବାରୁ ସେ ଆନନ୍ଦ ପ୍ରକାଶ କରିଥିଲେ।

ଏହି ଉତ୍ସବରେ ଲେଖକ ଶ୍ରୀ ଜ୍ଞାନରଂଜନ ଦାଶ ତାଙ୍କ ଆଭିମୁଖ୍ୟ ସମ୍ପର୍କରେ ସୂଚନା ଦେଇଥିଲେ। ଆରମ୍ଭରେ ପ୍ରଫେସର ଡଃ ହରେକୃଷ୍ଣ ଶତପଥୀ ବେଦପାଠ କରିଥିଲେ ଓ ଶେଷରେ ଶ୍ରୀମାନ୍ ସୁଚିତ ଦାଶ ଚମତ୍କାରଭାବେ ସଂସ୍କୃତ ଶ୍ଲୋକ ଆବୃତ୍ତି କରିଥିଲେ। ଶ୍ରୀ ହରେକୃଷ୍ଣ ଦାଶ ଧନ୍ୟବାଦ ଅର୍ପଣ କରିଥିଲେ। ପ୍ରଫେସର ବିଧୁଭୂଷଣ ଦାସ, ଶ୍ରୀମତୀ ପ୍ରଭାତ ନଳିନୀ ଦାସ, ନବ ନିର୍ବାଚିତ କାଉନସିଲର ଡାଃ ଜଗନ୍ନାଥ ମହାପାତ୍ର ଓ ଇଂ ସୋମାନାଥ ମିଶ୍ର ପ୍ରମୁଖ ଉତ୍ସବରେ ଯୋଗଦେଇଥିଲେ।

■

www.ingramcontent.com/pod-product-compliance
Lightning Source LLC
Chambersburg PA
CBHW030856110526
R18274100001B/R182741PG44587CBX00002B/3
9781645601005